JN410173

중아함경 1

中阿含經

중아함경 1

中阿含經

김월운 옮김

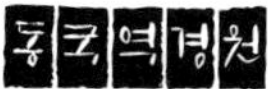

중아함경 1

| 차 례 |

■ 해 제

제1권

1. 칠법품七法品 ① ······ 1
   1) 선법경善法經 ······ 2
   2) 주도수경晝度樹經 ······ 7
   3) 성유경城喩經 ······ 10
   4) 수유경水喩經 ······ 18
   5) 목적유경木積喩經 ······ 23

제2권

1. 칠법품 ② ······ 35
   6) 선인왕경善人往經 ······ 35
   7) 세간복경世間福經 ······ 40
   8) 칠일경七日經 ······ 45
   9) 칠거경七車經 ······ 52
   10) 누진경漏盡經 ······ 63

제3권

2. 업상응품業相應品 ① ······ 71
   11) 염유경鹽喩經 ······ 71
   12) 화파경惒破經 ······ 77
   13) 도경度經 ······ 84
   14) 라운경羅云經 ······ 89
   15) 사경思經 ······ 98

16) 가람경伽藍經 ······ 103
17) 가미니경伽彌尼經 ······ 112

제4권

2. 업상응품 ② ······ 118
18) 사자경師子經 ······ 118
19) 니건경尼乾經 ······ 127
20) 파라뢰경波羅牢經 ······ 142

제5권

3. 사리자상응품舍梨子相應品 ① ······ 163
21) 등심경等心經 ······ 163
22) 성취계경成就戒經 ······ 169
23) 지경智經 ······ 176
24) 사자후경師子吼經 ······ 185
25) 수유경水喩經 ······ 193

제6권

3. 사리자상응품 ② ······ 199
26) 구니사경瞿尼師經 ······ 199
27) 범지타연경梵志陀然經 ······ 206

28) 교화병경教化病經 ······ 219

제7권

3. 사리자상응품 ③ ······ 236
29) 대구치라경大拘絺羅經 ······ 236
30) 상적유경象跡喩經 ······ 253
31) 분별성제경分別聖諦經 ······ 269

제8권

4. 미증유법품未曾有法品 ① ······ 285
32) 미증유법경未曾有法經 ······ 285
33) 시자경侍者經 ······ 296
34) 박구라경薄拘羅經 ······ 312
35) 아수라경阿修羅經 ······ 316

제9권

4. 미증유법품 ② ······ 324
36) 지동경地動經 ······ 324
37) 첨파경瞻波經 ······ 329
38) 욱가장자경郁伽長者經 ① ······ 335
39) 욱가장자경 ② ······ 345

40) 수장자경手長者經 ① ······ 352
41) 수장자경 ② ······ 362

제10권

5. 습상응품習相應品 ······ 365

42) 하의경何義經 ······ 365
43) 불사경不思經 ······ 368
44) 염경念經 ······ 370
45) 참괴경慙愧經 ① ······ 371
46) 참괴경 ② ······ 372
47) 계경戒經 ① ······ 373
48) 계경 ② ······ 374
49) 공경경恭敬經 ① ······ 375
50) 공경경 ② ······ 377
51) 본제경本際經 ······ 378
52) 식경食經 ① ······ 382
53) 식경 ② ······ 390
54) 진지경盡智經 ······ 393
55) 열반경涅槃經 ······ 398
56) 미혜경彌醯經 ······ 401
57) 즉위비구설경卽爲比丘說經 ······ 407

제11권

6. 왕상응품王相應品 ① …… 410

58) 칠보경七寶經 …… 410

59) 삼십이상경三十二相經 …… 411

60) 사주경四洲經 …… 417

61) 우분유경牛糞喩經 …… 427

62) 빈비사라왕영불경頻鞞娑邏王迎佛經 …… 433

제12권

6. 왕상응품 ② …… 444

63) 비바릉기경鞞婆陵耆經 …… 444

64) 천사경天使經 …… 464

제13권

6. 왕상응품 ③ …… 482

65) 오조유경烏鳥喩經 …… 482

66) 설본경說本經 …… 495

제14권

6. 왕상응품 ④ …… 513

67) 대천내림경大天㮈林經 …… 513

68) 대선견왕경大善見王經 …… 531

제15권

6. 왕상응품 ⑤ ······ 547

69) 삼십유경三十喩經 ······ 547

70) 전륜왕경轉輪王經 ······ 554

해 제

석가모니부처님의 가르침은 크게 법(法, dharma)과 율(律, vinaya)로 나뉘고, 장(藏, piṭaka)으로는 경장(經藏, sūtrapiṭaka)·율장(律藏, vinayapiṭaka)·논장(論藏, abhidharmapiṭaka)의 3중重으로 구성되어 있다. 부처님께서 가르치신 법을 체계적인 형태로 모아 놓은 것이 경장이고, 승가에서 지켜야 할 계율을 담고 있는 것이 율장이며, 경의 가르침을 깊이 연구하고 체계화한 것이 논장이다.

이 가운데 경장은, 남방의 팔리어 전승에서는 니카야nikāya, 즉 '부部'라고 부르고, 5개의 부(長部·中部·相應部·增支部·小部)로 나누고 있으며, 북방의 산스크리트 전승에서는 아가마(āgama, 阿含), 즉 '전승된 것'이라고 부르며, 4개의 아가마, 즉 4아함(長阿含·中阿含·雜阿含·增壹阿含)으로 구성되어 있다. 남방 상좌부에서 전해 내려오는 팔리어 경전의 마지막 다섯 번째 소부小部는 부파에 따라 인정을 받는 경우도 있지만, 인정받지 못하고 있는 경우도 있었다. 대중부大衆部·설산부雪山部·화지부化地部·법장부法藏部 등의 몇몇 부파들은 이것을 잡장(雜藏, kṣudrakapiṭaka)이라는 이름으로 경장에 포함시켰다. 그러나 삼장을 보존하는 데 많은 기여를 했던 설일체유부說一切有部는 『장아함경長阿含經』·『중아함경中阿含經』·『잡아함경雜阿含經』·『증일아함경增壹阿含經』의 4아함만을 정전正典으로 인정하였다. 비록 삼장에 소부 경전들을 제외시키기는 하였지만, 소부에 포함되어 있는 몇몇 경들, 즉『법구경法句經』·『경집經集』·『장로게長老偈』·『장로니게長老尼偈』·『본생담本生譚』 등의 몇몇 경들은 그대로 인정하였고, 이 경들을 소분아함(小分阿含, kṣudrakāgama)이라는 이름으로 자주 인용했다. 이 설일체유부의 경전 체계를 계승한 대승불교 전통에서는 기존의 삼장 체계에 별개의 장을 추가시켜서 이 소분아함을 '잡장雜藏'이라는 이름으로 정전에 포함시켜 왔다.

기원후 4세기 후반에서 5세기 초반 사이에 산스크리트 전승의 4아함이 중국에서 한역되었고, 팔리어 전승의 5부는 남방 상좌부라는 단일 부파에서 전승해온 것이 온전히 보존되었다. 그러나 그 외의 다른 부파에서 전승되어온 경장은 대부분 산실散失되었다. 기원후 4세기 후반에서 5세기 초반 사이에 중국에서 한역된 4아함은 단일한 부파에서 전해져 내려온 것이 아니다. 4아함은 법장부·설일체유부·대중부 계통의 부파 등 몇몇 부파에서 전하는 아함이 따로따로 번역되어 네 종류의 아함이 모여 우연히 하나의 경장을 이루게 된 것이다. 비록 전승해온 부파는 다르지만, 기본적인 교리적 바탕에 있어서는 놀라울 만큼 한결같은 일치를 보이고 있다.

『장아함경』·『중아함경』·『잡아함경』·『증일아함경』의 4아함 가운데에서 어느 것이 먼저 성립되었는지에 대한 시간적인 선후 관계를 확정하는 것은 쉬운 일이 아니다. 부처님의 가르침이 전승된 초기의 방법은 암송에 의한 구전이었다. 암송해서 구전되던 것을 서사書寫하여 전하면서 구성이나 내용에 있어서 조금씩 변화를 겪게 되었다. 학자들에 따르면, 4아함 가운데 짧은 게송의 형태가 주를 이루고 있는 『잡아함경』이 가장 오래되었고, 법수에 따라 체계적인 형태를 갖춘

『증일아함경』이 가장 후대에 성립되었으며, 그 사이에 『중아함경』과 『장아함경』이 성립되었고, 이보다 약간 더 늦게 소부와 잡장이 성립되었을 것으로 추측하고 있다. 그러나 이것은 그 전체적인 형태에 있어서 신구新舊를 나눈 것일 뿐, 그 내용이나 경전 자체의 성립시기가 그러하다고 단정할 수는 없다. 개개의 아함경에 속해 있는 각각의 소경에 있어서도 오래된 층과 새로운 층이 복합적으로 포함되어 있기 때문에 일괄적으로 위와 같은 시대 구분을 그대로 인정하는 것은 어려운 일이다.

『중아함경(中阿含經, madhyamāgama)』은 50권본 『잡아함경』과 함께 설일체유부에서 전해 내려오던 산스크리트로 된 경을 한역한 것인데, 그 저본底本은 산실散失된 것으로 추정된다.

『중아함경』은 두 차례에 걸쳐 번역되었다. 첫 번째는, 도거륵국(兜佉勒國, Tukhāra)에서 온 비구 담마난제(曇摩難題, Dharmānandī)가 전진왕前秦王 부견符堅 때인 건원建元 12년(376)부터 요장姚萇 6년(389)에 걸쳐 장안長安 성안에서 『중아함경』과 『증일아함경』을 함께 번역하였다. 그 책에는 "난제가 범본을 외우고, 축불념竺佛念이 번역하였다"고 기록되어 있었다고 한다. 그러나 요장姚萇이 쳐들어와 장안까지 침범하는 전란의 와중에 소실되어 현재는 전해지지 않는다.

다만 『출삼장기집出三藏記集』 제2권과 『대당내전록大唐內典錄』 제3권에서 "두 번째 번역은 담마난제의 번역과 아주 다르다"고 언급한 것으로 미루어 보면, 소실된 첫 번째 번역은 현존하는 두 번째 번역과는 상당히 다를 가능성이 있다.

두 번째는 계빈국(罽賓國, Kaśmīra) 출신의 비구인 구담 승가제바(瞿曇僧伽提婆 : 衆天, Gotama Saṃghadeva)가 번역하였다. 승가제바는, 설일체유부가 융성하였던 북인도 카슈미르 출신으로, 전란이 끝난 후에 기주冀州의 사문 법화法和와 함께 낙양洛陽으로 들어가 4, 5년간 머물며 중국어를 배우고 경전을 강의했다. 그러던 중 그는 담마난제의 번역이 그 뜻을 충분히 전하지 못한다고 여겨 그래서 양주楊洲의 건강현建康縣에 있는 정사精舍에서 융안隆安 원년(397) 11월부터 융안 2년(398) 6월까지 약 7개월에 걸쳐 『중아함경』과 『증일아함경』을 개역하였다. 그러나 전란으로 인해 융안 5년(401)에 가서야 비로소 출간하였다. 현재까지 전승되는 60권 『중아함경』은 바로 승가제바의 번역본이다.

승가제바가 옮긴 『중아함경』은 전체 60권 80품 222개 소경으로 구성되어 있다. 이에 해당하는 팔리어 전승은 중부(中部, Majjhima-nikāya)이다. 중부는 전체 3권 15품 152개 소경으로 구성되어 있다. 소경의 숫자에 있어서 『중아함경』은 중부보다 70개나 더 많은데, 그 이유는 팔리어 전승의 상응부(相應部, saṃyuttanikāya)나 증지부(增支部, aṅguttaranikāya), 장부(長部, dīghanikāya) 등에 나오는 소경들 중 많은 수가 『중아함경』에 포함되어 있기 때문이다. 중부는 15개의 품 각각에 제목을 붙이면서 그 제목에 부합하는 내용을 지닌 10개의 소경으로 각 품이 구성되어 있다. 소경의 수가 10개가 되지 않는 경우에는 다른 팔리어 경전을 차용해서 그 수를 메우고 있다. 예를 들면, 중부 제92경은 『경집(經集, suttanipāta)』 Ⅲ. 7의 내용을 빌려왔고, 중부 제145경은 상응부 Ⅰ. 192에서 빌려온 것이다. 그러나 『중아함경』은 중부와 같은 체계적인 편집 과정을 거친 것으로는 보이지 않는다.

『중아함경』의 222개의 소경 가운데 중부와 내용상 일치하는 것은 98개의 소경이다. 이 98개의 소경은 세부적인 부분에서 묘사나 교리적 차이가 드러날 뿐이다. 비록 세부적인 부분에서 차이는 있을지라도, 주제에 대한 표현 방법이나 배열의 문제, 그리고 교리적으로 중요한 내용은 서로 동일하다.

경의 이름인 '중아함'은 '장아함'처럼 길지도 않고, '잡아함'이나 '소경'처럼 짧지도 않은 '중간 길이의 경전'으로 구성되어 있다는 형태상의 특징을 나타내는 말이다. 그러나 그 이름과는 달리, 긴 경과 짧은 경이 뒤섞여 있다. 그 때문에 형태상의 특징만으로 『중아함경』을 다른 아함경과 구분하는 것은 옳다고 할 수 없다.

그보다도 『중아함경』의 특징은 내용적인 면에서 찾을 수 있다. 먼저 『중아함경』은 4성제聖諦·8정도正道·12연기緣起 등 근본적인 가르침에 대하여 구체적이고 자세한 설법을 하고 있다. 제17「가미니경伽彌尼經」에서는 8정도를 상세히 설명하고 있고, 제31「분별성제경分別聖諦經」에서는 4성제의 중요성과 그 의미를 자세히 드러내고 있다. 과거·미래·현재의 모든 여래에게 있는 정행설법正行說法이 바로 4성제인 것이다. 여기서 정행설법正行說法이란, 부처님의 가르침을 따르는 모든 사람들이 닦아야 할 바른 행업行業에 대한 설법을 말하는 것이다. 제221「전유경箭喩經」에서는 독화살의 비유를 들어 다시 한 번 강조하고 있다. 범행을 닦아서 탐·진·치의 3독심을 끊는 일을 멀리하면서 세상의 온갖 형이상학적인 62가지 소견에 집착하는 만鬘동자에게 부처님께서는 "나는 한결같이 이것만을 말한다"고 하셨다. 독화살을 뽑아 고통과 죽음으로부터 벗어나게 하는 것은 4성제뿐이라고 강조하고 있는 것이다. 부처님의 가르침, 즉 법法의 요지가 무엇인지를 분명하게 드러내 주는 부분이다.

이외에도 방일함을 경계하고, 참괴심慚愧心을 지녀야 하는 이유 등 수행의 기본 자세를 강조하고 있다. 또한 『장아함경』에서는 간략한 법수法數로만 소개되었던 법들, 예를 들면 4념처念處·4무량심無量

心・5하분결下分結・10선계善戒 등에 대하여 자세하게 설명하고 있다. 제98「염처경念處經」에서는 부처님께서 4념처 수행에 대하여, 제79「유승천경有勝天經」에서는 아니룻다 존자가 4무량심과 사람들의 근기의 차이에 대해서 설하고 있다.

그리고『중아함경』에는 부처님을 대신하는 제자들의 설법도 중요한 위치를 점유하고 있다. 즉, 부처님의 가르침을 성취한 직제자들도 전법자傳法者로서 부처님 가르침의 요지를 상세하게 설명하여 전달하는 역할을 담당하고 있는 것이다.

제121「청청경請請經」에서 부처님께서는 사리불 존자에게 "너는 진실한 지혜를 성취하였다. 마치 전륜왕의 태자가 부왕의 가르침을 빠뜨리지 않고 그 전하는 바를 받아 숭배하고 능히 다시 전하는 것과 같이, 이와 같이 사리자여, 내가 굴리는 법의 수레바퀴〔法輪〕를 네가 다시 능히 굴렸다"고 분명히 인가하고 계시다. 이 경에서 부처님께서 4성제를 간략히 설하시자, 사리불 존자는 다른 제자들을 위하여 4성제를 자세히 설명해 주었다.

제31「분별성제경分別聖諦經」에서도 먼저 부처님께서 4성제를 말씀하신 후, 사리불 존자가 이를 자세히 설명하는 방식을 취하고 있다. 제21「등심경等心經」에서는, 내결內結과 외결外結에 대한 사리불 존자의 설법이 먼저 있은 후 나중에 부처님께서 이것을 인가하는 형식을 취하고 있다. 제131「항마경降魔經」은 마왕魔王 파순波旬을 교화하는 목련 존자의 설법만으로 이루어져 있기도 하다. 이외의 다른 경에서도 부처님을 대신하는 전법자傳法者의 역할을 하는 제자들의 모습이 자주 등장하고 있다.

『중아함경』에서 내용상 특기할 만한 소경으로 제116「구담미경瞿曇彌經」을 들 수 있다. 여기에서는 비구니 승단이 구성된 과정과, 비구니 스님들이 지켜야 하는 8존사법尊師法, 그리고 정법 5백 년 존속 등에 대해 널리 알려진 이야기를 볼 수 있다. 즉 부처님께서는 여인의 출가를 원하지 않으셨지만, 대애도 고타미의 은혜를 생각하여 여인의 출가를 허락하시되, 그 조건으로 비구니가 지켜야 할 8존사법을 세우게 되었다. 그러나 후에 8존사법의 여덟 번째 조항, 즉 "비구니는 구족계를 받고서 백 세가 되었더라도 처음 구족계를 받은 비구를 향하여……머리를 조아려 예배하고, 공경하고 받들어 섬기며, 합장하고 문안해야 한다"는 내용에 대하여 대애도 고타미는 이의를 제기하였다. 그러나 그 이의는 받아들여지지 않았으며, 오히려 여인의 출가로 인하여 천 년 동안 지속될 수 있었던 부처님의 정법이 5백 년 앞당겨 쇠퇴하게 될 것이라고 경에서는 전하고 있다. 이 경은 분명 여성에 대한 차별적인 내용을 담고 있다고 비판을 받을 수 있다. 그러나 비판하기에 앞서 그 당시에 여성을 남성과 함께 출가수행자로 인정하고 있는 종교가 없었다는 사실에 먼저 주목하고, 그리고 나서 출가수행자의 일원으로서 여성의 역할과 지위에 대한 현대적 함의를 찾아볼 수 있는 귀중한 내용을 담고 있다고 볼 수 있다.

이외에 세부적인 면에서 주의할 점은, 『중아함경』의 연기설은 오늘날 우리가 일반적으로 알고 있는 연기설과 구별하여 살펴야 한다는 것이다. 용어에 있어서, 12연기의 지분支分 가운데 촉觸·수受·취取를 각각 갱락更樂·각覺·수受로 표현하고 있다. 형태적인 면에서는, 제97「대인경大因經」에서 나타나듯이, 12연기설 외에 12지支를 다 갖추지 않은 형태, 12지가 다 갖추어지지 않은 상태에 다른 지支를 첨가한 형태, 12지가 완비된 형태에 다른 지支를 첨가한 형태 등 다양한 형태를 보이고 있다. 그리고 내용적인 면에서도, 『중아함경』의 연기설에는 4념처念處·7각의覺意·8정도正道와 같은 실천적인 교설이 많이 포함되어 있어 종합적이며 실천지향적인 면모가 드러난다고 할 수 있다.

이와 같은 실천지향적인 면모는 『중아함경』의 곳곳에서 살펴볼 수 있다. 방일을 경계하고, 참괴심을 지니고, 계를 반드시 지켜야 함을 강조하는 설법들을 쉽게 발견할 수 있다. 제42 「하의경何義經」, 제43 「불사경不思經」, 제47, 48 「계경戒經」, 제82 「지리미리경支離彌梨經」에서 우리는 지계持戒의 참뜻을 배울 수 있다. 계戒를 지닌다는 것은 사람이 뉘우칠 만한 허물을 범하지 않도록 하기 위한 것이다. 허물을 범하지 않으므로 후회하지 않게 되고, 마음이 즐거워하며 기뻐하게 되고, 나아가 쉼〔止〕과 안락을 얻어 선정에 들게 되고, 선정에 들면 '있는 그대로를 보고〔見如實〕 있는 그대로를 알게〔知如眞〕' 된다. 이러한 여실지견如實知見을 통하여 싫어하여 욕심을 떠나서 해탈하게 된다. 간단히 말하면, 고통을 끊고 해탈하여 다시 윤회를 되풀이하지 않게 되는 그 첫걸음이 바로 계를 지키는 것에 있음을 친절히 설명하고 있다. 즉, 계는 나무의 뿌리와 같아서 계를 지키지 않고는 해탈과 열반이라는 나무 열매를 맺을 수 없는 것이다.

『중아함경』에서는 출가수행자뿐만 아니라 재가수행자를 대상으로 한 설법이 현대적 수용과 그 감흥의 깊이를 더해가고 있다. 제126 「행욕경行欲經」에서는 재가자가 재물을 구하고 쓰는 열 가지 형태를 하나하나 자세히 이야기하고 있다. 재물에 대한 가장 바람직한 태도는 다음과 같다. 즉, 정당한 방법으로 재물을 구하여 절약하여 쓰며 만족할 줄 알고, 부모·형제와 다른 이들을 위하여 유익하게 사용하고, 참다운 사문을 공경하고 공양하고, 나아가서는 그 재물에 대한 집착을 끊어 초탈할 것을 제시하고 있다.

제128 「우바새경優婆塞經」에서 5법을 지키고 4증상심增上心을 얻은 재가자는 수다원須陀洹을 얻어서 천상계와 인간계에서 일곱 번 태어난 뒤에 반드시 괴로움의 끝을 볼 것이라고 부처님께서 수기하고 계신다. 5법을 지킨다는 것은 5계를 지킴을 말하고, 4증상심을 얻는다는 것은 불·법·승·계를 간절히 믿고 의지하는 것을 말한다. 출가의 어려운 문을 넘지 못한 재가수행자라 할지라도 마침내는 고통의 종식, 해탈에 도달할 수 있다는 부처님의 수기인 것이다. 이 경은 또한 부처님의 가르침을 따르는 4부중을 이루고 있는 재가수행자의 기본적인 요건이 삼보三寶에 귀의하고 5계를 지키는 것임을 역으로 드러내고 있다.

제202 「지재경持齋經」에서는, 재가수행자가 계를 지킴에 있어 그 실천적인 방식으로 8관재계關齋戒를 시설하고 있다. 높고 큰 평상을 버리고, 갖가지 장신구와 화장품으로 몸을 치장하기를 버리고, 하루에 한 끼만을 먹는 일종식을 지키는 세 가지를 5계에 더하여 여덟 가지로 재계의 내용을 시설하여 꼬박 하루 동안 받아 지키도록 권하고 있다.

또한 제15 「사경思經」에서는 신身·구口·의意의 3업業의 상세한 내용과 4무량심을 자세히 설명하고 있고, 제133 「우바리경優婆離經」에서는 자이나 교도인 우바리 거사를 대상으로 하여 3업 가운데 의업意業이 가장 무거운 이유를 자세히 드러내고 있다. 이 경에서 더욱 주의를 기울여야 하는 것은 그 이후의 내용이다. 부처님에게 설복당한 우바리는 즉시 삼보에 귀의하여 부처님의 제자가 되었고, 자신이 부처님의 제자가 된 사실을 널리 알리려고 하였다. 그러나 부처님께서는 우바리에게 이를 드러내지 말고, 잠자코 행동으로 실천하기를 권유하시며, 부처님의 비구 승단 이외에 다른 외도 수행자들이 오더라도 똑같이 공양을 올리기를 권유하셨다. 당시의 다른 외도들과는 정

반대되는 자비롭고 평등한 모습을 보여주고 계시는 것이다. 이 짧은 이야기 속에서도 오늘날의 재가자가 지녀야 할 기본적인 자세와 마음가짐을 읽을 수 있다.

근본적이고 실천적인 교설에 집중하고 있는 『중아함경』의 내용적 특징은 이외에도 다른 소경들에서도 잘 드러나고 있다. 제147「문덕경聞德經」에서 우리가 부처님의 가르침을 따라야 하는 이유와 목적을 알 수 있다. 출가와 재가를 막론하고 부처님의 제자로서 열심히 공부하는 까닭은 그 마음을 쉬게 하여 열반에 이르기 위해서다. 사람의 근기와 노력의 정도에 따라 다르기는 하지만 작게는 마음이 평안해지는 공덕이 있고, 크게는 구경열반究竟涅槃을 얻게 됨을 다시 되살리고 있다.

제200「아리타경阿梨吒經」에서는 법을 구하는 올바른 방법을 설하고 있다. 여기에서 부처님께서는 어리석은 아리타 비구를 꾸짖으며, 부처님의 가르침을 바르게 이해하지 못하면, 뱀을 잡을 때 꼬리를 잡음으로써 뱀에게 물리는 것과 같다고 경계하고 계신다. 더 나아가 뗏목을 타고 강을 건넌 뒤에는 뗏목을 버려야 함에도 방편에 집착하여 뗏목을 버리지 못하는 것을 말하고 있다. 부처님의 가르침은 바르고 완전하게 이해해야 할 뿐만 아니라, 그 법조차도 집착하면 안 되는 것이다.

지금까지 개략적으로 『중아함경』의 특징적인 면모를 간단히 살펴보았다. 『중아함경』을 이루고 있는 각각의 작은 경들을 고요한 마음으로 천천히 읽어 나가는 속에서 우리는 '옛것을 오늘에 되살린다'는 말의 참뜻을 체험하게 된다. 모든 경전들이 부처님의 법음法音을 담고 있고, 오늘날의 불제자들에게 나아갈 지표를 제시하고 있다. 그러나 그 중에서도 『중아함경』은 부처님 가르침의 근본을 상세하게 설명하고 있고, 이론적인 번쇄함을 세우기보다 그 실천적 함의를 드높이고 있다.

정 선 경

중아함경中阿含經 제 1 권

이 『중아함경』은 동진東晋 효무제孝武帝와 안제安帝 시대인 융안隆安 9년 11월부터 2년 6개월에 걸쳐 동정사東亭寺에서 완료한 것이다. 계빈罽賓 삼장 구담瞿曇 승가제바僧伽提婆가 번역하고 도조道祖가 필수筆受하였다.

1. 칠법품七法品 ①

〔열 개의 소경이 들어 있다. 초 1일송初一日誦은 5품 반으로 구성되어 있으며 총 64개의 소경이 수록되어 있다.〕

선법경善法經 · 주도수경晝度樹經과
성유경城喩經 · 수유경水喩經 · 목적유경木積喩經과
선인왕경善人往經 · 세간복경世間福經
칠일경七日經 · 칠거경七車經 · 누진경漏盡經이다.

1) 선법경善法經[1] 〔초 1일송日誦〕

나는 이와 같이 들었다.

어느 때 부처님께서 사위국舍衛國을 유행하실 때에 승림급고독원(勝林給孤獨園 : 祇樹給孤獨園)에 계셨다. 그때 세존께서 여러 비구들에게 말씀하셨다.

"만일 어떤 비구가 일곱 가지 법法을 성취한다면, 곧 현성賢聖의 도道에 환희를 얻어서 바로 누진漏盡의 경지에 나아가게 될 것이다. 어떤 것이 그 일곱 가지인가? 이른바 비구가 법을 알고〔知法〕 뜻을 알며〔知義〕 때를 알고〔知時〕 절제할 줄 알며〔知節〕 자기를 알고〔知己〕 무리를 알며〔知衆〕 사람의 잘나고 못남을 아는 것〔知人勝〕이다.

어떤 것을 비구가 법을 안다고 하는가? 정경正經·가영歌詠·기설記說·게타偈咃·인연因緣·찬록撰錄·본기本起·차설此說·생처生處·광해廣解·미증유법未曾有法 및 설의說義를 아는 것이니, 이것을 비구가 법을 아는 것이라고 한다. 만일 어떤 비구가 법을 모른다면 그는 정경·가영·기설·게타·인연·찬록·본기·차설·생처·광해·미증유법 및 설의를 모르는 것이니, 이것을 비구가 법을 알지 못하는 것이라고 한다. 만일 어떤 비구가 법을 잘 안다면, 그는 정경·가영·기설·게타·인연·찬록·본기·차설·생처·광해·미증유법 및 설의를 아는 것이니, 이것을 비구가 법을 잘 아는 것이라고 한다.

어떤 것을 비구가 뜻을 아는 것이라 하는가? 이른바 비구가 이러이러한 말의 뜻에 대하여, 이것은 저런 뜻이고 이것은 이런 뜻임을 아는

---

1 이 경은 『증일아함경增一阿含經』 제33권 제39품인 「등법품等法品」의 첫 번째 소경의 내용과 동일하다.

것이니, 이것을 비구가 뜻을 아는 것이라고 한다. 만일 어떤 비구가 뜻을 모른다면, 그는 이러이러한 말의 뜻에 대하여, 이것은 저런 뜻이고 이것은 이런 뜻임을 모르는 것이니, 이것을 비구가 뜻을 모르는 것이라고 한다. 만일 어떤 비구가 뜻을 잘 안다면 이른바 그는 이러이러한 말의 뜻에 대하여 이것은 저런 뜻이고 이것은 이런 뜻이라는 것을 아는 것이다. 이것을 비구가 뜻을 잘 아는 것이라고 한다.

어떤 것을 비구가 때를 아는 것이라고 하는가? 이른바 비구가 지금은 하상下相을 닦아야 할 때이고 지금은 고상高相을 닦아야 할 때이며 지금은 사상捨相을 닦아야 할 때임을 아는 것이다. 만일 어떤 비구가 때를 알지 못한다면 그는 지금은 하상을 닦아야 하고 지금은 고상을 닦아야 하며 지금은 사상을 닦아야 할 때임을 모르는 것이니, 이것을 비구가 때를 알지 못하는 것이라고 한다. 만일 어떤 비구가 때를 잘 안다면 그는 지금은 하상을 닦아야 하고 지금은 고상을 닦아야 하며 지금은 사상을 닦아야 할 때임을 아는 것이니, 이것을 비구가 때를 잘 아는 것이라고 한다.

어떤 것을 비구가 절제할 줄 아는 것이라고 하는가? 이른바 비구가 절제할 줄 알아 마시거나 먹거나 떠나거나 머물며 혹은 앉거나 눕거나 말하거나 침묵하며 혹은 대소변을 보며 잠을 덜 자고 바른 지혜를 수행하는 것이니, 이것을 비구가 절제할 줄 아는 것이라고 한다. 만일 어떤 비구가 절제할 줄 모른다면 그는 마시거나 먹거나 떠나거나 머물며 혹은 앉거나 눕거나 말하거나 침묵하며 혹은 대소변을 보며 잠을 덜 자고 바른 지혜를 수행할 줄 모르는 것이니, 이것을 비구가 절제할 줄 모르는 것이라고 한다. 만일 어떤 비구가 절제할 줄 안다면 이른바 그는 마시거나 먹거나 떠나거나 머물며 혹은 앉거나 눕거나 말하거나 침묵하며 혹은 대소변을 보며 잠을 덜 자고 바른 지혜를 닦을 줄 아는 것이니, 이것을 비구가 절제할 줄 아는 것이라고 한다.

어떤 것을 비구가 자기를 아는 것이라고 하는가? 이른바 비구가 스스로 나에게는 저러한 믿음·계율·지식과·보시·지혜·변재辯才·아함阿含, 그리고 소득이 있음을 아는 것이니, 이것을 비구가 자기를 아는 것이라고 한다. 만일 어떤 비구가 자기를 모른다면 이른바 그는 스스로 나에게는 저러한 믿음·계율·지식·보시·지혜·변재·아함, 그리고 소득이 있음을 모르는 것이니, 이것을 비구가 자기를 모르는 것이라고 한다. 만일 어떤 비구가 자기를 잘 안다면, 이른바 그는 스스로 나에게는 저러한 믿음·계율·지식·보시·지혜·변재·아함, 그리고 소득이 있음을 아는 것이니, 이것을 비구가 자기를 잘 아는 것이라고 한다.

어떤 것을 비구가 무리를 아는 것이라고 하는가? 이른바 비구가 '이것은 찰리刹利의 무리이고 이것은 범지梵志의 무리이며, 이것은 거사居士의 무리이고 이것은 사문沙門의 무리이다. 나는 저 무리들이 이와 같이 다니고 이와 같이 머무르며 이와 같이 앉고 이와 같이 말하며 이와 같이 침묵하는지를 안다'고 하는 것이니, 이것을 비구가 무리를 아는 것이라고 한다. 만일 어떤 비구가 무리들을 모른다면, 이른바 그는 '이것은 찰리의 무리이고 이것은 범지의 무리이며 이것은 거사의 무리이고 이것은 사문의 무리이다. 나는 저 무리들이 이와 같이 다니고 이와 같이 머무르며 이와 같이 앉고 이와 같이 말하며 이와 같이 침묵하는지를 모른다'고 하는 것이니, 이것을 비구가 무리를 모르는 것이라고 한다. 만일 어떤 비구가 무리들을 잘 안다면 '이것은 찰리의 무리이고 이것은 범지의 무리이며, 이것은 거사의 무리이고 이것은 사문의 무리이다. 나는 저 무리들이 이와 같이 다니고 이와 같이 머무르며 이와 같이 앉고 이와 같이 말하며 이와 같이 침묵하는지를 안다'

고 할 것이다. 이것을 비구가 대중을 잘 아는 것이라고 한다.

어떤 것을 비구가 사람의 잘나고 못남을 아는 것이라고 하는가? 비구에 두 종류의 사람이 있는데 하나는 믿음이 있는 사람이고 다른 하나는 믿음이 없는 사람임을 아는 것이다. 만일 믿음이 있는 사람이면 훌륭하다 하고, 믿음이 없는 사람이면 그보다 못하다고 한다. 믿음이 있는 사람에도 두 종류가 있으니, 자주 가서 비구를 보는 사람이 있고 자주 가서 비구를 보지 않는 사람이 있다. 만일 자주 가서 비구를 보는 사람이면 훌륭하다 하고, 자주 가서 비구를 보지 않는 사람은 그보다 못하다고 한다. 자주 가서 비구를 보는 사람에도 두 종류가 있다. 비구에게 예경禮敬하는 사람이 있고 비구에게 예경하지 않는 사람이 있으니, 만일 비구에게 예경하는 사람이면 훌륭하다 하고 비구에게 예경하지 않는 사람이면 그보다 못하다고 한다. 비구에게 예경하는 사람에도 두 종류가 있으니, 경經을 묻는 사람이 있고 경을 묻지 않는 사람이 있다. 만일 경을 묻는 사람이면 훌륭하다 하고 경을 묻지 않는 사람이면 그보다 못하다고 한다. 경을 묻는 사람에도 두 종류가 있으니, 일심으로 경을 듣는 사람이 있고 일심으로 경을 듣지 않는 사람이 있다. 만일 일심으로 경을 듣는 사람이면 훌륭하다 하고 일심으로 경을 듣지 않는 사람이면 그보다 못하다고 한다.

일심으로 경을 듣는 사람에도 두 종류가 있으니, 듣고서 법을 지니는 사람이 있고 듣고도 법을 지니지 않는 사람이 있다. 만일 듣고서 법을 지니는 사람이면 훌륭하다 하고, 듣고도 법을 지니지 않는 사람이면 그보다 못하다고 한다. 듣고서 법을 지니는 사람에도 두 종류가 있으니, 법을 듣고서 뜻을 관하는 사람이 있고 법을 듣고도 뜻을 관하지 않는 사람이 있다. 만일 법을 듣고서 뜻을 관하는 사람이면 훌륭하다 하고, 법을 듣고도 뜻을 관하지 않는 사람이면 그보다 못하다고 한다. 법을 듣고 뜻을 관하는 사람에도 두 종류가 있으니, 법을 알고 뜻을 알며 법에 향하고 법에 머물며 법을 따르고 법대로 실천하는 사람이 있고, 법도 모르고 뜻도 모르며 법에 향하지도 않고 법에 머물지도 않으며 법을 따르지도 않고 법대로 실천하지도 않는 사람이 있다. 만일 법을 알고 뜻을 알며 법에 향하고 법에 머물며 법을 따르고 법대로 실천하는 사람이면 훌륭하다 하고, 법도 모르고 뜻도 모르며 법에 향하지도 않고 법에 머물지도 않으며 법을 따르지도 않고 법대로 실천하지도 않는 사람은 그보다 못하다고 한다.

이른바 법을 알고 뜻을 알며 법에 향하고 법에 머물며 법을 따르고 법대로 실천하는 사람에도 두 종류가 있으니, 자기 자신을 요익饒益하게 하고 남도 요익하게 하며 많은 사람을 요익하게 하고 세간을 불쌍히 생각하고 가엾게 여기며 하늘과 사람을 위해 이치를 구하거나 요익하게 되기를 바라며 안온하고 쾌락해지기를 바라는 사람이 있고, 자기 자신도 요익하게 하지 않고 또 남도 요익하게 하지 않으며 많은 사람을 요익하게 하지도 않고 세간을 불쌍히 생각하고 가엾게 여기지도 않으며 하늘과 사람을 위해 이치를 구하거나 요익하게 되기를 바라지도 않으며 안온하고 쾌락해지기를 바라지 않는 사람도 있다. 만일 자기 자신도 요익하게 하고 남도 요익하게 하며 많은 사람을 요익하게 하고 세간을 불쌍히 생각하고 가엾게 여기며 하늘과 사람을 위해 이치를 구하거나 요익하게 되기를 바라며 안온하고 쾌락해지기를 바라는 사람이면, 이 사람은 모든 사람 중에서 가장 으뜸이 되고 큰 사람이 되며 위[上]가 되고 최고가 되며 훌륭한 사람이 되고 존경받는 이가 되며 미묘한 사람이 된다. 비유하면 소[牛]로 인해 젖[乳]이 있고 젖으로 인해 낙酪이 있으며 낙으로 인해 생소生酥가 있고 생소로 인해 숙소熟酥가 있으며 숙소로 인해 소정酥精이 있게 되는데, 소정은 그 가운데서 가장 으뜸이 되며 큰 것이 되고 위가 되며 최고가 되고 훌륭한 것이 되며 높은 것이 되고 뛰어난 것이 되는 것과 같다. 이와 같이 사람이 자기 자신도 요익하게 하고 또 남도 요익하게 하며, 많은 사람을 요익하게 하고 세간을 불쌍하게 생각하고 가엾게 여기며 하늘과 사람을 위해 이치를 구하거나 요익하게 되기를 바라며 안온하고 쾌락해지기를 바란다면, 이 두 종류의 사람은 위에서 말한 바와 같고 위에서 분별한 것과 같으며 위에서 시설施設한 바와 같다. 이것이 곧 첫째가 되며 큰 것이 되고 위가 되며 최고가 되고 훌륭한 것이 되며 존경 받는 사람이 되고 뛰어난 것이 된다. 이것을 비구가 사람의 잘나고 못남을 아는 것이라고 한다."

부처님께서 이렇게 말씀하시자, 모든 비구들은 부처님 말씀을 듣고 기뻐하며 받들어 행하였다.

〔이 선법경에 수록된 경문의 글자 수는 1,423자이다.〕

2) 주도수경晝度樹經[2]〔초 1일송〕

나는 이와 같이 들었다.

어느 때 부처님께서 사위국을 유행하실 때에 승림급고독원에 계셨다. 그때 세존께서는 여러 비구들에게 말씀하셨다.

"만일 삼십삼천三十三天에 있는 주도수晝度樹[3] 잎이 시들어 노래지면,

2 이 경은 『증일아함경』 제33권 제39품인 「등법품」의 두 번째 소경과 내용이 동일하다.

3 파리질다(波利質多, pārijāta)나무라고도 하며 향변수香遍樹라고 번역한다. 콩과에 소속된 식물로서 인도 히말라야 산 아래 스리랑카 · 버마 · 말레이시아 · 자바 등지에 서식한다. 나무의 줄기는 높고, 껍질은 엷은 회색이며, 작은 가시가 많다. 잎은 우상엽羽狀葉이고 꽃은 주머니 모양으로 크고 붉으며 매우 아름답다. 이 나무는 도리천忉利天

삼십삼천 대중들은 머지않아 그 나뭇잎은 반드시 떨어지리라고 기뻐하고 즐거워하고, 다시 삼십삼천에 있는 주도수 나뭇잎이 떨어지고 나면 이때에도 삼십삼천 대중들은 그 나뭇잎은 머지않아 반드시 다시 피어날 것이라고 기뻐하고 즐거워한다. 또 삼십삼천에 있는 주도수 나뭇잎이 피어나면 이때에도 삼십삼천 대중들은 그 나무는 머지않아 반드시 잎이 피어 그물처럼 덮을 수 있을 것이라고 기뻐하고 즐거워하며, 다시 삼십삼천에 있는 주도수가 잎이 피어 그물처럼 덮으면 이때에도 삼십삼천 대중들은 그 나무는 머지않아 새부리 같은 꽃봉오리를 틔울 것이라고 기뻐하고 즐거워한다. 다시 삼십삼천에 있는 주도수가 새부리 같은 꽃봉오리를 틔우면 이때에도 삼십삼천 대중들은 그 나무는 머지않아 반드시 발우처럼 생긴 꽃을 피울 것이라고 기뻐하고 즐거워하며, 또 삼십삼천에 있는 주도수가 이미 발우처럼 꽃을 피우면, 이때에도 삼십삼천 대중들은 그 나무는 오래지 않아 반드시 꽃이 활짝 필 것이라고 기뻐하고 즐거워한다. 만일 주도수의 꽃이 활짝 피면 백 유연(由延 : 由旬) 안에 그 광명을 비추고 그 빛깔이 비치며 그 향기가 두루 풍긴다. 이때에 삼십삼천 대중들은 여름 넉 달 동안 하늘의 5욕欲의 공덕功德을 구족하였으므로 스스로 즐기고 기뻐한다. 이것을 삼십삼천 대중들이 주도수 밑에 모여 즐기고 기뻐하는 것이라고 한다.

이런 이치와 같이 성인〔聖〕의 제자들에게 있어서도 그러하여 그들이 출가하기를 생각하면, 이때 거룩한 제자들을 엽황葉黃이라고 부르는데, 마치 삼십삼천에 있는 주도수 나뭇잎이 시들어 누렇게 되는 것과 같은 경우이다. 다시 거룩한 제자들이 수염과 머리를 깎고 가사를 입

제석궁帝釋宮인 선견성 동북쪽에 있다고 한다.

고 지극한 믿음으로 출가하여〔捨舍〕 집 없이 도를 배우게 되면, 이때 거룩한 제자들을 엽락葉落이라고 부르는데, 마치 삼십삼천에 있는 주도수 나뭇잎이 떨어지는 것과 같은 경우이다. 다시 거룩한 제자들이 탐욕을 끊고 악하고 착하지 않은 법을 여의며, 각覺도 있고 관觀도 있으며, 여의는 데서 생기는 기쁨과 즐거움으로 초선初禪을 얻어 성취하여 노닐게 되면 이때 거룩한 제자들을 엽환생葉還生이라고 부르는데, 마치 삼십삼천에 있는 주도수 나뭇잎이 다시 나는 것과 같은 경우이다. 또 거룩한 제자들이 각과 관이 이미 그쳐 안으로 고요히 한마음이 되어 각도 없고 관도 없으며 선정에서 생기는 기쁨과 즐거움이 있는 제2선第二禪을 얻어 성취하여 노닐게 되면 이때 거룩한 제자들을 생망生網이라고 부르는데, 마치 삼십삼천에 있는 주도수에 잎이 그물처럼 덮는 것과 같은 경우이다.

또 거룩한 제자들은 기쁨의 탐욕을 여의고, 평정하여 구함 없이 노닐며 바른 생각과 바른 지혜로 몸에 즐거움을 깨닫는다. 이른바 저 성인이 말한 성인의 평정〔捨〕·기억〔念〕·즐거움에 머묾〔樂住〕·공空을 갖추어 제3선을 얻어 성취하여 노닐게 되면 이때 거룩한 제자들을 생여조훼生如鳥喙라 부르는데, 마치 삼십삼천에 있는 주도수가 새부리 같은 꽃봉오리를 내는 것과 같은 경우이다. 또 거룩한 제자들은 즐거움도 멸하고 괴로움도 멸하는데, 기쁨과 걱정의 근본은 이미 다 멸한 상태이다. 그리하여 괴로움도 없고 즐거움도 없는 평정〔捨〕·기억〔念〕·청정淸淨이 있는 제4선을 얻어 성취하여 노닐게 되면, 이때 거룩한 제자들을 생여발生如鉢이라고 부르는데, 마치 삼십삼천에 있는 주도수가 발우와 같은 꽃을 피우는 것과 같은 경우이다. 다시 거룩한 제자들은 모든 번뇌가 이미 다하고, 심해탈心解脫과 혜해탈慧解脫을 이루어 현재에 있어서 스스로 알고 스스로 깨닫고 스스로 증득하며 성취하여 노닌다. 그래서 생이 이미 다하고 범행梵行이 이미 서고 해야 할 일을 이미 마쳐 다시는 뒷세상의 생명을 받지 않는다는 참뜻을 알게 되면 이때 거룩한 제자들을 진부개盡數開라고 부르는데, 마치 삼십삼천에 있는 주도수가 꽃을 활짝 피운 것과 같은 경우이다.

그가 번뇌가 다한 아라하비구阿羅訶比丘가 되면 삼십삼천 대중들은 선법정전善法正殿에 모여 칭송하고 찬탄한다.

'저 아무개 높은 제자는 아무개 마을에서 수염과 머리를 깎고 가사를 입고 지극한 믿음으로 출가하여 집 없이 도를 배우게 되었다. 모든 번뇌가 이미 다하고 심해탈과 혜해탈을 성취하여 현재 세계에 스스로 알고 스스로 깨닫고 스스로 증득하여 성취해 노닌다. 생이 이미 다하고 범행이 이미 서고 해야 할 일을 이미 마쳐 다시는 뒷세상의 생명을 받지 않는다는 참뜻을 알았다.'

이것을 번뇌가 다한 아라하阿羅訶의 모임이라고 하니, 마치 삼십삼천 대중들이 주도수 밑에 함께 모인 것과 같다."

부처님께서 이렇게 말씀하시자, 모든 비구들은 부처님 말씀을 듣고 기뻐하며 받들어 행하였다.

〔이 주도수경에 수록된 경문의 글자 수는 752자이다.〕

3) 성유경城喩經[4]〔초 1일송〕

나는 이와 같이 들었다.

어느 때 부처님께서 사위국을 유행하실 때에 승림급고독원에 계셨

4 이 경은 『증일아함경』 제33권 제39품인 「등법품」의 네 번째 소경의 내용과 동일하다.

다. 그때 세존께서 여러 비구들에게 말씀하셨다.

"왕의 변성邊城이 일곱 가지 일〔七事〕을 구족하면 네 가지 식량〔四食〕의 풍요로움을 얻기 어렵지 않게 된다. 그런 까닭에 왕성王城은 오직 안에서 스스로 무너지기 전에는 외적 때문에 부서지지는 않는다.

왕성이 일곱 가지 일을 갖춘다는 것은 무엇인가? 왕의 변성에 망보는 다락을 만들어 세우고 땅을 굳게 다져 무너지지 않게 하여 안을 안온하게 하고 바깥의 원적怨敵을 제어하면 이것을 왕성이 첫 번째 일을 구족한 것이라고 한다. 또 왕의 변성에 성 밖으로 매우 깊고 넓은 못을 둘러 파고 잘 보수하여 안을 안온하게 하고 밖의 원적을 제어하면 이것을 왕성이 두 번째 일을 구족한 것이라고 한다. 또 왕의 변성에 성 주위로 평평하고 넓은 길을 내어 안을 안온하게 하고 밖의 원적을 제어하면 이것을 왕성이 세 번째 일을 구족한 것이라고 한다.

또 왕의 변성에 네 종류의 군사의 힘, 곧 상군象軍・마군馬軍・차군車軍・보군步軍을 모아 안을 안온하게 하고 밖의 원적을 제어하면 이것을 왕성이 네 번째 일을 구족한 것이라고 한다. 또 왕의 변성에 병기, 곧 활과 창을 미리 갖추어 안을 안온하게 하고 밖의 원적을 제어하면, 왕성이 다섯 번째 일을 구족한 것이라고 한다. 또 왕의 변성에 밝은 계략과 지혜와 변재辯才가 있고 굳세고 용맹스러우며 기특한 꾀가 있는 대장을 세워 문을 지키게 해서, 착한 사람이 들어오는 것은 허락하고 착하지 않은 사람이 들어오는 것은 막아 안을 안온하게 하고 밖의 원적을 제어하면 이것을 왕성이 여섯 번째 일을 구족한 것이라고 한다. 또 왕의 변성에 높은 담을 아주 튼튼하게 쌓고, 진흙을 바르고 흰 흙을 발라 안을 안온하게 하고 밖의 원적을 제어하면 이것을 왕성이 일곱 번째 일을 구족한 것이라고 한다.

왕성에서는 네 가지 식량의 풍요로움을 얻기 어렵지 않다는 것은 무엇인가? 이른바 왕의 변성에서는 물과 풀과 섶나무와 자재를 미리 준비하여 안을 안온하게 하고 밖의 원적을 제어한다. 이것이 왕성에서는 첫 번째 식량의 풍요로움을 얻기 어렵지 않다고 하는 것이다. 또 왕의 변성에서는 많은 벼를 거두고 또 보리를 저축하여 안을 안온하게 하고 밖의 원적을 제어한다. 이것이 왕성에서는 두 번째 식량의 풍요로움을 얻기 어렵지 않다고 하는 것이다. 또 왕의 변성에서는 점두粘豆와 콩과 팥을 저축하여 안을 안온하게 하고 밖의 원적을 제어한다. 이것이 왕성에서는 세 번째 식량의 풍요로움을 얻기 어렵지 않다고 하는 것이다. 또 왕의 변성에서는 소유酥油・꿀・사탕수수・엿・생선・소금・말린 고기・육고기를 구족하여 안을 안온하게 하고 밖의 원적을 제어한다. 이것이 왕성에서는 네 번째 식량의 풍요로움을 얻기 어렵지 않다고 하는 것이다.

이렇게 왕성이 일곱 가지 일을 구족하여 네 가지 식량의 풍요로움을 얻기 어렵지 않게 된다면, 다만 안으로 스스로 무너지기 전에는 외적 때문에 부서지지 않는다.

이와 같이 만일 거룩한 제자들이 7선법善法을 얻는다면 4증상심增上心을 체득하기가 어렵지 않다. 그 때문에 거룩한 제자들은 마왕이 틈을 노릴 대상이 되지 않고, 또 악하고 착하지 않은 법을 따르지 않으며, 더러움에 물들지도 않고, 다시는 뒷세상의 생명을 받지 않게 된다.

거룩한 제자들이 7선법을 얻는다는 것은 무엇인가? 이른바 거룩한 제자들은 견고한 믿음을 얻어 여래에게 깊이 의지하며, 믿음의 뿌리가 이미 확립되어 끝내 다른 사문沙門 범지梵志 혹은 천天이나 마군〔魔〕이나 범梵이나 다른 세간을 따르지 않는다. 이것을 거룩한 제자들이 첫 번째 선법을 얻은 것이라고 한다. 또 거룩한 제자들은 항상 스스로 부끄러워할 줄 알아, 악하고 착하지 않은 법은 더러운 번뇌로서 그것은 모든 악한 과보를 받고 생사의 근본을 만드는 것이므로 스스로 부끄러워해야 할 것인 줄 안다. 이것을 거룩한 제자들이 두 번째 선법을 얻은 것이라고 한다. 또 거룩한 제자들은 항상 남에게 부끄러워할 줄 알아 악하고 착하지 않은 법은 더러운 번뇌로서 그것은 모든 악한 과보를 받고 생사의 근본을 만드는 것이므로 남에게 부끄러워해야 할 것인 줄 안다. 이것을 거룩한 제자들이 세 번째 선법을 얻은 것이라고 한다. 또 거룩한 제자들은 항상 정진精進을 실천하여 악하고 착하지 않은 법을 끊고 모든 선법善法을 닦으며, 항상 스스로 뜻을 일으켜 전일專一하고 견고하게 하여 모든 선의 근본을 위해서 방편을 버리지 않는다. 이것을 거룩한 제자들이 네 번째 선법을 얻은 것이라고 한다. 또 거룩한 제자들은 널리 배우고 많이 들은 것을 받아 지녀 잊지 않으며 쌓고 모으며 널리 듣는다. 이른바 법이란 처음도 좋고 중간도 좋고 마지막도 좋으며, 이치도 있고 문채도 있으며 청정함을 구족하여 범행을 나타내는 것이다. 이러한 모든 법을 널리 배우고 많이 들어 익히기를 천 번에까지 이르고, 마음이 생각하고 관觀하는 바대로 밝게 보고 깊게 사무친다. 이것을 거룩한 제자들이 다섯 번째 선법을 얻은 것이라고 한다. 또 거룩한 제자들은 항상 기억〔念〕을 행하되 바른 생각〔正念〕을 성취하고, 오래전부터 익혀온 바와 오래전부터 들은 바를 항상 기억〔憶〕하여 잊지 않는다. 이것을 거룩한 제자들이 여섯 번째 선법을 얻은 것이라고 한다. 또 거룩한 제자들은 지혜를 닦고 행하여 흥하고 쇠하는 법을 관하고, 이와 같은 지혜를 얻어서는 거룩한 지혜로 밝게 통달하여 분별하고 밝게 깨달아 그로써 진정 괴로움을 없앤다. 이것을 거룩한 제자들이 일곱 번째 선법을 얻은 것이라고 한다.

거룩한 제자들이 4증상심增上心을 체득하기가 어렵지 않다는 것은 무엇인가? 이른바 거룩한 제자들은 탐욕을 여의고 악하고 착하지 않은 법을 여의어 각覺도 있고 관觀도 있으며, 여의는 데서 생기는 기쁨과 즐거움이 있는 초선初禪을 체득하고 성취하여 노닌다. 이것이 거룩한 제자들은 첫 번째 증상심을 체득하기가 어렵지 않다고 하는 것이다. 또 거룩한 제자들은 각과 관이 이미 그쳐 안으로 고요히 한마음〔一心〕이 되어 각도 없고 관도 없으며 선정에서 생기는 기쁨과 즐거움이 있는 제2선第二禪을 체득하고 성취하여 노닌다. 이것이 거룩한 제자들은 두 번째 증상심을 체득하기가 어렵지 않다고 하는 것이다. 또 거룩한 제자들은 기쁨의 탐욕〔貪欲〕을 여의고 평정하여 구함 없이 노닐며 바른 생각과 바른 지혜로 몸에 즐거움을 깨닫는다. 이른바 성인께서 말씀하신 성인의 평정〔捨〕·기억〔念〕·즐거움에 머묾〔樂住〕·공空을 갖추어 제3선을 체득하고 성취하여 노닌다. 이것이 거룩한 제자들은 세 번째 증상심을 체득하기가 어렵지 않다고 하는 것이다. 또 거룩한 제자들은 즐거움이 멸하고 괴로움도 멸하는데, 기쁨과 걱정의 뿌리는 이미 멸한 상태이며, 괴로움도 없고 즐거움도 없는〔不苦不樂〕 평정〔捨〕·기억〔念〕·청정淸淨이 있는 제4선을 성취하여 노닌다. 이것이 거룩한 제자들은 네 번째 증상심을 체득하기가 어렵지 않다고 하는 것이다.

이와 같이 거룩한 제자들이 일곱 가지 선법을 얻으면 네 가지 증상심을 체득하기가 어렵지 않다. 따라서 마왕이 틈을 엿보지 못하고 또 악하고 착하지 않은 법을 따르지 않으며 더러움에 물들지 않고 다시는 뒷세상의 생명을 받지 않는다.

왕의 변성에 망보는 다락집을 세우고 땅을 견고하게 쌓아 무너지지 않게 하여 안을 안온하게 하고 밖의 원적을 제어하는 것처럼, 거룩한 제자도 견고한 믿음을 얻어 여래에게 깊이 의지하고 믿음의 뿌리가 이미 세워져서 끝내 다른 사문 범지나 혹은 하늘·마군·범梵이나 다른 세간을 따르지 않나니, 이것을 거룩한 제자가 믿음이라는 망보는 다락집을 얻어 악과 불선을 없애고 모든 선법을 닦는 것이라고 한다.

왕의 변성 밖에 아주 깊고 넓은 못을 파고 잘 보수해서 안을 안온하게 하고 밖의 원적을 막아내는 것처럼 거룩한 제자도 항상 자기 자신에 대하여 부끄러워할 줄 알아 악하고 착하지 않은 법은 더러운 번뇌로서 그것은 모든 악의 과보를 받고 생사의 근본을 짓는 것이므로 부끄러워해야 할 것인 줄을 아는데, 이것을 거룩한 제자가 스스로 부끄러워할 줄 아는 해자〔池塹〕를 얻어 악과 불선을 없애고 모든 착한 법을 닦는 것이라고 한다.

왕의 변성에 두루 길을 내되 트이고 편편하고 넓게 하여 안을 안온하게 하고 밖의 원적을 제어하는 것처럼 거룩한 제자도 항상 남에게 부끄러워할 줄 알아 악하고 착하지 않은 법은 더러운 번뇌로서 그것은 모든 악의 과보를 받고 생사의 근본을 짓는 것이므로 부끄러워해야 할 것임을 안다. 이것을 거룩한 제자가 남에게 부끄러워함이란 편편한 길을 얻어 악과 불선을 없애고 모든 선법을 닦는 것이라고 한다.

왕의 변성에 네 가지 군사의 힘, 곧 상군·마군·차군·보군을 모아 안을 안온하게 하고 밖의 원적을 제어하는 것처럼, 거룩한 제자도 항상 정진하여 악과 불선을 끊고 모든 선법을 닦으며, 항상 스스로 의욕을 내어 전일하고 견고히 하여 모든 선을 위해 방편을 버리지 않는다. 이것을 거룩한 제자가 정진이라는 군사의 힘을 얻어 악과 불선을 없애고 모든 선법을 닦는 것이라 고 한다.

왕의 변성에 병기, 곧 활·화살·창 따위를 미리 갖추어 안을 안온하게 하고 밖의 원적을 제어하는 것처럼 거룩한 제자도 널리 배우고 많이 들어 잘 지닌 채 잊지 않고 지식을 쌓아 모은다. 법이란 처음도 좋고 중간도 좋고 마지막도 좋으며 뜻도 있고 문채도 있으며 청정함을 구족하여 범행을 실현한다. 이와 같은 모든 법을 널리 배우고 많이 들어 익히기를 천 번에 이르고 마음이 생각하고 관하는 바대로 밝게 보고 깊게 사무친다. 이것을 거룩한 제자로서 많은 지식이라는 군기軍器를 얻어 악과 불선을 없애고 모든 선법을 닦는 것이라고 한다.

왕의 변성에 밝은 책략과 지혜로운 변재가 있고 용맹스럽고 굳세며 기특한 꾀가 있는 대장을 세워 문을 지키게 하여 착한 사람이 들어오는 것은 허락하고 착하지 않은 사람이 들어오는 것은 막아서 안을 안온하게 하고 밖의 원적을 제어하는 것처럼 거룩한 제자도 항상 생각을 거듭하여 바른 생각을 성취하고 오래전부터 익힌 바와 오래전부터 들은 바를 항상 기억해 잊지 않는다. 이것을 거룩한 제자가 기억〔念〕이라는 문 지키는 대장을 얻어 악과 불선을 없애고 모든 선법을 닦는 것이라고 한다.

왕의 변성에 높은 담을 아주 견고하게 쌓고 진흙을 바르고 흰 흙을 발라 안을 안온하게 하고 밖의 원적을 제어하는 것처럼 거룩한 제자도 지혜를 닦고 행하여 흥하고 쇠하는 법을 관하고 이와 같은 지혜를 얻어서 거룩한 지혜로 밝게 통달하여 분별하고 분명하게 깨달아 그로써 진정 괴로움을 없애는데, 이것을 거룩한 제자가 지혜라는 담을 쌓아 악과 불선을 없애고 모든 선법을 닦는 것이라고 한다.

왕의 변성에서 물과 풀과 섶나무 같은 재료를 미리 준비하여 안을 안온하게 하고 밖의 원적을 제어하는 것처럼, 거룩한 제자도 탐욕을 여의고 악하고 착하지 않은 법을 여의어 각도 있고 관도 있으며, 여의는 데서 생기는 기쁨과 즐거움이 있는 초선을 체득하고 성취하여 노닌다. 그리하여 즐거움에 머물되 다함이 없으며 안온하고 쾌락하여 스스로 열반을 이룬다.

왕의 변성에서 많은 벼를 거두고 또 보리를 저축하여 안을 안온하게 하고 밖의 원적을 제어하는 것처럼, 거룩한 제자도 각과 관이 이미 그치고 안이 고요해지고 한마음이 되어, 각도 없고 관도 없으며 선정〔定〕에서 생기는 기쁨과 즐거움이 있는 제2선第二禪을 체득하고 성취하여 노닌다. 그리하여 즐거움에 머물되 다함이 없으며 안온하고 쾌락하여 스스로 열반을 이룬다.

왕의 변성에서 많은 점두와 콩과 팥을 쌓아 안을 안온하게 하고 밖의 원적을 제어하는 것처럼, 거룩한 제자도 기쁨의 욕망〔喜欲〕을 여의고, 평정하여 구함 없이 노닐며, 바른 생각과 바른 지혜로 몸에 즐거움을 깨닫는다. 이른바 성인께서 말씀하신 성인의 평정〔捨〕·기억〔念〕·즐거움에 머묾〔樂住〕·공空을 갖추어 제3선을 체득하고 성취하여 노닌다. 그리하여 즐거움에 머물되 다함이 없으며 안온하고 쾌락하여 스스로 열반을 이룬다.

왕의 변성에서 소유와 꿀과 사탕수수와 엿을 저축하고 생선·소금·고기 말린 것·육고기 따위가 다 충족하여 안을 안온하게 하고 밖의 원적을 제어하는 것처럼, 거룩한 제자도 즐거움이 멸하고 괴로움도 멸하는데, 기쁨과 걱정의 뿌리는 이미 멸한 상태이며, 괴로움도 없고 즐거움도 없는 평정〔捨〕·기억〔念〕·청정〔淸淨〕이 있는 제4선禪을 체득하고 성취하여 노닌다. 그리하여 즐거움에 머물되 다함이 없으며 안온하고 쾌락하여 스스로 열반을 이룬다.”

부처님께서 이렇게 말씀하시자, 여러 비구들은 부처님의 말씀을 듣고 기뻐하며 받들어 행하였다.

〔이 성유경에 수록된 경문의 글자 수는 1,902자이다.〕

4) 수유경水喩經[5] [초 1일송]

나는 이와 같이 들었다.

어느 때 부처님께서 사위국을 유행하실 때에 승림급고독원에 계셨다. 그때 세존께서 여러 비구들에게 말씀하셨다.

"내가 이제 너희들을 위하여 일곱 가지 물과 관련된 사람[水人]에 대해 말할 것이니, 자세히 듣고 잘 생각하라."

그때 여러 비구들은 그 분부를 받고 경청하였다. 부처님께서 말씀하셨다.

"어떤 것이 일곱 가지인가? 어떤 사람은 항상 물속에 누워 있고 또 어떤 사람은 물에서 나왔다가 다시 빠지며, 어떤 사람은 물에서 나와 머물러 있고 어떤 사람은 물에서 나와 머물다가 머문 뒤에는 살펴보며, 어떤 사람은 물에서 나와 머물다가 머문 뒤에는 살펴보며 살펴본 뒤에는 건너가고, 또 어떤 사람은 물에서 나와 머물다가 머문 뒤에는 살펴보고 살펴본 뒤에는 건너가며 건너간 뒤에는 저쪽 언덕에 이르기도 하며, 어떤 사람은 물에서 나와 머물다가 머문 뒤에는 살펴보고 살펴본 뒤에는 건너가고 건너간 뒤라야 저쪽 언덕에 이르는데 저쪽 언덕에 이른 뒤에는 그를 언덕에 머무는 사람이라고 한다. 이와 같이 나는 마땅히 다시 너희들을 위하여 일곱 가지 물에 비유한 사람에 대해 말할 것이니 자세히 듣고 잘 생각하라."

여러 비구들은 그 분부대로 경청하였다. 부처님께서 말씀하셨다.

"어떤 것이 일곱 가지인가? 어떤 사람은 항상 누워 있고 또 어떤 사람은 나왔다가는 다시 빠지며, 어떤 사람은 나온 뒤에는 머물고 어떤

---

5 이 경은 『증일아함경』 제33권 제39품인 「등법품」의 세 번째 소경의 내용과 동일하다.

사람은 나온 뒤에는 머물다가 머문 뒤에는 살펴보며 또 어떤 사람은 나온 뒤에는 머물다가 머문 뒤에는 살펴보며 살펴본 뒤에는 건너가고 어떤 사람은 나온 뒤에는 머물고 머문 뒤에는 살펴보며 살펴본 뒤에는 건너가고 건너간 뒤에는 저쪽 언덕에 이르며, 또 어떤 사람은 나온 뒤에는 머물고 머문 뒤에는 살펴보며 살펴본 뒤에는 건너가고 건너간 뒤에는 저쪽 언덕에 이르는데 저쪽 언덕에 이른 뒤라야 그를 언덕에 머무는 범지梵志라고 한다. 이 일곱 가지 물에 비유한 사람에 대해 내가 간략히 말한 것이 위에서 말한 것과 같고 위에서 시설한 것과 같다. 너희들은 어떤 뜻을 알았고 어떻게 분별하였으며 어떤 인연이 있는가?"

그때 여러 비구들이 세존께 말씀드렸다.

"세존께서는 법의 근본이 되시고 세존께서는 법의 주인이 되시며 법은 세존으로 말미암아 나옵니다. 원컨대 그것을 말씀해 주십시오. 저희들이 듣고 나면 자세히 그 뜻을 알 수 있을 것입니다."

부처님께서 말씀하셨다.

"너희들은 자세히 듣고 잘 생각하라. 내가 너희들을 위하여 그 뜻을 분별해 주리라."

그때 모든 비구들은 이 분부를 받고 경청하였다.

부처님께서 말씀하셨다.

"사람이 항상 누워 있다고 하는 것은 무엇인가? 혹 어떤 사람은 착하지 않은 법에 덮이고 더러움에 물들게 되어 나쁜 법의 과보를 받고 생사의 근본을 짓는데, 이것을 어떤 사람은 항상 누워 있다고 하는 것이다. 마치 사람이 물에 빠진 채 물 속에 누워 있는 것처럼 내가 그 사람에 대해 말한 것도 그와 같은 것이다. 이것이 첫 번째 물과 관련된 사람에 대한 비유로서 세상 이치도 또한 그러하다.

사람이 물에서 나왔다가 다시 빠진다는 것은 무엇인가? 사람이 이미 물에서 나왔다고 말한 것은 믿음의 선법善法을 얻고 지계持戒·보시布施·다문多聞·지혜智慧의 선법을 닦아 익힌 것이다. 그러나 그가 뒷날에 믿음을 잃고 견고하지 못하며, 지계·보시·다문·지혜까지도 잃고 견고하지 못하게 된 것을 사람이 물에서 나왔다가 다시 빠졌다고 하는 것이다. 마치 사람이 물에 빠졌다가 이미 나왔으나 다시 빠지는 것처럼 내가 그 사람에 대해 말하는 것도 그와 같다. 이것이 두 번째 물과 관련된 사람에 대한 비유로서 세상 이치도 또한 그러하다.

사람이 이미 나와 머문다는 것은 어떤 것인가? 사람이 이미 나왔다는 것은 믿음의 선법을 얻고 지계·보시·다문·지혜의 선법을 닦아 익힌 것이며, 뒷날에 가서도 믿음이 견고하여 그것을 잃지 않고 지계·보시·다문·지혜까지도 견고하여 잃지 않는 것을 어떤 사람이 이미 물에서 나와 머문다고 하는 것이다. 마치 어떤 사람이 물에 빠졌다가 이미 나와 머무는 것처럼 내가 그 사람에 대해 말한 것도 이와 같다. 이것이 세 번째 물과 관련된 사람에 대한 비유로서 세상 이치도 또한 그러하다.

사람이 나온 뒤에는 머물고 머문 뒤에는 살펴본다는 것은 어떤 것인가? 사람이 이미 나와 믿음의 선법을 얻고 지계·보시·다문·지혜의 선법을 닦아 익힌 것으로 뒷날에 가서도 믿음이 견고하여 그것을 잃지 않고 지계·보시·다문·지혜까지도 견고하여 잃지 않으며, 선법 가운데 머물면서 괴로움〔苦〕에 대하여 사실 그대로 알고 괴로움의 발생〔苦習〕·괴로움의 소멸〔苦滅〕·괴로움의 소멸에 이르는 길〔苦滅道〕에 대하여 사실 그대로 안다. 그는 이와 같이 알고 이와 같이 보았으므로 3결結이 곧 모두 끊어진다. 신견결身見結·계취결戒取結·의결疑結의 3결이 이미 다하면 수다원須陁洹을 얻어 악법에 떨어지지 않고 결국 정각正覺에 나아가 마지막에는 7유有를 받는데, 천상과 인간에 일곱 번 오가기를 마치면 곧 괴로움의 끝〔苦際〕을 얻는다. 이것을 어떤 사람은 나온 뒤에는 머물고 머문 뒤에 살펴본다고 하는 것이다. 마치 어떤 사람이 물에 빠졌다가 나온 뒤에는 머물고 머문 뒤에는 살펴보는 것처럼 내가 그 사람에 대해 말하는 것도 그와 같다. 이것을 네 번째 물과 관련된 사람에 대한 비유로서 세상 이치도 그러하다.

사람이 나온 뒤에는 머물고 머문 뒤에는 살펴보며 살펴본 뒤에는 건넌다는 것은 어떤 것인가? 사람이 이미 물에서 나와 믿음의 선법을 얻고 지계·보시·다문·지혜의 선법을 닦아 익히고 뒷날에도 믿음이 견고해 그것을 잃지 않고 지계·보시·다문·지혜까지도 견고하여 잃지 않으며 선법에 머물면서 괴로움에 대하여 사실 그대로 알고 괴로움의 발생·괴로움의 소멸·괴로움의 소멸에 이르는 길에 대하여 사실 그대로 안다. 그는 이와 같이 알고 이와 같이 보았으므로 3결이 곧 다 끊어진다. 신견결·계취결·의결의 3결이 이미 다 끊어져 없어지면 음욕과 성냄과 어리석음이 엷어지고 천상과 인간 세계를 한 번 오가게 된다. 한 번 오간 뒤에는 곧 괴로움의 끝을 얻는다. 이것을 어떤 사람이 나온 뒤에는 머물고 머문 뒤에는 살펴보며 살펴본 뒤에는 건너간다고 하는 것인데, 마치 사람이 물에 빠졌다가 나온 뒤에는 머물고 머문 뒤에는 살펴보며 살펴본 뒤에는 건너가는 것처럼 내가 그 사람에 대해 말하는 것도 역시 그와 같다. 이것을 다섯 번째 물과 관련된 사람에 대한 비유로서 세상 이치도 그러하다.

사람이 나온 뒤에는 머물고 머문 뒤에는 살펴보며 살펴본 뒤에는 건너가고 건너간 뒤에는 저쪽 언덕에 이른다는 것은 무엇인가? 사람이 물에서 이미 나와 믿음의 선법을 얻고 지계·보시·다문·지혜의 선법을 닦아 익히며, 뒷날에 가서도 믿음이 견고하여 그것을 잃지 않고, 지계·보시·다문·지혜까지도 견고하여 잃지 않는다. 그리하여 선법에 머물면서 괴로움에 대하여 사실 그대로 알고, 괴로움의 발생·괴로움의 소멸·괴로움의 소멸에 이르는 길에 대하여 사실 그대로 안다. 그는 이와 같이 알고 이와 같이 보았으므로 5하분결下分結[6]이 다 끊어진다. 탐욕貪欲·진에瞋恚·신견身見·계금취견戒禁取見·의疑의 5하분결이 이미 다하면 그는 천상에 나서 곧 반열반般涅槃에 들어 물러나지 않는 법〔不退法〕을 얻어 이 세상에 돌아오지 않는다. 이것을 어떤 사람이 나온 뒤에는 머물고 머문 뒤에는 살펴보며 살펴본 뒤에는 건너가고 건너간 뒤에는 저쪽 언덕에 이른다고 하는데, 마치 어떤 사람이 물에 빠졌다가 나온 뒤에는 머물고 머문 뒤에는 살펴보며 살펴본 뒤에는 건너가고 건너간 뒤에는 저쪽 언덕에 이르는 것처럼 내가 저 사람에 대해 말한 것도 또한 그와 같다. 이것이 여섯 번째 물과 관련된 사람에 대한 비유로서 세상 이치도 그러하다.

사람이 나온 뒤에는 머물고 머문 뒤에는 살펴보며 살펴본 뒤에는 건너가고 건너간 뒤에는 저쪽 언덕에 이르며, 저쪽 언덕에 이른 뒤에는 그 언덕에 머무는 범지라고 하는 것은 무엇인가? 사람이 이미 물속에서 나와 믿음의 선법을 얻고 지계·보시·다문·지혜의 선법을 닦아 익히며, 뒷날에 가서도 믿음이 견고하여 그것을 잃지 않고, 지계·보시·다문·지혜까지도 견고하여 잃지 않는다. 그리하여 선법에 머물면서 괴로움에 대하여 사실 그대로 알고, 괴로움의 발생·괴로움의 소멸·괴로움의 소멸에 이르는 길에 대하여 사실 그대로 안

6 하분下分이란 욕계欲界를 일컫는 말이고, 결結이란 번뇌를 말한다. 3계 가운데 가장 밑에 위치한 욕계에서 중생을 얽어매고 있는 다섯 가지 번뇌, 즉 탐욕·진에·신견·계금취견·의결을 말하는데, 이 다섯 가지가 있는 한 그 중생은 욕계를 벗어날 수가 없고 이것을 끊어 없애면 불환과不還果를 증득한다고 한다.

다. 그는 이와 같이 알고 이와 같이 보았으므로 욕루欲漏에서 심해탈心解脫하고, 유루有漏와 무명루無明漏에서 심해탈하며, 이렇게 해탈한 뒤에는 곧 해탈한 줄을 안다. 그리하여 생명은 이미 다하고 범행은 이미 성립되었으며, 해야 할 일은 이미 마쳐 다시는 뒷세상의 생명을 받지 않음을 사실 그대로 안다. 이것을 어떤 사람이 나온 뒤에는 머물고 머문 뒤에는 살펴보며 살펴본 뒤에는 건너가고 건너간 뒤에는 저쪽 언덕에 이르고 저쪽 언덕에 이른 뒤에는 그 언덕에 머무는 범지라고 한다. 마치 어떤 사람이 물속에 빠졌다가 나온 뒤에는 머물고 머문 뒤에는 살펴보며, 살펴본 뒤에는 건너가고 건너간 뒤에는 저쪽 언덕에 이르며 저쪽 언덕에 이른 뒤에는 그 언덕에 머무는 사람이라고 하는 것처럼 내가 그 사람에 대해 말하는 것도 그와 같다. 이것을 일곱 번째 물에 관련된 사람에 대한 비유로서 세상 이치도 그러하다. 내가 지난번에 말한 너희들을 위하여 일곱 가지의 물과 관련된 사람에 대해 말해주겠다고 한 것은 곧 이러한 것들이다."

부처님께서 이렇게 말씀하시자, 모든 비구들은 부처님 말씀을 듣고 기뻐하며 받들어 행하였다.

〔이 수유경에 수록된 경문의 글자 수는 1,388자이다.〕

5) 목적유경木積喩經[7]〔초 1일송〕

나는 이와 같이 들었다.

어느 때 부처님께서 구살라국拘薩羅國을 유행遊行하실 때에 인간세계

7 이 경은 『증일아함경』 제25권 제33품인 「오왕품五王品」의 열 번째 소경의 내용과 동일하다.

의 큰 비구 대중을 양쪽에 거느리고 걸어가셨다. 그때 세존께서 길을 가시던 중에 갑자기 한곳에 쌓아 둔 큰 나무더미에 불이 붙어 맹렬히 타오르는 것을 보셨다. 세존께서는 그것을 보신 후, 곧 길 옆으로 내려가 다른 나무로 가셔서 니사단尼師檀[8]을 깔고 가부를 맺고 앉으셨다. 세존께서 앉으신 뒤에 여러 비구들에게 말씀하셨다.

"너희들은 저기에 있는 큰 나무더미에 불이 붙어 맹렬히 타오르는 것을 보았는가?"

모든 비구들이 대답했다.

"보았습니다, 세존이시여."

세존께서 또 비구들에게 말씀하셨다.

"너희들 생각은 어떠하냐? 저 큰 나무더미에 맹렬히 타오르는 불꽃을 끌어안거나 그 위에 앉거나 혹은 거기에 눕는 것과, 한창 젊은 나이의 찰리刹利족 여자나 범지梵志·거사居士·공사(工師 : 공인의 우두머리)의 여자로서 목욕하고 향을 피우며 밝고 깨끗한 옷을 갈아입고 화만華鬘과 영락瓔珞으로 그 몸을 장엄하게 꾸민 그런 여인을 끌어안거나 그들과 같이 앉거나 그들과 같이 눕는 것을 비교할 때 어느 것이 더 즐거우리라고 생각되느냐?"

"세존이시여, 큰 나무더미에 맹렬히 타오르는 불꽃을 끌어안거나 혹은 거기에 앉고 거기에 눕는 것은 매우 괴로운 일입니다. 그러나 세존이시여, 한창 젊은 나이의 찰리족 여자나, 범지·거사·공사의 여자들이 목욕하고 향을 피우며 밝고 깨끗한 옷을 입고 화만과 영락으

8 범어 nisīdana의 음역. 좌구坐具·수좌의隨坐衣로 한역된다. 부처님께서 수행하는 사람들을 위해 마련하신 제도에 따라 만든 비구比丘의 여섯 가지 물건 중 하나로서, 비구가 앉거나 누울 때에 땅에 펴서 몸을 보호하며, 또 와구臥具 위에 펴서 와구를 보호하는 사각형의 깔개이다.

로 그 몸을 장엄하여 예쁘게 꾸민 그런 여인을 끌어안거나 그들과 같이 앉거나 같이 눕는 것은 매우 즐거운 일입니다. 세존이시여."

세존께서 말씀하셨다.

"내가 너희들을 위하여 말한 것은 너희 배우는 사문들로 하여금 사문의 도를 잃지 않게 하기 위해서이다. 너희들이 위없는 범행梵行을 성취하고자 하는 자라면 차라리 나무더미에 맹렬히 타오르는 불꽃을 끌어안거나 혹은 거기에 앉고 거기에 누워야 할 것이다. 저들이 비록 이로 인해 괴로움을 받거나 혹 죽는다 하더라도 이 때문에 몸이 무너지고 목숨이 끝난 뒤에는 지극히 나쁜 세계나 지옥에 가서 태어나지는 않을 것이다. 만일 어리석은 사람이 계를 범하고 정진하지 않으며, 착하지 않은 법을 내어 범행이 아닌 것을 범행이라 일컫고, 사문이 아니면서 사문이라 일컬으며, 또는 한창 젊은 나이의 찰리족 여자나 범지·거사·공사의 여자로서 목욕하고 향을 피우며 밝고 깨끗한 옷을 입고 화만과 영락으로 그 몸을 장엄하게 꾸민 그런 여인을 끌어안거나 같이 앉고 혹은 같이 눕는다면, 저 어리석은 사람은 이것으로 인해 오랜 세월 동안 불선不善과 불의不義로써 악법의 과보를 받아 몸이 무너지고 목숨이 끝나면 지극히 나쁜 세계로 나아가게 되거나 지옥에 태어나게 될 것이다. 그러므로 너희들은 마땅히 제 자신의 뜻도 관찰하고 상대방의 뜻도 관찰하되 두 뜻을 다 관찰하고 나서 이렇게 생각하라.

'내가 출가하여 배우는 것은 헛된 일이 아니며, 쓸데없는 일이 아니다. 이것은 결과가 있고 과보가 있으며 지극한 안락이 있고, 온갖 좋은 곳에 태어나 장수長壽하게 될 것이다. 남에게서 의복·음식·평상·요〔褥〕·탕약 따위의 보시를 받는 것은 모든 시주로 하여금 큰 복을 얻게 하고 큰 과보를 얻게 하며 큰 광명을 얻게 하려는 것이다.'

마땅히 이렇게 배워야 한다."

세존께서 다시 여러 비구들에게 말씀하셨다.

"너희들의 생각에는 어떠하냐? 어떤 역사力士가 단단한 새끼와 털 노끈으로 장딴지를 잔뜩 졸라매어 가죽을 끊고 살가죽을 끊은 뒤에는 살을 끊고 살을 끊은 뒤에는 힘줄을 끊고 힘줄을 끊은 뒤에는 뼈를 끊고 뼈를 끊은 뒤에는 골수에까지 이르러 그치는 것과 혹은 찰리·범지·거사·공사로부터 보시를 받고, 신체와 팔다리의 뼈마디와 수족에 이르기까지 안마를 받는 것을 비교할 때 어느 것이 더 즐겁다고 생각하느냐?"

"세존이시여, 만일 어떤 역사가 단단한 새끼와 털 노끈으로 그 장딴지를 잔뜩 졸라매어 살가죽을 끊고 살가죽을 끊은 뒤에는 살을 끊고 살을 끊은 뒤에는 힘줄을 끊고 힘줄을 끊은 뒤에는 뼈를 끊고 뼈를 끊은 뒤에는 골수에까지 이르러 그친다면, 그것은 매우 괴로운 일입니다. 그러나 세존이시여, 만일 찰리·범지·거사·공사로부터 보시를 받고 또 신체와 팔다리의 뼈마디와 수족에 이르기까지 안마를 받는다면 그것은 매우 즐거운 일입니다. 세존이시여."

세존께서 말씀하셨다.

"내가 너희들을 위하여 말한 것은 너희 배우는 사문들로 하여금 사문의 도를 잃지 않게 하기 위해서이다. 너희들이 위없는 범행을 성취하고자 하는 자라면 차라리 역사로 하여금 단단한 새끼와 털 노끈으로써 그 장딴지를 잔뜩 졸라매어, 가죽을 끊고 가죽을 끊은 뒤에는 살을 끊고 살을 끊은 뒤에는 힘줄을 끊고 힘줄을 끊은 뒤에는 뼈를 끊고 뼈를 끊은 뒤에는 골수에까지 이르러 그치게 하라. 저들이 비록 이로 인해 괴로움을 받거나 혹은 죽는다 하더라도 이 때문에 저들은 몸이 무너지고 목숨이 끝난 뒤에는 지극히 나쁜 세계로 나아가거나 지옥에 태어나지는 않을 것이다.

그러나 만일 어리석은 사람이 계율을 범하고 정진하지 않으며 악하고 착하지 않은 법을 내어 범행이 아닌 것을 범행이라 일컫고 사문이 아니면서 사문이라 일컬으면서 찰리・범지・거사・공사로부터 보시를 받거나 또는 신체와 팔다리의 뼈마디와 수족에 이르기까지 안마를 받는다면, 그 어리석은 사람은 이로 인하여 오랜 세월 동안 불선과 불의로써 악법의 과보를 받아 몸이 무너지고 목숨이 끝나면 지극히 나쁜 세계로 나아가게 되거나 지옥에 태어나게 될 것이다. 그러므로 너희들은 마땅히 자신의 뜻도 관찰하고 상대방의 뜻도 관찰하되 두 뜻을 관찰하고 나서 이렇게 생각해야 한다.

'내가 출가하여 배우는 것은 헛된 일이 아니며, 쓸데없는 일이 아니다. 이것은 결과가 있고 과보가 있으며 지극한 안락이 있고, 온갖 좋은 곳에 태어나 장수하게 될 것이다. 남에게서 의복・음식・평상・요・탕약 따위의 보시를 받는 것은 모든 시주로 하여금 큰 복을 얻게 하고 큰 과보를 얻게 하며 큰 광명을 얻게 하려는 것이다.'

마땅히 이렇게 배워야 한다."

세존께서 또 여러 비구들에게 말씀하셨다.

"너희들의 생각에는 어떠하냐? 어떤 역사力士가 잘 드는 예리한 칼로 넓적다리를 끊는 것과 혹은 찰리・범지・거사・공사로부터 보시・예배・공경・영접을 받는 것이 어느 것이 더 즐겁겠는가?"

"세존이시여, 만일 어떤 역사가 잘 드는 예리한 칼로 넓적다리를 끊는다면 그것은 매우 괴로운 일입니다. 그러나 세존이시여, 만일 찰리・범지・거사・공사로부터 보시・예배・공경・영접을 받는다면 그것은 매우 즐거운 일입니다. 세존이시여."

"내가 너희들을 위하여 말하는 것은 너희 배우는 사문들로 하여금 사문의 도를 잃지 않게 하기 위해서이다. 너희들이 위없는 범행을 성취하고자 하는 자라면 차라리 역사로 하여금 잘 드는 예리한 칼로 넓적다리를 끊게 하라. 비록 그로 인하여 고통을 받거나 혹 죽는다 하더라도, 그 때문에 몸이 무너지고 목숨이 끝나더라도 지극히 나쁜 세계로 나아가거나 지옥에 태어나지는 않을 것이다. 그러나 만일 어리석은 사람이 계율을 범하고 정진하지 않으며 악하고 불선한 법을 내어 범행이 아닌 것을 범행이라 일컫고, 사문이 아니면서 사문이라 일컬으면서 찰리 · 범지 · 거사 · 공사로부터 보시 · 예배 · 공경 · 영접을 받는다면, 그 어리석은 사람은 이로 인해 오랜 세월 동안 불선과 불의로써 악법의 과보를 받아 몸이 무너지고 목숨이 끝나면 지극히 나쁜 세계로 나아가게 되거나 지옥에 태어나게 될 것이다. 그러므로 너희들은 마땅히 제 자신의 뜻도 관찰하고 상대방의 뜻도 관찰하되 두 뜻을 관찰한 다음에는 이렇게 생각하라.

'내가 출가하여 배우는 것은 헛된 일이 아니며, 쓸데없는 일이 아니다. 결과가 있고 과보가 있으며 지극한 안락이 있고, 온갖 좋은 곳에 태어나서 장수하게 될 것이다. 남들에게서 의복 · 음식 · 평상 · 요 · 탕약 따위의 보시를 받는 것은 모든 시주로 하여금 큰 복을 얻게 하고 큰 과보를 얻게 하며 큰 광명을 얻게 하려는 것이다.'

마땅히 이렇게 배워야 한다."

세존께서 다시 여러 비구들에게 말씀하셨다.

"너희들의 생각에는 어떠하냐? 어떤 역사가 시뻘겋게 달군 구리쇠판으로 그 몸을 두루 감는 것과 또는 찰리 · 범지 · 거사 · 공사들이 보시하는 의복을 받는 것이 어느 것이 더 즐겁겠는가?"

"세존이시여, 어떤 역사가 시뻘겋게 달군 구리쇠판으로 그 몸을 두루 감는 것은 매우 괴로운 일입니다. 그러나 세존이시여, 만일 찰리 ·

범지 · 거사 · 공사들이 보시하는 의복을 받는다면 그것은 매우 즐거운 일입니다. 세존이시여."

"내가 너희들을 위하여 말하는 것은 너희 배우는 사문들로 하여금 사문의 도를 잃지 않게 하기 위해서이다. 너희들이 위없는 범행梵行[9]을 성취하고자 하는 자라면 차라리 역사로 하여금 시뻘겋게 달군 구리쇠판으로써 그 몸을 두루 감게 하라. 비록 이로 인해 고통을 받거나 혹은 죽는다 하더라도, 그 때문에 몸이 무너지고 목숨이 끝나면 지극히 나쁜 세계로 나아가거나 지옥에 태어나지는 않을 것이다. 그러나 만일 어리석은 사람이 계율을 범하고 정진하지 않으며 악하고 착하지 않은 법을 내어 범행이 아닌 것을 범행이라 일컫고, 사문이 아니면서 사문이라 일컬으면서 찰리 · 범지 · 거사 · 공사로부터 보시하는 의복을 받으면, 그 어리석은 사람은 이로 인해 오랜 세월 동안 불선不善과 불의不義를 행한 까닭에 악법의 과보를 받고 몸이 무너지고 목숨이 끝나면 지극히 나쁜 세계로 나아가거나 지옥에 태어날 것이다. 그러므로 너희들은 마땅히 제 자신의 뜻도 관찰하고 상대방의 뜻도 관찰하되 두 뜻을 다 관찰하고 이렇게 생각해야 한다.

'내가 출가하여 배우는 것은 헛된 일이 아니며, 쓸데없는 일이 아니다. 이것은 결과가 있고 과보가 있으며 지극한 안락이 있고, 온갖 좋은 곳에 나서 장수하게 될 것이다. 남에게서 의복 · 음식 · 평상 · 요 · 탕약 따위의 보시를 받는 것은 모든 시주로 하여금 큰 복을 얻게 하고 큰 과보를 얻게 하며 큰 광명을 얻게 하려는 것이다.'

마땅히 이렇게 배워야 한다."

세존께서 다시 여러 비구들에게 말씀하셨다.

---

9 청정한 행위를 말하며, 정행淨行으로 한역하기도 함. 범천은 음욕을 여의었으므로 음욕을 여읜 것을 범행이라고 한다.

"너희들의 생각에는 어떠하냐? 어떤 역사가 뜨거운 쇠집게로 입을 벌리고 시뻘겋게 달군 철환鐵丸을 그 입에 넣으면 그 시뻘겋게 달군 쇳덩이가 입술을 태우고 입술을 태운 뒤에는 혀를 태우고 혀를 태운 다음에는 잇몸을 태우고 잇몸을 태운 다음에는 목구멍을 태우고 목구멍을 태운 다음에는 심장을 태우고 심장을 태운 다음에는 창자와 위를 태우고 창자와 위를 태운 뒤에 밑으로 내려가는 것과 찰리·범지·거사·공사들이 보시하는 그지없이 맛있는 온갖 요리를 받는 것 중에 어느 것이 더 즐겁겠는가?"

"세존이시여, 만일 어떤 역사가 뜨거운 쇠집게로 입을 벌리고 시뻘겋게 달군 철환을 그 입에 넣으면, 그 시뻘겋게 달군 철환이 입술을 태우고 입술을 태운 뒤에는 혀를 태우고 혀를 태운 뒤에는 잇몸을 태우고 잇몸을 태운 뒤에는 목구멍을 태우고 목구멍을 태운 뒤에는 심장을 태우고 심장을 태운 뒤에는 창자와 위를 태우고 창자와 위를 태운 뒤에 밑으로 내려가는 것은 매우 괴로운 일입니다. 세존이시여, 그러나 만일 찰리·범지·거사·공사로부터 보시하는 그지없이 맛있는 온갖 요리를 받는다면 그것은 매우 즐거운 일입니다. 세존이시여."

"내가 너희들을 위하여 말하는 것은 너희 배우는 사문들로 하여금 사문의 도를 잃지 않게 하기 위해서이다. 너희들이 위없는 범행을 성취하고자 하는 자라면 차라리 역사로 하여금 뜨거운 쇠집게로 입을 벌리고 곧 시뻘겋게 달군 철환을 그 입에 넣게 하라. 그러면 그 뜨거운 철환은 입술을 태우고 입술을 태운 뒤에는 혀를 태우고 혀를 태운 뒤에는 잇몸을 태우고 잇몸을 태운 뒤에는 목구멍을 태우고 목구멍을 태운 뒤에는 심장을 태우고 심장을 태운 뒤에는 창자와 위를 태우고 창자와 위를 태운 뒤에는 밑으로 내려갈 것이니, 저들이 비록 이로 인하여 고통을 받거나 혹은 죽는다고 하더라도 이 때문에 몸이 무너지고 목숨이 끝나면 지극히 나쁜 세계로 나아가거나 지옥에 태어나지는 않을 것이다. 그러나 만일 어리석은 사람이 계율을 범하고 정진하지 않으며 악하고 착하지 않은 법을 내어 범행이 아닌 것을 범행이라 일컫고, 사문이 아니면서 사문이라 일컬으면서 찰리·범지·거사·공사들로부터 보시하는 그지없이 맛있는 온갖 요리를 받는다면, 그 어리석은 사람은 이로 인해 오랜 세월 동안 불선과 불의를 행한 까닭에 악법의 과보를 받을 것이다. 그리고 몸이 무너지고 목숨이 끝나면 지극히 나쁜 세계로 나아가거나 지옥에 태어날 것이다. 그러므로 너희들은 마땅히 제 자신의 뜻도 관찰하고 상대방의 뜻도 관찰하되 두 뜻을 다 관찰한 다음에는 이렇게 생각해야 한다.

'내가 출가하여 배우는 것은 헛된 일이 아니며, 쓸데없는 일이 아니다. 결과가 있고 과보가 있으며, 지극한 안락이 있고 온갖 좋은 곳에 태어나 장수하게 될 것이다. 사람들에게서 의복·음식·평상·요·탕약을 시주받는 것은 모든 시주들로 하여금 큰 복을 얻게 하고 큰 과보를 얻게 하며 큰 광명을 얻게 하려는 것이다.'

마땅히 이렇게 배워야 한다."

세존께서 다시 여러 비구들에게 말씀하셨다.

"너희들의 생각에는 어떠하냐? 어떤 역사가 시뻘겋게 달군 구리쇠 평상에 사람을 핍박하여 강제로 앉히거나 눕히는 것과 혹은 찰리·범지·거사·공사들로부터 평상·요·와구臥具를 보시 받는 것 중에 어느 것이 더 즐겁겠는가?"

"세존이시여, 만일 역사가 시뻘겋게 달군 구리쇠 평상에 사람을 핍박하여 강제로 사람을 앉히거나 눕힌다면 그것은 매우 괴로운 일입니다. 그러나 세존이시여, 찰리·범지·거사·공사들에게서 평상·요·와구의 보시를 받는다면 그것은 매우 즐거운 일입니다. 세존이시여."

"내가 너희들을 위하여 말하는 것은 너희 배우는 사문들로 하여금 사문의 도를 잃지 않게 하기 위해서이다. 너희들이 위없는 범행을 성취하고자 하는 자라면 차라리 역사로 하여금 시뻘겋게 달군 구리쇠 평상에 사람을 핍박하여 강제로 앉히거나 눕히게 하라. 비록 그로 인하여 고통을 받거나 혹 죽는다 하더라도, 그 때문에 몸이 무너지고 목숨이 끝나 지극히 나쁜 세계로 나아가거나 지옥에 태어나지는 않을 것이다. 그러나 만일 어리석은 사람이 계율을 범하고 정진하지 않으며 악하고 불선한 법을 내어 범행이 아닌 것을 범행이라 일컫고, 사문이 아니면서 사문이라 일컬으면서 찰리 · 범지 · 거사 · 공사들이 보시하는 평상 · 요 · 와구를 받는다면, 그 어리석은 사람은 이로 인하여 오랜 세월 동안 불선과 불의를 행한 까닭에 악법의 과보를 받아 몸이 무너지고 목숨이 끝나면 지극히 나쁜 세계로 나아가거나 지옥에 태어날 것이다. 그러므로 너희들은 마땅히 제 자신의 뜻도 관찰하고 상대방의 뜻도 관찰하되 두 이치를 관찰한 다음에는 이렇게 생각해야 한다.

'내가 출가하여 배우는 것은 헛된 일이 아니며, 쓸데없는 일이 아니다. 결과가 있고 과보가 있으며 지극한 안락이 있고, 온갖 좋은 곳에 태어나 장수하게 될 것이다. 남에게서 의복 · 음식 · 평상 · 요 · 탕약 따위의 보시를 받는 것은 모든 시주로 하여금 큰 복을 얻게 하고 큰 과보를 얻게 하며 큰 광명을 얻게 하려는 것이다.'

마땅히 이렇게 배워야 한다."

세존께서 다시 여러 비구들에게 말씀하셨다.

"너희들의 생각에는 어떠하냐? 어떤 역사가 시뻘겋게 달군 큰 구리쇠로 만든 가마에 사람을 붙잡아다가 그 속에 거꾸로 넣는 것과 혹은 찰리 · 범지 · 거사 · 공사들이 보시한 방사房舍에 진흙을 바르고 흰 흙을 바르며, 창문을 단단하게 밀봉하고 화롯불의 따뜻함을 받는 것 중에 어느 것이 더 즐겁겠는가?"

"세존이시여, 어떤 역사가 시뻘겋게 달군 큰 구리쇠로 만든 가마에 사람을 붙잡아다가 그 속에 거꾸로 넣는 것은 매우 괴로운 일입니다. 그러나 세존이시여, 찰리 · 범지 · 거사 · 공사들이 보시한 방사에 진흙을 바르고 흰 흙을 바르며 창문을 단단하게 밀봉하고 화롯불의 따뜻함을 받는 것은 매우 즐거운 일입니다. 세존이시여."

"내가 너희들을 위해 말하는 것은 너희 배우는 사문들로 하여금 사문의 도를 잃지 않게 하기 위해서이다. 너희들이 위없는 범행을 성취하고자 하는 자라면 차라리 역사로 하여금 시뻘겋게 달군 큰 구리쇠로 만든 가마에 사람을 붙잡아다가 거꾸로 넣게 하라. 비록 이로 인하여 고통을 받거나 혹 죽는다 하더라도 이 때문에 몸이 무너지고 목숨이 끝나면 지극히 나쁜 세계로 나아가거나 지옥에 태어나지는 않을 것이다. 그러나 만일 어리석은 사람이 계율을 범하고 정진하지 않으며 악하고 착하지 않은 법을 내어 범행이 아닌 것을 범행이라 일컫고 사문이 아니면서 사문이라 일컬으면서 찰리 · 범지 · 거사 · 공사들이 보시한 방사에 진흙을 바르고 흰 흙을 바르며 창문을 단단하게 밀봉하고 화롯불의 따뜻함을 받는다면, 그 어리석은 사람은 이로 인해 오랜 세월 동안 불선과 불의를 행한 까닭에 악법의 과보를 받을 것이며, 몸이 무너지고 목숨이 끝나면 지극히 나쁜 세계로 나아가거나 지옥에 태어날 것이다. 그러므로 너희들은 마땅히 제 자신의 뜻도 관찰하고 상대방의 뜻도 관찰하되 두 뜻을 다 관찰한 다음에는 이렇게 생각해야 한다.

'내가 출가하여 배우는 것은 헛된 일이 아니며 쓸데없는 일이 아니다. 결과가 있고 과보가 있으며 지극한 안락이 있고 온갖 좋은 곳에 태어나 장수하게 하는 것이다. 남에게서 의복·음식·평상·요·탕약을 보시 받는 것은 모든 시주로 하여금 큰 복을 얻게 하고 큰 과보를 얻게 하며 큰 광명을 얻게 하려는 것이다.'

마땅히 이렇게 배워야 한다."

부처님께서 이 법을 설하시자 그때 그곳에 있던 60명의 비구들은 번뇌〔漏〕가 다하고 의심〔結〕이 풀렸지만 다른 60명의 비구는 계율을 버리고 집으로 돌아갔다. 왜냐하면 세존께서 가르치시고 경계하심이 매우 깊고 어려웠으며 도를 배우는 일도 매우 깊고 어려웠기 때문이었다.

부처님께서 이렇게 말씀하시자, 모든 비구들은 부처님 말씀을 듣고 기뻐하며 받들어 행하였다.

〔이 목적유경에 수록된 경문의 글자 수는 2,644자이다. 『중아함경』 제1권에 수록된 경문의 글자 수는 모두 8,109자이다.〕

중아함경 제2권

1. 칠법품 ②

6) 선인왕경善人往經〔초 1일송〕

나는 이와 같이 들었다.

어느 때 부처님께서 사위국舍衛國을 유행하실 때에 승림급고독원勝林給孤獨園에 계셨다. 그때 세존께서 모든 비구들에게 말씀하셨다.

"내 마땅히 너희들을 위하여 일곱 선인善人이 가서 이르는 곳과 무여열반無餘涅槃[1]에 대해 설명하리라. 자세히 듣고 잘 기억하라."

그때 모든 비구들은 분부를 받고 경청하였다. 부처님께서 말씀하셨다.

"어떤 것이 위에서 말한 일곱 가지인가? 비구라면 마땅히 이와 같이 수행해야 한다.

---

1 육체 등 생존의 제약에서 완전히 해탈한 상태를 말한다. 완전한 절대무絶對無의 경지로서 고뇌 없이 영원한 즐거움만 있는 열반.

나[我]라는 것에는 나라는 것도 없고 내 것[我所]이라는 것도 없다. 미래에도 나라는 것은 없을 것이고 또한 내 것이라는 것도 없을 것이니, 이미 받은 몸도 곧 끊어 버리자. 이미 끊어져서 버릴 수 있다면 존재에 대한 즐거움에도 빠져들지 않고, 만남에도 집착하지 않을 것이다. 이와 같이 수행하는 자는 지혜로써 무상식적無上息迹[2]의 경지를 관찰할 것이다. 그러나 그것은 아직 증득한 것은 아니다. 비구의 수행이 이와 같이 되면 그는 어느 곳으로 가서 이르는가? 비유하면 불붙은 밀 껍질이 조금 타다가 곧 꺼지는 것과 같다. 비구도 이와 같음을 마땅히 알아야 하니, 조그마한 만慢은 아직 남아 있지만 5하분결下分結[3]은 이미 끊어져 중반열반中般涅槃[4]을 얻는다. 이것을 첫 번째 선인이 가서 이르는 곳[善人所往至處]이라고 하는데 세간의 진리도 또한 그러하다.

또 비구는 이와 같이 수행해야 한다. 나라는 것에는 나라는 것도 없고 또한 내 것이라는 것도 없다. 미래에도 나라는 것은 없을 것이고 또한 내 것이라는 것도 없을 것이니, 이미 받은 몸도 곧 끊어 버리자. 이미 끊어져서 버릴 수 있다면 생존의 즐거움에도 빠져들지 않고 만남에도 집착하지 않을 것이다. 이와 같이 수행하는 자는 지혜로써 무상식적의 경지를 관찰할 것이다. 그러나 그것은 아직 증득한 것은 아니다. 비구의 수행이 이와 같이 되면 그는 어느 곳으로 가서 이르는

---

2 최상의 경지인 적정삼매寂靜三昧를 일컫는 말로서 열반涅槃을 의미한다. 일본 국역일체경에서는 무상無上·식息·적迹 세 가지가 모두 열반의 의미가 된다고 주석에서 밝히고 있다.

3 하분下分은 욕계欲界이며 결結은 번뇌이다. 3계 중 가장 밑에 있는 욕계에서 중생들을 얽어매고 있는 다섯 가지 번뇌, 즉 욕탐欲貪·진에瞋恚·유신견有身見·계금취견戒禁取見·의결疑結을 말한다.

4 불환과不還果의 성자가 욕계欲界에서 색계色界로 태어나는 중유신中有身으로서 나한과羅漢果를 증득함으로써 반열반般涅槃하는 것을 말한다.

가? 비유하면 시뻘겋게 달군 쇠를 쇠망치로 치면 불똥이 공중으로 튀어 날아오르다가 곧 꺼져버리는 것과 같다. 비구도 이와 같음을 마땅히 알아야 하니, 조그마한 만慢은 아직 남아 있지만 5하분결은 이미 끊어져 중반열반을 얻는다. 이것을 두 번째 선인이 가서 이르는 곳이라고 하는데, 세간의 진리 또한 그러하다.

또 비구는 마땅히 이와 같이 수행해야 한다. 나라는 것에는 나라는 것도 없고 또한 내 것이라는 것도 없다. 미래에도 나라는 것은 없을 것이고 또한 내 것이라는 것도 없을 것이니, 이미 받은 몸도 곧 끊어 버리자. 이미 끊어져서 버릴 수 있다면 생존의 즐거움에도 빠져들지 않고 만남에도 집착하지 않을 것이다. 그 수행이 이와 같은 자는 지혜로써 무상식적의 경지를 고찰할 것이다. 그러나 그것은 아직 증득한 것은 아니다. 비구의 행이 이와 같이 되면 그는 어느 곳으로 가서 이르는가? 비유하면 시뻘겋게 달군 쇠를 쇠망치로 치면 불똥이 공중으로 튀어 날아오르다가 땅에 떨어지기 전에 꺼져버리는 것과 같다. 비구도 이와 같음을 마땅히 알아야 한다. 조그마한 만慢은 아직 남아 있지만 5하분결은 이미 끊어져 중반열반을 얻는다. 이것을 세 번째 선인이 가서 이르는 곳이라고 하는데, 세간의 진리 또한 그러하다.

또 비구는 이와 같이 수행해야 한다. 나라는 것에는 나라는 것도 없고 또한 내 것이라는 것도 없다. 미래에도 나라는 것은 없을 것이고 내 것이라는 것도 없을 것이니, 이미 받은 몸도 곧 끊어 버리자. 이미 끊어져서 버릴 수 있다면 생존의 즐거움에도 빠져들지 않고 만남에도 집착하지 않을 것이다. 그 수행이 이와 같은 자는 지혜로써 무상식적의 경지를 관찰할 것이다. 그러나 그것은 아직 증득한 것은 아니다. 비구의 수행이 이와 같이 되면 어느 곳으로 가서 이르는가? 비유하면 시뻘겋게 달군 쇠를 쇠망치로 치면 불똥이 튀어 공중으로 날아오르다가 땅에 떨어져 꺼져버리는 것과 같다. 비구도 이와 같음을 마땅히 알아야 한다. 조그마한 만慢은 아직 남아 있지만 5하분결은 이미 끊어져 생반열반生般涅槃[5]을 얻는다. 이것을 네 번째 선인이 가서 이르는 곳이라고 하는데, 세간의 진리도 또한 그러하다.

또 비구는 마땅히 이와 같이 수행해야 한다. 나라는 것에는 나라는 것도 없고 또한 내 것이라는 것도 없다. 미래에도 나라는 것은 없을 것이고 또한 내 것이라는 것도 없을 것이니, 이미 받은 몸도 곧 끊어 버리자. 이미 끊어져서 버릴 수 있다면 생존의 즐거움에도 빠져들지 않고 만남에도 집착하지 않을 것이다. 그 수행이 이와 같은 자는 지혜로써 무상식적의 경지를 관찰할 것이다. 그러나 그것은 아직 증득한 것은 아니다. 비구의 수행이 이와 같이 되면 어느 곳으로 가서 이르는가? 비유하면 시뻘겋게 달군 쇠를 쇠망치로 치면 불똥이 튀어 공중으로 날아오르다가 조그마한 풀숲 위에 떨어져, 연기를 내거나 혹은 조금 타다가 소멸하는 것과 같다. 비구도 이와 같음을 마땅히 알아야 한다. 조그마한 만은 아직 남아 있지만 5하분결은 이미 끊어져 행반열반行般涅槃[6]을 얻는다. 이것을 다섯 번째 선인이 가서 이르는 곳이라고 하는데, 세간의 진리 또한 그러하다.

또 비구는 마땅히 이와 같이 수행해야 한다. 나라는 것에는 나라는 것도 없고 또한 내 것이라는 것도 없다. 미래에도 나라는 것은 없을 것이고 또한 내 것이라는 것도 없을 것이니 이미 받은 몸도 곧 끊어 버리자. 이미 끊어져서 버릴 수 있다면 생존의 즐거움에도 물들지 않

5 성문 4과果 중 제3의 불환과不還果를 5종 열반으로 나눈 가운데 두 번째에 해당하는 것으로서 색계色界에 태어나 얼마 안 되어 반열반하는 것을 말한다.

6 성문 4과 중 제3의 불환과를 5종 열반으로 나눈 가운데 세 번째에 해당하는 것으로서 색계에 태어나 거기에서 오랫동안 수행을 쌓고 반열반하는 것을 말한다.

고 만남에도 집착하지 않을 것이다. 그 수행이 이와 같은 자는 지혜로써 무상식적의 경지를 관찰할 것이다. 그러나 그것은 아직 증득한 것은 아니다. 비구의 수행이 이와 같이 되면, 어느 곳으로 가서 이르는가? 비유하면 시뻘겋게 달군 쇠를 쇠망치로 치면 불똥이 튀어 공중으로 오르다가 많이 쌓인 땔감 위에 떨어져, 혹은 연기를 내거나 혹은 타다가 다 탄 뒤에는 소멸하는 것과 같다. 비구도 이와 같음을 마땅히 알아야 한다. 조그마한 만은 아직 남아 있지만 5하분결은 이미 끊어져 무행반열반無行般涅槃[7]을 얻는다. 이것을 여섯 번째 선인이 가서 이르는 곳이라고 하는데, 세간의 진리 또한 그러하다.

또 비구는 마땅히 이와 같이 수행해야 한다. 나라는 것에는 나라는 것도 없고 또한 내 것이라는 것도 없다. 미래에도 나라는 것은 없을 것이고 또한 내 것이라는 것도 없을 것이니, 이미 받은 몸도 곧 끊어 버리자. 이미 끊어져서 버릴 수 있다면 생존의 즐거움에도 물들지 않고 만남에도 집착하지 않을 것이다. 그 수행이 이와 같은 자는 지혜로써 무상식적의 경지를 관찰할 것이다. 그러나 그것은 아직 증득한 것은 아니다. 비구의 수행이 이와 같이 되면 어느 곳으로 가서 이르는가? 비유하면 시뻘겋게 달군 쇠를 쇠망치로 치면 불똥이 튀어 공중으로 날아오르다가 많이 쌓인 땔감 위에 떨어져, 혹은 연기를 내거나 혹은 타거나, 탄 뒤에는 마을·성곽·산림山林·광야를 불사르고, 마을·성곽·산림·광야를 불사른 뒤에는 혹은 길이나 물이나 평지에 이르게 되어 소멸되는 것과 같다. 비구도 이와 같음을 마땅히 알아야 한다. 조그마한 만慢이 아직 남아 있지만 5하분결은 이미 끊어져 상류

7 성문 4과 중 제3의 불환과를 5종 열반으로 나눈 가운데 네 번째에 해당하는 것으로서 색계에 태어나 거기에서 수행하지 않아도 오랜 시간이 지난 뒤에 반열반하는 것을 말한다.

上流・아가니타(阿迦膩吒 : 色究竟天)의 반열반[8]을 얻는다. 이것을 일곱 번째 선인이 가서 이르는 곳이라고 하는데, 세간의 진리도 그러하다.

어떤 것이 무여열반無餘涅槃인가? 비구는 마땅히 이와 같이 수행해야 한다. 나라는 것에는 나라는 것도 없고 또한 내 것이라는 것도 없다. 미래에도 나라는 것은 없을 것이고 또한 내 것이라는 것도 없을 것이니, 이미 받은 몸도 끊어 버리자. 이미 끊어져 버릴 수 있다면 생존의 즐거움에도 빠져들지 않고 만남에도 집착하지 않을 것이다. 그 수행이 이와 같은 자는 지혜로써 무상식적의 경지를 관찰할 것이다. 그리고 그것은 이미 증득한 것이다. 내가 말하는 그 비구는 동방東方으로도 가지 않고, 서방・남방・북방과 4유維・상・하에도 가지 않으며, 곧 현재 세상에서 식적멸도息迹滅度할 것이다. 내가 앞에서 말한 일곱 선인이 가서 이르는 곳과 무여열반은 이 때문에 일부러 말해준 것이다."

부처님께서 이렇게 말씀하시자, 모든 비구들은 부처님의 말씀을 듣고 기뻐하며 받들어 행하였다.

〔이 선인왕경에 수록된 경문의 글자 수는 모두 1,103자이다.〕

7) 세간복경世間福經[9]〔초 1일송〕

나는 이와 같이 들었다.

---

8 성문 4과 중 제3의 불환과를 5종 열반으로 나눈 가운데 다섯 번째에 해당하는 것으로서 색계에 태어나 다시 차례로 위 하늘에 올라가서 마침내 색계의 가장 위에 있는 하늘인 색구경천色究竟天 또는 무색계의 최고 높은 하늘인 유정천有頂天에 태어나 거기에서 반열반하는 것을 말한다.

9 이 경은 『증일아함경』 제35권 제40품인 「칠일품七日品」의 일곱 번째 소경의 내용과 동일하다.

어느 때 부처님께서 구사미국拘舍彌國[10]을 유행하실 때에 구사라瞿沙羅[11] 동산에 계셨다. 그때 존자 마하주나摩訶周那는 해질 무렵〔晡時 : 3시~5시〕에 연좌(宴坐 : 坐禪)에서 일어나 부처님 계시는 곳으로 나아가 예배하고 물러나 한쪽에 앉아 여쭈었다.

"세존이시여, 어떤 일을 하면 세간世間의 복을 얻을 수 있습니까?"

세존께서 말씀하셨다.

"얻을 수 있다. 주나여, 일곱 가지 세간의 복을 얻을 수 있는 방법이 있으니, 그렇게만 하면 큰 복을 얻을 것이고 큰 과보를 얻을 것이며, 큰 명예를 얻을 것이고 큰 공덕을 얻을 것이다. 어떤 것이 일곱 가지인가? 주나여, 신심이 있는 큰 족성族姓의 남자나 여자가 비구들에게 방사房舍와 당각堂閣을 보시하는 것이다. 주나여, 이것을 첫 번째 세간의 복이라 하는데, 그렇게만 한다면 큰 복을 얻고 큰 과보를 얻으며 큰 명예를 얻고 큰 공덕을 얻을 것이다.

주나여, 신심이 있는 큰 족성의 남자나 여자가 방사 안에서 사용하는 평상과 여러 가지 털로 된 자리와 또 침구를 베풀어 주는 것이다. 주나여, 이것을 두 번째 세간의 복이라고 하는데, 그렇게만 하면 큰 복을 얻고 큰 과보를 얻으며 큰 명예를 얻고 큰 공덕을 얻을 것이다.

주나여, 신심이 있는 큰 족성의 남자나 여자가 방사 안에서 사용되는 모든 새롭고 깨끗하고 묘한 의복을 베풀어 주는 것이다. 이것을 세 번째 세간의 복이라 하는데, 그렇게만 하면 큰 복을 얻을 것이고 큰 과보를 얻을 것이며 큰 명예를 얻을 것이고 큰 공덕을 얻을 것이다.

주나여, 신심이 있는 족성의 남자나 여자가 방사 안에서 항상 비구

---

10 또는 교상미憍賞彌·구섬미拘睒彌로 쓰기도 한다. 중인도中印度 옛 왕국의 이름이다.

11 또는 구사라瞿師羅·구사라瞿史羅로 쓰기도 하며, 구사라 장자가 세존께 보시한 동산의 이름이다.

들에게 아침에는 죽을 베풀어 주고 점심에는 밥을 베풀어 주며, 또 동산지기도 공급해 주어 부리게 하며, 혹은 바람이 불거나 비가 오거나 추울 때나 눈이 올 때에는 몸소 동산으로 나아가 보시를 더해 공양하며, 모든 비구들이 공양을 마친 뒤에는 바람이 불거나 비가 오거나 춥거나 눈이 와도 의복이 젖을까 걱정하지 않게 하고, 밤낮으로 편안히 선정에 들어 사유하게 해 주는 것이다. 이것을 일곱 번째 세간의 복이라고 하는데, 그렇게만 하면 큰 복을 얻을 것이고 큰 과보를 얻을 것이며 큰 명예를 얻을 것이고 큰 공덕을 얻을 것이다.

주나여, 신심이 있는 족성의 남자와 여자가 이미 이 일곱 가지 세간의 복을 얻은 자는 가거나 오거나 서거나 앉거나, 혹은 자거나 깨어 있거나, 낮이나 밤이나 복이 항상 생길 것이며 갈수록 더하고 갈수록 넓어질 것이다. 비유하면, 항가(恒伽 : 갠지스강)의 물이 처음에 샘에서 흘러나오기 시작하여 큰 바다로 들어갈 때 그 중간에 가면 갈수록 깊어지고 가면 갈수록 넓어지는 것과 같다. 주나여, 이와 같이 큰 족성의 남자와 여자로서 이미 이 일곱 가지 세간의 복을 얻은 자는 가거나 오거나, 서거나 앉거나, 혹은 자거나 깨거나, 낮이나 밤이나 그 복이 항상 생겨 갈수록 더하고 갈수록 넓어진다."

존자 마하주나는 곧 자리에서 일어나 오른쪽 어깨를 드러내고 오른쪽 무릎을 땅에 붙이고 꿇어앉아 합장하고 여쭈었다.

"세존이시여, 출세간出世間의 복을 얻을 수 있는 방법을 설명해 주실 수 있겠습니까?"

세존께서 말씀하셨다.

"할 수 있다. 주나여, 또한 일곱 가지 출세간의 복이 있으니 그대로만 한다면 큰 복을 얻고 큰 과보를 얻으며 큰 명예를 얻고 큰 공덕을 얻을 것이다. 어떤 것이 일곱 가지인가? 주나여, 신심이 있는 족성의 남자나 여자가 여래나 여래의 제자가 어느 곳에서 유행하신다는 말을 들으면 뛸 듯이 기뻐하는 것이다. 주나여, 이것을 첫 번째 출세간의 복이라고 하는데, 그렇게만 하면 큰 복을 얻고 큰 과보를 얻으며 큰 명예를 얻고 큰 공덕을 얻을 수 있다. 주나여, 신심이 있는 족성의 남자나 여자가 여래나 여래의 제자가 아무 곳에서 이리로 오시려고 한다는 말을 들으면, 못내 뛸 듯이 기뻐하는 것이다. 주나여, 이것을 두 번째 출세간의 복이라고 하는데, 그렇게만 하면 큰 복을 얻고 큰 과보를 얻으며 큰 명예를 얻고 큰 공덕을 얻을 수 있다. 주나여, 신심이 있는 족성의 남자나 여자가 여래나 여래의 제자가 저쪽에서 이리로 왔다는 말을 듣고 못내 뛸 듯이 기뻐하면서, 청정한 마음으로 몸소 가서 뵙고 예경하고 공양하되 공양을 마치고는 부처님과 법과 비구들에게서 세 가지 스스로 귀의하는〔自歸〕 법을 받고 금계禁戒를 받는 것이다. 주나여, 이것을 일곱 번째 출세간의 복이라고 하는데, 그렇게만 하면 큰 복을 얻고 큰 과보를 얻으며 큰 명예를 얻고 큰 공덕을 얻는다.

주나여, 신심이 있는 족성의 남자나 여자가 만일 이 일곱 가지 세간 복을 얻고 다시 이 일곱 가지 출세간의 복을 얻으면 그 복은 헤아릴 수 없는 것이다. 그러한 복과 그러한 복의 과果와 그러한 복의 갚음〔報〕이 있어 그 큰 복의 수는 한정할 수도 없고 헤아릴 수도 없으며 알 수도 없다. 주나여, 비유하면 염부주閻浮洲로부터 흘러나오는 다섯 개의 강이 있으니, 첫 번째를 항가恒伽라 하고, 두 번째를 요우나搖尤那라고 하며, 세 번째를 사로부舍勞浮라 하고, 네 번째를 아이라파제阿夷羅婆提라고 하며, 다섯 번째를 마기摩企라고 한다. 그 강들이 넓은 바다로 흘러 들어갈 때 그 중간의 작은 냇물은 이루 다 헤아릴 수가 없는데, 그것을 되〔升〕나 섬〔斛〕으로 재려 해도 저 큰물의 수는 한정할 수도 없고 헤아릴 수도 없으며 알 수도 없는 것과 같다. 주나여, 이와 같이 신심이 있는 족성의 남자나 여자가 만일 이 일곱 가지 세간의 복을 얻고, 다시 이 일곱 가지 출세간의 복이 있으면 그 복은 이루 다 헤아릴 수 없다. 그 복과 그 복의 과果와 그 복의 갚음[報]이 있어, 그 복의 수는 지을 수도 없고 헤아릴 수도 없으며 알 수도 없는 것이다."

그때 세존께서 게송을 읊으셨다.

항가恒伽의 강물은
청정하고 건너기 쉽다.
바다는 진귀한 보배가 많으며
또한 모든 물의 왕이라네.

마치 저 강물과 같이
세상 사람이 공경하여 받들고
모든 시냇물이 흘러 들어가듯
다 인도하여 큰 바다로 들게 하네.

이와 같이 사람들이
의복과 음식과
상탑床榻과 요와
온갖 좌구坐具를 보시하면

무량한 복을 지은 까닭에
장차 묘한 곳에 이르게 될 것이니
마치 저 강물이 흘러흘러

큰 바다로 들어가는 것 같다네.

부처님께서 이렇게 말씀하시자, 존자 마하주나와 여러 비구들은 부처님의 말씀을 듣고 기뻐하며 받들어 행하였다.

〔이 세간복경에 수록된 경문의 글자 수는 993자이다.〕

8) 칠일경七日經[12]〔초 1일송〕

나는 이와 같이 들었다.

어느 때 부처님께서 비사리鞞舍離[13]를 유행하실 때에 내씨(㮈氏 : 菴婆波利)동산에 계셨다. 그때 부처님께서 여러 비구들에게 말씀하셨다.

"일체의 행은 항상 존재하는 것이 아니어서 오래 머무르지 않는 법이며, 빨리 변해 바뀌는 법이며 의지할 수 없는 법이다. 이와 같은 모든 행을 즐겨 집착하지 않아야 할 것이며, 근심하고 싫어해야 할 것이며, 버려 여의기를 구하고, 마땅히 해탈하기를 구해야 할 것이다. 왜냐하면 언젠가는 비가 오지 않을 때가 있을 것이니, 비가 오지 않는 그때에는 모든 나무와 온갖 곡식과 약나무들은 모두 말라서 꺾어지고 부서져 다 사라져서 항상 존재하지 못하게 된다. 그러므로 일체의 행은 항상함이 없어 오래 머무르지 않는 법이며, 빨리 변해 바뀌는 법이

---

12 이 경은 『증일아함경』 제33권 제40품인 「칠일품七日品」의 첫 번째 소경의 내용과 비슷하며, 이역경異譯經으로는 송宋나라 법현法賢이 한역한 『살발다소리유날야경薩鉢多酥哩踰捺野經』이 있다.

13 비야리毘耶離·폐사리吠舍離·유야리維耶離라고 쓰기도 하며, 광엄성廣嚴城으로 의역한다. 중인도에 있던 나라로서 항하강을 사이에 두고 남방의 마갈타국과 대치하였다.

며, 의지할 수 없는 법이라고 한 것이다. 이와 같은 모든 행은 마땅히 탐착하지 말아야 할 것이며 마땅히 싫어해야 할 것이며, 버려 여의기를 구해야 할 것이며, 해탈하기를 구해야 할 것이다.

어느 때인가는 두 개의 해[日]가 세상에 출현할 때가 있을 것이니, 두 개의 해가 출현할 때에는 모든 개울과 시냇물은 다 말라 없어져 항상 존재하지 못하게 된다. 그러므로 일체의 행은 항상 존재하는 것이 아니어서 오래 머무르지 않는 법이며, 빨리 변해 바뀌는 법이며 의지할 수 없는 법이다. 이와 같은 모든 행은 마땅히 탐착하지 말아야 할 것이며, 이것은 근심하고 싫어해야 할 것이며, 버려 여의기를 구해야 할 것이며, 해탈하기를 구해야 할 것이다.

또 어느 때인가는 세 개의 해가 세상에 출현할 때가 있을 것이니, 세 개의 해가 출현할 때에는 모든 큰 강물은 다 말라 없어져 항상 존재하지 못하게 된다. 그러므로 일체의 행은 항상 존재하는 것이 아니어서 오래 머무르지 않는 법이며, 빨리 변해 바뀌는 법이며 의지할 수 없는 법이다. 이와 같은 모든 행은 탐착하지 않아야 할 것이며, 마땅히 근심하고 싫어해야 할 것이며, 버려 여의기를 구해야 할 것이며, 해탈하기를 구해야 할 것이다.

또 어느 때인가는 네 개의 해가 세상에 출현할 때가 있을 것이니, 네 개의 해가 출현할 때에는 모든 큰 샘의 근원인 염부주閻浮洲에서 흘러나오는 다섯 개의 강, 곧 첫째 항가恒伽, 둘째 요우나搖尤那, 셋째 사뢰부舍牢浮, 넷째 아이라파제阿夷羅婆提, 다섯째 마기摩企강의 근원이 되는 큰 샘이 모두 말라 다해 항상 존재하지 못하게 된다. 그러므로 일체의 행은 항상 존재하는 것이 아니어서 오래 머무르지 않는 법이고, 빨리 변해 바뀌는 법이며, 의지할 수 없는 법이다. 이와 같은 모든 행은 탐착하지 않아야 할 것이며, 마땅히 조심하고 싫어해야 할 것이며,

버려 여의기를 구해야 할 것이며, 해탈하기를 구해야 할 것이다.

또 어느 때인가는 다섯 개의 해가 세상에 출현할 때가 있을 것이니, 다섯 개의 해가 출현할 때에는 큰 바닷물은 백 유연(由延 : 由旬)씩 감소되어 차츰 줄어 7백 유연에까지 이르게 될 것이다. 또 다섯 개의 해가 출현할 때에는 바닷물은 7백 유연쯤 줄었다가 점점 줄어들어 결국에는 백 유연에까지 이르게 될 것이다. 다섯 개의 해가 출현할 때에는 큰 바닷물은 1다라多羅나무 높이만큼씩 감소되어 점점 줄어 7다라나무 높이에 이를 것이다. 다섯 개의 해가 출현할 때에는 바닷물은 7다라나무 높이만큼 남았다가 차츰 줄어 1다라 나무 높이만큼 될 것이다. 다섯 개의 해가 출현할 때에는 바닷물은 한 사람의 키만큼 감소하는데 점점 줄어 일곱 사람의 키를 합한 만큼의 높이에 이르게 될 것이다. 다섯 개의 해가 출현할 때에는 바닷물은 일곱 사람의 키를 합해놓은 만큼 남았다가 차츰 줄어 한 사람의 키 정도에 이를 것이다. 다섯 개의 해가 출현할 때에는 바닷물은 줄어 목에 이르고 어깨에 이르고 허리에 이르고 허벅지에 이르고 무릎에 이르고 복사뼈에 이르고, 때로는 바닷물은 다 말라 발가락마저 빠지지 못하게 될 것이다. 그러므로 일체의 행은 항상 존재하는 것이 아니어서 오래 머무르지 않는 법이며 빨리 변해 바뀌는 법이며 의지할 수 없는 법이다. 이와 같은 모든 행은 좋아해 탐착하지 않아야 할 것이며 마땅히 근심하고 싫어해야 할 것이며 버려 여의기를 구해야 할 것이며 해탈하기를 구해야 할 것이다.

또 어느 때인가는 여섯 개의 해가 세상에 출현할 때가 있을 것이니, 여섯 개의 해가 출현할 때에는 일체의 대지와 수미산왕須彌山王이 다 연기〔烟〕를 일으키는데 그것이 합해 하나의 연기가 된다. 비유하면 도자기 굽는 기술자가 처음 가마솥에 불을 땔 때 모든 가마에서 연기가 일어나다가 그것이 합해 하나의 연기가 되는 것처럼, 이와 같이 여섯 개의 해가 출현할 때에도 일체 대지와 수미산왕이 연기를 일으키는데 그것이 합해 하나의 연기가 된다. 그러므로 일체의 행은 항상 존재하는 것이 아니어서 오래 머무르지 않는 법이며, 빨리 변해 바뀌는 법이며, 의지할 수 없는 법이다. 이와 같은 모든 행은 좋아해 탐착하지 않아야 할 것이며, 마땅히 근심하고 싫어해야 할 것이며, 버려 여의기를 구해야 할 것이며, 해탈하기를 구해야 할 것이다.

또 어느 때인가는 일곱 개의 해가 세상에 출현할 때가 있을 것이니, 일곱 개의 해가 세상에 출현할 때에는 일체의 대지와 수미산왕이 시뻘겋게 불이 붙어 한꺼번에 다 타서 그것이 합해서 하나의 불꽃이 된다. 이와 같이 일곱 개의 해가 출현할 때에는 일체의 대지와 수미산왕은 시뻘겋게 불이 붙어 한꺼번에 다 타서 그것이 합해 하나의 불꽃이 되고 불꽃에 바람이 불어 범천梵天에까지 이른다. 이때 황욱천(晃昱天 : 光音天)의 모든 하늘로서 처음 이 하늘에 난 자는, 세간의 성패成敗를 듣지 못했고 세간의 성패를 보지 못했으며 세간의 성패를 알지 못했기 때문에, 이 큰 불을 보고는 모두 두려워하여 털이 곤두선다. 그래서 불이 여기까지 미치지나 않을까, 불이 여기까지 미치지나 않을까 하면서 두려워한다. 그 전부터 태어난 모든 하늘은 세간의 성패를 들었고 세간의 성패를 보았으며 세간의 성패를 알았기 때문에, 이 큰 불을 보고는 모든 하늘들을 위로하면서 '두려워할 것이 없다. 불의 법〔火法〕은 그와 같은 것으로서 결국 여기에는 미치지 못할 것이다'라고 말한다.

일곱 개의 해가 출현할 때에는 수미산왕須彌山王은 백 유연이나 무너져 흩어지고 모두 없어진다. 그렇게 2백 유연, 3백 유연, 나아가 7백 유연이나 무너져 흩어지고 모두 없어진다. 일곱 개의 해가 출현할 때에는 수미산왕과 이 대지는 불에 타고 무너져 소멸되어 그 재조차도 남는 것이 없다. 마치 소유酥油를 태우면 지글지글 끓어 다 녹아 연기나 불꽃조차 남기지 않는 것처럼, 이와 같이 일곱 개의 해가 출현할 때에도 수미산왕과 이 대지는 타고 남은 재조차도 남지 않는다. 그러므로 일체의 행은 항상 존재하는 것이 아니어서, 오래 머무르지 않는 법이며 빨리 변해 바뀌는 법이며 의지할 수 없는 법이다. 이와 같은 모든 행은 좋아해 탐착하지 않아야 할 것이며, 마땅히 조심하고 싫어해야 할 것이며, 버려 여의기를 구해야 할 것이며, 해탈하기를 구해야 할 것이다.

나는 이제 너희들을 위해 '수미산왕은 반드시 무너져 없어질 것이다'라고 말하지만 누가 능히 그것을 믿겠는가? 오직 4제諦를 본 자만이 믿을 뿐이다. 나는 이제 너희들을 위해 '큰 바닷물은 반드시 다 말라 없어질 것이다'라고 말하지만 누가 능히 그것을 믿겠는가? 오직 4제를 본 자만이 믿을 뿐이다. 나는 이제 너희들을 위해 '일체의 대지는 반드시 다 타서 없어질 것이다'라고 말하지만 누가 능히 그것을 믿겠는가? 오직 4제를 본 자만이 믿을 뿐이다.

왜냐하면 비구들아, 옛날에 선안善眼이라는 이름을 가진 대사가 있었는데 그는 외도 선인外道仙人들의 종사宗師로서 욕애欲愛를 버려 여의고 여의족如意足을 얻었다. 선안 대사에게는 한량없이 많은〔限量百千〕 제자들이 있었다. 선안 대사는 모든 제자들을 위하여 범세법梵世法[14]을 설명했다. 선안 대사가 범세법을 설명해 주었을 때 제자들 중에 그 법을 구족하게 받들어 행하지 않는 자가 있으면, 그는 목숨을 마친 뒤에는 혹 사왕천四王天에 태어나기도 하고 삼십삼천三十三天에 태어나기도

14 함께 범천계梵天界에 머물러 수행하는 법.

하며, 혹은 험마천(燄摩天 : 夜摩天)에 태어나기도 하고 도솔다천兜率哆天에 태어나기도 하며, 화락천化樂天에 태어나기도 하고 타화락천他化樂天에 태어나기도 하였다. 만일 선안 대사가 범세법을 설명해 주었을 때 모든 제자들이 그 법을 구족하게 받들어 행하는 자가 있으면, 그는 4범실梵室[15]을 닦아 탐욕을 버려 여의고 목숨을 마친 뒤에는 범천에 태어날 수 있었다. 그때 선안 대사는 다음과 같이 생각하였다.

'나는 마땅히 제자들과 함께 뒷세상에서는 같은 곳에 태어나지 않아야겠다. 그러려면 나는 이제 다시 증상자增上慈를 닦아야겠다. 증상자를 닦으면 목숨을 마치고 나서 황욱천晃昱天에 태어날 수 있을 것이다.'

선안 대사는 곧 뒷날에 다시 증상자를 닦았고, 증상자를 닦고 나서 목숨을 마친 뒤에 황욱천에 태어날 수 있었으니, 선안 대사와 모든 제자들은 도를 배운 것이 헛되지 않아 큰 과보를 증득한 것이다.

여러 비구들아, 어떻게 생각하는가? 옛날에 선안 대사는 외도 선인의 종사宗師로서 욕애를 버려 여의고 여의족如意足을 얻었다. 너희들은 그를 다른 사람이라고 하겠는가? 그런 생각을 하지 말라. 그가 바로 나라는 것을 마땅히 알아야 할 것이다. 나는 그때 선안 대사라 이름했고, 외도 선인의 종사로서 욕애을 버려 여의고 여의족을 얻었다.

나는 그때 수많은 제자를 두었고 모든 제자들을 위하여 범세법을 설했는데, 내가 범세법을 설해 주었을 때 모든 제자들 중에서 그 법을 구족하게 받들어 행하지 못한 자가 있으면, 그는 목숨을 마친 뒤에 혹 사왕천에 태어나기도 하고 혹은 삼십삼천에 태어나기도 하였으며, 혹은 험마천燄摩天에 태어나기도 하고 혹은 도솔타천에 태어나기도 하였

15 4범주梵住로 쓰기도 하며, 자慈·비悲·희喜·사捨의 네 가지 관법을 닦아 범천에 태어나는 수행법.

으며, 혹은 화락천에 태어나기도 하고 혹은 타화락천他化樂天에 태어나기도 했다. 내가 범세법을 설해 주었을 때 여러 제자들 중에 만일 법을 구족하게 받들어 행한 자는 4범실梵室을 닦고 욕애를 버려 여의어 목숨을 마친 뒤에는 범천에 태어날 수 있었다. 나는 그때 이렇게 생각했다.

'나는 마땅히 제자들과 함께 뒷세상에서는 같은 곳에 태어나지 않으리라. 그러려면 이제 다시 증상자增上慈를 닦아야겠다. 증상자를 닦고 나서 목숨을 마치면 황욱천에 태어날 수 있을 것이다.'

그리하여 나는 그 뒤에 다시 증상자를 닦았고 증상자를 닦고 나서 목숨을 마친 뒤에 황욱천에 태어날 수 있었다. 그때 나와 모든 제자들은 도를 배운 것이 헛되지 않아 큰 과보를 얻었다.

나는 그때 몸소 이 도를 수행하여 스스로를 요익하게 하였고, 또한 남을 요익하게 했으며, 많은 사람을 요익하게 하였다. 세상을 가엾고 불쌍하게 여겨, 하늘을 위하고 사람을 위해 이치와 요익을 구하고 안온과 쾌락을 구했다. 그러나 그때의 설법은 최후의 경지〔究竟〕에 이르지 못했고, 최후의 백정白淨에 이르지 못했으며, 최후의 범행에 이르지 못했고, 최후의 범행梵行을 마치는 경지에 이르지 못했다. 그래서 남·늙음·병듦·죽음·울음·걱정을 여의지 못했고, 또한 일체의 괴로움을 벗어나지도 못했다. 그러나 비구들아, 나는 이제 세상에 나와 여래如來·무소착無所着·등정각等正覺·명행성위明行成爲·선서善逝·세간해世間解·무상사無上士·도법어道法御·천인사天人師·불중우佛衆祐라는 호칭을 얻었다. 나는 이제 스스로를 요익하게 하였고 또 남까지도 요익하게 하였으며, 많은 사람을 요익하게 하였고 세간을 가엾고 불쌍하게 여기고 하늘과 사람을 위해 이치와 요익을 구하고, 또 안온과 쾌락을 구한다. 나는 이제 설법하여 최후의 경지에 이르렀고 최후의 백정에 이르렀으며, 최후의 범행에 이르렀고 최후의 범행을 마치는 경지에 이르렀다. 그래서 나는 이제 이미 남·늙음·병듦·죽음·울음·걱정을 다 여의었다. 그래서 나는 이제 일체의 괴로움에서 벗어날 수 있게 되었다."

부처님께서 이렇게 말씀하시자, 모든 비구들은 부처님 말씀을 듣고 기뻐하며 받들어 행하였다.

〔이 칠일경에 수록된 경문의 글자 수는 1,701자이다.〕

9) 칠거경七車經[16]〔초 1일송〕

나는 이와 같이 들었다.

어느 때 부처님께서 왕사성을 유행하실 때에 죽림정사竹林精舍에서 큰 비구 대중과 함께 여름 안거〔夏坐〕를 지내셨다. 존자 만자자滿慈子[17]도 자신의 고향에서 여름 안거를 지냈다. 이때 고향 마을의 모든 비구들도 여름 안거 석 달을 마친 다음 옷을 기워 수선하는 일을 마치고 발우를 가지고 고향 마을을 떠나 왕사성王舍城으로 향했다. 자꾸 앞으로 나아가 왕사성에 이르러 그곳에 있던 죽림정사에 머물렀다.

이때 시골의 여러 비구들은 세존 계시는 곳으로 나아가 머리를 조아려 절하고 한쪽에 물러나 앉았다.

세존께서 물으셨다.

---

16 이 경은 『증일아함경』 제33권 제39품인 「등법품等法品」의 열 번째 소경의 내용과 동일하다.

17 만원자滿願子 또는 만축자滿祝子라고도 하는데 부루나富樓那 존자를 번역하여 부른 말이다.

"비구들아, 어디서 왔으며 어디서 여름 안거를 지냈는가?"

고향 마을의 여러 비구들이 세존께 여쭈었다.

"세존이시여, 고향 마을에서 왔으며 고향 마을에서 여름 안거를 지냈습니다."

"그 고향 마을의 여러 비구들 중에서 누가 많은 비구들의 칭찬을 받는가? 즉 제 자신이 욕심이 적어 만족할 줄 알며〔少欲知足〕 남이 욕심이 적어 만족할 줄 아는 것을 칭송해 말하고, 제 자신이 한가롭게 머물고 또 남이 한가롭게 머무는 것을 칭송하여 말하며, 제 자신이 정진精進하고 남이 정진하는 것을 칭찬해 말하며, 제 자신이 직접 바른 생각을 하고 남이 바른 생각을 하는 것을 칭찬해 말하며, 제 자신이 일심一心을 지키고 남이 일심 지키는 것을 칭찬해 말하며, 제 자신이 지혜롭고 남이 지혜로운 것을 칭찬해 말하며, 제 자신이 번뇌를 다 끊어 없애고 남이 번뇌가 다한 것을 칭찬해 말하며, 제 자신이 마음을 내고 못내 우러르며 성취함을 기뻐하고 남이 마음을 내고 못내 우러르며 성취함을 기뻐하는 것을 칭찬해 말하는 비구가 누구인가?"

그 고향 마을의 비구들이 여쭈었다.

"세존이시여, 존자 만자자는 저 고향 마을에서 모든 비구들의 칭찬을 받고 있습니다. 그는 제 자신이 욕심이 적어 만족할 줄 알고 욕심이 적어 만족할 줄 아는 이를 칭찬해 말하며 제 자신이 한가롭게 있고 한가롭게 있는 이를 칭찬해 말하며, 제 자신이 정진하고 정진하는 이를 칭찬해 말하며 제 자신이 바른 생각을 하고 바른 생각하는 이를 칭찬해 말하며, 제 자신이 일심을 지키고 일심을 지키는 이를 칭찬해 말하며 제 자신이 지혜롭고 지혜로운 이를 칭찬해 말하며, 제 자신이 번뇌를 다 끊고 번뇌가 다 끊어진 이를 칭찬해 말하며 제 자신이 마음을 내고 못내 우러르며 성취함을 기뻐하고 마음을 내고 못내 우러르며 성취함을 기뻐하는 이를 칭찬해 말합니다."

이때 존자 사리자舍梨子는 대중 가운데 앉아 있었는데 이와 같이 생각했다.

'세존께서는 위에서와 같이 저 고향 마을의 여러 비구들에게 물으셨고 고향 마을의 여러 비구들은 아주 대단하게 현자 만자자滿慈子를 칭찬하였다. 곧 그는 제 자신이 욕심이 적어 만족할 줄 알고 욕심이 적어 만족할 줄 아는 이를 칭찬해 말하며, 제 자신이 한가롭게 있고 한가롭게 있는 이를 칭찬해 말하며, 제 자신이 정진하고 정진하는 이를 칭찬해 말하며, 제 자신이 바른 생각을 하고 바른 생각하는 이를 칭찬해 말하며, 제 자신이 일심을 지키고 일심 지키는 이를 칭찬해 말하며, 제 자신이 지혜롭고 지혜로운 이를 칭찬해 말하며, 제 자신이 번뇌를 다 끊어 없애고 번뇌를 다 끊어 없앤 이를 칭찬해 말하며, 제 자신이 마음을 내고 못내 우러르며 성취함을 기뻐하고 마음을 내고 못내 우러르며 성취함을 기뻐하는 이를 칭찬해 말하는구나.'

존자 사리자는 다시 이와 같이 생각했다.

'나는 언제 저 현자 만자자와 한자리에 앉아 그 이치를 조금이라도 물어볼 수 있을까? 그는 혹 나의 질문을 들어주기나 할까?'

그때 세존께서 왕사성에서 여름 안거에 들어 계시다가 석 달을 지낸 뒤 옷을 기워 수선하고 발우를 들고 그곳을 떠나 사위국으로 향하셨다. 차츰차츰 앞으로 나아가 그곳에 이르러 곧 승림급고독원(勝林給孤獨園 : 기수급고독원)에 머무셨다. 존자 사리자는 고향 마을의 여러 비구들과 같이 왕사성에서 며칠을 머물다가, 옷을 단속하고 발우를 가지고 사위국으로 향하였다. 그리하여 점점 앞으로 나아가 사위국에 이르러 승림급고독원에 함께 머물렀다. 이때 존자 만자자도 고향 마을에서 여름 안거를 마치고 석 달을 지낸 뒤 옷을 기워 단속하고 발우를 들고 고향 마을을 떠나 사위국으로 향했다. 그리하여 점점 앞으로 나아가 그곳에 이르러 그 또한 승림급고독원에 머물렀다. 존자 만자자는 세존께서 계신 곳으로 나아가 머리를 조아려 예배하고 여래 앞에서 니사단尼師檀을 깔고 가부좌를 하고 앉았다.

그때 존자 사리자가 다른 비구들에게 물었다.

"여러분, 어느 분이 현자 만자자입니까?"

비구들이 존자 사리자에게 말하였다.

"예, 그 존자는 여래如來 앞에 앉아 있습니다. 얼굴은 하얗고 콧대가 앵무새 부리처럼 높은 사람이 바로 그입니다."

존자 사리자는 만자자의 얼굴을 알아보고 곧 기억했다. 존자 만자자는 그 밤을 지내고 이른 아침에 옷을 입고 발우를 가지고 사위국에 들어가 걸식하였다. 식사를 마치고 오후에 돌아와 옷과 발우를 거두고 손발을 씻고 니사단尼師檀을 어깨 위에 걸치고 안다숲〔安陀林〕의 경행經行하는 장소로 갔다. 존자 사리자도 밤을 지내고 이른 아침에 옷을 입고 발우를 가지고 사위국에 들어가 걸식하였다. 식사를 마치고 오후에 돌아와 옷과 발우를 거두고 손발을 씻고 니사단을 어깨 위에 걸치고 안다숲의 경행하는 장소로 갔다.

그때 존자 만자자는 안다숲에 이르러 한 나무 밑에 니사단을 깔고 가부좌를 하고 앉았다. 존자 사리자도 안다숲에 이르러 만자자에게서 멀리 떨어지지 않은 한 나무 밑에 니사단을 깔고 가부좌를 하고 앉았다. 존자 사리자는 해질 무렵〔晡時〕에 연좌에서 일어나, 존자 만자자에게 나아가 서로 인사를 나눈 뒤 한쪽으로 물러 앉아 곧 존자 만자자에게 물었다.

"현자여, 그대는 사문 구담瞿曇을 따라 범행을 닦습니까?"

"그렇습니다."

"어떻습니까? 현자여, 그대는 계행戒行을 깨끗하게 하려고 사문 구담을 따라 범행을 닦습니까?"

"아닙니다."

"마음을 깨끗하게 하려고 하기 때문에 견해를 깨끗하게 하려고 하기 때문에 의심과 번뇌를 깨끗하게 하려고 하기 때문에, 도道이다 도가 아니다 하고 분별하는 지견을 깨끗하게 하려고 하기 때문에 가야 할 길을 잘 아는 지견知見을 깨끗하게 하려고 하기 때문에 도적道跡의 지견을 깨끗하게 하려고 하기 때문에, 도적의 번뇌를 끊는 지혜를 깨끗하게 하려고 하기 때문에 사문 구담을 따라 범행을 닦습니까?"

"아닙니다."

"내가 아까 그대에게 '사문 구담을 따라 범행을 닦습니까?' 하고 물었을 때에 그대는 곧 '그렇습니다'라고 대답했습니다. 그런데 지금 내가 그대에게 '계행을 깨끗하게 하려고 하기 때문에 사문 구담을 따라 범행을 닦습니까?' 하고 물었을 때, 그대는 곧 '아닙니다'라고 대답했습니다.

'마음을 깨끗하게 하려고 하기 때문에 견해를 깨끗하게 하려고 하기 때문에 의심을 없애 깨끗하게 하려고 하기 때문에, 도이다 도가 아니다 하고 분별하는 지견을 깨끗하게 하려고 하기 때문에 도적의 지견을 깨끗하게 하려고 하기 때문에 도적의 번뇌를 끊는 지혜를 깨끗하게 하려고 하기 때문에 사문 구담을 따라 범행을 닦습니까?' 하고 물었을 때, 그대는 곧 '아닙니다'라고 대답했습니다. 그러면 무슨 마음으로 사문 구담을 따라 범행을 닦는 것입니까?"

그는 대답했다.

"현자여, 무여열반無餘涅槃을 증득하기 위해서입니다."

사리자가 또 다시 물었다.

"어떻습니까? 현자여, 계행을 깨끗하게 하려고 하기 때문에 사문 구담께서는 무여열반을 베풀어 설하는 것입니까?"

그는 대답했다.

"아닙니다."

"마음을 깨끗하게 하려고 하기 때문에 견해를 깨끗하게 하려고 하기 때문에 의심을 없애 깨끗하게 하려고 하기 때문에, 도이니 도가 아니니 하고 분별하는 지견을 깨끗하게 하려고 하기 때문에 도적의 지견을 깨끗하게 하려고 하기 때문에, 도적의 번뇌를 끊는 지혜를 깨끗하게 하려고 하기 때문에, 사문 구담께서는 무여열반을 베풀어 설하시는 것입니까?"

"아닙니다."

사리자가 또 다시 물었다.

"내가 아까 그대에게 '현자여, 계행을 깨끗하게 하려고 하기 때문에 사문 구담은 무여열반을 베풀어 설하시는 것입니까?' 하고 묻자, 현자는 '아닙니다'라고 대답했습니다. '마음을 깨끗하게 하려고 하기 때문에, 견해를 깨끗하게 하려고 하기 때문에, 의심을 없애 깨끗하게 하려고 하기 때문에, 도이니 도가 아니니 하며 분별하는 지견을 깨끗하게 하려고 하기 때문에, 도적의 지견을 깨끗하게 하려고 하기 때문에, 도적의 번뇌를 끊는 지혜를 깨끗하게 하려고 하기 때문에, 사문 구담은 무여열반을 베풀어 설하는 것입니까?' 하고 물었을 때, 현자는 '아닙니다'라고 대답했습니다. 현자의 대답에 무슨 뜻이 담겨져 있습니까? 어떻게 하면 알 수 있겠습니까?"

그는 대답했다.

"현자여, 만일 계행을 깨끗하게 하려고 하기 때문에 세존이신 사문 구담께서 무여열반을 베풀어 설하신다면, 그것은 곧 유여有餘를 무여

無餘라고 일컫는 것이며, 마음을 깨끗하게 하려고 하기 때문에 견해를 깨끗하게 하려고 하기 때문에 의심을 없애 깨끗하게 하려고 하기 때문에 도이니 도가 아니니 하며 분별하는 지견을 깨끗하게 하려고 하기 때문에, 도적의 지견을 깨끗하게 하려고 하기 때문에 도적의 번뇌를 끊는 지혜를 깨끗하게 하려고 하기 때문에 세존이신 사문 구담께서 무여열반을 베풀어 설하신다면 그것은 유여를 무여라고 일컫는 것입니다. 현자여, 만일 이 법을 떠나 세존께서 무여열반을 베풀어 설하신다면 곧 범부도 마땅히 반열반般涅槃해야 할 것입니다. 왜냐하면 범부 이 법을 떠났기 때문입니다. 현자여, 다만 계행이 깨끗함으로써 마음의 깨끗함을 얻고 마음이 깨끗함으로써 견해의 깨끗함을 얻으며, 견해가 깨끗함으로써 의심과 번뇌가 깨끗해짐을 얻고 의심과 번뇌가 깨끗함으로써 도이니 도가 아니니 하며 분별하는 지견이 깨끗해짐을 얻으며, 도이니 도가 아니니 하며 분별하는 지견이 깨끗해짐으로써 도적의 지견이 깨끗해짐을 얻고 도적의 지견이 깨끗해짐으로써 도적의 번뇌를 끊는 지혜가 깨끗해짐을 얻으며, 도적의 번뇌를 끊는 지혜가 깨끗해짐으로써 세존이신 사문 구담은 무여열반을 베풀어 설하시는 것입니다.

현자여, 다시 들으십시오. 옛날 구살라왕拘薩羅王 바사닉波斯匿이 사위국에 있었는데, 바계제婆鷄帝[18]에 볼 일이 있었습니다. 그는 '무슨 방법을 써야 사위국에서 바계제까지 하루에 갈 수 있을까?' 하고 생각하였습니다. 그는 다시 '나는 이제 사위국에서 바계제에 이르는 그 중간에 일곱 수레를 늘어놓아 두리라' 하고 생각하였습니다. 그런 생각을 하고 나서 그는 곧 사위국에서 바계제에 이르는 그 중간에 일곱 수레

18 또는 사계제娑鷄帝·파기다婆祇多라고 부르기도 하며, 북구살라국의 도성 이름이다.

를 늘어놓아 두었습니다. 그는 일곱 수레를 벌여 둔 뒤에 사위국에서 나와 첫 번째 수레에 이르렀습니다. 첫 번째 수레를 타고 두 번째 수레에 이르러서는 첫 번째 수레는 버렸습니다. 두 번째 수레를 타고 세 번째 수레에 이르러서는 두 번째 수레는 버리고, 세 번째 수레를 타고 네 번째 수레에 이르러서는 세 번째 수레는 버렸으며, 네 번째 수레를 타고 다섯 번째 수레에 이르러서는 네 번째 수레는 버리고, 다섯 번째 수레를 타고 여섯 번째 수레에 이르러서는 다섯 번째 수레는 버렸습니다. 또 여섯 번째 수레를 타고 일곱 번째 수레에 이르러서는 여섯 번째 수레는 버리고, 일곱 번째 수레를 타고는 하루 걸음으로 바계제에 이르렀습니다. 그는 바계제에서 볼 일을 다 마치고 대신들에게 둘러싸여 왕의 정전正殿에 앉았습니다. 뭇 신하들이 물었습니다.

'어떻게 천왕天王께선 하루 동안에 사위국에서 바계제까지 오셨습니까?'

왕이 대답했습니다.

'이렇게 이렇게 해서 여기까지 왔다.'

'어떻습니까? 첫 번째 수레를 타고 하루 동안에 사위국에서 바계제까지 오셨습니까?'

'아니다.'

'두 번째 수레를 타고, 세 번째 수레를 타고, 나아가 일곱 번째 수레를 타고 사위국에서 바계제까지 오셨습니까?'

'아니다.'

'어떻습니까? 현자여, 구살라왕 바사닉은 뭇 신하들이 다시 묻는다면 어떻게 대답하겠습니까?'

왕이 뭇 신하들에게 대답하였습니다.

'나는 사위국왕이지만 바계제에 볼 일이 있었다. 그래서 나는 이렇게 생각했다.

〈무슨 방법을 써야 사위국에서 바계제까지 하루 사이에 갈 수 있을까?〉

나는 다시 이렇게 생각했다.

〈내가 이제 사위국에서 바계제에 이르는 그 중간에 일곱 대의 수레를 늘어놓으리라.〉

나는 그렇게 생각하고 나서 곧 사위국에서 바계제에 이르는 길 중간에 일곱 대의 수레를 늘어놓았다. 일곱 대의 수레를 늘어놓은 다음에 사위국에서 길을 떠나 첫 번째 수레에 이르렀다. 첫 번째 수레를 타고 두 번째 수레에 이르러서는 첫 번째 수레는 버리고, 두 번째 수레를 타고 세 번째 수레에 이르러서는 두 번째 수레는 버리고, 세 번째 수레를 타고 네 번째 수레에 이르러서는 세 번째 수레는 버렸다. 네 번째 수레를 타고 다섯 번째 수레에 이르러서는 네 번째 수레는 버리고, 다섯 번째 수레를 타고 여섯 번째 수레에 이르러서는 다섯 번째 수레는 버렸다. 여섯 번째 수레를 타고 일곱 번째 수레에 이르러서는 여섯 번째 수레는 버리고, 일곱 번째 수레를 타고는 하루 동안에 바계제까지 왔다.'

현자여, 구살라왕 바사닉이 뭇 신하들의 물음에 이와 같이 대답했습니다.

그와 같이 현자여, 계행이 깨끗함으로써 마음이 깨끗해짐을 얻고 마음이 깨끗해짐으로써 견해의 깨끗해짐을 얻으며, 견해가 깨끗해짐으로써 의심의 번뇌를 없애 깨끗해짐을 얻고 의심의 번뇌를 없애 깨끗해짐으로써 도니 도가 아니니 하며 분별하는 지견이 깨끗해짐을 얻으며, 도니 도가 아니니 하며 분별하는 지견이 깨끗해짐으로써 도적道跡의 지견이 깨끗해짐을 얻고 도적의 지견이 깨끗해짐으로써 도적의 번뇌를 끊는 지혜가 깨끗해짐을 얻으며, 도적의 번뇌를 끊는 지혜가 깨끗해짐으로써 세존께서는 무여열반을 베풀어 설하신 것입니다."

그러자 존자 사리자가 존자 만자자에게 물었다.

"현자여, 현자의 이름은 무엇이며 모든 범행인은 무엇이라고 현자를 일컫습니까?"

존자 만자자가 대답했다.

"현자여, 내 아버지[19]의 호는 만滿이고 내 어머니의 이름은 자慈입니다. 그러므로 모든 범행인들은 나를 일컬어 만자자(滿慈子 : 만자의 아들)라고 부릅니다."

존자 사리자가 찬탄하며 말했다.

"훌륭하고 훌륭합니다. 현자 만자자는 여래의 제자가 되어 행동〔作〕과 지변智辯과 총명聰明이 결정되었고, 안온하고 두려움이 없으며 조어調御를 성취하였습니다. 큰 변재辯才를 성취하였고 감로甘露의 깃대를 얻었으며 감로의 세계에 있으면서 스스로 증득하고 성취하여 노니십니다. 현자에게 물으면 그 매우 깊은 뜻을 다 대답해 줄 수 있기 때문에 현자 만자자는 모든 범행인들에게 큰 이익을 얻게 합니다. 그들은 현자 만자자를 만났으므로 수시로 가서 보고 수시로 예배합니다. 나도 이제 또 큰 이익을 얻었으니 수시로 와서 뵙고 수시로 예배할 것입니다. 모든 범행인은 마땅히 옷을 정수리에 동여매고 현자 만자자를 머리 위에 이고 다니듯 공경하여 모심으로써 큰 이익을 얻을 것입니다. 이제 나도 큰 이익을 얻었으니 수시로 가서 뵙고 수시로 예배할 것입니다."

존자 만자자가 존자 사리자에게 물었다.

19 고려대장경 원본에는 부父자가 없고 송본宋本에만 부父자가 있다. 여기 의미로 보아 부父자가 들어가는 것이 의미에 맞아서 송본을 따라 번역하였다.

“현자의 이름은 무엇이며, 모든 범행인들은 현자를 무엇이라고 부릅니까?”

“현자여, 나의 이름〔字〕은 우바제사優波鞮舍이고 내 어머니의 이름은 사리舍梨라고 합니다. 그러므로 모든 범행인들은 나를 일컬어 사리자(舍梨子 : 사리의 아들)라고 부릅니다.”

존자 만자자가 찬탄하며 말하였다.

“나는 지금 세존의 제자와 함께 논의하면서도 몰랐습니다. 두 번째의 높은 이와 함께 논의하면서도 몰랐고 법의 장수〔法將 : 사리자를 찬탄해 부른 말〕와 함께 논의하면서도 몰랐으며 법바퀴를 다시 굴리는 제자와 함께 논의하면서도 몰랐습니다. 내가 만일 존자 사리자를 알았다면 한 마디도 대답할 수 없었을 것입니다. 더구나 다시 당신의 심도 있는 논리에 대해서이겠습니까? 훌륭하고 훌륭합니다. 존자 사리자여, 당신은 여래의 제자가 되어 행동과 지변과 총명은 결정되었고, 안온하고 두려움이 없으며, 조어를 성취하였고 큰 변재辯才를 얻었으며, 감로의 깃대를 얻었고 감로의 세계에 있으면서 스스로 증득하고 성취하여 노니시는 분입니다. 존자께서는 매우 깊고 깊은 질문을 하셨기 때문에 사리자여, 모든 범행인들에게 큰 이익을 얻게 하셨습니다. 그들은 존자 사리자를 만났으므로 수시로 와서 뵙고 수시로 예배할 것입니다. 이제 나도 큰 이익을 얻었으니, 수시로 가서 뵙고 수시로 예배할 것입니다. 모든 범행인들은 마땅히 옷을 정수리에 감고 존자를 머리 위에 이고 다니듯 공경을 다해 모심으로 말미암아 큰 이익을 얻을 것입니다. 이제 나도 큰 이익을 얻었으니 수시로 와서 뵙고 수시로 예배할 것입니다.”

이와 같이 두 현인은 서로 칭찬해 말하고 다시 서로의 훌륭함을 칭찬해 마치고 나서 기뻐하며 받들어 행했다. 그리고 자리에서 일어나 각각 자기 처소로 돌아갔다.

〔이 칠거경에 수록된 경문의 글자 수는 2,508자이다.〕

10) 누진경漏盡經[20]〔초 1일송〕

나는 이와 같이 들었다.

어느 때 부처님께서 구루수拘樓瘦를 유행하실 때에 도읍인 검마슬담劒磨瑟曇에 계셨다. 그때 세존께서 여러 비구들에게 말씀하셨다.

"알거나 봄으로써 모든 번뇌〔漏〕가 다하게 되니, 알지 못해서도 안 되고 보지 못해서도 안 된다. 어떤 것을 알거나 봄으로써 모든 번뇌를 다하게 할 수 있다고 하는가? 바른 생각〔正思惟〕과 바르지 않은 생각〔不正思惟〕이 있다. 만일 바르지 않게 생각하면, 아직 생겨나지 않은 욕루欲漏가 생겨나고 이미 생긴 것은 더욱 자라나게 된다. 아직 생겨나지 않은 유루(有漏 : 生存에 집착하는 번뇌)와 무명루(無明漏 : 無智의 번뇌)가 생겨나고 이미 생긴 것은 더욱 자라나게 된다. 만일 바르게 생각하면, 아직 생겨나지 않은 욕루는 생겨나지 않고 이미 생긴 것이라 하더라도 곧 없어진다. 아직 생겨나지 않은 유루와 무명루는 생겨나지 않고 이미 생긴 것이라 하더라도 곧 없어진다.

그런데 범부와 어리석은 사람은 바른 법을 듣지 못하고 참지식〔眞知識 : 善知識〕을 만나지 못하여, 거룩한 법을 알지 못하고 거룩한 법에 인도되어 길들여지지〔調御〕도 못하며 참다운 법을 알지도 못한다.

---

20 이 경은 『증일아함경』 제34권 제40품인 「칠일품」의 여섯 번째 소경과 내용이 동일하며, 이역경으로는 안세고安世高가 한역한 『불설일체유섭수인경佛說一切流攝守因經』이 있다.

바르지 않게 생각하면 아직 생겨나지 않은 욕루가 생겨나고 이미 생긴 것은 더욱 자라나게 된다. 아직 생겨나지 않은 유루와 무명루가 생겨나고 이미 생긴 것은 더욱 자라나게 된다. 바르게 생각하면 아직 생겨나지 않은 욕루는 생겨나지 않고 이미 생겼다 하더라도 곧 없어진다. 참다운 법을 알지 못하기 때문에 생각하지 않아야 할 법은 생각하고 생각해야 할 법은 생각하지 않는다. 생각하지 않아야 할 법은 생각하고 생각해야 할 법은 생각하지 않기 때문에 아직 생겨나지 않은 욕루는 생겨나고 이미 생긴 것은 더욱 자라나게 된다. 아직 생겨나지 않은 유루와 무명루가 생겨나고 이미 생긴 것은 더욱 자라나게 된다. 많이 들은 거룩한 제자들은 바른 법을 얻어 듣고 참지식을 만나며 거룩한 법에 인도되어 길들여지고 참다운 법을 알게 된다.

바르지 않게 생각하는 자는 아직 생겨나지 않은 욕루는 생겨나고 이미 생긴 것은 더욱 자라나게 된다. 아직 생겨나지 않은 유루와 무명루는 생겨나고 이미 생긴 것은 더욱 자라나게 된다. 바르게 생각하는 자는 아직 생겨나지 않은 욕루도 생겨나지 않고 이미 생겼다 하더라도 곧 없어진다. 아직 생겨나지 않은 유루와 무명루는 생겨나지 않고 이미 생겼다 하더라도 곧 없어진다.

참다운 법을 이미 알아 생각하지 않아야 할 법은 생각하지 않고 마땅히 생각해야 할 법만 곧 생각한다. 생각하지 않아야 할 법은 생각하지 않고 생각해야 할 법만 생각하기 때문에 아직 생겨나지 않은 욕루는 생겨나지 않고 이미 생겼다하더라도 곧 없어진다. 아직 생겨나지 않은 유루와 무명루는 생겨나지 않고 이미 생겼다 하더라도 곧 없어진다.

누漏와 번뇌와 걱정과 슬픔을 끊는 일곱 가지 법이 있으니 무엇이 일곱 가지인가? 유루有漏는 견해〔見〕를 좇아 끊고 유루는 보호〔護〕를 좇아 끊으며 유루는 떠남〔離〕을 좇아 끊고 유루는 수용〔用〕을 좇아 끊으며 유루는 참음〔忍〕을 좇아 끊고 유루는 없앰〔除〕을 좇아 끊으며 유루는 생각〔思惟〕을 좇아 끊는다.

유루는 견해를 좇아 끊는다는 것은 무엇인가? 범부와 어리석은 사람은 바른 법을 듣지 못하고 참지식을 만나지 못하며 거룩한 법을 알지 못하고 거룩한 법에 인도되어 가르침을 받지 못하며 참다운 법을 알지 못하고 바르게 생각하지 못하기 때문에 곧 이러한 생각을 낸다.

'나에게 과거의 세상이 있었는가, 나에게 과거의 세상이 없었는가? 나에게 무슨 원인으로 인해 과거의 세상이 있었는가, 나에게 어떠한 과거의 세상이 있었는가? 나에게 미래의 세상이 있을 것인가, 나에게 미래의 세상이 없을 것인가? 나에게 무슨 원인으로 미래의 세상이 있을 것인가, 나에게 어떠한 미래의 세상이 있을 것인가?'

또 스스로 의심한다.

'내 몸을 무엇이라고 하는가? 이것은 무엇인가? 이제 이 중생들은 어디로부터 왔으며 장차는 어디로 갈 것인가? 본래 무슨 인연으로 존재하게 되었으며 장차는 무슨 인연으로 존재하게 될 것인가?'

그는 이와 같이 바르지 않게 생각하여 여섯 가지 견해〔見〕가 생겨나는데, 이 견해가 생김에 따라 나에 대하여 나〔神〕라는 것이 있다는 견해를 내고 이 견해가 생겨 나에 대하여 나라는 것이 없다는 견해를 내며, 이 견해가 생겨 나로 말미암아 나라고 인식하는 견해를 내고 이 견해가 생겨 나로 말미암아 나가 아니라는 것을 안다는 견해를 내며, 이 견해가 생겨 나가 아닌 것을 나라고 인식하는 견해를 내고 이 견해가 생겨 이것은 바로 나라고 하는 견해를 낸다. 이 나라는 것은 능히 말하고 능히 알고 능히 행동하며 능히 행동하게 하고 능히 일어나게 하며 가서 태어나는 곳마다 선악의 과보를 받는다. 그것은 반드시 어디로부터 온 곳도 없고 꼭 있는 것도 아니며 꼭 있어야 할 것도 아니라고 한다. 이것을 견해의 폐단이라고 하는데, 이런 견해에 흔들리고 이런 견해의 번뇌〔見結〕에 결박을 당한다. 범부와 어리석은 사람은 이 때문에 곧 나고 늙고 병들고 죽는 괴로움을 받는다.

많이 들은 거룩한 제자들은 바른 법을 듣고 참지식을 만나며 거룩한 법에 인도되어 가르침을 받음으로써 참다운 법을 알아 괴로움에 대하여 사실 그대로 알고 괴로움의 발생·괴로움의 소멸·괴로움의 소멸에 이르는 길에 대하여 사실 그대로 안다. 이와 같이 사실 그대로 알아 마치면 3결結이 모두 끊어지는데, 신견결身見結과 계취결戒取結과 의결疑結이 다 끊어진다. 이 3결이 이미 다 끊어져서 사라지면 수다원須陀洹을 얻어 악법에 떨어지지 않고 반드시 정각正覺에 나아가 마지막에는 7유有[21]를 받고 천상과 인간에 일곱 번 오가기를 마치면 곧 괴로움의 끝을 얻는다. 만일 알지도 못하고 보지도 못하는 이는 번뇌와 걱정과 슬픔이 생기고 만일 알거나 보면 번뇌와 걱정과 슬픔이 생기지 않는다. 이것을 존재에 집착하는 번뇌는 견해〔見〕를 좇아 끊는 것이라고 한다.

유루는 보호〔護〕를 좇아 끊는다는 것은 무슨 뜻인가? 비구가 눈으로 물질을 보고 안근眼根을 보호하는 자는 바른 생각으로써 깨끗하지 않은 것이라고 관찰하기 때문이다. 안근을 보호하지 않는 자는 바르지 않은 생각으로써 깨끗하다고 보기 때문이다. 만일 보호하지 않으면 곧 번뇌와 걱정과 슬픔이 생기고 보호하면 곧 번뇌와 걱정과 슬픔이 생기지 않는다. 이와 같이 귀·코·혀·몸·뜻에 있어서도 마찬가지

21 여기에서 유有란 생사의 과보를 말한다. 또는 과보를 받을 원인〔因〕을 말하기도 하는데, 지옥유地獄有·방생유旁生有·아귀유餓鬼有·천유天有·인유人有·업유業有·중유中有를 말한다.

이며 법을 알아 의근意根을 보호하는 자는 바른 생각으로써 깨끗하지 않은 것이라고 보기 때문이며 의근을 보호하지 않는 자는 바르지 않은 생각으로써 깨끗한 것이라고 보기 때문이다. 만일 보호하지 않으면 곧 번뇌와 걱정과 슬픔이 생기고 보호하면 곧 번뇌와 걱정과 슬픔이 생기지 않는다. 이것을 유루는 보호를 좇아 끊는 것이라고 한다.

유루는 떠남[離]을 좇아 끊는다는 것은 무슨 뜻인가? 비구가 사나운 코끼리를 보면 곧 마땅히 멀리 떠나가야 하며, 사나운 말·사나운 소·사나운 개·독사·험한 길·개천·구덩이·은밀한 곳·강·깊은 샘·산·바위·나쁜 스승·나쁜 벗·나쁜 이도異道·나쁜 마을·나쁜 처소를 보아도 꼭 멀리 떠나야 한다. 만일 범행을 닦는 모든 사람들이 그들과 함께 거처하면서 의심이 없는 사람을 의심을 일으키게 하거든, 비구는 마땅히 나쁜 스승·나쁜 벗·나쁜 이도·나쁜 마을·나쁜 처소를 떠나야 한다. 만일 범행을 닦는 모든 이가 그들과 함께 거처하면서 의심이 없는 사람에게 의심을 일으키게 하거든, 마땅히 다 멀리 떠나야 한다. 만일 여의지 않으면 곧 번뇌와 걱정과 슬픔이 생길 것이며, 여의면 번뇌와 걱정과 슬픔이 생기지 않을 것이다. 이것을 일컬어 유루는 떠남을 좇아 끊는 것이라고 한다.

유루는 씀[用]을 좇아 끊는다는 것은 무슨 뜻인가? 만일 비구가 의복을 입는다면 그것은 이양을 위해서도 아니며, 뽐내기 위해서도 아니며, 겉치레를 위해서도 아니다. 다만 모기·등에·바람·비·추위·더움 때문이며, 부끄러움 때문이다. 만일 음식을 먹는다면 그것은 이양을 위해서도 아니며, 뽐내기 위해서도 아니며 살찌기를 바라거나 즐기기 위해서도 아니다. 다만 몸을 오랫동안 보전하여 번뇌와 걱정과 슬픔을 없애기 위해서이며, 범행을 실천하기 위해서이며, 묵은 병을 고치고 새로운 병이 생기지 않게 하기 위해서이며, 오래 살고 안온하고 병이 없게 하기 위해서이다. 만일 거처할 곳·방사房舍·평상·요·침구를 쓴다면 그것은 이양을 위해서도 아니며, 뽐내기 위해서도 아니며 겉치레를 위해서도 아니다. 다만 피로할 때 쉴 수 있게 하기 위해서이며, 고요히 앉아 선정에 들기 위해서이다. 만일 약을 쓴다면 그것은 이양을 위해서도 아니며, 뽐내기 위해서도 아니며, 살찌고 즐기기 위해서도 아니다. 다만 병들고 괴로운 것을 없애기 위해서이며, 목숨을 거두어 잡기 위해서이며, 안온하고 병이 없게 하기 위해서이다. 만일 그것들을 쓰지 않으면 번뇌와 걱정과 슬픔이 생기고, 그것을 쓰면 번뇌와 걱정과 슬픔이 생기지 않는다. 이것을 유루는 씀을 좇아 끊는 것이라고 한다.

유루는 참음〔忍〕을 좇아 끊는다는 것은 무슨 뜻인가? 비구는 정진하여 악하고 불선함을 끊고 선한 법을 닦기 때문에 항상 생각을 일으킴이 있고, 마음을 통일하여 정근하며, 몸·가죽·살·힘줄·뼈·피·골수가 다 마르도록 정진을 버리지 않고 구하던 바를 다 얻고서야 정진을 버린다. 비구는 또 마땅히 굶주림·목마름·추위·더위·모기·등에·파리·벼룩·이 따위를 견디고 참아내야 하고, 바람이나 햇볕의 핍박을 받고 욕설과 매질을 당해도 능히 그것을 참으며, 몸이 온갖 병에 걸려 몹시 고통스럽거나 목숨이 끊어질 듯한 온갖 불쾌한 것들도 다 능히 견디고 참아내야 한다. 만일 그것을 참아내지 못하면 번뇌와 걱정과 슬픔이 생길 것이고, 그것을 참아내면 번뇌와 걱정과 슬픔이 생기지 않을 것이다. 이것을 유루는 참음을 좇아 끊는 것이라고 한다.

유루는 없앰〔除〕을 좇아 끊는다고 한 것은 무슨 뜻인가? 비구에게 탐욕의 마음이 생겼을 때 그것을 끊어 없애거나 버려 여의지 못하거나, 성냄의 마음과 해치려는 마음이 생겼을 때 끊어 없애거나 버려 여의지 못할 경우, 만일 그것을 없애지 않으면 번뇌와 걱정과 슬픔이 생길 것이고, 그것을 없애면 번뇌와 걱정과 슬픔이 생기지 않을 것이다. 이것을 유루는 없앰을 좇아 끊는 것이라고 한다.

유루는 생각을 좇아 끊는다는 것은 무슨 뜻인가? 비구가 첫 번째 염각지念覺支[22]를 생각하여, 떠남을 의지하고 욕심 없음을 의지하며 멸해 다함을 의지하면 곧 나고 죽음을 벗어나는 법〔出要法〕으로 나아간다. 택법각지擇法覺支·정진각지精進覺支·희각지喜覺支·식각지息覺支·정각지定覺支도 마찬가지이며, 또 일곱째 사각지舍覺支를 생각하여, 떠남을 의지하고 욕심 없음을 의지하며 멸해 다함을 의지하면, 곧 나고 죽음을 벗어나는 경지로 나아간다. 만일 생각하지 않으면 곧 번뇌와 걱정과 슬픔이 생기고, 생각하면 번뇌와 걱정과 슬픔이 생기지 않는다. 이것을 유루는 사유를 좇아 끊는 것이라고 한다.

만일 비구로 하여금 유루에 대하여 견해를 좇아 끊을 것은 곧 견해로써 끊게 하고 유루에 대하여 보호를 좇아 끊을 것은 곧 보호로써 끊게 하며, 유루에 대하여 떠남을 좇아 끊을 것은 곧 떠남으로써 끊게 하고 유루에 대하여 씀을 좇아 끊을 것은 씀으로써 끊게 하며 유루에 대하여 참음을 좇아 끊을 것은 곧 참음으로써 끊게 하고 유루에 대하여 없앰을 좇아 끊을 것은 곧 없앰으로써 끊게 하며 유루에 대하여 사유를 좇아 끊을 것은 곧 사유로써 끊게 한다면, 이것을 비구가 모든 누漏가 다 끊어지고 모든 맺힘〔結〕이 이미 풀려 능히 바른 지혜로써 괴로움의 끝을 얻은 것이라고 한다."

부처님께서 이렇게 말씀하시자, 모든 여러 비구들은 부처님 말씀을 듣고 기뻐하며 받들어 행하였다.

---

22 불도를 수행함에 있어서 늘 잘 생각하여 정定·혜慧가 고르게 하는 것을 말한다.

〔이 누진경에 수록되어 있는 경문의 글자 수는 모두 1,621자이다. 『중아함경』 제2권에 수록된 경문의 글자 수는 모두 7,934자이고, 첫 번째 「칠법품」에 수록된 경문의 글자 수는 모두 16,043자이다.〕[23]

23 원문에서 밝히고 있는 글자 수의 합과 실제 소경의 글자 수를 합한 것과는 서로 차이가 많다. 2권의 총 글자 수는 소경들을 합한 결과 7,926자인데 여기에서는 7,934자라고 하였고, 「칠법품」인 『중아함경』 제1권과 제2권을 합하면 실제는 16,035자인데 여기에서는 16,043자라고 하였다.

중아함경 제 3 권

2. 업상응품業相應品 ①

〔이 업상응품에는 모두 열 개의 소경이 들어 있다.〕

염유경鹽喩經 · 화파경惒破經 · 도경度經과
나운경羅云經 · 사경思經 · 가람경伽藍經과
가미니경伽彌尼經 · 사자경師子經과
니건경尼乾經 · 파라뢰경波羅牢經이 들어 있다.

11) 염유경鹽喩經〔초 1일송〕

나는 이와 같이 들었다.

어느 때 부처님께서 사위국을 유행하실 때에 승림급고독원에 계셨다. 그때 세존께서 여러 비구들에게 말씀하셨다.

"사람은 그 지은 바 업業에 따라 그 과보를 받는다. 그렇기 때문에 범행梵行을 수행하지 않으면 괴로움을 다 없앨 수가 없다. 비록 사람은 그 지은 바 업에 따라 곧 그 과보를 받게 되는 것이 이러하다. 범행을 닦으면 곧 괴로움을 다 없앨 수 있다. 왜냐하면 만일 어떤 사람이 착하지 않은 업을 지으면 반드시 괴로움의 결과를 받되 지옥의 과보를 받기 때문이다. 어떤 사람이 착하지 않은 업을 지으면 반드시 괴로움의 결과를 받되 지옥의 과보를 받는다는 것은 무엇인가? 어떤 사람은 몸을 닦지 않고 계율을 지키지 않으며 마음을 닦지 않고 지혜를 닦지 않아서 그 수명이 아주 짧아진다. 이것이 사람이 착하지 않은 업을 지으면 반드시 괴로움의 결과를 받되 지옥의 과보를 받는다고 하는 것이다. 비유하면 마치 어떤 사람이 소금 한 냥을 적은 물에 집어넣어 그 물을 짜게 만들어 사람들이 마실 수 없게 하려고 하는 것과 같다. 너희들 생각에는 어떠하냐? 이 소금 한 냥으로 적은 물을 짜게 만들어 사람들이 마실 수 없도록 할 수 있겠는가?"

"그렇습니다. 세존이시여, 왜냐하면 소금은 많고 물은 적으므로 짜서 마실 수 없게 될 것이기 때문입니다."

"이와 같이 어떤 사람이 착하지 않은 업을 지으면 반드시 괴로움의 결과를 받되, 지옥의 과보를 받는다. 사람이 착하지 않은 업을 지으면 반드시 괴로움의 결과를 받되, 지옥의 과보를 받는다고 하는 것은 무엇인가? 어떤 사람은 몸을 닦지 않고 계율을 지키지 않으며 마음을 닦지 않고 지혜를 닦지 않아서 그 수명이 매우 짧아진다. 이것을 어떤 사람이 선하지 않은 업을 지으면 반드시 괴로움의 결과를 받되 지옥의 과보를 받는다고 하는 것이다.

또 어떤 사람이 선하지 않은 업을 지으면 반드시 괴로움의 결과를 받되 현재 세계[現法]에서 과보를 받는다. 어떤 사람이 착하지 않은 업을 지으면 반드시 괴로움의 결과를 받되, 현재 세계에서 과보를 받는다고 하는 것은 무엇인가? 어떤 사람은 몸을 닦고 계율을 지키며 마음을 닦고 지혜를 닦아서 수명이 매우 길어지기도 하는데 이것을 어떤 사람이 선하지 않은 업을 지으면 반드시 괴로움의 결과를 받되, 현재 세계에서 과보를 받는다고 하는 것이다. 비유하면 마치 어떤 사람이 소금 한 냥을 항하강에 던져 그 강물을 짜게 만들어 사람들이 마시지 못하게 하려고 하는 것과 같다. 너희들 생각에는 어떠하냐? 이 소금 한 냥으로 항하강 물을 짜게 만들어 사람들이 마시지 못하게 할 수 있겠는가?"

"아닙니다. 세존이시여, 왜냐하면 항하강의 물은 매우 많고 소금 한 냥은 아주 적은 분량이기 때문입니다. 그러므로 능히 짜게 하여 마시지 못하게 할 수 없을 것입니다."

"이와 같이 어떤 사람이 선하지 않은 업을 지으면 반드시 괴로움의 결과를 받되 현재 세계에서 그 과보를 받게 된다. 어떤 사람이 선하지 않은 업을 지으면 반드시 괴로움의 결과를 받되 현재 세계에서 그 과보를 받는다고 하는 것은 무엇인가? 어떤 사람이 몸을 닦고 계를 잘 지키며 마음을 닦고 지혜를 닦아서 수명이 아주 길어지는 것을 말한다. 이것을 어떤 사람이 선하지 않은 업을 지으면 반드시 괴로움의 결과를 받되 현재 세계에서 그 과보를 받는다고 하는 것이다.

또 어떤 사람이 선하지 않은 업을 지으면 반드시 괴로움의 결과를 받되 지옥의 과보를 받는다. 어떤 사람이 선하지 않은 업을 지으면 반드시 괴로움의 결과를 받되 지옥의 과보를 받는다는 것은 무엇인가? 어떤 사람이 몸을 닦지 않고 계율을 지키지 않으며 마음을 닦지 않고 지혜를 닦지 않아서 수명이 매우 짧아지는 것을 말한다. 이것을 어떤 사람이 선하지 않은 업을 지으면 반드시 괴로움의 결과를 받되 지옥의 과보를 받는다고 하는 것이다. 비유하면 마치 어떤 사람이 다른 사람의 양을 빼앗아 취하는 것과 같다. 어떤 사람이 남의 양을 빼앗아

취한다는 것은 무엇인가? 남의 양을 빼앗는 자는 왕이나 왕의 신하로서 대단한 위엄과 세력이 있고 저 양의 주인은 가난하고 천하여 힘이 없다. 그는 힘이 없기 때문에 굽실대며 합장하고 공경을 다해 구하고 찾으면서 '존자는 그 양을 돌려주시든지 그 값을 치러 주십시오'라고 말한다. 이것이 어떤 사람이 남의 양을 빼앗아간다고 하는 것이다.

이와 같이 어떤 사람이 선하지 않은 업을 지으면 반드시 괴로움의 결과를 받되 지옥의 과보를 받게 된다. 어떤 사람이 선하지 않은 업을 지으면 반드시 괴로움의 결과를 받되 지옥의 과보를 받는다는 것은 무엇인가? 어떤 사람이 몸을 닦지 않고 계율을 지키지 않으며 마음을 닦지 않고 지혜를 닦지 않아서 수명이 매우 짧아지면 이것을 사람이 선하지 않은 업을 지으면 반드시 괴로움의 결과를 받되 지옥의 과보를 받는다고 하는 것이다.

또 어떤 사람이 선하지 않은 업을 지으면 반드시 괴로움의 결과를 받되 현재 세계에서 그 과보를 받는다. 어떤 사람이 선하지 않은 업을 지으면 반드시 괴로움의 결과를 받되 현재 세계에서 그 과보를 받는다는 것은 무엇인가? 어떤 사람이 몸을 닦고 계율을 지키며, 마음을 닦고 지혜를 닦아서 수명이 매우 길어지면, 이것을 사람이 선하지 않은 업을 지으면 반드시 괴로움의 결과를 받되 현재 세계에서 그 과보를 받는다고 하는 것이다. 비유하면 마치 어떤 사람이 비록 남의 양을 훔쳤더라도 주인이 도로 빼앗아 간 것과 같다. 어떤 사람이 비록 남의 양을 훔쳤더라도 주인이 도로 빼앗아 간다는 것은 무엇인가? 양을 훔친 자는 가난하고 천하여 세력이 없고, 저 양의 주인은 혹 왕이나 왕의 신하로서 대단한 위엄과 힘을 지니고 있다. 그는 힘이 있기 때문에 훔친 자를 결박하고 양을 도로 빼앗아 갈 수 있다. 이것을 어떤 사람이 비록 남의 양을 훔쳤더라도 주인이 도로 빼앗아 간다고 하는 것이다.

이와 같이 어떤 사람이 선하지 않은 업을 지으면 반드시 괴로움의 결과를 받되 현재 세계에서 그 과보를 받는다. 어떤 사람이 선하지 않은 업을 지으면 반드시 괴로움의 결과를 받되 현재 세계에서 그 과보를 받는다는 것은 무엇인가? 어떤 사람이 몸을 닦고 계율을 지키며 마음을 닦고 지혜를 닦아서 수명이 매우 길어지면 이것을 어떤 사람이 선하지 않은 업을 지으면 반드시 괴로움의 결과를 받되 현재 세계에서 그 과보를 받는다고 하는 것이다.

또 어떤 사람이 선하지 않은 업을 지으면 반드시 괴로움의 결과를 받되 지옥의 과보를 받는다. 어떤 사람이 선하지 않은 업을 지으면 반드시 괴로움의 결과를 받되 지옥의 과보를 받는다는 것은 무엇인가? 어떤 사람이 몸을 닦지 않고 계율을 지키지 않으며, 마음을 닦지 않고 지혜를 닦지 않아서 수명이 매우 짧아지면, 이것을 어떤 사람이 선하지 않은 업을 지으면 반드시 괴로움의 결과를 받되 지옥의 과보를 받는다고 하는 것이다. 비유하면 마치 어떤 사람이 남에게 5전의 빚을 져 주인에게 결박당하고 나아가 1전의 빚을 지고 또 주인에게 결박당하는 것과 같다. 어떤 사람이 남에게 5전의 빚을 지고 주인에게 결박당하고 나아가 1전의 빚을 지고 또 주인에게 결박당한다는 것은 무엇인가? 빚을 진 사람은 가난하고 힘이 없다. 그는 가난하고 힘이 없기 때문에 남에게 5전의 빚을 지고 주인에게 결박당하고 나아가 1전의 빚을 지고 또한 주인에게 결박당하기에 이른다. 이것을 어떤 사람이 남에게 5전의 빚을 지고 주인에게 결박당하고 나아가 1전의 빚을 지고 또한 주인에게 결박당한다고 하는 것이다.

이와 같이 어떤 사람이 선하지 않은 업을 지으면 반드시 괴로움의 결과를 받되 지옥의 과보를 받는다. 어떤 사람이 선하지 않은 업을 지으면 반드시 괴로움의 결과를 받되 지옥의 과보를 받는다는 것은 무엇인가? 어떤 사람이 몸을 닦지 않고 계율을 지키지 않으며, 마음을 닦지 않고 지혜를 닦지 않아서 수명이 매우 짧아지면, 이것을 어떤 사람이 선하지 않은 업을 닦으면 반드시 괴로움의 결과를 받되 지옥의 과보를 받는다고 하는 것이다.

또 어떤 사람이 선하지 않은 업을 지으면 반드시 괴로움의 결과를 받되 현재 세계에서 그 과보를 받는다. 어떤 사람이 선하지 않은 업을 지으면 반드시 괴로움의 결과를 받되 현재 세계에서 그 과보를 받는다는 것은 무엇인가? 어떤 사람이 몸을 닦고 계율을 지키며, 마음을 닦고 지혜를 닦아서 수명이 매우 길어진다. 이것을 어떤 사람이 선하지 않은 업을 지으면 반드시 괴로움의 결과를 받되 현재 세계에서 그 과보를 받는다고 하는 것이다. 비유하면 마치 어떤 사람이 비록 백 전의 빚을 지고서도 주인에게 결박당하지 않고 나아가 천만 전의 빚을 지고서도 주인에게 결박당하지 않은 것과 같다. 어떤 사람이 비록 백 전의 빚을 지고서도 주인에게 결박당하지 않고 나아가 천만 전의 빚을 지고서도 주인에게 결박당하지 않는다는 것은 무엇인가? 빚을 진 사람은 생산되는 산업産業이 한량없이 많고 대단한 세력이 있다. 그는 그렇기 때문에 비록 백 전의 빚을 지고서도 주인에게 결박당하지 않고 나아가 천만 전의 빚을 지고서도 주인에게 결박당하지 않는다. 이것을 어떤 사람이 비록 백 전의 빚을 지고서도 주인에게 결박당하지 않고 나아가 천만 전의 빚을 지고서도 주인에게 결박당하지 않는다고 말하는 것이다. 이와 같이 어떤 사람이 선하지 않은 업을 지으면 반드시 괴로움의 결과를 받되 현재 세계에서 그 과보를 받는다.

어떤 사람이 선하지 않은 업을 지으면 반드시 괴로움의 결과를 받되 현재 세계에서 그 과보를 받는다는 것은 무엇인가? 어떤 사람이 몸을 닦고 계율을 지키며 마음을 닦고 지혜를 닦아서 수명이 매우 길어지면, 이것을 어떤 사람이 선하지 않은 업을 지으면 반드시 괴로움의 결과를 받되 현재 세계에서 그 과보를 받는다고 하는 것이다. 그는 현재 세계에서는 비록 선하고 악한 업의 과보를 받긴 하지만 그것은 경미하다."

부처님께서 이와 같이 말씀하시자, 모든 비구들은 부처님 말씀을 듣고 기뻐하며 받들어 행하였다.

〔이 염유경에 수록된 경문의 글자 수는 1,351자이다.〕

12) 화파경和破經〔초 1일송〕

나는 이와 같이 들었다.

어느 때 부처님께서 석기수釋羇瘦의 가유라위迦維羅衛[1]에 머무실 때 니구류尼拘類 동산에 계셨다.

그때 존자 대목건련大目乾連이 비구들과 함께 점심을 마친 뒤, 할 일이 있어서 강당에 모여 앉아 있었다. 이때 니건尼乾[2]의 제자인 화파和破라고 하는 석종釋種이 있었다. 그는 오후가 되자 천천히 거닐어 존자 대목건련의 처소에 이르러 서로 안부 인사를 주고받은 뒤 물러나 한

---

1 가비라위迦毘羅衛·가비라바소도迦毘羅婆籒都라고도 쓴다. 석가모니께서 탄생하신 곳으로 지금 네팔의 타라이 지방이다. 가비라 선인仙人이 있었다 하여 이같이 이름하였다.

2 인도에 있었던 외도外道의 일파이며 륵사바勒沙婆를 개조開祖로 하고 고행苦行으로써 열반에 드는 것을 제일 조건으로 한다. 그리하여 항상 몸의 털을 뽑고, 의복을 입지 않으며, 나체裸體로 걸식하면서도 부끄러워할 줄 모르기에 고행외도苦行外道·나형외도裸形外道·노형외도露形外道라고도 한다.

쪽에 앉았다.

이에 존자 대목건련이 이와 같은 일을 물었다.

"화파의 생각은 어떠한가? 만일 몸과 입과 뜻을 잘 보호하는 어떤 비구가 있을 때, 그대는 그런 일을 보고 이 좋지 못한 번뇌〔不善漏〕를 냄으로 인하여 뒷세상에까지 이르게 될 것이라고 생각하는가?"

화파가 대답하였다.

"대목건련이여, 만일 몸과 입과 뜻을 잘 보호하는 어떤 비구가 있을 때, 나는 그런 일을 보고 이 좋지 못한 번뇌를 냄으로 인하여 뒷세상에까지 이르게 될 것이라고 생각합니다. 대목건련이여, 만일 이전 세상에 선하지 않은 행위를 한 적이 있으면 이것으로 인해 선하지 않은 번뇌를 내어 뒷세상에까지 이르게 될 것입니다."

훗날 어느 때 세존께서는 고요한 곳에서 앉아 계시면서 사람들보다 특출한 천이통〔淨天耳〕으로써 존자 대목건련이 니건의 제자 화파와 함께 이와 같이 논란하는 것을 들으셨다. 세존께서 그러한 논란을 들으신 뒤, 저녁 때〔晡時〕가 되어 자리〔宴坐〕에서 일어나 강당으로 가셔서 비구 대중 앞에 자리를 깔고 앉으셨다. 세존께서 앉으시고 나서 물으셨다.

"목건련이여, 아까 니건의 제자인 석종 화파와 함께 무슨 일로 논란을 벌였으며, 또 무슨 일로 강당에 모여 있는가?"

존자 대목건련이 여쭈었다.

"세존이시여, 저는 오늘 비구들과 함께 점심을 마친 뒤에 할 일이 있어 강당에 모여 앉아 있었습니다. 그런데 니건의 제자 석종 화파가 오후에 천천히 거닐어 제가 있는 곳으로 왔습니다. 그래서 서로 안부 인사를 나눈 뒤에 물러나 한쪽에 앉았습니다. 저는 '화파의 생각에는 어떠한가? 만일 몸과 입과 뜻을 잘 보호하는 어떤 비구가 있다고 할 때, 그대는 그런 사람을 보고 그들이 좋지 못한 번뇌를 냄으로 인하여 뒷세상에까지 이르게 되리라고 생각하는가?' 하고 물었습니다. 니건의 제자 석종 화파는 곧 제 물음에 대하여 '만일 몸과 입과 뜻을 잘 보호하는 어떤 비구가 있다면 나는 그런 사람을 볼 때 그들이 이 좋지 못한 번뇌를 냄으로 인하여 뒷세상에까지 이르게 되리라고 생각합니다. 대목건련이여, 만일 전생에 선하지 않은 행을 행하였다면 이것으로 인해 선하지 않은 번뇌를 내어 뒷세상에까지 이르게 될 것입니다' 라고 대답하였습니다. 세존이시여, 아까 니건의 제자 석종 화파와 함께 이야기한 내용이 이와 같습니다. 이 일로써 강당에 모여 앉아 있었습니다."

이에 세존께서는 니건의 제자인 석종 화파에게 말씀하셨다.

"만일 내가 말하는 것이 옳거든 너는 마땅히 옳다고 하고, 옳지 않거든 너는 마땅히 옳지 않다고 말해야 한다. 그리고 너에게 의문 나는 것이 있거든 곧 '사문 구담瞿曇이시여, 여기에 무슨 일이 있으며, 여기에 무슨 뜻이 있습니까?' 하고 내게 물어라. 그리하여 내가 말하는 바를 네가 수용할 수 있다면 나는 너와 함께 이 일을 논하겠다."

화파가 대답하였다.

"사문 구담이시여, 만일 말씀하시는 바가 옳으면 저는 마땅히 옳다고 할 것이며, 만일 옳지 않으면 옳지 않다고 말하겠습니다. 그리고 제가 의문 나는 것이 있으면 마땅히 '구담이시여, 여기에는 무슨 일이 있으며 여기에는 무슨 뜻이 있습니까?' 하고 구담께 여쭙겠습니다. 사문 구담께서 말씀하신 바를 저는 곧 받아 지니겠습니다. 사문 구담이시여, 마땅히 저와 함께 이 일을 의논 해 주십시오."

세존께서 물으셨다.

"화파의 생각에는 어떠하냐? 만일 어떤 비구가 선하지 않은 몸의 행과 번뇌〔漏〕·번열煩熱·걱정·슬픔을 내었더라도 그는 뒷날에 선하지 않은 몸의 행이 소멸되어 다시는 새로운 업을 짓지 않고 묵은 업을 버리며 곧 현재 세계에서 문득 최후의 경지〔究竟〕를 얻어 번열이 없고 항상 머무르며 변하지 않을 수 있다. 이것은 거룩한 지혜로써 보는 바〔所見〕이며 거룩한 지혜로써 아는 바〔所知〕이다. 몸으로 불선不善을 행하고 입으로 불선을 행하며 뜻으로 불선을 행하여 무명無明의 행과 번뇌·번열·걱정·슬픔이 있더라도 그는 뒷날에 불선한 무명의 행이 소멸되어 다시는 새로운 업을 짓지 않는다. 그리고 묵은 업을 버리며 곧 현재 세계에서 문득 최후의 경지를 얻어 번열이 없고 항상 머무르며 변하지 않는다. 이것은 거룩한 지혜로써 보는 바이며 거룩한 지혜로써 아는 바이다. 화파의 생각에는 어떠하냐? 이와 같이 비구가 몸과 입과 뜻을 잘 보호한다면 너는 곧 이것을 보고 이 좋지 못한 번뇌를 냄으로 인하여 뒷세상에까지 이르게 되겠는가?"

"구담이시여, 만일 어떤 비구가 이와 같이 몸과 입과 뜻을 잘 보호한다면 제가 이것을 보지 않을 경우 이 좋지 못한 번뇌를 냄으로 인하여 뒷세상에까지 이르게 될 것입니다."

그러자 세존께서 찬탄하며 말씀하셨다.

"훌륭하다. 화파여, 화파의 생각에는 어떠하냐? 어떤 비구가 무명이 이미 다하고 명明이 이미 생겨났으면 그는 무명이 이미 다하고 명이 이미 생겨난 다음에 뒷세상의 몸〔後身〕에 대하여 감각을 내면 곧 뒷세상의 몸에 대하여 감각을 낸 줄을 알며, 뒷세상의 수명에 대하여 감각을 내면 곧 뒷세상의 수명에 대하여 감각을 낸 줄을 안다. 그리고 몸이 무너지고 목숨〔命〕이 끝나고 수壽가 다해 미치면 곧 현재 세계에서 일체의 감각이 다 그쳐 쉬게 된다. 그리하여 마침내는 싸늘하게 되는 지경에 이른다는 사실을 마땅히 알아야 한다. 화파여, 비유하면 마치 나무로 인해 그림자가 생기는 것과 같다. 만일 어떤 사람이 예리한 도끼를 가지고 와서 그 나무뿌리를 끊되, 조각조각 베고 끊어 열 조각으로 쪼개 나누거나 혹은 백 조각으로 나누어 불에 태워 재로 만들거나 혹은 큰 바람에 날리거나 물속에 넣는다면, 화파야, 네 생각엔 어떠하냐? 그림자는 나무로 인해 있는 것인데, 저 그림자는 이렇게 함으로 인하여 이미 그 근원이 끊어져 없어졌으니 다시는 생기지 않겠는가?"

"그렇습니다, 구담이시여."

"화파여, 비구도 이와 같다는 것을 마땅히 알아야 한다. 무명이 이미 다하고 명明이 생겨나면 그는 무명이 이미 다하고 명이 생긴 줄을 알며, 뒷세상의 몸에 대한 감각을 내면 문득 뒷세상의 몸에 대해 감각을 낸 줄을 알며, 뒷세상의 수명에 대하여 감각을 내면 문득 뒷세상의 수명에 대하여 감각을 낸 줄을 알게 된다. 몸이 무너지고 목숨이 끝나고 수壽가 다해 마치면 곧 현재 세계에서 일체의 감각이 모두 그쳐 쉬게 된다. 그리하여 마침내는 싸늘하게 되는 지경에 이르게 된다는 사실을 마땅히 알아야 한다. 화파여, 비구는 이와 같이 바르게 심해탈心解脫[3]하여 문득 6선주처善住處[4]를 얻는다. 어떤 것이 여섯 가지인가? 화파여, 비구는 눈으로 빛깔[色]을 보고도 기뻐하지 않고 걱정하지도 않으며, 구함을 버리고 아무런 작위가 없으면[無爲], 바른 생각[正念]과 바른 지혜[正智]가 된다. 화파여, 비구는 이와 같이 바르게 심해탈 한다. 이것을 첫 번째 선주처善住處를 얻은 것이라고 한다. 이와 같이

3 해탈이란 마음이 여러 가지 속박에서 풀려남을 말하는데 원시적인 의미에서는 해탈하는 것이 마음이므로 심해탈心解脫이라고 한다.

4 6근根이 6진塵에 대하여 집착하지 않고, 정념正念 · 정지正智에 안주安住하는 생활 상태로서 6상주常住라고도 한다.

귀 · 코 · 혀 · 몸도 마찬가지이며, 뜻도 대상경계인 법法을 대하여 알고도 기뻐하지 않고 걱정하지도 않으며 구함을 버리고 아무런 작위가 없으면〔無爲〕 바른 생각과 바른 지혜가 된다. 화파여, 비구는 이와 같이 바르게 심해탈 하며 이것을 여섯 번째 선주처를 얻은 것이라고 한다. 화파여, 비구는 이와 같이 바르게 심해탈하여 이 여섯 선주처를 얻는다."

화파가 말했다.

"그렇습니다. 구담이시여, 많이 들은 거룩한 제자들〔多聞聖弟子〕은 이와 같이 바르게 심해탈하여 여섯 선주처善住處를 얻습니다. 무엇을 여섯 가지라고 하는가? 구담이시여, 많이 들은 거룩한 제자들은 눈으로 빛깔〔色〕을 보고도 기뻐하지 않고 걱정하지도 않으며 구함을 버리고 아무런 작위가 없으면〔無爲〕, 바른 생각과 바른 지혜가 됩니다. 구담이시여, 많이 들은 거룩한 제자들은 이와 같이 바르게 심해탈 하며, 이것을 첫 번째 선주처를 얻은 것이라고 합니다. 이와 같이 귀 · 코 · 혀 · 몸도 마찬가지이며, 뜻이 대상경계인 법法에 대하여 기뻐하지도 않고 걱정하지도 않으며 구함을 버리고 아무런 작위가 없으면, 바른 생각과 바른 지혜가 됩니다. 이와 같이 구담이시여, 많이 들은 거룩한 제자들은 이와 같이 바르게 심해탈하며, 이것을 여섯 번째 선주처를 얻은 것이라고 합니다. 이와 같이 구담이시여, 많이 들은 거룩한 제자들은 바르게 심해탈하여 이 여섯 가지 선주처를 얻습니다."

화파가 세존께 말씀드렸다.

"구담이시여, 저는 이미 알았습니다. 선서善逝시여, 저는 이미 이해하였습니다. 구담이시여, 마치 눈 밝은 사람이 엎어진 것을 뒤집어 놓으며 덮여 있는 것을 드러내며 헤매는 자에게는 길을 가르쳐 주고 어둠 속에 등불을 밝히는 것과 같습니다. 만일 눈이 있는 사람은 곧 빛깔[色]을 볼 수 있듯이 사문 구담도 이와 같습니다. 저를 위하여 무량한 방편으로 법을 설해 주시고 뜻을 나타내셔서 그 길을 따라가게 하셨습니다. 세존이시여, 저는 이제 스스로 부처님 · 법 · 비구 대중에게 귀의합니다. 오직 원하건대 세존께서는 제가 우바새優婆塞가 되는 것을 허락해 주십시오. 저는 오늘부터 이 몸이 다할 때까지 스스로 귀의하여 목숨을 다하는 그날까지 그렇게 하겠습니다. 세존이시여, 마치 어떤 사람이 좋지 못한 말을 기르면서 이익을 바라지만 부질없이 제 몸만 고달프고 이익은 거두지 못하는 것처럼 세존이시여, 저도 그와 같았습니다. 저 어리석은 니건尼乾은 분명하게 깨닫지 못했고 능히 이해하지 못했으며 좋은 밭[良田][5]을 알지 못하고 또 스스로 살피지 못한 사람입니다. 그런데 저는 오랫동안 그를 받들어 공경을 다하여 공양하고 예로써 섬기면서 이익 얻기를 바랐으나 한갓 괴로움만 당하고 아무런 이익이 없었습니다. 세존이시여, 저는 이제 다시 스스로 부처님 · 법 · 비구 대중에게 귀의합니다. 오직 원하건대 세존께서는 제가 우바새優婆塞가 되는 것을 허락해 주십시오. 저는 오늘부터 이 몸이 다할 때까지 스스로 귀의하여 목숨을 다하는 그날까지 그렇게 하겠습니다. 세존이시여, 저는 원래 무지하여 저 어리석은 니건을 믿고 공경하였습니다. 그러나 오늘부터는 그만두겠습니다. 왜냐하면 저를 속였기 때문입니다. 세존이시여, 저는 지금 세 번째로 부처님 · 법 · 비구 대중에게 귀의합니다. 오직 원하건대 세존께서는 제가 우바새가 되는 것을 허락해 주십시오. 저는 오늘부터 이 몸이 다할 때까지 스스로 귀의하여 목숨이 다하는 그날까지 그렇게 하겠습니다."

부처님께서 이렇게 말씀하시자, 화파와 모든 비구들은 부처님 말씀

5 좋은 업[善業]을 심어 가꾸는 복전福田을 뜻하는데, 여기에서는 3보寶를 가리킨다.

을 듣고 기뻐하며 받들어 행하였다.

〔이 화파경에 수록된 경문의 글자 수는 1,502자이다.〕

13) 도경度經〔초 1일송〕

나는 이와 같이 들었다.

어느 때 부처님께서 사위국을 유행하실 때에 승림급고독원勝林給孤獨園에 계셨다. 그때 세존께서는 여러 비구들에게 말씀하셨다.

"3도처度處가 있으니, 성姓이 다르고 이름이 다르며, 종지〔宗〕도 다르고 교설〔說〕도 다르다. 이른바 지혜 있는 자가 잘 받아 꼭 지니고 남을 위해서 설법하지만 아무런 이익도 얻지 못한다. 어떤 것이 세 가지인가? 어떤 사문 범지는 '사람이 하는 일은 일체가 다 전생〔宿命〕에 지은 것을 원인으로 한다'는 견해를 내어 이와 같이 말한다. 또 어떤 사문 범지는 '사람이 하는 일은 일체가 다 존우(尊祐 : 造物主)의 지음을 원인으로 한다'는 견해를 내어 이와 같이 말한다. 또 어떤 사문 범지는 '사람이 하는 일은 일체가 다 인因도 없고 연緣도 없다'는 견해를 내어 이와 같이 말한다.

그 중에서 만일 어떤 사문 범지가 '사람이 하는 일은 일체가 다 전생〔宿命〕에 지은 것을 원인으로 한다'고 하면서, 그렇게 보고 그렇게 말한다면 나는 곧 그에게 가서 '여러분, 진실로 사람이 하는 일은 일체가 다 전생에 지은 것을 원인으로 한다고 그렇게 보고 그렇게 말하는 것인가?'라고 물을 것이다. 그래서 그들이 '그렇다'고 대답한다면, 나는 다시 그들에게 '만일 그렇다면 여러분들은 다 살생자가 될 것이다. 왜냐하면 일체는 다 전생에 지은 것을 원인으로 하기 때문이다. 이와 같아서 여러분은 다 주지 않는 것을 가지며, 삿된 음행을 하고 거짓말하며 나아가 삿된 견해를 가진 사람이 될 것이다. 왜냐하면 일체는 다 전생에 지은 것을 원인으로 하기 때문이다. 여러분이 만일 일체는 다 전생에 지은 것을 원인으로 한다고 진정 그렇게 본다면 내인內因 안에서 해야 할 일과 하지 않아야 할 일에 대해 전혀 욕망도 없고 노력할 것도 없을 것이다. 여러분이 만일 해야 할 일과 하지 않아야 할 일에 대해서 진실 되게 알지 못하면 곧 바른 생각을 잊고 바른 지혜도 없을 것이니, 그러면 가르칠 수도 없을 것이다'라고 말할 것이다. 만일 사문의 법대로 그와 같이 말한다면 곧 이치로써 그 사문 범지들을 항복시킬 수 있을 것이다.

그 중에서 만일 어떤 사문 범지가 '사람이 하는 일은 일체가 다 존우(尊祐 : 조물주)의 지음을 원인으로 한다'고 하면서 그렇게 보고 그렇게 말한다면, 나는 곧 그에게 가서 '여러분, 진실로 사람이 하는 일은 일체가 다 존우의 지음을 원인으로 한다고 그렇게 보고 그렇게 말하는 것인가?' 하고 물을 것이다. 그래서 그들이 '그렇다'고 대답한다면, 나는 다시 그들에게 '만일 그렇다면 여러분들은 모두 살생자가 될 것이다. 왜냐하면 일체는 다 존우의 지음을 원인으로 하기 때문이다. 이와 같아서 여러분은 다 주지 않는 것을 가지며, 삿된 음행을 하고 거짓말하며 나아가 삿된 견해를 가진 사람이 될 것이다. 왜냐하면 일체는 다 존우의 지음을 원인으로 하기 때문이다. 여러분이 만일 일체는 다 존우의 지음을 원인으로 한다고 진정 그렇게 본다면 내인內因 안에서 해야 할 일과 하지 않아야 할 일에 대해 전혀 욕망도 없고 노력할 것도 없을 것이다. 여러분이 만일 해야 할 일과 하지 않아야 할 일에 대해서 진실하게 알지 못하면 곧 바른 생각을 잊고, 바른 지혜도 없을 것이니, 그러면 가르칠 수도 없을 것이다'라고 말할 것이다. 만일 사문의 법대로 그와 같이 말한다면 곧 이치로써 그 사문 범지들을 항복시킬 수 있을 것이다.

그 중에서 만일 어떤 사문 범지가 '사람이 하는 일은 일체가 다 인因도 없고 연緣도 없는 것이다'라고 하면서 그렇게 보고 그렇게 말한다면, 나는 곧 그에게 가서 '여러분, 진실로 사람이 하는 일은 일체가 다 인因도 없고 연緣도 없다고 그렇게 보고 그렇게 말하는가?'라고 물을 것이다. 그래서 그들이 '그렇다'고 대답한다면, 나는 다시 그들에게 '만일 그렇다면 여러분들은 모두 살생자가 될 것이다. 왜냐하면 일체는 다 인도 없고 연도 없다고 하기 때문이다. 이와 같아서 여러분은 다 주지 않는 것을 가지며 삿된 음행을 하고 거짓말하며 나아가 삿된 견해를 가진 사람이 될 것이다. 왜냐하면 일체는 다 인도 없고 연도 없다고 하기 때문이다. 여러분이 만일 일체는 다 인도 없고 연도 없다고 진정 그렇게 본다면 내인內因 안에서 해야 할 일과 하지 않아야 할 일에 대해 전혀 욕망도 없고 노력할 것도 없을 것이다. 여러분이 만일 해야 할 일과 하지 않아야 할 일에 대해서 진실하게 알지 못하면 곧 바른 생각을 잊고 바른 지혜도 없을 것이니, 그러면 가르칠 수도 없을 것이다. 만일 사문의 법대로 그렇게 말한다면 곧 이치로써 그 사문 범지들을 항복시킬 수 있을 것이다.

내가 스스로 알고 스스로 깨달은 법을 너를 위해 설명한다면, 사문沙門 범지梵志나 혹은 하늘〔天〕·악마〔魔〕·범梵, 그리고 그 밖의 세간은 아무도 항복받지 못하고, 아무도 더럽히지 못하며, 아무도 제어하지 못할 것이다. 내가 스스로 알고 스스로 깨달은 법을 너를 위해 설명한다면, 사문 범지나 혹은 하늘·악마·범, 그리고 그 밖의 세간은 아무도 능히 항복받거나 능히 더럽히거나 능히 제어하지 못한다는 것은 무슨 뜻인가? 이른바 6처법處法이 있다. 그것은 내가 스스로 알고 스스로 깨달은 것으로서 너를 위해 설명한다면, 사문 범지나 혹은 하늘·악마·범과 그 밖의 세간은 아무도 능히 항복받거나 더럽히거나 능히 제어하지 못할 것이다. 또 6계법界法이 있다. 그것은 내가 스스로 알고 스스로 깨달은 것으로서 너를 위해 설명한다면, 사문 범지나 혹은 하늘·악마·범과 그 밖의 세간은 아무도 능히 항복받거나 능히 더럽히거나 능히 제어하지 못할 것이다. 어떤 것이 6처법으로서 내가 스스로 알고 스스로 깨달아 너를 위해 설명하는 것인가? 이른바 안처眼處·이처耳處·비처鼻處·설처舌處·신처身處·의처意處가 그것이다. 이것을 6처법으로서 내가 스스로 알고 스스로 깨달아 너를 위해 설명하는 것이라고 한다. 어떤 것이 6계법界法으로서 내가 스스로 알고 스스로 깨달아 너를 위해 설명하는 것인가? 이른바 지계地界·수계水界·화계火界·풍계風界·공계空界·식계識界가 그것이다. 이것을 6계법으로서 내가 스스로 알고 스스로 깨달아 너를 위해 설명하는 것이라고 한다.

6계界가 합함으로써 곧 어머니의 태에 나고, 6계로 인하여 곧 6처處가 있으며, 6처로 인하여 곧 갱락(更樂 : 觸)이 있고, 갱락으로 인하여 문득 감각〔覺〕이 있다. 비구들아, 만일 감각이 있으면 문득 괴로움에 대하여 사실 그대로 알고, 괴로움의 발생〔習〕을 알며, 괴로움의 소멸〔滅〕을 알고 괴로움의 소멸에 이르는 길에 대하여 사실 그대로 안다. 어떤 것이 괴로움에 대하여 사실 그대로 아는 것인가? 이른바 태어남의 괴로움·늙음의 괴로움·병듦의 괴로움·죽음의 괴로움·원수를 만나는 괴로움·사랑하는 사람과 이별하는 괴로움·구하는 것을 얻지 못하는 괴로움이며, 생략하여 5음陰이 왕성해서 생기는 괴로움이다. 이것을 괴로움에 대하여 사실 그대로 아는 것이라 한다. 어떤 것이 괴로움의 발생에 대하여 사실 그대로 아는 것인가? 이른바 이 애愛의 감수작용과 미래 세계의 존재에 대한 낙욕樂欲이 함께 어우러져 여기저기에 태어나기를 구한다. 이것을 괴로움의 발생에 대하여 사실 그대로 아는 것이라 한다. 어떤 것이 괴로움의 소멸에 대하여 사실 그대로 아는 것인가? 이른바 이 애愛의 감수작용과 미래 세계의 존재에 대한 낙욕이 함께 어우러져 여기저기에 태어나기를 구하는 것을 남김없이 끊어 버리고 토하여 다하고 욕심이 없으며 멸하여 그치고 다 없어지기를 구한다. 이것을 괴로움의 소멸에 대하여 사실 그대로 아는 것이라고 한다. 어떤 것이 괴로움의 소멸에 이르는 길에 대하여 사실 그대로 아는 것인가? 이른바 8정도〔支聖道〕로서, 바른 견해〔正見〕에서부터 바른 선정〔正定〕에 이르기까지를 말하는 것이니, 이것이 여덟 가지이다. 이것을 괴로움의 소멸에 이르는 길에 대하여 사실 그대로 아는 것이라고 한다.

비구는 마땅히 괴로움에 대하여 사실 그대로 알아야 하고, 마땅히 괴로움의 발생을 끊어야 하며, 괴로움의 소멸을 증득하여야 하고, 괴로움의 소멸에 이르는 길을 닦아야 한다. 만일 비구가 괴로움에 대하여 사실 그대로 알고 괴로움의 발생을 끊으며, 괴로움의 소멸을 증득하고 괴로움의 소멸에 이르는 길을 닦으면, 이것이 비구가 일체의 번뇌〔漏〕가 다하고 모든 결(結 : 번뇌의 일종)이 이미 풀려, 능히 바른 지혜로써 괴로움의 끝을 얻었다고 하는 것이다."

부처님께서 이렇게 말씀하시자, 모든 비구들은 부처님 말씀을 듣고 기뻐하며 받들어 행하였다.

〔이 도경에 수록된 경문의 글자 수는 1,184자이다.〕

14) 라운경羅云經[초 1일송]

나는 이와 같이 들었다.

어느 때 부처님께서 왕사성王舍城을 유행하실 때에 죽림가란다원竹林迦蘭哆園에 계셨다. 그때 존자 라운羅云도 왕사성 온천림溫泉林에서 노닐고 있었다. 세존께서는 밤이 지나고 이른 아침이 되자 옷을 입고 발우를 가지고 왕사성에 들어가 걸식하시고, 걸식을 마치신 다음 라운이 머물고 있는 온천림으로 가셨다. 존자 라운은 멀리서 부처님께서 오시는 것을 보고 곧 마중나가 부처님의 옷과 발우를 받고 방석을 깔고 물을 길어다 발을 씻어드렸다. 부처님께서 발을 씻은 뒤 라운의 자리에 앉으셨다.

세존께서는 곧 물그릇을 잡아 물을 조금 쏟고 나서 물으셨다.

"라운아, 너는 지금 내가 이 물그릇을 잡아 물을 조금 남기고 쏟는 것을 보았느냐?"

라운이 대답하였다.

"보았습니다, 세존이시여."

"내가 저들의 도가 보잘것없다고 말하는 것도 또한 이와 같아서 이른바 저들은 알고 나서도 거짓말을 하면서 부끄러워하지도 않고 뉘우치지도 않으며, 안으로나 겉으로 부끄러워함이 없기 때문이다. 라운아, 저들은 또한 악이라고는 짓지 않는 것이 없다. 그러므로 라운아, 마땅히 이것을 배워 실없이 웃거나 거짓말을 하지 말라."

세존께서 다시 조금 남은 물그릇을 잡아 모두 쏟아 버린 뒤에 물으셨다.

"라운아, 너는 또 내가 조금 남은 물마저 모두 쏟아 버리는 것을 보았느냐?"

"보았습니다, 세존이시여."

"내가 저들의 도가 다 버려졌다고 말하는 것도 이와 같아서 이른바 알고 나서도 거짓말을 하면서 부끄러워하지도 않고 뉘우치지도 않으며, 안으로나 겉으로 부끄러워함이 없기 때문이다. 라운아, 저들은 또한 악이라고는 짓지 않는 것이 없다. 그러므로 라운아, 마땅히 이것을 배워 실없이 웃거나 거짓말을 하지 말라."

세존께서는 다시 그 빈 물그릇을 잡아 땅에 엎어 놓은 뒤에 물으셨다.

"라운아, 너는 또 내가 빈 물그릇을 땅에 엎어 놓는 것을 보았느냐?"

"보았습니다, 세존이시여."

"내가 저들의 도가 엎어졌다고 말하는 것도 이와 같아서 이른바 알고 나서도 거짓말을 하면서 부끄러워하지도 않고 뉘우치지도 않으며, 안으로나 겉으로 부끄러워함이 없기 때문이다. 라운아, 저들은 또한 악이라고는 짓지 않는 것이 없다. 그러므로 라운아, 마땅히 이것을 배워 실없이 웃거나 거짓말을 하지 말라."

세존께서는 다시 그 엎어진 물그릇을 잡아 위로 향하게 해 놓은 뒤에 물으셨다.

"라운아, 너는 다시 내가 엎어진 물그릇을 잡아 위로 향하게 한 것을 보았느냐?"

"보았습니다, 세존이시여."

"내가 저들의 도가 위로 향하고 있다고 말하는 것도 이와 같아서 이른바 알고 나서도 거짓말을 하면서 부끄러워하지도 않고 뉘우치지도 않으며, 안으로나 겉으로 부끄러워함이 없기 때문이다. 라운아, 저들은 또한 악을 짓지 않는 것이 없다. 그러므로 라운아, 마땅히 이것을 배워 실없이 웃거나 거짓말을 하지 말라. 라운아, 마치 왕이 가진 큰 코끼리가 싸움터에 들어갈 때에 앞다리 · 뒷다리 · 꼬리 · 허리뼈 · 등뼈 · 옆구리 · 목 · 이마 · 귀 · 어금니 등 일체를 다 사용하면서도 오직 코만은 보호하는 것과 같다. 코끼리 조련사[象師]는 그것을 보고 곧 '이 왕의 큰 코끼리는 아직도 일부러 목숨을 아끼고 있구나'라고 생각한다. 왜냐하면 이 왕의 큰 코끼리는 싸움터에 들어갈 때 앞다리 · 뒷다리 · 꼬리 · 허리뼈 · 등뼈 · 옆구리 · 목 · 이마 · 귀 · 어금니 등 일체를 다 사용하면서도 오직 코만은 보호하기 때문이다. 라운아, 만일 왕의 큰 코끼리가 싸움터에 들어갈 때 앞다리 · 뒷다리 · 꼬리 · 허리뼈 · 등뼈 · 옆구리 · 목 · 이마 · 귀 · 어금니 · 코 등 일체를 다 사용하면, 코끼리 조련사는 그것을 본 뒤에 곧 '이 왕의 큰 코끼리는 더 이상 목숨을 아끼지 않는구나'라고 이렇게 생각한다. 왜냐하면 이 왕의 큰 코끼리는 싸움터에 들어갈 때 앞다리 · 뒷다리 · 꼬리 · 허리뼈 · 등뼈 · 옆구리 · 목 · 이마 · 귀 · 어금니 · 코 등 일체를 다 사용하기 때문이다. 라운아, 만일 왕의 큰 코끼리가 싸움터에 들어갈 때 앞다리 · 뒷다리 · 꼬리 · 허리뼈 · 등뼈 · 옆구리 · 목 · 이마 · 귀 · 어금니 · 코 등 일체를 다 사용하면 라운아, 나는 이 왕의 큰 코끼리가 싸움터에 들어갈 때에 악을 짓지 않는 것이 없다고 말할 것이다. 이와 같아서 라운아, 이른바 이미 알고 나서도 거짓말을 하면서 부끄러워하지도 않고 뉘우치지도 않으며, 안으로나 겉으로 부끄러워함이 없다고 말한 것이다. 라운아, 나는 저들이 또한 악을 짓지 않는 것이 없다고 말했다. 그러므로 라운아, 마땅히 이것을 배워 실없이 웃거나 거짓말을 하지 말라."

그리고 세존께서는 곧 게송을 설하셨다.

사람이 거짓말을 하면
그것을 바로 법 하나를 범한다고 한다.
뒷세상을 두려워하지 않아
악이라고는 짓지 않는 것이 없네.

차라리 불같이 뜨거운
쇠구슬을 삼킬지언정
계율을 범하면서
세상의 신심 있는 보시 받지 않으리.

만일 괴로움을 두려워하여
애념愛念하지 않으려면
은밀한 곳에서든 드러난 곳에서든
나쁜 업 짓지 말아야 하네.

만일 선善하지 않은 업業을
과거에 지었거나 현재에 지었다면
끝내 그것을 벗어나지 못하며
또한 피할 곳도 없으리.

부처님께서 게송을 마치시고, 다시 라운에게 물으셨다.
"네 생각은 어떠하냐? 사람이 무엇 때문에 거울을 쓰는가?"
존자 라운이 대답하였다.
"세존이시여, 얼굴이 깨끗한지 깨끗하지 않은지를 살펴보기 위해서 입니다."

"그렇다. 라운아, 만일 네가 장차 신업身業을 짓고자 하거든 곧 그 몸으로 지은 업을 관찰해 보되, '내가 장차 몸으로 업을 짓는다면 이 몸으로 짓는 업이 깨끗한가, 깨끗하지 않은가? 자기도 위하고 남도 위한 일인가?' 하고 살펴보도록 하라. 라운아, 만일 그것을 관찰해 보았을 때 곧 '내가 장차 몸으로 업을 짓는다면 저 몸으로 지은 업은 깨끗할 것이다. 그러나 혹 자기를 위해서나 남을 위해서나, 그 일이 선善하지 않아 괴로움의 결과를 주고 괴로움의 과보를 받게 할 것이다'라고 생각되거든 라운아, 너는 마땅히 그 장차 지으려고 하는 몸의 업을 버려야 한다. 라운아, 만일 그것을 관찰해 보았을 때 곧 '내가 장차 몸으로 업을 짓는다면 저 몸으로 짓는 업은 깨끗하지 않을 것이다. 그러나 혹 자기를 위해서나 남을 위해서나, 그 일이 선하여 즐거움의 결과를 주고 즐거움의 과보를 받게 할 것이다'라고 생각되거든 라운아, 너는 마땅히 장차 지으려고 하는 몸의 업을 수용해야 한다.

라운아, 네가 만일 현재의 몸으로 업을 지으려거든 곧 이 몸으로 짓는 업을 관찰해 보되, '만일 내가 현재에 몸으로 업을 지으면, 이 몸으로 짓는 업이 깨끗한 것인가, 깨끗하지 않은 것인가? 자기도 위하고 남도 위하는 일인가?' 하고 살펴보도록 하라. 라운아, 만일 그것을 관찰해 보았을 때 곧 '내가 현재 이 몸으로 업을 지으면 이 몸으로 짓는 그 업이 깨끗할 것이다. 그러나 혹 자기를 위해서나 남을 위해서나, 그 일이 선하지 않아 괴로움의 결과를 주고 괴로움의 과보를 받게 할 것이다'라고 느껴지거든 라운아, 너는 마땅히 이 현재의 몸으로 짓는 업을 버려야 한다. 라운아, 만일 그것을 관찰해 보았을 때 곧 '내가 현재의 몸으로 업을 지으면 이 몸으로 짓는 업은 깨끗하지 못할 것이다. 그러나 혹 자기를 위해서나 남을 위해서나, 그것이 선하여 즐거움의 결과를 주고 즐거움의 과보를 받게 할 것이다'라고 깨달았거든 라운아, 너는 마땅히 이 현재의 몸으로 짓는 업을 수용해야 한다.

라운아, 네가 만일 이미 몸으로 짓는 업을 지었다면 곧 그 몸으로 지은 업을 관찰해 보되, '나는 내가 이미 몸으로 업을 지었는데 그 몸으로 지은 업은 이미 과거에 다 멸해졌고 변하여 바뀌었다. 그것이 깨끗한 것이었는가, 깨끗하지 않은 것이었는가? 혹은 자기를 위하고 남을 위함이 되었는가?'라고 살펴보아야 한다. 라운아, 만일 그것을 관찰해 보았을 때 곧 '나는 이미 몸으로 업을 지었다. 그 몸으로 지은 업은 이미 과거에 다 멸했고 변해 바뀌었으나, 그 몸으로 지은 업은 깨끗했다. 그러나 그것이 자기를 위해서나 남을 위해서나, 선하지 않아 괴로움의 결과를 주고 괴로움의 과보를 받게 하였다'고 깨달았거든 라운아, 너는 마땅히 범행을 닦는 훌륭한 스승〔善知識〕에게 나아가, 이미 그가 몸으로 지었던 업을 지극한 마음으로 털어놓고 마땅히 그 잘못을 뉘우쳐 말하라. 삼가 덮어두지 말고 다시 잘 바로잡고 단속하라. 라운아, 만일 그것을 관찰해 보았을 때 곧 '나는 이미 몸으로 업을 지었다. 그 몸으로 지은 업은 이미 과거에 다 멸하였고 변해 바뀌었다. 그 몸으로 지었던 업은 깨끗하지 못했다. 그러나 그것이 자기를 위해서나 남을 위해서나, 선하여 즐거움의 결과를 주고 즐거움의 과보를 받게 한 것이었다'라고 깨달았거든 라운아, 너는 마땅히 밤낮으로 기뻐하고 바른 생각과 바른 지혜에 머물러 있어야 한다. 입으로 짓는 업〔口業〕에 대한 것도 이와 같다.

라운아, 과거의 행으로 인하여 뜻으로 짓는 업〔意業〕을 지었거든 곧 그 뜻으로 지은 업에 대하여 관찰해 보되, '나는 과거의 행으로 인하여 이미 뜻으로 업을 지었는데 그 뜻으로 지은 업은 깨끗한 것인가, 깨끗하지 못한 것인가? 자기도 위하고 남도 위하는 일이었는가?' 하고 살펴보아야 한다. 라운아, 만일 그것을 관찰해 보았을 때 곧, '과거의 행으로 인하여 이미 뜻으로 업을 지었다. 그 뜻으로 지은 업은 이미 과거에 다 멸하였고 변해 바뀌었으나, 그 뜻으로 지은 업은 깨끗했다. 그러나 혹은 자기를 위해서나 남을 위해서나 선하지 않아서 괴로움의 결과를 주고 괴로움의 과보를 받게 하였다'라고 깨달았거든 라운아, 너는 마땅히 그 과거에 뜻으로 지은 업을 버려야 한다. 라운아, 만일 그것을 관찰해 보았을 때 곧 '과거의 행으로 인하여 이미 뜻으로 업을 지었다. 그것은 이미 과거에 다 멸하였고 변해 바뀌었으나, 그 뜻으로 지은 업은 깨끗하지 못했다. 그러나 자기를 위해서나 남을 위해서나 선하여 즐거움의 결과를 주고 즐거움의 과보를 받게 하였다'라고 깨달았거든 라운아, 너는 마땅히 그 과거에 뜻으로 지은 업을 수용해야 한다.

라운아, 미래의 행으로 인하여 마땅히 뜻으로 업을 지으려고 하거든 곧 그 뜻으로 지은 업에 대하여 관찰해 보되 '미래의 행으로 인하여 뜻으로 업을 지으려거든 그 뜻으로 지을 업은 깨끗한 것인가, 깨끗하지 못한 것인가? 자기도 위하고 남도 위함이 되겠는가?' 하고 살펴보아야 한다. 라운아, 만일 그것을 관찰해 보았을 때 곧 '미래의 행으로 인하여 장차 뜻으로 업을 짓는다면 그 뜻으로 지을 업은 깨끗한 것이다. 그러나 혹은 자기를 위해서나 남을 위해서나 선하지 않아 괴로움의 결과를 주고 괴로움의 과보를 받게 할 것이다'라고 깨달았거든 라운아, 너는 마땅히 그 미래에 뜻으로 지을 업을 버려야 한다.

라운아, 만일 그것을 관찰해 보았을 때 곧 '미래의 행으로 인하여 장차 뜻으로 업을 짓는다면 그 뜻으로 지을 업은 깨끗하지 못할 것이다. 그러나 혹은 자기를 위해서나 남을 위해서나, 선하여 즐거움의 결과를 주고 즐거움의 과보를 받게 할 것이다'라고 깨달았거든 라운아, 너는 마땅히 그 미래에 뜻으로 짓고자 하는 업을 수용해야 한다. 라운아, 현재의 행으로 인하여 뜻으로 업을 짓거든 곧 이 뜻으로 짓는 업을 관찰해 보되, '현재의 행으로 현재에 뜻으로 업을 지으면 이 뜻으로 짓는 업은 깨끗한가, 깨끗하지 못한가? 자기를 위하고 남도 위함이 되는가?' 하고 살펴보아야 한다.

라운아, 만일 그것을 관찰해 보았을 때 곧 '현재의 행으로 인하여 현재에 뜻으로 업을 지으면 이 뜻으로 짓는 업은 깨끗할 것이다. 그러나 혹은 자기를 위해서나 남을 위해서나, 선하지 않아 괴로움의 결과를 주고 괴로움의 과보를 받게 하는 것이다'라고 깨달았거든 라운아, 너는 마땅히 이 현재에 뜻으로 짓는 업을 버려야 한다.

라운아, 만일 그것을 관찰해 보았을 때 곧 '현재의 행으로 인하여 현재에 뜻으로 업을 지으면, 뜻으로 지은 업은 깨끗하지 못할 것이다. 그러나 혹은 자기를 위해서나 남을 위해서나, 선하여 즐거움의 결과를 주고 즐거움의 과보를 받게 하는 것이다'라고 깨달았거든 라운아, 너는 마땅히 현재에 뜻으로 짓는 업을 수용해야 한다. 라운아, 과거에 몸과 입과 뜻으로 짓는 업을 관찰하고 또 관찰하여, 깨끗이 하고 또 깨끗이 한 사문 범지들이 있었다. 그들은 모두 이 몸과 입과 뜻으로 짓는 없을 관찰하고 또 관찰하여 깨끗이 하고 또 깨끗이 하였다. 라운아, 미래에 몸과 입과 뜻으로 짓는 업을 관찰하고 또 관찰하여 깨끗이 하고 또 깨끗이 할 사문 범지들이 있을 것이다. 그들은 모두 이 몸과 입과 뜻으로 짓는 업을 관찰하고 또 관찰하여 깨끗이 하고 또 깨끗이 해야 할 것이다.

라운아, 현재에 몸과 입과 뜻으로 짓는 업을 관찰하고 또 관찰하여 깨끗이 하고 또 깨끗이 하는 사문 범지들이 있다. 그들은 모두 이 몸과 입과 뜻으로 짓는 업을 관찰하고 또 관찰하여 깨끗이 하고 또 깨끗이 한다.

라운아, 너는 마땅히 이러한 것을 배워야 하며 나도 곧 이 몸과 입과 뜻으로 짓는 업을 현재에 관찰하고 또 관찰하여 깨끗이 하고 또 깨끗이 한다."

그때 세존께서 다시 게송을 설하셨다.

신업身業·구업口業·의업意業에 대해
라운羅云아, 너는
선한가, 선하지 않는가를
항상 꼭 관찰하여라.

이미 알면서도 하는 거짓말
라운아, 그런 말 하지 말라.
원래[6] 남을 좇아 살거니
어떻게 거짓말을 할 수 있으리.

사문의 법을 뒤엎고
허황되어 진실이 없는 것
이른바 거짓을 말해
그 입을 보호하지 못하는 것이다.

그러므로 거짓말하지 않는 것은
바르게 깨친 이의 아들이며
이것은 사문의 법이라

---

6 고려대장경 원문에는 독禿자로 되어 있는데, 송본宋本·원본元本·명본明本에는 모두 본本자로 되어 있다. 그러므로 역자도 본本자로 번역하였다.

라운아, 마땅히 배워야 한다.

가는 곳마다 풍성하고 즐겁고
편하고 조용하여 두려움 없네.
라운아, 저런 경지에 이르려거든
남을 해치는 일 하지 말라.

부처님께서 이렇게 말씀하시자, 존자 라운과 여러 비구들은 부처님 말씀을 듣고 기뻐하며 받들어 행하였다.

〔이 라운경에 수록된 경문의 글자 수는 1,832자이다.〕

15) 사경思經〔초 1일송〕

나는 이와 같이 들었다.

어느 때 부처님께서 사위국을 유행하실 때에 승림급고독원(勝林給孤獨園 : 祇樹給孤獨園)에 계셨다. 그때 세존께서는 여러 비구들에게 말씀하셨다.

"만일 일부러 짓는 업이 있으면, 나는 반드시 그가 과보를 받을 텐데 현재 세계에서 받거나 후세에서 받을 것이라고 말한다. 만일 일부러 지은 업이 아니면, 나는 그가 반드시 그 과보를 받는다고는 말하지 않는다. 그 중에는 몸으로 고의로 짓는 세 가지 업業이 있으니, 그것은 선하지 않아 괴로움의 결과를 주고 괴로움의 과보를 받게 한다. 입으로 짓는 업이 네 가지가 있고, 뜻으로 짓는 업이 세 가지가 있다. 그것들은 다 선하지 않아 괴로움의 결과를 주고 괴로움의 과보를 받게 한다.

어떤 것이 몸으로 일부러 짓는 세 가지 업으로서, 선하지 않아 괴로움의 결과를 주고 괴로움의 과보를 받게 하는 것인가? 첫 번째는 산 목숨을 죽이는 것〔殺生〕이니, 지극히 악해 피를 마시고 그것을 해치고자 하며, 중생에서부터 나아가 곤충에 이르기까지도 자애롭게 생각하지 않는다. 두 번째는 남이 주지 않는 것을 취하는 것〔不與取〕이니, 남의 재물에 집착하여 도둑질할 마음으로 그것을 취하는 것이다. 세 번째는 삿된 음행〔邪淫〕이니, 저 아버지가 보호하는 대상이 있고, 혹은 어머니가 보호하는 대상이 있으며, 혹은 부모가 보호하는 대상이 있다. 혹은 자매가 보호하는 대상이 있고, 혹은 형제가 보호하는 대상이 있으며, 혹은 아내의 부모가 보호하는 대상이 있고, 혹은 친족이 보호하는 대상이 있으며, 혹은 같은 성〔同姓〕이 보호하는 대상이 있고, 혹은 남의 아내라서 채찍의 벌을 받을까 두려워함이 있으며, 또 남의 정혼녀가 있으니, 직접 이러한 여자를 범하는 것이다. 이것을 몸이 고의로 짓는 세 가지 업이라고 하는데, 그것은 선하지 않아 괴로움의 결과를 주고 괴로움의 과보를 받게 하는 것이다.

어떤 것이 입이 고의로 짓는 네 가지 업으로서, 선하지 않아 괴로움의 결과를 주고 괴로움의 과보를 받게 하는 것인가? 첫 번째는 거짓말〔妄言〕을 하는 것이다. 그가 대중 가운데 있거나 권속들 가운데 있거나 혹은 왕가王家에 있을 때, 만일 그를 불러 '네가 아는 것을 정직하게 말하라'고 하면, 그는 모르면서 안다 하고 알면서 모른다 하며, 보지 않은 것을 보았다 하고 본 것을 보지 않았다 하며, 자기 자신을 위해서, 남을 위해서, 혹은 재물을 위해서 알면서도 거짓말을 하는 것이다. 두 번째는 이간질하는 말〔兩舌〕이니, 남을 갈라서게 하려고 하여 여기서 들은 말을 저기에 가서 말하여 이쪽을 부수고자 하고, 저기에서 들은 말을 여기에 와서 말해 저쪽을 부수고자 한다. 단합되어 있는 것을 이간시키고 이간된 사이를 더욱더 이간질하여 파당을 만들고 파당을 즐기며 파당을 찬양해 말하는 것이다. 세 번째는 추한 말〔麤言〕이니, 그가 만일 말을 하면, 말씨가 거칠고 사나우며, 나쁜 소리는 귀에 거슬려 사람들이 기뻐하지 않는 말만 하고 사람들이 좋아하지 않는 말만 하여 남을 괴롭게 하고, 안정을 얻지 못하게 하는 그러한 말을 하는 것이다. 네 번째는 꾸며대는 말〔綺語〕이니, 그는 시기에 적절하지 않은 말을 하고 진실이 아닌 것을 말하며, 이치에 맞지 않는 말을 하고 법이 아닌 것을 말하며, 그쳐 쉬지 못하게 하는 말만 한다. 또 그쳐 쉬지 않는 것을 찬양하고, 때를 어기고 잘 가르치지 않으며, 또한 좋게 꾸짖지도 않는다. 이것을 일러 입이 고의로 짓는 네 가지 업이라고 하는데, 선하지 않아 괴로움의 결과를 주고 괴로움의 과보를 받게 하는 것이다.

어떤 것이 뜻〔意〕이 고의로 짓는 세 가지 업으로서 선하지 않아 괴로움의 결과를 주고 괴로움의 과보를 받게 하는 것인가? 첫 번째는 탐욕〔貪伺〕이니, 남의 재물이나 모든 생활에 필요한 도구를 엿보고 항상 살피면서 구하고 희망하여 나의 소득으로 만들고자 하는 것이다. 두 번째는 미워하고 성내는 것〔嫉恚〕이니, 마음속에 미움을 품어 생각하기를 '저 중생은 꼭 죽여야 하고 꼭 속박해야 하며, 꼭 재물을 거두어야 하고 반드시 파면시켜야 하며, 꼭 배척해 쫓아내야 한다'고 하는 것이다. 그리하여 그로 하여금 한량없는 괴로움을 받도록 하는 것이다. 세 번째는 삿된 견해〔邪見〕이니 소견所見이 거꾸로 되어 이와 같이 보고 이와 같이 말하는 것이다. 즉 '보시도 없고 재齋도 없으며, 주설呪說도 없고 선업도 악업도 없으며, 선업과 악업의 갚음도 없고, 이 세상〔此世〕도 저 세상〔彼世〕도 없다. 아비도 없고 어미도 없다. 세상에서는 진인眞人이 사는 좋은 곳에 가거나, 이 세상과 저 세상에 잘 가고 잘 향하거나, 스스로 알고 스스로 깨닫거나, 스스로 증득하고 성취하여 자재하게 노니는 일도 없다'고 하는 것이다. 이것을 뜻이 고의로 짓는 세 가지 업이라고 하는데, 그것은 선하지 않아 괴로움의 결과를 주고 괴로움의 과보를 받게 하는 것이다.

많이 들어 아는 거룩한 제자〔多聞聖弟子〕가 몸으로 짓는 선하지 않은 업을 버리고 몸으로 짓는 선한 업을 닦으며, 입과 뜻으로 짓는 선하지 않은 업을 버리고 입과 뜻으로 짓는 선한 업을 닦는다. 저 많이 들어 아는 거룩한 제자가 이와 같이 정진精進의 계덕戒德을 갖추어 몸이 짓는 깨끗한 업을 성취하고, 입과 뜻이 짓는 깨끗한 업을 성취하여 성냄을 여의고 다툼을 여의며 잠을 없앤다. 교만한 마음도 없애고 의심을 끊으며, 거만함을 버리고 바른 생각과 바른 지혜로써 어리석음도 없앤다. 저들의 마음은 자애로움을 구족하여 1방方에 두루 차서 성취하여 노닌다. 이와 같이 2·3·4방과 4유維·상·하 어느 곳이나 모두 두루하게 된다. 그 마음은 자애로움〔慈〕[7]을 구족하여 맺힘〔結〕도 없고 원한도 없으며, 성냄도 없고 다툼도 없다. 지극히 넓고 매우 크며, 한량없이 잘 닦아 일체 세간에 두루 차서 성취하여 노닌다. 저들은 '나는 본래 마음이 좁고 잘 닦지도 못했으나, 지금 나의 이 마음은 한량없고 잘 닦는다'고 생각한다.

많이 들어 아는 거룩한 제자는 그 마음으로 이처럼 한량없이 잘 닦는다. 만일 본래부터 악한 스승으로 인하여 방일한 행동을 하고 선하지 않은 업을 지었으면, 그는 능히 함께 갈 수가 없고 능히 더러움을 씻을 수가 없으며, 또 서로 따를 수도 없다. 만일 어린 동남童男·동녀

7 팔리어 원래의 뜻은 우정friendship이다.

童女가 세상에 나자마자 능히 자심해탈慈心解脫을 행한다면, 그래도 그가 뒷날 그 몸과 입과 뜻으로 다시 선하지 않은 업을 짓겠느냐?"

비구들이 대답하였다.

"아닙니다. 세존이시여, 왜냐하면 스스로 악한 업을 짓지 않았는데 악한 업이 무엇을 말미암아 생기겠습니까?"

"그러므로 남자나 여자는 속가에 있거나 집을 떠나거나, 항상 자심해탈慈心解脫을 부지런히 닦아야 한다. 만일 저 남자나 여자가 속가에 있거나 집을 떠났거나 간에, 자심해탈慈心解脫을 닦는 자가 있으면, 그는 이 몸을 가지고 저 세상에 이르는 것이 아니고, 다만 마음을 따라 이곳을 떠나는 것이다. 비구는 마땅히 '나는 본래 방일하여 선하지 않은 업을 지었다. 이 일체는 금생〔今〕에서 그 과보를 받는 것이며, 죽은 뒤 다음 세상에서는 받지 않으리라' 하고 생각하라. 만일 이와 같이 자심해탈을 수행하여 한량없이 잘 닦는 자가 있으면, 그는 반드시 아나함阿那含을 증득하거나, 혹은 다시 그 이상의 경지를 증득하게 될 것이다. 이와 같이 슬픈 마음〔悲心〕과 기쁜 마음〔喜心〕과 평정한 마음〔捨心〕을 함께 갖추면, 맺힘〔結〕도 없고 원한〔怨〕도 없으며, 성냄〔恚〕도 없고 다툼〔諍〕도 없으며, 지극히 넓고 매우 크며 한량없이 잘 닦아 일체 세상에 두루 차서 성취하여 노닌다. 그는 '나는 본래 마음이 좁고 잘 닦지도 않았다. 그러나 지금 나는 이 마음을 한량없이 잘 닦을 것이다'라고 생각한다. 그리하여 많이 들어 아는 거룩한 제자는 그 마음을 이와 같이 한량없이 잘 닦는다.

만일 본래부터 악한 스승으로 인하여 방일한 행동을 하고 선하지 않은 법을 지었다면, 그는 함께 갈 수도 없고 더러움을 씻을 수도 없으며, 다시 서로 따를 수도 없을 것이다. 만일 어린 동남과 동녀가 세상에 나자마자 능히 사심해탈捨心解脫을 수행한다면, 그래도 그가 뒷날 그 몸과 입과 뜻으로 다시 선하지 않은 업을 짓겠느냐?"

"아닙니다. 세존이시여, 왜냐하면 스스로 악한 업을 짓지 않았는데, 악한 업이 무엇으로 말미암아 생기겠습니까?"

"그러므로 남자나 여자는 집에 있거나 집을 떠났거나 간에 항상 사심해탈을 부지런히 닦아야 한다. 만일 저 남자나 여자가 속가에 있거나 집을 떠났거나 간에 사심해탈을 닦는 자가 있으면, 그는 이 몸을 가지고 저 세상에 가는 것이 아니고, 다만 마음만 따라 이곳을 떠나는 것이다. 비구는 마땅히 '나는 원래 방일하여 선하지 않은 업을 지었다. 이 일체는 금생에서 그 과보를 받는 것이며, 이 몸이 죽은 뒤 다음 세상에서는 과보를 받지 않을 것이다'라고 생각하라. 만일 이와 같이 사심해탈을 수행하여 한량없이 잘 닦는 자가 있으면, 그는 반드시 아나함을 증득하거나 혹은 다시 그 이상의 경지를 증득하게 될 것이다."

부처님께서 이렇게 말씀하시자, 모든 비구들은 부처님 말씀을 듣고 기뻐하며 받들어 행하였다.

〔이 사경에 수록된 경문의 글자 수는 1,174자이다.〕

16) 가람경伽藍經〔초 1일송〕

나는 이와 같이 들었다.

어느 때 부처님께서 가람원伽藍園을 유행하실 때에 큰 비구 대중과 함께 기사자羇舍子에 이르러 그 마을의 북쪽에 있는 시섭화림尸攝惒林에 계셨다. 그때 기사자 가람에 있는 사람들은 다음과 같은 말을 들었다.

"사문 구담瞿曇은 석가 종족의 아들로서 석가 종족을 버리고 출가하여 학도學道가 되어 가람원에서 큰 비구 대중들과 함께 이 기사자에 와서 이 마을 북쪽에 있는 시섭화림에 계신다. 그 사문 구담에게는 큰 명칭이 있어 그 명칭이 시방十方에 널리 퍼졌다. 사문 구담은 여래如來·무소착無所着·등정각等正覺·명행성위明行成爲·선서善逝·세간해世間解·무상사無上士·도법어道法御·천인사天人師·불중우佛衆祐라는 호칭을 가지고 있다. 그는 이 세상의 하늘〔天〕·악마〔魔〕·범梵·사문沙門 범지梵志 등 인간에서 천상에 이르기까지 스스로 알고〔自知〕 스스로 깨닫고〔自覺〕 스스로 증득〔自作證〕하여 성취하신 자유자재하신 분이시다. 그가 만일 설법하면 그것은 처음도 훌륭하고 중간도 훌륭하며 마지막도 또한 훌륭하신 데다 이치마저 분명하고 문채도 있으며, 청정을 구족하고 범행을 나타내신다. 만일 여래·무소착·등정각을 뵙고 그를 존경하고 예배하며 공양하고 받들어 섬긴다면 좋은 이익을 얻을 수 있을 것이다. 그러니 우리들도 마땅히 다 같이 가서 사문 구담을 뵙고 예로써 섬기고 공양하자."

기사자의 가람에 있던 사람들은 이 말을 듣고 각각 그 무리들과 권속들을 데리고 기사자에서 나가 북쪽으로 가서 시섭화림에 이르렀다. 그리고 세존을 뵙고 예로써 섬기고 공양하고자 하여 부처님을 찾아갔다. 그 가람 사람들은 어떤 이들은 부처님 발에 머리를 조아려 예배한 뒤에 한쪽에 물러가 앉고, 어떤 이들은 부처님의 안부를 물은 뒤에 한쪽에 물러가 앉으며, 어떤 이들은 부처님을 향하여 합장한 뒤에 한쪽에 물러가 앉고, 혹은 멀리서 부처님을 바라본 뒤에 아무 말 없이 앉기도 하였다. 그렇게 가람 사람들이 저마다 앉고 나서 조용해지자 부처님께서는 그들을 위해 설법하셔서 간절히 우러르는 마음을 내게 하고 기쁨을 성취하게 하셨다. 한량없는 방편으로써 그들을 위해 설법하셔서 간절히 우러르는 마음을 내게 하고, 기쁨을 성취하게 하신 뒤에 잠자코 계셨다.

그때 가람 사람들은, 부처님께서 자기들을 위하여 설법하셔서 간절히 우러르는 마음을 내게 하고 기쁨을 성취하게 하시자 각각 자리에서 일어나 한쪽 어깨의 옷을 벗어 메고 합장한 채 부처님을 향해 여쭈었다.

"구담이시여, 어떤 사문 범지는 가람에 와서 다만 스스로 자기가 아는 것과 본 것만을 자랑하고 남이 아는 것과 본 것에 대해서는 헐뜯었습니다. 구담이시여, 또 어떤 사문 범지는 가람에 와서 또한 제 자신이 아는 것과 본 것만을 자랑하고 남이 아는 것과 본 것에 대해서는 헐뜯었습니다. 구담이시여, 저희들은 그 말을 듣고 문득 '이 사문 범지는 어떤 것을 진실이라 하고, 어떤 것을 거짓이라고 하는가?' 하는 의혹이 생겼습니다."

세존께서 말씀하셨다.

"가람 사람들아, 너희들은 의혹을 내지 말라. 왜냐하면 의혹이 생김으로 말미암아 곧 우물쭈물 망설임이 생기기 때문이다. 가람 사람들아, 너희들은 스스로 깨끗한 지혜가 없으면서 후세後世가 있다고도 하고 후세가 없다고도 한다. 가람 사람들아, 너희들은 또한 깨끗한 지혜가 없으면서 한 일이 죄가 된다고도 하고 한 일이 죄가 되지 않는다고도 한다. 가람 사람들아, 마땅히 알아야 한다. 모든 업業은 본래부터 있었던 세 가지 인습因習이란 것이 있다. 어떤 것을 세 가지라고 하는가? 가람 사람들아, 이른바 탐욕이 곧 모든 업의 본래부터 있었던 인습이다. 가람 사람들아, 성냄〔恚〕과 어리석음〔癡〕도 곧 모든 업의 본래부터 있었던 인습이다. 가람 사람들아, 탐하는 사람은 탐욕에 덮이게 되어 마음으로 싫어하거나 만족할 줄 모른다. 그래서 생물을 죽이거나 주지 않는 것을 취하며, 혹은 삿된 음행〔邪淫〕을 행하거나 제 자신이 알고 있으면서 거짓말을 하기도 하며, 혹은 술을 마시기도 한다. 가람 사람들아, 성내는 사람은 성냄에 덮이게 되어 마음으로 싫어하거나 만족할 줄 모른다. 그래서 생물을 죽이거나 주지 않는 것을 취하며, 혹은 삿된 음행을 행하거나 제 자신은 알고 있으면서 거짓말을 하기도 하며, 혹은 술을 마시기도 한다. 가람 사람들아, 어리석은 사람은 어리석음에 덮이게 되어 마음으로 싫어하거나 만족할 줄 모른다. 그래서 생물을 죽이거나 주지 않는 것을 취하기도 하며, 혹은 삿된 음행을 행하거나 제 자신은 알고 있으면서 거짓말을 하기도 하며 혹은 술을 마시기도 한다.

가람 사람들아, 많이 들어 아는 거룩한 제자는 살생을 여의고 살생을 끊어 칼과 몽둥이를 버리고, 제 자신에 대한 부끄러움도 있고 남에 대한 부끄러움도 있으며, 또한 자비스런 마음이 있어 일체 중생은 물론 나아가 곤충까지도 이익되게 한다. 이와 같이 그는 살생에 대해 그 마음을 깨끗이 씻어낸다. 가람 사람들아, 많이 들어 아는 거룩한 제자는 주지 않는 것을 취하는 것을 여의고, 주지 않는 것을 취하는 것을 끊어, 주는 것만 곧 취하고 주는 것만 즐겨 취한다. 항상 보시하기를 좋아하고 기뻐하여 아낌이 없으며 그러면서도 어떤 대가를 바라지 않는다. 이와 같이 그는 주지 않는 것을 취하는 그런 마음을 깨끗이 씻어낸다. 가람 사람들아, 많이 들어 아는 거룩한 제자는 범행이 아닌 것을 여의고, 범행이 아닌 것을 끊어 범행梵行을 부지런히 닦고 묘행妙行에 열심히 힘쓰며, 청정하여 더러움이 없고, 음욕을 여의고 음행을 끊는다. 이와 같이 그는 범행이 아닌 그런 마음을 깨끗이 씻어낸다. 가람 사람들아, 많이 들어 아는 거룩한 제자는 거짓말을 여의고 거짓말을 끊어 진실하게 말하고 진실한 말을 즐기며 진실한 말에 머물러 움직이지 않아 일체 중생들에게 믿음을 주고 세상을 속이지 않는다.

이와 같이 그는 거짓말을 하는 그런 마음을 깨끗이 씻어 낸다.

가람 사람들아, 많이 들어 아는 거룩한 제자는 이간하는 말〔兩舌〕을 여의고 이간하는 말을 끊어 이간하는 말을 하지 않아 남의 화합을 깨뜨리지 않는다. 이쪽에서 들은 것을 저쪽에 말해 이쪽을 파괴하려 하지 않으며, 저쪽에서 들은 것을 이쪽에 말해 저쪽을 파괴하려 하지 않는다. 갈라진 사람들을 화합시키고 화합하면 기뻐하며, 당파를 만들지 않고 당파를 즐기지 않으며 당파를 찬양하지 않는다. 이와 같이 그는 이간하는 말을 하는 그런 마음을 깨끗이 씻어 낸다. 가람 사람들아, 많이 들어 아는 거룩한 제자는 추한 말을 여의고 추한 말을 끊는다. 만일 어떤 이의 말에 대하여 그 말씨가 추악하여 그 말소리가 귀에 거슬리면, 대중들은 기뻐하지 않고 대중들은 좋아하지 않아 남으로 하여금 괴롭게 하여 안정을 얻지 못하게 하므로 기어이 이러한 말을 끊어 버린다. 만일 어떤 이의 말이 맑고 온화하고 부드럽고 윤택하여 듣기에 좋고 마음에 들면, 기뻐할 만하고 사랑할 만하며 남으로 하여금 안락하게 하며, 말씨와 말소리가 고르고 분명하여 남으로 하여금 두렵게 하지 않고 남으로 하여금 안정을 얻게 한다. 이와 같이 그는 추한 말을 하는 그런 마음을 깨끗이 씻어 낸다.

가람 사람들아, 많이 들어 아는 거룩한 제자는 꾸미는 말을 여의고 꾸미는 말을 끊어 시기에 맞는 적절한 말〔時說〕만 하고, 진실한 말〔眞說〕만 하며, 법에 합당한 말〔法說〕을 하고, 이치에 맞는 말〔義說〕을 하며, 고통이 사라지는〔止息〕 말을 하고, 고통이 사라지게 하는 말을 즐거워하며, 하는 일이 때를 거스르지 않아 적절함을 얻게 하고 잘 가르치고 잘 꾸짖는다. 이와 같이 그는 꾸미는 말을 하는 그런 마음을 깨끗이 씻어 낸다.

가람 사람들아, 많이 들어 아는 거룩한 제자는 탐욕〔貪伺〕을 여의고 탐욕을 끊어 마음에 다툼을 품지 않아 남의 재물과 모든 생활 도구를 보고도 탐욕을 일으켜 나의 소득이 되게 하고자 하지 않는다. 이같이 그는 탐욕에 대한 그런 마음을 깨끗이 씻어 낸다.

가람 사람들아, 많이 들어 아는 거룩한 제자는 성냄을 여의고 성냄을 끊어 자기 자신에 대한 부끄러움도 있고 남에 대한 부끄러움도 있으며, 또한 자비스러운 마음이 있어 일체 중생은 물론 나아가 곤충에 이르기까지도 이익되게 한다. 이와 같이 그는 미워하고 성냄에 대하여 그 마음을 깨끗이 씻어 낸다.

가람 사람들아, 많이 들어 아는 거룩한 제자는 삿된 견해를 여의고 삿된 견해를 끊어 바른 견해만 행함으로써 뒤바뀌지 않아 이와 같이 보고 이와 같이 말한다.

'보시가 있고 재齋가 있으며, 주문〔呪說〕도 있고 선악의 업에 대한 과보도 있으며, 이 세상〔此世〕과 저 세상〔彼世〕이 있고, 아비가 있고 어미가 있으며, 세상에는 참된 사람〔眞人〕이 있어 좋은 곳에 이르고, 이 세상에서 잘 떠나 저 세상으로 잘 향하며, 스스로 알고 스스로 깨달으며 스스로 증득하고 성취하여 노닌다.'

이같이 그는 삿된 견해에 대해서 그 마음을 깨끗이 씻어 낸다.

가람 사람들아, 많이 들어 아는 거룩한 제자는 이처럼 몸이 짓는 깨끗한 업을 성취하고, 입과 뜻이 짓는 깨끗한 업을 성취한다. 성냄을 여의고 다툼을 여의며, 잠〔睡眠〕을 없애고 명성에 대한 욕심이나 뽐냄이 없으며, 의심을 끊고 교만을 버리며, 바른 생각과 바른 지혜가 있고 어리석음이 없다. 그의 마음은 자애로움〔慈〕을 구족하여 1방方에 두루 차서 성취하여 노닌다. 이와 같이 2·3·4방과 4유維와 상하 어느 곳이나 모두 두루하게 된다. 그 마음은 자애로움을 구족하여 맺힘〔結〕도 없고 원한도 없으며, 성냄도 없고 다툼도 없으며, 지극히 넓고 매우 크며 한량없이 잘 닦아 일체 세간에 두루 차서 성취하여 노닌다. 이와 같이 슬픈 마음과 기쁜 마음도 그러하며, 또 그 마음은 평정한 마음과 함께하므로 맺힘도 없고 원한도 없으며, 성냄도 없고 다툼도 없으며, 지극히 넓고 매우 크며 한량없이 닦아 일체 세간에 두루 차서 성취하여 노닌다.

가람 사람들아, 이와 같이 많이 들어 아는 거룩한 제자는 마음에 맺힘도 없고 원한도 없으며, 성냄도 없고 다툼도 없어 문득 네 가지 편안하게 머물 곳〔四安隱住處〕을 얻는다. 어떤 것이 그 네 가지인가?

'이 세상과 저 세상이 있고, 선악의 업보業報가 있다. 나는 이 바른 견해와 서로 호응하는 업을 받아 지니고 구족함을 얻었으니, 몸이 무너지고 목숨이 끝나면 반드시 좋은 곳에 가게 될 것이고 나아가 천상에 태어날 것이다'라고 말한다. 가람 사람들아, 이와 같이 많이 들어 아는 거룩한 제자는 마음에 맺힘도 없고 원한도 없으며, 성냄도 없고 다툼도 없으니 이것이 이른바 첫 번째 편안하게 머물 곳을 얻었다는 것이다.

다시 가람 사람들아, '이 세상도 없고 저 세상도 없으며, 선악의 업보도 없다고 하더라도 이와 같이 나는 현재 세계에서 이것 때문에 남의 비방을 받지 않는다. 다만 바른 지혜를 가진 사람은 칭찬할 것이고, 정진하는 사람과 바른 견해를 가진 사람은 그게 사실이라고 말할 것이다'라고 말한다. 가람 사람들아, 이와 같아서 많이 들어 아는 거룩한 제자는 마음에 맺힘도 없고 원한도 없으며, 성냄도 없고 다툼도 없으니 이것이 이른바 두 번째 편안하게 머물 곳을 얻었다는 것이다.

다시 가람 사람들아, '만일 지어야 할 일이 있다면 반드시 악한 것은 짓지 않아야 할 것이니 나는 악을 짓는 일은 생각지도 않는다. 무슨 까닭인가? 스스로 악을 짓지 않았는데 무엇으로 말미암아 괴로움이 생기겠는가?'라고 말한다. 가람 사람들아, 이와 같이 많이 들어 아는 거룩한 제자는 마음에 맺힘도 없고 원한도 없으며, 성냄도 없고 다툼도 없으니, 이것이 이른바 세 번째 편안하게 머물 곳을 얻었다는 것이다.

다시 가람 사람들아, '만일 지어야 할 일이 있다면 반드시 악한 것은 짓지 않아야 한다. 나는 세상에서 두려워하는 것과 두려워하지 않은 것을 다 범하지 않는다. 항상 모든 세상을 사랑하고 가엾게 여겨 내 마음은 중생과 더불어 다투지 않고 혼탁해지지〔濁〕 않아 기쁘고 즐겁다'고 말한다. 가람 사람들아, 이와 같이 많이 들어 아는 거룩한 제자는 마음에 맺힘도 없고 원한도 없으며, 성냄도 없고 다툼도 없으니, 이것이 이른바 네 번째 편안하게 머물 곳을 얻었다는 것이다.

이와 같이 가람 사람들아, 많이 들어 아는 거룩한 제자는 마음에 맺힘도 없고 원한도 없으며, 성냄도 없고 다툼도 없다. 이것이 이른바 네 가지 편안하게 머물 곳을 얻었다는 것이다."

가람 사람들이 세존께 여쭈었다.

"그렇다면 구담이시여, 많이 들어 아는 거룩한 제자는 마음에 맺힘도 없고 원한도 없으며, 성냄도 없고 다툼도 없어 네 가지 편안하게 머물 곳을 얻겠습니다. 네 가지란 무엇이겠습니까?

'이 세상과 저 세상이 있고, 선악의 업보가 있다. 나는 이 바른 견해와 서로 호응하는 업을 받아 지니고 구족함을 얻었으니, 몸이 무너지고 목숨이 끝나면 반드시 좋은 곳에 가게 될 것이고, 나아가 천상에 태어날 것이다'라고 말합니다. 이와 같이 구담이시여, 많이 들어 아는 거룩한 제자는 마음에 맺힘도 없고 원한도 없으며, 성냄도 없고 다툼도 없으니, 이것이 이른바 첫 번째 편안하게 머물 곳을 얻었다는 것입니다.

다시 구담이시여, '이 세상도 없고 저 세상도 없으며, 선악의 업보도 없다고 하더라도 나는 현재 세상에서 이것 때문에 남의 비방을 받지 않는다. 다만 바른 지혜를 가진 사람은 칭찬할 것이고, 정진하는 사람과 바른 견해를 가진 사람은 그게 사실이라고 말할 것이다'라고 말합니다. 이와 같이 구담이시여, 많이 들어 아는 거룩한 제자는 마음에 맺힘도 없고 원한도 없으며, 성냄도 없고 다툼도 없으니, 이것이 이른바 두 번째 편안하게 머물 곳을 얻었다는 것입니다.

다시 구담이시여, '만일 지어야 할 일이 있다면 반드시 악한 일은 짓지 않아야 하니, 나는 악을 짓는 일은 생각하지도 않는다. 무슨 까닭인가? 스스로 악한 일을 짓지 않았는데 무엇으로 말미암아 괴로움이 생기겠는가?'라고 말합니다. 이와 같이 구담이시여, 많이 들어 아는 거룩한 제자는 마음에 맺힘도 없고 원한도 없으며, 성냄도 없고 다툼도 없으니, 이것이 이른바 세 번째 편안하게 머물 곳을 얻었다는 것입니다.

다시 구담이시여, '만일 지어야 할 일이 있다면 반드시 악한 일은 짓지 않아야 한다. 나는 세상에서 두려워하는 것과 두려워하지 않는 것을 다 범하지 않는다. 항상 모든 세상을 사랑하고 가엾게 여겨 내 마음은 중생과 더불어 다투지 않고 혼탁해지지 않아 기쁘고 즐겁다'고 말합니다. 이와 같이 구담이시여, 많이 들어 아는 거룩한 제자는 마음에 맺힘도 없고 원한도 없으며, 성냄도 없고 다툼도 없으니, 이것이 이른바 네 번째 편안하게 머물 곳을 얻었다는 것입니다.

이와 같이 구담이시여, 많이 들어 아는 거룩한 제자는 마음에 맺힘도 없고 원한도 없으며, 성냄도 없고 다툼도 없습니다. 이것이 이른바 네 가지 편안하게 머물 곳을 얻었다는 것입니다.

구담이시여, 저희들은 이미 알았습니다. 선서善逝시여, 저희들은 이미 이해하였습니다. 세존이시여, 저희들은 다 스스로 부처님과 법과 비구스님께 귀의합니다. 오직 원하건대 세존께서는 제가 우바새優婆塞가 되는 것을 허락해 주십시오. 저는 오늘부터 이 몸이 다할 때까지 스스로 귀의하여 목숨이 다하는 그날까지 그렇게 하겠습니다."

부처님께서 이렇게 말씀하시자, 모든 가람 사람들과 모든 비구들은 부처님 말씀을 듣고 기뻐하며 받들어 행하였다.

〔이 가람경에 수록된 경문의 글자 수는 1,987자이다.〕

17) 가미니경伽彌尼經〔가伽의 음은 거巨와 라羅의 반절〕〔초 1일송〕

나는 이와 같이 들었다.

어느 때 부처님께서 나난타원那難陀園을 유행하실 때에 장촌나림牆村棕林에 계셨다. 그때 아사라천阿私羅天의 아들이 있었는데, 가미니伽彌尼라고 이름하였다. 얼굴 모양이 준수하였고 안색은 밝고 빛났다. 그는 먼동이 틀 무렵 부처님 처소로 나아가 부처님 발에 머리를 조아리고 예배한 다음 물러나 한쪽에 있었다. 아사라천의 아들인 가미니가 여쭈었다.

"세존이시여, 범지梵志는 스스로 잘난 체하면서 약간의 하늘을 섬겼습니다. 그러면서 만일 어떤 중생이 목숨을 마치면 그는 능히 자재하게 좋은 곳으로 오가면서 천상에 나게 하고자 하였습니다. 세존께서는 법의 주인이시니, 원하건대 세존이시여, 중생으로 하여금 목숨을 마치거든 좋은 곳에 이르게 하거나 천상에 나게 해 주십시오."

세존께서 말씀하셨다.

"가미니여, 내가 이제 너에게 묻겠으니 아는 대로 대답하라. 가미니여, 네 생각에는 어떠하냐? 만일 마을에 살고 있는 어떤 남녀가 게을러서 정진하지 않고 도리어 악한 법을 행하여, 열 가지 착하지 못한 업도〔不善業道〕인 생물을 죽이고, 주지 않는 것을 취하며, 삿된 음행을 하고, 거짓말을 하며 나아가 삿된 견해에 이르기까지를 성취했다고 하자. 그들이 목숨을 마칠 때 만일 여러 사람이 와서 저마다 합장하고 그들을 향해 칭찬하고 찬탄하며 축원하면서 '너희들 남녀는 게을러서 정진하지 않고 도리어 악한 법을 행하여 열 가지 착하지 못한 업도인 생물을 죽이고, 주지 않는 것을 취하며, 삿된 음행을 하고, 거짓말을 하며, 나아가 삿된 견해에 이르기까지를 다 성취했으니, 너희들은 이것을 인연하여 몸이 무너지고 목숨이 끝나면 틀림없이 좋은 곳에 가게 되거나 천상에 태어날 것이다'라고 말하였다. 이와 같이 가미니여, 저 남녀들은 게을러 정진하지 않고 도리어 악한 법을 행하여 열 가지 착하지 못한 업도인 생물을 죽이고, 주지 않는 것을 취하며, 삿된 음행을 하고, 거짓말을 하며 나아가 삿된 견해에 이르기까지 모두 성취했는데도, 모든 사람들이 저마다 합장하고 그를 향해 칭찬하고 찬탄하며 축원했다고 해서 그것을 인연하여 몸이 무너지고 목숨이 끝나면 좋은 곳에 가게 되거나 천상에 태어날 수 있겠느냐?"

가미니가 대답하였다.

"아닙니다, 세존이시여."

세존께서 찬탄하시며 말씀하셨다.

"훌륭하다. 가미니여, 왜냐하면 저 남녀들은 게을러 정진하지 않고 도리어 악한 법을 행하여, 열 가지 착하지 못한 업도인 생물을 죽이고, 주지 않는 것을 취하며, 삿된 음행을 하고, 거짓말을 하며 나아가 삿된 견해에 이르기까지 모두 성취했는데도, 만일 여러 사람이 저마다 합장하고 그를 향해 칭찬하고 찬탄하여 축원했다고 해서 그것을 인연하여 몸이 무너지고 목숨이 끝나면 좋은 곳에 이르거나 천상에 태어날 수 있다는 것은 있을 수가 없는 일이다. 가미니여, 그것은 마치 이 마을에서 멀지 않은 곳에 깊은 못이 있는데 거기에 어떤 사람이 아주 무거운 돌을 그 물 속에 던져 넣었다고 하자. 만일 여러 사람이 와서 저마다 합장하고 그것을 향해 칭찬하고 찬탄하며 축원하면서 '제발 돌아[石], 물 위로 떠올라다오'라고 이와 같이 말하면 가미니여, 네 생각에는 어떠한가? 저 아주 무거운 돌이 어찌 여러 사람이 저마다 합장하고 칭찬하고 찬탄하며 축원했다고 해서 이것을 인연하여 물 위로 떠오를 수 있겠느냐?"

"아닙니다, 세존이시여."

"이와 같이 가미니여, 저 남녀들은 게을러 정진하지 않고 도리어 악한 법을 행하며, 열 가지 착하지 못한 업도인 생물을 죽이고, 주지 않는 것을 취하며, 삿된 음행을 하고, 거짓말을 하며, 나아가 삿된 견해에 이르기까지 모두 성취했는데도 만일 여러 사람이 저마다 합장하고 그를 향해 칭찬하고 찬탄하며 축원했다고 해서 이것을 인연하여 몸이 무너지고 목숨이 끝나면 좋은 곳에 가게 되거나 천상에 태어날 수 있다는 것은 있을 수가 없는 것이다. 왜냐하면 이른바 이 열 가지 착하지 못한 업도는 악한 업[黑]을 지으면 악한 과보가 있어 저절로 밑으로 내려가 반드시 악한 곳에 이르게 되기 때문이다.

가미니여, 네 생각에는 어떠하냐? 만일 마을에 살고 있는 어떤 남녀가 정진하여 부지런히 닦고 그러면서 묘한 법을 행하며, 열 가지 착한 업도를 성취하여 살생을 여의고 살생을 끊으며, 주지 않는 것을 취하는 것과 사음과 거짓말과 나아가 삿된 견해에 이르기까지 모두 여의고 삿된 견해에 이르기까지 모두 끊어버려서 바른 견해를 얻었다고 하자. 그들이 목숨을 마칠 때 만일 여러 사람이 와서 저마다 합장하고 그들을 향해 칭찬하고 찬탄하고 축원하면서 '너희 남녀들은 정진하여 부지런히 닦고 그러면서 묘한 법을 행하며, 열 가지 착한 업도를 성취하여 살생을 여의고 살생을 끊으며, 주지 않는 것을 취하는 것과 삿된 음행과 거짓말과 나아가 삿된 견해에 이르기까지 모조리 여의고 삿된 견해에 이르기까지 모두 끊어 바른 견해를 얻었다. 너희들은 이것을 인연하여 몸이 무너지고 목숨이 끝나면 틀림없이 나쁜 곳으로 가거나 지옥에 태어날 것이다'라고 말한다면, 가미니여, 네 생각에는 어떠하냐? 저 남녀들은 정진하여 부지런히 닦고 그러면서 묘한 법을 행하며, 열 가지 착한 업도를 성취하여 살생을 여의고 살생을 끊고, 주지 않는 것은 취하지 않으며, 삿된 음행과 거짓말과 나아가 삿된 견해에 이르기까지 여의고 삿된 견해에 이르기까지를 끊어 바른 견해를 얻었다. 그런데 어찌 여러 사람이 각각 합장하고 그들을 향해 칭찬하고 찬탄하며 축원했다고 해서, 이것을 인연으로 하여 몸이 무너지고 목숨이 끝나면 나쁜 곳으로 가거나 지옥에 태어날 수 있겠느냐?"

"아닙니다, 세존이시여."

세존께서 찬탄하시며 말씀하셨다.

"훌륭하다. 가미니여, 저 남녀들은 정진하여 부지런히 닦고 그러면서 묘한 법을 행하며, 열 가지 착한 업도를 성취하여 살생을 여의고 살생을 끊으며, 주지 않는 것을 취하는 것과 삿된 음행과 거짓말과 나아가 삿된 견해에 이르기까지 모조리 여의고 삿된 견해에 이르기까지를 다 끊어 바른 견해를 얻었다. 그런데 만일 여러 사람들이 저마다 합장하고 그들을 향해 칭찬하고 찬탄하며 축원했다고 해서, 그것을 인연하여 몸이 무너지고 목숨이 끝나면 나쁜 곳으로 가거나 지옥에 태어난다는 것은 있을 수가 없는 일이다. 왜냐하면 가미니여, 이른바 이 열 가지 착한 업도는 착한 업〔白〕을 지으면 착한 과보가 있어 저절로 위로 올라가 반드시 좋은 곳에 태어나게 되기 때문이다. 가미니여, 그것은 마치 이 마을에서 멀지 않은 곳에 깊은 못이 있는데, 거기서 어떤 사람이 소유酥油병을 물에 던져 부수면 부서진 병 조각은 밑으로 가라앉고 소유는 위로 떠오르는 것과 같다.

이와 같이 가미니여, 저 남녀들은 정진하여 부지런히 닦고 그러면서 묘한 법을 행하며, 열 가지 착한 업도를 성취하여 살생을 여의고 살생을 끊으며, 주지 않는 것을 가지는 것과 삿된 음행과 거짓말과 나아가 삿된 견해에 이르기까지를 모두 여의고 삿된 견해에 이르기까지를 다 끊어 바른 견해를 얻었다. 그들이 목숨을 마칠 때에는 이른바 몸의 추한 빛깔과 4대大는 부모에게서 생겼고, 옷과 밥으로 자라났으며 앉고 눕고 안마하며 목욕하고 굳세게 견뎌낸 것은 다 부서지는 법이다. 이것은 없어져 다하는 법이며, 떠나고 흩어지는 법이다. 저 목숨이 끝난 뒤에는 혹은 까마귀와 새가 쪼아 먹기도 하고 혹은 호랑이와 승냥이가 먹어 치우기도 하며, 혹은 태우거나 묻혀 모두 티끌이 되고 마는 것이다. 그의 심心·의意·식識은 항상 믿음에 훈습되고, 정진과 지식〔多聞〕과 보시와 지혜에 훈습되었으므로 그는 이것을 인연하여 저절로 위로 올라가 좋은 곳에 태어나게 된다.

가미니여, 저 생물을 죽인 사람은 살생을 여의고 살생을 끊는 데 있어서, 동산으로 가는 길〔園觀之道〕과 위로 오르는 길〔昇進之道〕과 좋은 곳으로 가는 길〔善處之道〕이 있다. 가미니여, 주지 않는 것을 취하는 것과 삿된 음행과 거짓말과 나아가 삿된 견해에 이르기까지를 죄다 여의고 바른 견해를 얻는 데 있어서도 동산으로 가는 길과 위로 오르는 길과 좋은 곳으로 가는 길이 있다. 가미니여, 다시 동산으로 가는 길과 위로 오르는 길과 좋은 곳으로 가는 길이 있다. 가미니여, 어떤 것이 또한 동산으로 가는 길과 위로 오르는 길과 좋은 곳으로 가는 길인가?

이른바 8정도〔支聖道〕이다. 바른 견해에서부터 나아가 바른 선정〔定〕에 이르기까지의 이것을 여덟 가지라고 한다. 가미니여, 이것을 또한 동산으로 가는 길과 위로 오르는 길과 좋은 곳으로 가는 길이라고 말한다."

부처님께서 이렇게 말씀하시자, 가미니와 모든 비구들은 부처님 말씀을 듣고 기뻐하며 받들어 행하였다.

〔이 가미니경에 수록된 경문의 글자 수는 1,213자이다. 『중아함경』 제3권에 수록된 경문의 글자 수는 10,247자[8]이다.〕

8 3권의 경문 글자 수가 10,247자라고 했는데 여기 기록된 7개 소경의 글자 수를 합해 보면 모두 10,243자로서 여기 기록보다 4자가 부족하다.

중아함경 제 4 권

2. 업상응품 ②

18) 사자경師子經[1] [초 1일송]

나는 이와 같이 들었다.

어느 때 부처님께서 비사리鞞舍離[2]를 유행하실 때에 미후못[彌猴水] 가에 있는 높은 누각[樓臺]에 계셨다. 그때 비사리에 살고 있는 수많은 려체麗掣[3] 종족들이 청당廳堂에 모여 몇 번이고 부처님을 칭찬하고 찬탄하였으며, 법과 비구 대중들을 칭찬하고 찬탄하였다. 그때 니건尼乾

---

1 이 경을 참고할 만한 율장으로는 유송劉宋 시대 불타집佛陀什과 축도생竺道生이 공역한 『오분율五分律』 제22권과 요진姚秦 시대 불타야사佛陀耶舍와 축불념竺佛念이 공역한 『사분율四分律』 제42권이 있다.

2 리차離車족의 도성이었음. 부처님 당시 항하 북쪽에 위치하고 있었던 나라로 마갈타摩竭陀족과 서로 대치하고 있던 작은 나라.

3 팔리어로는 Licchavi라고 함. 인도 비사리성毘舍離城 중심부에 사는 찰제리 종족의 이름이다. 한역하여 리시離奢・리차梨車・리차離車라고도 함. 그 선조가 한 덩이 고기에서 나왔기 때문에 이런 이름이 유래한 것이라고 한다.

의 제자인 사자師子 대신도 그 대중들 가운데 있었는데, 대신은 부처님을 가서 뵙고 공양하고 예로써 섬기려고 하였다. 사자 대신은 즉시 먼저 모든 니건들이 있는 곳으로 가서 니건에게 말했다.

"여러 어른들이여, 저는 사문 구담을 찾아가 뵙고자 합니다."

그러자 니건이 사자를 꾸짖어 말했다.

"너는 사문 구담을 보려고 하지 말라. 왜냐하면 사문 구담은 해서는 안 될 일〔不可作〕[4]을 근본으로 삼고, 또한 남을 위해 해서는 안 될 일의 법〔不可作法〕을 연설하기 때문이다. 사자야, 만일 해서는 안 될 일을 근본으로 삼는 사람을 보면 그것은 곧 좋지 못하고 이롭지 못하니, 공양하고 예로써 섬기는 것도 좋지 못하고 이롭지 못하다."

저 비사리에 살고 있는 많은 려체 사람들은 두 번·세 번 청당에 모여 자주 부처님을 칭찬하고 찬탄하고 법과 비구 대중들을 칭찬하고 찬탄했다. 그때 니건의 제자인 사자 대신도 두 번·세 번 그 대중들 속에 있었다. 그는 그때마다 부처님을 가서 뵙고 공양하고 예로써 섬기고 싶어했다. 그는 아예 니건에게 하직인사도 하지 않고 바로 부처님 처소로 나아가 서로 인사를 나눈 뒤에 물러나 한쪽에 앉아 이렇게 여쭈었다.

"저는 사문 구담께서는 해서는 안 될 일〔不可作〕을 근본〔宗本〕으로 삼고, 또한 남을 위해 해서는 안 될 법을 연설한다고 들었습니다. 구담이시여, 만일 그와 같이 해서는 안 될 일을 근본으로 삼고 또한 남을 위해 해서는 안 될 법을 연설한다고 말한다면, 그는 사문 구담을 비방하는 것이 아닙니까? 아니면 그들이 진실을 말하는 것입니까? 저들이 옳은 법을 말한 것입니까, 법다운 법을 말한 것입니까? 혹은 법다

4 당시 니건尼乾들이 주장하던 여덟 가지 법 중 하나로서 즉 신身·구口·의意로 짓는 나쁜 행[惡行]을 말한다.

운 법에 대해서 허물이 없으며 따져서 힐난할 것이 없는 것입니까?”

세존께서 대답하셨다.

“사자여, 만일 그와 같이 사문 구담은 해서는 안 될 일을 근본으로 삼고, 또한 남을 위해 해서는 안 될 법을 연설한다고 말한다면, 저들은 사문 구담을 비방한 것이 아니다. 저들은 진실을 말한 것이고, 옳은 법을 말한 것이며, 법다운 법을 말했고, 법다운 법에 대해서 허물이 없으며 따져서 힐난할 것도 없다. 왜냐하면 사자여, 어떤 일이 있다고 하자. 그 일로 말미암아 여실한 법에 대하여 사문 구담이 해서는 안 될 일을 근본으로 삼고, 또한 남을 위해 해서는 안 될 법을 연설한다고 비방할 수 없기 때문이다.

사자여, 다시 어떤 일이 있다고 하자. 이 일로 말미암아 여실한 법에 대해서 사문 구담이 해야 할 일〔可作〕을 근본으로 삼고, 또한 남을 위해 해야 할 법을 연설한다고 비방할 수는 없기 때문이다.

사자여, 다시 어떤 일이 있다고 하자. 이 일로 말미암기 때문에 실다운 법에 대해서 사문 구담이 단멸斷滅을 근본으로 삼고, 또한 남을 위해 단멸의 법을 연설한다고 비방할 수는 없기 때문이다.

사자여, 다시 어떤 일이 있다고 하자. 이 일로 말미암아 여실한 법에 대해서 사문 구담이 미워해야 할 일을 근본으로 삼고, 또한 남을 위해 미워해야 할 법을 연설한다고 비방할 수 없기 때문이다.

사자여, 다시 어떤 일이 있다고 하자. 이 일로 말미암아 여실한 법에 대하여 사문 구담이 법률法律을 근본으로 삼고, 또한 남을 위해 법률에 관한 법을 설명한다고 비방할 수가 없기 때문이다.

사자여, 다시 어떤 일이 있다고 하자. 이 일로 말미암아 여실한 법에 대하여 사문 구담이 고행苦行을 근본으로 삼고, 또한 남을 위해 고행의 법을 연설한다고 비방할 수가 없기 때문이다.

사자여, 다시 어떤 일이 있다고 하자. 이 일로 말미암아 여실한 법에 대하여 사문 구담이 태 안에 들지 않는 것[不入於胎]을 근본으로 삼고, 또한 남을 위해 태 안에 들지 않는 법을 연설한다고 비방할 수가 없기 때문이다.

사자여, 또 어떤 일이 있다고 하자. 이 일로 말미암아 여실한 법에 대하여 사문 구담이 안은安隱을 근본으로 삼고, 또한 남을 위해 안은의 법을 연설한다고 비방할 수가 없기 때문이다.

사자여, 다시 어떤 일이 있다고 하자. 이 일로 말미암아 여실한 법에 대하여 사문 구담이 해서는 안 될 일을 근본으로 삼고, 또한 남을 위해 해서는 안 될 법을 연설한다고 그를 비방할 수가 없는가? 사자여, 나는 몸으로 짓는 악한 행을 해서는 안 되고 입과 뜻으로 짓는 악한 행도 해서는 안 된다고 말한다. 사자여, 이렇게 한량없이 선하지 않은 더러운 법은 미래 생명의 근본이 되고 번열煩熱과 괴로움의 과보가 되며, 나고 늙고 병들고 죽는 원인[因]이 된다. 사자여, 나는 이 법은 다 지어서는 안 된다고 말한다. 사자여, 이것이 이른바 어떤 일이 있을 때 이 일로 말미암아 여실한 법에 대하여 사문 구담이 해서는 안 될 일을 근본으로 삼고, 또한 남을 위해 해서는 안 될 법을 연설한다고 그를 비방할 수 없다고 한 것이다.

사자여, 또 어떠한 일이 있다고 하자. 이 일로 말미암아 여실한 법에 대하여 사문 구담이 해야 할 일을 근본으로 삼고, 또한 남을 위해 해야 할 법을 연설한다고 그를 비방할 수가 없는가? 사자여, 나는 몸의 묘행妙行은 지어야 하고, 입과 뜻의 묘행도 지어야 한다고 말한다. 사자여, 이렇게 한량없이 선한 법은 즐거움의 결과[果]를 주고 즐거움의 과보[報]를 받게 하며, 좋은 곳에 나게 하고 그리고 긴 수명을 얻게 한다. 사자여, 나는 이 법은 모두 마땅히 지어야 한다고 말한다. 사자여, 이것이 이른바 일이 있을 때 그 일로 말미암아 여실한 법에 대해 사문 구담이 해야 할 일을 근본으로 삼고, 또한 남을 위해 해야 할 법을 연설한다고 그를 비방할 수 없다고 한 것이다.

사자여, 또 어떠한 일이 있다고 하자. 이 일로 말미암아 여실한 법에 대해 사문 구담이 단멸을 근본으로 삼고, 또한 남을 위해 단멸의 법을 연설한다고 그를 비방할 수 없는가? 사자여, 나는 몸이 짓는 악한 행은 마땅히 단멸해야 하고, 입과 뜻이 짓는 악한 행도 마땅히 단멸해야 한다고 말한다. 사자여, 이렇게 한량없이 선하지 않은 더러운 법은 미래 생명의 근본이 되고 번열과 괴로움의 과보가 되며, 나고 늙고 병들고 죽는 원인이 된다. 사자여, 나는 이 법은 다 마땅히 단멸해야 한다고 말한다. 사자여, 이것이 이른바 일이 있을 때 그 일을 말미암기 때문에 여실한 법에 대해 사문 구담이 단멸을 근본으로 삼고, 또한 남을 위해 단멸의 법을 연설한다고 그를 비방할 수 없다고 한 것이다.

사자여, 또 어떠한 일이 있다고 하자. 이 일로 말미암아 여실한 법에 대해 사문 구담이 미워해야 할 일〔可惡〕을 근본으로 삼고, 또한 남을 위해 미워해야 할〔可憎惡〕 법을 연설한다고 그를 비방할 수 없는가? 나는 몸으로 짓는 악한 행은 미워해야 하고, 입과 뜻으로 짓는 악한 행도 미워해야 한다고 말한다. 사자여, 이렇게 한량없이 선하지 않은 더러운 법은 미래 생명의 근본이 되고 번열과 괴로움의 과보가 되며, 나고 늙고 병들고 죽는 원인〔因〕이 된다. 사자여, 나는 이런 법들은 마땅히 다 미워해야 한다고 말한다. 사자여, 이것이 이른바 일이 있어 이 일로 말미암아 여실한 법에 대해 사문 구담이 미워해야 할 것을 근본으로 삼고, 또한 남을 위해 미워해야 할 법을 연설한다고 그를 비방할 수 없다고 한 것이다.

사자여, 어떠한 일이 있다고 하자. 그 일로 말미암아 여실한 법에 대해 사문 구담이 법률을 근본으로 삼고, 또한 남을 위해 법률의 법을 연설한다고 여실한 법에 대해서 그를 비방할 수 없는가? 사자여, 나는 탐욕과 음욕을 끊기 위하여 법률을 말하고, 성냄과 어리석음을 끊기 위하여 법률을 말한다. 사자여, 이렇게 한량없이 선하지 않은 더러운 법은 미래 생명의 근본이 되고 번열과 괴로움의 과보가 되며, 나고 늙고 병들고 죽는 원인이 된다. 사자여, 나는 그것을 끊기 위하여 법률을 설한다. 사자여, 이것이 이른바 일이 있을 때 이 일을 말미암아 여실한 법에 대해 사문 구담이 법률을 근본으로 삼고, 또한 남을 위해 법률의 법을 연설한다고 그를 비방할 수 없다고 한 것이다.

사자여, 어떠한 일이 있다고 하자. 그 일로 말미암아 여실한 법에 대해 사문 구담이 고행을 근본으로 삼고, 또한 남을 위해 고행의 법을 설한다고 그를 비방할 수 없는가? 사자여, 어떤 사문沙門 범지梵志는 옷을 입지 않고 몸을 드러내며, 혹은 손으로 옷을 삼거나 나뭇잎으로 옷을 삼거나, 구슬로 옷을 삼기도 하고, 혹은 병으로 물을 뜨지 않거나, 혹은 국자〔魁〕로 물을 뜨지 않기도 한다. 칼이나 몽둥이로 노략질해 얻은 밥은 먹지 않고 남을 속여 얻어온 밥도 먹지 않는다. 스스로 가서 공양을 받지 않고 지정된 공양은 받지 않으며, '오너라. 존자여, 착하다. 존자여, 머물라. 존자여' 하면서 주는 공양은 받지 않는다. 만일 두 사람의 밥이 있으면 그 중간에서 먹지 않고, 아기 밴 집의 밥은 먹지 않으며, 개를 기르는 집의 밥은 먹지 않는다. 만일 집에 똥파리가 있어 날아오면 곧 먹지 않는다. 물고기를 먹지 않고 짐승 고기를 먹지 않으며, 술을 마시지 않고 나쁜 물은 마시지 않는다. 전혀 마실 것이 없으면 마시지 않는 행을 배운다. 혹은 한 입만 먹고 한 입으로 족하다 하며, 혹은 두 입·세 입· 네 입 나아가 일곱 입을 먹고 일곱 입으로 족하다 한다. 혹은 하루에 한 끼를 먹고 한 끼로 족하다 하며, 2일 · 3일 · 4일 · 5일 · 6일 · 7일 나아가 반 달, 한 달에 한 끼를 먹고도 한 끼로 족하다고 말한다.

혹은 나물을 먹거나 돌피를 먹으며, 혹은 메기장을 먹거나 두꺼운 보리껍질을 먹으며, 혹은 두두라밥〔頭頭邏食〕[5]을 먹거나 거친 밥을 먹으며, 일 없는 곳에 가서 일이 없음으로 말미암아 나무뿌리를 먹거나 열매를 먹으며, 혹은 저절로 떨어진 과일을 먹는다.

혹은 잇댄 옷〔連合衣〕을 가지거나 털옷을 가지며, 혹은 두사옷〔頭舍衣〕[6]을 가지거나 털두사옷을 가지며, 혹은 온전한 가죽옷을 가지거나 좀 뚫어진 가죽옷을 가지거나, 전부 뚫어진 가죽옷을 가진다. 혹은 헝클어진 머리털을 가지거나 땋은 머리털을 가지며, 헝클어지고 땋은 머리털을 다 가지기도 한다. 혹은 머리를 깎거나 혹은 수염을 깎기도 하고, 혹은 머리와 수염을 다 깎기도 한다. 머리털을 뽑기도 하고 혹은 수염을 뽑기도 하며, 혹은 수염과 머리털을 다 뽑기도 한다.

혹은 꼿꼿이 선 채로 전혀 앉지 않는 이도 있고 무릎을 꿇은 채 걷는 이도 있다. 혹은 가시밭에 누워 가시밭으로 평상을 삼기도 하고, 과일 위에 누워 과일을 평상으로 삼기도 한다. 물을 섬겨 밤낮 없이 손으로 물을 퍼내기도 하고, 불을 섬겨 옛날부터 불을 지펴왔으며, 해와 달을 섬겨 존우대덕尊祐大德도 그것을 향하여 합장하기도 한다. 이와 같은 것들은 한량없는 괴로움을 받고 번열煩熱의 행을 배우는 것이다.

사자여, 이런 고행에 대해서 나는 없애라고 말하지는 않겠다. 사자여, 그러나 이런 고행은 하열하고 천한 업으로서, 지극히 고통스럽고

---

5 두두라頭頭邏는 쌀의 한 종류이다.

6 흰 무명, 즉 어떤 색깔이나 문양도 없는 천으로 만든 옷을 말한다.

지극히 고달프며 범인凡人이 행하는 것으로서 이것은 성인의 도가 아니다. 사자여, 만일 어떤 사문 범지가 저 고행의 법을 알아 번뇌를 끊어 다 없애고 그 뿌리를 뽑아 마침내 다시 나지 않는 데까지 이르게 된다면 나도 고행을 말하겠다. 사자여, 여래·무소착無所着·등정각等正覺은 저 고행의 법을 알아 번뇌를 끊어 다 없애고, 그 뿌리를 뽑아 다시 나지 않는 데까지 이르렀다. 그러므로 나는 고행한다. 사자여, 이것이 이른바 일이 있어 그 일로 말미암아 여실한 법에 대해 사문 구담이 고행을 근본으로 삼고, 또한 남을 위해 고행의 법을 연설한다고 그를 비방할 수 없다고 한 것이다.

사자여, 어떠한 일이 있다고 하자. 그 일로 말미암아 여실한 법에 대해 사문 구담이 태胎에 들어가지 않는 것을 근본으로 삼고, 또한 남을 위해 태에 들어가지 않는 법을 연설한다고 그를 비방할 수 없는가? 사자여, 만일 어떤 사문 범지가 미래에 태로 태어날 것을 알아 그것을 다 끊어 없애고, 그 뿌리를 뽑아 마침내 다시 나지 않는 데까지 이르게 한다면, 나는 그에게 태에 들어가지 않는 법을 말해 주리라. 사자여, 여래·무소착·등정각은 미래에 태로 태어날 것을 알아 그것을 다 끊어 없애고 그 뿌리를 뽑아 마침내 다시 나지 않는 데까지 이르렀다. 그러므로 나는 태에 들어가지 않는다. 사자여, 이것이 이른바 일이 있어 그 일로 말미암아 여실한 법에 대해 사문 구담이 태에 들어가지 않는 것을 근본으로 삼고, 또한 남을 위해 태에 들어가지 않는 법을 연설한다고 그를 비방할 수 없다고 한 것이다.

사자여, 어떠한 일이 있다고 하자. 그 일로 말미암아 여실한 법에 대해 사문 구담이 안은을 근본으로 하고, 또한 남을 위해 안은의 법을 연설한다고 그를 비방할 수 없는가? 사자여, 족성자族姓子로서 수염과 머리를 깎고 가사를 입고, 지극한 믿음으로 출가하여 집 없이 도를 배우는 사람은 오직 위없는 범행을 닦아 마친다. 그래서 나는 현재 세상에서 스스로 알고 스스로 깨달았으며 스스로 증득하고 성취하여 노닌다. 그래서 생을 이미 다하고 범행이 이미 서고 해야 할 일을 이미 마쳐 다시는 후세의 생명을 받지 않음을 사실 그대로 안다. 나는 자신도 안은하고, 또한 다른 비구 · 비구니 · 우바새 · 우바이도 안은하게 한다. 나는 이미 그들을 편안하게 하여 곧 태어나는 법〔生法〕에 윤회하는 중생을 태어나는 법에서 해탈하게 하고, 늙는 법 · 병드는 법 · 죽는 법 · 걱정하고 슬퍼하는 더러운 법에 헤매는 중생들을 걱정하고 슬퍼하는 더러운 법에서 해탈하게 한다. 사자여, 이것이 이른바 일이 있어 그 일로 말미암아 여실한 법에 대해 사문 구담이 안은을 근본으로 하고 또한 남을 위해 안은의 법을 연설한다고 그를 비방할 수 없다는 것이다."

사자 대신이 세존께 여쭈었다.

"구담이시여, 저는 이미 알았습니다. 선서善逝시여, 저는 이미 이해하였습니다. 구담이시여, 마치 눈 밝은 사람이 엎어진 것을 바로 세워주고, 덮인 것을 열어 주며, 헤매는 자에게 길을 인도해 주고, 어둠 속을 밝게 비추어 주는 것과 같습니다. 만일 눈이 있는 사람이라면 문득 빛을 볼 것입니다. 사문 구담도 그와 같아서 저를 위하여 한량없는 방편으로 법을 설명하셔서 이치를 밝혀주고 그 모든 도를 따르게 하셨습니다. 세존이시여, 저는 이제 스스로 부처님과 법과 비구 대중들께 귀의합니다. 원컨대 세존께서는 제가 우바새가 되는 것을 허락해 주십시오. 저는 오늘부터 이 몸이 다할 때까지 스스로 귀의하여 목숨이 다하는 그날까지 그렇게 하겠습니다.

세존이시여, 마치 어떤 사람이 좋지 못한 말〔馬〕을 기르면서 이익 얻기를 바라지만 제 자신만 피로할 뿐 아무 이익도 거두지 못하는 것처럼, 세존이시여, 저도 그와 같았습니다. 저 어리석은 니건은 분명히 깨달아 알지 못하고 스스로 알지 못하며, 좋은 밭〔良田〕을 알지 못하면서 스스로 살피지도 못했습니다. 그런데 저는 오랫동안 그를 받들어 공경하고 공양하고, 예로써 섬기면서 이익 얻기를 바랐습니다. 그러나 부질없이 괴롭기만 하고 이익은 없었습니다. 세존이시여, 저는 이제 다시 스스로 부처님과 법과 비구 대중들께 귀의합니다. 원컨대 세존께서는 제가 우바새가 되는 것을 허락해 주십시오. 저는 오늘부터 이 몸이 다할 때까지 스스로 귀의하여 목숨이 다하는 그날까지 그렇게 하겠습니다.

세존이시여, 저는 본래부터 무지하여 저 어리석은 니건을 믿고 존경해 왔습니다. 그러나 오늘부터는 그와의 관계를 끊겠습니다. 왜냐하면 그는 저를 속였기 때문입니다. 세존이시여, 저는 이제 세 번째 스스로 부처님과 법과 비구 대중들께 귀의합니다. 원컨대 세존께서는 제가 우바새가 되는 것을 허락해 주십시오. 저는 오늘부터 이 몸이 다할 때까지 스스로 귀의하여 목숨이 다하는 그날까지 그렇게 하겠습니다."

부처님께서 이렇게 말씀하시자, 사자 대신과 모든 비구들은 부처님 말씀을 듣고 기뻐하며 받들어 행하였다.

〔이 사자경에 수록된 경문의 글자 수는 2,413자이다.〕

19) 니건경尼乾經〔초 1일송〕

나는 이와 같이 들었다.

어느 때 부처님께서 석기수국釋羈瘦國을 유행하실 때에 천읍성天邑城

에 계셨다. 그때 세존께서 여러 비구들에게 말씀하셨다.

"모든 니건尼乾들은 이렇게 보고 이렇게 말한다.

'사람이 받는 과보는 다 본래 지었던 원인〔因〕이 있기 때문이다. 만일 과거에 지은 업業이 고행苦行으로 인해 소멸되고, 새 업을 짓지 않는다면 곧 모든 업은 다 없어지고 만다. 모든 업이 다 없어지면 괴로움도 다하게 되고, 괴로움이 다하게 되면 곧 괴로움이 끝나게 된다.'

나는 그에게 가서 물었다.

'니건이여, 너희들은 진실로 이렇게 보고 이렇게 말하는가? 사람이 받는 과보는 다 그 원인을 본래 지었기 때문이다. 만일 과거에 지은 업이 고행으로 인해 소멸되고, 새로운 업을 짓지 않으면 모든 업은 다 없어지고 만다. 모든 업이 다 없어지면 괴로움이 다하게 되고, 괴로움이 다해 마치게 되면 괴로움이 끝나게 된다고 말하는가?'

그는 내게 대답하였다.

'그렇습니다, 구담瞿曇이시여.'

나는 다시 그 니건에게 물었다.

'너희들은 스스로 깨끗한 지혜가 있어, 나〔我〕라는 것은 본래부터 있는 것이라고 생각하는가, 본래 없는 것이라고 생각하는가? 나는 본래부터 악을 짓는다고 생각하는가, 짓지 않는다고 생각하는가? 내가 스스로 괴로워하는 것은 끝이 있다고 생각하는가, 끝이 없다고 생각하는가? 만일 끝이 있다면 곧 끝나게 되어, 현세現世에서 모든 선하지 않은 것을 끊고, 온갖 선한 법을 얻어 닦아 익혀 증득하리라고 생각하는가?'

그는 내게 대답하였다.

'아닙니다, 구담이시여.'

나는 다시 니건에게 물었다.

'너희들이 스스로 깨끗한 지혜가 없어 나는 본래부터 있는 것이라 하고 나는 본래부터 없는 것이라 하며, 나는 본래부터 악을 지었다 하고 악을 짓지 않았다 하며, 내가 스스로 괴로워하는 것은 끝이 있다고 하고 끝이 없다고 하며, 만일 끝이 있다면 곧 끝나게 되어 현세에서 모든 선하지 않은 것을 끊고, 온갖 선한 법을 얻어 닦아 익혀 증득한다고 한다. 그러면서 사람이 받는 과보는 다 본래 지은 원인〔因〕이 있기 때문인데, 만일 과거에 지었던 업이 고행으로 인해 소멸되고, 새로운 업을 짓지 않으면 모든 업이 다 없어진다. 그리하여 모든 업이 다해 마치게 되면 괴로움이 다하게 되고, 괴로움이 다해 마치게 되면 괴로움이 끝나게 된다고 말한다. 니건이여, 너희들이 만일 깨끗한 지혜가 있어, 나는 본래부터 있는 것이라고 하거나 나는 본래부터 없는 것이라고 하며, 나는 본래부터 악을 짓는다 하고, 악을 짓지 않는다 하며, 내가 스스로 괴로워하는 것은 끝이 있다고 하고 끝이 없다고 하며, 만일 끝이 있다면 곧 끝나게 되어 현세에서 모든 선하지 않은 것을 끊고, 온갖 선한 법을 얻어 닦아 익혀 증득하게 된다면 니건이여, 너희들은 이렇게 말할 수 있을 것이다.

〈사람이 받는 과보는 다 본래 지었던 원인이 있기 때문이다. 만일 과거에 지었던 업이 고행으로 인해 소멸되고, 새로운 업을 짓지 않는다면 모든 업은 다 없어지고 만다. 모든 업이 다해 마치게 되면 괴로움이 다하게 되고, 괴로움이 다해 마치게 되면 괴로움이 끝나게 된다.〉

니건이여, 그것은 마치 어떤 사람이 몸에 독화살을 맞은 것과 같다. 독화살을 맞음으로 말미암아 곧 심한 고통을 느낀다. 그 친척들은 가엾게 생각하고 민망히 여겨, 그에게 이익을 주고 편안하게 해주고자 하여, 곧 화살을 잘 뽑는 의사를 부를 것이다. 의사가 와서 즉시 잘 드는 칼로써 살을 째기 시작할 것이니, 살을 째기 때문에 다시 심한 고통을 느낄 것이다. 살을 짼 뒤에 살촉을 찾으면, 그 살촉을 찾는 동안에는 더 심한 고통을 느낄 것이다. 살촉을 발견한 뒤에 곧 그것을 뽑아내면 살촉을 뽑아냄으로 말미암아 다시 심한 고통을 느낄 것이다. 살촉을 뽑아낸 뒤에도 작은 상처를 싸매면 상처를 싸맬 때 다시 심한 고통을 느낄 것이다. 그러나 그가 살촉을 뽑아 낸 뒤에는 힘을 얻고 걱정이 없어지며, 모든 감관이 무너지지 않고 회복되어 옛날과 같이 될 것이다.

니건이여, 그 사람은 스스로 깨끗한 지혜가 있어, 곧 이렇게 생각할 것이다.

〈나는 전날 독화살을 맞았다. 독화살을 맞았기 때문에 곧 극심한 고통을 느꼈다. 나의 친척들은 나를 보고 가엾게 생각하고 불쌍히 여겨, 나를 유익하게 해주고 안은하게 해주기 위하여 곧 화살을 잘 뽑는 의사를 불렀다. 의사가 와서 잘 드는 칼로 나를 위해 살을 쨌는데, 살을 짼 땐 극심한 고통을 느꼈다. 살을 짼 뒤에는 살촉을 찾았는데, 살촉을 찾을 때에는 다시 더 심한 고통을 느꼈다. 살촉을 찾은 뒤에는 곧 뽑아냈는데 뽑아 낼 때 다시 심한 고통을 느꼈다. 살촉을 뽑아 낸 뒤에는 작은 상처를 싸맸는데 상처를 싸맬 때 다시 심한 고통을 느꼈다. 그러나 나는 살촉을 뽑아낸 뒤에는 힘을 얻고 걱정이 없어졌으며, 모든 감관이 무너지지 않고 회복되어 옛날과 같이 되었다.〉

이와 같이 니건이여, 만일 너희들이 스스로 깨끗한 지혜가 있어, 나는 본래부터 있는 것이라 하고 나는 본래부터 없는 것이라고 하며, 나는 본래부터 악을 짓는다고 하고 혹은 악을 짓지 않는다고 하며, 내가 스스로 괴로워하는 것은 끝이 있다고 하고 혹은 끝이 없다고 하며, 만일 끝이 있다면 곧 끝나게 되어 현세에서 선하지 않은 것을 끊고, 온갖 선한 법을 얻어 닦아 익혀 증득하게 된다면 니건이여, 너희들은 이렇게 말할 수 있지 않겠는가?

〈사람이 받는 과보는 다 본래 지었던 원인이 있기 때문이다. 만일 과거에 지었던 업이 고행으로 인해 소멸되고, 새 업을 짓지 않는다면 곧 모든 업은 다 없어지고 만다. 모든 업이 다해 마치게 되면 괴로움이 다하게 되고, 괴로움이 다해 마치게 되면 괴로움이 끝나게 된다.〉'

내가 이렇게 물었을 때 니건들은 내게 '구담이시여, 그렇습니다'라고 대답하고, 그렇지 않다고 말하는 자는 아무도 없었다.

또 나는 니건에게 물었다.

'만일 니건들이 으뜸가는 것을 끊는 으뜸가는 고행을 행하면, 그때 모든 니건들은 으뜸가는 고통이 생기겠는가?'

그들은 내게 대답했다.

'그렇습니다, 구담이시여.'

'만일 중간 정도의 것을 끊는 중간 정도의 고행을 행하면, 그때 니건들은 중간 정도의 고통이 생기겠는가?'

'그렇습니다, 구담이시여.'

'만일 최하의 것을 끊는 최하의 고행을 행하면 그때 니건들은 최하의 고통이 생기겠는가?'

'그렇습니다, 구담이시여.'

'이것이 이른바 니건들이 으뜸가는 것을 끊는 고행을 행하면, 그때 모든 니건들은 곧 최상의 고통을 느끼고, 중간 정도의 것을 끊는 중간 정도의 고행을 행하면, 그때 니건들은 곧 중간 정도의 고통을 느끼며, 최하의 것을 끊는 최하의 고행을 행하면, 그때 니건들은 곧 최하의 고통이 생기는 것이다.

만일 니건들로 하여금 으뜸가는 것을 끊는 으뜸가는 고행을 행하게 하면, 그때 모든 니건들은 으뜸가는 고통이 그쳐 쉬고, 중간 정도의 것을 끊는 중간 정도의 고행을 행하게 하면, 그때 니건들은 중간 정도의 고통이 그쳐 쉬며, 최하의 것을 끊는 최하의 고행을 행하게 하면, 그때 니건들은 최하의 고통이 그쳐 쉬게 될 것이다. 만일 이렇게 하거나 이렇게 하지 않고서 극심한 고통과 매우 무거운 고통이 그쳐 쉬게 된다면 마땅히 알아야 한다. 모든 니건들은 곧 현세에서 고통을 받게 될 것이다. 다만 니건들은 어리석음에 덮이고 어리석음에 묶여 이렇게 말하지 않았는가?

〈사람이 받는 과보는 다 본래 지었던 원인이 있기 때문이다. 만일 과거에 지은 업이 고행으로 인해 멸하고, 새로운 업을 짓지 않으면 곧 모든 업은 다 없어지고 만다. 모든 업이 다 없어지면 괴로움이 다하게 되고, 괴로움이 다해 마치게 되면 괴로움이 끝나게 된다.〉'

내가 이렇게 물었을 때 니건들은 내게 대답하기를 '구담이시여, 그렇습니다' 하고 대답했고, 그렇지 않다고 말하는 자는 아무도 없었다.

또 나는 모든 니건들에게 물었다.

'니건들아, 만일 즐거움의 과보를 받을 업이 있으면 그 업을 끊거나, 혹은 고행으로 말미암아 그것을 돌려 괴로움의 과보로 만들 수 있겠는가?'

그들이 내게 대답했다.

'아닙니다, 구담이시여.'

'모든 니건들아, 만일 괴로움의 과보를 받을 업이 있으면 그 업을 끊거나, 혹은 고행으로 말미암아 그것을 돌려 즐거움의 과보로 만들 수 있겠는가?'

'아닙니다, 구담이시여.'

'니건들아, 만일 현세에서 과보를 받을 업이 있으면 그 업을 끊거나

고행으로 말미암아 그것을 돌려 뒷세상의 과보로 만들 수 있겠는가?'

'아닙니다, 구담이시여.'

'니건들아, 만일 후세에 과보를 받을 업이 있으면 그 업을 끊거나 고행으로 말미암아 그것을 돌려 현세의 과보로 만들 수 있겠는가?'

'아닙니다, 구담이시여.'

'니건들아, 만일 인연이 성숙되지 않은 과보의 업이 있으면 그 업을 끊거나 고행으로 말미암아 그것을 돌려 인연이 성숙된 과보로 만들 수 있겠는가?'

'아닙니다, 구담이시여.'

'니건들아, 만일 인연이 성숙된 과보의 업이 있으면 그 업을 끊거나 고행으로 말미암아 그것을 돌려 다른 것으로 만들 수 있겠는가?'

'아닙니다, 구담이시여.'

'니건들아, 이것이 이른바 즐거운 과보의 업이 있을 때, 그 업의 원인을 끊거나 고행으로 말미암아 그것을 돌려 괴로움의 과보로 만들 수 없다는 것이다. 니건들아, 이것이 이른바 괴로운 과보의 업이 있을 때, 그 업의 인을 끊거나 고행으로 말미암아 그것을 돌려 즐거움의 과보로 만들 수 없다는 것이다. 니건들아, 현세의 과보가 되는 업이 있으면 그 업의 원인[因]을 끊거나 고행으로 말미암아 그것을 돌려 후생의 과보로 만들 수 없다는 것이다. 니건들아, 후생의 과보가 되는 업이 있으면 그 업의 원인을 끊거나 고행으로 말미암아 그것을 돌려 현세의 과보로 만들 수 없다는 것이다. 니건들아, 인연이 성숙되지 않은 업이 있으면, 그 업의 인을 끊거나 고행으로 말미암아 그것을 돌려 인연이 성숙된 과보로 만들 수 없다는 것이다. 니건들아, 인연이 성숙된 과보의 업이 있으면 그 업의 인을 끊거나 고행으로 말미암아 그것을 돌려 다른 것으로 만들 수 없다는 것이다. 그러므로 니건들아, 허망한

방편으로 부질없이 끊으려 하지만 얻는 것이 없다.'

그러자 그 니건들이 곧 내게 알렸다.

'구담이시여, 저희에게는 존경받는 스승이 있는데 그 이름은 친자親子 니건이라고 합니다. 그는 〈여러 니건들이여, 너희들이 만일 본래 악한 업을 지었더라도 그 업은 이 고행으로 말미암아 다 멸해 없앨 수 있다. 만일 현재의 몸과 입과 뜻을 잘 보호하면 그것으로 말미암아 다시는 악한 업을 짓지 않는다〉고 말하였습니다.'

나는 또 니건들에게 물었다.

'너희들은 그 존경받는 스승인 친자 니건을 믿어 의심하지 않는가?'

그들은 내게 대답했다.

'구담이시여, 우리는 존경받는 스승인 친자 니건을 믿고 있으며 의심하지 않습니다.'

나는 다시 그 니건들에게 말하였다.

'다섯 가지의 법과 현세의 두 가지 과보가 있다. 다섯 가지의 법이란 믿음·즐거워함·들음·생각함·보고 잘 관찰함이다. 니건들아, 사람이 스스로 허망한 말을 하면 이것을 믿어야 하고 즐거워해야 하며, 들어야 하고 생각해야 하며, 보고 잘 관찰해야 하겠는가?'

그들이 내게 대답했다.

'그렇습니다, 구담이시여.'

나는 또 니건들에게 말하였다.

'이 허망한 말을 어떻게 믿어야 하고 즐거워해야 하며, 들어야 하고 생각해야 하며, 잘 관찰해야 하겠는가? 이른바 사람이 스스로 허망한 말을 하면서 〈믿음이 있고 즐거움이 있으며, 들음이 있고 생각함이 있으며, 잘 관찰함이 있다〉고 하겠는가? 만일 니건들이 이렇게 말한다면 그는 법다운 것 가운데에서 다섯 가지 꾸짖음을 받고 미움을 받을 것이다. 어떤 것이 다섯 가지인가? 이제 이 중생이 받는 괴로움과 즐거움은 다 본래 지었던 원인〔因〕이 있기 때문이다. 만일 그렇다면 모든 니건들은 본래 악한 업을 지었던 것이다. 왜냐하면 그들은 그런 이유로 말미암아 오늘날 저렇게 지극히 혹독한 고통을 받기 때문이다. 이것이 이른바 첫 번째 니건들이 미움을 받을 만한 것이다.

또 중생이 받는 괴로움과 즐거움은 다 모임에 원인한다. 만일 그렇다면 니건들은 본래 나쁘게 모인 것이다. 왜냐하면 그런 이유로 말미암아 니건들이 오늘날 저렇게 지극히 혹독한 괴로움을 받기 때문이다. 이것이 이른바 두 번째 니건들이 미움을 받을 만한 것이다.

또 중생이 받는 괴로움과 즐거움은 목숨을 위하는 데 원인한다. 만일 그렇다면 니건들은 본래 나쁘게 목숨을 위했던 것이다. 왜냐하면 그런 이유로 말미암아 니건들이 오늘날 지극히 혹독한 괴로움을 받기 때문이다. 이것이 이른바 세 번째 니건들이 미움을 받을 만한 것이다.

또 중생이 받는 괴로움과 즐거움은 다 견해〔見〕에 원인한다. 만일 그렇다면 니건들은 본래 나쁜 견해〔惡見〕를 가졌다. 왜냐하면 그런 이유로 말미암아 니건들이 오늘날 지극히 혹독한 괴로움을 받기 때문이다. 이것이 이른바 네 번째 니건들이 미움을 받을 만한 것이다.

또 중생이 받는 괴로움과 즐거움은 다 존우尊祐의 지음에 원인한다. 만일 그렇다면 니건들은 본래 나쁜 존우였다. 왜냐하면 그런 이유로 말미암아 니건들이 오늘날 지극히 혹독한 괴로움을 받기 때문이다. 이것이 이른바 다섯 번째 니건들이 미움을 받을 만한 것이다.

만일 니건들이 본래 지은 악한 업과 나쁜 모임과 나쁘게 목숨을 위하는 것과 나쁜 견해와 나쁜 존우로 인하여 나쁜 존우를 만나는 원인이 되었다면, 그런 이유로 니건들이 오늘날 지극히 혹독한 괴로움을 받기 때문이다. 이것이 이른바 저 일로 인하여 니건들이 미움을 받아

야 할 것이라고 하는 것이다.'

내가 스스로 알고 스스로 깨달은 법을 가지고 너희들을 위해 설명한다면, 사문 범지나 혹은 하늘·악마·범천 및 다른 세간으로서는 어느 누구도 그것을 항복받지 못하고, 그것을 더럽힐 수 없으며 제압할 수 없을 것이다. 그러면 '내가 스스로 알고 스스로 깨달은 법을 가지고 너희들을 위해 설명한다면, 사문 범지나 혹은 하늘·악마·범천 및 다른 세간으로서는 어느 누구도 그것을 항복받지 못하고, 그것을 더럽힐 수 없으며, 제압할 수 없을 것이다'라고 한 것은 무슨 뜻인가?

만일 어떤 비구가 몸으로 짓는 선하지 않은 업은 버리고 선한 업을 닦으며, 입과 뜻으로 짓는 선하지 않은 업은 버리고 선한 업을 닦으면, 그는 미래의 괴로움에 대해서 곧 자기는 미래의 괴로움이 없으리라는 것을 알고 법답게 즐거움을 얻어 버리지 않을 것이다. 그는 괴로움의 원인[因]인 행욕行欲을 끊으려 하고, 혹은 괴로움의 원인인 행사욕行捨欲을 끊으려고 할 것이다. 그가 만일 괴로움의 원인인 행욕行欲을 끊으려 하면 곧 그 행욕을 닦고, 이미 끊었으면 괴로움은 곧 다 없어질 것이다. 그가 만일 괴로움의 원인인 행사욕行捨欲을 끊고자 하면 곧 그 행사욕을 닦고, 이미 끊었으면 괴로움은 곧 다 없어질 것이다.

만일 그 비구가 곧 짓고 행한 대로 선하지 않은 법이 생겨나고 선한 법이 멸하는데, '만일 스스로 괴로움을 끊으면 선하지 않은 법은 소멸되고 선한 법은 생긴다. 나는 이제 차라리 스스로 그 괴로움을 끊어야겠다'고 생각한다면 그는 곧 스스로 괴로움을 끊을 것이고 스스로 괴로움을 끊어 마치면, 선하지 않은 법은 소멸되고 선한 법은 생겨 더 이상 괴로움을 끊을 필요가 없게 될 것이다. 왜냐하면 비구여, 본래 지은 일은 그 이치가 이미 성취되었는데, 만일 다시 괴로움을 끊겠다고 한다면 그런 이치는 성립될 수 없기 때문이다. 비구여, 그것은 마치 화살 만드는 사람이 칼을 사용하여 화살을 다듬는 것과 같아서 그 화살이 곧아지고 나면 더 이상 칼을 사용하지 않는다. 왜냐하면 그 사람이 본래 하고자 했던 일이 이미 성취되었기 때문이다. 이와 같이 비구는 이렇게 생각한다.

'짓고 행한 대로 선하지 않은 법이 생겨나고 선한 법이 멸한다. 만일 스스로 괴로움을 끊으면 선하지 않은 법은 멸하고 선한 법이 생길 것이다. 나는 이제 차라리 스스로 그 괴로움을 끊어야겠다.'

그래서 곧 스스로 괴로움을 끊고 스스로 괴로움을 끊어 마치면 선하지 않은 법은 멸하고 선한 법이 생겨 더 이상 괴로움을 끊을 필요가 없게 될 것이다. 왜냐하면 원래 하고자 했던 일이 이미 성취되었는데, 만일 다시 괴로움을 끊는다면 그런 이치는 성립될 수 없기 때문이다.

비구여, 그것은 마치 어떤 사람이 여자를 사랑스럽게 생각하여 애착[染着]하는 것과 같다. 그는 그 여자를 공경을 다하여 대했는데, 그 여자는 다시 다른 사람과 이야기를 나누며 서로 친절하게 인사하고 서로 오가고 같이 잠을 잔다면, 그 사람은 이 일로 말미암아 몸과 마음에 고뇌가 생겨 매우 걱정하고 슬퍼하겠는가?"

비구들이 대답하였다.

"그렇습니다. 세존이시여, 왜냐하면 그 사람은 여자를 사랑스럽게 생각하고 애착하여 지극히 공경을 다하여 대했는데 그 여자는 다시 다른 사람과 이야기를 나누며 서로 친절하게 인사하고 서로 오가고 같이 잠을 잔다면 어찌 그 사람의 몸과 마음에 고뇌와 걱정과 슬픔이 생기지 않을 수 있겠습니까?"

"비구여, 만일 그 사람으로 하여금 '나는 부질없이 사랑스럽다고 생각하여 그 여자를 공경을 다하여 대했는데, 그 여자는 다시 다른 사람과 이야기를 나누며 서로 친절하게 인사하고 서로 오가고 같이 잠을 자다니, 내 이제 차라리 스스로 괴로워하고 스스로 걱정하는 것으로 인해 저 여자를 사랑스럽게 생각하여 애착하는 것을 끊을 수 있을까?' 라고 생각하게 한다면, 그는 그 뒤로 스스로 괴로워하고 스스로 걱정하는 것으로 인해 곧 그 여자를 사랑스럽게 생각하여 애착하는 것을 끊을 것이다. 그리고 만일 그 여자로 하여금 일부러 다른 사람과 이야기를 나누게 하고 서로 친절히 인사하게 하며 서로 오가고 같이 잠을 자게 한다면, 그 사람이 그 이후에도 몸과 마음에 과연 다시 고뇌하고 매우 걱정하며 슬퍼하겠는가?"

비구들이 대답하였다.

"아닙니다. 세존이시여, 왜냐하면 그 사람은 그 여자에 대해서 더 이상 사랑스럽게 생각하여 애착하는 마음이 없기 때문입니다. 혹 그 여자로 하여금 일부러 다른 사람과 이야기를 나누게 하고 서로 친절히 인사하게 하며, 서로 오가고 같이 잠을 자게 하여 그 사람이 이로 말미암아 몸과 마음에 고뇌를 내어 매우 걱정하고 슬퍼하게 하려 해도 그럴 리는 없을 것입니다."

"이와 같아서 비구는 곧 이렇게 생각한다.

'짓고 행한 대로 선하지 않은 법이 생겨나고 선한 법이 소멸한다. 만일 스스로 그 괴로움을 끊으면 선하지 않은 법은 소멸되고 선한 법은 생길 것이다. 나는 이제 차라리 스스로 그 괴로움을 끊으리라.'

그래서 그는 곧 스스로 그 괴로움을 끊을 것이니, 스스로 괴로움을 끊고 나면 선하지 않은 법은 멸하고 선한 법은 생겨 더 이상 괴로움을 끊을 필요가 없을 것이다. 왜냐하면 원래 하려고 했던 일이 이미 성취되어 다시 괴로움을 끊을 필요가 없어졌기 때문이다.

그는 또 이렇게 생각한다.

'만일 원인이 있어 그 괴로움을 끊는다면 나는 이미 끊었다. 그런데

나는 욕欲에 있어 아직 예전과 같아 끊지 못했다. 나는 이제 차라리 욕을 끊기에 힘쓰리라.'

그래서 그는 곧 욕을 끊기에 힘쓰고, 욕을 끊기 위하여 멀리 떠나 혼자 있으면서 일 없는 곳에 사는데, 나무 밑이나, 아무도 없고 편안하고 고요한 곳이나, 바위나 돌집이나 맨땅에 짚을 깔아 만든 자리나 숲속으로 가거나 혹은 무덤 사이로 간다. 그는 이미 일 없는 곳에 살면서 나무 밑이나, 아무도 없고 편안하고 고요한 곳으로 가서, 니사단을 깔고 가부加趺를 맺고 앉아 바른 몸과 바른 소원을 가지고, 비뚤어진 생각으로 향하지 않으며 탐욕〔貪伺〕을 끊어 없애 마음에 다툼이 없다. 남의 재물과 모든 생필품을 보고도 탐욕을 일으켜 내 소유로 만들려고 하지 않는다. 그는 탐욕에 대해서 그 마음을 깨끗이 버린다. 이와 같이 그는 성냄〔瞋恚〕·혼침〔睡眠〕·들뜸〔掉悔〕을 없애고, 의심을 끊고 의혹을 대해서 모든 선한 법에 있어서 주저하지 않는다. 그래서 그는 의혹疑惑에 대해서 그 마음을 깨끗이 버린다. 그는 이미 5개蓋[7]와 마음의 더러움〔心穢〕과 지혜의 미약함〔慧羸〕을 끊고, 탐욕을 여의고 악하고 선하지 않은 법을 여의어 마침내는 제4선禪에 이르러 성취하여 노닌다.

그는 이와 같은 선정〔定〕을 얻어 마음이 맑고 깨끗하여, 더러움도 없고 번뇌도 없게 되며, 유연하게 잘 머물러 움직이지 않는 마음을 얻어, 누진지통漏盡智通을 향해 나아가 그것을 증득한다. 그는 곧 이 괴로움에 대하여 사실 그대로 알고 이 괴로움의 발생〔集〕에 대해 알며, 이 괴로움의 소멸〔滅〕에 대해 알고, 이 괴로움의 소멸에 이르는 길에 대하여 사실 그대로 안다. 또한 이 누(漏 : 煩惱)에 대하여 사실 그대로

---

7 탐욕貪欲·진에瞋恚·수면睡眠·도회掉悔·의혹疑惑, 이 다섯 가지 법이 심성心性을 덮어 가려서 착한 법을 내지 못하게 하기 때문에 이를 5개蓋라고 부른다.

알고 이 누의 발생에 대해 알며, 이 누의 소멸에 대해 알며, 누의 소멸에 이르는 길에 대하여 사실 그대로 안다. 그는 이렇게 알고, 이렇게 안 뒤에는 곧 욕루欲漏에서 심해탈心解脫하고, 유루有漏와 무명루無明漏에서 심해탈하며, 해탈해 마치면 곧 해탈한 줄을 안다. 그래서 생生은 이미 다했고 범행梵行은 이미 섰으며, 해야 할 일은 마쳤고, 다시는 생명을 받지 않는 것에 대하여 사실 그대로 안다. 여래는 이와 같이 바르게 심해탈하여, 다섯 가지 칭예稱譽를 얻고, 법다워서 다툼이 없으며, 사랑할 만하고 존경할 만하게 된다.

어떤 것이 다섯 가지가 되는가? 저 중생들이 받는 괴로움과 즐거움은 모두가 본래 지었던 원인〔因〕이 있기 때문이다. 만일 그렇다면 여래는 본래부터 묘한 업이 있었던 것이니, 그것으로 말미암아 여래는 지금 거룩한 무루無漏의 즐거움과 고요하고 편안하게 머물러서 즐거운 느낌을 얻는 것이다. 이것이 이른바 여래가 얻은 첫 번째 칭예稱譽이다. 또 중생이 받는 괴로움과 즐거움은 다 모임〔合會〕으로 말미암는다. 만일 그렇다면 여래는 본래 미묘한 모임이 있었던 것이니, 그것으로 말미암아 여래는 지금 거룩한 무루의 즐거움과 고요하고 편안하게 머물러서 즐거운 감각을 얻는 것이다. 이것이 이른바 여래가 얻은 두 번째 칭예이다. 또 중생이 받는 괴로움과 즐거움은 다 목숨을 위하는 데에 말미암는다. 만일 그렇다면 여래는 본래부터 미묘하게 목숨〔命〕을 위하는 것이니 그것으로 말미암아 여래는 지금 고요하고 편안하게 머물러서 즐거운 감각을 얻는 것이다. 이것이 이른바 여래가 얻은 세 번째 칭예이다. 또 중생이 받는 괴로움과 즐거움은 다 견해〔見〕로 말미암는다. 만일 그렇다면 여래는 본래 미묘한 견해가 있었던 것이니 그것으로 말미암아 여래는 지금 거룩한 무루의 즐거움과 고요하고 편안하게 머물러서 즐거운 감각을 얻는 것이다. 이것이 이른바 여래가 얻은 네 번째 칭예이다.

또 중생이 받는 업은 다 존우尊祐의 지음으로 말미암는다. 만일 그렇다면 여래는 본래부터 미묘한 존우였던 것이니 그것으로 말미암아 여래는 지금 거룩한 무루의 즐거움과 고요하고 편안하게 머물러서 즐거운 감각을 얻는 것이다. 이것이 이른바 여래가 얻은 다섯 번째 칭예이다.

이것을 여래 본래의 미묘한 업·미묘한 모임·미묘한 목숨을 위함·미묘한 견해·미묘한 존우라 하고 미묘한 존우가 지은 것이라고 한다. 그것으로 말미암아 여래는 지금 거룩한 무루의 즐거움과 고요하고 편안하게 머물러서 즐거운 감각을 얻는다. 이 일로 말미암아 여래는 지금 세상에서 다섯 가지 칭예를 얻었다.

다섯 가지 인연이 있어 마음에 걱정과 괴로움이 생긴다. 어떤 것이 다섯 가지인가? 음욕에 얽매이면 음욕에 얽매임으로 말미암아 마음에 걱정과 괴로움이 생긴다. 이와 같이 성냄〔瞋恚〕·수면睡眠·들뜸〔掉悔〕도 다 그러하며, 또한 의혹疑惑에 얽매이면 의혹에 얽매임으로 말미암아 마음에 걱정과 괴로움이 생긴다. 이것을 다섯 가지 인연이 있어 마음에 걱정과 괴로움을 내는 것이라고 한다.

다섯 가지 인연이 있어 마음에 걱정과 괴로움이 사라진다. 어떤 것이 다섯 가지인가? 만일 음욕에 얽매이면 음욕에 얽매임으로 말미암아 마음에 걱정과 괴로움이 생기지만, 음욕의 얽매임을 없애고 나면 걱정과 괴로움이 이내 사라진다. 음욕에 얽매임으로 말미암아 마음에 걱정과 괴로움이 생기지만 현재 세상에서 최후의 경지〔究竟〕를 증득하면 번뇌도 없고 뜨거움도 없으며, 항상 머물러 있어 변하지 않는다. 그것은 성인이 아는 것이며, 성인이 보는 것이다. 이와 같이 성냄·수면·들뜸도 그러하며, 만약 의혹에 얽매이면 의혹에 얽매임으로 말미암아 마음에 걱정과 괴로움이 생기지만, 의혹의 얽매임을 없애고 나면 걱정과 괴로움은 이내 사라진다. 의혹에 얽매임으로 말미암아 마음에 걱정과 괴로움이 생기지만 현재 세상에서 최후의 경지를 증득하면 번뇌도 없고 뜨거움도 없으며, 항상 머물러 있어 변하지 않는다. 그것은 성인이 아는 것이며, 성인이 보는 것이다. 이것을 다섯 가지 인연으로써 마음의 걱정과 괴로움을 멸하는 것이라고 한다.

또 현재 세상에서 최후의 경지를 증득하면 번뇌도 없고 뜨거움도 없으며, 항상 머물러 있어 변하지 않는다. 그것은 성인이 아는 것이며, 성인이 보는 것이다. 어떤 것이 곧 현재 세상에서 최후의 경지를 증득하면 번뇌도 없고 뜨거움도 없으며, 항상 머물러 있어 변하지 않는 것으로서 그것은 성인이 아는 것이며, 성인이 보는 것이라고 하는가? 이른바 8정도〔支聖道〕가 그것이니, 바른 견해〔正見〕에서부터 나아가 바른 선정〔正定〕까지이다. 이것을 여덟 가지라고 한다. 이것이 곧 현재 세상에서 최후의 경지를 증득하면 번뇌도 없고 뜨거움도 없으며, 항상 머물러 있어 변하지 않는 것으로서, 그것은 성인이 아는 것이며, 성인이 보는 것이라고 한다."

부처님께서 이렇게 말씀하시자, 모든 비구들은 부처님 말씀을 듣고 기뻐하며 받들어 행하였다.

〔이 니건경에 수록된 경문의 글자 수는 3,600자이다.〕

20) 파라뢰경波羅牢經〔초 1일송〕

나는 이와 같이 들었다.

어느 때 부처님께서 구리수국(拘麗瘦國 : 拘利國)을 유행하실 때에 큰 비구 대중들과 함께 북촌北村에 이르러, 북촌의 북쪽에 있는 시섭화림尸攝恕林에 계셨다.

그때 파라뢰波羅牢 가미니伽彌尼는 다음과 같이 들었다.

'사문 구담瞿曇이라는 석가 종족의 아들은 석가 종족을 버리고 집을 나가 도를 배우고, 구리수를 유행하면서 큰 비구 대중들과 함께 여기 북촌에 이르러, 그 마을 북쪽에 있는 시섭화림에 계신다. 저 사문 구담은 큰 명호가 있어 시방十方에 두루 알려졌다. 사문 구담은 여래如來·무소착無所著·등정각等正覺·명행성위明行成爲·선서善逝·세간해世間解·무상사無上士·도법어道法御·천인사天人師·불중우佛衆祐로 호칭된다. 그는 이 세간·하늘·악마·범천·사문 범지 등, 인간 세상에서부터 하늘에 이르기까지 모든 것에 대해 스스로 알고 스스로 깨닫고 스스로 증득하여 성취하여 노닌다. 그가 만일 설법하면 처음도 좋고 중간도 좋으며 마지막도 좋아, 이치도 있고 문채도 있으며 청정함을 구족하여 범행을 드러내 나타낸다. 만일 여래·무소착·등정각을 뵙고 존중하고 예배하고 공양하여 섬기면 빠르게 좋은 이익을 얻을 것이다.'

그래서 그는 '나도 가서 사문 구담을 뵙고 예배하고 공양하며 섬겨야겠다'고 생각하였다. 파라뢰 가미니는 소문을 듣고 북촌에서 나와 북으로 가서 시섭화림에 이르러 세존을 뵙고 예배하고 공양하며 섬기려고 하였다. 파라뢰 가미니가 멀리서 숲속에 계시는 세존을 보니 단정하고 아름다운 모습이 마치 별 가운데 달과 같았고, 빛나고 밝은 모습은 금산金山과 같았다. 상호를 구족하였고 위신威神이 위풍당당했으며, 모든 감각기관〔根〕은 고요하고 안정되어 있었으며 가려진 것이 없었다. 게다가 마음을 제어하는 능력까지 성취하여 마음이 그쳐 고요하고 잠잠하였다. 파라뢰 가미니는 멀리서 부처님을 바라본 뒤에 부처님 계신 곳으로 나아가 서로 안부를 묻고 나서 한쪽으로 물러나 앉아 세존께 여쭈었다.

"저는 '사문 구담께서는 환幻을 환으로 알고 계신다'고 들었습니다. 구담이시여, 만일 이와 같이 '사문 구담께서는 환을 환으로 알고 계신다'고 말한다면 저들이 사문 구담을 비방하는 것이 아닙니까? 저들이 진실을 말한 것입니까? 저들이 옳은 법을 말한 것입니까? 저들이 법다운 법을 말한 것입니까? 법다운 것이라 허물이 없고 힐난할 것이 없습니까?"

세존께서 말씀하셨다.

"가미니여, 만일 그와 같이 '사문 구담께서는 환을 환으로 알고 계신다'고 말한다면, 저들은 사문 구담을 비방한 것이 아니며, 저들은 진실을 말한 것이고, 옳은 법을 말한 것이며, 법다운 법을 말한 것이니, 저들은 법에 대해 아무 잘못도 없고 또한 힐난한 것도 없다. 왜냐하면 가미니여, 나는 저 환에 대해서 알지만 내 자신이 환자幻者는 아니기 때문이다."

"저 사문 범지들이 말하는 것이 진실이라고 하시지만, 저는 저들이 '사문 구담께서는 환을 환으로 알고 계신다'고 말한 것을 믿지 않습니다."

"가미니여, 만일 환을 안다면 이것이 곧 환자인가?"

"그렇습니다, 세존이시여. 그렇습니다, 선서善逝이시여."

"가미니여, 네 자신이 잘못 알고서 나를 비방하지 말라. 만일 나를 비방하면 곧 스스로 손해를 보게 될 것이다. 거기에는 다툼이 있고 범함이 있으며, 성현들에게 미움을 받을 것이고 또 큰 죄를 얻게 될 것이다. 왜냐하면 그것은 실로 네가 말한 것과 같지 않기 때문이다. 가미니여, 너는 구리수국拘麗瘦國에 군졸이 있다는 말을 들었느냐?"

"있다고 들었습니다."

"가미니여, 네 생각에는 어떠하냐? 구리수국은 이 군졸들을 어디에 이용하겠느냐?"

"구담이시여, 보통 도적을 죽이는 데 이용할 것입니다. 이 일을 위하여 구리수국은 이 군졸을 기르는 것입니다."

"가미니여, 네 생각에는 어떠하냐? 구리수국의 군졸은 계율이 있겠느냐, 없겠느냐?"

"구담이시여, 만일 세상에 계율의 덕이 없는 사람으로서는 구리수국의 군졸보다 더한 자들은 없을 것입니다. 왜냐하면 구리수국의 군졸은 지극히 금지된 계율을 범하고 오직 악한 법만 행하기 때문입니다."

세존께서 다시 물으셨다.

"가미니여, 네가 이렇게 보고 이렇게 안다면 나는 너에게 더 이상 묻지 않겠지만, 만약 다른 사람이 너 가미니에게 묻기를 '파라뢰 가미니여, 구리수국의 군졸들은 지극히 금지된 계율을 범하고 단지 악한 법만 행한다는 것을 알고 나서 이 일로 말미암아 파라뢰 가미니가 극히 금지된 계율을 범하고 오직 악한 법만 행하는가'라고 그렇게 말할 때 그것을 진실이라고 인정하겠느냐?"

"아닙니다. 구담이시여, 왜냐하면 구리수국의 군졸들과는 견해도 다르고 욕망도 다르며 소원도 다르기 때문입니다. 구리수국의 군졸들은 지극히 금지된 계율을 범하고 오직 악한 법만 행하지만, 저는 계율을 끝까지 지니고 악한 법은 행하지 않기 때문입니다."

세존께서 다시 물으셨다.

"가미니여, 너는 구리수국의 군졸들이 지극히 금지된 계율을 범하고 오직 악한 법만 행하는 줄을 잘 알고 있다. 그러나 이 일로 인해 너희들마저 금지된 계율을 범하고 오직 악한 법만을 행하는 것은 아니다. 여래는 어찌하여 환을 알면서도 스스로 환자幻者가 아니라고 하는가? 왜냐하면 나는 환을 알고 환의 사람을 알며, 환의 과보를 알고 환을 끊을 줄 알기 때문이다. 가미니여, 나는 또 생물을 죽이는 것을 알고 생물을 죽이는 사람을 알며, 생물을 죽인 과보를 알고 생물 죽이는 것을 끊을 줄 안다. 가미니여, 나는 또 주지 않는 것을 취하는 것을 알고 주지 않는 것을 취하는 사람을 알며, 주지 않는 것을 취한 과보를 알고 주지 않는 것을 취하는 것을 끊을 줄 안다. 가미니여, 나는 또 거짓말을 알고 거짓말하는 사람을 알며, 거짓말로 인해 생겨나는 과보를 알고 거짓말을 끊을 줄 안다. 가미니여, 나는 이렇게 알고 이렇게 본다. 만일 '사문 구담은 환을 안다. 그러니 그는 곧 환자이다'라고 이렇게 말하는 사람이 있다면, 나는 그의 말이 미처 끝나기도 전에 그의 마음·그의 욕망·그의 소원·그의 지식·그의 생각·그가 관찰하는 것을 아는데 마치 팔을 굽혔다 펴는 것처럼 짧은 시간에 다 알 것이다. 그리고 그는 목숨이 끝나면 지옥 가운데 태어날 것이다."

파라뢰 가미니는 이 말을 듣자, 두려워 떨면서 온몸에 털이 곤두섰다. 곧 자리에서 일어나 머리를 부처님 발에 대어 예배한 뒤에 길게 꿇어앉아 합장하고 세존께 여쭈었다.

"잘못을 뉘우치겠습니다. 구담이시여, 죄를 고백하겠습니다. 선서시여, 저는 바보 같고 미치광이 같으며, 안정되지 못한 사람이며 나쁜 사람 같습니다. 왜냐하면 저는 망령되게 사문 구담이 곧 환자幻者라고 말했기 때문입니다. 원컨대 구담이시여, 제가 잘못을 뉘우치고 죄를 알아 드러내 밝히겠으니 부디 받아 주십시오. 저는 잘못을 뉘우친 뒤로는 꼭 지켜 다시는 그런 짓을 하지 않겠습니다."

"그렇다. 가미니여, 너는 실로 바보 같고 미치광이 같으며, 안정되지 못한 사람이며 나쁜 사람인 것 같다. 왜냐하면 너는 여래·무소착·등정각에게 망령되게도 환자라고 말했기 때문이다. 그러나 너는 능히 잘못을 뉘우치고, 죄를 알아 드러내 밝혔으며, 꼭 지켜 다시는 그런 짓을 하지 않겠다고 맹세하였다. 이와 같으니 가미니여, 만일 잘못을 뉘우치고 죄를 알아 드러내 밝히며, 꼭 지켜 다시는 그런 짓을 하지 않는다면 곧 거룩한 법이 점점 자라나 쇠퇴하지 않을 것이다."

그때 파라뢰 가미니는 부처님을 향해 합장하고 세존께 여쭈었다.

"구담이시여, 어떤 사문 범지는 이렇게 보고 이렇게 말합니다.

'만일 생물을 죽이면 그는 곧 현재 세상에서 그 과보를 받고, 그것으로 말미암아 걱정과 고통이 생긴다. 만일 주지 않는 것을 취하거나 거짓말을 하면 그는 곧 현재 세상에서 그 과보를 받고, 그것으로 말미암아 걱정과 고통이 생긴다.'

사문 구담이시여, 어떻게 생각하십니까?"

"가미니여, 내가 이제 너에게 물을 것이니 너는 아는 대로 대답하라. 가미니여, 너는 어떻게 생각하느냐? 만일 마을 가운데 어떤 사람이 있는데, 머리에는 화만을 쓰고 여러 가지 향을 몸에 바르고, 광대놀이를 하면서 노래하고 춤추며 스스로 즐기고, 오직 기생들만 데리고 놀기를 마치 왕과 같이 한다고 하자. 그런데 어떤 이가 '이 사람은 본래 어떤 일을 하였기에 이제 머리에 화만華鬘을 쓰고 온갖 향을 몸에 바르고 광대놀이를 하며 노래하고 춤추고 스스로 즐기며 오직 기생들만 데리고 노는 것을 왕처럼 하는가?' 하고 물었을 때, 혹 어떤 사람이 '이 사람은 왕을 위하여 원수를 죽였다. 왕은 기뻐하며 곧 그에게 상을 주었다. 그래서 이 사람은 머리에 화만을 쓰고 여러 가지 향을 몸에 바르고, 광대놀이를 하며 노래하고 춤추고 스스로 즐기며, 기생들만 데리고 노는 것이 마치 왕과 같다'고 대답했다. 가미니여,

너는 이런 일을 보고 이런 일을 들은 적이 없는가?"

"보았습니다. 구담이시여, 그리고 과거에도 들었고 현재에도 들었습니다."

"가미니여, 또 왕이 죄인을 잡는 것을 보면 두 손을 뒤로 묶어 가지고 북을 치고 외치면서 남쪽 성문을 나가, 높은 나무 밑에 앉힌 다음 그 머리를 베어 나무에 단다. 만일 어떤 사람이 '이 사람은 무슨 죄로 왕에게 죽임을 당했는가?' 하고 물었을 때, 어떤 사람이 '이 사람은 왕가의 죄 없는 사람을 억울하게 죽였다. 그래서 왕이 이렇게 사형을 집행하게 한 것이다'라고 대답했다. 가미니여, 너는 이런 일을 보고 이런 일을 들은 적이 있는가?"

"보았습니다. 구담이시여, 과거에도 들었고 현재에도 들었습니다."

"가미니여, 만일 어떤 사문 범지가 이와 같은 일을 보고 말하기를, '만일 생물을 죽이면 그는 곧 현재 세상에서 과보를 받고, 그것으로 말미암아 걱정과 괴로움이 생긴다'고 한다면 그는 진실을 말한 것인가, 거짓말을 한 것인가?"

"거짓말을 한 것입니다, 구담이시여."

"만일 그가 거짓말을 했다면 너는 그 말을 믿겠는가?"

"믿지 않을 것입니다, 구담이시여."

세존께서 찬탄해 말씀하셨다.

"장하고 장하다, 가미니여."

그리고 다시 물으셨다.

"가미니여, 네 생각에는 어떠하냐? 만일 마을에 사는 어떤 사람이 머리에는 화만을 쓰고 온갖 향을 몸에 바르고, 광대놀이를 하면서 노래하고 춤추고 스스로 즐기며, 기생들만 데리고 노는 것이 마치 왕과 같다고 하자. 그리고 어떤 사람이 '이 사람은 본래 무슨 일을 하였기에 지금 머리에는 화만을 쓰고 온갖 향을 몸에 바르고, 광대놀이를 하면서 노래하고 춤추고 스스로 즐기며, 기생들만 데리고 노는 것이 마치 왕과 같은가?' 하고 물었을 때, 혹 어떤 사람이 '이 사람은 다른 나라에서 주지 않는 물건을 훔쳐왔다. 그래서 이 사람은 머리에 화만을 쓰고 온갖 향을 몸에 바르고, 광대놀이를 하면서 노래하고 춤추고 스스로 즐기며, 기생들만 데리고 노는 것이 마치 왕과 같다'고 대답했다. 가미니여, 너는 이런 일을 보고 이런 일을 들은 적이 있는가?"

가미니가 대답하였다.

"보았습니다. 구담이시여, 과거에도 들었고 현재에도 들었습니다."

"가미니여, 또 왕이 죄인을 잡은 것을 보면 두 손을 뒤로 묶어가지고 북을 치고 외치면서 남쪽 성문을 나가, 높은 나무 밑에 앉히고 그의 목을 베어 나무에 단다. 만일 어떤 사람이 '이 사람은 무슨 죄로 왕에게 죽임을 당했는가?' 하고 물었을 때, 어떤 사람이 '이 사람은 왕국에서 주지 않는 것을 취했다. 그래서 왕은 이렇게 사형을 집행하게 하였다'라고 대답하였다. 가미니여, 너는 이런 일을 보고 이런 일을 들은 적이 있는가?"

가미니가 대답하였다.

"보았습니다. 구담이시여, 과거에도 들었고 현재에도 들었습니다."

"가미니여, 혹 어떤 사문 범지가 이런 일들을 보고, '만일 주지 않는 것을 취하면 그는 현재 세상에서 과보를 받고, 그것으로 말미암아 걱정과 고통이 생긴다'고 그렇게 말한다면, 그는 진실을 말한 것인가, 거짓말을 한 것인가?"

"거짓말을 한 것입니다, 구담이시여."

"만일 그가 거짓말을 했다면 너는 그것을 믿겠는가?"

"믿지 않겠습니다, 구담이시여."

세존께서 찬탄해 말씀하셨다.

"장하고 장하다, 가미니여."

다시 물으셨다.

"가미니여, 네 생각에는 어떠하냐? 만약 마을에 사는 어떤 사람이 머리에는 화만을 쓰고 온갖 향을 몸에 바르고, 광대놀이를 하면서 노래하고 춤추고 스스로 즐기며, 기생들만 데리고 노는 것이 마치 왕과 같다고 하자. 또 어떤 사람이 '이 사람은 본래 무슨 일을 하였기에 지금 머리에 화만을 쓰고 온갖 향을 몸에 바르고 광대놀이를 하면서 노래하고 춤추고 스스로 즐기며 기생들만 데리고 노는 것이 마치 왕과 같은가?' 하고 물었을 때, 어떤 사람이 '이 사람은 기생을 데리고 잘 희롱하며 재미있게 웃는다. 그는 거짓말로 왕을 기쁘게 하였고 왕은 기쁜 나머지 곧 그에게 상을 주었다. 그래서 이 사람은 머리에 화만을 쓰고 온갖 향을 몸에 바르고, 광대놀이를 하면서 노래하고 춤추고 스스로 즐기며 기생들만 데리고 노는 것이 마치 왕과 같다'고 대답하였다. 가미니여, 너는 이런 일을 보고 이런 일을 들은 적이 있는가?"

가미니가 대답하였다.

"보았습니다. 구담이시여, 과거에도 들었고 현재에도 들었습니다."

"가미니여, 또 왕이 죄인을 잡는 것을 보면, 몽둥이로 쳐 죽이고 나무함에 담아 덮개 없는 수레에 싣고, 북쪽 성문으로 나가 깊은 구덩이 속에 버린다. 만일 어떤 사람이 '이 사람은 무슨 죄로 왕에게 죽임을 당했는가?' 하고 물었을 때, 어떤 사람이 '이 사람은 왕 앞에서 거짓으로 증언했다. 그는 거짓말로 왕을 속였기 때문에 왕이 잡아다가 이렇게 벌하라고 한 것이다'라고 대답했다. 가미니여, 너는 이런 일을 보고 이런 일을 들은 적이 있는가?"

"보았습니다. 구담이시여, 과거에도 들었고 현재에도 들었습니다."

"가미니여, 네 생각에는 어떠하냐? 어떤 사문 범지가 이런 일들을 보고 말하기를, '만일 거짓말을 하면 그는 곧 현재에 과보를 받고 그것으로 말미암아 걱정과 괴로움이 생긴다'고 그렇게 말한다면 그는 진실을 말한 것인가, 거짓을 말한 것인가?"

"거짓말을 한 것입니다, 구담이시여."

"만일 그가 거짓말을 했다면 너는 그것을 믿겠는가?"

"믿지 않겠습니다, 구담이시여."

세존께서 찬탄해 말씀하셨다.

"장하고 장하다, 가미니여."

이에 파라뢰 가미니는 곧 자리에서 일어나 입은 옷 한 자락을 벗어 메고 부처님을 향해 합장한 채, 세존께 여쭈었다.

"참으로 특이하십니다. 구담께서 말씀하신 것들은 지극히 미묘하여 잘 비유하시고 잘 증명하셨습니다. 구담이시여, 저는 북촌 가운데 높은 집을 짓고 평상과 자리를 펴고 물그릇을 두고 큰 등불을 켜 놓았습니다. 만일 정진하는 사문 범지가 와서 높은 집에서 자면, 저는 제 힘이 닿는 대로 그가 필요한 것을 대주었습니다. 네 명의 논사論士가 있었는데 그들의 견해가 각각 다르고, 또한 서로 어긋났지만 저의 높은 집으로 모두 모였습니다. 그 가운데 한 논사가 이러한 견해를 가지고 이렇게 말했습니다.

'보시도 없고 재齋도 없으며 주문〔呪說〕도 없다. 선과 악의 업도 없고, 선업과 악업의 과보도 없다. 이 세상도 없고 저 세상도 없으며, 아비도 없고 어미도 없다. 세상 좋은 곳으로 가거나 이 세상에서 저 세상으로 잘 가고 잘 향하며, 스스로 알고 스스로 깨닫고 스스로 증득하여 성취하여 노니는 그런 진인眞人도 없다.'

둘째 논사는 바른 견해가 있어 첫째 논사가 알고 본 것과 달리 이렇게 보고 이렇게 말했습니다.

'보시도 있고 재도 있으며 또한 주문도 있다. 선업도 있고 악업도 있으며, 선업의 과보도 있고 악업의 과보도 있다. 이 세상도 있고 저 세상도 다 있으며, 아비도 있고 어미도 있다. 세상 좋은 곳으로 가고 이 세상에서 저 세상으로 잘 가고 잘 향하며, 스스로 알고 스스로 깨닫고 스스로 증득하여 성취하여 노니는 진인도 있다.'

셋째 논사는 이렇게 보고 이렇게 말했습니다.

'스스로도 짓고 남을 시켜 짓게 하며, 스스로도 끊고 남을 시켜 끊게 하며, 스스로도 삶고〔煮〕 남을 시켜 삶게 하거나, 시름하고 번뇌하며, 걱정하고 슬퍼하며, 가슴 치고 괴로워하며, 소리 내어 울거나, 어리석고 무지하여 생물을 죽이고, 주지 않는 것을 취하며, 삿된 음행을 하고 거짓말을 하며 술을 마시거나, 담을 뚫고 창고를 열며, 남의 동네에 가서 겁탈한다. 마을을 해치고 고을을 부수며 성을 부수고 나라를 멸망시킨다. 이렇게 하는 사람을 두고 악을 짓는다고 하지 않는다. 또 머리를 깎는 칼처럼 잘 드는 쇠바퀴로써 이 땅의 일체 중생을 하루 동안에 쪼개고 끊고 베고 토막 내며, 벗기고 찢고 자르고 썰어 한 살점을 만들고 한 푼〔分〕· 한 무더기를 만들더라도, 이것으로 말미암은 악한 업도 없고 또 악업의 과보도 없다. 항하강 남쪽 언덕에서 죽여서 끊고 삶아 가지고 가서, 항하강 북쪽 언덕에서 보시하고 재를 지내며 주문을 외우고 오더라도, 이것으로 말미암은 죄도 없고 복도 없으며, 이것으로 말미암은 죄와 복의 과보도 없다. 물건을 보시하고 마음을 제어하여 지켜 보호하고 거두어 가지며, 칭찬해 기리고 편안하고 이롭게 하며, 은혜로 베풀고 좋은 말을 쓰며, 이익되게 하고 또 고루 이익되게 하더라도, 이것으로 말미암은 복도 없고 이것으로 말미암은 복의 과보도 없다.'

넷째 논사는 바른 견해가 있어, 셋째 논사가 알고 본 것과는 반대로 그는 이렇게 보고 이렇게 말했습니다.

'스스로 짓고 남을 시켜 짓게 하며, 스스로 끊고 남을 시켜 끊게 하며, 스스로 삶고 남을 시켜 삶게 하거나, 시름하고 번뇌하며 걱정하고 슬퍼하거나, 가슴을 치고 괴로워하며 소리 내어 운다거나, 어리석고 무지하여 생물을 죽이고, 주지 않는 것을 취하며, 삿된 음행을 하고, 거짓말을 하며, 술을 마시거나 담을 뚫고 창고를 열며, 남의 동네에 가서 겁탈하거나, 마을을 해치고 고을을 부수며 성을 부수고 나라를 멸망시킨다. 이렇게 하는 사람을 진실로 악을 짓는 사람이라고 한다. 또 머리를 깎는 칼처럼 잘 드는 쇠바퀴로써, 이 땅의 일체 중생을 하루 동안에 쪼개고 끊으며 베고 토막 내며 벗기고 찢고 자르고 썰어 한 살점을 만들고, 한 푼·한 무더기로 만들면, 이것으로 말미암은 악업이 있고 이것으로 말미암은 악업의 과보가 있다. 항하강 남쪽 언덕에서 죽여서 끊고 삶아 가지고 가서, 항하강 북쪽 언덕에 보시하고 재를 지내며 주문을 외우고 오면, 이것으로 말미암아 죄도 있고 복도 있으며, 이것으로 말미암은 죄와 복의 과보가 있다. 물건을 보시하고, 마음을 제어하여 지켜 보호하고 거두어 가지며, 칭찬해 기리고 편안하고 이롭게 하며, 은혜로 베풀고 좋은 말을 쓰며, 이익되게 하고 또 고루 이익되게 하면, 이것으로 말미암은 복이 있고, 이것으로 말미암은 복의 과보도 있다.'

구담이시여, 저는 이 말을 듣고 문득 다음과 같이 의혹을 내었습니다.

'이 사문 범지는 누가 진실을 말하고 누가 거짓말을 하는 것인가?'"

세존께서 말씀하셨다.

"가미니여, 너는 의혹을 내지 말라. 왜냐하면 의혹이 있음으로 말미암아 곧 망설임이 있기 때문이다. 가미니여, 너는 네 자신이 깨끗한 지혜도 없으면서 후세後世가 있다고 하기도 하고 후세가 없다고 하기도 하느냐? 가미니여, 너는 또 깨끗한 지혜가 없으면서 지은 바를 악이라 하고 지은 바를 선이라 하느냐? 가미니여, 법의 선정〔定〕을 멀리 여읨〔遠離〕이라고 말한다. 너는 이 선정으로 말미암아 바른 생각을 얻을 수 있고, 한마음을 얻을 수 있다. 이와 같이 너는 현재 세상에서 곧 의혹을 끊고 위로 오를 수 있다."

이에 파라뢰 가미니가 다시 자리에서 일어나, 입은 옷 한 자락을 벗어 메고 부처님을 향해 합장하고서 세존께 여쭈었다.

"구담이시여, 무엇을 법의 선정〔定〕을 멀리 여의는 것이라고 하며, 저로 하여금 그것으로 인하여 바른 생각을 얻게 하고 한마음을 얻게 하며, 이와 같이 저로 하여금 현재에 있어서 곧 의혹을 끊고 위로 오를 수 있게 하겠습니까?"

세존께서 대답하셨다.

"가미니여, 많이 아는 성스러운 제자는 생물 죽이는 것을 여의고 생물 죽이는 것을 끊으며, 주지 않는 것을 취하는 것과 삿된 음행과 거짓말을 끊고 나아가 삿된 견해를 끊어 바른 견해를 얻는 데까지 이른다. 그는 낮에는 밭농사 짓는 것을 가르치고, 날이 저물면 휴식하여 방에 들어가 앉아 선정에 들었다가, 밤을 지내고 새벽이 되면 이렇게 생각한다.

'나는 생물 죽이는 것을 여의었고 생물 죽이는 것을 끊었으며, 주지 않는 것을 취하는 것과 삿된 음행과 거짓말을 끊었고, 나아가 삿된 견해를 끊어 바른 견해를 얻는 데까지 이르렀다.'

그리고 그는 곧 스스로 '나는 열 가지 악업도惡業道를 끊고 열 가지 선업도善業道를 생각한다'고 보고 그는 스스로 열 가지 악업도를 끊고 열 가지 선업도를 생각하는 것을 본 뒤에는 곧 즐거운 마음을 낸다. 즐거운 마음을 낸 뒤에는 곧 기쁨을 내고, 기쁨을 낸 뒤에는 곧 몸을 쉬며, 몸을 쉰 뒤에는 곧 몸으로 즐거움을 깨달으며, 몸으로 즐거움을 깨달은 뒤에는 곧 한마음을 얻게 된다.

가미니여, 많이 아는 성스러운 제자는 한마음을 얻은 뒤에 곧 그 마음은 자애로움〔慈〕과 함께하여 1방方에 두루하게 성취하여 노닌다. 이와 같이 2·3·4방과 4유維·상·하 일체에 두루한다. 마음은 자애로움과 함께하므로 맺힘도 없고 원한도 없으며, 성냄도 없고 다툼도 없으며 극히 넓고 매우 크며 한량없는 선행善行을 닦아, 일체 세간에 두루하게 성취하여 노닌다. 그리고 그는 이와 같이 생각한다.

'어떤 사문 범지는 이런 견해를 가지고 이렇게 말한다.

〈보시〔施〕도 없고 재齋도 없으며 주문〔呪說〕도 없다. 선과 악의 업도 없고, 선업과 악업의 과보도 없다. 이 세상도 없고 저 세상도 없으며, 아비도 없고 어미도 없다. 세상 좋은 곳으로 가거나 이 세상에서 저 세상으로 잘 가고 잘 향하며, 스스로 알고 스스로 깨닫고 스스로 증득하여 성취하여 노니는 진인眞人도 없다.〉

만일 저 사문 범지가 말한 것이 진실이라도 나는 세상의 두려움과 두렵지 않은 것을 범하지 않고, 항상 일체 세간을 사랑하고 가엾게 여겨야 한다. 그래서 내 마음은 중생과 더불어 다투지 않고 흐림이 없어 즐거워하리라. 나는 이제 위없는 사람의 법을 얻어 위로 올라 안락하게 살 수 있다.'

이른바 멀리 여읨은 법의 선정이다. 그는 사문 범지가 말한 것은 옳지도 않고 그르지도 않다고 말한다. 옳지도 않고 그르지도 않다고 하면 이미 속마음이 그쳐 쉼을 얻는다. 가미니여, 이것을 '법의 선정을 멀리 여읨〔遠離〕이라 한다'고 하는 것이다. 너는 이 선정으로 말미암아 바른 생각을 얻을 수 있고 한마음을 얻을 수 있으니, 이와 같이 너는 현재 세상에서 곧 의혹을 끊고 위로 오르게 될 것이다.

또 가미니여, 많이 아는 성스러운 제자는 생물 죽이는 것을 여의고 생물 죽이는 것을 끊으며, 주지 않는 것을 취하는 것과 삿된 음행과 거짓말을 끊고 나아가 삿된 견해를 끊어 바른 견해를 얻는 데까지 이른다. 그는 낮에는 밭농사 짓는 것을 가르치고, 날이 저물면 휴식하여 방에 들어가 앉아 선정에 들었다가, 밤이 지나고 새벽이 되면 이렇게 생각한다.

'나는 생물 죽이는 것을 여의었고 생물을 죽이는 것을 끊었으며, 주지 않는 것을 취하는 것과 삿된 음행과 거짓말을 끊었고, 나아가 삿된 견해를 끊어 바른 견해를 얻는 데까지 이르렀다.'

그는 곧 스스로 '나는 열 가지 악업도를 끊고 열 가지 선업도를 생각한다'고 보고 그는 스스로 열 가지 악업도를 끊고 열 가지 선업도를 생각하는 것을 본 뒤에는 곧 즐거운 마음을 낸다. 즐거운 마음을 낸 뒤에는 곧 기쁨을 내고, 기쁨을 낸 뒤에는 몸을 쉰다. 몸을 쉰 뒤에는 몸으로 즐거움을 깨닫고, 몸으로 즐거움을 깨달은 뒤에는 한마음을 얻게 된다.

가미니여, 많이 아는 성스러운 제자는 한마음을 얻은 뒤에는 곧 그 마음은 불쌍히 여김〔悲〕과 함께하여 1방方에 두루하게 성취하여 노닌다. 이와 같이 2·3·4방과 4유·상·하 일체에 두루한다. 마음은 불쌍히 여김과 함께하므로 맺힘도 없고 원한도 없으며, 성냄도 없고 다툼도 없으며, 극히 넓고 매우 크고 한량없는 선행을 닦아, 일체 세간에 두루하게 성취하여 노닌다. 그리고 그는 이와 같이 생각한다.

'어떤 사문 범지는 이런 견해를 가지고 이렇게 말한다.

〈보시도 있고 재도 있으며 또 주문도 있다. 선과 악의 업도 있고 선업과 악업의 과보도 있다. 이 세상도 있고 저 세상도 있으며, 아비도 있고 어미도 있다. 세상 좋은 곳으로 가고 이 세상에서 저 세상으로 잘 가고 잘 향하며, 스스로 알고 스스로 깨닫고 스스로 증득하여 노니는 진인도 있다.〉

만일 저 사문 범지가 말한 것이 진실이라면, 나는 세상의 두려움과 두렵지 않음을 범하지 않고, 항상 일체 세간을 사랑하고 가엾게 여겨야 한다. 그래서 내 마음은 중생과 더불어 다투지 않고 흐림이 없어 즐거워하리라. 나는 이제 위없는 사람의 법을 얻어 위로 나아가 안락하게 살 수 있다.'

이른바 멀리 여윈다는 말은 법의 선정을 여의는 것이다. 그는 사문 범지가 말한 것을 옳지도 않고 그르지도 않다고 한다. 옳지도 않고 그르지도 않다고 하면 이미 속마음이 그쳐 쉼을 얻은 것이다. 가미니여, 이것을 '법의 선정을 멀리 여읨이라고 말한다'고 하는 것이다. 너는 이 선정으로 말미암아 바른 생각을 얻을 수 있고 한마음을 얻을 수 있다. 이와 같이 현재 세상에서 곧 의혹을 끊고 위로 나아가게 될 것이다.

또 가미니여, 많이 아는 성스러운 제자는 생물 죽이는 것을 여의고 생물 죽이는 것을 끊으며, 주지 않는 것을 취하는 것과 삿된 음행과 거짓말을 끊고, 나아가 삿된 견해를 끊어 바른 견해를 얻는 데까지 이른다. 그는 낮에는 밭농사 짓는 것을 가르치고, 날이 저물면 휴식하여 방에 들어가 앉아 선정에 들었다가, 밤이 지나고 새벽이 되면 이렇게 생각한다.

'나는 생물 죽이는 것을 여의었고 생물 죽이는 것을 끊었으며, 주지 않는 것을 취하는 것과 삿된 음행과 거짓말을 끊었고, 나아가 삿된 견해를 끊어 바른 견해를 끊는 데까지 이르렀다.'

그는 곧 스스로 '나는 열 가지 악업도를 끊고 열 가지 선업도를 생각한다'고 보고, 스스로 열 가지 악업도를 끊고 열 가지 선업도를 생각하는 것을 본 뒤에는 곧 즐거운 마음을 낸다. 즐거운 마음을 낸 뒤에는 곧 기쁨을 내고, 기쁨을 낸 뒤에는 몸을 쉰다. 몸을 쉰 뒤에는 몸으로 즐거움을 깨닫고, 몸으로 즐거움을 깨달은 뒤에는 한마음을 얻게 된다.

가미니여, 많이 아는 성스러운 제자는 한마음을 얻은 뒤에는 곧 그 마음은 기쁨〔喜〕과 함께하여 1방에 두루하게 성취하여 노닌다. 이와 같이 2·3·4방과 4유·상·하 일체에 두루한다. 마음은 기쁨과 함께하므로 맺힘도 없고 원한도 없으며, 성냄도 없고 다툼도 없으며, 극히 넓고 매우 크며 한량없는 선행을 닦아 일체 세간에 두루하게 성취하여 노닌다. 그리고 그는 이와 같이 생각한다.

'어떤 사문 범지는 이렇게 보고 이렇게 말한다.

〈스스로도 짓고 남을 시켜 짓게 하며 스스로도 끊고 남을 시켜 끊게 하며 스스로도 삶고 남을 시켜 삶게 한다. 시름하고 번뇌를 일으키며 걱정하고 슬퍼한다거나 가슴을 치고 괴로워하며 소리 내어 운다거나 어리석고 무지하여 생물을 죽이고 주지 않는 것을 취하며 삿된 음행을 하고 거짓말을 하며 술을 마시거나 담을 뚫고 창고를 열며 남의 동네에 가서 겁탈한다거나 마을을 해치고 고을을 부수며 성을 부수고 나라를 멸망시킨다. 이와 같이 하는 사람도 진실로 악을 짓는 것이 아니다. 또 머리를 깎는 칼처럼 잘 드는 쇠바퀴로써 그가 이 땅의 일체 중생을 하루 동안에 쪼개고 끊고 베고 토막 내며 벗기고 찢고 자르고 썰어 한 살점을 만들고 한 푼·한 무더기를 만들더라도 이것으로 말미암은 악업이 없고 이것으로 말미암은 악업의 과보도 없다. 항하강 남쪽 언덕에서 죽여서 끊고 삶아가지고 가서 항하강 북쪽 언덕에서 보시하고 재를 지내며 주문을 외우고 오더라도 이것으로 말미암은 죄도 없고 복도 없으며 이것으로 말미암은 죄와 복의 과보도 없다. 물건을 보시하고 마음을 제어하여 지켜 보호하고 거두어 가지며 칭찬해 기리고 편안하고 이롭게 하며, 은혜로 베풀고 좋은 말을 쓰며 이익되게 하고 또 고루 이익되게 하더라도 이것으로 말미암은 복이 없고 이것으로 말미암은 복의 과보도 없다.〉

만일 사문 범지가 말한 것이 진실이라 하더라도 나는 세상의 두려움과 두렵지 않은 것을 범하지 않고, 항상 일체 세간을 사랑하고 가엾게 여겨야 한다. 그래서 내 마음은 중생과 더불어 다투지 않고 흐림이 없어 즐거워하리라. 나는 이제 위없는 사람의 법을 얻어 자꾸 위로 올라가 안락하게 살 수 있을 것이다.'

이른바 멀리 여윔이란 법의 선정을 여의는 것이다. 그는 사문 범지가 말한 것을 옳지도 않고 그르지도 않다고 한다. 옳지도 않고 그르지도 않다고 하면 이미 속마음이 그쳐 쉼을 얻는다. 가미니여, 이것이 이른바 '법의 선정을 멀리 여의는 것이라고 한다'고 하는 것이다. 너는 이 선정으로 말미암아 바른 생각을 얻을 수 있고 한마음을 얻을 수 있다. 이와 같이 너는 현재에 있어서 곧 의혹을 끊고 위로 나아가게 될 것이다.

또 가미니여, 많이 아는 성스러운 제자는 생물 죽이는 것을 여의고 생물 죽이는 것을 끊으며, 주지 않는 것을 취하는 것과 삿된 음행과 거짓말을 끊고, 나아가 삿된 견해를 끊어 바른 견해를 얻는 데까지 이른다. 그는 낮에는 밭농사 짓는 것을 가르치고 날이 저물면 휴식하여 방에 들어가 앉아 선정에 들었다가, 밤이 지나고 새벽이 되면 이렇게 생각한다.

'나는 생물 죽이는 것을 여의었고 생물 죽이는 것을 끊었으며, 주지 않는 것을 취하는 것과 삿된 음행과 거짓말을 끊었고, 나아가 삿된 견

해를 끊어 바른 견해를 얻는 데까지 이르렀다.'

그는 곧 스스로 '나는 열 가지 악업도를 끊고 열 가지 선업도를 생각한다'고 보고, 그는 스스로 열 가지 악업도를 끊고 열 가지 선업도를 생각하는 것을 본 뒤에는 곧 즐거운 마음을 낸다. 즐거운 마음을 낸 뒤에는 기쁨을 내고, 기쁨을 낸 뒤에는 몸을 쉰다. 몸을 쉰 뒤에는 몸으로 즐거움을 느끼고, 몸으로 즐거움을 느낀 뒤에는 한마음을 얻게 된다.

가미니여, 많이 아는 성스러운 제자는 한마음을 얻은 뒤에는 곧 그 마음은 평정〔捨〕과 함께하여 1방方에 두루하게 성취하여 노닌다. 이와 같이 2·3·4방과 4유·상하 일체에 두루한다. 마음은 평정함과 함께하므로 맺힘도 없고 원한도 없으며, 성냄도 없고 다툼도 없으며, 극히 넓고 매우 크며 한량없는 선善을 닦아, 일체 세간에 두루하게 성취하여 노닌다. 그리고 그는 이렇게 생각한다.

'어떤 사문 범지는 이렇게 보고 이렇게 말한다.

〈스스로도 짓고 남을 시켜 짓게도 하며, 스스로도 끊고 남을 시켜 끊게도 하며, 스스로도 삶고 남을 시켜 삶게도 한다거나, 시름하고 번뇌를 일으키며 걱정하고 슬퍼한다거나, 가슴을 치고 괴로워하며 소리내어 운다거나, 어리석고 무지하여, 생물을 죽이고 주지 않는 것을 취하며, 삿된 음행을 하고 거짓말을 하며 술을 마시거나, 담을 뚫고 창고를 열며, 남의 마을에 가서 겁탈한다거나, 마을을 해치고 고을을 부수며 성을 부수고 나라를 멸망시킨다. 이렇게 하는 사람은 진실로 악을 짓는다고 한다. 또 머리를 깎는 칼처럼 잘 드는 쇠바퀴로써, 그는 이 땅의 일체 중생을 하루 동안에 쪼개고 끊고 베고 토막 내며, 벗기고 찢고 자르고 썰어 한 살점을 만들고 한 푼·한 무더기를 만들면 이것으로 말미암은 악업이 있고, 이것으로 말미암은 악업의 과보도 있다. 항하강 남쪽 언덕에서 죽여서 끓고 삶아가지고 가서, 항하강 북쪽 언덕에서 보시하고 재를 지내며 주문을 외우고 오면, 이것으로 말미암은 죄와 복이 있고 이것으로 말미암은 죄와 복의 과보도 있다. 물건을 보시하고 마음을 제어하여 지켜 보호하고 거두어 가지며, 칭찬해 기리고 편안하고 이롭게 하며 은혜로 베풀고 좋은 말을 쓰며 이익되게 하고 또 고루 이익되게 하면, 이것으로 말미암은 복이 있고, 이것으로 말미암은 복의 과보도 있다.〉

만일 사문 범지가 말한 것이 진실이라면 나는 세상의 두려움과 두렵지 않은 것을 범하지 않고, 항상 일체 세간을 사랑하고 가엾게 여겨야 한다. 그래서 내 마음은 중생과 더불어 다투지 않고 혼탁함이 없어 즐거우리라. 나는 이제 위없는 사람의 법을 얻어 자꾸 위로 올라가 안락하게 살 수 있을 것이다.'

이른바 멀리 여읜다고 한 것은 법의 선정을 여의는 것을 말한다. 그는 사문 범지가 말한 것은 옳지도 않고 그르지도 않다고 생각한다. 옳지도 않고 그르지도 않다고 하면 이미 속마음이 그쳐 쉼을 얻는다. 가미니여, 이것이 이른바 '법의 선정을 멀리 여읜 것이라고 한다'라고 한 것이다. 너는 이 선정으로 말미암아 바른 생각을 얻을 수 있고 한마음을 얻을 수 있다. 이와 같이 현재 세상에서 곧 의혹을 끊고 위로 나아가게 될 것이다."

이 법을 말씀하셨을 때 파라뢰 가미니는 티끌을 멀리하고 번뇌〔垢〕를 여의고, 모든 법에 대한 청정한 눈이 생겼다. 이에 파라뢰 가미니는 법을 보고 법을 얻고 희고 청정한 법을 깨달아 의심을 끊고 미혹을 버려 더 이상 존중해야 할 것이 없었으며, 다시는 남을 따르지 않고 망설임이 없었다. 그는 이미 과증果證에 머물러 세존의 법에 대해서 두려움이 없게 되었다. 그러자 그는 곧 자리에서 일어나 부처님 발에 머리를 조아리고 말씀드렸다.

"세존이시여, 저는 지금 스스로 부처님과 법과 비구 스님께 귀의합니다. 세존께서는 제가 우바새가 되는 것을 허락해 주십시오. 저는 오늘부터 이 몸이 다할 때까지 스스로 귀의하여 목숨이 다하는 그날까지 그렇게 하겠습니다."

부처님께서 이렇게 말씀하시자, 파라뢰 가미니와 모든 비구들은 부처님 말씀을 듣고 기뻐하며 받들어 행하였다.

〔이 파라뢰경에 수록된 경문의 글자 수는 4,800자이다. 『중아함경』 제4권에 수록된 경문의 글자 수는 모두 10,813자이고, 「업상응품業相應品」에 수록된 경문의 글자 수는 모두 21,060자이다.〕[8]

---

8 제3권의 경문 글자 수의 총계 숫자가 틀린 까닭에 여기 「업상응품」의 경문 총계도 당연히 틀려 있다. 원래 소경의 경문 수를 합하면 21,956자인데 여기엔 21,060자로 되어 있어 어디에서 착오가 생겼는지 모르겠다.

중아함경 제5권

3. 사리자상응품舍梨子相應品 ①

〔이 품에는 모두 11개의 소경이 수록되어 있다.〕

등심경等心經·성취계경成就戒經·지경智經·사자후경師子吼과
수유경水喩經·구니사경瞿尼師經·범지타연경梵志陀然經과
교화병경敎化病經·대구치라경大拘絺羅經·상적유경象跡喩經이며
분별성제경分別聖諦經이 가장 마지막에 수록되어 있다.

21) 등심경等心經〔초 1일송〕

나는 이와 같이 들었다.

어느 때 부처님께서 사위국을 유행하실 때에 승림급고독원勝林給孤獨園에 계셨다.

그때 존자 사리자(舍梨子 : 舍利弗)는 비구들과 밤에 강당에 모여, 내결內結과 외결外結에 대하여 여러 비구들을 위해 그 뜻을 분별해 설명

하였다.

"여러분, 세상에는 실로 두 종류의 사람이 있습니다. 그 두 가지란 무엇인가? 첫째는 내결內結이 있는 사람이니, 그는 아나함阿那含으로서 이 세간에 되돌아오지 않습니다. 둘째는 외결外結이 있는 사람이니, 그는 아나함이 아니기 때문에 이 세간에 다시 돌아옵니다. 여러분, 어떤 것을 내결이 있는 사람인 아나함으로서 이 세간에 되돌아오지 않는다고 하는가? 만일 어떤 사람이 금계禁戒를 닦아 익혀서 구멍이 뚫린 적도 없고 이지러짐도 없으며, 더러움도 없고 혼탁함도 없으며, 지극히 많은 어려움도 없어서, 성인에게 칭찬을 받고 잘 닦고 잘 갖추었기 때문에,[1] 그는 금계를 닦아 익혀서, 구멍이 뚫림도 없고 이지러짐도 없으며, 더러움도 없고 혼탁함도 없으며, 지극히 많은 어려움이 없어서 성인의 칭찬을 받고 잘 닦고 잘 갖춤으로 인하여 탐욕을 싫어하고 탐욕을 없애고 탐욕을 끊는 것을 배웁니다. 탐욕을 싫어하고 탐욕을 없애고 탐욕을 끊는 것을 배움으로 인하여 식해탈息解脫과 심해탈心解脫을 얻고, 그 뒤에는 즐거움 속에서 사랑하고 아껴서 그것을 여의지 못합니다. 그래서 현재 세상에서는 구경究竟의 지혜를 얻지 못하고, 몸이 무너지고 목숨이 끝나면 단식천摶食天[2]을 지나 여의생천餘意生天에 태어나게 됩니다. 이미 거기에 태어난 뒤에는 곧 이렇게 생각합니다.

'나는 본래 사람으로 있을 때에 금계를 닦아 익혀서 구멍이 뚫린 적

---

1 '금계를 닦아'에서부터 '잘 닦고 잘 갖추었기 때문에'까지의 내용이 『잡아함경』 제33권 923번째 소경에는 자념정계自念淨戒·불괴계不壞戒·불결계不缺戒·불오계不汙戒·부잡계不雜戒·불타취계不他取戒·선호계善護戒·명자칭예계明者稱譽戒·지자불염계智者不厭戒로 되어 있다.

2 덩어리로 되어 있는 음식을 먹는 천상세계를 말하는 것으로서, 즉 욕계欲界의 여러 하늘들을 뜻한다.

도 없고 이지러짐도 없었으며 더러움도 없고 혼탁함도 없었으며 지극히 많은 어려움도 없어서 성인에게 칭찬을 받고 잘 닦고 잘 갖추었다. 때문에 나는 금계를 닦아 익혀서 구멍이 뚫린 적도 없고 이지러짐도 없으며, 더러움도 없고 혼탁함도 없으며, 지극히 많은 어려움도 없어서, 성인의 칭찬을 받았고 잘 닦고 잘 갖춤으로 인하여, 탐욕을 싫어하고 탐욕을 없애고 탐욕을 끊는 법을 배웠다. 탐욕을 싫어하고 탐욕을 없애고 탐욕을 끊는 것을 배움으로 인하여 식해탈과 심해탈을 얻었다. 그것을 얻은 뒤에는 그 즐거움 속에서 사랑하고 아껴 그것을 여의지 못했다. 그래서 현재 세상에서 구경의 지혜를 얻지 못했고, 몸이 무너지고 목숨이 끝나 단식천을 지나 여의생천에 태어나서 지금 여기에 있게 되었다.'

여러분, 또 어떤 사람은 금계를 닦아 익혀서 구멍이 뚫린 적도 없고 이지러짐도 없으며, 더러움도 없고 혼탁함도 없으며 지극히 많은 어려움이 없어서, 성인의 칭찬을 받았고 잘 닦고 잘 갖추었습니다. 저는 금계를 닦고 익혀서 구멍이 뚫린 적도 없고 이지러짐도 없으며, 더러움도 없고 혼탁함도 없으며, 지극히 많은 어려움도 없어서, 성인의 칭찬을 받았고 잘 닦고 잘 갖춤으로 인하여 색계의 생명을 끊고 탐욕을 끊는 법을 배우며, 탐욕을 버리고 여의기를 배웁니다. 그는 색유色有[3]를 끊고 탐욕을 끊는 법을 배우며, 탐욕을 버리고 여의기를 배움으로 말미암아 식해탈과 심해탈을 얻었습니다. 그것을 얻은 뒤에는 그 즐거움 속에서 그것을 사랑하고 아껴 그것을 여의지 못합니다. 그래서 현재 세상에서는 구경의 지혜를 얻지 못하고, 몸이 무너지고 목숨이 끝나면 단식천을 지나 여의생천에 태어납니다. 거기에 난 뒤에 그는

3 색계 제4선천의 과보果報를 총칭하는 말로서 과보의 실재가 있음을 뜻하여 여기서 유有라고 한 것이다.

곧 이렇게 생각합니다.

'나는 본래 사람으로 있을 때 금계를 닦아 익혀서 구멍이 뚫린 적도 없고 이지러짐도 없었으며 더러움도 없고 혼탁함도 없었으며, 지극히 많은 어려움도 없어서, 성인에게 칭찬을 받았고 잘 닦고 잘 갖추었다. 때문에 나는 금계를 닦아 익혀서 구멍이 뚫린 적도 없고 이지러짐도 없었으며 더러움도 없고 혼탁함도 없었으며, 지극히 많은 어려움도 없어서 성인의 칭찬을 받았고, 잘 닦고 잘 갖춤으로 인하여 다시 색유(色有 : 色界)를 끊고 탐욕을 끊는 법을 배웠으며 탐욕을 버리고 여의는 방법을 배웠다. 색유를 끊고 탐욕을 끊는 법을 배우고, 탐욕을 버리고 여의는 방법을 배움으로 인하여 식해탈과 심해탈을 얻었다. 그것을 얻은 뒤에는 그 즐거움 속에서 그것을 사랑하고 아껴 그것을 여의지 못했다. 그래서 현재 세상에서 구경의 지혜를 얻지 못하고, 몸이 무너지고 목숨이 끝나 단식천을 지나 여의생천에 나서 지금 여기에 있는 것이다.'

여러분, 이것이 이른바 내결內結이 있는 사람인 아나함으로서 이 세상에 되돌아오지 않는다는 것입니다.

여러분, 어떤 것을 외결外結이 있는 사람으로, 아나함이 아니어서 이 세간에 다시 돌아오는 것이라고 하는가? 만일 어떤 사람이 금계를 닦아 익히고 종해탈從解脫[4]을 지켜 보호하며, 또 위의와 예절을 잘 지키고 털끝만한 죄를 보아도 항상 두려움을 품으며, 학문과 계를 받아 지니면 여러분, 이것이 이른바 외결이 있는 사람으로, 아나함이 아니어서 이 세간에 다시 돌아온다는 것입니다."

---

4 바라제목차波羅提木叉를 말하는 것으로 별해탈別解脫로 번역하기도 한다. 해탈한다는 뜻으로서 계율戒律을 말하는 것인데, 즉 몸과 입으로 지은 허물을 따로따로 해탈하는 것이므로 별해탈이라고 한다.

그때 많은 등심천等心天들은 형상이 위풍당당하고 광채가 찬란하게 빛났다. 밤이 지나고 날이 밝으려 할 때 그들은 부처님께 나아가 머리를 조아려 예배하고 물러나 한쪽에 앉아 세존께 여쭈었다.

"세존이시여, 존자 사리자는 어젯밤에 비구들과 강당에 모여 내결과 외결 의 문제에 대하여 비구들을 위해 그 뜻을 분별해 이렇게 설명하였습니다.

'여러분, 세상에는 실로 두 종류의 사람이 있다. 곧 내결이 있는 사람과 외결이 있는 사람이다.'

세존이시여, 대중들은 그 말을 듣고 나서 다들 기뻐하였습니다. 원하건대 세존께서는 저들을 사랑하고 불쌍히 여기셔서 저 강당으로 나가 주시기 바랍니다."

세존께서는 여러 등심천들을 위하여 아무 말씀 없이 잠자코 허락하셨다. 등심천들은 세존께서 아무 말씀 없이 잠자코 허락하셨음을 알고, 부처님 발에 머리를 조아리고 부처님 주위를 세 바퀴 돈 뒤에 곧 거기서 사라졌다. 등심천들이 떠난 지 오래지 않아 세존께서 강당으로 가셔서 비구들 앞에서 자리를 깔고 앉으셨다. 세존께서 앉으시고 나서 곧 찬탄하시며 말씀하셨다.

"훌륭하고 훌륭하구나. 사리자여, 너는 너무도 훌륭하다. 왜냐하면 네가 어젯밤에 비구들과 강당에 모였을 때에 비구들을 위하여 내결과 외결의 문제에 대해 그 뜻을 분별해 다음과 같이 설명해 주었기 때문이다.

'여러분, 세상에는 실로 두 종류의 사람이 있으니, 내결이 있는 사람과 외결이 있는 사람이다.'

사리자여, 어젯밤 동이 틀 무렵 여러 등심천들이 내게 와서 머리를 조아려 예배한 뒤에 한쪽으로 물러나서 말하기를 '세존이시여, 존자 사리자가 어젯밤에 비구들과 강당에 모였는데 비구들을 위하여 내결과 외결의 문제에 대해 그 뜻을 분별해 해설하기를, 〈세상에는 실로 두 종류의 사람이 있으니 내결이 있는 사람과 외결이 있는 사람이다〉라고 하였습니다. 세존이시여, 대중들은 그 말을 듣고 나서 다들 기뻐하였습니다. 원하건대 세존께서는 저희들을 사랑하고 불쌍히 여기셔서 저 강당으로 나가 주십시오'라고 하였다.

사리자여, 나는 곧 그 모든 등심천의 신들을 위해 아무 말 없이 잠자코 허락하였다. 등심천들은 내가 아무 말 없이 그저 허락한 것을 알고, 내 발에 머리를 조아려 예배하고 내 주위를 세 바퀴 돈 뒤에 거기서 사라졌다.

사리자여, 등심천들은 10·20, 혹은 30·40, 혹은 50·60명이 송곳 끝 같은 곳에 함께 살아도 서로에게 방해되지 않는다. 사리자여, 등심천들은 본래 사람으로 있었을 때 이미 착한 마음을 닦아 지극히 넓고 매우 컸었다. 그래서 저 모든 등심천들은 혹은 10·20, 혹은 30·40, 혹은 50·60명씩 송곳 끝 같은 곳에서 함께 살아도 서로에게 방해되지 않았던 것이다. 그러므로 사리자여, 마땅히 적정寂靜을 배워야 한다. 모든 감각기관〔根〕이 적정해지고, 마음과 뜻이 적정해지며, 몸과 입과 뜻으로 짓는 업이 적정해져서 세존과 모든 지혜로운 범행자를 향해야 한다. 사리자여, 저 거짓된 이학異學들은 영원히 쇠하고 멸할 것이다. 왜냐하면 저들은 이러한 묘한 법을 듣지 못했기 때문이다."

부처님께서 이렇게 말씀하시자, 모든 비구들은 부처님 말씀을 듣고 기뻐하며 받들어 행하였다.

〔이 등심경에 수록된 경문의 글자 수는 1,181자이다.〕

22) 성취계경成就戒經〔초 1일송〕

나는 이와 같이 들었다.

어느 때 부처님께서 사위국을 유행하실 때에 승림급고독원에 계셨다. 그때 존자 사리자가 여러 비구들에게 말하였다.

"만일 비구로서 계戒를 성취하고, 정定을 성취하고, 혜慧를 성취하면 곧 현재 세상에서 당장 상지멸정想知滅定[5]에 드나드는데, 그것은 으레 그런 것이다. 만일 현재 세계에서 구경究竟의 지혜를 얻지 못하면, 몸이 무너지고 목숨이 끝난 뒤에는 단식천摶食天을 지나 여의생천餘意生天에 태어날 것이다. 그는 거기서 상지멸정에 드나들 것이니, 그것은 으레 그런 것이다."

이때에 존자 오타이烏陁夷가 대중 가운데 있다가 말했다.

"존자 사리자여, 만일 비구로서 여의생천에 태어나서 상지멸정에 드나든다고 한다면 그것은 끝내 그럴 수가 없습니다."

존자 사리자는 두세 번 한결같이 비구들에게 말했다.

"만일 비구로서 계율을 성취하고 선정을 성취하고 지혜를 성취하면, 그는 현재 세상에서 당장 상지멸정에 드나드는데, 그것은 으레 그런 것이다. 만일 현재 세상에서 구경究竟의 지혜를 얻지 못하면, 몸이 무너지고 목숨이 끝난 뒤에는 단식천을 지나 여의생천에 태어날 것이다. 그는 거기서 상지멸정에 드나들 것이니, 그것은 으레 그런 것이

---

5 팔리어로는 Saññāvedayitanirodha samāpati이고, 멸진정滅盡定·멸수상정滅受想定·멸진삼매滅盡三昧라고도 한다. 무소유처無所有處에 염착하는 열망을 벗어난 자는 상想과 수(受 : 知)가 어지럽게 움직이는 것을 싫어하여 고요함을 구한다. 따라서 상想의 작용을 먼저 쉬고 마음[心]과 마음의 작용[心所]을 없애 무심한 경지에 머무른다. 따라서 이를 상지멸정이라고 한다. 무상정無想定과 더불어 두 가지 무심정無心定으로 불린다.

다."

존자 오타이도 두세 번 반복해서 말했다.

"존자 사리자여, 만일 비구로서 여의생천에 태어나서 상지멸정에 드나든다고 한다면 그것은 끝내 그럴 수가 없는 것입니다."

이에 존자 사리자는 곧 이렇게 생각했다.

'이 비구는 두세 번 되풀이해서 내 말을 그르다고 하고 어느 비구도 내 말을 찬탄하는 사람이 없구나. 나는 차라리 세존께 가리라.'

존자 사리자가 부처님께 나아가 머리를 조아려 예배하고 한쪽에 물러나 앉았다.

존자 사리자가 떠난 지 오래지 않아 존자 오타이와 여러 비구들도 부처님께 나아가 머리를 조아려 예배하고 물러나 한쪽에 앉았다. 거기서 존자 사리자는 다시 비구들에게 말했다.

"만일 비구로서 계율을 성취하고 선정을 성취하고 지혜를 성취하면, 그는 곧 현재 세상에서 당장 상지멸정에 드나드는데, 그것은 으레 그런 것이다. 만일 현재 세상에서 당장 구경의 지혜를 얻지 못하면, 몸이 무너지고 목숨이 끝난 뒤에는 단식천을 지나 여의생천에 태어날 것이다. 그는 거기서 상지멸정에 드나들 것이니, 그것은 으레 그런 것이다."

존자 오타이가 다시 말했다.

"존자 사리자여, 만일 비구로서 여의생천에 태어나서 상지멸정에 드나든다고 말하는 것은 그럴 수가 없습니다."

존자 사리자가 다시 두세 번 되풀이해 비구들에게 말했다.

"만일 비구로서 계율을 성취하고 선정을 성취하고 지혜를 성취하면, 그는 곧 현재 세상에서 당장 상지멸정에 드나드는데, 그것은 으레 그런 것이다. 만일 현재 세상에서 구경의 지혜를 얻지 못하면, 몸이 무너지고 목숨이 끝난 뒤에는 단식천을 지나 여의생천에 태어날 것이며다. 그는 거기서 상지멸정에 드나들 것이니, 그것은 으레 그런 것이다."

존자 오타이도 한결같이 몇 번이고 말했다.

"만일 비구로서 여의생천에 태어나서 상지멸정에 드나든다고 말하는 것은 끝내 그럴 수가 없습니다."

존자 사리자가 다시 이렇게 생각했다.

'이 비구는 세존 앞에서도 두세 번 내 말을 그르다 하고, 또한 어느 비구도 내 말을 찬탄하는 사람이 없다. 나는 차라리 잠자코 있으리라.'

그때 세존께서 물으셨다.

"오타이야, 네가 말하는 여의생천을 색色이라고 생각하느냐?"

존자 오타이가 세존께 말씀드렸다.

"그렇습니다, 세존이시여."

그러자 세존께서 오타이를 면전에서 꾸짖으셨다.

"너는 어리석은 사람이고, 너는 장님처럼 눈이 없는 사람이다. 그러면서 무슨 까닭에 매우 깊은 아비담阿毗曇을 논하는가?"

존자 오타이는 부처님께 면전에서 꾸지람을 받고 나서야 마음에 슬픔을 품고 머리를 떨구고 잠자코 말없이 무엇을 생각하는 듯하였다. 세존께서는 존자 오타이를 면전에서 꾸짖으신 뒤에 존자 아난에게 말씀하셨다.

"명망 있고 덕 있는 장로 비구가 남의 힐난을 받는데, 너는 왜 버려두고 단속하지 않았느냐? 너는 어리석은 사람이다. 자비스런 마음이 없는 사람이다. 명망 있고 덕 있는 장로를 저버리다니."

이에 세존께서는 존자 오타이와 아난을 면전에서 꾸짖으신 뒤에 여러 비구들에게 말씀하셨다.

"만일 비구로서 계율을 성취하고 선정을 성취하고 지혜를 성취하면, 그는 곧 현재 세상에서 당장 상지멸정에 드나들게 되는데, 그것은 으레 그런 것이다. 만일 현재 세상에서 구경의 지혜를 얻지 못하면, 몸이 무너지고 목숨이 끝난 뒤에는 단식천을 지나 여의생천에 태어날 것이다. 그는 거기서 상지멸정에 드나들 것이니, 그것은 으레 그런 것이다."

부처님께서는 이와 같이 말씀하시고 곧 선실禪室에 들어가 고요히 앉아 잠자코 계셨다. 그때 대중 가운데 존자 백정白淨[6] 비구가 있었다. 존자 아난이 존자 백정에게 말하였다.

"일은 다른 사람이 저질렀는데 꾸지람은 내가 들었습니다. 존자 백정이여, 세존께서는 저녁때가 되면 틀림없이 선실에서 나와 비구들 앞에 와서 자리를 깔고 앉아 이 문제를 함께 논하실 것입니다. 스님은 마땅히 이 일에 대하여 대답해 주셔야만 합니다. 저는 세존과 여러 범행자들을 대하기가 못내 부끄럽습니다."

이윽고 세존께서 저녁때가 되자 선실에서 나와 비구들 앞에 와서 자리를 깔고 앉아 말씀하셨다.

"백정아, 장로 비구는 몇 가지 법法이 있어야 모든 범행자들의 애경愛敬과 존중을 받는가?"

존자 백정이 말씀드렸다.

"세존이시여, 장로 비구에게 만일 다섯 가지 법이 있으면 모든 범행자의 애경과 존중을 받습니다. 어떤 것이 다섯 가지 법인가?

첫째, 장로 비구가 금계禁戒를 닦아 익히고 종해탈從解脫을 지켜 보

---

6 또는 우파마나優波摩那라고 쓰기도 한다. 비구의 이름이며 사위성舍衛城 사람으로서 기원정사祇園精舍를 건립할 때 신심을 내어 출가하였다.

호하며 또 위의와 예절을 잘 지키고, 털끝만한 죄를 보아도 항상 두려운 마음을 가지며 학문과 계행을 받아 가지면 세존이시여, 그는 금계를 지키는 장로이며 상존上尊이 될 만한 비구로서 모든 범행자들의 애경과 존중을 받습니다.

둘째, 장로 비구가 널리 배우고 많이 들어서 그것을 지켜 가지고 잊지 않으며 쌓아 모으고 널리 듣는 것이다. 이른바 그 법은 처음도 좋고 중간도 좋고 마지막도 좋으며 뜻도 있고 문채도 있으며, 청정淸淨을 구족하여 범행을 드날립니다. 이와 같이 모든 법에 있어서 널리 배우고 많이 들으며 익숙하게 익혀 천千에까지 이르며, 마음으로 생각하고 관찰하는 바에 대하여 분명하게 보고 깊이 통달하면 세존이시여, 그는 다문多聞한 장로이며 상존이 되는 비구로서 모든 범행자들의 애경과 존중을 받습니다.

셋째, 장로 비구가 네 가지 증상심增上心을 얻고, 현재 즐겁게 살며 무엇이든 얻기가 어렵지 않으면 세존이시여, 그는 선사禪伺[7] 장로이며 상존이 되는 비구로서, 모든 범행자들의 애경과 존중을 받습니다.

넷째, 장로 비구가 지혜를 닦아 실천하고 흥하고 쇠하는 법을 관찰하며, 이러한 지혜를 얻고 거룩한 지혜로 밝게 통달하여 분별하고 환히 알아 바로 괴로움을 다하면 세존이시여, 그는 지혜智慧의 장로이며 상존이 되는 비구로서 모든 범행자들의 애경과 존중을 받습니다.

다섯째, 장로 비구가 모든 번뇌〔漏〕가 이미 다하여 더 이상 번뇌〔結〕가 없고, 마음이 해탈하고 지혜가 해탈하여 현재 세상에서 스스로 알고 스스로 깨닫고 스스로 증득하고 성취하여 노닐며, 생이 이미 다하고 범행이 이미 서고 할 일을 이미 마쳐, 다시는 후세의 목숨을 받지

---

7 원元과 명明의 두 본에는 사伺가 사思로 되어 있다.

않는다는 것에 대하여 진실 그대로를 알면 세존이시여, 그는 누진漏盡의 장로이며 상존이 되는 비구로서 모든 범행자의 애경과 존중을 받습니다. 세존이시여, 장로 비구가 만일 이 다섯 가지 법을 성취하면 그는 모든 범행자들의 애경과 존중을 받습니다."

세존께서 물으셨다.

"백정이여, 만약 장로 비구가 이 다섯 가지 법이 없으면, 다시 어떤 일로 모든 범행자들의 애경과 존경을 받게 되겠는가?"

존자 백정이 말씀드렸다.

"세존이시여, 만일 장로 비구가 이 다섯 가지 법이 없으면, 모든 범행자로 하여금 애경하고 존경하게 할 다른 일은 없습니다. 오직 늙었다는 것으로써, 곧 머리는 희고 이는 빠지고 젊음은 날로 쇠하며, 신체는 굽어지고 다리는 뒤틀리며 몸이 무겁고 상기上氣되며, 지팡이를 의지해야 겨우 다니며, 살은 쭈그러들고 피부는 늘어나 주름살지고 마치 참깨와 같은 검버섯이 피며, 모든 감각기관은 헐고 얼굴빛은 추악합니다. 그는 이와 같이 늙었다는 이유로 범행자들로 하여금 애경하고 존중하게 할 뿐입니다."

세존께서 말씀하셨다.

"그렇다, 그렇다. 만일 장로 비구에게 이 다섯 가지 법이 없으면 더 이상 모든 범행자로 하여금 애경하고 존중하게 할 다른 일이 없다. 오직 늙었다는 것으로써, 곧 머리는 희고 이는 빠지고 젊음은 날로 쇠하며, 신체는 굽고 다리는 뒤틀리며, 몸은 무겁고 상기되어 지팡이를 의지해야 겨우 다니며, 살은 쭈그러들고 피부는 늘어나 주름살지고 마치 참깨와 같은 검버섯이 피고, 모든 감각기관은 허물어지고 얼굴빛은 추악하다. 그는 이 늙었다는 이유만으로 모든 범행자로 하여금 애경하고 존중하게 할 뿐이다. 백정아, 사리자 비구에게는 이 다섯 가지 법이 있다. 너희들은 마땅히 애경하고 존중해야 한다. 왜냐하면 사리자 비구는 금계를 닦아 익히고, 종해탈을 지켜 보호하며, 또 위의와 예절을 잘 지키고 털끝만한 허물을 보아도 항상 두려워하는 마음을 가지며 학문과 계행을 받아 가지기 때문이다.

그리고 백정아, 사리자 비구는 널리 배우고 많이 들었으며, 지켜 가져서 잊지 않으며 쌓고 모으고 널리 들었다. 이른바 그의 법은 처음도 좋고 중간도 좋고 마지막도 좋으며, 뜻도 있고 문채도 있으며, 청정함을 구족하고 범행을 밝게 나타낸다. 이러한 모든 법에 대해서 널리 배우고 많이 들었으며, 익숙하게 익혀 천千에까지 이르렀으며, 마음으로 생각하는 바에 대하여 분명하게 보고 깊이 통달하였다. 또한 백정아, 사리자 비구는 네 가지 증상심을 얻어서 현재 세계에서 즐겁게 살고 무엇이든 얻기가 어렵지 않다. 그리고 또 백정아, 사리자 비구는 지혜를 닦아 실천하고 흥하고 쇠하는 법을 관찰하였으며, 이러한 지혜와 거룩한 슬기와 밝은 통달을 얻어 분별하고 환히 알아 바로 괴로움을 다한 사람이다.

또 백정아, 사리자 비구는 모든 번뇌〔漏〕가 이미 다하여 더 이상 번뇌〔結〕가 없고 마음이 해탈하고 지혜가 해탈하여 현재 세상에서 스스로 알고 스스로 깨닫고 스스로 증득하여 성취하여 노닐며, 생이 이미 다하고 범행이 이미 섰으며 할 일을 이미 마쳐, 다시는 후생에 생명을 받지 않는다는 것에 대하여 사실 그대로를 알고 있다. 사리자 비구는 이 다섯 가지 법을 성취하였다. 너희들은 마땅히 함께 애경하고 존중해야 한다."

부처님께서 말씀하시자, 존자 백정과 모든 비구들은 부처님 말씀을 듣고 기뻐하며 받들어 행하였다.

〔이 성취계경에 수록된 경문의 글자 수는 1,746자이다.〕

23) 지경智經〔초 1일송〕

나는 이와 같이 들었다.

어느 때 부처님께서 사위국을 유행하실 때에 승림급고독원에 계셨다. 그때에 모리파군누牟利破群㝹 비구가 계율을 버리고 도 닦기를 그만두었다. 흑치黑齒 비구는 모리파군누 비구가 계율을 버리고 도 닦기를 그만두었다는 말을 듣고, 곧 존자 사리자에게 나아가 머리를 조아려 발에 예배하고, 물러나 한쪽에 앉아 말씀드렸다.

"사리자여, 모리파군누 비구가 계율을 버리고 도 닦기를 그만두었다는 것을 알고 계십니까?"

존자 사리자가 말했다.

"모리파군누 비구는 이 법에 대하여 애착을 가지고 좋아하는가?"

흑치 비구가 도리어 반문했다.

"존자 사리자께서는 이 법에 대하여 애착을 가지고 좋아하십니까?"

존자 사리자가 대답했다.

"흑치여, 나는 이 법에 대해서 아무 의혹도 없다."

흑치 비구가 다시 물었다.

"존자 사리자여, 미래의 일에 대해서는 또한 어떠합니까?"

"흑치여, 나는 미래의 일에 대해서도 이와 같은 말을 듣고 망설임이 없다."

흑치 비구는 이와 같은 말을 듣고 곧 자리에서 일어나 부처님께 나아갔다. 그는 머리를 조아려 예배하고 물러나 한쪽에 앉아 여쭈었다.

"세존이시여, 존자 사리자는 지금 제 자신을 지칭하여 '지혜를 얻었고 생이 이미 다했으며, 범행이 이미 섰고, 할 일을 이미 마쳐 다시는 후생에 생명을 받지 않는다는 사실 그대로를 안다'고 말하였습니다."

세존께서 그 말을 들으신 뒤 어떤 비구에게 말씀하셨다.

"너는 사리자에게 가서 '세존께서 너를 부르신다'고 말하여라."

그 비구는 분부를 받은 뒤 곧 자리에서 일어나 부처님께 예배하고 떠났다. 그는 사리자를 찾아가서 말하였다.

"세존께서 존자 사리자님을 부르십니다."

사리자는 그 말을 듣고 곧 부처님께 나아가 머리를 조아려 예배하고 물러나 한쪽에 앉았다.

세존께서 물으셨다.

"사리자야, 너는 지금 제 자신을 지칭하여 '나는 지혜를 얻었고 생이 이미 다했으며, 범행이 이미 섰고, 할 일을 이미 마쳐 다시는 후생에 생명을 받지 않는다는 사실 그대로를 안다'고 말하였는가?"

사리자가 말씀드렸다.

"세존이시여, 그런 글을 쓰지 않았고 그런 글귀를 쓰지 않았습니다. 저는 다만 이치만을 설명했을 뿐입니다."

세존께서 말씀하셨다.

"사리자야, 족성자는 그 방편을 따라 일컬어 말한다. 지혜를 얻었으면 곧 지혜를 얻었다고 말이다."

"세존이시여, 저는 아까 이미 '그런 글을 쓰지 않았고 그런 글귀를 쓰지 않았습니다. 저는 다만 이치만을 설명했을 뿐입니다' 하고 말하였습니다."

세존께서 물으셨다.

"사리자야, 만일 모든 범행자가 너에게 와서 '존자 사리자는 어떻게 알고 어떻게 보았기에 자신을 지칭하여 〈나는 지혜를 얻었고 생이 이미 다했으며, 범행이 이미 섰고, 할 일을 이미 마쳐 다시는 후생에 생명을 받지 않는다는 사실 그대로를 안다〉고 말하는가?'라고 묻는다면 사리자야, 너는 이 말을 듣고 어떻게 대답하겠는가?"

존자 사리자가 말씀드렸다.

"세존이시여, 만일 모든 범행자가 저에게 와서 '존자 사리자여, 너는 어떻게 알고 어떻게 보았기에 자신을 지칭하여 〈나는 지혜를 얻었고 생이 이미 다했으며, 범행이 이미 섰고, 할 일을 이미 마쳐 다시는 후생에 생명을 받지 않는다는 사실 그대로를 안다〉고 말하는가?' 하고 묻는다면, 세존이시여, 저는 이 말을 듣고 '여러분, 생겨나는 것은 모두 그 원인〔因〕이 있다. 이 생의 원인이 다했을 때에 이 생의 원인이 다한 줄을 알았기에 나는 자신을 지칭하여 〈나는 지혜를 얻었고, 생이 이미 다했으며, 범행이 이미 섰고, 할 일을 이미 마쳐, 다시는 후생에 생을 받지 않는다는 사실 그대로를 안다〉고 말한 것이다'라고 대답하겠습니다. 세존이시여, 만일 모든 범행자가 저에게 와서 묻는다면 저는 이렇게 대답하겠습니다."

세존께서 찬탄하며 말씀하셨다.

"훌륭하고 훌륭하다. 사리자야, 만일 모든 범행자가 와서 그렇게 묻거든 너는 마땅히 그와 같이 대답하라. 왜냐하면 그렇게 말하면 그들은 마땅히 그 뜻을 알 것이기 때문이다."

세존께서 물으셨다.

"사리자야, 만일 모든 범행자들이 너에게 와서 '존자 사리자여, 생은 무엇을 인因으로 하고 무엇을 연緣으로 하며, 무엇을 따라 나고 무엇을 근본으로 하는가?'라고 묻는다면, 너는 그 말을 듣고 어떻게 대답하겠는가?"

"세존이시여, 만일 모든 범행자가 저에게 와서 '존자 사리자여, 생은 무엇을 인으로 하고 무엇을 연으로 하며, 무엇을 따라 나고 무엇을 근본으로 하는가?' 하고 묻는다면 세존이시여, 저는 그 말을 듣고 '여러분, 생은 유有를 인으로 하고 유를 연으로 하며, 유를 따라 나고 유를 근본으로 한다'고 대답할 것입니다. 세존이시여, 만일 모든 범행자가 저에게 와서 이렇게 물으면 저는 이와 같이 대답하겠습니다."

세존께서 찬탄하며 말씀하셨다.

"훌륭하고 훌륭하구나. 사리자야, 만일 모든 범행자가 와서 그렇게 묻거든 너는 그와 같이 대답하라. 왜냐하면 그렇게 말하면 그들은 마땅히 그 뜻을 알 것이기 때문이다."

세존께서 물으셨다.

"사리자야, 만일 모든 범행자가 너에게 와서 '존자 사리자여, 유有는 무엇을 인으로 하고 무엇을 연으로 하며, 유는 무엇을 따라 나고 무엇을 근본으로 하는가?'라고 묻는다면, 너는 그 말을 듣고 어떻게 대답하겠는가?"

"세존이시여, 만일 모든 범행자가 저에게 와서 '존자 사리자여, 유는 무엇을 인으로 하고 무엇을 연으로 하며, 유는 무엇을 따라 나고 유는 무엇을 근본으로 하는가?' 하고 묻는다면, 세존이시여, 저는 이 말을 듣고 '여러분, 유는 수受를 인으로 하고 수를 연으로 하며, 수를 따라 나고 수를 근본으로 한다'고 대답하겠습니다. 세존이시여, 만일 모든 범행자가 와서 이렇게 묻는다면 마땅히 저는 이와 같이 대답할 것입니다."

세존께서 찬탄하며 말씀하셨다.

"훌륭하고 훌륭하구나. 사리자야, 만일 모든 범행자가 와서 그렇게 묻거든 너는 그와 같이 대답하라. 그렇게 말하면 그들은 마땅히 그 뜻을 알 것이기 때문이다."

세존께서 물으셨다.

"사리자야, 만일 모든 범행자가 너에게 와서 '존자 사리자여, 수受는 무엇을 인으로 하고 무엇을 연으로 하며, 무엇을 따라 나고 무엇을 근본으로 하는가?' 하고 묻는다면, 너는 그 말을 듣고 어떻게 대답하겠는가?"

"세존이시여, 저는 만일 범행자가 저에게 와서 '존자 사리자여, 수는 무엇을 인으로 하고 무엇을 연으로 하며 , 무엇을 따라 나고 무엇을 근본으로 하는가?' 하고 묻는다면 세존이시여, 저는 이 말을 듣고 '여러분, 수는 애愛를 인으로 하고 애를 연으로 하며, 애를 따라 나고 애를 근본으로 한다'고 대답할 것입니다. 세존이시여, 만일 모든 범행자가 와서 이렇게 묻는다면 저는 마땅히 이와 같이 대답하겠습니다."

세존께서 찬탄하며 말씀하셨다.

"훌륭하고 훌륭하구나. 사리자야, 만일 모든 범행자가 와서 그렇게 묻거든 너는 그와 같이 대답하라. 그렇게 말하면 그들은 그 뜻을 알 것이기 때문이다."

세존께서 물으셨다.

"사리자야, 만일 모든 범행자가 너에게 와서 '존자 사리자여, 어떤 것을 애愛라고 하는가?' 하고 묻는다면, 너는 그 말을 듣고 어떻게 대답하겠는가?"

"세존이시여, 만일 범행자가 저에게 와서 '존자 사리자여, 어떤 것을 애라고 하는가?' 하고 묻는다면 세존이시여, 저는 그 말을 듣고 '여러분, 이른바 3각覺[8]이 있으니 즐거운 느낌〔樂覺〕·괴로운 느낌〔苦覺〕·괴롭지도 않고 즐겁지도 않은 느낌〔不苦不樂覺〕이다. 그 가운데서 즐기고자 하여 집착하는 것, 이것을 일러 애愛라고 한다'고 대답해 줄

8 3수受라고도 한다. 즉 세 가지 느낌을 말한다. 낙수(樂受 : 바깥 경계와 접촉하여 즐거움을 느낌)와 고수(苦受 : 바깥 경계와 접촉하여 몸과 마음에 받는 느낌)와 불고불락수(不苦不樂受 : 괴롭지도 즐겁지도 않은 느낌)를 말한다.

것입니다. 세존이시여, 만일 모든 범행자가 와서 이렇게 물으면 저는 마땅히 이와 같이 대답하겠습니다."

세존께서 찬탄하며 말씀하셨다.

"훌륭하고 훌륭하구나. 사리자야, 만일 모든 범행자가 와서 그렇게 묻거든 너는 마땅히 그와 같이 대답하라. 그렇게 말하면 그들은 그 뜻을 알 것이다."

세존께서 물으셨다.

"사리자야, 만일 모든 범행자가 너에게 와서 '존자 사리자여, 당신은 어떻게 알고 어떻게 보았기에, 저 3각覺 가운데서 즐기고자 하는 집착이 없는가?' 하고 묻는다면, 너는 그 말을 듣고 어떻게 대답하겠는가?"

존자 사리자가 말하였다.

"세존이시여, 만일 모든 범행자가 저에게 와서 '존자 사리자여, 당신은 어떻게 알고 어떻게 보았기에 저 3각 가운데서 즐기고자 하는 집착이 없는가?' 하고 묻는다면, 저는 이 말을 듣고 '여러분, 이른바 이 3각은 무상無常한 법이며, 괴로움의 법이며, 멸하는 법이다. 무상한 법은 곧 괴로움이니, 괴로움인 줄 알고 나서는 저 3각에 대해서 즐기고자 하는 집착이 없어졌다'고 대답하겠습니다. 세존이시여, 만일 모든 범행자가 와서 이렇게 물으면 저는 이와 같이 대답하겠습니다."

세존께서 찬탄하며 말씀하셨다.

"훌륭하고 훌륭하구나. 사리자야, 만일 모든 범행자가 와서 그렇게 묻거든 너는 마땅히 그와 같이 대답하라. 그렇게 말하면 그들은 그 뜻을 알아들을 것이다."

그때에 세존께서 말씀하셨다.

"사리자야, 이 말은 또 이치가 있으니 간략하게 대답할 수가 있다.

사리자야, 이 말에 다시 어떤 뜻이 있기에 간략하게 대답할 수 있는가? 느끼는 것과 작용하는 모든 것은 다 괴로움이 따르는 것이니, 사리자야, 다시 이치가 있어 이 말을 간략하게 대답할 수 있다는 것이다."

세존께서 물으셨다.

"사리자야, 만일 모든 범행자가 너에게 와서 '존자 사리자여, 어떻게 등진 채 향하지 않기에 스스로 〈나는 지혜를 얻었고 생이 이미 다했으며, 범행이 이미 섰고, 할 일을 마쳐, 다시는 후세에 생명을 받지 않는다는 진실 그대로를 안다〉고 말하는가?' 하고 묻는다면, 너는 그 말을 듣고 어떻게 대답하겠느냐?"

"세존이시여, 만일 모든 범행자가 저에게 와서 '존자 사리자여, 어떻게 등진 채 향하지 않기에 스스로 〈나는 지혜를 얻었고 생이 이미 다했으며, 범행이 이미 섰고, 할 일을 마쳐, 다시는 후세에 생을 받지 않는다는 진실 그대로를 안다〉고 말하는가?' 하고 묻는다면 세존이시여, 저는 그 말을 듣고 '여러분, 나는 안에 대해서 등지고 향하지 않는다. 그래서 모든 애욕이 다하고, 놀람도 없고 두려움도 없으며, 의심도 없고 미혹도 없다. 이와 같이 수호하고, 그와 같이 수호한 다음에는 선하지 않은 번뇌〔漏〕를 내지 않는다'고 대답해 주겠습니다. 세존이시여, 만일 모든 범행자가 와서 이렇게 물으면, 저는 이와 같이 대답하겠습니다."

세존께서 찬탄하며 말씀하셨다.

"훌륭하고 훌륭하구나. 사리자야, 만일 모든 범행자가 와서 그렇게 묻거든 너는 그와 같이 대답하라. 그렇게 말하면 그들은 마땅히 그 뜻을 알 것이기 때문이다."

세존께서 말씀하셨다.

"사리자야, 다시 이치가 있어 이 말에 대하여 간략하게 대답할 수 있다.

'만약 모든 맺힘〔結〕에 대해서 사문이 말한 것이라면 그 맺힘은 나에게 있는 것이 아니다.'

이와 같이 수호하고, 그와 같이 수호한 다음에는 선하지 않은 번뇌를 내지 않는다. 사리자야, 이것이 이른바 '다시 이치가 있어 그 말에 대하여 간략하게 대답할 수 있다'는 것이다."

세존께서 이와 같이 말씀해 마치시고 자리에서 일어나 방에 들어가 고요히 앉으셨다. 세존께서 방에 들어가신 뒤 조금 있다가 존자 사리자가 여러 비구들에게 말하였다.

"여러분, 내가 처음에 미처 생각하기 전에 세존께서 갑자기 이 이치를 물으셨다. 나는 '아마 대답하지 못할 것이다'라고 생각하였다. 그러나 여러분, 내가 처음에 한 이치를 말했을 때 곧 세존께서는 옳다고 창찬하셨다. 그래서 나는 다시 이와 같이 생각했다.

'만일 세존께서 하루 낮 하룻밤을 다른 글과 다른 글귀로써 내게 그 이치를 물으신다면, 나는 능히 세존을 위하여 하루 낮 하룻밤을 다른 글과 다른 글귀로써 이 이치에 대하여 대답하리라. 만일 세존께서 2·3·4일 나아가 이레 낮 이레 밤 동안 다른 글과 다른 글귀로써 그 이치에 대해 물으신다면, 나는 또 세존을 위하여 2·3·4일 나아가 이레 낮 이레 밤 동안 다른 글과 다른 글귀로써 그 이치에 대하여 대답하리라.'"

흑치 비구는 존자 사리자가 이와 같이 말하는 것을 들은 뒤에 곧 자리에서 일어나 재빨리 부처님께 나아가 여쭈었다.

"세존께서 방에 들어가시고 얼마 되지 않아 존자 사리자가 지극히 교만한 모습으로 한결같이 사자처럼 외치기를 '여러분, 내가 처음 미처 생각하기 전에 세존께서 갑자기 이 이치를 물으셨는데 나는 〈아마 능히 대답하지 못할 것이다〉라고 생각하였다. 그러나 여러분, 내가 처음에 한 이치를 말했을 때 곧 세존께서는 옳다고 칭찬하셨다. 그래서 나는 다시 이와 같이 생각했다.

〈만일 세존께서 하루 낮 하룻밤 동안 다른 글과 다른 글귀로써 내게 이 이치에 대하여 물으신다면, 나는 세존을 위해 하루 낮 하룻밤 동안 다른 글과 다른 글귀로써 그 이치에 대하여 대답하리라. 만일 세존께서 2·3·4일 나아가 이레 낮 이레 밤 동안 다른 글과 다른 글귀로써 내게 이 이치를 물으신다면, 나는 또 세존을 위해 2·3·4일 나아가 이레 낮 이레 밤 동안 다른 글과 다른 글귀로써 그 이치에 대하여 대답하리라〉' 하고 말하였습니다."

세존께서 말씀하셨다.

"흑치야, 그렇다. 그렇다. 만일 내가 하루 낮 하룻밤 동안, 다른 글과 다른 글귀로써 사리자 비구에게 그 이치를 묻더라도 사리자 비구는 반드시 나를 위해 하루 낮 하룻밤 동안 다른 글과 다른 글귀로써 그 이치에 대하여 대답할 것이다. 흑치야, 만일 내가 2·3·4일 나아가 이레 낮 이레 밤 동안, 다른 글과 다른 글귀로써 사리자 비구에게 그 뜻을 묻는다면 그 비구도 충분히 나를 위해 2·3·4일 나아가 이레 낮 이레 밤 동안 다른 글과 다른 글귀로써 그 이치에 대하여 대답할 것이다. 흑치야, 사리자 비구는 법계法界에 대하여 깊은 이치를 통달하였기 때문이다."

부처님께서 이와 같이 말씀하시자, 존자 사리자와 모든 비구들은 부처님 말씀을 듣고 기뻐하며 받들어 행하였다.

〔이 지경에 수록된 경문의 글자 수는 1,169자이다.〕

24) 사자후경師子吼經[9] 〔초 1일송〕

나는 이와 같이 들었다.

어느 때 부처님께서 사위국에 유행하실 때에 승림급고독원勝林給孤獨園에 계셨다. 그때 세존께서 큰 비구들과 함께 그곳에서 여름 안거를 지내셨다. 존자 사리자도 거기에서 여름 안거를 지냈는데, 석 달 동안 안거를 지낸 뒤에 옷 깁기를 마치고 옷을 단정히 입고, 발우를 가지고 부처님께 나아갔다. 머리를 조아려 부처님 발에 절하고 물러나 한쪽에 앉아 여쭈었다.

"세존이시여, 저는 사위국에서 여름 안거를 마쳤습니다. 세존이시여, 저는 세상에 나가 유행遊行[10]하고자 합니다."

세존께서 말씀하셨다.

"사리자야, 너는 떠나거라. 그리고 네가 하고 싶은 대로 하라. 아직 제도濟度되지 못한 사람들이 있으면 마땅히 제도시키고, 아직 해탈解脫하지 못한 사람들이 있으면 마땅히 해탈을 얻게 할 것이며, 아직 반열반般涅槃을 얻지 못한 사람이 있으면 마땅히 반열반을 얻게 하라. 사리자야, 너는 떠나거라. 그리고 네가 하고 싶은 대로 하라."

존자 사리자는 부처님의 말씀을 듣고 잘 받아 간직하였다. 그리고는 곧 자리에서 일어나 부처님 발에 머리를 조아려 예를 올리고 부처님 주위를 세 바퀴 돌고 나서 떠나갔다. 그는 자기 방에 돌아와 평상과 자리를 거두고 옷을 단정히 하고 발우를 가지고 즉시 나가 세간을

9 이 경의 참고가 될 만한 경문으로는 『증일아함경』 제37권 제30품인 「육중품六重品」의 여섯 번째 소경이 있다.

10 안거安居를 마친 다음 사찰이나 토굴에서 나와 세속 마을로 나가 돌아다니면서 탁발托鉢하는 생활을 하는 것.

돌아다녔다. 존자 사리자가 떠나고 나서 얼마 되지 않아, 어떤 범행자〔梵行〕가 부처님 앞에서 상위법上違法[11]을 범하고 세존께 말씀드렸다.

"오늘 존자 사리자가 나를 업신여긴 뒤에 세상을 유행하러 떠났습니다."

세존께서 한 비구에게 말씀하셨다.

"너는 사리자한테 가서 '세존께서 너를 부르신다. 네가 떠난 지 오래지 않아 어떤 범행자가 내 앞에 와서 상위법을 범하고, 〈세존이시여, 오늘 존자 사리불은 나를 업신여기는 행위를 하고 나서 세상을 유행하러 떠났습니다〉라고 말했다'고 전하라."

한 비구가 부처님의 분부를 받고 곧 자리에서 일어나 부처님께 절하고 떠나갔다. 이때에 존자 아난阿難이 세존의 뒤에서 불자拂子를 잡고 세존을 모시고 있었다. 한 비구가 떠나간 지 얼마 되지 않아 존자 아난이 곧 방문 열쇠를 가지고 여러 방을 두루 돌면서 비구들을 보고 이렇게 말하였다.

"훌륭하십니다. 여러 존자들이여, 빨리 강당으로 갑시다. 지금 존자 사리자가 부처님 앞에서 사자처럼 외칠 것입니다. 사리자가 말하는 것은 매우 깊은 이치일 것이며 고요한 가운데 가장 고요한 것이며, 묘한 것 가운데 묘한 것으로서 여러분과 나는 이것을 들은 뒤에 잘 외워 익히고, 잘 받아 지녀야 할 것입니다."

여러 비구들은 존자 아난의 말을 듣고 모두 강당으로 갔다.

한 비구가 사리자에게 가서 말했다.

---

11 파리성전협회巴利聖典協會에서 간행한 사전에서 이 상위법相違法에 대하여 해석한 것을 보면, "의기소침한 상태에 빠진 것"이라고 되어 있어 한역본의 의미와는 서로 다름을 나타내고 있다. 한역상의 의미는 서로 혐오하고 미워하는[嫌瞋] 법을 말하는 것과 같다. 참고 경문인 『증일아함경』 제30권 「육중품六重品」 여섯 번째 소경의 내용에는, "서로 다투고 참회하지 않았다"로 되어 있다.

"세존께서 그대를 부르시면서 말씀하시기를 '그대가 떠난 지 얼마 되지 않아 한 범행자가 내 앞에서 상위법을 범하고 〈세존이시여, 오늘 존자 사리불이 나를 업신여기는 행위를 하고 나서 세상을 유행하러 떠났습니다〉라고 말했다고 전하라'고 하셨습니다."

이에 사리자는 이 말을 듣고 곧 자리에서 일어나 부처님께 나아갔다. 그는 머리를 조아려 부처님 발에 예배하고 물러나 한쪽에 앉았다. 부처님께서 곧 말씀하셨다.

"사리자야, 네가 떠난 지 오래지 않아 어떤 범행자가 내 앞에서 상위법을 범하고 '세존이시여, 오늘 존자 사리자가 나를 업신여긴 뒤에 세상을 유행하러 떠났습니다' 하고 말하였다. 사리자야, 네가 진실로 어떤 범행자를 업신여긴 뒤에 세상을 유행하러 떠났느냐?"

사리자가 말씀드렸다.

"세존이시여, 만일 신신념身身念[12]이 없는 사람이라면 그는 어떤 범행자를 업신여기고 세상을 유행할 것입니다. 그러나 저는 신신념을 잘 지니고 있는데 제가 어떻게 범행자를 업신여기는 행위를 하고 세상을 유행하러 떠났겠습니까? 세존이시여, 마치 뿔을 잘린 소가 매우 참을성이 많고 온순하며 잘 길들여져서, 마을에서 마을로 거리에서 거리로 노니는 곳마다 조금도 침범하지 않는 것처럼 세존이시여, 저도 그와 같습니다. 마음은 뿔을 잘린 소와 같아서 맺힘〔結〕도 없고 원한도 없으며, 성냄도 없고 다툼도 없어 지극히 넓고 매우 크며 한량없는 선행을 닦아 일체 세간에 두루하게 성취하여 노닙니다.

세존이시여, 만일 신신념이 없는 사람이라면, 그런 사람은 어떤 범행자를 업신여기며 세상을 유행할 것입니다. 세존이시여, 저는 신신

---

12 팔리본에 의하면 "자기 자신에 대하여 반성하는 기미가 전혀 없는 것"으로 풀이하고 있다.

념을 잘 가지고 있는데 제가 어떻게 범행자를 업신여기며 세상을 유행하겠습니까?

세존이시여, 마치 두 손이 잘리고 그 마음이 매우 겸손한 전타라자(旃陀羅子 : 賤民童子)가 시골에서 시골로 읍에서 읍으로 유행하는 곳마다 전혀 침범하지 않는 것처럼 세존이시여, 저도 그와 같습니다. 마음은 손을 잘린 전타라자와 같아, 맺힘도 없고 원한도 없으며 성냄도 없고 다툼도 없어 지극히 넓고 매우 크며 한량없는 선행을 닦아 일체 세간에 두루하게 성취하여 원만히 노닙니다.

세존이시여, 만일 신신념이 없는 사람이라면, 그런 사람은 어떤 범행자를 업신여기고 세상을 유행할 것입니다. 세존이시여, 저는 신신념을 잘 지니고 있는데 제가 어떻게 범행자를 업신여기고 세상을 유행하겠습니까?

세존이시여, 마치 땅은 깨끗한 것이거나 깨끗하지 않은 것, 즉 대변・소변・눈물・침 따위를 모두 받아들이면서도, 그 때문에 미움과 사랑이 생기지 않으며, 더럽다 하지도 않고 부끄러워하지도 않으며 또 창피스럽다 하지도 않는 것과 같이 세존이시여, 저도 그와 같습니다. 마음이 저 땅과 같아서 맺힘도 없고 원한도 없으며, 성냄도 없고 다툼도 없으며, 지극히 넓고 매우 크고 한량없는 선행을 닦아 일체 세간에 두루하게 성취하여 노닙니다.

세존이시여, 만일 신신념이 없는 사람이라면 그런 사람은 어떤 범행자를 업신여기고 세상을 유행할 것입니다. 저는 신신념을 잘 지니고 있는데 제가 어떻게 범행자를 업신여기고 세상을 유행하겠습니까?

세존이시여, 마치 물은 깨끗한 것이거나 깨끗하지 않은 것, 즉 대변・소변・눈물・침 따위를 모두 씻어도, 그로 인해 미움과 사랑이 생기지 않고 더럽다 하지도 않으며, 부끄러워하지도 않고 또한 창피스럽다 하지도 않는 것처럼 세존이시여, 저도 그와 같습니다. 마음이 저 물과 같아서 맺힘도 없고 원한도 없으며, 성냄도 없고 다툼도 없으며, 지극히 넓고 매우 크며 한량없는 선행을 닦아 일체 세간에 두루하게 성취하여 원만히 노닙니다.

세존이시여, 신신념이 없는 사람이라면 그런 사람은 어떤 범행자를 업신여기고 세상을 유행할 것입니다. 세존이시여, 저는 신신념을 잘 지니고 있는데 제가 어떻게 범행자를 업신여기고 세상을 유행하겠습니까?

세존이시여, 마치 불은 깨끗한 것이거나 깨끗하지 않은 것, 즉 대변·소변·눈물·침 따위를 다 불살라도, 그로 인해 미움과 사랑이 생기지 않고 더럽다 하지도 않으며 부끄러워하지도 않고 또 창피스럽다 하지도 않는 것처럼 세존이시여, 저도 그와 같습니다. 마음이 저 불과 같아서 맺힘도 없고 원한도 없으며 성냄도 없고 다툼도 없으며, 지극히 넓고 매우 크며 한량없는 선행을 닦아 일체 세간에 두루하게 성취하여 원만히 노닙니다.

세존이시여, 만일 신신념이 없는 사람이라면, 그런 사람은 어떤 범행자를 업신여기고 세상을 유행할 것입니다. 세존이시여, 저는 신신념을 잘 지니고 있는데 제가 어떻게 어떤 범행자를 업신여기고 세상을 유행하겠습니까?

세존이시여, 마치 바람이 깨끗한 것이거나 깨끗하지 않은 것, 즉 대변·소변·눈물·침 따위를 다 불어도, 그로 인해 미움과 사랑이 생기지 않고 더럽다 하지도 않으며, 부끄러워하지도 않고 또한 창피스럽다 하지도 않는 것처럼 세존이시여, 저도 그와 같습니다. 마음이 저 바람과 같아서 맺힘도 없고 다툼도 없으며, 지극히 넓고 매우 크며 한량없는 선행을 닦아 일체 세간에 두루하게 성취하여 원만히 노닙니다.

세존이시여, 만일 신신념이 없는 사람이라면, 그런 사람은 어떤 범행자를 업신여기고 세상을 유행할 것입니다. 세존이시여, 저는 신신념을 잘 지니고 있는데 제가 어떻게 범행자를 업신여기고 세상을 유행하겠습니까?

세존이시여, 마치 청소할 때 사용하는 비〔掃箒〕는 깨끗한 것이거나 깨끗하지 않은 것, 즉 대변・소변・눈물・침 따위를 다 쓸어도, 그로 인해 미움과 사랑이 생기지 않고 더럽다 하지도 않으며, 부끄러워하지도 않고 또 창피스럽다 하지도 않는 것처럼 세존이시여, 저도 그와 같습니다. 마음이 저 비와 같아서 맺힘도 없고 원한도 없으며, 성냄도 없고 다툼도 없으며, 지극히 넓고 매우 크며 한량없는 선행을 닦아 일체 세간에 두루하게 성취하여 원만히 노닙니다.

세존이시여, 만일 신신념이 없는 사람이라면, 그런 사람은 어떤 범행자를 업신여기고 세상을 유행할 것입니다. 세존이시여, 저는 신신념을 잘 지니고 있는데, 제가 어떻게 범행자를 업신여기고 세상을 유행하겠습니까?

세존이시여, 마치 포전니晡旃尼가 깨끗한 것이거나 깨끗하지 않은 것, 즉 대변・소변・눈물・침을 다 닦아도, 그로 인해 미움과 사랑이 생기지 않고 더럽다 하지도 않으며, 부끄러워하지도 않고 또 창피스럽다 하지도 않는 것처럼 세존이시여, 저도 이와 같습니다. 마음이 포전니와 같아서 맺힘도 없고 원한도 없으며, 성냄도 없고 다툼도 없으며, 지극히 넓고 매우 크며 한량없는 선행을 닦아 일체 세간에 두루하게 성취하여 원만히 노닙니다.

세존이시여, 만일 신신념이 없는 사람이라면, 그런 사람은 어떤 범행자를 업신여기고 세상을 유행할 것입니다. 세존이시여, 저는 신신념을 잘 지니고 있는데 제가 어떻게 범행자를 업신여기고 세상을 유행하겠습니까?

세존이시여, 마치 군데군데 부서진 고약 병에 고약을 가득 담은 뒤에 햇볕에 두었을 때 그 병 군데군데에서 고약이 새어 줄줄 흐르면, 눈이 있는 사람이 와서 한쪽에 서서 군데군데 부서진 고약 병에 고약을 가득 담은 뒤에 햇살 비추는 데에 두었을 때, 그 병 군데군데에서 고약이 새는 것을 보는 것처럼 세존이시여, 저도 그와 같습니다. 항상 이 몸을 관찰해 보는데, 그때마다 아홉 구멍에서 더러운 것이 새어 흐르고 있습니다.

세존이시여, 만일 신신념이 없는 사람이라면, 그런 사람은 어떤 범행자를 업신여기고 세상을 유행할 것입니다. 세존이시여, 저는 신신념을 잘 지니고 있는데 제가 어떻게 범행자를 업신여기고 세상을 유행하겠습니까?

세존이시여, 마치 장식하기를 좋아하여 목욕하고 손발 씻고 바르는 향[塗香]을 몸에 바르고 깨끗한 옷을 입고, 영락으로 그 몸을 꾸미고 수염을 깎고 머리털을 다듬고, 머리에 화만을 쓴 젊은 사람이 만일 푸르딩딩하게 퉁퉁 붓고 지독한 냄새가 나며, 문드러져 더러운 물이 줄줄 흐르는 세 가지 시체, 즉 죽은 뱀·죽은 개, 또는 사람의 시체 따위를 그 목에 걸치면, 그는 부끄러움을 품고 지극히 싫어하고 더러워하는 것처럼 세존이시여, 저도 그와 같습니다. 항상 이 몸은 곳곳에서 냄새가 나고 깨끗하지 못하니 마음에 부끄러움을 품고 지극히 그것을 싫어하고 더럽게 여겨야 한다는 것을 관찰합니다.

세존이시여, 만일 신신념이 없는 사람이라면 그는 어떤 범행자를 업신여기고 세상을 유행할 것입니다. 세존이시여, 저는 신신념을 잘 가지고 있는데 제가 어떻게 범행자를 업신여기고 세상을 유행하겠습니까?"

이때 그 비구는 곧 자리에서 일어나 부처님 발에 머리를 조아리고 말씀드렸다.

"잘못을 뉘우치겠습니다. 세존이시여, 죄를 고백하겠습니다. 선서善逝시여, 저는 바보 같고 미치광이 같으며, 안정되지 못한 사람이며 나쁜 사람 같습니다. 왜냐하면 저는 진실하지 못한 허망한 말로써 청정한 범행자인 사리자 비구를 모함하고 비방했기 때문입니다. 원컨대 세존이시여, 제가 이제 잘못을 뉘우치고 죄를 알아 드러내 밝히니 부디 받아주십시오. 저는 잘못을 뉘우친 뒤로는 꼭 지켜 다시는 그런 짓을 하지 않겠습니다."

세존께서 말씀하셨다.

"그렇다. 비구야, 너는 실로 바보 같고 미치광이 같으며, 안정되지 못한 사람이며 착하지 않은 사람인 것 같다. 왜냐하면 너는 전혀 진실하지 않은 허망한 말로써 청정한 범행자인 사리자 비구를 모함하고 비방하였기 때문이다. 그러나 너는 잘못을 뉘우치고 죄를 알아 드러내 밝혔으며, 꼭 지켜 다시는 그런 짓을 하지 않겠다고 맹세하였다. 만일 잘못을 뉘우치고 잘못을 깨달아 드러내 밝히고 꼭 지켜 다시는 그런 짓을 하지 않는다면, 이와 같이 거룩한 법은 점점 자라나 쇠퇴하지 않을 것이다."

이에 부처님께서는 존자 사리자에게 말씀하셨다.

"너는 빨리 저 어리석은 사람이 잘못을 뉘우친 것을 받아들여, 저 비구로 하여금 네 앞에서 머리가 부서져 일곱 조각으로 나누어지는 일이 일어나지 않게 하라."

존자 사리자는 곧 그 비구를 가엾게 여겨 이내 그가 잘못을 뉘우치는 것을 받아들였다.

부처님께서 이렇게 말씀하시자, 존자 사리자와 모든 비구들은 부처님 말씀을 듣고 기뻐하며 받들어 행하였다.

〔이 사자후경에 수록된 경문의 글자 수는 1,977자이다.〕

25) 수유경水喩經〔초 1일송〕

나는 이와 같이 들었다.

어느 때 부처님께서 사위국을 유행하실 때에 승림급고독원勝林給孤獨園에 계셨다. 그때 존자 사리자가 여러 비구들에게 말했다.

"여러분, 나는 지금 당신들을 위하여 번뇌를 없애는 다섯 가지 방법을 말하겠습니다. 자세히 듣고 자세히 들어 그것을 잘 기억하십시오."

저 모든 비구들은 시키는 대로 듣고 있었다. 존자 사리자가 말하였다.

"어떤 것이 그 다섯 가지인가? 여러분, 어떤 사람은 몸으로 짓는 행은 깨끗하지 못한데, 입으로 짓는 행은 깨끗합니다. 만일 지혜로운 사람은 그것을 보고 비록 성이 나는 번뇌가 생기더라도 마땅히 그것을 없애야 합니다. 어떤 사람은 입으로 짓는 행은 깨끗하지 못한데, 몸으로 짓는 행은 깨끗합니다. 만일 지혜로운 사람이라면 그것을 보고 비록 성이 나는 번뇌가 생기더라도 마땅히 그것을 없애야 합니다. 또 어떤 사람은 몸으로 짓는 행도 깨끗하지 못하고 입으로 짓는 행도 깨끗하지 못한데, 마음에 조금 깨끗한 것이 있습니다. 만일 지혜로운 사람은 그것을 보고 비록 성이 나는 번뇌가 생기더라도 마땅히 그것을 없애야 합니다. 어떤 사람은 몸으로 짓는 행도 깨끗하지 못하고 입과 뜻으로 짓는 행도 깨끗하지 못합니다. 만일 지혜로운 사람은 그것을 보고 비록 성이 나는 번뇌가 생기더라도 마땅히 그것을 없애야 합니다. 여러분, 또 어떤 사람은 몸으로 짓는 행도 깨끗하고 입과 뜻으로 짓는 행도 깨끗합니다. 만일 지혜로운 사람이 그것을 보고 비록 성이 나는 번뇌가 생기더라도 마땅히 그것을 없애야 합니다.

여러분, 어떤 사람은 몸으로 짓는 행은 깨끗하지 못하고 입으로 짓는 행은 깨끗합니다. 만일 지혜로운 사람이 그것을 보고 성냄의 번뇌가 생기면 장차 어떻게 그것을 없애야 하는가? 여러분, 마치 아련야阿練若 비구[13]가 분소의糞掃衣[14]를 가지는 것과 같습니다. 똥무더기 가운데 버려진 해진 옷을 보니 혹은 대변에 더럽혀지기도 했고, 혹은 소변·눈물·침과 그 밖에 더러운 것에 더럽혀져 있을 때, 그러한 것을 보고 나서 왼손으로 잡고 오른손으로 펴 보아 만일 대변이나 소변·눈물·침, 그리고 그 밖에 더러운 것에 더럽혀져 있지 않은 부분이나, 또 뚫어지지 않은 부분이 있으면 곧 그것을 찢어 가집니다. 이와 같이 여러분, 어떤 사람이 몸으로 짓는 행은 깨끗하지 못하나, 입으로 짓는 행이 깨끗하다면 그 몸으로 짓는 깨끗하지 않은 행은 생각하지 말고, 다만 그 입으로 짓는 깨끗한 행만을 생각하십시오. 만일 지혜로운 사람이 그것을 보고 비록 성이 나는 번뇌가 생기더라도 마땅히 이렇게 그것을 없애야 합니다.

여러분, 어떤 사람은 입으로 짓는 행은 깨끗하지 못한데, 몸으로 짓는 행은 깨끗합니다. 만일 지혜로운 사람이 그것을 보고 성이 나는 번뇌가 생기면 장차 어떻게 그것을 없애야 하는가? 여러분, 비유하면

---

13 한림閑林 중에 기거하고 사찰[精舍]에는 머물지 않으면서 두타행頭陀行을 수행하는 비구.

14 세상 사람들이 입다 버린 헌옷을 가지고 만든 가사袈裟. 탐심貪心을 없애고 검소함을 닦는 뜻으로 입는 법의法衣.

마치 마을 바깥 멀지 않은 곳에 깊은 못이 있는데 그 못이 잡초에 덮여 있는 것과 같습니다. 만일 어떤 사람이 와서 몹시 더워 번열이 일어나고 배고프고 목마름에 시달리며 뜨거운 바람에 핍박을 받는다면, 그는 못에 이르러 옷을 벗어 언덕에 두고 곧 못 속으로 들어가 두 손으로 잡초를 헤치고 마음껏 시원하게 목욕하여 더위의 괴로움과 굶주리고 목마른 시달림을 풀 것입니다. 이와 같이 여러분, 어떤 사람이 입으로 짓는 행은 깨끗하지 못하나 몸으로 짓는 행이 깨끗하거든 그 깨끗하지 못한 입으로 짓는 행은 생각하지 말고, 다만 그 깨끗한 몸으로 짓는 행만 생각하십시오. 만일 지혜로운 사람이 그것을 보고 비록 성이 나는 번뇌가 생기더라도 마땅히 이렇게 그것을 없애야 합니다.

여러분, 어떤 사람은 몸으로 짓는 행도 깨끗하지 못하고 입으로 짓는 행도 깨끗하지 못한데, 마음에 조금 깨끗한 것이 있습니다. 만일 지혜로운 사람이 그것을 보고 성이 나는 번뇌가 생기면 장차 어떻게 그것을 없애야 하는가? 여러분, 비유하면 마치 네 갈래 길에 소발자국이 있는데 그 안에 물이 고여 있는 것과 같습니다. 만일 어떤 사람이 와서 몹시 더워 번민하고 배고프고 목마름에 시달리며 뜨거운 바람에 핍박 받는다면, 그는 이렇게 생각할 것입니다.

'이 네 갈래 길 소 발자국에 고인 적은 양의 물을 내가 만일 손이나 나뭇잎으로 떠올린다면, 곧 물은 흔들려 더러워져서 내가 몹시 더워 괴로운 것과 배고프고 목마름에 시달리는 것을 없앨 수 없을 것이다. 차라리 꿇어앉아 손으로 땅을 짚고 입으로 물을 마시는 것이 낫겠다.'

그렇게 생각한 그는 곧 길게 꿇어앉아 손으로 땅을 짚고 입으로 물을 마셔 몹시 더워 번민하고, 배고프고 목마른 시달림을 풀 수 있습니다. 이와 같이 여러분, 어떤 사람이 몸으로 짓는 행도 깨끗하지 못하고 입으로 짓는 행도 깨끗하지 못하나 마음에 조금 깨끗한 것이 있거든, 그 깨끗하지 못한 몸으로 짓는 행과 깨끗하지 못한 입으로 짓는 행은 생각하지 말고, 다만 그 마음에 조금 있는 깨끗한 것만을 생각하십시오. 여러분, 만일 지혜로운 사람이 그것을 보고 비록 성이 나는 번뇌가 생기더라도 마땅히 이렇게 그것을 없애야 합니다.

여러분, 어떤 사람은 몸으로 짓는 행도 깨끗하지 못하고, 입과 뜻으로 짓는 행도 깨끗하지 못합니다. 만일 지혜로운 사람이 그것을 보고 성이 나는 번뇌가 생기면 장차 어떻게 그것을 없애야 하는가? 여러분, 비유하면 마치 어떤 사람이 먼 길을 가다가 도중에 병이 들어 지극히 고달프고 몹시 시달리지만, 혼자 몸으로 길동무도 없고 마을로 되돌아가기는 더욱 먼 데다가 앞마을에는 아직 이르지 못한 경우와 같습니다. 만일 어떤 사람이 와서 한쪽에 서서 이 사람이 먼 길을 가다가 도중에 병이 들어 지극히 고달파하고 몹시 시달리지만, 혼자 몸으로 길동무도 없고 마을로 되돌아가기는 더욱 먼 데다가 앞마을엔 아직 이르지 못한 것을 보고, '이 사람도 만일 시자를 얻으면 먼 들판에서 마을로 데리고 가서 좋은 탕약과 좋은 음식을 먹이고, 좋은 간병인을 둘 수 있게 될 것이다. 이와 같이 하면 이 사람의 병은 틀림없이 나을 것이다'라고 말합니다. 그 사람은 이 병자에 대해서 지극히 가없게 여기고 불쌍하게 생각하는 마음이 있는 것입니다. 이와 같이 여러분, 어떤 사람은 몸으로 짓는 행도 깨끗하지 못하고, 입과 뜻으로 짓는 행도 깨끗하지 못합니다. 만일 지혜로운 사람이 보면 곧 '이 사람은 몸으로 짓는 행도 깨끗하지 못하고 입과 뜻으로 짓는 행도 깨끗하지 못하다. 그러나 이 사람으로 하여금 몸으로 짓는 행도 깨끗하지 못하고, 입과 뜻으로 짓는 행도 깨끗하지 못함으로 말미암아 몸이 무너지고 목숨이 끝난 뒤에 악한 곳으로 가서 지옥에 태어나지 않게 하자. 만일 이 사람도 선지식을 만나면 깨끗하지 못한 몸으로 짓는 행을 버리고 깨끗한 몸으로 짓는 행을 닦으며, 깨끗하지 못한 입과 뜻으로 짓는 행을 버리고 입과 뜻으로 짓는 깨끗한 행을 닦을 것이다. 이와 같이 하면 이 사람은 온몸의 깨끗한 행으로 말미암아 몸이 무너지고 목숨이 끝난 뒤에는 반드시 좋은 곳으로 가서 천상에 날 것이다'라고 생각할 것입니다. 그 사람은 이 사람에 대해 지극히 가엾게 여기고 불쌍하게 생각하는 마음이 있는 것입니다. 만일 지혜로운 사람이 그것을 보고 비록 성이 나는 번뇌가 생기더라도 마땅히 이렇게 그것을 없애야 합니다.

여러분, 어떤 사람은 몸으로 짓는 행이 깨끗하고 입과 뜻으로 짓는 행도 깨끗합니다. 만일 지혜로운 사람이 그것을 보고 성이 나는 번뇌가 생기면 장차 어떻게 그것을 없애야 하는가? 여러분, 마치 마을 바깥 멀지 않은 곳에 좋은 못물이 있어, 맑고 또 아름다운 데다 물조차 찰랑찰랑 가득 차 있으며 푸른 풀은 언덕을 뒤덮었고, 꽃나무가 사방에 두루 피어 있는 것과 같습니다. 어떤 사람이 와서 몹시 더워 괴로워하고 배고프고 목마름에 시달리며 뜨거운 바람에 핍박당한다면, 그는 못에 나가 옷을 벗어 언덕에 두고, 곧 못 속으로 들어가 마음껏 시원하게 목욕하여, 더위의 괴로움과 배고프고 목마른 시달림을 풀 것입니다. 이와 같이 여러분, 혹 어떤 사람이 몸으로 짓는 행도 깨끗하고 입과 뜻으로 짓는 행도 깨끗하거든, 항상 그 몸으로 짓는 깨끗한 행과 입과 뜻으로 짓는 깨끗한 행을 생각하십시오. 만일 지혜로운 사람이 그것을 보고 비록 성이 나는 번뇌가 생기더라도 마땅히 이와 같이 없애야 합니다.

여러분, 내가 아까 말한 번뇌를 없애는 다섯 가지 방법은 이러하기 때문에 말한 것입니다."

존자 사리자가 이와 같이 말하자 모든 비구들은 그 말을 듣고 기뻐하며 받들어 행하였다.

〔이 수유경에 수록된 경문의 글자 수는 1,101자이다. 『중아함경』 제5권에 수록된 경문의 글자 수는 모두 7,174자이다.〕

중아함경 제 6 권

3. 사리자상응품 ②

26) 구니사경瞿尼師經〔초 1일송〕

나는 이와 같이 들었다.

어느 때 부처님께서 왕사성王舍城을 유행하실 때에 죽림가란다원竹林迦蘭哆園에 계셨다.

그때 구니사瞿尼師 비구도 왕사성을 유행하고 있었는데, 무사실無事室에 있으면서 조롱하며 비웃고 교만하게 남을 업신여기고 방정맞게 까불고 쉽게 잊어버리며, 마음은 원숭이와 같아 종잡을 수 없었다. 구니사 비구는 사소한 일로 왕사성에 왔었다. 이때에 존자 사리자는 비구들과 함께 점심 식사를 마친 뒤에 조그마한 일 때문에 강당에 모여 있었다. 구니사 비구도 왕사성에서 볼 일을 마치고 강당으로 갔다. 사리자는 멀리서 구니사가 오는 것을 보고 구니사에 대해 여러 비구들에게 말하였다.

"여러분, 무사無事 비구[1]로서 무사를 행하려면 마땅히 공경하고 존중하며 순종하고 따라 관찰하는 것을 배워야 합니다. 만일 무사 비구로서 무사를 행할 때에 공경하고 존중하지 않거나 순종하고 따라 관찰하지 않으면 곧 비구들의 꾸짖음과 힐책을 받을 것입니다.

'이 사람이 무사 비구라지만 어떻게 무사를 행한다고 하겠는가? 왜냐하면 이 사람은 무사 비구로서 무사를 행한다면서, 공경하고 존중하지 않는 일이 허다하고 순종하고 따라 관찰하지 않는다.'

그래서 그는 대중 가운데 가서도 또한 꾸짖음과 힐책을 받을 것입니다. 그러므로 여러분, 무사 비구로서 무사를 행하려면 마땅히 공경하고 존중하기를 배우고 순종하고 따라 관찰해야 합니다.

여러분, 무사 비구로서 무사를 행하려면 남을 조롱하거나 비웃지 않아야 하며 조급하게 서두르지도 않아야 합니다. 만일 무사 비구로서 무사를 행한다면서, 남을 조롱하거나 비웃으며 조급하게 서두르는 일이 많으면 곧 비구들의 이런 꾸짖음과 힐책을 받을 것입니다.

'이 사람이 무사 비구라지만 어떻게 무사를 행한다 하겠는가? 왜냐하면 이 사람은 무사 비구로서 무사를 행한다면서 남을 조롱하고 비웃으며 조급하게 서두르는 일이 많다.'

그래서 그는 대중들 가운데에서도 비구들의 꾸짖음과 힐책을 받을 것입니다. 그러므로 여러분, 무사 비구로서 무사를 행하려면, 마땅히 남을 조롱하거나 비웃지 않는 것을 배우고 조급하게 서두르지 않아야 합니다.

여러분, 무사 비구로서 무사를 행하려면 마땅히 축생들과 관련되는 이야기〔畜生論〕[2]를 하지 않기를 배워야 합니다. 만일 무사 비구로서 무

---

1 아련아阿練若 비구를 말한다. 한림閑林에 머무르면서 수행하는 비구이다.

2 『중아함경』 제17권 179번째 소경인 「오지물품경五支物品經」에 의하면, "왕론王論 ·

사를 행한다면서 축생과 관련된 이야기를 많이 하면 곧 비구들의 꾸짖음과 힐책을 받을 것입니다.

'이 사람이 무사 비구라지만 어떻게 무사를 행한다 하겠는가? 왜냐하면 이 사람은 무사 비구로서 무사를 행한다면서 축생과 관련된 이야기를 많이 하기 때문이다.'

그래서 그는 대중 가운데에서도 비구들의 꾸짖음과 힐책을 받을 것입니다. 그러므로 여러분, 무사 비구로서 무사를 행하려면 마땅히 축생과 관련된 이야기를 하지 않기를 배워야 합니다.

여러분, 무사 비구로서 무사를 행하려면 마땅히 교만하지 않고 또 말을 적게 하는 것을 배워야 합니다. 만일 무사 비구로서 무사를 행한다면서, 교만하게 굴거나 말이 많으면 곧 비구들의 꾸짖음과 힐책을 받을 것입니다.

'이 사람이 무사 비구라지만 어떻게 무사를 행한다고 하겠는가? 왜냐하면 이 사람은 무사 비구로서 무사를 행한다 하면서 교만하게 굴고 말이 많기 때문이다.'

그래서 그는 대중들 가운데에서도 비구들의 꾸짖음과 힐책을 받을 것입니다. 그러므로 여러분, 무사 비구로서 무사를 행하려면 마땅히 교만하지 않고 또 말을 적게 하는 것을 배워야 합니다.

여러분, 무사 비구로서 무사를 행하려면 마땅히 모든 감각기관〔根〕을 잘 보호하기를 배워야 합니다. 만일 무사 비구로서 무사를 행하면서 모든 감각기관을 보호하지 않으면 곧 비구들의 꾸짖음과 힐책을 받을 것입니다.

적론賊論·투쟁론鬪爭論·음식론飮食論·의복론衣服論·세간론世間論·사도론邪道論·해중론海中論 등 이런 것들을 모아 몇 가지 축생론畜生論을 설명하고 있다"고 되어 있다. 이런 내용으로 보아 쓸데없는 잡다한 이야기라는 뜻인 것 같다.

'이 사람은 무사 비구라 하지만 어떻게 무사를 행한다고 하겠는가? 왜냐하면 이 사람은 무사 비구로서 무사를 행한다고 하면서, 모든 감각기관을 잘 보호하지 못하기 때문이다.'

그래서 그는 대중들 가운데에서도 비구들의 꾸짖음과 힐책을 받을 것입니다. 그러므로 여러분, 무사 비구로서 무사를 행하려면 마땅히 모든 감각기관을 잘 보호하는 것부터 배워야 합니다.

여러분, 무사 비구로서 무사를 행하려면 마땅히 음식에 만족할 줄 아는 것을 배워야 합니다. 만일 무사 비구로서 무사를 행한다면서, 더 많은 음식을 탐하여 만족할 줄 모르면 곧 비구들의 꾸짖음과 힐책을 받을 것입니다.

'이 사람이 무사 비구라지만 어떻게 무사를 행한다고 하겠는가? 왜냐하면 이 사람은 무사 비구로서 무사를 행한다면서 더 많은 음식을 탐하여 만족할 줄을 모르기 때문이다.'

그래서 그는 대중들 가운데에서도 비구들의 꾸짖음과 힐책을 받을 것입니다. 그러므로 여러분, 무사 비구로서 무사를 행하려면 음식에 만족할 줄 아는 법을 배워야 합니다.

여러분, 무사 비구로서 무사를 행하려면 마땅히 정진하여 게으르지 않기를 배워야 합니다. 만일 무사 비구로서 무사를 행한다면서, 정진하지 않고 게을리 하면 꾸짖음과 힐책을 받을 것입니다.

'이 사람이 무사 비구라지만 어떻게 무사를 행한다고 하겠는가? 왜냐하면 이 사람은 무사 비구로서 무사를 행한다면서 정진하지 않고 도리어 게으름만 피우기 때문이다.'

그래서 그는 대중들 가운데에서도 비구들의 꾸짖음과 힐책을 받을 것입니다. 그러므로 여러분, 무사 비구로서 무사를 행하려면 마땅히 정진하여 게으르지 않기를 배워야 합니다.

여러분, 무사 비구로서 무사를 행하려면, 마땅히 바른 생각과 또 바른 지혜를 배워야 합니다. 만일 무사 비구로서 무사를 행한다면서, 바른 생각이 없고 바른 지혜가 없으면 곧 비구들의 꾸짖음과 힐책을 받을 것입니다.

'이 사람이 무사 비구라지만 어떻게 무사를 행한다고 하겠는가? 왜냐하면 이 사람은 무사 비구로서 무사를 행한다면서 바른 생각이 없고 또 바른 지혜도 없기 때문이다.'

그래서 그는 대중들 가운데에서도 비구들의 꾸짖음과 힐책을 받을 것입니다. 그러므로 여러분, 무사 비구로서 무사를 행하려면 마땅히 바른 생각과 또 바른 지혜를 배워야 합니다.

여러분, 무사 비구로서 무사를 행하려면 마땅히 때를 아는 것과 좋은 때를 배워 너무 일찍 마을에 들어가 밥을 빌지 않아야 하고, 또한 너무 늦게까지 마을에 나돌아 다니지도 않아야 합니다. 만일 무사 비구로서 무사를 행한다면서, 너무 일찍 마을에 들어가 밥을 빌거나 또는 늦게까지 마을에 나돌아 다니면 곧 비구들의 꾸짖음과 힐책을 받을 것입니다.

'이 사람이 무사 비구라지만 어떻게 무사를 행한다고 하겠는가? 왜냐하면 이 사람은 무사 비구로서 무사를 행한다면서 너무 일찍 마을에 들어가 밥을 빌기도 하고 또는 너무 늦게까지 마을에 나돌아 다니기 때문이다.'

그리하여 그는 대중들 가운데에서도 비구들의 꾸짖음과 힐책을 받을 것입니다. 그러므로 여러분, 무사 비구로서 무사를 행하려면 마땅히 때를 알고 좋은 때가 언제인가를 배워야 합니다.

여러분, 무사 비구로서 무사를 행하려면 마땅히 자리에 잘 앉는 것을 배워서, 장로의 자리를 핍박하거나 젊은 비구를 꾸짖어 자리에서 내쫓지 않아야 합니다. 만일 무사 비구로서 무사를 행한다면서 장로의 자리를 핍박하거나 젊은 비구를 꾸짖어 내쫓는다면 곧 비구들의 꾸짖음과 힐책을 받을 것입니다.

'이 사람이 무사 비구라지만 어떻게 무사를 행한다고 하겠는가? 왜냐하면 이 사람은 무사 비구로서 무사를 행한다면서 장로의 자리를 핍박하고 젊은 비구를 꾸짖어 내쫓기 때문이다.'

그리하여 그는 대중들 가운데에서도 비구들의 꾸짖음과 힐책을 받을 것입니다. 그러므로 여러분, 무사 비구로서 무사를 행하려면 마땅히 자리에 잘 앉는 방법을 알아야 합니다.

여러분, 무사 비구로서 무사를 행하려면 마땅히 대중들과 함께 율律과 아비담(阿毗曇 : 論)에 대하여 논하기를 배워야 합니다. 왜냐하면 무사 비구로서 무사를 행할 때 어떤 사람이 와서 율과 아비담에 대해 묻는데, 무사 비구로서 무사를 행한다면서 율과 아비담에 대해 대답할 줄 모른다면 곧 비구들의 꾸짖음과 힐책을 받을 것이기 때문입니다.

'이 사람은 무사 비구로서 무사를 행한다면서 율과 아비담에 대해서 대답할 줄을 모른다.'

그래서 그는 대중들 가운데에서도 비구들의 꾸짖음과 힐책을 받을 것입니다. 그러므로 여러분, 무사 비구로서 무사를 행하려면 마땅히 대중들과 함께 율과 아비담에 대해서 의논하기를 배워야 합니다.

여러분, 무사 비구로서 무사를 행하려면 마땅히 대중들과 함께 식해탈息解脫[3]을 배워 색色의 선정을 여의고 무색정無色定에 이르는 것에 대하여 논하기를 배우지 않으면 안 됩니다. 왜냐하면 무사 비구로서 무사를 행할 때 어떤 사람이 와서 색정色定을 초월하여 무색정에 이르

3 색色의 선정을 초월하여 무색無色의 선정에 이르러서 적정해탈寂靜解脫에 안주하는 것을 말한다.

는 식해탈에 대하여 묻는데, 무사 비구로서 무사를 행한다면서 색정을 초월하여 무색정에 이르는 식해탈에 대하여 대답할 줄을 모른다면 곧 비구들의 꾸짖음과 힐책을 받을 것입니다.

'이 사람이 무사 비구라지만 어떻게 무사를 행한다고 하겠는가? 왜냐하면 이 사람은 무사 비구로서 무사를 행한다면서, 색의 선정을 초월하여 무색정에 이르는 식해탈에 대하여 대답할 줄을 모르기 때문이다.'

그리하여 그는 대중들 가운데에서도 비구들의 꾸짖음과 힐책을 받을 것입니다. 그러므로 여러분, 무사 비구로서 무사를 행하려면 마땅히 대중들과 함께 색의 선정을 초월하여 무색정에 이르는 식해탈에 대하여 의논하기를 배워야 합니다.

여러분, 무사 비구로서 무사를 행하려면 마땅히 대중들과 함께 누진지통漏盡智通[4]에 대하여 논하기를 배워야 합니다. 왜냐하면 어떤 사람이 와서 누진지통에 대하여 묻는데, 무사 비구로서 무사를 행한다면서 누진지통에 대하여 대답할 줄을 알지 못하면 곧 비구들의 꾸짖음과 힐책을 받을 것이기 때문입니다.

'이 사람이 무사 비구라지만 어떻게 무사를 행한다고 하겠는가? 왜냐하면 이 사람은 무사 비구로서 무사를 행한다면서 누진지통에 대하여 대답할 줄 모르기 때문이다.'

그리하여 그는 대중들 가운데에서도 비구들의 꾸짖음과 힐책을 받을 것입니다. 그러므로 여러분, 무사 비구로서 무사를 행하려면 마땅히 대중들과 함께 누진지통에 대하여 논하기를 배워야 합니다."

이때에 존자 대목건련도 대중 가운데 있었는데, 그가 말하였다.

---

4 누진지증통漏盡智證通이라고도 한다. 6통通의 하나로서 무명번뇌를 끊어 자유자재하며 4제諦의 이치를 깨달아 다시는 3계界에 미혹하지 않는 부사의不思議한 경지.

"존자 사리자여, 무사 비구가 무사를 행하는 경우에만 이와 같은 법을 배워야 하고 마을에 거주하는 다른 비구는 배우지 않아도 되는가?"

존자 사리자가 대답하였다.

"존자 대목건련이여, 무사 비구가 무사를 행하는 데도 오히려 이와 같은 법을 배워야 하는데 하물며 다른 비구이겠는가?"

이와 같이 두 존자는 다시 서로를 '훌륭하다'고 칭찬해 주었다. 이와 같이 이야기를 나눈 다음 그 둘은 자리에서 일어나 떠나갔다.

공경하고 존중하여 조롱하거나 비웃지 말고
축생과 관련된 이야기를 논하거나 교만하지 말고
모든 감관〔根〕을 보호하고 먹는 것에 만족할 줄 알며
정진·바른 생각·바른 지혜를 가지도록 하라.

때를 알고 또한 잘 앉을 줄〔善坐〕 알고
율과 아비담에 대하여 논할 줄 알며
식해탈을 설명할 줄 알아야 하며
누진통漏盡通 또한 그러하다.

〔이 니구사경에 수록된 경문의 글자 수는 모두 1,740자이다.〕

27) 범지타연경梵志陀然經〔초 1일송〕

나는 이와 같이 들었다.

어느 때 부처님께서 왕사성을 유행하실 때에 죽림가란다원竹林加蘭哆

園에서 큰 비구들과 함께 여름 안거를 지내셨다. 그때 존자 사리자舍梨子는 사위국舍衛國에서 또한 여름 안거를 지냈다. 이때 한 비구가 왕사성에서 3개월 동안의 여름 안거를 마치고, 옷을 기워 단속하고 발우를 가지고 왕사성에서 사위국으로 가서 승림급고독원勝林給孤獨園에 머물고 있었다. 그 비구는 존자 사리자에게 가서 발에 머리를 조아려 예배하고 물러나 한쪽에 앉았다. 존자 사리자가 물었다.

"현자는 어디서 왔으며 어느 곳에서 여름 안거를 지냈는가?"

그 비구는 대답하였다.

"존자 사리자여, 저는 왕사성에서 왔고 또한 그곳에서 여름 안거를 지냈습니다."

사리자가 다시 물었다.

"현자여, 왕사성에서 여름 안거를 지내신 세존께서는 거룩한 몸이 건강하시고 편안하시며 무병하시고, 기거는 가벼우시며 기력도 여전하시던가?"

"그렇습니다. 존자 사리자여, 왕사성에서 여름 안거를 지내신 거룩한 몸은 건강하시고 편안하시며 무병하시고 기거도 가벼우시며 기력도 한결같으십니다."

사리자가 다시 물었다.

"현자여, 왕사성에서 여름 안거를 지낸 비구와 비구니들도 다들 건강하고 편안하며, 무병하고 기거하기에 가벼우며 기력은 한결같으며, 자주 부처님을 뵙고 즐거이 법을 듣고자 하던가?"

"그렇습니다. 존자 사리자여, 왕사성에서 여름 안거를 지낸 비구와 비구니들도 다들 건강하고 편안하며 무병하고 기거도 가벼우며, 기력도 한결같고 자주 부처님을 뵙고 즐거이 법을 듣고자 했습니다."

"현자여, 왕사성의 우바새와 우바이들도 몸이 건강하고 편안하며 무병하고 기거도 가벼우며, 기력도 한결같고 자주 부처님을 뵙고 법을 듣고자 하던가?"

"그렇습니다. 존자 사리자여, 왕사성의 우바새와 우바이들도 몸이 건강하고 편안하며, 무병하고 기거도 가벼우며 기력도 한결같고 자주 부처님을 뵙고 법을 듣고자 했습니다."

"현자여, 왕사성에서 여름 안거를 지낸 이학異學인 몇몇의 사문沙門 범지梵志들도 몸이 건강하고 편안하며 무병하고 기거도 가벼우며, 기력도 한결같고 자주 부처님을 뵙고 법을 듣고자 하던가?"

"그렇습니다. 존자 사리자여, 왕사성에서 여름 안거를 지낸 이학인 몇몇의 사문 범지들도 여름 안거 동안 몸이 건강하고 편안하며 기거도 가볍고 기력도 한결같으며, 자주 부처님을 뵙고 법을 듣고자 했습니다."

사리자가 물었다.

"현자여, 왕사성에 타연陀然이라는 한 범지가 있는데, 그는 내가 출가하기 전의 옛 벗이다. 현자는 아는가?"

"압니다."

"현자여, 왕사성의 범지 타연도 몸이 건강하고 편안하며 무병하고, 기거도 가벼우며 기력도 한결같고 자주 부처님을 뵙고 법을 듣고자 하던가?

"존자 사리자여, 왕사성의 범지 타연도 몸이 건강하고 편안하며, 무병하고 기거도 가벼우며 기력도 한결같습니다. 그러나 부처님을 뵈려고 하지 않았고, 법 듣기를 즐겨하지도 않았습니다. 왜냐하면 존자 사리자여, 범지 타연은 정진하지 않고 또한 금계禁戒를 범하기 때문입니다. 저들은 왕에게 붙어서는 범지와 거사들을 속이고, 또한 바라문과 거사들에게 의지해서 왕을 속이곤 합니다."

사리자는 그 말을 듣고 사위국에서 3개월 동안의 여름 안거를 마친 뒤에, 옷을 기워 단속하고 발우를 가지고 사위국에서 왕사성으로 옮겨가서 죽림가란다원竹林加蘭哆園에 머물렀다. 그때 존자 사리자는 밤이 지나고 이른 아침이 되자 옷을 입고 발우를 가지고 왕사성에 들어가 차례로 밥 빌기를 마치고, 범지 타연의 집에 이르렀다. 이때 범지 타연은 그 집에서 나와 우물가에 가서 그곳 백성들을 괴롭히고 있었다.[5] 범지 타연은 멀리서 존자 사리자가 오는 것을 보고 자리에서 일어나 한쪽 어깨의 옷을 벗어 메고 합장한 채 사리자를 향해 찬탄하였다.

"잘 오셨습니다. 사리자여, 사리자께서는 오랫동안 여기 오시지 않았습니다."

그리고 범지 타연은 공경스런 마음으로 존자 사리자를 부축해 모시고 집안으로 들어가, 좋은 자리를 깔고 앉기를 청했다. 사리자는 곧 그 평상에 앉았다. 범지 타연은 사리자가 앉는 것을 보고 금조관金澡灌을 잡고 사리자에게 드시기를 청했다. 존자 사리자가 말하였다.

"그만두라, 그만두라. 타연이여, 다만 마음이 기쁘면 만족한다."

범지 타연은 다시 두 번 세 번 먹기를 청하였다. 존자 사리자도 두 번 세 번 말하였다.

"그만두라. 타연이여, 다만 마음이 기쁘면 만족한다."

이때 범지 타연이 물었다.

"사리자여, 무슨 까닭으로 이 집에 들어오시고선 잡수려 하지 않습니까?"

사리자가 말했다.

---

5 "우물가에 가서 그곳 백성들을 괴롭혔다"는 내용이 팔리본에는 "성 밖 소 키우는 막사에 가서 사람을 시켜 소젖을 짜고 있었다"로 되어 있다.

“타연이여, 너는 정진하지도 않으면서 금계를 범하고 있다. 왕에게 붙어서는 범지와 거사들을 속이고, 범지와 거사들에게 붙어서는 왕을 속이고 있다.”

범지 타연이 말하였다.

“사리자여, 알아야 합니다. 나는 지금 세속에 있으면서 가업에 종사하고 있습니다. 나는 스스로도 안온해야 하겠으나 부모를 공양하고 처자를 보살피며 종들까지도 부양해야 합니다. 왕에게 조세를 보내야 하고, 모든 하늘에 제사지내야 하며 선조에게 제사지내고 또 사문 범지에게도 보시해야 합니다. 그것은 후세에 하늘에 나서 장수를 누리고 즐거운 과보를 얻기 위해서입니다. 사리자여, 이런 모든 일을 그만두고 한결같이 법만을 따를 수는 없습니다.”

이에 존자 사리자가 말하였다.

“타연이여, 내가 지금 너에게 물을 것이니 아는 대로 대답하라. 범지 타연이여, 너의 생각에는 어떠한가? 만일 어떤 사람이 부모를 봉양하기 위해 나쁜 짓을 했다고 하자. 그는 나쁜 짓을 했기 때문에 몸이 무너지고 목숨이 끝나 악한 곳으로 가서 지옥에 났다. 지옥에 나자, 옥졸들이 그를 잡아 몹시 괴롭게 다스릴 때 그는 옥졸을 향해 이렇게 말했다.

‘옥졸이여, 알아야 한다. 나를 괴롭게 다스리지 말라. 왜냐하면 나는 부모를 봉양하기 위해서 악을 행했기 때문이다.’

어떠냐? 타연이여, 그 사람은 옥졸에게서 이 고통을 벗어날 수 있겠는가?”

타연이 대답하였다.

“아닙니다.”

사리자가 또 물었다.

“타연이여, 너의 생각에는 어떠한가? 만일 또 어떤 사람이 처자를 위하느라고 악을 행했다 하자. 그는 악을 행하였기 때문에 몸이 무너지고 목숨이 끝나 나쁜 곳으로 가서 지옥에 났다. 지옥에 나자, 옥졸이 그를 잡아 몹시 괴롭게 다스릴 때 그는 옥졸을 향해 이렇게 말했다.

‘옥졸이여, 알아야 한다. 나를 괴롭게 다스리지 말라. 왜냐하면 나는 처자를 위하느라고 악을 행했기 때문이다.’

어떠냐? 타연이여, 그 사람은 옥졸에게서 이 고통을 벗어날 수 있겠는가?”

타연이 대답하였다.

“아닙니다.”

“타연이여, 너의 생각에는 어떠한가? 만일 또 어떤 사람이 종들을 위하느라고 악을 행했다 하자. 악을 행하였기 때문에 몸이 무너지고 목숨이 끝나 나쁜 곳으로 가서 지옥에 났다. 지옥에 나자, 옥졸이 그를 잡아 몹시 괴롭게 다스릴 때 그는 옥졸을 향해 이렇게 말했다.

‘옥졸이여, 알아야 한다. 나를 괴롭게 다스리지 말라. 나는 종들을 위하느라고 악을 행했기 때문이다.’

어떠냐? 타연이여, 그 사람은 옥졸에게서 이 고통을 벗어날 수 있겠는가?”

타연이 대답하였다.

“아닙니다.”

또 물었다.

“타연이여, 너의 생각에는 어떠한가? 만일 또 어떤 사람이 왕을 위하고 하늘을 위하고 선조를 위하고 사문 범지를 위하느라고 악을 행했다 하자. 그는 악을 행하였기 때문에 몸이 무너지고 목숨이 끝나 나쁜 곳으로 가서 지옥에 났다. 지옥에 나자, 옥졸이 그를 잡아 몹시 괴롭게 다스릴 때 그는 옥졸을 향해 이렇게 말했다.

'옥졸이여, 알아야 한다. 나를 괴롭게 다스리지 말라. 나는 왕을 위하고 하늘을 위하고 선조를 위하고 사문 범지를 위하느라고 악을 행했다.'

어떠냐? 타연이여, 그 사람은 옥졸에게서 이 고통을 벗어날 수 있겠는가?"

타연이 대답하였다.

"아닙니다."

다시 물었다.

"타연이여, 족성자族姓子는 법답고 업다우며 공덕답게 재물을 얻어, 존중하고 공경을 다하며 효도로써 부모를 섬기고, 복덕의 업을 행하여 악한 업을 짓지 않아야 한다. 타연이여, 만일 족성자가 법답고 업다우며 공덕답게 재물을 얻어 존중하고 받들어 공경하며 부모를 효도로써 섬기고, 복덕의 업을 행하여 악한 업을 짓지 않으면, 그는 곧 부모의 사랑을 받게 되어 부모는 이렇게 말할 것이다.

'너로 하여금 굳세고 건강하여 수명이 끝없게 하리라. 왜냐하면 우리가 너로 말미암아 안온하고 쾌락하기 때문이다.'

타연이여, 만일 어떤 사람이 부모의 지극한 사랑을 받으면 그 덕은 날로 나아가 마침내 쇠퇴함이 없을 것이다.

타연이여, 족성자는 법답고 업다우며 공덕답게 재물을 얻어, 처자를 사랑하고 염려하며 공급해주어 보살피며 복덕의 업을 행하고 악한 업을 짓지 않아야 한다. 타연이여, 만일 족성자가 법답고 업다우며 공덕답게 재물을 얻어 처자를 사랑하고 염려하며, 공급해주어 보살피며 복덕의 업을 행하여 악한 업을 짓지 않으면, 그는 곧 처자들의 존경을 받게 되어 처자는 이렇게 말할 것이다.

'원컨대, 당신은 굳세고 건강하여 수명이 다함이 없기를 바랍니다. 왜냐하면 우리는 당신으로 말미암아 안온하고 쾌락할 수 있기 때문입니다.'

타연이여, 만일 어떤 사람이 처자의 지극한 존경을 받으면, 그 덕은 날로 늘어나 마침내 쇠퇴함이 없을 것이다.

타연이여, 족성자는 법답고 업다우며 공덕답게 재물을 얻어, 종들을 가엾이 여겨 먹을 것을 주어 보살피며, 복덕의 업을 행하여 악한 업을 짓지 않아야 한다. 타연이여, 만일 족성자가 법답고 업다우며 공덕답게 재물을 얻어 종들을 가엾이 여겨 먹을 것을 주어 보살피며, 복덕의 업을 행하여 악한 업을 짓지 않으면, 그는 곧 종들의 존경을 받게 되어 종들은 이렇게 말할 것이다.

'원컨대 상전께서는 굳세고 건강하여 수명이 다함없기를 바랍니다. 왜냐하면 상전으로 말미암아 우리들이 안온함을 얻기 때문입니다.'

타연이여, 만일 어떤 사람이 종들의 지극한 존경을 받으면, 그 덕은 날로 늘어나 마침내 쇠퇴함이 없을 것이다.

타연이여, 족성자는 법답고 업다우며 공덕답게 재물을 얻어, 사문 바라문을 존중하고 공양하며 복덕의 업을 행하여 악한 업을 짓지 않아야 한다. 타연이여, 만일 족성자가 법답고 업다우며 공덕답게 재물을 얻어, 사문 범지를 존중하고 공양하며 복덕의 업을 행하여 악한 업을 짓지 않으면, 그는 곧 사문 범지의 지극한 사랑을 받게 되어, 사문 범지는 이렇게 말할 것이다.

'시주는 굳세고 건강하여 수명이 끝이 없기를 바랍니다. 왜냐하면 우리는 시주로 말미암아 안온과 쾌락을 누리게 되기 때문이다.'

타연이여, 만일 어떤 사람이 사문 범지의 지극한 사랑을 받으면 그

덕은 날로 늘어나 마침내 쇠퇴함이 없을 것이다.

이에 범지 타연은 곧 자리에서 일어나 한쪽 어깨의 옷을 벗어 메고 합장하며 존자 사리자에게 말했다.

“사리자여, 내게 단정端正이라는 사랑하는 아내가 있는데, 나는 그녀에게 반했기 때문에 방일하게 되어 크게 죄업을 지었습니다. 사리자여, 나는 오늘부터 아내 단정을 버리고 스스로 존자 사리자에게 귀의하겠습니다.”

존자 사리자가 대답하였다.

“타연이여, 너는 내게 귀의하지 말라. 너는 마땅히 내가 귀의한 부처님께 직접 귀의하라.”

“존자 사리자여, 나는 오늘부터 스스로 부처님과 법과 비구 스님께 귀의하겠습니다. 원컨대 존자 사리자께서는 나를 받아 주셔서 부처님의 도량에 우바새가 되게 하여 주십시오. 이 몸을 마칠 때까지 스스로 귀의하며, 마침내 목숨이 다할 때까지 그렇게 하겠습니다.”

이에 존자 사리자는 범지 타연을 위해 설법하여, 마음을 내게 하고 간절히 우러르게 하며 그의 뜻을 성취하여 기뻐하게 하였다. 한량없는 방편으로 그를 위해 설법하여 그로 하여금 발심하게 하고 우러러 사모하게 하며, 그의 뜻을 성취하여 기뻐하게 한 다음, 그는 자리에서 일어나 왕사성을 유행하였다. 거기서 몇 날을 지내다가 가사를 입고 발우를 가지고 왕사성에서 나와 남산으로 가서, 남산 작은 마을 북쪽에 있는 섭화攝和숲에 머물렀다. 그때에 어떤 비구도 왕사성을 유행하며 며칠을 지내다가 옷과 발우를 가지고 왕사성을 나왔으며, 역시 남산으로 가서 남산 작은 마을 북쪽에 있는 섭화숲에 머물렀다.

그 비구는 존자 사리자에게 나아가 머리를 조아려 발에 절하고 물러나 한쪽에 앉았다. 존자 사리자가 물었다.

"현자는 어디서 오며 어디서 유행하였는가?"

"존자 사리자여, 저는 왕사성에서 왔으며 그곳에서 유행하였습니다."

"현자여, 왕사성에 내가 출가하기 전의 친한 친구 타연이란 범지가 있는데 그를 아는가?"

"압니다."

"현자여, 왕사성에 있는 범지 타연은 몸이 건강하고 편안하며, 무병하고 기거가 가벼우며 기력도 한결같은가? 그리고 또 자주 부처님을 뵙고 즐거이 법을 듣고자 하던가?"

비구가 대답하였다.

"존자 사리자여, 범지 타연은 자주 부처님을 뵙고자 하며, 또한 자주 법을 들으려고 합니다. 다만 편안하지 못해 기력이 갈수록 쇠해가고 있었습니다. 왜냐하면 존자 사리자여, 범지 타연은 지금 병을 앓아 아주 위독하기 때문입니다. 어쩌면 이로 말미암아 목숨을 마칠지도 모릅니다."

존자 사리자가 이 말을 듣고는 곧 가사와 발우를 챙겨 가지고 남산에서 왕사성으로 가서 죽림가란다원竹林迦蘭哆園에 머물렀다. 존자 사리자는 밤이 지나고 이른 아침이 되자, 가사를 입고 발우를 가지고 범지 타연의 집으로 갔다. 범지 타연은 멀리서 존자 사리자가 오는 것을 보고 곧 평상에서 일어나려고 했다. 존자 사리자가 달려가 만류하며 이렇게 말하였다.

"범지 타연이여, 그대는 누워 있으라. 일어나지 말라. 다른 평상이 있으니, 나는 거기에 따로 앉겠다."

그리고는 존자 사리자는 곧 그 평상에 앉은 다음 물었다.

"타연이여, 병은 이제 어떤가? 음식은 얼마나 먹는가? 앓는 고통이 더 심하지나 않는가?"

"나는 병 때문에 너무도 고달프고 음식도 먹히지 않으며, 앓는 고통이 날로 더할 뿐 덜한 줄을 느끼지 못하겠습니다. 존자 사리자여, 마치 역사力士가 잘 드는 칼로 머리를 찔러 심한 고통을 주는 것처럼, 지금 내 머리가 아픈 것도 그와 같습니다. 존자 사리자여, 마치 역사가 단단한 노끈으로 머리를 졸라매어 심한 고통을 주는 것처럼 지금 내 머리가 아픈 것도 그와 같습니다. 존자 사리자여, 마치 송아지를 잡을 때 잘 드는 칼로 그 배를 쪼개어 지극한 고통을 주는 것처럼, 지금 내 배가 아픈 것도 그와 같습니다. 존자 사리자여, 마치 두 역사가 바짝 여윈 어떤 사람을 붙잡아 불 위에 올려놓고 구워 지극한 고통을 주는 것처럼, 지금 내 몸도 그렇게 아파서 온몸에 고통이 더할 뿐 덜하지 않음도 그와 같습니다."

존자 사리자가 말하였다.

"타연이여, 내가 이제 그대에게 물을 것이니 그대는 아는 대로 대답하라. 범지 타연이여, 너의 생각은 어떠한가? 지옥과 축생 중 어느 것이 낫겠는가?"

타연이 대답하였다.

"축생이 낫습니다."

"타연이여, 축생과 아귀 중 어느 것이 낫겠는가?"

"아귀가 낫습니다."

"타연이여, 아귀와 사람 중 어느 것이 낫겠는가?"

"사람이 낫습니다."

"타연이여, 사람과 사왕천四王天 중 어느 것이 낫겠는가?"

"사천왕이 낫습니다."

"타연이여, 사왕천과 삼십삼천三十三天 중 어느 것이 낫겠는가?"

"삼십삼천이 낫습니다."

"타연이여, 삼십삼천과 염마천焰摩天[6] 중 어느 것이 낫겠는가?"

"염마천이 낫습니다."

"타연이여, 염마천과 도솔타천兜率陀天 중 어느 것이 낫겠는가?"

"도솔타천이 낫습니다."

"타연이여, 도솔타천과 화락천化樂天 중 어느 것이 낫겠는가?"

"화락천이 낫습니다."

"타연이여, 화락천과 타화락천他化樂天 중 어느 것이 낫겠는가?"

"타화락천이 낫습니다."

"타연이여, 타화락천과 범천梵天 중 어느 것이 낫겠는가?"

"범천이 제일 좋습니다. 범천이 가장 좋습니다."

존자 사리자가 말했다.

"타연이여, 세존世尊·지견智見·여래如來·무소착無所着·등정각等正覺께서 4범실梵室[7]에 대하여 말씀하셨다.

'족성남과 족성녀가 닦아 익히고, 많이 닦아 익혀서 욕심을 끊고 욕념欲念을 버리게 되면 몸이 무너지고 목숨이 끝나 범천에 난다.'

어떤 것이 그 네 가지인가? 타연이여, 많이 아는 거룩한 제자는 마음이 자애〔慈〕와 함께하여 한 방위〔方〕에 두루 차서 성취하여 노닌다. 이와 같이 2·3·4방과 4유·상하의 일체에 두루한다. 마음은 자애와 함께하므로 맺힘도 없고 원한도 없으며 성냄도 없고 다툼도 없어, 지극히 넓고 매우 크며 한량없는 선행을 닦아 일체 세간에 두루 차도

---

6 고려대장경에는 험마천焰摩天으로 되어 있다. 송·원·명 3본本에 의거하여 염마천焰摩天으로 수정하였다.

7 4무량심無量心, 즉 자慈·비悲·희喜·사捨 네 가지를 일컫는 말로서 이 네 가지를 잘 닦아 익히면 능히 대범천大梵天의 과보를 느낄 수 있다고 한다.

록 성취하여 노닌다. 이와 같이 불쌍히 여김〔悲〕과 기뻐함〔喜〕 또한 그러하며, 마음은 평정〔捨〕과 함께하므로 맺힘도 없고 원한도 없으며 성냄도 없고 다툼도 없다. 지극히 넓고 매우 크며 한량없는 선행을 닦아, 일체 세간에 두루 차도록 성취하여 노닌다. 이것이 이른바 세존·지견·여래·무소착·등정각께서 설하신 4범실이라는 것이다. 또 족성남과 족성녀가 닦아 익히고 많이 닦아 익혀서 욕심을 끊고 욕념을 버리면 몸이 무너지고 목숨이 끝나 범천에 난다고 말씀하신 것이다."

이에 존자 사리자는 타연을 교화하고 그를 위해 범천의 법을 설하여 마친 뒤에 자리에서 일어나 떠나갔다. 사리자가 왕사성에서 나와 미처 죽림가란다원에 이르기도 전에, 범지 타연은 4범실을 닦아 익혀 욕심을 끊고 욕념을 버리고 나서 몸이 무너지고 목숨이 끝나 범천에 태어났다.

이때 세존께서는 무량한 대중들에게 앞뒤로 둘러싸여 그들을 위해 설법하고 계셨다. 세존께서 멀리서 존자 사리자가 오는 것을 보시고, 여러 비구들에게 말씀하셨다.

"사리자 비구는 총명한 슬기〔聰慧〕·빠른 슬기〔速慧〕·민첩한 슬기〔捷慧〕·예리한 슬기〔利慧〕·넓은 슬기〔廣慧〕·깊은 슬기〔深慧〕·도道로 나아가는 슬기〔出要慧〕·밝게 통달한 슬기〔明達慧〕·변재의 슬기〔辯才慧〕가 있다. 사리자는 진실한 슬기를 성취했다. 사리자 비구는 범지 타연을 교화하고, 그를 위해 범천의 법을 설명해주고 오는 중이다. 만일 다시 범천법보다 더 윗단계의 법으로 교화했더라면 법다운 법을 속히 깨닫게 했을 것이다."

이에 존자 사리자는 부처님께 나아가 머리를 조아려 발에 예배하고 물러나 한쪽에 앉았다. 세존께서 말씀하셨다.

"사리자여, 너는 어찌하여 범지 타연에게 범천보다 더 윗단계의 법을 가르치지 않았느냐? 만일 더 윗단계의 법으로 교화했더라면 그는 더 빨리 법다운 법을 알게 되었을 것이다."

사리자가 말씀드렸다.

"세존이시여, 저 모든 범지들은 오랫동안 범천에 집착하고 범천을 좋아하며 범천을 구경究竟으로 여기고 있습니다. 그들은 범천을 존경하며 실로 범천이 있다고 하면서 '우리 범천'이라고 말합니다. 그러므로 세존이시여, 제가 그렇게 대응해 주었습니다."

부처님께서 이렇게 말씀하시자, 존자 사리자와 한량없는 대중들은 부처님의 말씀을 듣고 기뻐하며 받들어 행하였다.

〔이 범지타연경에 수록된 경문의 글자 수는 3,331자이다.〕

28) 교화병경敎化病經[8]〔초 1일송〕

나는 이와 같이 들었다.

어느 때 부처님께서 사위국을 유행하실 때에 승림급고독원에 계셨다. 마침 장자 급고독給孤獨이 병이 들어 위독하였다. 그때 장자 급고독이 한 심부름꾼〔使者〕에게 말했다.

"너는 부처님께 나아가 나를 위하여 머리를 조아려 그 발에 예배하고 세존께 '거룩한 몸은 건강하시고 편안하시며 병도 없으시고, 기거하시기에 불편한 점은 없으시며 기력도 여전하십니까?' 하고 문안드려라. 또 '장자 급고독은 머리를 조아려 부처님 발에 예배하고 세존께 문안드립니다. 거룩한 몸은 건강하시고 편안하시며 병도 없으시고,

8 이 경의 참고가 될 만한 경문으로는 『증일아함경』 제49권 제51품인 「비상품非常品」의 여덟 번째 소경이 있다.

기거하시기에 불편한 점은 없으시며 기력도 여전하십니까?' 하고 나 대신 말씀드려라.

너는 나를 대신하여 부처님께 문안을 드린 뒤에 존자 사리자에게 가서 나를 위하여 그의 발에 절하고 '거룩한 몸은 건강하고 편안하며 질병이나 없으신지, 또 기거하는 데에 불편한 점은 없으며 기력도 여전하십니까?' 하고 문안드려라. 그리고 다시 이렇게 말씀드려라.

'장자 급고독은 존자 사리자 발에 머리를 조아려 문안드립니다. 거룩한 몸은 건강하고 편안하며 질병이나 없으신지, 또 기거하는 데에 불편한 점은 없으며 기력도 여전하십니까? 존자 사리자여, 장자 급고독은 병을 앓아 지극히 피곤하며 지금은 위독하게 되었습니다. 장자 급고독은 지극한 마음으로 존자 사리자를 뵙고자 합니다. 그러나 몸이 몹시 쇠약하여 존자 사리자를 찾아뵐 힘이 없습니다. 존자 사리자여, 부디 사랑하고 가엾게 여기셔서 장자 급고독의 집으로 와 주십시오.'"

이에 심부름꾼은 장자 급고독의 분부를 받고 부처님께 나아가 머리를 조아려 발에 예배하고 물러나 한쪽에 서서 여쭈었다.

"세존이시여, 장자 급고독께서는 부처님 발에 머리를 조아리고 세존께 문안드립니다. 거룩한 몸은 건강하시고 편안하시며 질병이 없으시고, 기거하시는 데에 불편한 점은 없으시며 기력도 여전하십니까?"

그러자 세존께서 심부름꾼에게 말씀하셨다.

"장자 급고독을 안온하고 쾌락하게 하며, 하늘과 사람·아수라阿修羅·건탑화揵塔和·나찰羅刹과 다른 온갖 중생들의 몸까지도 안온하고 쾌락하게 하리라."

이에 심부름꾼은 부처님 말씀을 들어 잘 받아 지니고 부처님 발에 머리를 조아려 예배하고 부처님 주위를 세 번 돌고 떠나갔다. 다시 존자 사리자에게 나아가 머리를 조아려 발에 절하고 물러나 한쪽에 앉아 말씀드렸다.

"존자 사리자여, 장자 급고독은 존자 사리자의 발에 머리를 조아리고 문안드립니다. 거룩한 몸은 건강하고 편안하며, 질병이 없으시고, 기거하시기 불편한 점은 없으시며, 기력도 여전하십니까? 존자 사리자시여, 장자 급고독은 병을 심하게 앓아 지금은 위독한 지경이 되었습니다. 장자 급고독은 지극한 마음으로 존자 사리자를 뵙고자 합니다. 그러나 몸이 몹시 쇠약하여 존자 사리자를 찾아뵐 힘이 없습니다. 존자 사리자시여, 부디 사랑하고 가엾게 여기셔서 장자 급고독의 집으로 와 주십시오."

존자 사리자는 곧 그를 위하여 잠자코 받아들였다. 심부름꾼은 존자 사리자가 잠자코 받아들인 것을 알고는 곧 자리에서 일어나 머리를 조아려 절하고 그 주위를 세 번 돌고 떠나갔다. 사리자는 그 밤을 지내고 이른 새벽에 가사를 입고 발우를 가지고 장자 급고독의 집으로 갔다. 장자 급고독은 멀리서 존자 사리자가 오는 것을 보고 곧 평상에서 일어나려 하였다. 사리자는 그것을 보고 곧 그를 만류하며 말하였다.

"장자여, 일어나지 마시오. 장자여, 일어나지 마시오. 다른 평상이 있으니 나는 거기에 따로 앉을 것입니다."

사리자는 곧 그 평상에 앉은 뒤에 물었다.

"장자의 병은 지금은 어떠하며 음식은 얼마나 먹습니까? 앓는 고통이 더하지는 않습니까?"

장자가 대답하였다.

"질병에 지극히 시달리고 음식도 잘 먹지 못하며, 앓는 고통이 날로 더할 뿐, 덜해짐을 알지 못하겠습니다."

"장자여, 두려워하지 마시오. 장자여, 두려워하지 마시오. 왜냐하면 만일 어리석은 범부라면, 불신不信을 성취하여 몸이 무너지고 목숨이 끝난 뒤에는 악한 곳에 이를 것이니 틀림없이 지옥에 태어날 것이오. 그러나 장자는 불신이 없고 오직 훌륭한 믿음만 있으니, 장자는 훌륭한 믿음으로 말미암아 고통이 사라지고 지극한 쾌락만 생기며 혹은 사다함과斯陁含果를 증득하거나 아나함과阿那含果를 증득할 것이오. 장자는 옛날에 이미 수다원須陁洹을 증득하였소.

장자여, 두려워하지 마시오. 장자여, 두려워하지 마시오. 왜냐하면 만일 어리석은 범부라면, 악한 계율로 인하여 몸이 무너지고 목숨이 끝난 뒤에는 악한 곳에 이를 것이니 틀림없이 지옥에 날 것이오. 그러나 장자에겐 악한 계율은 없고 오직 선한 계율만 있으니, 장자는 그 선한 계율로 말미암아 고통이 사라지고 지극한 쾌락만 생기며, 혹은 사다함과를 증득하거나 아니면 아나함과阿那含果를 증득할 것이오. 장자는 옛날에 이미 수다원을 증득하였소.

장자여, 두려워하지 마시오. 장자여, 두려워하지 마시오. 왜냐하면 만일 어리석은 범부라면, 많이 듣지 못함으로 말미암아 몸이 무너지고 목숨이 끝난 뒤에는 악한 곳에 이를 것이니 틀림없이 지옥에 날 것이오. 그러나 장자는 많이 들었으니, 장자는 많이 들음으로 말미암아 고통이 사라지고 지극한 쾌락만 생기며, 많이 들었기 때문에 혹 사다함과를 증득하거나 아니면 아나함과를 증득할 것이오. 장자는 옛날에 이미 수다원을 증득하였소.

장자여, 두려워하지 마시오. 장자여, 두려워하지 마시오. 왜냐하면 만일 어리석은 범부라면, 간탐慳貪으로 말미암아 몸이 무너지고 목숨이 끝난 뒤에는 악한 곳에 이를 것이니 틀림없이 지옥에 날 것이오. 그러나 장자에겐 간탐이 없고 오직 은혜로 보시한 일만 있으니, 장자는 은혜로써 베풀어 보시한 일로 말미암아 고통이 사라지고 지극한 쾌락만 생기며, 은혜로써 보시한 일로 말미암아 혹은 사다함과를 증득하거나 아니면 아나함과를 증득할 것이오. 장자는 옛날에 이미 수다원을 증득하였소.

장자여, 두려워하지 마시오. 장자여, 두려워하지 마시오. 만일 어리석은 범부라면, 악한 지혜[惡慧]로 말미암아 몸이 무너지고 목숨이 끝난 뒤에는 악한 곳에 이를 것이니 틀림없이 지옥에 날 것이오. 그러나 장자에겐 악한 지혜는 없고 선한 지혜만 있으니, 장자는 선한 지혜로 말미암아 고통이 사라지고 지극한 쾌락만 생기며, 좋은 지혜로 말미암아 혹은 사다함과를 증득하거나 아니면 아나함과를 증득할 것이오. 장자는 옛날에 이미 수다원을 증득하였소.

장자여, 두려워하지 마시오. 장자여, 두려워하지 마시오. 왜냐하면 만일 어리석은 범부라면, 삿된 소견으로 말미암아 몸이 무너지고 목숨이 끝난 뒤에는 악한 곳에 이를 것이니 틀림없이 지옥에 날 것이오. 그러나 장자는 삿된 소견이 없고 바른 소견만이 있으니, 장자는 바른 소견으로 말미암아 고통이 사라지고 지극한 쾌락만 생기며, 바른 소견으로 인하여 혹은 사다함과를 증득하거나 아니면 아나함과를 증득할 것이오. 장자는 옛날에 이미 수다원을 증득하였소.

장자여, 두려워하지 마시오. 장자여, 두려워하지 마시오. 왜냐하면 만일 어리석은 범부라면, 삿된 뜻으로 말미암아 몸이 무너지고 목숨이 끝난 뒤에는 악한 곳에 이를 것이니 틀림없이 지옥에 날 것이오. 그러나 장자는 삿된 뜻이 없고 오직 바른 뜻만 있으니, 장자는 바른 뜻으로 말미암아 고통이 사라지고 지극한 쾌락만 생기며, 바른 뜻으로 인하여 혹은 사다함과를 증득하거나 아니면 아나함과를 증득할 것이오. 장자는 옛날에 이미 수다원을 증득하였소.

장자여, 두려워하지 마시오. 장자여, 두려워하지 마시오. 왜냐하면 만일 어리석은 범부라면, 삿된 깨침으로 말미암아 몸이 무너지고 목숨이 끝난 뒤에는 악한 곳에 이를 것이니 틀림없이 지옥에 날 것이오. 그러나 장자에겐 삿된 깨침이 없고 바른 깨침만이 있으니, 장자는 바른 깨침으로 말미암아 고통이 사라지고 지극한 쾌락만 생기며, 바른 이해로 말미암아 혹 사다함과를 증득하거나 아니면 아나함과를 증득할 것이오. 장자는 옛날에 이미 수다원을 증득하였소.

장자여, 두려워하지 마시오. 장자여, 두려워하지 마시오. 왜냐하면 만일 어리석은 범부라면, 삿된 해탈로 말미암아 몸이 무너지고 목숨이 끝난 뒤에는 악한 곳에 이를 것이니 틀림없이 지옥에 날 것이오. 그러나 장자에겐 삿된 해탈이 없고 바른 해탈만이 있으니, 장자는 바른 해탈로 말미암아 고통이 사라지고 지극한 쾌락만 생기며 사다함과를 증득하거나 아니면 아나함과를 증득할 것이오. 장자는 옛날에 이미 수다원을 증득하였소.

장자여, 두려워하지 마시오. 장자여, 두려워하지 마시오. 만일 어리석은 범부라면, 삿된 지혜로 말미암아 몸이 무너지고 목숨이 끝난 뒤에는 악한 곳에 이를 것이니 틀림없이 지옥에 날 것이오. 그러나 장자에겐 삿된 지혜가 없고 바른 지혜만 있으니, 장자는 바른 지혜로 말미암아 고통이 사라지고 지극한 쾌락만 생기며, 바른 지혜 때문에 혹 사다함과를 증득하거나 아니면 아나함과를 증득할 것이오. 장자는 옛날에 이미 수다원을 증득하였소."

이와 같이 말하자 장자는 병이 곧 나아 옛날처럼 회복되었다. 그는 누운 자리에서 일어나 앉아 존자 사리자를 찬탄하였다.

"훌륭하고 훌륭하십니다. 병든 사람을 위하여 설법하시는 것이 참으로 기이하고 참으로 특별합니다. 존자 사리자여, 저는 병든 사람을 교화하는 법을 듣고 고통이 곧 없어지고 지극한 쾌락만 생겼습니다. 존자 사리자여, 저는 이제 병이 나아 옛날처럼 회복되었습니다. 존자 사리자여, 저는 지난날 언젠가 일이 조금 있어서 왕사성에 갔다가 어떤 장자 집에서 묵었습니다. 그때 그 장자는 다음날 부처님과 비구 스님께 공양하기로 결정되어 있었습니다. 그 장자는 그 밤이 지나고 이튿날 새벽이 되자 아이들과 종들과 권속들에게 '너희들은 일찍 일어나 다 같이 준비하라'고 명령하였습니다. 그들은 저마다 분부를 받고 주방을 만들고 갖가지 맛있는 음식을 함께 준비했습니다. 장자는 몸소 높은 자리를 만들고 한량없이 화려하게 꾸몄습니다. 존자 사리자여, 저는 그것을 보고는 '이제 저 장자가 무슨 혼인 잔치를 하려는가, 신부를 맞이하려는가, 국왕을 청하려는가, 대신을 부르려는가, 재회齋會를 열어 큰 보시를 행하려는가?' 하고 생각하였습니다. 존자 사리자여, 저는 이렇게 생각하고 곧 장자에게 물었습니다.

'당신은 혼인 잔치를 하려는가, 신부를 맞이하는 잔치를 하려는가, 국왕을 초대하려는가, 대신을 부르려는가, 재회를 열어 큰 보시를 행하려는가?'

그 장자가 대답했습니다.

'나는 혼인 잔치를 하려는 것도 아니고, 신부를 맞이하려는 것도 아니며, 국왕을 초대하거나 대신을 부르려는 것도 아니다. 다만 재회를 열어 큰 보시를 행하려고 하는데, 내일은 부처님과 비구 스님께 공양하려고 한다.'

존자 사리자여, 저는 일찍이 부처라는 이름을 듣지 못했었는데, 그 말을 듣자 온몸의 털이 곤두섰습니다. 그래서 다시 물었습니다.

'장자는 부처라고 말했는데, 어떤 것을 부처라고 하는가?'

장자는 저에게 답했습니다.

'그대는 듣지도 못했는가? 어떤 석가釋迦 종족의 아들이 석가 종족을 버리고 수염과 머리를 깎고 가사를 입고, 지극한 믿음으로 집을 버리고 가정 없는 곳에서 도를 배워 위없는 등정각을 얻으셨다. 이분을 부처님이라고 한다.'

저는 다시 물었습니다.

'장자는 비구 스님이라고 말했는데, 어떤 것을 스님이라 하는가?'

장자가 저에게 다음과 같이 대답하였습니다.

'특별한 성명姓名을 지닌 여러 종족 출신으로서, 수염과 머리를 깎고 가사를 입고 지극한 믿음으로 집을 버리고, 가정 없이 부처님을 따라 도를 배우는 사람들이 있다. 이 사람들을 스님이라고 한다. 이 부처님과 스님을 오늘 내가 초대하는 것이다.'

존자 사리자여, 저는 다시 그 장자에게 물었습니다.

'세존께서는 지금 어디 계신가? 내가 가서 뵙고자 한다.'

그 장자가 다시 저에게 대답했습니다.

'세존께서는 지금 이 왕사성 죽림가란다원에 계신다. 가려거든 가보라.'

존자 사리자여, 저는 이렇게 생각했습니다.

'어서 날이 새어라. 빨리 가서 부처님을 뵈리라.'

존자 사리자여, 저는 그때 부처님을 찾아가 뵙고 싶은 마음이 간절하여 곧 날이 밝았다는 생각을 하고는 곧바로 장자의 집을 나와 성식문城息門으로 갔습니다. 그때에 성식문에는 두 문지기가 있었습니다. 한 문지기는 초야初夜로서 바깥의 손님을 걸림 없이 들게 하고, 한 문지기는 후야後夜로서 만일 손님이 있으면 또한 걸림 없이 나가게 하였습니다. 존자 사리자여, 저는 다시 이렇게 생각했습니다.

'아직 날이 새지 않았구나. 성식문에는 두 문지기가 있다. 한 문지기는 초야로서 바깥의 손님을 걸림 없이 들게 하고, 한 문지기는 후야로서 만일 손님이 있으면 걸림 없이 나가게 한다.'

존자 사리자여, 성식문을 벗어나 밖으로 나간 지 얼마 되지 않아 밝음은 없어지고 도로 어두워졌습니다. 저는 갑자기 두려워져 온몸의 털이 곤두섰습니다.

'사람인 듯 사람 아닌 것〔人非人 : 긴나라〕들이 저를 해치지 못하게 해 주십시오.'

그때 성식문에 있던 한 천인天人이 왕사성에서 죽림가란다원까지 광명을 널리 비추면서 제게 와서 말했습니다.

'장자여, 두려워하지 말라. 장자여, 두려워하지 말라. 나는 전생에 너의 친구로서 이름을 밀기密器라 하며, 어릴 때부터 서로 아끼는 마음이 지극했다. 장자여, 나는 옛날 마하 목건련에게 가서 머리를 조아려 발에 절하고 물러나 한쪽에 앉았었다. 존자 대목건련은 나를 위해 설법하여, 마음을 내어 간절히 우러르게 하고 성취하여 기뻐하게 하였다. 한량없는 방편으로 나를 위해 설법하여, 마음을 내어 간절히 우러르게 하고 성취하여 기뻐하게 한 뒤에, 세 가지 자귀自歸를 주고 다섯 가지 계를 주었다. 장자여, 나는 3귀의와 5계를 받아 가짐으로 말미암아 몸이 무너지고 목숨을 마친 뒤에는 사천왕천에 나서 이 성식문 안에 살게 되었다. 장자여, 빨리 가라. 장자여, 빨리 가라. 가는 것이 진실로 여기 있는 것보다 낫다.'

그 하늘〔天〕은 이렇게 저에게 권하고 또 게송을 설하였습니다.

말과 온갖 신하와 여자를 얻고
수레 백 대에 보배 가득 채웠어도
부처님께 나아가는 걸음, 한 걸음

그 16분의 1에도 미치지 못하네.

최고로 좋은 백 마리 흰 코끼리에
금·은의 안장 굴레 장식하여도
부처님께 나아가는 걸음, 한 걸음
그 16분의 1에도 미치지 못하네.

백 명의 여자 얼굴이 단정하고
영락과 꽃으로 몸을 꾸며도
부처님께 나아가는 걸음, 한 걸음
그 16분의 1에도 미치지 못하네.

전륜성왕이 공경하는 바
제일가는 옥녀보玉女寶도
부처님께 나아가는 걸음, 한 걸음
그 16분의 1에도 미치지 못하네.

하늘은 게송을 마치고 다시 저에게 권했습니다.

'장자여, 빨리 가라. 장자여, 빨리 가라. 가는 것이 진실로 여기 있는 것보다 낫다.'

존자 사리자여, 저는 다시 이렇게 생각했습니다.

부처님께는 존우尊祐의 덕이 있으시다. 법과 비구 스님께도 존우의 덕이 있다. 왜냐하면 하늘 신들까지도 보고 싶어하기 때문이다.

존자 사리자여, 저는 이 광명으로 인하여 죽림가란다원으로 갔습니다. 그때에 세존께서는 밤이 지나고 아침이 되자, 선실에서 나와 바깥을 거니시면서 저를 기다리고 계셨습니다. 저는 멀리서 부처님을 뵈었는데, 단정하고 아름다워 마치 뭇별 가운데 달과 같았고, 빛나고 환하여 그 밝기는 금산金山과 같았습니다. 좋은 상호를 두루 다 갖추셨고 위의는 당당하셨으며, 모든 감각기관은 고요하고 안정되어 아무런 장애가 없으며, 조어調御를 성취하셨으며 마음이 쉬어 고요하고 잠잠하셨습니다. 저는 그것을 보고 기뻐하며 부처님께 나아가 발에 예배한 뒤에, 부처님을 따라 거닐면서 장자의 법대로 게송으로 문안드렸습니다.

세존이시여, 지극히 안온하고
또 유쾌하게 주무셨습니까?
멸도에 든 바라문처럼
모든 욕심에 물들지 않으시네.

온갖 바람을 여의어 버리고
지극한 편안함을 체득하시어
마음을 없애고 번열도 없이
스스로 즐거이 주무셨습니까?

그때 세존께서는 곧 거니시던 길가에 니사단尼師檀을 깔고 가부좌하고 앉으셨습니다. 존자 사리자여, 제가 부처님 발에 예배하고 물러나 한쪽에 앉자 세존께서는 저를 위해 설법하셔서, 마음을 내어 간절히 우러르게 하셨으며 성취하여 기뻐하게 하셨습니다. 그러신 뒤에 모든 부처님의 법과 같이 먼저 단정법端正法을 말씀하시자, 듣는 사람은 다 즐거워하고 기뻐하였습니다. 말하자면 보시를 말씀하시고 계율을 말씀하시며 하늘에 나는 법을 말씀하셨습니다. 욕심을 꾸짖어 재앙과 걱정거리가 된다 하셨고, 나고 죽음을 더러움〔穢〕이라 하셨으며, 욕심 없음이 묘도품妙道品의 백정白淨이라고 칭찬하셨습니다. 세존께서는 저를 위해 이러한 법을 말씀하신 뒤에, 저에게 기뻐하는 마음〔歡喜心〕·두루 갖춘 마음〔具足心〕·부드러운 마음〔柔軟心〕·참아내는 마음〔堪耐心〕·위로 오르는 마음〔昇上心〕·한결같이 향하는 마음〔一向心〕·의심 없는 마음〔無疑心〕·덮임이 없는 마음〔無蓋心〕이 있고, 또 재능이 있고 힘이 있어, 바른 법을 감당해 받을 수 있다는 것을 알려주셨습니다. 이른바 모든 부처님께서 말씀하신 바른 법칙과 같았습니다.

세존께서는 곧 나를 위해 또 괴로움〔苦〕·괴로움의 발생〔習〕·괴로움의 소멸〔滅〕·괴로움의 소멸에 이르는 길〔道〕을 말씀하셨습니다. 존자 사리자여, 저는 곧 그 자리에서 괴로움·괴로움의 발생·괴로움의 소멸·괴로움의 소멸에 이르는 길의 네 가지 성스러운 진리〔四聖諦〕에 대하여 깨달았습니다. 마치 흰 천은 물들기 쉬운 것처럼 저도 그와 같아서 그 자리에서 괴로움·괴로움의 발생·괴로움의 소멸·괴로움의 소멸에 이르는 길의 네 가지 성스러운 진리에 대하여 깨달았습니다. 존자 사리자여, 저는 이미 법을 깨달았고 그 법을 증득하였습니다. 백정법白淨法을 깨달아 의심을 끊고 의혹을 건너니, 이보다 더 높은 다른 것이 없었고 다시는 남을 따르지 않으며 망설임 없이 이미 과증果證에 머물러 세존의 법에서 두려움이 없게 되었습니다. 저는 곧 자리에서 일어나 부처님께 예배하고 다음과 같이 말씀드렸습니다.

'세존이시여, 저는 지금 스스로 부처님과 법과 비구 스님께 귀의합니다. 원하건대 세존이시여, 저를 받아들여 우바새가 되게 하여 주십시오. 지금부터 시작하여 이 몸을 마치도록 스스로 귀의하여 목숨이 끝날 때까지 그렇게 하겠습니다.'

존자 사리자여, 저는 또 합장하고 여쭈었습니다.

'세존이시여, 원하건대 제 청을 들어 주셔서, 사위국에서 여름 안거를 지내시고 비구 스님들도 그렇게 하도록 하여 주십시오.'

부처님께서 저에게 물었습니다.

'네 이름은 무엇이며, 사위국 사람들은 너를 어떻게 부르는가?'

저는 곧 대답했습니다.

'제 이름은 수달다須達哆이며, 저는 모든 고독한 사람들에게 베푼다고 해서 사위국 사람들은 저를 급고독이라고 부릅니다.'

세존께서는 다시 저에게 물으셨습니다.

'사위국에는 방사房舍가 있는가?'

'사위국에는 방사가 없습니다.'

세존께서 저에게 말씀하셨습니다.

'장자여, 마땅히 알라. 만일 방사가 있으면 비구들이 오고 갈 수가 있고 머물 수가 있을 것이다.'

'그렇습니다. 세존이시여, 저는 그렇게 하기 위하여 방사를 짓겠습니다. 비구들이 오고 갈 수가 있게 하며, 사위국에서 머물 수 있게 하겠습니다. 원하건대 세존이시여, 곁에서 저를 도와줄 사람을 한 명 임명해 주십시오.'

그때 세존께서는 존자 사리자를 보내어 일을 돕게 하셨습니다. 저는 그때 부처님의 말씀을 들어, 잘 받아 지니고 곧 자리에서 일어나 부처님께 예배하고 부처님 주위를 세 바퀴 돌고 떠나갔습니다. 왕사성에서 볼 일을 마치고, 존자 사리자와 함께 사위국으로 가서는 사위성으로 들어가지도 않고 또한 집에도 돌아가지 않고 성 밖에서 두루 땅을 살펴보았습니다.

'어느 곳이 오고 가는데 가장 편리할까? 낮에도 시끄럽지 않고 밤이면 고요하며 모기나 등에도 없고 파리나 벼룩도 없으며 또 춥지도 않고 덥지도 않으니, 방사를 세워 부처님과 비구 스님들께 드릴만 할까?'

존자 사리자여, 저는 그때에 오직 동자童子 승勝[9]의 동산이 오고 가는데 가장 편리하며 낮에도 시끄럽지 않고 밤이면 고요하며 모기나 등에도 없고 파리나 벼룩도 없으며, 춥지도 않고 덥지도 않다는 것을 알았습니다. 저는 이 사실을 안 뒤에 곧 이렇게 생각했습니다.

바로 이곳이 좋겠다. 이곳이라면 방사를 세워 부처님과 비구 스님들에게 드릴만 하다.'

존자 사리자여, 저는 그때 사위국에는 들어갔으나 끝내 집으로 돌아가지 않고 먼저 동자 승勝을 찾아가 말했습니다.

'동자여, 이 동산을 저에게 팔 수 있겠습니까?'

그때 동자는 곧 저에게 말했습니다.

'장자여, 마땅히 아십시오. 나는 이 동산을 팔지 않겠습니다.'

'동자여, 이 동산을 저에게 파십시오.'

이렇게 두세 번 말했습니다. 그때 동자도 두세 번 제게 말했습니다.

'억억금을 가져다 이 동산에 쫙 깔아 놓기 전까진 나는 동산을 팔지 않겠소.'

저는 곧 그에게 말했습니다.

'동자여, 이제 이미 값은 결정되었으니 그저 돈만 받으시면 됩니다.'

존자 사리자여, 저와 동자는 값을 결정했다느니 결정하지 않았다느니 하여 크게 승강이가 벌어졌습니다. 그래서 곧 사위국의 재판소로 같이 가서 이 일에 대하여 재판을 받았습니다. 그때 사위국의 심판관

9 원래 기원祇園을 소유하고 있던 바사닉왕波斯匿王의 아들인 기타태자祇陀太子를 말한다.

은 동자 승에게 말했습니다.

"동자여, 이미 당신 스스로 값을 결정했으니, 그저 돈만 받으시면 됩니다."

존자 사리자여, 저는 곧 사위국으로 들어가서 집으로 달려가 코끼리와 말과 수레에 억억금을 실어 내어 땅에 깔았습니다. 그런데 돈이 조금 모자랐습니다.

존자 사리자여, 저는 이렇게 생각했습니다.

'어느 창고의 것을 가져 와야 많지도 않고 적지도 않게 남은 곳에 깔아 채울 수 있을까?'

이때 동자 승은 내게 말했습니다.

'장자여, 만일 후회되거든 그만 돈을 거두어 돌아가고 이 동산을 내게 돌려주시오.'

제가 동자에게 말하였습니다.

'전혀 후회하지 않습니다. 다만 어느 창고의 것을 가져 와야 많지도 않고 적지도 않게 남은 곳을 깔아 채울 수 있을까 하고 생각 중일뿐입니다.'

이때 동자 승은 문득 이렇게 생각했습니다.

부처님께서는 반드시 크고 높으신 어른으로 큰 덕과 복이 있는 분일 것이다. 그 법과 비구들도 반드시 크고 높으며 큰 덕과 복이 있을 것이다. 왜냐하면 저 장자가 저토록 재물을 아끼지 않고 큰 보시를 행하는 것을 보면 알 수 있기 때문이다. 나도 차라리 여기에 큰 집을 세워 부처님과 대중에게 보시해야겠다.'

이때 동자 승은 곧 저에게 말했습니다.

'장자여, 잠시 멈추시오. 그리고 돈을 내어 여기 깔지 마시오. 내가 여기에 큰 집을 세워 부처님과 대중에게 보시할 것이오.'

존자 사리자여, 저는 그를 대견스럽게 여겨, 곧 그곳을 동자 승에게 돌려주었습니다. 존자 사리자여, 저는 그해 여름에 열여섯 개의 큰 집과 60개의 방사〔拘絺 : 庫舍〕를 세우게 하였는데, 그때 존자 사리자께서 그것을 감독하셨습니다. 그런 존자 사리자께서 병을 다스리는 법을 말씀해 주시니 너무도 기이하고 특별한 일입니다. 저는 병을 다스리는 이 법을 듣고 나서 그토록 심하던 고통이 곧 사라지고 지극한 쾌락을 얻었습니다. 존자 사리자여, 저는 이제 병이 없고 지극히 편안하게 되었습니다. 원컨대 존자 사리자께서는 이곳에서 공양하십시오."

그때 존자 사리자는 잠자코 그 청을 받아 주었다. 그러자 장자는 존자 사리자가 잠자코 청을 받아 준 것을 알고, 곧 자리에서 일어나 몸소 손 씻을 물을 돌리고, 지극히 맛있고 깨끗하고 미묘한 갖가지 단단한 음식과 부드러운 음식을 손수 집어드리고 권하며 한껏 공양하게 하였다. 공양을 마치자, 그릇을 거두고 손 씻을 물을 돌린 뒤에 작은 자리를 깔고 따로 앉아 법을 들었다. 장자가 앉자, 존자 사리자는 그를 위해 설법하여, 마음을 내어 간절히 우러르게 하고 성취하여 기쁘하게 하였다. 한량없는 방편으로 그를 위해 설법하여, 마음을 내어 간절히 우러르게 하고 성취하여 기뻐하게 한 뒤 자리에서 일어나 떠나갔다.

이때 세존께서는 한량없이 많은 대중들에게 앞뒤로 둘러싸여 설법하고 계셨다. 세존께서는 멀리서 존자 사리자가 오는 것을 보시고, 여러 비구들에게 말씀하셨다.

"사리자 비구는 총명한 지혜 · 신속한 지혜 · 민첩한 지혜 · 예리한 지혜 · 넓은 지혜 · 깊은 지혜 · 도道로 나아가는 지혜 · 환히 아는 지혜 · 변재의 지혜가 있다. 사리자 비구는 진실한 지혜를 성취하였다. 내가 간략하게 말한 네 종류의 수다원에 대하여, 그는 장자 급고독을 위하여 열 종류로 늘려 설명하였다."

부처님께서 이렇게 말씀하시자, 여러 비구들은 부처님 말씀을 듣고 기뻐하며 받들어 행하였다.

〔이 교화병경에 수록된 경문의 글자 수는 3,898자이다. 제 6권에 수록된 경문의 글자 수는 모두 8,969자이다.〕

중아함경 제 7 권

3. 사리자상응품 ③

29) 대구치라경大拘絺羅經〔초 1일송〕

나는 이와 같이 들었다.

어느 때 부처님께서 왕사성을 유행하실 때에 죽림가란다원竹林迦蘭哆園에 계셨다. 그때에 존자 사리자는 해거름에 연좌燕坐에서 일어나, 존자 대구치라大拘絺羅에게 가서 안부를 묻고 물러나 한쪽에 앉았다. 존자 사리자가 존자 대구치라에게 말하였다.

"내가 물을 일이 있는데 들어 주겠습니까?"

존자 대구치라가 대답하였다.

"존자 사리자여, 물을 일이 있거든 물어보십시오. 내가 듣고 생각해 보겠습니다."

존자 사리자가 물었다.

"현자 대구치라여, 어떤 일로 인하여 비구가 소견을 성취하여 바른 소견을 얻고, 법에 대하여 깨어지지 않는 청정함〔不壞淨〕을 얻어 바른 법에 들어갈 수 있는 그런 일이 있습니까?"

"있습니다. 존자 사리자여, 이른바 어떤 비구가 불선不善을 알고 불선근不善根을 아는 것입니다. 어떤 것을 불선을 아는 것이라고 하는가? 이른바 몸이 짓는 악행은 불선이며, 입과 뜻이 짓는 악행은 불선이라고 아는 것이니, 이것이 불선을 안다는 것입니다. 어떤 것을 불선근을 아는 것이라고 하는가? 이른바 탐욕은 불선근이며, 성냄과 어리석음은 불선근이라고 아는 것이니, 이것이 바로 불선근을 아는 것입니다.

존자 사리자여, 만일 어떤 비구가 이렇게 불선과 불선근을 알면, 이것이 이른바 비구가 소견을 성취하여 바른 소견을 얻고, 법에 대하여 깨어지지 않는 청정함을 얻어 바른 법 가운데 들어간다는 것입니다."

존자 사리자는 이 말을 듣고 찬탄하며 말하였다.

"훌륭하십니다, 훌륭하십니다. 현자 대구치라여."

존자 사리자는 찬탄한 뒤에 기뻐하며 받들어 행하였다.

사리자가 다시 물었다.

"현자 대구치라여, 다시 그 일로 인하여 비구가 소견을 성취하여 바른 소견을 얻고, 법에 대하여 깨어지지 않는 청정함을 얻어 바른 법에 들어갈 수 있는 그런 일이 있습니까?"

"있습니다. 존자 사리자여, 이른바 어떤 비구가 선善을 알고 선근善根을 아는 것입니다. 어떤 것을 선을 아는 것이라고 하는가? 몸이 짓는 묘행妙行은 선이며 입과 뜻이 짓는 묘행은 선이라고 아는 것이니, 이것을 선을 아는 것이라고 합니다. 어떤 것을 선근을 아는 것이라고 하는가? 탐욕이 없는 것은 선근이며 성냄과 어리석음이 없는 것은 선근이라고 아는 것이니, 이것을 선근을 아는 것이라고 합니다.

존자 사리자여, 만일 어떤 비구가 이렇게 선을 알고 선근을 알면, 이것이 이른바 비구가 소견을 성취하여 바른 소견을 얻고, 법에 대하여 깨어지지 않는 청정함을 얻어 바른 법 가운데 들어간다는 것입니다."

존자 사리자는 이 말을 듣고 찬탄하며 말하였다.

"훌륭하십니다, 훌륭하십니다. 현자 대구치라여."

존자 사리자는 찬탄한 뒤에 기뻐하며 받들어 행하였다. 그리고 다시 물었다.

"현자 대구치라여, 다시 그 일로 인하여 비구가 소견을 성취하여 바른 소견을 얻고, 법에 대하여 깨어지지 않는 청정함을 얻어 바른 법에 들어갈 수 있는 그런 일이 있습니까?"

"있습니다. 존자 사리자여, 이른바 어떤 비구가 음식[1]의 참뜻을 알고 음식의 원인을 알며, 음식의 멸함을 알고 음식이 멸하는 방법의 참뜻을 아는 것입니다. 어떤 것을 음식의 참뜻을 아는 것이라고 하는가? 이른바 4식食이 있는데, 첫째는 거칠거나 섬세한 단식摶食이며, 둘째는 갱락식(更樂食 : 觸食)이며, 셋째는 의사식意思食이며, 넷째는 식식識食임을 아는 것이니 이것이 음식의 참뜻을 안다는 것입니다. 어떤 것을 음식의 원인에 대한 참뜻을 아는 것이라고 하는가? 이른바 사람으로 말미암아 음식이 있다고 아는 것이 음식의 원인에 대한 참뜻을 안다는 것이오. 어떤 것을 음식의 멸함에 대한 참뜻을 아는 것이라고 하는가? 이른바 사람이 멸하면 음식이 곧 멸한다고 아는 것이 음식의 멸함에 대한 참뜻을 안다는 것입니다. 어떤 것을 음식을 멸하는 도에

1 팔리어로는 ahāra이고 생성시키고 증장시키는 요인이라는 뜻이다. 식食·음식飮食·소식所食·감미甘美·미식美食·자량資糧 등으로 한역되었고, 『중아함경』 안에서도 식食과 습習으로 달리 한역된 경우가 있다.

대한 참뜻을 아는 것이라고 하는가? 이른바 8지성도支聖道[2]이니, 정견正見에서 정정正定까지의 여덟 가지를 아는 것이 음식을 멸하는 방법에 대한 참뜻을 안다는 것입니다.

존자 사리자여, 만일 어떤 비구가 음식의 참뜻을 알고 음식의 원인을 알며, 음식의 멸함을 알고 음식을 멸하는 방법의 참뜻을 알면, 이것이 이른바 비구가 소견을 성취하여 바른 소견을 얻고, 법에 있어서 깨어지지 않는 청정함을 얻어 바른 법 가운데 들어간다는 것입니다."

존자 사리자는 이 말을 듣고 찬탄하며 말하였다.

"훌륭하십니다, 훌륭하십니다. 현자 대구치라여."

존자 사리자는 찬탄한 뒤에 기뻐하며 받들어 행하였다.

존자 사리자가 다시 물었다.

"현자 대구치라여, 다시 그 일로 인하여, 비구가 소견을 성취하여 바른 소견을 얻고, 법에 대하여 깨어지지 않는 청정함을 얻어 바른 법에 들어갈 수 있는 그런 일이 있습니까?"

"있습니다. 존자 사리자여, 이른바 어떤 비구가 누(漏 : 煩惱)에 대하여 사실 그대로 알고 누의 발생을 알며, 누의 소멸을 알고 누의 소멸에 이르는 길에 대하여 사실 그대로 아는 것입니다. 어떤 것이 누漏에 대하여 사실 그대로 아는 것인가? 이른바 세 가지가 있는데, 욕루欲漏와 유루有漏와 무명루無明漏이니, 이것이 누에 대하여 사실 그대로 안다는 것입니다. 어떤 것이 누의 발생에 대하여 사실 그대로 아는 것인가? 이른바 무명으로 말미암아 곧 누가 있다고 아는 것이 누의 발생

---

2 8정도正道라고도 하며, 정견正見・정사유正思惟・정어正語・정업正業・정명正命・정정진正精進・정념正念・정정正定의 여덟 가지이다. 불교 실천 수행의 중요한 종목을 여덟 가지로 나눈 것으로 부처님의 최초 법문 가운데 이것을 말씀하셨다. 4제諦・12인연因緣과 함께 원시불교의 근본 교의教義이다.

에 대하여 사실 그대로 안다는 것입니다. 어떤 것이 누의 소멸에 대하여 사실 그대로 아는 것인가? 이른바 무명이 멸하면 누가 곧 멸한다고 아는 것이 누의 소멸에 대하여 사실 그대로 아는 것입니다. 어떤 것이 누의 소멸에 이르는 길에 대하여 사실 그대로 아는 것인가? 이른바 8지성도이니, 정견正見에서 정정正定까지의 여덟 가지를 아는 것이 누의 소멸에 이르는 길에 대하여 사실 그대로 안다는 것입니다.

존자 사리자여, 만일 어떤 비구가 이렇게 누에 대하여 사실 그대로 알고 누의 발생을 알며, 누의 소멸을 알고 누의 소멸에 이르는 길에 대하여 사실 그대로 알면, 이것이 이른바 비구가 소견을 성취하여 바른 소견을 얻고, 법에 대하여 깨어지지 않는 청정함을 얻어 바른 법 가운데 들어간다는 것입니다."

존자 사리자는 이 말을 듣고 찬탄하며 말하였다.

"훌륭하십니다, 훌륭하십니다. 현자 대구치라여."

존자 사리자는 이렇게 찬탄한 뒤에 기뻐하며 받들어 행하였다.

존자 사리자가 다시 물었다.

"현자 대구치라여, 다시 그 일로 인하여 비구가 소견을 성취하여 바른 소견을 얻고, 법에 대하여 깨지지 않는 청정함을 얻어 바른 법에 들어갈 수 있는 그런 일이 있습니까?"

"있습니다. 존자 사리자여, 이른바 어떤 비구가 괴로움에 대하여 사실 그대로 알고 이 괴로움의 발생〔集〕에 대해 알며, 이 괴로움의 소멸〔滅〕에 대해 알고, 이 괴로움의 소멸에 이르는 길에 대하여 사실 그대로 아는 것입니다. 어떤 것을 괴로움에 대하여 사실 그대로 아는 것이라고 하는가? 이른바 남〔生〕은 괴로움이며, 늙음도 괴로움이며, 병듦도 괴로움이며, 죽음도 괴로움이며, 싫어하는 것과 만나는 일도 괴로움이며, 사랑하는 것과 이별하는 일도 괴로움이며, 구해도 얻지 못하는 것도 괴로움이니, 간단히 줄여 5성음盛陰은 괴로움이라고 아는 것입니다. 이것을 괴로움에 대하여 사실 그대로 아는 것이라 합니다. 어떤 것을 괴로움의 발생에 대하여 사실 그대로 아는 것이라고 하는가? 이른바 늙음과 죽음으로 말미암아 곧 괴로움이 있다고 아는 것이니, 이것을 괴로움의 발생에 대하여 사실 그대로 아는 것이라고 합니다. 어떤 것을 괴로움의 소멸에 대하여 사실 그대로 아는 것이라고 하는가? 이른바 늙음과 죽음이 멸하면 괴로움이 곧 멸한다고 아는 것을 괴로움이 멸하는 참뜻을 아는 것이라고 합니다. 어떤 것을 괴로움을 멸하는 방법의 참뜻을 아는 것이라고 하는가? 이른바 8지성도이니, 정견에서 정정까지의 여덟 가지를 아는 것을 괴로움을 멸하는 방법의 참뜻을 아는 것이라 합니다.

존자 사리자여, 만일 어떤 비구가 이렇게 괴로움에 대하여 사실 그대로 알고 괴로움의 발생에 대하여 사실 그대로 알며, 괴로움의 소멸에 대하여 사실 그대로 알고 괴로움의 소멸에 이르는 길에 대하여 사실 그대로 알면, 이것이 이른바 비구가 소견을 성취하여 바른 소견을 얻고, 법에 대하여 깨지지 않는 청정함을 얻어 바른 법에 들어간다는 것입니다."

존자 사리자는 이 말을 듣고 찬탄하며 말하였다.

"훌륭하십니다, 훌륭하십니다. 현자 대구치라여."

존자 사리자는 찬탄한 뒤에 기뻐하며 받들어 행하였다.

존자 사리자가 다시 물었다.

"현자 대구치라여, 다시 그 일로 인하여 비구가 소견을 성취하여 바른 소견을 얻고, 법에 대하여 깨지지 않는 청정함을 얻어 바른 법에 들어갈 수 있는 그런 일이 있습니까?"

"있습니다. 존자 사리자여, 이른바 어떤 비구가 늙음과 죽음의 참뜻을 알고 늙음과 죽음의 원인을 알며, 늙음과 죽음이 멸함을 알고 늙음과 죽음을 멸하는 방법의 참뜻을 아는 것입니다. 어떤 것을 늙음을 아는 것이라고 하는가? 이른바 '저 사람이 늙어지면 머리는 희어지고 이는 빠지며 젊음은 날로 쇠해 간다. 머리가 희어지고 다리도 휘어지며, 몸은 무겁고 피는 머리로 올라가 지팡이를 짚고 다니며, 살은 쭈그러들고 피부는 늘어나 주름지는 것이 마치 얽은 것 같으며, 모든 감각기관은 헐고 얼굴빛이 추악해지면 이것을 늙음이라 한다'고 아는 것입니다. 어떤 것을 죽음을 아는 것이라고 하는가? 이른바 저 모든 중생들은 목숨을 마치고 항상됨이 없으므로 한번 죽으면 흩어져 없어지고, 수명이 다하면 부서져 명근命根이 닫히고 마는데, 이것을 죽음이라고 합니다. 여기서는 죽음을 말했고, 앞에서는 늙음을 말했습니다. 이것을 늙음과 죽음이라 하고, 이것을 늙음과 죽음의 참뜻을 안다는 것이라고 합니다. 어떤 것을 늙음과 죽음의 원인에 대한 참뜻을 아는 것이라고 합니까? 이른바 남으로 말미암아 곧 늙음과 죽음이 있다고 아는 것이 늙음과 죽음의 원인에 대한 참뜻을 안다는 것입니다. 어떤 것을 늙음과 죽음의 멸함에 대한 참뜻을 아는 것이라고 하는가? 이른바 남이 멸하면 늙음과 죽음이 곧 멸한다고 아는 것이 늙음과 죽음의 멸함에 대한 참뜻을 안다는 것입니다. 어떤 것을 늙음과 죽음을 멸하는 방법에 대한 참뜻을 아는 것이라고 하는가? 이른바 8지성도이니, 정견에서 정정까지의 여덟 가지를 아는 것이 늙음과 죽음을 멸하는 방법에 대한 참뜻을 안다는 것입니다.

존자 사리자여, 만일 어떤 비구가 이렇게 늙음과 죽음의 참뜻을 알고 늙음과 죽음의 원인을 알며, 늙음과 죽음의 멸함을 알고 늙음과 죽음을 멸하는 방법에 대한 참뜻을 알면, 이것이 이른바 비구가 소견을 성취하여 바른 소견을 얻고, 법에 대하여 깨지지 않는 청정함을 얻어 바른 법 가운데 들어간다는 것입니다."

존자 사리자는 이 말을 듣고 찬탄하며 말하였다.

"훌륭하십니다, 훌륭하십니다. 현자 대구치라여."

존자 사리자는 찬탄하고 나서 기뻐하며 받들어 행하였다.

존자 사리자가 다시 물었다.

"현자 대구치라여, 다시 그 일로 인하여 비구가 소견을 성취하여 바른 소견을 얻고, 법에 대하여 깨지지 않는 청정함을 얻어 바른 법에 들어갈 수 있는 그런 일이 있습니까?"

"있습니다. 존자 사리자여, 이른바 어떤 비구가 생의 참뜻을 알고 생의 원인〔習〕을 알며, 생의 멸함을 알고 생을 멸하는 방법의 참뜻을 아는 것입니다. 어떤 것을 생의 참뜻을 아는 것이라고 하는가? 이른바 저 중생과 저 모든 중생들이 생生하게 되면 생했다고 알고, 나오게 되면 나왔다고 알며, 자라게 되면 자랐다고, 알고 5음을 일으킨 뒤에는 이미 명근을 얻었다고 아는 것이니, 이것을 생의 참뜻을 아는 것이라고 합니다. 어떤 것을 생의 원인에 대한 참뜻을 아는 것이라고 하는가? 이른바 유有로 말미암아 곧 생이 있다고 아는 것을 생의 원인에 대한 참뜻을 아는 것이라고 합니다. 어떤 것을 생의 멸함에 대한 참뜻을 아는 것이라고 하는가? 이른바 유가 멸하면 생이 곧 멸한다고 아는 것을 생의 멸함에 대한 참뜻을 아는 것이라고 합니다. 어떤 것을 생을 멸하는 방법의 참뜻을 아는 것이라고 하는가? 이른바 8지성도이니, 정견에서 정정까지의 여덟 가지를 아는 것을 생을 멸하는 방법의 참뜻을 아는 것이라고 합니다.

존자 사리자여, 만일 어떤 비구가 이렇게 생의 참뜻을 알고 생의 원인을 알며, 생의 멸함을 알고 생을 멸하는 방법에 대한 참뜻을 알면, 이것이 이른바 비구가 소견을 성취하여 바른 소견을 얻고, 법에 대해서 무너지지 않는 청정함을 얻어 바른 법 가운데 들어간다는 것입니다."

존자 사리자는 이 말을 듣고 찬탄해 말하였다.

"훌륭하십니다, 훌륭하십니다. 현자 대구치라여."

존자 사리자는 찬탄하고 나서 기뻐하며 받들어 행하였다.

존자 사리자가 다시 물었다.

"현자 대구치라여, 다시 그 일로 인하여 비구가 소견을 성취하여 바른 소견을 얻고, 법에 대해서 무너지지 않는 청정함을 얻어 바른 법에 들어갈 수 있는 그런 일이 있습니까?"

"있습니다. 존자 사리자여, 이른바 어떤 비구가 유(有 : 존재)에 대한 참뜻을 알고 존재의 원인을 알며, 존재의 멸함을 알고 존재를 멸하는 방법에 대한 참뜻을 아는 것입니다. 어떤 것을 존재에 대한 참뜻을 아는 것이라고 하는가? 이른바 3유有가 있으니, 욕유欲有·색유色有·무색유無色有라고 아는 것을 존재의 참뜻을 아는 것이라고 합니다. 어떤 것을 존재의 원인에 대한 참뜻을 아는 것이라고 하는가? 이른바 수受로 말미암아 곧 유가 있다고 아는 것을 유의 원인에 대한 참뜻을 아는 것이라고 합니다. 어떤 것을 유의 멸함에 대한 참뜻을 아는 것이라고 하는가? 이른바 수가 멸하면 유가 곧 멸한다고 아는 것을 유의 멸함에 대한 참뜻을 아는 것이라 합니다. 어떤 것을 유를 멸하는 도의 참뜻을 아는 것이라고 하는가? 이른바 8지성도이니, 정견에서 정정까지의 여덟 가지를 아는 것을 유를 멸하는 방법에 대한 참뜻을 아는 것이라고 합니다.

존자 사리자여, 만일 어떤 비구가 이렇게 유의 참뜻을 알고 유의 원인을 알며 유의 멸함을 알고 유를 멸하는 방법의 참뜻을 알면, 이것이 이른바 비구가 소견을 성취하여 바른 소견을 얻고, 법에 대해서 무너지지 않는 청정함을 얻어 바른 법 가운데 들어간다는 것입니다."

존자 사리자는 이 말을 듣고 찬탄하며 말하였다.

"훌륭하십니다, 훌륭하십니다. 현자 대구치라여."

존자 사리자는 찬탄하고 나서 기뻐하며 받들어 행하였다.

존자 사리자가 다시 물었다.

"현자 대구치라여, 다시 그 일로 인하여 비구가 소견을 성취하여 바른 소견을 얻고, 법에 대해서 무너지지 않는 청정함을 얻어 바른 법에 들어갈 수 있는 그런 일이 있습니까?"

"있습니다. 존자 사리자여, 이른바 어떤 비구가 수(受 : 取)의 참뜻을 알고 수의 원인을 알며, 수의 멸함을 알고 수를 멸하는 방법에 대한 참뜻을 아는 것입니디. 어떤 것을 수의 참뜻을 아는 것이라고 하는가? 이른바 4수受가 있으니, 욕수欲受・계수戒受・견수見受・아수我受라고 아는 것을 수의 참뜻을 아는 것이라고 합니다. 어떤 것을 수의 원인에 대한 참뜻을 아는 것이라고 하는가? 이른바 애愛로 말미암아 곧 수가 생긴다고 아는 것을 수의 원인에 대한 참뜻을 아는 것이라고 합니다. 어떤 것을 수의 멸함에 대한 참뜻을 아는 것이라고 하는가? 이른바 애가 멸하면 수가 곧 멸한다고 아는 것을 수의 멸함에 대한 참뜻을 아는 것이라고 합니다. 어떤 것을 수를 멸하는 방법의 참뜻을 아는 것이라고 하는가? 이른바 8지성도이니, 정견에서 정정까지의 여덟 가지를 아는 것을 수를 멸하는 방법에 대한 참뜻을 아는 것이라 고 합니다.

존자 사리자여, 만일 어떤 비구가 이렇게 수의 참뜻을 알고 수의 원인을 알며, 수의 멸함을 알고 수를 멸하는 방법에 대한 참뜻을 알면, 이것이 이른바 비구가 소견을 성취하여 바른 소견을 얻고, 법에 대해서 무너지지 않는 청정함을 얻어 바른 법에 들어간다는 것입니다."

존자 사리자는 이 말을 듣고 찬탄하며 말하였다.

"훌륭하십니다, 훌륭하십니다. 현자 대구치라여."

존자 사리자는 찬탄하고 나서 기뻐하며 받들어 행하였다.

존자 사리자가 다시 물었다.

"현자 대구치라여, 다시 그 일로 인하여 비구가 소견을 성취하여 바른 소견을 얻고, 법에 대해서 무너지지 않는 청정함을 얻어 바른 법에 들어갈 수 있는 그런 일이 있습니까?"

"있습니다. 존자 사리자여, 이른바 어떤 비구가 애愛의 참뜻을 알고 애의 원인을 알며, 애의 멸함을 알고 애를 멸하는 방법에 대한 참뜻을 아는 것입니다. 어떤 것을 애의 참뜻을 아는 것이라고 하는가? 이른바 3애愛가 있으니 욕애欲愛·색애色愛·무색애無色愛라고 아는 것을 애의 참뜻을 아는 것이라고 합니다. 어떤 것을 애의 원인에 대한 참뜻을 아는 것이라고 하는가? 이른바 각覺으로 말미암아 곧 애가 있다고 아는 것을 애의 원인에 대한 참뜻을 아는 것이라고 합니다. 어떤 것을 애의 멸함에 대한 참뜻을 아는 것이라고 하는가? 이른바 각이 멸하면 애가 곧 멸한다고 아는 것을 애의 멸함에 대한 참뜻을 아는 것이라고 합니다. 어떤 것을 애를 멸하는 방법의 참뜻을 아는 것이라고 하는가? 이른바 8지성도이니, 정견에서 정정까지의 여덟 가지를 아는 것을 애를 멸하는 방법에 대한 참뜻을 아는 것이라고 합니다.

존자 사리자여, 만일 어떤 비구가 이렇게 애의 참뜻을 알고 애의 원인을 알며, 애의 멸함을 알고 애를 멸하는 방법에 대한 참뜻을 알면, 이것이 이른바 비구가 소견을 성취하여 바른 소견을 얻고, 법에 대하여 무너지지 않는 청정함을 얻어 바른 법에 들어간다는 것입니다."

존자 사리자는 이 말을 듣고 찬탄하며 말하였다.

"훌륭하십니다, 훌륭하십니다. 현자 대구치라여."

존자 사리자는 찬탄하고 나서 기뻐하며 받들어 행하였다.

현자 사리자가 다시 물었다.

"현자 대구치라여, 다시 그 일로 인하여 비구가 소견을 성취하여 바른 소견을 얻고, 법에 대하여 무너지지 않는 청정함을 얻어 바른 법에 들어갈 수 있는 그런 일이 있습니까?"

"있습니다. 존자 사리자여, 이른바 어떤 비구가 각(覺 : 受)의 참뜻을 알고 각의 원인을 알며, 각의 멸함을 알고 각을 멸하는 방법에 대한 참뜻을 아는 것입니다. 어떤 것을 각의 참뜻을 아는 것이라고 하는가? 이른바 3각覺이 있으니, 낙각樂覺 · 고각苦覺 · 불고불락각不苦不樂覺이라고 아는 것을 각의 참뜻을 아는 것이라고 합니다. 어떤 것을 각의 원인에 대한 참뜻을 아는 것이라고 하는가? 이른바 갱락更樂으로 말미암아 곧 각이 있다고 아는 것을 각의 원인에 대한 참뜻을 아는 것이라고 합니다. 어떤 것을 각의 멸함에 대한 참뜻을 아는 것이라고 하는가? 이른바 갱락이 멸하면 각이 곧 멸한다고 아는 것을 각의 멸함에 대한 참뜻을 아는 것이라고 합니다. 어떤 것을 각을 멸하는 방법에 대한 참뜻을 아는 것이라고 하는가? 이른바 8지성도이니, 정견에서 정정까지의 여덟 가지를 아는 것을 각을 멸하는 방법에 대한 참뜻을 아는 것이라고 합니다.

존자 사리자여, 만일 어떤 비구가 이렇게 각의 참뜻을 알고 각의 원인을 알며, 각의 멸함을 알고 각을 멸하는 방법에 대한 참뜻을 알면, 이것이 이른바 비구가 소견을 성취하여 바른 소견을 얻고, 법에 대해서 무너지지 않는 청정함을 얻어 바른 법 가운데 들어간다는 것입니다."

존자 사리자는 이 말을 듣고 찬탄하며 말하였다.

"훌륭하십니다, 훌륭하십니다. 현자 대구치라여."

존자 사리자는 찬탄하고 나서 기뻐하며 받들어 행하였다.

존자 사리자가 다시 물었다.

"현자 대구치라여, 또 그 일로 인하여 비구가 소견을 성취하여 바른 소견을 얻고, 법에 대해서 무너지지 않는 청정함을 얻어 바른 법에 들어갈 수 있는 그런 일이 있습니까?"

"있습니다. 존자 사리자여, 이른바 어떤 비구가 갱락(更樂 : 觸)의 참뜻을 알고 갱락의 원인을 알며, 갱락의 멸함을 알고 갱락을 멸하는 방법의 참뜻을 아는 것입니다. 어떤 것을 갱락의 참뜻을 아는 것이라고 하는가? 이른바 3갱락更樂이 있으니 낙갱락樂更樂·고갱락苦更樂·불고불락갱락不苦不樂更樂이라고 아는 것을 갱락의 참뜻을 아는 것이라고 합니다. 어떤 것을 갱락의 원인에 대한 참뜻을 아는 것이라고 하는가? 이른바 6처處로 말미암아 곧 갱락이 있다고 아는 것을 갱락의 원인에 대한 참뜻을 아는 것이라 고 합니다. 어떤 것을 갱락의 멸함을 아는 것이라고 하는가? 이른바 6처가 멸하면 갱락이 곧 멸한다고 아는 것을 갱락의 멸함에 대한 참뜻을 아는 것이라고 합니다. 어떤 것을 갱락을 멸하는 방법에 대한 참뜻을 아는 것이라고 하는가? 이른바 8지성도이니, 정견에서 정정까지의 여덟 가지를 아는 것을 갱락을 멸하는 방법에 대한 참뜻을 아는 것이라고 합니다.

존자 사리자여, 만일 어떤 비구가 이렇게 갱락의 참뜻을 알고 갱락의 원인을 알며, 갱락의 멸함을 알고 갱락을 멸하는 방법에 대한 참뜻을 알면, 이것이 이른바 비구가 소견을 성취하여 바른 소견을 얻고, 법에 대하여 무너지지 않는 청정함을 얻어 바른 법에 들어간다는 것입니다."

존자 사리자는 이 말을 듣고 찬탄하며 말하였다.

"훌륭하십니다, 훌륭하십니다. 현자 대구치라여."

존자 사리자는 찬탄하고 나서 기뻐하며 받들어 행하였다.

존자 사리자가 다시 물었다.

"현자 대구치라여, 다시 그 일로 인하여 비구가 소견을 성취하여 바른 소견을 얻고, 법에 대해 무너지지 않는 청정함을 얻어 바른 법에 들어갈 수 있는 그런 일이 있습니까?"

"있습니다. 존자 사리자여, 이른바 비구가 6처(處 : 入)의 참뜻을 알고 6처의 원인을 알며, 6처의 멸함을 알고 6처를 멸하는 방법에 대한 참뜻을 아는 것입니다. 어떤 것을 6처의 참뜻을 아는 것이라고 하는가? 이른바 안처眼處와 이처耳處 · 비처鼻處 · 설처舌處 · 신처身處 · 의처意處라고 아는 것을 6처의 참뜻을 아는 것이라고 합니다. 어떤 것을 6처의 원인에 대한 참뜻을 아는 것이라고 하는가? 이른바 명색名色으로 인하여 6처가 생겨난다고 아는 것을 6처의 원인에 대한 참뜻을 아는 것이라고 합니다. 어떤 것을 6처의 멸함에 대한 참뜻을 아는 것이라고 하는가? 이른바 명색이 멸하면 6처가 곧 멸한다고 아는 것을 6처를 멸함에 대한 참뜻을 아는 것이라고 합니다. 어떤 것을 6처를 멸하는 방법에 대한 참뜻을 아는 것이라고 하는가? 이른바 8지성도이니, 정견正見에서 정정正定까지의 여덟 가지를 아는 것을 6처를 멸하는 방법에 대한 참뜻을 아는 것이라고 합니다.

존자 사리자여, 만일 어떤 비구가 이렇게 6처의 참뜻을 알고 6처의 원인을 알며, 6처의 멸함을 알고 6처를 멸하는 방법에 대한 참뜻을 알면, 이것이 이른바 비구가 소견을 성취하여 바른 소견을 얻고, 법에 대하여 무너지지 않는 청정함을 얻어 바른 법에 들어간다는 것입니다."

존자 사리자는 이 말을 듣고 찬탄하며 말하였다.

"훌륭하십니다, 훌륭하십니다. 현자 대구치라여."

존자 사리자는 찬탄하고 난 다음에 기뻐하며 받들어 행하였다.

존자 사리자가 다시 물었다.

"현자 대구치라여, 다시 혹 그 일로 인하여 비구가 소견을 성취하여 바른 소견을 얻고, 법에 대하여 무너지지 않는 청정함을 얻어 바른 법에 들어갈 수 있는 그런 일이 있습니까?"

"있습니다. 존자 사리자여, 이른바 어떤 비구가 명색名色의 참뜻을 알고 명색의 원인을 알며, 명색의 멸함을 알고 명색을 멸하는 방법에 대한 참뜻을 아는 것입니다. 어떤 것을 명名을 아는 것이라고 하는가? 이른바 색이 아닌 4음陰을 명이라고 한다고 아는 것입니다. 어떤 것을 색色을 아는 것이라고 하는가? 이른바 4대大 및 4대로 이루어진 것〔四大造〕을 색이라 한다고 아는 것입니다. 이렇게 색을 말하고 앞에서는 명을 말했는데, 이것이 곧 명색입니다. 이런 것을 아는 것을 명색의 참뜻을 아는 것이라고 합니다. 어떤 것을 명색의 원인에 대한 참뜻을 아는 것이라고 하는가? 이른바 식으로 말미암아 곧 명색이 있다고 아는 것을 명색의 원인에 대한 참뜻을 아는 것이라 고 합니다. 어떤 것을 명색의 멸함에 대한 참뜻을 아는 것이라고 하는가? 이른바 식識이 멸하면 명색이 곧 멸한다고 아는 것을 명색의 멸함에 대한 참뜻을 아는 것이라고 합니다. 어떤 것을 명색을 멸하는 방법에 대한 참뜻을 아는 것이라고 하는가? 이른바 8지성도이니, 정견에서 정정까지의 여덟 가지를 아는 것을 명색을 멸하는 방법에 대한 참뜻을 아는 것이라고 합니다. 존자 사리자여, 만일 어떤 비구가 이렇게 명색의 참뜻을 알고 명색의 원인을 알며, 명색의 멸함을 알고 명색을 멸하는 방법에 대한 참뜻을 알면, 이것이 이른바 비구가 소견을 성취하여 바른 소견을 얻고, 법에 대하여 무너지지 않는 청정함을 얻어 바른 법에 들어간다고 하는 것입니다."

존자 사리자는 이 말을 듣고 찬탄하며 말하였다.

"훌륭하십니다, 훌륭하십니다. 현자 대구치라여."

존자 사리자는 찬탄하고 나서 기뻐하며 받들어 행하였다.

존자 사리자가 다시 물었다.

"현자 대구치라여, 다시 그 일로 인하여 비구가 소견을 성취하여 바른 소견을 얻고, 법에 대하여 무너지지 않는 청정함을 얻어 바른 법에 들어갈 수 있는 그런 일이 있습니까?"

"있습니다. 존자 사리자여, 이른바 어떤 비구가 식識의 참뜻을 알고 식의 원인을 알며, 식의 멸함을 알고 식을 멸하는 방법에 대한 참뜻을 아는 것입니다. 어떤 것을 식의 참뜻을 아는 것이라고 하는가? 이른바 6식이 있으니, 안식眼識·이식耳識·비식鼻識·설식舌識·신식身識·의식意識이라고 아는 것을 식의 참뜻을 아는 것이라고 합니다. 어떤 것을 식의 원인에 대한 참뜻을 아는 것이라고 하는가? 이른바 행行으로 말미암아 곧 식이 있다고 아는 것을 식의 원인에 대한 참뜻을 아는 것이라고 합니다. 어떤 것을 식의 멸함에 대한 참뜻을 아는 것이라고 하는가? 이른바 행이 멸하면 식이 곧 멸한다고 아는 것을 식의 멸함에 대한 참뜻을 아는 것이라고 합니다. 어떤 것을 식을 멸하는 방법의 참뜻을 아는 것이라고 하는가? 이른바 8지성도이니, 정견에서 정정까지의 여덟 가지를 아는 것을 식을 멸하는 방법에 대한 참뜻을 아는 것이라고 합니다. 존자 사리자여, 만일 어떤 비구가 이렇게 식의 참뜻을 알고 식의 원인을 알며, 식의 멸함을 알고 식을 멸하는 방법에 대한 참뜻을 알면, 이것이 이른바 비구가 소견을 성취하여 바른 소견을 얻고, 법에 대하여 무너지지 않는 청정함을 얻어 바른 법에 들어간다는 것입니다."

존자 사리자는 이 말을 듣고 찬탄하며 말하였다.

"훌륭하십니다, 훌륭하십니다. 현자 대구치라여."

존자 사리자는 찬탄하고 나서 기뻐하며 받들어 행하였다.

존자 사리자가 다시 물었다.

"현자 대구치라여, 다시 그 일로 인하여 비구가 소견을 성취하여 바른 소견을 얻고, 법에 대하여 무너지지 않는 청정함을 얻어 바른 법에 들어갈 수 있는 그런 일이 있습니까?"

"있습니다. 존자 사리자여, 이른바 어떤 비구가 행行의 참뜻을 알고 행의 원인을 알며, 행의 멸함을 알고 행을 멸하는 방법에 대한 참뜻을 아는 것입니다. 어떤 것을 행의 참뜻을 아는 것이라고 하는가? 이른바 3행行이 있으니 신행身行·구행口行·의행意行이라고 아는 것을 행의 참뜻을 아는 것이라고 합니다. 어떤 것을 행의 원인에 대한 참뜻을 아는 것이라고 하는가? 이른바 무명無明으로 말미암아 곧 행이 있다고 아는 것을 행의 원인에 대한 참뜻을 아는 것이라고 합니다. 어떤 것을 행의 멸함에 대한 참뜻을 아는 것이라고 하는가? 이른바 무명이 멸하면 행이 곧 멸한다고 아는 것을 행의 멸함에 대한 참뜻을 아는 것이라고 합니다. 어떤 것을 행을 멸하는 방법에 대한 참뜻을 아는 것이라고 하는가? 이른바 8지성도이니, 정견正見에서 정정正定까지의 여덟 가지를 아는 것을 행을 멸하는 방법에 대한 참뜻을 아는 것이라고 합니다. 존자 사리자여, 만일 어떤 비구가 이렇게 행의 참뜻을 알고 행의 원인을 알며, 행의 멸함을 알고 행을 멸하는 방법에 대한 참뜻을 알면, 이것이 이른바 비구가 소견을 성취하여 바른 소견을 얻고, 법에 대하여 무너지지 않는 청정함을 얻어 바른 법에 들어간다는 것입니다."

존자 사리자는 이 말을 듣고 찬탄하며 말하였다.

"훌륭하십니다, 훌륭하십니다. 현자 대구치라여."

존자 사리자는 찬탄하고 나서 기뻐하며 받들어 행하였다.

존자 사리자가 다시 물었다.

"현자 대구치라여, 만일 어떤 비구가 무명이 이미 다하고 밝음〔明〕이 생겼다면 다시 어떤 일을 해야 하는 것입니까?"

"존자 사리자여, 만일 어떤 비구가 무명이 이미 다하고 밝음이 생겼다면, 더 이상 할 일이 없습니다."

존자 사리자는 이 말을 듣고 찬탄하며 말하였다.

"훌륭하십니다, 훌륭하십니다. 현자 대구치라여."

이렇게 두 존자는 서로 이치를 이야기하고, 저마다 기뻐하며 받들어 행하고 자리에서 일어나 떠나갔다.

〔이 대구치라경에 수록된 경문의 글자 수는 4,077자이다.〕

30) 상적유경象跡喩經〔초 1일송〕

나는 이와 같이 들었다.

어느 때 부처님께서 사위국을 유행하실 때에 승림급고독원勝林給孤獨園에 계셨다. 그때 존자 사리자가 여러 비구들에게 말하였다.

"여러 현자들이여, 비록 한량없는 선법善法이 있더라도 그 모든 법은 다 네 가지 성스러운 진리〔四聖諦〕에 포섭되는 것으로서 네 가지 성스러운 진리 안으로 들어오기 때문에 네 가지 성스러운 진리를 일체법에서 제일이라고 합니다. 왜냐하면 많은 선법을 다 포섭하고 있기 때문입니다. 여러 현자들이여, 그것은 마치 모든 짐승의 발자국 중에 코끼리의 발자국이 제일 큰 것과 같은 이치입니다. 왜냐하면 저 코끼리 발자국이 가장 넓고 크기 때문입니다. 이와 같이 저 한량없는 일체 선법도 다 네 가지 성스러운 진리에 포섭되어 네 가지 성스러운 진리 안으로 들어옵니다. 그래서 네 가지 성스러운 진리〔四聖諦〕를 일체 법에서 제일이라고 합니다. 어떤 것이 네 가지인가? 이른바 괴로움에 대한 성스러운 진리〔苦聖諦〕·괴로움의 발생에 대한 성스러운 진리〔苦習聖諦〕·괴로움의 소멸에 대한 성스러운 진리〔苦滅聖諦〕·괴로움의 소멸에 이르는 길에 대한 성스러운 진리〔苦滅道聖諦〕가 그것입니다.

어떤 것을 괴로움에 대한 성스러운 진리라고 하는가? 이른바 남〔生〕은 괴로움이며, 늙음도 괴로움이며, 병듦〔病〕도 괴로움이며, 죽음도 괴로움이다. 원수를 만나는 일도 괴로움이며, 사랑하는 이와 이별하는 것도 괴로움입니다. 구해도 얻지 못하는 것도 괴로움이며, 간략히 줄여서 5성음盛陰이 괴로움입니다. 여러분, 어떤 것을 5성음이라고 하는가? 이른바 색성음色盛陰과 각성음覺盛陰·상성음想盛陰·행성음行盛陰·식성음識盛陰이 그것입니다. 여러분, 어떤 것을 색성음이라고 하는가? 이른바 색질이 있는 것으로서 그 일체는 4대와 4대로 이루어진 것입니다. 어떤 것을 4대라고 하는가? 이른바 지계地界와 수계水界·화계火界·풍계風界가 그것입니다. 어떤 것을 지계라고 하는가? 지계에 두 가지가 있으니, 내지계內地界가 있고 외지계外地界가 있습니다. 어떤 것을 내지계라고 하는가? 이른바 몸속에 있는 것이니 몸에 내포되어 있는 단단한 성질의 것들로서, 몸 안에 수용되어 있는 것들입니다. 그것은 어떤 것들인가? 이른바 머리털·털·손톱·이·거칠고 고운 피부·살·근육·뼈·염통·콩팥·간·허파·지라·창자·밥통·똥 등 이와 같은 것들로서, 몸 안에 들어 있어 몸에 내포되어 있는 단단한 성질로 이루어져 있는 것이니, 이것을 내지계라고 합니다. 여러분 외지계란 무엇인가? 이른바 큰 것이 그것이며 깨끗한 것이 그것이며, 미워하지 않는 것이 그것입니다.

여러 현자여, 때로 수재水災를 만나면 그때에 외지계는 멸망하게 됩니다. 여러 현자여, 이 외지계는 지극히 크고 지극히 깨끗하며, 지극히 미워하지 않는 것이지만 이것도 무상無常한 법이며 다함이 있는 법이며, 쇠하는 법이며 변하는 법인데, 하물며 잠깐 머무는 애욕으로 받은 이 몸이겠습니까?

그러나 이른바 많이 알지 못하는 어리석은 범부는 '이것은 나〔我〕이다. 이것은 내 것〔我所〕이다. 나는 그의 것〔彼所〕이다'라고 생각합니다.

하지만 많이 아는 거룩한 제자는 '이것은 나이다. 이것은 내 것이다. 나는 그의 것이다'라고 생각하지 않습니다. 그는 왜 그렇게 생각하는가? 만일 어떤 다른 사람이 꾸짖고 때리며 성내어 나무라면, 그는 이렇게 생각합니다.

'내가 받는 이 고통은 인연을 따라 나는 것으로서 인연이 없는 것이 아니다. 어떤 것이 연이 되는가? 고갱락苦更樂이 연이 된다.'

그는 이 갱락이 무상한 것임을 관찰하고, 각覺·상想·행行·식識도 무상한 것임을 관찰하여 그의 마음은 계界를 인연하여 머물러 그치고 한마음과 합해 안정되어 움직이지 않습니다.

그는 뒷날 다른 사람이 와서 부드럽고 고운 말씨로 말하면, 이렇게 생각합니다.

'내가 받는 이 즐거움은 인연을 따라 나는 것으로써 인연이 없는 것이 아니다. 어떤 것을 인연하는가? 낙갱락樂更樂을 인연한다.'

그는 이 갱락이 무상한 것임을 관찰하고, 각·상·행·식도 무상한 것임을 관찰하여 그의 마음은 계界를 인연하여 머물러 그치고 한마음과 합해 안정되어 움직이지 않습니다.

그는 또 뒷날, 만일 어떤 어린이나 젊은이나 늙은이가 와서 못할 짓을 행하며 주먹으로 치거나 돌을 던지거나 혹은 무기로 때리면, 이렇게 생각합니다.

'내가 받은 이 몸은 색법色法의 거친 바탕으로 네 가지 요소〔四大之種〕로 이루어진 것이다. 부모에게서 태어나서 음식으로 키웠으며, 항상 옷을 입고 앉고 눕고 안마하며, 목욕하고 억지로 참으며 살아간다. 이것은 부서질 법法이며, 없어져 다할 법이며, 떠나 흩어질 법이다. 나는 이 몸으로 말미암아 주먹질과 돌팔매질과 칼부림을 받는다.'

그래서 그는 부지런히 힘써 게으름을 피우지 않고 바른 몸 바른 생각으로 잊지도〔忘〕[3] 않고 어리석지도 않으며, 안정되고 한마음이 되어 또 이렇게 생각합니다.

'나는 부지런히 힘써 게으름을 피우지 않고 바른 몸과 바른 생각으로 잊지도 않고 어리석지도 않으며, 안정되고 한마음이 되었다. 나는 이 몸을 받았으므로 주먹질과 돌팔매질과 칼부림을 받기도 할 것이다. 그러나 그저 부지런히 힘써 세존의 법을 배워야 한다.'

여러 현자들이여, 세존께서도 이렇게 말씀하셨습니다.

'만일 도적이 와서 날이 예리한 톱으로 마디마디 몸을 자른다 하자. 만일 네가 도적에게 날이 예리한 톱으로 마디마디 몸이 잘릴 때에, 혹 마음이 변하거나 혹 추악한 말을 한다면 너는 곧 쇠퇴하는 것이다. 너는 마땅히 이렇게 생각하라.

〈비록 도적이 와서 날이 예리한 톱으로 마디마디 내 몸을 자르더라도, 그 때문에 내 마음이 변하거나 악한 말을 하지 않을 것이며, 마디마디 내 몸을 자르는 그를 위하여 가엾게 여기는 마음을 내리라.〉

그를 위한 마음을 냈기 때문에, 마음은 사랑과 함께하여 1방方에 두루 차서 원만히 노닐며, 이렇게 2·3·4방과 4유·상·하 일체에 두루한다. 마음은 사랑과 함께하므로 맺힘도 없고 원한도 없으며, 성

3 원본元本과 명본明本 두 본에는 이 글자가 '에恚'자로 되어 있다. '에'자가 뜻에 더 맞지 않은가 생각되지만 우선 고려대장경을 따라 망忘으로 번역해 둔다.

냄도 없고 다툼도 없어, 지극히 넓고 매우 크며 한량없는 선행을 잘 닦아 일체 세간에 두루 차서 원만히 노닌다.'

여러 현자들이여, 저 비구가 만일 부처님과 법과 스님들로 인하여 선善과 서로 호응하는 평정한 마음에 머무르지 못하면 여러 현자들이여, 그 비구는 반드시 제 자신과 다른 이에게 다음과 같이 부끄러워해야 합니다.

'나는 이익이 있을 만한 데도 이익이 없고, 덕이 있을 만한 데도 덕이 없다. 왜냐하면 나는 부처님과 법과 스님들로 말미암아 선과 서로 호응하는 평정한 마음에 머무르지 못했기 때문이다.'

여러 현자들이여, 그것은 마치 처음 맞이한 신부가 시부모를 보거나 신랑을 보며, 자신과 남에게 부끄러워하는 것과 같습니다. 여러 현자들이여, 마땅히 알아야 합니다. 비구도 그와 같이 반드시 자신과 남에게 다음과 같이 부끄러워해야 합니다.

'나는 이익에 대하여 이익이 없고, 덕에 대하여 덕이 없다. 왜냐하면 나는 부처님과 법과 스님들로 말미암아 선과 서로 호응하는 평정한 마음에 머무르지 못했기 때문이다.'

그는 제 자신과 남에게 부끄러워함으로 말미암아 곧 선과 서로 호응하는 평정한 마음에 머무를 것입니다. 이것은 묘한 식적息寂으로써 이른바 일체의 유有를 버리고 애욕을 여의고 욕이 다 멸해 남음이 없는 것입니다. 여러 현자들이여, 이것을 비구가 일체를 크게 배우는 것이라고 합니다.

어떤 것을 수계水界라고 하는가? 이른바 수계에 두 가지가 있으니, 내수계內水界와 외수계外水界가 그것입니다. 어떤 것이 내수계인가? 몸 속에 있으며 몸에 포함되어 있는 물로서 그 물의 성질은 촉촉하며, 몸 안에 수용된 것들입니다. 그것은 어떤 것들인가? 이른바 골·뇌수·

눈물 · 땀 · 콧물 · 가래침 · 고름 · 피 · 기름덩이 · 골수 · 침 · 가래 · 오줌, 이와 같은 것들로서 몸속에 들어 있는 것들입니다. 몸에 내포된 물로서 그 물의 성질은 촉촉하며 몸 안에 받은 것이니 여러 현자들이여, 이것을 내수계라고 합니다. 또 외수계란 무엇인가? 이른바 큰 것이 그것이며, 깨끗한 것이 그것이며, 미워하지 않는 것이 그것입니다. 여러 현자들이여, 화재火災가 있을 때에는 외수계가 멸합니다. 여러 현자여, 이 외수계는 지극히 크고 지극히 깨끗하며, 지극히 미워하지 않는 것이지만 이것도 무상無常한 법이며 다함이 있는 법이며, 쇠하는 법이며 변하는 법인데 하물며 잠깐 머무르는 애욕으로 받은 이 몸이겠습니까?

그러나 이른바 많이 알지 못하는 어리석은 범부는 '이것은 나이다, 이것은 내 것이다, 나는 그의 것이다'라고 생각합니다. 하지만 많이 아는 훌륭한 제자는 '이것은 나이다. 이것은 내 것이다. 나는 그의 것이다'라고 생각하지 않습니다. 그는 왜 그렇게 생각하는가? 만일 어떤 다른 사람이 꾸짖고 때리거나 성내어 나무라면, 그는 이렇게 생각합니다.

'내가 받는 이 고통은 인연을 좇아 난 것으로서 인연이 없는 것이 아니다. 어떤 것을 인연하는가? 고갱락을 인연한다.'

그는 이 갱락이 무상한 것임을 관찰하고, 각 · 상 · 행 · 식이 무상한 것임을 관찰하여, 그의 마음은 계를 인연하여 머물러 그치고 한마음과 합해 안정되어 움직이지 않습니다.

뒷날 다른 사람이 와서 부드럽고 고운 말씨로 말하면 그는 이렇게 생각합니다.

'내가 받는 이 즐거움은 인연을 좇아 나는 것으로서 인연이 없는 것이 아니다. 어떤 것을 인연하는가? 낙갱락을 인연한다.'

그는 이 갱락이 무상한 것임을 관찰하고, 각·상·행·식이 무상한 것임을 관찰하여 그 마음은 계를 인연하여 머물러 그치고 한마음과 합해, 안정되어 움직이지 않습니다.

그는 또 뒷날 만일 어떤 어린이나 젊은이나 늙은이가 와서 못할 짓을 행하며, 주먹으로 치거나 돌을 던지거나 무기로 치면 이렇게 생각합니다.

'내가 받은 이 몸은 색법의 거친 바탕이며 4대大로 이루어진 것이다. 부모에게서 태어나서 음식으로 키웠으며, 항상 옷을 입고 앉고 눕고 안마하며 목욕하고 억지로 참으며 살아간다. 이것은 부서질 법法이며 없어져 다할 법이며, 떠나 흩어질 법이다. 나는 이 몸으로 말미암아 주먹질과 돌팔매질과 칼부림을 받는다.'

그렇게 생각하기 때문에 그는 부지런히 힘써 게으르지 않고, 바른 몸과 바른 생각으로 잊지도 않고 어리석게 굴지도 않으며, 안정되고 한마음이 되어 또 이렇게 생각합니다.

'나는 부지런히 힘써 게으름을 피우지 않고, 바른 몸과 바른 생각으로 잊지도 않고, 어리석지도 않으며, 안정되고 한마음이 되었다. 나는 이 몸을 받았으므로 주먹질과 돌팔매질과 칼부림을 받기도 할 것이다. 그러나 그저 부지런히 힘써 세존의 법을 배워야 한다.'

여러 현자들이여, 세존께서도 이렇게 말씀하셨습니다.

'만일 도적이 와서 날이 예리한 톱으로 마디마디 몸을 자른다 하자. 만일 네가 도적에게 날이 예리한 톱으로 마디마디 몸이 잘릴 때에 마음이 변하거나 나쁜 말을 한다면, 너는 곧 쇠퇴하는 것이다. 너는 마땅히 이와 같이 생각하라.

〈비록 도적이 와서 날이 예리한 톱으로 내 몸을 마디마디 자르더라도 그 일 때문에 나는 내 마음을 변하게 하거나 나쁜 말을 하지 않고,

내 몸을 마디마디 자르는 그를 위하여 가엾이 여기는 마음을 내리라.〉

그를 위하기 때문에 마음은 자애로움과 함께하여 1방에 두루 차서 성취하여 노닐며, 이렇게 2・3・4방과 4유・상하 일체에 두루한다. 마음은 자애로움과 함께하므로 맺힘도 없고 원한도 없으며, 성냄도 없고 다툼도 없으며, 지극히 넓고 매우 크고 한량없는 선행을 닦아 일체 세간에 두루 차서 성취하여 노닌다.'

여러 현자들이여, 저 비구가 만일 부처님과 법과 스님들로 말미암아 선과 서로 호응하는 평정한 마음에 머무르지 못하면, 그 비구는 반드시 제 자신과 남에게 부끄러워해야 합니다.

'나는 유익함에 대해서 아무 유익함도 없고, 덕에 대해 아무 덕도 없다. 왜냐하면 나는 부처님과 법과 스님들로 말미암아 선과 서로 호응하는 평정한 마음에 머무르지 못했기 때문이다.'

여러 현자들이여, 그것은 마치 갓 시집 온 신부가 시부모를 보거나 신랑을 보면, 제 자신과 남에게 부끄러워하는 것과 같습니다. 여러 현자들이여, 마땅히 알아야 합니다. 비구도 그와 같아서 반드시 제 자신과 남에게 부끄러워해야 합니다.

'나는 유익함에 대해서 아무 유익함도 없고, 덕에 대해서 아무 덕도 없다. 왜냐하면 나는 부처님과 법과 스님들로 말미암아 선과 서로 호응하는 평정한 마음에 머무르지 못했기 때문이다.'

그는 제 자신과 남에게 부끄러워함으로 말미암아 곧 선과 서로 호응하는 평정한 마음에 머무를 것입니다. 이것은 묘한 식적息寂으로써, 이른바 일체의 유有를 버리고 애욕을 여의고, 욕이 다 멸해 남음이 없다는 것입니다. 여러 현자들이여, 이것을 비구가 일체를 크게 배우는 것이라고 합니다.

어떤 것이 화계火界인가? 이른바 화계에 두 가지가 있으니, 내화계

內火界가 있고 외화계外火界가 있습니다. 어떤 것이 내화계인가? 이른바 몸속에 있으며 몸에 내포되어 있는 불로서 그 불의 성질은 뜨거우며 몸 안에 수용된 것들입니다. 그것은 어떤 것들인가? 이른바 몸을 따뜻하게 하고 몸을 뜨겁게 하며, 번민을 일으키게 하고 체온을 따뜻하게 하여 건강하게 하며, 음식을 소화시키는, 이와 같은 것들입니다. 몸 안에 있으며 몸속에 내포되어 있는 불로서 그 불의 성질은 뜨거우며 몸 안에 수용되어 있는 것들입니다. 바로 이것을 내화계라고 합니다.

또 외화계란 무엇인가? 이른바 큰 것이 그것이며, 깨끗한 것이 그것이며, 미워하지 않는 것이 그것입니다. 여러 현자들이여, 혹 때로는 외화계가 일어나는데 그것이 일어나면 마을・성곽・산림・광야를 다 태우며, 태우다가 혹은 길에 이르고 물에 이르러 받아들이는 것이 없으면 저절로 소멸됩니다. 여러 현자들이여, 외화계가 소멸한 뒤에 사람들은 불을 구하려고 나무를 비벼대거나 대나무를 끊으며, 혹은 구슬로 불을 일으키곤 합니다. 여러 현자들이여, 이 외화계는 지극히 크고 지극히 깨끗하며 지극히 미워하지 않는 것이지만, 이것도 무상한 법이며 다함이 없는 법이며 쇠하는 법이며 변하는 법인데 하물며 잠깐 머무르는 애욕으로 만들어진 이 몸이겠습니까?

그러나 이른바 많이 알지 못하는 어리석은 범부는 '이것은 나이다. 이것은 내 것이다. 나는 그의 것이다'라고 생각합니다. 하지만 많이 아는 훌륭한 제자는 '이것은 나이다, 이것은 내 것이다, 나는 저의 것이다'라고 생각하지 않습니다. 그는 왜 그렇게 생각하는가? 만일 어떤 다른 사람이 꾸짖고 때리며 성내어 나무라면, 그는 이렇게 생각합니다.

'내가 받는 이 고통은 인연을 좇아 생긴 것으로서 인연이 없는 것이

아니다. 어떤 것을 인연하는가? 고갱락을 인연한다.'

그는 이 갱락이 무상한 것임을 관찰하고, 각·상·행·식도 무상한 것임을 관찰하여 그의 마음은 계를 인연하여 머물러 그치고, 한마음과 합해 안정되어 동요하지 않습니다.

뒷날 다른 사람이 와서 부드럽고 고운 말씨로 말하면 그는 이렇게 생각합니다.

'내가 받는 이 즐거움은 인연을 좇아 생긴 것으로서 인연이 없는 것이 아니다. 어떤 것을 인연하는가? 낙갱락을 인연한다.'

그는 이 갱락이 무상한 것임을 관찰하고, 각·상·행·식도 무상한 것임을 관찰하여 그의 마음은 계를 인연하여 머물러 그치고, 한마음과 합해 안정되어 동요하지 않습니다.

그는 또 뒷날, 만일 어떤 어린이나 젊은이나 늙은이가 와서 못할 짓을 행하며 주먹으로 치거나 돌을 던지거나 혹은 무기로 치면, 그는 이렇게 생각합니다.

'내가 받은 이 몸은 색법의 거친 바탕이며 4대로 이루어진 것이다. 부모에게서 태어나서 음식으로 키웠으며, 항상 옷을 입고 앉고 눕고 안마하며, 목욕하고 억지로 참으며 살아간다. 이것은 부서질 법法이며 없어져 다할 법이며 떠나 흩어질 법이다. 나는 이 몸으로 말미암아 주먹질과 돌팔매질과 칼부림을 받는다.'

그러므로 그는 부지런히 힘써 게으름을 피우지 않고, 바른 몸과 바른 생각으로 성내지 않고 어리석지 않으며 안정되고 한마음이 됩니다. 그는 또 이렇게 생각합니다.

'나는 부지런히 힘써 게으름을 피우지 않고, 바른 몸과 바른 생각으로 잊지도 않고 어리석지도 않으며, 안정되고 한마음이 되었다. 나는 이 몸을 받았으므로 주먹질과 돌팔매질과 칼부림을 받기도 할 것이

다. 그러나 그저 부지런히 힘써 세존의 법을 배워야 한다.'

여러분, 세존께서도 이렇게 말씀하셨습니다.

'만일 도적이 와서 날이 예리한 톱으로 마디마디 몸을 자른다 하자. 만일 네가 도적에게 날이 예리한 톱으로 마디마디 몸이 잘릴 때에 마음이 변하거나 나쁜 말을 한다면, 너는 곧 쇠퇴하는 것이다. 너는 마땅히 이렇게 생각하라.

〈비록 도적이 와서 날이 예리한 톱으로 내 몸을 마디마디 자르더라도, 그 일 때문에 나는 내 마음을 변하게 하거나 나쁜 말을 하지 않고 마땅히 내 몸을 마디마디 자르는 그를 위하여 가엾게 여기는 마음을 내리라.〉

그를 위하기 때문에 마음은 자애로움과 함께하여 1방에 두루 차서 성취하여 노닐며, 이렇게 2·3·4방과 4유·상하 일체에 두루한다. 마음은 자애로움과 함께하므로 맺힘도 없고 원한도 없으며 성냄도 없고 다툼도 없다. 지극히 넓고 매우 크며 한량없는 선행을 닦아 일체 세간에 두루 차서 원만히 노닌다.'

여러 현자들이여, 저 비구가 만일 부처님과 법과 스님들로 말미암아 선과 서로 호응하는 평정한 마음에 머무르지 못하면, 여러 현자들이여, 그 비구는 반드시 제 자신과 남에게 부끄러워해야 합니다.

'나는 유익함에 대해서 아무 유익함도 없고, 덕에 대해서 아무 덕도 없다. 왜냐하면 나는 부처님과 법과 스님들로 말미암아 선과 서로 호응하는 평정한 마음에 머무르지 못했기 때문이다.'

여러 현자들이여, 비유하면 마치 갓 시집 온 신부가 시부모를 보거나 신랑을 볼 때 제 자신과 남에게 부끄러워하는 것과 같습니다. 여러 현자들이여, 마땅히 알아야 합니다. 비구도 그와 같아서 반드시 제 자신과 남에게 부끄러워해야 합니다.

'나는 유익함에 대해서 아무 유익함도 없고, 덕에 대해서 아무 덕도 없다. 왜냐하면 나는 부처님과 법과 스님들로 말미암아 선과 서로 호응하는 평정한 마음에 머무르지 못했기 때문이다.'

그는 제 자신과 남에게 부끄러워함으로 말미암아 곧 선과 서로 호응하는 평정한 마음에 머무를 것입니다. 이것은 묘한 식적으로써, 이른바 일체의 유有를 버리고 애욕을 여의고 욕이 다 멸해 남음이 없다는 것입니다. 여러 현자들이여, 이것을 비구가 일체를 크게 배우는 것이라고 합니다.

또 어떤 것이 풍계風界인가? 풍계에 두 가지가 있으니, 내풍계內風界가 있고 외풍계外風界가 있습니다. 어떤 것이 내풍계인가? 이른바 몸속에 있으며 몸속에 내포되어 있는 바람으로서 그 바람의 성질은 움직이는 것으로서 몸 안에 수용되어 있는 것들입니다. 그것은 어떤 것들인가? 이른바 위로 부는 바람 · 밑으로 부는 바람 · 뱃속의 바람 · 움직이는 바람 · 끌어당기는 바람 · 칼바람 · 오르는 바람 · 정상적이지 않은 바람 · 뼈마디의 바람 · 내쉬는 바람 · 들이쉬는 바람, 이와 같은 것들로서 몸속에 있으며 몸에 내포되어 있는 바람으로 그 바람의 성질은 움직이는 것으로서 몸 안에 수용되어 있는 것들입니다. 이것을 내풍계라고 합니다.

외풍계란 무엇인가? 이른바 큰 것이 그것이며, 깨끗한 것이 그것이며, 미워하지 않는 것이 그것입니다. 여러 현자들이여, 혹 어떤 때에는 외풍계가 일어나는데, 외풍계가 일어날 때에는 집을 뒤집고 나무를 뽑아내며, 산을 무너뜨리고 산을 뒤집은 뒤에는 곧 멈추어 털끝만큼도 움직이지 않습니다. 여러 현자들이여, 외풍계가 그친 뒤에 사람들은 바람을 구하려고 부채로 혹은 다라哆邏나무 잎으로, 혹은 옷으로 바람을 구하곤 합니다. 여러 현자들이여, 외풍계는 지극히 크고, 지극히 깨끗하며, 지극히 미워하지 않는 것이지만, 이것도 무상한 물질이며 다함이 있는 물질이며 쇠하는 물질이며 변하는 물질인데, 하물며 잠깐 머무르는 애욕으로 받은 이 몸이겠습니까?

그러나 이른바 많이 알지 못하는 어리석은 범부는 '이것은 나이다. 이것은 내 것이다. 나는 그의 것이다'라고 생각합니다. 하지만 많이 아는 거룩한 제자는 '이것은 나이다. 이것은 내 것이다. 나는 그의 것이다'라고 생각하지 않습니다. 그는 왜 그렇게 생각하는가? 만일 어떤 다른 사람이 꾸짖고 때리거나 성내어 나무라면, 그는 이렇게 생각합니다.

'내가 받는 이 고통은 인연을 좇아 생겨난 것으로서, 인연이 없는 것이 아니다. 어떤 것을 인연하는가? 고갱락을 인연한다.'

그는 이 갱락이 무상한 것임을 관찰하고, 각覺·상想·행行·식識도 무상한 것임을 관찰하여 그의 마음은 계를 인연하여 머물러 그치고, 한마음과 합해 안정되어 동요하지 않습니다. 그는 뒷날 다른 사람이 와서 부드럽고 고운 말씨로 말하면, 이렇게 생각합니다.

'내가 받는 이 즐거움은 인연을 좇아 생겨나는 것으로서 인연이 없는 것이 아니다. 어떤 것을 인연하는가? 낙갱락樂更樂을 인연한다.'

그는 이 갱락이 무상한 것임을 관찰하고, 각·상·행·식도 무상한 것임을 관찰하여, 그의 마음은 계를 인연하여 머물러 그치고, 한마음과 합해 안정되어 동요하지 않습니다.

그는 또 뒷날에 어떤 어린이나 젊은이나 늙은이가 와서 못할 짓을 행하고, 혹은 주먹으로 치거나 돌을 던지며 혹은 무기 따위로 때리면, 이렇게 생각합니다.

'내가 받은 이 몸은 색법의 거친 바탕이며 4대로 이루어진 것이다. 부모에게서 태어나 음식으로 자랐으며 항상 옷을 입고 앉고 눕고 안마하며 목욕하고 억지로 참으며 살아간다. 이것은 부서질 법法이며 없어져 다할 법이며 떠나 흩어질 법이다. 나는 이 몸으로 인하여 주먹질과 돌팔매질과 칼부림 따위의 가해를 받는다.'

그래서 그는 부지런히 힘써 게을리 하지 않고, 바른 몸과 바른 생각으로 잊지도 않고 어리석지도 않으며, 안정되고 한마음이 되어 이렇게 생각합니다.

'나는 부지런히 힘써 게을리 하지 않고, 바른 몸과 바른 생각으로 잊지도 않고 어리석지도 않으며, 안정되고 한마음이 되었다. 나는 이 몸을 받았으므로 주먹질과 돌팔매질과 칼부림을 받기도 할 것이다. 그러나 그저 부지런히 힘써 세존의 법을 배워야 한다.'

여러 현자들이여, 세존께서도 이렇게 말씀하셨습니다.

'만일 도적이 와서 날이 예리한 톱으로 마디마디 몸을 자른다 하자. 만일 네가 도적에게 날이 예리한 톱으로 마디마디 몸이 잘릴 때에, 마음이 변하거나 나쁜 말을 한다면 너는 곧 쇠퇴하는 것이다. 너는 마땅히 이렇게 생각하라.

〈비록 도적이 와서 날이 예리한 톱으로 내 몸을 마디마디 자르더라도, 그 일 때문에 나는 내 마음을 변하게 하거나 나쁜 말을 하지 않고, 마땅히 내 몸을 마디마디 자르는 그를 위하여 가엾이 여기는 마음을 내리라.〉

그를 위하기 때문에 마음은 자애로움과 함께하여 1방에 두루 차서 원만히 노닐며, 이렇게 2·3·4방과 4유·상하 일체에 두루한다. 마음은 자애로움과 함께하므로 맺힘도 없고 원한도 없으며 성냄도 없고 다툼도 없어 지극히 넓고 매우 크고 한량없는 선행을 닦아, 일체 세간에 두루 차서 원만히 노닌다.'

여러 현자들이여, 저 비구가 만일 부처님과 법과 스님들로 인하여 선과 서로 호응하는 평정한 마음에 머무르지 못하면, 여러 현자들이여, 그 비구는 제 자신과 남에게 다음과 같이 부끄러워해야 합니다.

'나는 유익함에 대해서 아무 유익함도 없고, 덕에 대해서 아무 덕도 없다. 왜냐하면 나는 부처님과 법과 스님들로 인하여 선과 서로 호응하는 평정한 마음에 머무르지 못했기 때문이다.'

여러 현자들이여, 그것을 비유하면 마치 갓 시집온 신부가 시부모를 보거나 신랑을 볼 때에 제 자신과 남에게 부끄러워하는 것과 같습니다. 여러 현자들이여, 마땅히 알아야 합니다. 비구도 그와 같아서 반드시 제 자신과 남에게 다음과 같이 부끄러워해야 합니다.

'나는 유익함에 대해서 아무 유익함도 없고, 덕에 대해서 아무 덕도 없다. 왜냐하면 나는 부처님과 법과 스님들로 인하여 선과 서로 호응하는 평정한 마음에 머무르지 못했기 때문이다.'

그는 제 자신과 남에게 부끄러워함으로 말미암아 곧 선과 서로 호응하는 평정한 마음에 머무를 것입니다. 이것은 묘한 식적息寂으로써 이른바 일체의 유有를 버리고 애욕을 여의고 욕탐이 다 멸해 남음이 없다는 것입니다. 이것을 비구가 일체를 크게 배우는 것이라고 합니다.

여러 현자들이여, 마치 재목과 진흙과 물풀로써 허공을 덮으면 집이라는 이름이 생기는 것처럼, 여러 현자들이여, 마땅히 알아야 합니다. 이 몸도 그와 같아서 힘줄과 뼈와 피부와 살과 피로 허공을 싸면 곧 몸이라는 이름이 생기는 것입니다. 여러 현자들이여, 만일 안의 안처眼處가 무너지고 바깥 경계인 빛깔이 광명을 받지 못하면 곧 생각이 없게 되어 안식이 생겨나지 않습니다. 여러 현자들이여, 만일 안의 안처가 무너지지 않고 바깥 경계인 빛깔이 광명을 받으면 곧 생각이 있게 되어 안식이 생겨나게 됩니다. 여러 현자들이여, 안의 안처와 빛깔, 안식이 바깥 빛깔을 알면 이것은 색음色陰에 속하고, 만일 각이 있으면 이것은 각음覺陰이며, 상이 있으면 이것은 상음想陰이며, 사가 있으면 이것은 사음思陰이며, 식이 있으면 이것은 식음識陰이니, 이렇게 음이 모여 합하는 것을 관찰합니다.

여러 현자들이여, 세존께서도 이렇게 말씀하셨습니다.

'만일 연기를 보면 곧 법을 보고, 법을 보면 곧 연기를 본다.'

왜냐하면 여러 현자들이여, 세존께서는 5성음盛陰은 인연을 좇아 생긴다고 말씀하셨으니, 색성음色盛陰과 각성음覺盛陰 · 상성음想盛陰 · 행성음行盛陰 · 식성음識盛陰이 그것입니다. 여러 현자들이여, 만일 안〔內〕의 이처耳處 · 비처鼻處 · 설처舌處 · 신처身處 · 의처意處가 무너지고, 바깥의 법이 광명을 받지 못하면 곧 생각이 없게 되어 의식이 생기지 않게 됩니다.

여러 현자들이여, 만일 안의 의처가 무너지지 않고 바깥 경계인 법이 광명을 받으면 곧 생각이 있게 되어 의식이 생기게 됩니다. 안의 의처와 법과 의식이 바깥의 색법을 알면 이것은 색음에 속하고, 만일 각이 있으면 이것은 각음覺陰이며, 상想이 있으면 이것은 상음想陰이며, 사思가 있으면 이것은 사음이며, 식識이 있으면 이것은 식음이니, 이렇게 음이 모여 합하는 것을 관찰합니다.

여러 현자들이여, 세존께서도 이렇게 말씀하셨습니다.

'만일 연기를 보면 곧 법을 보고 법을 보면 곧 연기를 본다.'

왜냐하면 여러 현자들이여, 세존께서는 5성음은 인연을 좇아 생긴다고 말씀하셨으니, 색성음 · 각성음 · 상성음 · 행성음 · 식성음이 그것입니다. 그는 이 과거 · 미래 · 현재의 5성음을 싫어하며, 싫어한 후에는 곧 욕심이 없어지고, 욕심이 없어지면 해탈하며, 해탈하면 해탈을 알게 되어서 생은 이미 다하고 범행은 이미 섰으며, 할 일은 이미 마쳐, 다시는 후세의 생명을 받지 않는다는 참뜻을 알게 됩니다. 이것을 비구가 일체를 크게 배우는 것이라고 합니다."

존자 사리자가 이와 같이 말하자 여러 비구들은 그의 말을 듣고 기뻐하며 받들어 행하였다.

〔이 상적유경에 수록된 경문의 글자 수는 3,867자이다.〕

31) 분별성제경分別聖諦經[4]〔초 1일송〕

나는 이와 같이 들었다.

어느 때 부처님께서 사위국을 유행하실 때에 승림급고독원에 계셨다. 그때 세존께서 여러 비구들에게 말씀하셨다.

"이것이 바로 정행설법正行說法이니, 이른바 네 가지 성스러운 진리〔四聖諦〕라고 하는 것으로서 널리 포섭하고〔廣攝〕 두루 관찰하며〔廣觀〕, 분별하고〔分別〕 드러내며〔發露〕, 믿음을 열고〔開仰〕 시설施設하며, 나타내 보이고〔顯示〕 나아가게 한다〔趣向〕.[5] 과거의 모든 여래如來·무소착無所著·등정각等正覺들께서도 이 정행설법이 있었으니, 이른바 네 가지 성스러운 진리로서 널리 포섭하고 두루 관찰하며, 분별하고 드러내며, 믿음을 열고 시설하며, 나타내 보이고 나아가게 하셨다. 미래의

4 이 경의 이역본으로는 후한後漢시대 안세고安世高가 한역한 『불설사제경佛說四諦經』과 『증일아함경』 제18권 제26품인 「사의단품四意斷品」 첫 번째 소경이 있으며, 참고자료로는 후진後秦시대 불야다라弗若多羅와 구마라집鳩摩羅什이 공역한 『십송률十誦律』 제60권이 있다.

5 이상 8종의 내역이 팔리어 원문에는 개시(開示, ācikkhanā)·선설(宣說, desanā)·시설(施設, paññāpanā)·건립(建立, paṭṭhapanā)·개현(開顯, vivaraṇā)·분별(分別, vibhajanā)·현발(顯發, uttanīkamma) 등 7개 항목으로 되어 있으니 참조하기 바람.

모든 여래·무소착·등정각들께서도 이 정행설법이 있을 것이니, 이른바 네 가지 성스러운 진리로서 널리 포섭하고 두루 관찰하며, 분별하고 드러내며, 믿음을 열고 시설하며, 나타내 보이고 나아가게 할 것이다. 지금 나 현재의 여래·무소착·등정각도 이 정행설법이 있으니, 이른바 네 가지 성스러운 진리로서 널리 포섭하고 두루 관찰하며, 분별하고 드러내며, 믿음을 열고 시설하며, 나타내 보이고 나아가게 한다.

사리자 비구는 총명한 지혜·신속한 지혜·민첩한 지혜·예리한 지혜·넓은 지혜·깊은 지혜·고통에서 벗어나는 지혜·환히 아는 지혜·변재의 지혜가 있다. 사리자 비구는 진실한 지혜를 성취했다. 무엇 때문인가? 내가 이 네 가지 성스러운 진리에 대해 간략하게 말하면, 사리자 비구는 능히 남을 위하여 더 자세하게 가르쳐 주고 두루 관찰하며, 분별하고 드러내며, 믿음을 열고 시설하며, 나타내 보이고 나아가게 하기 때문이다. 사리자 비구는 이 네 가지 성스러운 진리를 자세히 가르쳐 주고 두루 보여 주며, 분별해 주고 드러내 주며, 믿음을 열고 시설하며, 나타내 보이고 나아가게 할 때에 한량없는 사람들로 하여금 관찰할 수 있게 한다. 사리자 비구는 능히 바른 소견으로써 사람을 인도하고, 목건련 비구는 능히 사람으로 하여금 최상의 진제眞際에 서게 하는데, 이른바 번뇌〔漏〕가 완전히 다한 자들이다. 사리자 비구는 모든 범행을 나게 하는 것이 마치 생모生母와 같고, 목건련 비구는 모든 범행을 자라게 하는 것이 마치 양모養母와 같다. 그러므로 모든 범행자는 마땅히 사리자와 목건련 비구를 받들어 섬기고 공양하며 공경하고 예배해야 한다. 왜냐하면 사리자와 목건련 비구는 모든 범행자를 위하여 이치와 요익을 구하고 안온과 쾌락을 구하기 때문이다."

그때에 세존께서는 이와 같이 말씀하신 뒤에 곧 자리에서 일어나 방에 들어가 편안히 앉으셨다. 이에 존자 사리자는 여러 비구들에게 말하였다.

"여러 현자들이여, 세존께서는 우리들을 위하여 이 세상에 나오셨다. 이른바 다른 사람들을 위하여 이 네 가지 성스러운 진리〔四聖諦〕를 자세히 가르치시고 두루 보이시며, 분별하고 드러내시며, 믿음을 열고 시설하시며, 나타내 보이고 나아가게 하신다. 어떤 것이 네 가지인가? 이른바 괴로움에 대한 성스러운 진리〔苦聖諦〕·괴로움의 발생에 대한 성스러운 진리〔苦習聖諦 : 苦集聖諦〕·괴로움의 소멸에 대한 성스러운 진리〔苦滅聖諦〕·괴로움의 소멸에 이르는 길에 대한 성스러운 진리〔苦滅道聖諦〕이다.

여러 현자들이여, 어떤 것이 괴로움에 대한 성스러운 진리인가? 남〔生〕은 괴로움이며 늙음은 괴로움이며, 병은 괴로움이며 죽음은 괴로움이며, 원수와 만남도 괴로움이며 사랑하는 이와 이별하는 것도 괴로움이며, 구해도 얻지 못하는 것이 괴로움이다. 간략하게 줄여서 5성음盛陰이 괴로움이다.

여러 현자들이여, 남〔生〕이 괴로움이라고 말한 것은 무엇 때문인가? 여러 현자들이여, 남이란 이른바 저 중생과 그리고 저러한 모든 중생의 무리들은 생기면 생겨나고 나오면 나오게 되며, 성립되면 성립되게 되어 5음陰을 일으킨 뒤에는 명근(命根 : 목숨)을 얻는다. 이것을 남〔生〕이라고 말한다. 여러 현자들이여, 남이 괴로움이라고 하는 말은 이른바 중생은 태어날 때에 몸이 고통을 받는데, 온몸이 다 고통을 받으며 온몸이 고통스러움을 느낀다. 마음도 고통을 받는데, 온 마음이 다 고통을 받으며 온 마음이 고통스러움을 느낀다. 몸과 마음이 고통을 받는데 온몸과 마음이 다 고통을 받으며, 온몸과 마음이 다 고통을 느낀다. 몸이 뜨거움을 받는데, 온몸이 다 뜨거움을 받고 느낌에 있어서도 온몸이 뜨거움을 느낀다. 마음이 뜨거움을 받는데, 온 마음이 다 뜨거움을 받고 느낌에 있어서도 온 마음이 다 뜨거움을 느낀다. 몸과 마음이 뜨거움을 받는데, 온몸과 마음이 다 뜨거움을 받고 또한 느낌에 있어서도 온몸과 마음이 다 뜨거움을 느낀다. 몸이 열·번뇌·근심을 받는데, 온몸이 다 받고 느낌에 있어서도 온몸으로 다 느낀다. 마음도 열·번뇌·근심을 받는데, 온 마음이 다 받고 또한 느낌에 있어서도 온 마음이 다 느낀다. 몸과 마음이 열·번뇌·근심을 받는데 온몸과 마음이 다 받고, 느낌에 있어서도 온몸과 마음이 다 느낀다. 여러 현자들이여, 남〔生〕이 고통이라고 말하는 것은 이렇기 때문에 그렇게 말하는 것이다.

여러 현자들이여, 늙음이 고통이라고 말한 것은 무엇 때문인가? 여러 현자들이여, 늙음이란 이른바 이 모든 중생과 저 모든 중생의 무리들은 늙어지면 머리는 희어지고 이는 빠지며 젊음은 날로 쇠해진다. 허리는 굽고 다리는 휘어지며, 몸은 무겁고 상기병에 걸려 지팡이를 짚고 다니며, 살은 쭈그러들고 피부는 늘어져 주름살은 마치 얽은 것 같으며, 모든 감각기관들도 다 낡고 얼굴빛도 추악해진다. 이것을 늙음이라고 한다. 여러 현자들이여, 늙음이 고통이라고 말한 것은 중생들이 늙을 때에는 몸이 다 고통을 받는데, 온몸이 다 고통을 받으며 느낌에 있어서도 온몸이 느낀다. 마음도 고통을 받는데 온 마음이 다 고통을 받고, 느낌에 있어서도 온 마음이 다 느낀다. 몸과 마음이 고통을 받는데, 온몸과 마음이 다 고통을 받으며 느낌에 있어서도 온몸과 마음이 다 느낀다. 몸이 뜨거움을 받는데 온몸이 다 뜨거움을 받고, 느낌에 있어서도 온몸이 다 느낀다. 마음도 뜨거움을 받는데, 온 마음이 다 뜨거움을 받고 느낌에 있어서도 온 마음이 다 느낀다. 몸과 마음이 뜨거움을 받는데, 온몸과 마음이 다 뜨거움을 받고 느낌에 있어서도 온몸과 마음이 다 느낀다. 몸이 열·번뇌·근심을 받는데, 온몸이 다 받고 느낌에 있어서도 온몸이 다 느낀다. 마음도 열·번뇌·근심을 받는데, 온 마음이 다 받고 느낌에 있어서도 온 마음이 다 느낀다. 몸과 마음이 열·번뇌·근심을 받는데, 온몸과 마음이 다 받고 느낌에 있어서도 온몸과 마음이 다 느낀다. 여러 현자들이여, 늙음이 고통이라고 말하는 것은 이렇기 때문에 그렇게 말하는 것이다.

여러 현자들이여, 병이 고통이라고 말하는 것은 무엇 때문인가? 여러 현자들이여, 질병이란 이른바 두통·눈병·귓병·콧병·낯병·입술병·잇병·혓병·잇몸병·목병·천식·기침병·구토·후비喉痺[6]·지랄병·등창·경일經溢·피가래·열병·여윔병·치질·이질 따위이다. 만일 이러한 따위와 그 밖의 여러 가지 병이 갱락촉更樂觸에서 생겨 마음을 떠나지 않고 몸속에 있으면 이것을 병이라고 한다. 여러 현자들이여, 병의 고통이란 이른바 중생이 앓을 때 몸이 고통을 받는데, 온몸이 다 고통을 받으며 느낌에 있어서도 온몸이 다 느낀다. 마음도 고통을 받는데, 온 마음이 다 고통을 받으며 느낌에 있어서도 온몸과 마음이 다 느낀다. 몸과 마음이 고통을 받는데 온몸과 마음이 다 받으며, 느낌에 있어서도 온몸과 마음이 다 느낀다. 몸이 뜨거움을 받는데 온몸이 다 받고 느낌에 있어서도 온몸이 다 느낀다. 마음도 뜨거움을 받는데 온 마음이 다 받고 느낌에 있어서도 온 마음이 다 느낀다. 몸이 열·번뇌·근심을 받는데 온몸이 다 받고 느낌에 있어서도 온몸이 다 느낀다. 마음이 열·번뇌·근심을 받는데, 온 마음이 다 받고 느낌에 있어서도 온 마음이 다 느낀다. 몸과 마음이 열·번뇌·근심을 받

---

6 목구멍에 종기가 생겨 목구멍이 좁아지거나 막히는 병.

는데, 온몸과 마음이 다 받고 느낌에 있어서도 온몸과 마음이 다 느낀다. 여러 현자들이여, 병이 괴로움이라고 한 것은 이렇기 때문에 그렇게 말한 것이다.

여러 현자들이여, 죽음이 괴로움이라고 말한 것은 무엇 때문인가? 여러 현자들이여, 죽음이란 이른바 저 중생과 저러한 중생의 무리들은 목숨을 마치게 되어 있어 항상한 것이 아니다. 그들은 죽으면 흩어져 사라지고, 목숨이 다하면 부서지고 명근이 닫힌다. 이것을 죽음이라고 한다. 죽음이 괴로움이라고 하는 것은 이른바 중생은 죽을 때에 몸이 고통을 받는데, 온몸이 다 고통을 받으며 느낌에 있어서도 온몸이 다 느낀다. 마음도 고통을 받는데, 온몸이 다 받으며 느낌에 있어서도 온몸이 다 느낀다. 몸과 마음이 고통을 받는데 온몸과 마음이 다 받으며 느낌에 있어서도 온몸과 마음이 다 느낀다. 몸이 뜨거움을 받는데, 온몸이 다 받고 느낌에 있어서도 온몸이 다 느낀다. 마음도 뜨거움을 받는데, 온 마음이 다 받고 느낌에 있어서도 온 마음이 다 느낀다. 몸과 마음이 뜨거움을 받는데, 온몸과 마음이 다 받고 느낌에 있어서도 온몸과 마음이 다 느낀다. 몸이 열 · 번뇌 · 근심을 받는데, 온몸이 다 받고 느낌에 있어서도 온몸이 다 느낀다. 마음도 열 · 번뇌 · 근심을 받는데, 온 마음이 다 받고 느낌에 있어서도 온 마음이 다 느낀다. 몸과 마음이 열 · 번뇌 · 근심을 받는데, 온몸과 마음이 다 받고 느낌에 있어서도 온몸과 마음이 다 느낀다. 죽음이 괴로움이라고 말하는 것은 이렇기 때문에 그렇게 말하는 것이다.

여러 현자들이여, 원수나 미워하는 것을 만나는 것이 괴로움이라고 말한 것은 무엇 때문인가? 여러 현자들이여, 원수나 미운 것을 만난다는 것은 이른바 중생에게는 실로 안의 6처處가 있으니, 사랑하지 않는 안처眼處와 이처耳處 · 비처鼻處 · 설처舌處 · 신처身處 · 의처意處가 그것이다. 이것들이 함께 모여 하나가 되고 서로 사귀고 가까이하게 되며 함께 어울리게 되면 괴로움이 생긴다. 이와 같이 외처外處의 갱락更樂·각覺·상想·사思·애愛도 그와 같다. 여러 현자들이여, 중생에게는 실로 6계界가 있으니, 사랑하지 않는 지계地界와 수계水界·화계火界·풍계風界·공계空界·식계識界가 그것이다. 이것들이 함께 모여 하나가 되고 서로 사귀고 가까이하게 되며 함께 어울리게 되면 괴로움이 생긴다. 이것을 원수와 미운 것을 만나는 것이라고 한다. 여러 현자들이여, 원수와 미운 것을 만나는 것이 괴로움이라고 하는 것은 무엇인가? 이른바 중생은 원수를 만날 때에 몸이 고통을 받는데, 온몸이 다 고통을 받으며 느낌에 있어서도 온몸으로 다 고통을 느낀다. 마음도 고통을 받는데, 온 마음이 다 받으며 느낌에 있어서도 온 마음이 다 느낀다. 몸과 마음이 고통을 받는데, 온몸과 마음이 다 받으며 느낌에 있어서도 온몸과 마음이 다 느낀다. 원수와 미운 것을 만나는 것이 괴로움이라고 말하는 것은 이렇기 때문에 그렇게 말하는 것이다.

여러 현자들이여, 사랑하는 것과 이별하는 것이 괴로움이라고 말한 것은 무엇 때문인가? 여러 현자들이여, 사랑하는 것과 이별하는 괴로움이란 이른바 중생에게는 실로 안의 6처處가 있으니, 사랑하는 안처와 이처·비처·설처·신처·의처가 그것이다. 이런 것들이 달라지고 흩어져 서로 호응하지 못하게 되며 서로 떠나 모이지 못하고 사귀지 못하며 화합하지 못하게 되면 괴로움이 생긴다. 이와 같이 외처의 갱락·각·상·사·애 또한 그와 같다. 여러 현자들이여, 중생에게는 실로 6계界가 있으니, 사랑하는 지계와 수계·화계·풍계·공계·식계가 그것이다. 이런 것들이 달라지고 흩어져 서로 응하지 못하게 되며 서로 떠나 모이지 못하고 사귀지 못하며, 가까이하지 못하고 화합하지 못하게 되면 괴로움이 된다. 이것을 사랑하는 것과의 이별이라고 한다. 사랑하는 것과 이별하는 괴로움이란 무엇인가? 이른바 중생은 이별할 때에 몸이 고통을 받는데, 온몸이 다 받으며 느낌에 있어서도 온몸이 다 느낀다. 마음이 고통을 받는데, 온 마음이 다 받으며 느낌에 있어서도 온몸이 다 느낀다. 몸과 마음이 고통을 받는데, 온몸과 마음이 다 받으며 느낌에 있어서도 온몸과 마음이 다 느낀다. 사랑하는 것과 이별하는 것이 괴로움이라고 말하는 것은 이렇기 때문에 그렇게 말하는 것이다.

여러 현자들이여, 구하여도 얻지 못하는 것이 괴로움이라고 말한 것은 무엇 때문인가? 여러 현자들이여, 이른바 중생은 나는 법〔生法〕과 관련되어 있으므로 나는 법을 떠나지 못한다. 자신〔我〕을 나지 않게 하고자 해도 그것은 실로 그리 될 수 없는 것이다. 늙는 법・죽는 법・시름하는 법도 그러하다. 걱정하고 슬퍼하는 법과 관련되어 있으므로 걱정하고 슬퍼하는 법을 떠나지 못한다. 자신을 걱정하고 슬퍼하지 않게 하고 싶어도 이 또한 그렇게 될 수 없는 것이다. 여러 현자들이여, 중생은 실로 괴로운 것으로써 즐거워할 것도 없고 사랑할 것도 없다고 여겨 그는 이렇게 생각한다.

'만일 내가 괴로운 것으로서 즐거워할 것도 없고 사랑할 것도 없다면, 이것을 바꾸어 사랑할 만한 것으로 만들자.'

그러나 이 또한 그렇게 될 수 없는 것이다. 여러 현자들이여, 중생은 실로 즐거운 것을 가지고 사랑할 만한 것이라 여겨 그는 이렇게 생각한다.

'만일 내가 즐거운 것이 사랑할 만한 것이라면, 이것을 항상 오래 있게 하여 변하지 않는 것으로 만들자.'

그러나 이 또한 그리 될 수 없는 것이다. 여러 현자들이여, 중생은 실로 사상思想은 즐거워할 것도 없고 사랑할 것도 없다고 여겨 그는 이렇게 생각한다.

'만일 내가 사상이 즐거워할 것도 없고 사랑할 것도 없는 것이라면, 이것을 바꾸어 사랑할 만한 것으로 만들자.'

그러나 이 또한 그리 될 수 없는 것이다. 여러 현자들이여, 중생은 실로 사상을 좋아할 만한 것이라 여겨 이렇게 생각한다.

'만일 내가 사상을 가지고 사랑할 만한 것이라고 생각하면, 이것을 항상 오래 머물러 변하지 않는 법으로 만들자.'

그러나 이 또한 그리 될 수 없는 것이다. 구하여도 얻지 못하는 것이 괴로움이라고 말하는 것은 이렇기 때문에 그렇게 말하는 것이다.

여러 현자들이여, 간략하게 줄여 5성음盛陰이 괴로움이라고 말한 것은 무엇 때문인가? 이른바 색성음色盛陰과 각성음覺盛陰·상성음想盛陰·행성음行盛陰·식성음識盛陰이 그것이다. 여러 현자들이여, 5성음이 괴로움이라고 말하는 것은 이 때문에 그렇게 말하는 것이다.

여러 현자들이여, 과거에도 이것은 괴로움에 대한 성스러운 진리였고, 미래에도 이것은 괴로움에 대한 성스러운 진리일 것이며, 현재에도 이것은 괴로움에 대한 성스러운 진리이다. 참된 진리로서 헛되지 않고 진여眞如에서 떠나지 않으며, 또한 뒤바뀌지도 않는 참된 진리로서 분명하고 진실하여, 여시제如是諦에 부합된다. 성인이 가진 것이며 성인이 아는 것이며, 성인이 본 것이며 성인이 깨달은 것이며, 성인이 얻은 것이며 성인이 바르게 두루 깨친 바이다. 그러므로 괴로움에 대한 성스러운 진리라고 말하는 것이다.

여러 현자들이여, 어떤 것을 애의 발생과 괴로움의 발생의 성스러운 진리〔愛習苦習聖諦〕라고 하는가? 이른바 중생에게는 실로 사랑하는 안의 6처處가 있으니, 안처와 이처·비처·설처·신처·의처가 그것이다. 그 중에서 만일 애욕이 있고 더러움이 있으며 물듦이 있고 집착이 있으면, 이것을 습習이라고 한다.

여러 현자들이여, 많이 들은 거룩한 제자는 내가 이와 같이 이 법을 알며, 이와 같이 보고 이와 같이 환히 알며, 이와 같이 자세히 보고 이와 같이 깨달았다는 것을 알고 있다. 이것을 애의 발생과 괴로움의 발생의 성스러운 진리라고 한다. 이와 같이 안다는 것은 어떻게 아는 것인가?

'만일 처자 · 노비 · 하인 · 권속 · 토지 · 가옥 · 가게 · 이자가 불어나는 재물 따위를 사랑하며, 가지고 있는 직업에 대하여 애정이 있고 더러움이 있으며 물듦이 있고 집착이 있으면, 이것을 습習이라고 한다.'

그는 이 애의 발생과 괴로움 발생의 성스러운 진리〔愛習苦習聖諦〕를 안다. 이와 같이 외처外處의 갱락 · 각 · 상 · 사 · 애도 이와 같다. 여러 현자들이여, 중생에게는 실로 사랑하는 6계界가 있으니, 지계 · 수계 · 화계 · 풍계 · 공계 · 식계가 그것이다. 그 가운데 만일 애정이 있고 더러움이 있으며, 물듦이 있고 집착이 있으면, 이것을 습習이라고 한다.

여러 현자들이여, 많이 들은 거룩한 제자는 내가 이와 같이 이 법을 알며, 이와 같이 보고 이와 같이 환히 알며, 이와 같이 자세히 보고 이와 같이 깨달았다는 것을 알고 있다. 이것을 애의 발생과 괴로움 발생의 성스러운 진리〔愛習苦習聖諦〕라고 한다. 이와 같이 안다는 것은 어떻게 아는 것인가?

'만일 처자 · 노비 · 하인 · 권속 · 토지 · 가옥 · 가게 · 이자가 불어나는 재물을 사랑하고, 가지고 있는 직업에 대한 애정이 있고 더러움이 있으며 물듦이 있고 집착이 있으면 이것을 습이라고 한다.'

그는 이 애의 발생과 괴로움 발생의 성스러운 진리〔愛習苦習聖諦〕를 안다. 여러 현자들이여, 과거에도 이것은 애의 발생과 괴로움 발생의 성스러운 진리[愛習苦習聖諦]였고, 미래에도 이것은 애의 발생과 괴로움 발생의 성스러운 진리[愛習苦習聖諦]일 것이며 현재에도 이것은 애의 발생과 괴로움 발생의 성스러운 진리[愛習苦習聖諦]이다. 참된 진리로서 헛되지 않고 진여眞如를 떠나지 않으며, 또한 뒤바뀌지도 않는다. 참된 진리로서 분명하고 진실하여 여시제如是諦에 부합된다. 성인이 가진 것이며 성인이 아는 것이며, 성인이 본 것이며 성인이 깨달은 것이며 성인이 얻은 것이며 성인이 바르게 두루 깨친 것이다. 그러므로 애의 발생과 괴로움 발생의 성스러운 진리[愛習苦習聖諦]라고 말하는 것이다.

여러 현자들이여, 어떤 것을 애의 소멸과 괴로움 소멸의 성스러운 진리[愛滅苦滅聖諦]라고 하는가? 이른바 중생에게는 실로 사랑하는 안의 6처處가 있으니, 안처와 이처·비처·설처·신처·의처가 그것이다. 그가 만일 해탈하여 물들지도 않고 집착하지도 않으며, 끊어서 버리고 다 뱉어 버리며 애욕을 아주 없애 버리면, 이것을 고멸苦滅이라고 한다.

여러 현자들이여, 많이 들은 거룩한 제자는 내가 이와 같이 이 법을 알며, 이와 같이 보고 이와 같이 환히 알며, 이와 같이 자세히 보고 이와 같이 깨달았다는 것을 안다. 이것을 애의 소멸과 괴로움 소멸의 성스러운 진리[愛滅苦滅聖諦]라고 한다. 이와 같이 안다는 것은 어떻게 아는 것인가?

'만일 처자·노비·하인·권속·토지·가옥·가게·이자가 불어나는 재물을 사랑하지 않고 가지고 있는 직업이 없으며, 그가 만일 해탈하여 물들지도 않고 집착하지도 않으며, 끊어 버리고 다 뱉어서 애욕을 아주 없애 버리면, 이것을 고멸이라고 한다.'

그는 이 애의 소멸과 괴로움 소멸의 성스러운 진리[愛滅苦滅聖諦]를 안다. 이와 같이 외처의 갱락·각·상·사·애 또한 그와 같다. 중생에게는 실로 사랑하는 6계界가 있으니, 지계·수계·화계·풍계·공계·식계가 그것이다. 그가 만일 해탈하여 거기에 물들지도 않고 집착하지도 않으며, 끊어 버리고 다 뱉어서 애욕을 아주 없애 버리면, 이것을 고멸이라고 한다. 많이 들은 거룩한 제자는 내가 이와 같이 이 법을 알며, 이와 같이 보고 이와 같이 환히 알며, 이와 같이 자세히 보고 이와 같이 깨달았다는 것을 안다. 이것을 애의 소멸과 괴로움 소멸의 성스러운 진리〔愛滅苦滅聖諦〕라고 한다. 이와 같이 안다는 것은 어떻게 아는 것인가?

'만일 처자·노비·하인·권속·토지·가옥·가게·이자가 불어나는 재물 따위를 사랑하지 않고 가지고 있는 직업이 없으며, 그가 만일 해탈하여 물들지도 않고 집착하지도 않으며, 끊어서 버리고 다 뱉어서 애욕을 아주 없애 버리면, 이것을 고멸이라고 한다.'

그는 이 애의 소멸과 괴로움 소멸의 성스러운 진리〔愛滅苦滅聖諦〕를 안다. 여러 현자들이여, 과거에도 이것은 애의 소멸과 괴로움 소멸의 성스러운 진리〔愛滅苦滅聖諦〕였고, 미래에도 이것은 애의 소멸과 괴로움 소멸의 성스러운 진리〔愛滅苦滅聖諦〕일 것이며 현재에도 이것은 애의 소멸과 괴로움 소멸의 성스러운 진리〔愛滅苦滅聖諦〕이다. 참된 진리로서 헛되지 않고 진여眞如를 떠나지 않으며, 또한 뒤바뀌지도 않는다. 참된 진리로서 분명하고 진실하여 여시제에 부합된다. 성인이 가진 것이며 성인이 아는 것이며, 성인이 본 것이며 성인이 깨달은 것이며, 성인이 얻은 것이며 성인이 바르게 두루 깨친 것이다. 그러므로 애의 소멸과 괴로움 소멸의 성스러운 진리〔愛滅苦滅聖諦〕라고 말하는 것이다.

여러 현자들이여, 어떤 것을 괴로움의 소멸에 이르는 길에 대한 성스러운 진리〔苦滅道聖諦〕라고 하는가? 이른바 바른 소견〔正見〕·바른 뜻

〔正志〕·바른 말〔正語〕·바른 행동〔正業〕·바른 생활〔正命〕·바른 방편〔正方便〕·바른 생각〔正念〕·바른 선정〔正定〕이 그것이다.

여러 현자들이여, 또 어떤 것을 바른 소견〔正見〕이라고 하는가? 이른바 거룩한 제자가 고통을 고통이라고 생각할 때, 습習을 습, 멸滅을 멸, 도道를 도라고 생각할 때, 혹은 본래 지은 바를 관찰하거나 모든 행을 생각하기를 배우며, 모든 행의 재앙과 환난을 보거나 열반의 그쳐 쉼을 보며, 혹은 집착이 없이 마음의 해탈을 잘 생각하여 관찰할 때 두루 가리고 가린 법을 결정하며, 두루 보고 관찰하여 환히 아는 것을 바른 소견이라고 한다.

여러 현자들이여, 어떤 것을 바른 뜻〔正志〕이라고 하는가? 이른바 거룩한 제자는 고통을 고통이라고 생각할 때, 습을 습, 멸을 멸, 도를 도라고 생각할 때, 본래 지은 바를 관찰하거나 모든 행을 생각하기를 배우며, 모든 행의 재앙과 환난을 보거나 열반의 그쳐 쉼을 보며, 혹은 집착이 없이 마음의 해탈을 잘 생각하여 관찰할 때, 그 가운데에서 마음으로 살피고 두루 자세히 살피고 그것을 따라 살펴, 생각할 만한 것이면 생각하고 바랄 만한 것이면 바란다. 이것을 바른 뜻이라고 한다.

여러 현자들이여, 어떤 것을 바른 말〔正語〕이라고 하는가? 이른바 거룩한 제자는 고통을 고통이라고 생각할 때, 습을 습, 멸을 멸, 도를 도라고 생각할 때, 혹은 본래 지은 바를 관찰하거나, 혹은 모든 행을 생각하기를 배우며, 모든 행의 재앙과 환난을 보거나, 혹은 열반의 그쳐 쉼을 보며, 집착이 없이 마음의 해탈을 잘 생각하여 관찰할 때, 그 가운데 입이 짓는 네 가지 묘행妙行을 제외한 다른 모든 입이 짓는 악행을 멀리 여의고 끊어 없애, 행하지도 않고 짓지도 않으며 합하지도 않고 모으지도 않는다. 이것을 바른 말이라고 한다.

여러 현자들이여, 어떤 것을 바른 행동〔正業〕이라고 하는가? 이른바 거룩한 제자는 고통을 고통이라고 생각할 때, 습을 습, 멸을 멸, 도를 도라고 생각할 때, 혹은 본래 지은 바를 관찰하거나 혹은 모든 행을 생각하기를 배우며, 모든 행의 재앙과 환난을 보고 혹은 열반의 그쳐 쉼을 보며, 혹은 집착이 없이 마음의 해탈을 잘 생각하여 관찰할 때, 그 중에서 몸의 세 가지 묘행妙行을 제외한 다른 모든 몸의 악행을 멀리 여의고 끊어 없애, 행하지도 않고 짓지도 않으며, 합하지도 않고 모으지도 않는다. 이것을 바른 행동이라고 한다.

여러 현자들이여, 어떤 것을 바른 생활〔正命〕이라고 하는가? 이른바 거룩한 제자는 고통을 고통이라고 생각할 때, 습을 습, 멸을 멸, 도를 도라고 생각할 때, 본래 지은 바를 관찰하고 혹은 모든 행을 생각하기를 배우며, 모든 행의 재앙과 환난을 보고 열반에 그쳐 쉼을 보며, 집착이 없이 마음의 해탈을 잘 생각하여 관찰할 때, 그 가운데에서 무리하게 구하지 않고 욕심이 많거나 만족할 줄 모르거나 하지 않으며, 온갖 기술과 주설呪說의 삿된 직업으로써 생활하지 않고 다만 법대로 옷을 구하고 법이 아닌 것을 쓰지 않으며, 또한 법으로써 음식과 자리를 구하고 법이 아닌 방법은 쓰지 않는다. 이것을 바른 생활이라고 한다.

여러 현자들이여, 어떤 것을 바른 방편〔正方便〕이라고 하는가? 이른바 거룩한 제자는 고통을 고통이라고 생각할 때, 습을 습, 멸을 멸, 도를 도라고 생각할 때, 혹은 본래 지은 바를 관찰하고 모든 행을 생각하기를 배우며, 모든 행의 재앙과 환난을 보고 열반의 그쳐 쉼을 보며, 집착이 없이 마음의 해탈을 잘 생각하여 관찰할 때, 그 가운데에서 만일 정진精進 방편이 있으면, 한결같이 꾸준히 힘써 구하고 힘차게 나아가 오로지 달라붙어 버리지 않으며, 또한 지쳐 물러나지도 않고 바르게 그 마음을 항복받는다. 이것을 바른 방편이라고 한다.

여러 현자들이여, 어떤 것을 바른 생각〔正念〕이라고 하는가? 이른바 거룩한 제자가 고통을 고통이라고 생각할 때, 습을 습, 멸을 멸, 도를 도라고 생각할 때, 혹은 본래 지은 바를 관찰하고 모든 행을 생각하기를 배우며, 모든 행의 재앙과 환난을 보고 열반에 그쳐 쉼을 보며, 집착이 없이 마음의 해탈을 잘 생각하여 관찰할 때, 그 가운데에서 만일 따르는 생각은 기억하고 향하지 않는 생각은 등지며, 두루함을 생각하고 기억하며 되풀이해 기억해, 바른 마음으로 마음의 응하는 바를 잊지 않으면, 이것을 바른 생각이라고 한다.

여러 현자들이여, 어떤 것을 바른 선정〔正定〕이라고 하는가? 이른바 거룩한 제자가 고통을 고통이라고 생각할 때, 습을 습, 멸을 멸, 도를 도라고 생각할 때, 혹은 본래 지은 바를 관찰하고 혹 모든 행을 생각하기를 배우며, 모든 행의 재앙과 환난을 보고 열반에 그쳐 쉼을 보며, 혹은 집착이 없이 마음의 해탈을 잘 생각하여 관찰할 때, 그 가운데에서 만일 마음이 머무르고 선정에 머무르며 순하게 머물러 어지럽지 않고 흩어지지 않아 바른 선정을 거두어 잡으면, 이것을 바른 선정이라고 한다.

여러 현자들이여, 과거에도 이것은 괴로움의 소멸에 이르는 길에 대한 성스러운 진리〔苦滅道聖諦〕였고, 미래에도 이것은 괴로움의 소멸에 이르는 길에 대한 성스러운 진리〔苦滅道聖諦〕일 것이며, 현재에도 이것은 괴로움의 소멸에 이르는 길에 대한 성스러운 진리〔苦滅道聖諦〕이다. 참된 진리로서 헛되지 않고 진여를 떠나지도 않으며, 또한 뒤바뀌지도 않는다. 참된 진리로서 분명하고 진실하여 여시제如是諦에 부합된다. 성인이 가진 것이며 성인이 아는 것이며, 성인이 본 것이며 성인이 깨달은 것이며, 성인이 얻은 것이며 성인이 바르게 두루 깨친 것이다. 그러므로 괴로움의 소멸에 이르는 길에 대한 성스러운 진리〔苦

滅道聖諦〕라고 말하는 것이다."

이에 게송으로 말하였다.

부처님께서 모든 법을 환히 알아
한량없는 선한 덕을 보시고
고·습·멸·도의 4성제를
잘 나타내시고 분별하셨네.

존자 사리자가 이와 같이 말하자, 여러 비구들은 그의 말을 듣고 기뻐하며 받들어 행하였다.

〔이 분별성제경에 수록된 경문의 글자 수는 3,425자이다. 『중아함경』 제7권에 수록된 경문의 글자 수는 총 11,369자이고, 「사리자상응품」에 수록되어 있는 글자 수는 모두 27,512자이다.〕

중아함경 제8권

4. 미증유법품未曾有法品 ①

〔이 품에는 모두 10개의 소경이 수록되어 있다.〕

미증유법경未曾有法經 · 시자경侍者經
박구라경薄拘羅經 · 아수라경阿修羅經
지동경地動經 · 첨파경瞻波經
욱가장자경郁伽長者經 · 수장자경手長者經은 각각 두 개씩이라네.

32) 미증유법경未曾有法經〔초 1일송〕

나는 이와 같이 들었다.

어느 때 부처님께서 사위국을 유행하실 때에 승림급고독원에 계셨다. 그때 존자 아난은 해질 무렵에 편안히 앉아 있던 자리〔燕坐 : 참선하던 자리〕에서 일어나, 부처님께 나아가 머리를 조아려 그 발에 예배하고 물러나 한쪽에 서서 말씀드렸다.

“세존이시여, 세존께서는 가섭불迦葉佛 때에 처음으로 불도에 뜻을 두어 범행梵行을 행하셨다고 저는 들었습니다. 만일 세존께서 가섭불 때에 처음으로 불도에 뜻을 두어 범행을 행하셨다면, 저는 이것을 세존의 미증유법未曾有法으로 받아 간직하겠습니다.

세존께서는 가섭불 때에 처음으로 불도에 뜻을 두어 범행을 행하고 도슬다천(兜瑟哆天 : 도솔타천)에 나셨다고 저는 들었습니다. 만일 세존께서 가섭불 때에 처음으로 불도에 뜻을 두어 범행을 행하고 도슬다천에 나셨다고 하니, 저는 이것을 세존의 미증유법으로 받아 간직하겠습니다.

저는 들었습니다. 세존께서는 가섭불 때에 처음으로 불도에 뜻을 두어 범행을 행하고 도슬다천에 나셨는데, 세존께서는 훨씬 뒤에 나셨는데도 하늘의 수명〔天壽〕과 하늘의 빛깔〔天色〕과 하늘의 명예, 이 세 가지에 있어서 도슬다천에 훨씬 먼저 난 사람들보다 나으셨습니다. 그래서 모든 도슬다천은 기뻐하여 뛰면서 ‘이 천자는 너무나 기이하고 특별하다. 큰 여의족如意足이 있고 큰 위덕威德이 있으며, 큰 복〔福祐〕이 있고 큰 위신력威神力이 있다. 왜냐하면 그는 훨씬 뒤에 태어났지만 하늘 수명과 하늘 빛깔과 하늘 명예의 세 가지에 있어서 도슬다천에 먼저 태어난 사람들보다 우세하기 때문이다’라고 찬탄하였다고 합니다. 만일 세존께서 가섭불 때에 처음으로 불도에 뜻을 두어 범행梵行을 행하고 도슬다천에 나셨는데, 세존께서는 훨씬 뒤에 나셨는데도 하늘의 수명과 하늘의 빛깔과 하늘의 명예, 이 세 가지에 있어서 도슬다천에 먼저 난 사람들보다 나았고, 그 때문에 모든 도슬다천이 다 기뻐 뛰면서 ‘이 천자는 참으로 기이하고 특별하다. 큰 여의족이 있고 큰 위덕이 있으며, 큰 복이 있고 큰 위신력이 있다. 왜냐하면 그는 훨씬 뒤에 태어났는데도 하늘 수명과 하늘 빛깔과 하늘 명예의 세 가지에 있어서 도솔다천에 먼저 태어난 사람들보다 낫기 때문이다'라고 찬탄했다면, 저는 이것을 세존의 미증유법으로 받아 간직하겠습니다.

저는 들었습니다. 세존께서는 도솔다천에 계시다가 거기서 목숨을 마치신 뒤에는 일부러 어머님의 태에 들어가셨습니다. 이때에 모든 천지를 진동시키시고, 크고 묘한 광명으로써 세간을 두루 비추시어 그윽하고 어두운 모든 곳까지도 가림이 없었다고 합니다. 이른바 저 해와 달은 큰 여의족이 있고 큰 위덕이 있으며 큰 복이 있고 큰 위신력이 있는데, 그 광명으로도 비치지 못하는 곳을 당신께서 다 환하게 비추셨습니다. 저 중생들은 이 묘한 광명으로 말미암아 각각 앎〔知〕이 생겨 '특별한 중생이 태어날 것이다. 특별한 중생이 태어날 것이다'라고 말했다고 합니다. 만일 세존께서 도솔다천에 계시다가 거기서 목숨을 마치신 뒤에는 일부러 어머님의 태에 들어가셨는데, 그때에 모든 천지를 진동시키고, 크고 묘한 광명으로써 세간을 두루 비추시어 그윽하고 어두운 모든 곳까지도 가림이 없어서 이른바 큰 여의족이 있고 큰 위덕이 있으며, 큰 복이 있고 큰 위신력이 있다는 저 해와 달의 광명으로도 비추지 못하는 곳을 당신께서는 다 환하게 비추셨으므로, 저 중생들은 이 묘한 광명으로 말미암아 각각 앎이 생겨 '특별한 중생이 태어날 것이다. 특별한 중생이 태어날 것이다'라고 말했다면, 저는 이것을 세존의 미증유법으로 받아 간직하겠습니다.

세존께서는 일부러 어머님의 태에 머물러 계시다가 오른쪽 옆구리를 의지하여 태어나셨다고 저는 들었습니다. 만일 세존께서 어머님의 태에 머물러 계시다가 오른쪽 옆구리를 의지하여 태어나셨다면, 저는 이것을 세존의 미증유법으로 받아 간직하겠습니다.

세존께서는 몸을 펴시고 어머님의 태에 계셨다고 저는 들었습니다.

만일 세존께서 몸을 펴시고 어머님의 태에 계셨다면, 저는 이것을 세존의 미증유법으로 받아 간직하겠습니다.

세존께서는 태에 싸여 어머님의 태에 계시면서도 피에도 더럽혀지지 않고 또한 정精과 모든 부정不淨한 것에도 더럽혀지지 않으셨다고 저는 들었습니다. 만일 세존께서 태에 싸여 어머님의 태에 계시면서 피에도 더럽혀지지 않고 정과 모든 부정한 것에도 더럽혀지지 않으셨다면, 저는 이것을 세존의 미증유법으로 받아 간직하겠습니다.

저는 들었습니다. 세존께서는 일부러 어머님의 태에서 나오셨습니다. 그때 모든 천지를 진동시키고, 크고 묘한 광명으로써 세간을 두루 비추시어 그윽하고 어두운 모든 곳까지도 가림이 없었다고 합니다. 이른바 저 해와 달이 큰 여의족이 있고 큰 위덕이 있으며, 큰 복이 있고 큰 위신이 있는데도 그 광명으로 비추지 못하는 곳까지 당신께선 다 환하게 비추셨습니다. 저 중생들은 이 묘한 광명으로 말미암아 각각 앎을 내어 '특별한 중생이 태어났다. 특별한 중생이 났다'라고 말했다고 합니다. 만일 세존께서 일부러 어머님의 태에서 나오셨는데, 그때 천지가 다 진동하고, 크고 묘한 광명으로써 세간을 두루 비추시어 그윽하고 어두운 모든 곳까지도 가림이 없어서 이른바 큰 여의족이 있고 큰 위덕이 있으며, 큰 복이 있고 큰 위신력이 있다는 저 해와 달의 광명으로도 비추지 못하는 곳까지 당신께서 다 환하게 비추셨으므로 저 중생들은 이 묘한 광명으로 말미암아 각각 앎이 생겨 '특별한 중생이 태어났다. 특별한 중생이 태어났다'라고 말했다면, 저는 이것을 세존의 미증유법으로 받아 간직하겠습니다.

세존께서는 몸을 펴신 채 어머님의 태에서 나오셨다고 저는 들었습니다. 만일 세존께서 몸을 펴신 채 어머님의 태에서 나오셨다면, 저는 이것을 세존의 미증유법으로 받아 간직하겠습니다.

세존께서는 태에 싸여 어머님의 태에서 나오시면서도 피에 더럽혀지지 않고 정과 모든 부정한 것에도 더럽혀지지 않으셨다고 저는 들었습니다. 만일 세존께서 태에 싸여 어머님의 태에서 나오시면서도 피에 더럽혀지지 않고, 정과 모든 부정한 것에도 더럽혀지지 않으셨다면, 저는 이것을 세존의 미증유법으로 받아 간직하겠습니다.

세존께서 처음 나셨을 때 네 천자天子가 손에 아주 고운 옷을 가지고 어머님 앞에서 어머님을 기쁘게 하였고, '이 동자는 참으로 기이하고 특별합니다. 큰 여의족이 있고 큰 위덕이 있으며, 큰 복이 있고 큰 위신이 있습니다'라고 찬탄하였다고 저는 들었습니다. 만일 세존께서 처음 나셨을 때, 네 천자가 손에 아주 고운 옷을 가지고 어머님 앞에서 어머님을 기쁘게 하였고, '이 동자는 참으로 기이하고 특별합니다. 큰 여의족이 있고 큰 위덕이 있으며, 큰 복이 있고 큰 위력이 있습니다'라고 찬탄했다면, 저는 이것을 세존의 미증유법으로 받아 간직하겠습니다.

세존께서는 처음 태어나셨을 때 곧 일곱 걸음을 걸으시고, 두려워하지도 않고 놀라지도 않으시며, 또한 모든 방위를 관찰하셨다고 저는 들었습니다. 만일 세존께서 처음 태어나셨을 때에 곧 일곱 걸음을 걸으시고, 두려워하지도 않고 놀라지도 않으시며, 모든 방위를 관찰하셨다면, 저는 이것을 세존의 미증유법으로 받아 간직하겠습니다.

세존께서 처음 태어나셨을 때 곧 그 어머님 앞에 큰 못이 생겼는데, 그 못의 물은 언덕까지 차올라, 어머니가 그 물로 깨끗이 씻을 수 있게 했다고 저는 들었습니다. 만일 세존께서 처음 태어나셨을 때 곧 어머님 앞에 큰 못이 생겼고, 그 물이 언덕까지 차올라 어머니가 그 물로 깨끗이 씻을 수 있게 했다면, 저는 이것을 세존의 미증유법으로 받아 간직하겠습니다.

세존께서 처음 태어나셨을 때 허공에서 빗물이 쏟아져 내려왔는데, 하나는 차고 하나는 따뜻하여, 세존의 몸을 씻겼다고 저는 들었습니다. 만일 세존께서 처음 태어나셨을 때 허공에서 빗물이 쏟아져 내려왔는데, 하나는 차고 하나는 따뜻하여 세존의 몸을 씻겼다면 저는 이것을 세존의 미증유법으로 받아 간직하겠습니다.

세존께서 처음 태어나셨을 때 모든 하늘이 허공에서 음악을 연주하고, 하늘의 푸른 연꽃·분홍 연꽃·붉은 연꽃·흰 연꽃과 하늘의 문다라꽃〔文陀羅華 : 만다라화〕과 가루 전단향을 세존 위에 뿌렸다고 저는 들었습니다. 만일 세존께서 처음 태어나셨을 때 모든 하늘이 허공에서 음악을 연주하고, 하늘의 푸른 연꽃·분홍 연꽃·붉은 연꽃·흰 연꽃과 하늘의 만다라꽃과 가루 전단향을 세존 위에 뿌렸다면, 저는 이것을 세존의 미증유법으로 받아 간직하겠습니다.

저는 들었습니다. 어느 때 세존께서는 아버지 백정왕白淨王의 집에 계시면서 밭농사를 감독하시다가 염부나무 밑에 앉으셔서, 욕심〔欲〕을 여의시고 악하고 착하지 않은 법을 여의어, 각覺도 있고 관觀도 있으며, 여의는 데서 생겨나는 기쁨과 즐거움이 있는 초선初禪을 얻어 노니셨습니다. 그때는 한낮이 좀 지난 때라서 다른 모든 나무 그림자는 다 옮겨갔으나 오직 염부나무 그림자만은 그 그늘이 세존의 몸에서 더 나아가지 않았습니다. 그때 석백정釋白淨은 밭농사를 짓는 곳으로 가서 살펴보다가 농부에게 물었습니다.

'농부여, 동자는 어디 있느냐?'

농부가 대답했습니다.

'하늘의 동자께선 지금 염부나무 밑에 있습니다.'

그러자 석백정은 염부나무 밑으로 갔습니다. 그때 백정은 한낮이 지나 다른 모든 나무 그림자는 다 옮겨갔으나 오직 염부나무 그림자만은 그 그늘이 세존의 몸에서 옮겨가지 않은 것을 보고, '이제 이 아이는 참으로 기이하고 특별하구나. 큰 여의족이 있고 큰 위덕이 있으며, 큰 복이 있고 큰 위신력이 있다. 무슨 까닭인가? 한낮이 지나 다른 나무 그림자는 다 옮겨갔는데도 염부나무 그림자만은 그 그늘이 아이의 몸에서 옮겨가지 않았기 때문이다'라고 생각했다고 합니다. 만일 세존께서 한낮이 지난 뒤에, 다른 모든 나무 그림자는 다 옮겨갔으나 염부나무 그림자만은 그 그늘이 세존의 몸에서 옮겨가지 않았다면, 저는 이것을 세존의 미증유법으로 받아 간직하겠습니다.

저는 들었습니다. 세존께서는 어느 때 비사리국鞞舍離國의 커다란 숲 속에서 노니셨습니다. 그때 세존께서는 밤을 지내시고 이른 아침에 가사를 입고 발우를 가지고 비사리성으로 들어가 밥을 빌러 다니셨습니다. 걸식을 마치신 뒤에 가사와 발우를 거두시고, 손발을 씻고 니사단尼師檀을 어깨에 걸치고 숲 속으로 들어가셨습니다. 그리고는 한 그루의 다라哆羅나무 밑에 이르러 니사단을 깔고 가부좌하고 앉으셨습니다. 이때 한낮이 지나 다른 모든 나무 그림자는 다 옮겨갔으나 오직 다라나무 그림자만은 그 그늘이 세존의 몸에서 옮겨가지 않았습니다. 그때에 석마하남釋摩訶男[1]은 한낮이 훨씬 지난 시간에 어슬렁거리며 커다란 그 숲에 이르렀습니다. 그는 한낮이 지난 시간에 다른 모든 나무 그림자는 다 옮겨갔는데, 오직 다라나무 그림자만은 그 그늘이 세존의 몸에서 옮겨가지 않은 것을 보고 '사문 구담瞿曇은 너무도 기이하고 특별하구나. 큰 여의족이 있고 큰 위덕이 있으며, 큰 복이 있고 큰 위신이 있다. 왜냐하면 한낮이 지나서 다른 모든 나무 그림자는 다 옮겨갔는데도 오직 다라나무 그림자만은 그 그늘이 사문 구담의 몸에서

1 세존의 종제從弟로서 나중에 세존을 따라 출가하였다.

옮기지 않았기 때문이다'라고 생각했다고 합니다. 만일 세존께서 한낮이 지난 뒤에 다른 모든 나무 그림자는 다 옮겨 갔는데도 오직 다라나무 그림자만은 그 그늘이 세존의 몸에서 옮겨가지 않았다면, 저는 이것을 세존의 미증유법으로 받아 간직하겠습니다.

저는 들었습니다. 세존께서는 어느 때, 비사리의 커다란 숲속에서 노니셨습니다. 그때 여러 비구들은 발우를 맨땅에 두었습니다. 마침 세존의 발우도 또한 그 가운데 있었는데, 원숭이 한 마리가 부처님의 발우를 가지고 갔습니다. 비구들은 부처님의 발우를 깨뜨리지 않을까 걱정되어 꾸짖었으나, 부처님께서는 비구들에게 말씀하셨습니다.

'꾸짖지 말라. 발우를 깨지 않을 것이다.'

그 원숭이는 부처님의 발우를 가지고 어떤 사라나무〔娑羅樹〕로 가더니, 천천히 나무 위로 올라가 벌꿀을 채취하여 발우에 가득 담은 다음 천천히 나무에서 내려와 부처님께 나아가 꿀 발우를 세존께 바쳤습니다. 그러나 세존께서는 받지 않으셨습니다. 그러자 그 원숭이는 한쪽에 물러나 앉아 젓가락으로 벌레를 집어낸 뒤에 다시 돌아와 부처님께 바쳤습니다. 부처님께서 또 받지 않으시자 원숭이는 다시 한쪽에 물러나 앉아 물을 떠다가 꿀을 타서 다시 가져와 부처님께 바쳤습니다. 세존께서는 그제야 비로소 받으셨습니다. 원숭이는 부처님께서 꿀이 담긴 발우를 받으시는 것을 보고, 기뻐하여 뛰면서 물러나 춤추고 한 바퀴 빙 돌고 나서 떠나갔다고 합니다. 만일 세존께서 그 원숭이로 하여금, 세존께서 꿀 발우를 받으시는 것을 보고 기뻐하여 뛰고 물러나 춤추고 나서 빙 돌아 떠나가게 하셨다면, 저는 이것을 세존의 미증유법으로 받아 간직하겠습니다.

저는 들었습니다. 세존께서는 어느 때 비사리의 미후수獼猴水 가에 있는 높은 다락집에서 노니셨습니다. 그때 세존께서는 방석을 볕에 쪼여 말린 다음 먼지를 털어 내셨습니다. 그런데 때 아니게 먹장구름이 허공을 뒤덮어 금방이라도 비가 쏟아질 듯하면서도 세존을 기다리는 것 같았습니다. 세존께서는 볕에 쪼인 방석의 먼지를 털고 한곳에 거두어 두신 뒤에 빗자루로 쓸고 집의 바닥에 앉으셨습니다. 먹장구름은 세존께서 방석을 다 거두신 뒤에야 큰 비를 내려, 낮은 곳 높은 곳 할 것 없이 물에 다 잠겼다고 합니다. 만일 세존께서 저 먹장구름으로 하여금, 세존께서 방석을 거두신 뒤에야 큰 비를 내려 낮은 곳이나 높은 곳 할 것 없이 물에 다 잠기게 하셨다면, 저는 이것을 세존의 미증유법으로 받아 간직하겠습니다.

저는 들었습니다. 세존께서는 어느 때 발기국跋耆國을 유행하시면서 온천림溫泉林 사라나무 밑에 앉아 계셨습니다. 그때는 한낮이 지난 때라서 다른 모든 나무 그림자는 다 옮겨갔는데도, 오직 사라나무 그림자만은 그 그늘이 세존의 몸에서 옮겨가지 않았습니다. 그때 라마羅摩 동산 주인은 동산으로 구경을 나갔다가, 한낮이 지난 때라서 다른 모든 나무 그림자가 다 옮겨갔는데도 오직 사라나무 그림자의 그늘만은 세존의 몸에서 옮겨가지 않은 것을 보고, '사문 구담은 참으로 기이하고 특별한 분이시다. 큰 여의족이 있고 큰 위덕이 있으며, 큰 복이 있고 큰 위신이 있으신 분이다. 왜냐하면 한낮이 지나 다른 모든 나무 그림자는 다 옮겨갔는데, 오직 사라나무 그림자만은 그 그늘이 세존의 몸에서 옮겨가지 않았기 때문이다'라고 생각했다고 합니다. 만일 세존께서 한낮이 지나 다른 모든 나무 그림자는 다 옮겨갔는데도 오직 사라나무 그림자의 그늘만은 세존의 몸에서 옮겨가지 않았다면, 저는 이것을 세존의 미증유법으로 받아 간직하겠습니다.

저는 들었습니다. 세존께서는 어느 때 아부신실阿浮神室에 계셨습니다. 그때 세존께서는 밤이 지나고 이른 아침이 되자, 가사를 입고 발우를 지니시고 아부촌에 들어가 걸식하셨습니다. 걸식하신 뒤에 가사와 발우를 거두어 손발을 씻으시고, 니사단을 어깨에 메고 신실에 들어가 고요히 앉으셨습니다. 그때 하늘에서는 크게 우레가 치고 우박이 내려, 소 네 마리와 농부 두 사람이 죽었습니다. 그들을 장사 지낼 때에 대중들이 시끄럽게 떠들어 큰 소리들이 진동하였습니다. 이때 세존께서는 해질 무렵에 연좌에서 일어나, 신실에서 나와 한데〔露地〕서 거닐고 계셨습니다. 그때 그 대중들 가운데 어떤 사람이 세존께서 해질 무렵에 연좌에서 일어나, 신실에서 나와 한데서 거닐고 계시는 것을 뵙고 곧 세존께 나아가 머리를 조아려 예배하고 부처님을 따라 거닐었습니다. 세존께서 돌아보시고 그에게 물으셨습니다.

'무슨 일로 대중들이 시끄럽게 떠들어 저 큰 소리가 진동하는가?'

그가 말씀드렸습니다.

'세존이시여, 오늘 하늘에서 크게 우레가 치고 우박이 내려, 소 네 마리와 농부 두 사람이 죽었습니다. 그들을 장사지내느라고 대중들이 시끄럽게 떠들어 저렇게 큰 소리가 진동하는 것입니다. 세존께서는 아까 그 소리를 듣지 못하셨습니까?'

세존께서 대답하셨습니다.

'나는 그 소리를 듣지 못하였다.'

'세존께서는 아까 주무셨습니까?'

'아니다.'

'세존께서는 그때 깨어 계시면서도 그 큰 소리를 듣지 못하셨습니까?'

'그렇다.'

그 사람은 곧 '여래·무소착·등정각의 행동은 참으로 기이하고 특별하며 지극히 고요하구나. 왜냐하면 깨어 계시면서도 그 큰 소리를 듣지 못하셨기 때문이다'라고 생각했다고 합니다. 만일 세존께서 깨어 계시면서 그 큰 소리를 듣지 못하셨다면, 저는 이것을 세존의 미증유법으로 받아 간직하겠습니다.

저는 들었습니다. 세존께서는 어느 때 울비라鬱鞞羅[2]의 니련연(尼連然 : 尼連禪) 강가에 있는 아사화라니구류阿闍惒羅尼拘類나무 밑에 계시면서 처음으로 불도를 얻었습니다. 그때 7일 동안 큰비가 와서 높은 데건 낮은 데건 할 것 없이 물이 가득 차서 넘쳐흘렀습니다. 그러나 세존께서는 맨땅 위를 거니셨는데, 거기서 먼지가 일어났다고 합니다. 만일 세존께서 물이 가득 차서 넘쳐흘렀는데도 맨 땅에서 거니시자 거기서 먼지가 일어났다면, 저는 이것을 세존의 미증유법으로 받아 간직하겠습니다.

마왕魔王이 6년 동안 부처님을 쫓아다니면서 그 장점과 단점을 엿보았으나 틈을 얻지 못하고 그만 지쳐 돌아갔다고 저는 들었습니다. 만일 세존께서 마왕이 6년 동안이나 쫓아다니면서 그 장점과 단점을 엿보았으나 틈을 얻지 못하고 그만 지쳐 돌아가게 하셨다면, 저는 이것을 세존의 미증유의 법으로 받아 간직하겠습니다.

세존께서는 7년 동안 몸을 생각하시고, 항상 생각하셔서 끊지 않으셨다고 저는 들었습니다. 만일 세존께서 7년 동안 몸을 생각하시고, 항상 생각하셔서 끊지 않으셨다면, 저는 이것을 세존의 미증유법으로 받아 간직하겠습니다."

이에 세존께서는 말씀하셨다.

"아난아, 너는 여래如來로부터 또 하나의 미증유법을 받아 간직하라. 아난아, 여래는 각覺이 생기는 것을 알고 머무르는 것을 알며 멸

---

2 또는 우루빈라촌優樓頻羅村으로 쓰기도 하며, 니련선하尼連禪河 서쪽에 있는 마을이다.

하는 것을 안다. 그리고 항상 알아 모르는 때가 없다. 아난아, 여래는 사상思想이 생기는 것을 알고 머무르는 것을 알며 멸하는 것을 안다. 그리고 항상 알아 모르는 때가 없다. 그러므로 아난아, 너는 여래로부터 이 하나의 미증유법을 더 받아 간직하라."

부처님께서 이와 같이 말씀하시자, 존자 아난과 여러 비구들은 부처님의 말씀을 듣고 기뻐하며 받들어 행하였다.

〔이 미증유법경에 수록된 경문의 글자 수는 2,917자이다.〕

33) 시자경侍者經〔초 1일송〕

나는 이와 같이 들었다.

어느 때 부처님께서는 왕사성을 유행하고 계셨다. 그때 학식이 많고 명망이 높은 장로 비구로서 부처님의 큰 제자들인 존자 구린야(拘隣若：憍陳如)·존자 아섭패(阿攝貝：頞鞞)[3]·존자 발제석가왕跋提釋迦王[4]·존자 마하남구례摩訶男拘隷[5]·존자 화파惒破·존자 야사耶舍·존자 빈누(邠耨：富樓那)·존자 유마라維摩羅·존자 가화파제伽惒波提·존자 수타야須陀耶·존자 사리자舍梨子·존자 아나율타阿那律陀·존자 난제難提·존자 금비라金毘羅·존자 례바다隸婆哆·존자 대목건련大目乾連·존

3 아설시阿說示라고도 하고, 의역하여 말하면 마사馬師라고 한다. 이 사람은 특별히 용모가 단정하고 행실이 절제 있어 행보상서行步庠序의 제일인자로 불린다.

4 또는 발제리가跋提利迦라 하기도 하는데, 출가하기 전의 가계가 석가족 출신인 왕족의 집안이었으므로 석가왕이라고 호칭하였다. 호족 출신으로 부귀하고 천성이 부드럽고 온화하기가 제일인 비구이다.

5 마하나마摩訶那摩라고 하기도 한다. 구례拘隷란 구례다족拘隷多族 출신임을 가리킨 말이다.

자 대가섭大迦葉·존자 대구치라大拘絺羅·존자 대주나大周那·존자 대가전연大迦旃延·존자 빈누가누사邠耨加恕寫 장로·존자 야사행주耶舍行籌 장로 등, 이러한 무리들과 그 밖에 학식이 많고 명성과 덕망이 높은 장로 비구 큰 제자들도 왕사성을 유행하시면서 모두들 부처님의 엽옥葉屋[6] 가까이에 있었다. 그때 세존께서 여러 비구들에게 말씀하셨다.

"나는 이제 늙어 몸은 갈수록 쇠약해지고 목숨은 끝나려 한다. 그러므로 시자가 필요하다. 너희들은 나를 위해 시자 한 사람을 천거하여, 내가 해야 할 일과 하지 않아야 할 일을 보살피고, 내가 말하는 바를 받아 그 뜻을 잃지 않게 하라."

그러자 존자 구린야가 곧 자리에서 일어나 가사 한 자락을 벗어 메고, 합장하고 부처님을 향해 말씀드렸다.

"세존이시여, 제가 부처님을 모시고 하셔야 할 일과 하시지 않아야 할 일을 보살피고, 또 말씀하시는 것을 받아 그 뜻을 잃지 않게 하고자 합니다."

세존께서 말씀하셨다.

"구린야야, 네 자신도 늙어 몸은 갈수록 쇠하고 목숨도 끝나려 하니, 너도 또한 보살펴 줄 사람을 써야 할 것이다. 구린야야, 너는 제 자리에 들어가 앉아라."

그러자 존자 구린야는 곧 부처님 발에 예배하고 물러나 제 자리에 앉았다. 이와 같이 존자 아섭패·존자 발제석가왕·존자 마하남구례·존자 화파·존자 야사·존자 빈누·존자 유마라·존자 가화파제·존자 수타야·존자 사리자·존자 아나율타·존자 난제·존자 금

---

6 사라수沙羅樹 잎으로 만든 임시 사원寺院을 말한다.

비라・존자 례바다・존자 대목건련・존자 대가섭・존자 대구치라・존자 대주나・존자 대가전연・존자 빈누가누사 장로・존자 야사행주 장로들도 곧 자리에서 일어나 가사 한 자락을 벗어 메고, 합장하고 부처님을 향해 말씀드렸다.

"세존이시여, 제가 부처님을 모시고 하셔야 할 일과 하시지 않아야 할 일을 보살피고, 또 말씀하시는 것을 받아 그 뜻을 잃지 않게 하겠습니다."

세존께서는 야사에게 말씀하셨다.

"야사야, 네 자신도 늙어 몸이 갈수록 쇠해지고 목숨도 끝나려 하니, 너도 또한 보살피는 사람을 써야 할 것이다. 야사야, 너도 제 자리로 돌아가 앉으라."

그러자 존자 야사는 곧 부처님 발에 예배하고 물러나 제 자리에 돌아가 앉았다. 그때 대목건련이 대중 가운데 있으면서 곧 이렇게 생각했다.

'세존께서는 누구를 시자로 삼으려고 저러시는가? 하셔야 할 일과 하시지 않아야 할 일을 보살피고, 또 말씀하시는 것을 받아 그 뜻을 잃지 않게 할 비구로 누구를 마음에 두고 계신 걸까? 나는 이제 여기상정如其像定에 들어 여러 비구의 마음을 관찰해 보리라.'

이렇게 생각한 존자 대목건련은 곧 여기상정에 들어 여러 비구들의 마음을 관찰했다. 그는 곧 세존께서 존자 아난阿難을 시자로 삼고자 하신다는 것과, 하셔야 할 일과 하시지 않아야 할 일을 보살피고 또 말씀하시는 것을 받아 그 뜻을 잃지 않게 할 자로 아난을 마음에 두고 계신다는 것을 알았다. 이에 존자 대목건련은 곧 선정에서 일어나 여러 비구들에게 말했다.

"여러분은 아십니까? 세존께서는 아난을 시자로 삼고자 하십니다.

세존께서는 하셔야 할 일과 하시지 않아야 할 일을 보살피고, 또 말씀하시는 것을 받아 그 뜻을 잃지 않게 할 자로 아난을 마음에 두고 계십니다. 여러 현자들이여, 우리들은 이제 현자賢者 아난의 처소로 가서 그를 권해 세존의 시자가 되게 합시다."

이에 존자 대목건련과 여러 비구들은 존자 아난에게 가서 문안하고 한쪽에 앉았다. 이때에 존자 대목건련이 자리에 앉은 다음 말했다.

"현자 아난이여, 그대는 아는가? 부처님께서는 그대를 시자로 삼으려 하십니다. 부처님께서는 마음을 아난에 두시고 '내가 해야 할 일과 하지 않아야 할 일을 보살피고, 내가 말한 것을 받아 그 뜻을 잃지 않게 하리라' 하고 생각하십니다. 아난이여, 마치 마을 밖에서 멀지 않은 곳에 다락집이 있어, 동쪽을 향해 창을 열면 햇빛이 서쪽 벽에 비치는 것과 같습니다. 현자 아난이여, 세존께서도 그와 같습니다. 현자 아난을 시자로 삼으려 하십니다. 부처님께서는 마음을 아난에게 두시고 '내가 해야 할 일과 하지 않아야 할 일을 보살피고, 내가 말한 것을 받아 그 뜻을 잃지 않게 하리라' 하고 생각하고 계십니다. 현자 아난이여, 그대는 이제 세존의 시자가 되어야 합니다."

존자 아난이 말씀드렸다.

"존자 대목건련이시여, 저는 세존을 시봉하는 일을 감당할 수 없습니다. 왜냐하면 불세존의 시자가 된다는 것은, 그렇게 할 수 있다고 하기도 어렵고 또 모시기도 어렵기 때문입니다. 마치 나이 60이 되어 교만하고 힘이 왕성하며 어금니와 발과 몸이 갖추어진 커다란 수코끼리를 보살핀다는 것은 그렇게 할 수 있다고 하기도 어렵고 가까이하기도 어려운 것과 같습니다. 존자 대목건련이시여, 여래·무소착·등정각께서도 그와 같아서 그분의 시자가 된다는 것은 그렇게 할 수 있다고 하기도 어렵고 가까이하기도 어렵습니다. 존자 대목건련이시여,

저는 이런 까닭으로 시자의 역할을 감당해내지 못하겠습니다."

존자 대목건련이 또 말하였다.

"현자 아난이여, 내가 비유를 들어 말할 테니 잘 들어보십시오. 지혜로운 사람은 비유를 들으면 곧 그 뜻을 이해합니다. 현자 아난이여, 비유하면 우담발화優曇鉢華는 어쩌다 한 번씩 세상에 피어나는 것과 같이 현자 아난이여, 여래·무소착·등정각께서도 그와 같아서 어쩌다 한번 세상에 나오십니다. 현자 아난이여, 그대는 빨리 세존의 시자가 되는 것이 올바른 일일 것입니다. 구담瞿曇[7]은 반드시 큰 성과를 얻을 것입니다."

"존자 대목건련이시여, 만일 세존께서 저의 세 가지 소원을 들어 주신다면 저는 곧 부처님의 시자가 될 것입니다. 그 세 가지란 무엇인가? 첫째 저는 부처님께서 입으시던 새 옷이나 헌 옷을 입지 않기를 바라며, 둘째 따로 초청하여 대접하는 부처님의 공양은 먹지 않기를 바라며, 셋째 때가 아니면 부처님을 뵙지 않기를 바랍니다. 존자 대목건련이시여, 만일 세존께서 저의 이 세 가지 소원을 들어 주신다면 저는 곧 부처님의 시자가 되겠습니다."

이에 존자 대목건련은 아난을 권해 시자로 삼은 다음 곧 자리에서 일어나 존자 아난을 돌고 난 다음 돌아갔다. 그는 머리를 조아려 부처님 발에 예배하고 물러나 한쪽에 앉아 말씀드렸다.

"세존이시여, 저는 이미 현자 아난에게 부처님의 시자가 되기를 권하였습니다. 그랬더니 현자 아난은 부처님께 세 가지 소원을 요구하였습니다. 그 세 가지란 부처님께서 입으시던 새 옷이나 헌 옷을 입지 않는 것, 따로 초청하여 대접하는 부처님의 공양을 받지 않는 것 , 때

7 여기서 구담은 아난을 가리킨다. 아난 역시 석가족 출신이므로 구담이라 하였다.

가 아니면 부처님을 뵙지 않는 것입니다. 이러한 세 가지 소원을 들어 주신다면 그는 곧 부처님의 시자가 되겠다고 하였습니다."

세존께서 말씀하셨다.

"대목건련아, 아난 비구는 총명하고 지혜로워 반드시 비방할 사람이 있을 것을 미리 알고 있구나. 혹 여러 범행자들은 '아난 비구가 옷을 위하여 세존을 모신다'고 말할 것이다. 만일 아난이 총명하고 지혜로워 혹 여러 범행자들이 '아난은 옷을 위하여 세존을 모신다'고 비방할 것을 미리 알고 있다면, 이것은 아난 비구의 미증유법未曾有法이다.

대목건련아, 아난은 총명하고 지혜로워 반드시 비방할 사람이 있을 것을 미리 알고 있구나. 즉 여러 범행자들은 '아난 비구는 밥을 위하여 세존을 모신다'고 말할 것이다. 만일 아난이 총명하고 지혜로워 혹 여러 범행자들이 '아난은 밥을 위하여 세존을 모신다'고 비방할 것을 미리 알고 있다면, 이것은 아난 비구의 미증유법이다.

대목건련아, 아난은 때를 잘 알고 때를 잘 분별하는구나. 곧 '지금은 내가 여래를 찾아 뵐 때이고, 지금은 내가 여래를 찾아 뵐 때가 아니다. 지금은 비구·비구니가 여래를 찾아 뵐 때이고, 지금은 비구·비구니가 여래를 찾아 뵐 때가 아니다. 지금은 우바새·우바이들이 여래를 찾아 뵐 때이고, 지금은 우바새·우바이들이 여래를 찾아 뵐 때가 아니다. 지금은 많은 이학異學의 사문 바라문이 여래를 찾아 뵐 때이고, 지금은 많은 이학의 사문 바라문이 여래를 찾아 뵐 때가 아니다. 이 많은 이학의 사문 바라문들은 여래와 함께 이야기할 수 있으며, 이 많은 이학의 사문 바라문들은 여래와 함께 이야기할 수 없다. 이 음식을 먹고 마시면 여래는 안온하고 요익하게 되며, 이 음식을 먹고 마시면 여래는 안온하고 요익하게 될 수 없다. 이 음식을 먹고 마시면 여래는 변재辯才로 설법하실 수 있고, 이 음식을 먹고 마시면 여래는 변재로 설법하실 수 없다'는 것 등을 다 안다. 이것은 아난 비구의 미증유법이다.

대목건련아, 아난 비구는 비록 타심지他心智[8]는 없으나, 여래가 해질 무렵에 연좌에서 일어나 미리 다른 이들을 위하여 설법하시고, 오늘 여래의 행은 이러이러하며, 어떻게 현재에 안락하게 기거하시며, 말씀하신 대로 살펴 알되 진리와 다름이 없다는 것을 안다. 이것은 아난 비구의 미증유법이다.

아난은 이렇게 말한다.

'여러 현자들이여, 나는 부처님을 모셔 온 지 25년이다. 그러나 그것을 가지고 뽐낼 생각은 전혀 없다.'

만일 존자 아난이 이런 말을 한다면, 이것은 존자 아난의 미증유법이다.

아난은 또 이렇게 말한다.

'여러 현자들이여, 나는 부처님을 모셔 온 지 25년이다. 그러나 처음부터 제 때가 아닌 때에는 부처님을 뵙지 않았다.'

만일 존자 아난이 이런 말을 한다면, 이것은 아난의 미증유법이다.

아난은 또 이렇게 말한다.

'여러 현자들이여, 나는 부처님을 모셔 온 지 25년이다. 그러나 일찍이 부처님께 한 가지 허물을 제외하고는 꾸지람을 들은 일이 없다. 그것 역시 다른 사람 때문이었다.'

만일 존자 아난이 이런 말을 한다면, 이것은 아난의 미증유법이다.

아난은 또 다시 이렇게 말한다.

'여러 현자들이여, 나는 여래에게서 8만 법문을 받아 잊지 않고 기

8 부처님께서 세상에 계셨을 때에 아난은 아직 아라한과阿羅漢果를 증득하지 못했었기 때문에 아난 비구는 타심지가 없다고 말씀하신 것이다.

억한다. 그러나 그것을 가지고 뽐낼 생각은 전혀 없다.'

만일 존자 아난이 이런 말을 한다면, 이것은 아난의 미증유법이다.

아난은 또 이렇게 말한다.

'여러 현자들이여, 나는 여래에게서 8만 법문을 받았다. 그러나 처음부터 그 한 구절을 제외하고는 두 번 묻지 않았다. 그것 역시 쉬운 일이 아니다.'

만일 존자 아난이 이런 말을 하였다면, 이것은 아난의 미증유법이다.

존자 아난은 또 이렇게 말한다.

'여러 현자들이여, 나는 여래에게서 8만 법문을 받아 가졌다. 그리하여 처음부터 남에게 법을 받은 일이 없다.'

만일 존자 아난이 이런 말을 하였다면, 이것은 아난의 미증유법이다.

아난은 또 이렇게 말한다.

'여러 현자들이여, 나는 여래에게서 8만 법문을 받아 가졌지만 처음부터 〈내가 이 부처님의 가르침을 배우는 것은 다른 이에게 말해 주기 위해서이다〉라는 마음이 전혀 없었다. 여러 현자들이여, 다만 내 자신을 다스리고 내 자신이 쉬며, 내 자신이 반열반을 얻고자 함이었다.'

만일 존자 아난이 이런 말을 하였다면 이것은 아난의 미증유법이다.

아난은 또 이렇게 말한다.

'여러 현자들이여, 이것은 참으로 기이한 일이며 매우 특별한 일이다. 곧 사부대중이 내게 와서 법을 듣는다. 그러나 나는 그것으로 인하여 뽐내야 하겠다는 생각은 전혀 없다. 또한 만일 누가 와서 물으면, 나는 마땅히 이러이러하게 대답하리라고 미리 준비한 일도 없다. 여러 현자들이여, 나는 다만 그 자리에서 현실에 맞게 이치대로 대답할 뿐이다.'

만일 존자 아난이 이런 말을 한다면, 이것은 아난의 미증유법이다.

아난은 또 이렇게 말한다.

'여러 현자들이여, 이것은 참으로 기이한 일이며, 매우 특별한 일이다. 곧 많은 이학異學의 사문 범지들은 내게 와서 일을 묻는다. 그러나 나는 그로 인해 두려워하고 놀라거나, 무서워서 털이 곤두서는 일이 전혀 없었다. 또한 누가 와서 물으면 나는 이러이러하게 대답하리라고 미리 준비한 적도 없다. 여러 현자들이여, 나는 다만 그 자리에서 이치를 따라 대답할 뿐이다.'

만일 존자 아난이 이런 말을 한다면, 이것은 아난의 미증유법이다.

어느 때에 존자 사리자 · 존자 대목건련 · 존자 아난이 사위국 바라라산婆羅邏山에 있었다. 이때 존자 사리자가 물었다.

'현자 아난이여, 그대는 부처님을 모셔온 25년 동안에 때로는 욕심을 일으킨 기억이 있습니까?'

아난이 대답하였다.

'존자 사리자여, 저는 학인學人이라 욕심을 여의지 못했습니다.'

존자 사리자가 다시 물었다.

'현자 아난이여, 나는 그대가 유학有學인지 무학(無學 : 아라한)인지를 물은 것이 아닙니다. 다만 그대가 부처님을 모셔온 25년 동안에 때로는 욕심을 일으킨 기억이 있느냐고 물었을 뿐입니다.'

이렇게 사리자가 두 번 세 번 물었다.

'현자 아난이여, 그대는 부처님을 모셔온 25년 동안에 때로는 욕심을 일으킨 기억이 있습니까?'

아난도 또한 두 번 세 번 대답하였다.

'존자 사리자여, 저는 학인이라 욕심을 여의지 못했습니다.'

'현자 아난이여, 나는 그대가 유학인지 무학인지를 물은 것이 아닙니다. 나는 다만 그대가 부처님을 모셔온 25년 동안에 때로는 욕심을 일으킨 기억이 있느냐고 물었을 뿐입니다.'

이때에 존자 대목건련이 말했다.

'현자 아난이여, 빨리 대답하시오. 빨리 대답하시오. 아난이여, 그대는 높은 장로를 희롱하지 마시오.'

그러자 아난이 대답했다.

'존자 사리자여, 저는 부처님을 모셔온 25년 동안에 처음부터 한 번도 욕심을 일으킨 기억이 없습니다. 왜냐하면 저는 항상 부처님을 향해 부끄러워하는 마음을 가지고 있었고, 또 모든 지혜로운 범행자들에 대해서도 그러했기 때문입니다.'

만일 아난이 이런 말을 하였다면, 이것은 존자 아난의 미증유법이다.

다시 어느 때 세존께서 왕사성을 유행하실 때 바위산에 계셨다. 이때에 세존께서 말씀하셨다.

'아난아, 너는 누울 때 마땅히 사자가 눕는 법처럼 그렇게 누우라.'

아난이 여쭈었다.

'세존이시여, 짐승의 왕인 사자가 눕는 법은 어떤 것입니까?'

세존께서 대답하셨다.

'아난아, 짐승의 왕인 사자는 낮에는 먹이를 찾아다니다가 다니기를 마치면 굴로 들어간다. 만일 자려고 할 때에는 발은 포개고 꼬리는 펴서 뒤에 두며, 오른쪽으로 눕는다. 밤이 지나고 이른 아침이 되면 제 몸을 돌아본다. 짐승의 왕 사자는 몸이 바르지 못한 것을 보면, 곧 언

좋아하고, 그 몸이 모두 바른 것을 보면 곧 기뻐한다. 그가 자리에서 일어나 굴을 나오는데 굴 밖으로 나와서는 기지개를 켜며 으르렁거리고 기지개를 켜고 으르렁거린 다음에는 제 자신의 몸을 살펴보며, 제 몸을 살펴본 뒤에는 사방을 바라보고, 사방을 바라본 뒤에는 두세 번 포효하며, 두세 번 포효한 뒤에는 먹이를 구하러 간다. 짐승의 왕인 사자가 눕는 법은 이와 같다.'

존자 아난이 여쭈었다.

'세존이시여, 짐승의 왕 사자가 눕는 법이 그와 같다면, 비구가 눕는 법은 마땅히 어떠해야 합니까?'

세존께서 대답하셨다.

'아난아, 만일 비구가 마을을 의지하고 살면서 밤이 지나고 이른 아침이 되면 가사를 입고 발우를 가지고 마을에 들어가 밥을 빌어야 하는데, 그때에 몸을 잘 보호해 가지고 모든 감관〔根〕을 거두어 지키며 바른 생각을 지녀야 한다. 그렇게 하여 마을에서 밥을 빌어 식사를 마친 뒤에는 가사와 발우를 거두어 챙기고, 손과 발을 씻고 니사단尼師檀을 어깨에 걸치고 일 없는 곳으로 간다. 혹 나무 밑이나 빈집에 들어가 혹은 거닐거나 좌선하기도 하며 마음속에 온갖 장애 되는 법을 깨끗이 버린다. 낮에도 혹 거닐거나 좌선하여 마음속의 모든 장애 되는 법을 깨끗이 버리고, 또 초저녁에도 거닐거나 좌선하여 마음속의 온갖 장애 되는 법을 깨끗이 버린다. 초저녁에 거닐거나 좌선하여 마음속의 온갖 장애 되는 법을 깨끗이 버린 뒤, 한밤〔中夜〕에는 방에 들어가 눕는다. 우다라승(優哆邏僧 : 울다라승)을 네 겹으로 접어 평상에 펴고, 승가리僧伽梨를 접어 베개를 만들고, 오른쪽으로 누워 발을 포개며, 마음은 명상明相[9] · 바른 생각 · 바른 지혜 · 항념기상恒念起想에 매어 둔다. 그리고 새벽 무렵에는 일찍 자리에서 일어나, 거닐거나 좌선

하며 마음속의 장애 되는 법을 깨끗이 버린다. 이와 같이 하는 것이 비구가 사자처럼 눕는 법이다.'

존자 아난이 말씀드렸다.

'세존이시여, 그런 것이 비구가 사자처럼 눕는 법입니다.'

존자 아난은 또 이렇게 말하였다.

'여러 현자들이여, 세존께서는 내게 사자가 눕는 법에 비유하여 눕는 법을 가르쳐 주셨다. 그 뒤로 나는 한 번도 왼쪽으로 누운 적이 없었다.'

만일 존자 아난이 이런 말을 하였다면, 이것은 존자 아난의 미증유법이다.

또 어느 때 세존께서는 구시나갈성拘尸那竭城을 유행하실 때에 화발단 역사사라림和跋單力士娑羅林에 머무셨다. 그때 세존께서 최후로 반열반에 드시려 하실 즈음에 말씀하셨다.

'아난아, 너는 두 그루의 사라나무 사이로 가서 여래를 위해 북쪽으로 머리를 둘 수 있게 하여 자리를 펴라. 나는 오늘 밤중에 반열반에 들 것이다.'

존자 아난이 여래의 분부대로 곧 두 그루의 사라나무 밑으로 가서 그 사이에다 여래를 위해 북쪽으로 머리를 둘 수 있도록 자리를 폈다. 자리를 편 뒤에 다시 부처님께 돌아와 머리 조아려 발에 예배하고 물러나 한쪽에 서서 말씀드렸다.

'세존이시여, 이미 여래를 위하여 두 그루 나무 사이에다 북쪽으로 머리를 둘 수 있도록 자리를 폈습니다. 부디 세존께서는 적당한 때를 선택하십시오.'

---

9 송·원·명 3본에는 명상明想으로 되어 있다.

그러자 세존께서는 존자 아난을 데리고 두 그루 나무 사이에 이르러 우다라승優哆邏僧을 네 겹으로 접어 평상 위에 펴고, 승가리를 접어 베개로 만들고, 오른쪽으로 누워 발을 포개셨다. 최후로 반열반에 드시려 할 때, 존자 아난은 불자拂子를 잡고 부처님 곁에 서서 손으로 눈물을 닦으면서 이렇게 생각하였다.

〈지금까지는 여러 곳의 비구들이 세존께 와서 뵙고 공양하고 예로써 섬기고 싶어하는 사람이 있으면, 누구나 언제든지 와서 세존을 뵙고 공양하고 예로써 섬길 수 있었다. 만일 세존께서 반열반하셨다는 말을 들은 뒤에는 다시는 와서 세존을 뵙고 공양하고 예로써 섬길 수 없을 것이다. 나도 역시 언제든지 부처님을 뵙고 공양하고 예로써 섬길 수 없을 것이다.〉

이때 세존께서는 여러 비구들에게 물으셨다.

'아난 비구는 지금 어디 있느냐?'

비구들이 말씀드렸다.

'세존이시여, 존자 아난은 불자拂子를 잡고 부처님 곁에 서서 손으로 눈물을 닦으면서 〈지금까지는 여러 곳의 비구들이 세존께 와서 뵙고 공양하고 예로써 섬기고자 하면, 언제든지 누구나 와서 세존을 뵙고 공양하고 예로써 섬길 수가 있었다. 만일 세존께서 반열반하셨다는 말을 들은 뒤에는, 다시는 와서 세존을 뵙고 공양하고 예로써 섬길 수 없을 것이다. 나도 역시 언제든지 부처님을 뵙고 공양하고, 예로써 섬길 수 없을 것이다〉라고 생각하고 있습니다.'

그러자 세존께서 말씀하셨다.

'아난아, 울지 말라. 또한 슬퍼하지도 말라. 왜냐하면 아난아, 너는 나를 모시면서 몸으로 행한 것도 착하였고 입과 뜻으로 행한 것도 착하였다. 처음부터 두 마음이 없어 안락하기 한량없었다. 아난아, 비록 과거에 모든 여래·무소착·등정각을 모신 사람이 있었더라도 너보다 나은 사람은 없었을 것이다. 아난아, 만일 미래에 모든 여래·무소착·등정각을 모실 사람이 있다 해도 너보다 낫지 못할 것이다. 아난아, 이제 나 현재의 여래·무소착·등정각을 모시는 사람이 있더라도 또한 너보다 낫지는 못할 것이다. 아난아, 너는 때를 잘 알고 때를 잘 분별했다.

〈지금은 내가 가서 여래를 뵐 때이다. 지금은 내가 가서 여래를 뵐 때가 아니다. 지금은 비구와 비구니들이 가서 여래를 뵐 때이다. 지금은 비구·비구니들이 가서 여래를 뵐 때가 아니다. 지금은 우바새·우바사優婆私[10]들이 가서 여래를 뵐 때이다. 지금은 우바새·우바이들이 가서 여래를 뵐 때가 아니다. 지금은 많은 이학의 사문 바라문들이 가서 여래를 뵐 때이다. 지금은 많은 이학의 사문 바라문들이 가서 여래를 뵐 때가 아니다. 이 많은 이학의 사문 바라문들은 여래와 함께 이야기할 수가 있다. 이 많은 이학의 사문 바라문들은 여래와 함께 이야기할 수가 없다. 이 음식을 먹고 마시면 여래께서는 안온하고 요익하실 것이다. 이 음식을 먹고 마시면, 여래께서는 안온하고 요익하게 될 수 없을 것이다. 이 음식을 먹고 마시면, 여래께서는 변재로 설법하실 수 있을 것이다. 이 음식을 먹고 마시면, 여래께서는 변재로 설법하실 수 없을 것이다.〉

또 아난아, 너는 비록 타심지他心智는 없으나 여래가 해질 무렵에 연좌燕坐에서 일어나 미리 다른 사람들을 위하여 설법하고, 오늘 여래의 행은 이와 같으며 이와 같이 현재에 안락하게 기거하시고 말씀하신 그대로를 살펴서 그 이치가 다름이 없는 것을 안다.'

10 송宋·원元·명明 3본에는 우바이優婆夷로 되어 있다.

이에 세존께서는 존자 아난을 기쁘게 하려고 모든 비구들에게 말씀하셨다.

'전륜성왕은 네 가지 미증유법未曾有法을 얻었다. 어떤 것이 그 네 가지인가? 찰리刹利 대중이 전륜성왕을 가서 보고, 만일 잠자코 있을 때면 보기만 해도 기뻐하고, 만일 말할 때면 그 말을 듣고서 기뻐한다. 범지・거사・사문들도 전륜성왕을 가서 보고, 만일 잠자코 있을 때면 보기만 해도 기뻐하고, 만일 말할 때면 그 말을 듣고서 기뻐한다. 아난도 이와 같이 네 가지 미증유법을 얻었다. 어떤 것이 그 네 가지인가? 비구들이 가서 아난을 보고, 만일 잠자코 있을 때면 보기만 해도 기뻐하고, 말할 때면 그 말을 듣고서 기뻐한다. 비구니・우바새・우바사들도 아난을 보고, 만일 잠자코 있을 때면 보기만 해도 기뻐하고, 말할 때면 그 말을 듣고서 기뻐한다. 또 아난은 대중을 위하여 설법함에 있어서 네 가지 미증유법이 있다. 어떤 것이 그 네 가지인가? 아난 비구는 비구들을 위하여 지극한 마음으로 설법하고 성의 없이 하지 않는다. 그래서 저 비구들도 〈존자 아난이 항상 설법하여 중지하지 않았으면〉 하고 생각한다. 저 비구들은 존자 아난의 설법을 듣고 끝끝내 싫증을 내지 않는다. 그런데 아난 비구는 끝내 잠자코 있다. 그는 비구니・우바새・우바사들을 위해서도 지극한 마음으로 설법하고 성의 없이 하지 않는다. 그래서 저 우바사들도 〈존자 아난이 항상 설법하여 중지하지 않았으면〉 하고 생각한다. 우바사들도 존자 아난의 설법을 듣고 끝끝내 싫증을 내지 않는다. 그런데 아난 비구는 끝내 잠자코 있다.'

또 어느 때 부처님께서 반열반하신 지 얼마 되지 않아 존자 아난은 금강金剛[11]을 유행할 때에 금강촌에 머물고 있었다. 이때에 존자 아난이 한량없는 백천 무리들에게 앞뒤로 둘러싸여 설법하고 있었다. 존자 금강자金剛子도 이때 대중 가운데 있었다. 금강자는 가만히 이렇게 생각했다.

'이 존자 아난은 원래 학인學人으로서 아직까지 욕심을 여의지 못했는가? 나는 차라리 여기상정如其像定에 들어 여기상정으로써 존자 아난의 마음을 관찰해 보리라.'

이에 존자 금강자는 곧 여기상정에 들어, 여기상정으로써 아난의 마음을 관찰하였다. 존자 금강자는 곧 존자 아난은 원래 학인으로서 아직까지 욕심을 여의지 못하였다는 것을 알았다. 이에 존자 금강자는 삼매에서 일어나 존자 아난을 향하여 게송을 읊었다.

> 산림山林 속에서 고요히 생각하여
> 마음으로 하여금 열반에 들게 해야 하리.
> 구담瞿曇이여, 선정은 어지러움이 없어
> 오래지 않아 그 자취를 쉬리라.

이때 존자 아난은 존자 금강자에게서 대중으로부터 떠나 혼자 수행하며 어지러움 없이 부지런히 정진하라는 가르침을 받고 대중에게서 떠나 부지런히 정진하여 어지러움이 없었다. 그리하여 수염과 머리를 깎고 가사를 입고, 지극한 신심으로 집을 버려 가정 없이 도를 배우는 족성자들이 해야 할 바인 위없는 범행을 마쳤다. 그는 곧 현재 있어서 스스로 알고 스스로 깨닫고 스스로 증득하여 원만히 노닐었다. 생이 이미 다하였고 범행이 이미 섰으며, 할 일을 이미 마쳐, 다시는 후세의 목숨을 받지 않는다는 참뜻을 알았다. 존자 아난은 법을 안 뒤에

---

11 발기족跋耆族의 금강국金剛國을 말한다.

결국 아라하가 되었다. 존자 아난은 말하였다.

'여러 현자들이여, 나는 평상 위에 앉아 머리를 숙여 미처 베개에 닿기 전에, 문득 일체의 번뇌를 끊고 마음의 해탈을 얻었다.'

만일 존자 아난이 이런 말을 하였다면, 이것은 존자 아난의 미증유법이다. 존자 아난은 또 말하였다.

'여러 현자들이여, 나는 가부좌하고 앉은 채로 반열반에 들겠다.'

존자 아난은 곧 가부좌하고 앉아 반열반에 들었다. 만일 존자 아난이 가부좌하고 앉은 채로 반열반에 들었다면, 그것은 존자 아난의 미증유법이다."

부처님께서 이렇게 말씀하시자, 여러 비구들은 부처님의 말씀을 듣고 기뻐하며 받들어 행하였다.

〔이 시자경에 수록된 경문의 글자 수는 4,399자이다.〕

34) 박구라경薄拘羅經〔초 1일송〕

나는 이와 같이 들었다.

어느 때 부처님께서 열반에 드신 지 오래지 않아 존자 박구라薄拘羅는 왕사성을 유행하시면서 죽림가란다원竹林迦蘭哆園에 있었다. 그때 어떤 이학異學이 있었는데, 그는 존자 박구라가 출가하기 전의 친한 벗이었다. 그는 오후에 천천히 거닐어 존자 박구라에게 나아가 서로 문안한 뒤 한쪽에 앉았다. 이학이 말하였다.

"현자 박구라여, 내가 물을 일이 있는데 들어주겠는가?"

존자 박구라가 대답하였다.

"현자여, 그대는 묻고 싶은 대로 물어 보아라. 내가 듣고 생각해 보리라."

이학이 물었다.

"현자 박구라여, 그대는 이 바른 법 안에서 도를 배운 지 얼마나 되는가?"

존자 박구라가 대답하였다.

"이학이여, 나는 이 바른 법 안에서 도를 배운 지 80년이 되었다."

이학이 또 물었다.

"현자 박구라여, 그대는 이 바른 법 안에서 도를 배운 지 80년 동안에 혹시 음욕을 행한 기억이 있는가?"

존자 박구라가 이학에게 말했다.

"그대는 그런 질문은 하지 말고 다시 다른 일을 물어보라. '현자 박구라여, 너는 이 바른 법에서 도를 배운 지 80년 동안에 혹 욕상欲想을 일으킨 기억이 있는가?'라고 말이다. 이학이여, 그대는 마땅히 이렇게 물어야 하리라."

그러자 이학은 곧 그렇게 물었다.

"나는 이제 다시 현자 박구라에게 묻겠다. 그대는 이 바른 법 안에서 도를 배운 지 80년 동안에 혹 욕상을 일으킨 기억이 있는가?"

그때 존자 박구라는 이 이학의 물음으로 인해 곧 여러 비구들에게 말하였다.

"여러 현자들이여, 나는 이 바른 법 안에서 도를 배운 지 80년이 되었다. 그러나 그것을 가지고 뽐낼 생각은 조금도 없다."

만일 존자 박구라가 이렇게 말한다면, 이것은 박구라의 미증유법이다.

또 박구라는 이렇게 말한다.

"여러 현자들이여, 나는 이 바른 법 안에서 도를 배운 지 80년이 되었다. 그러나 아직 한 번도 욕상이 없었다."

만일 박구라가 이렇게 말한다면, 이것은 박구라의 미증유법이다. 또 박구라는 말한다.

"여러분, 나는 분소의糞掃衣를 입은 지 80년이 되었다. 그러나 이것을 가지고 뽐낼 생각은 조금도 없다."

만일 박구라가 이렇게 말한다면, 이것은 박구라의 미증유법이다. 또 박구라는 이렇게 말한다.

"여러분, 나는 분소의를 가진 지 80년이나 되었다. 그러나 아직까지 거사의 옷을 받은 기억이 없고, 아직까지 한 번도 멀쩡한 옷감을 끊어서 옷을 만들지 않았다. 그리고 아직까지 한 번도 다른 비구를 시켜 옷을 만들지 않았고, 아직까지 한 번도 바늘을 가지고 옷을 꿰매게 하지 않았으며, 아직까지 한 번도 바늘을 가지고 주머니를 깁게 하거나 나아가 바늘 한 땀도 뜨게 하지 않았다."

만일 박구라가 이렇게 말한다면, 이것은 박구라의 미증유법이다. 또 박구라는 이렇게 말한다.

"여러 현자들이여, 나는 걸식한 지 80년이나 되었다. 그러나 이것을 가지고 뽐낼 생각은 조금도 없다."

만일 존자 박구라가 이렇게 말한다면, 이것은 존자 박구라의 미증유법이다. 또 박구라는 이렇게 말한다.

"여러 현자들이여, 나는 걸식한 지 80년이나 되었다. 그러나 아직까지 한 번도 거사의 청을 받은 기억이 없고, 아직까지 한 번도 차례를 넘겨 걸식하지 않았으며, 아직까지 한 번도 지극히 깨끗하고 맛있고, 풍성한 음식을 얻을 수 있는 큰 집으로 가서 걸식하지 않았고, 아직까지 한 번도 여자의 얼굴을 자세히 보지 않았으며, 아직까지 한 번도 비구니 방에 들어간 기억이 없고, 아직까지 한 번도 비구니와 서로 안부를 물은 기억이 없으며, 나아가 길에서도 서로 말하지 않았다."

만일 박구라가 이렇게 말한다면, 이것은 박구라의 미증유법이다. 또 박구라는 이렇게 말한다.

"여러 현자들이여, 나는 이 바른 법 안에서 도를 배운 지 80년이나 되었다. 그러나 아직까지 한 번도 사미를 기른 기억이 없고, 아직 한 번도 속인을 위하여 설법한 기억이 없으며, 나아가 4구의 게송도 그를 위하여 말한 기억이 없다."

만일 박구라가 이렇게 말한다면, 이것은 박구라의 미증유법이다. 또 박구라는 이렇게 말한다.

"여러 현자들이여, 나는 이 바른 법 안에서 도를 배운 지 80년이나 되었다. 그러나 아직까지 한 번도 앓거나 나아가 잠깐 동안이나마 두통을 앓아본 적이 없었고, 아직까지 한 번도 약이나 나아가 한 조각의 하리륵訶梨勒을 먹어본 기억조차 없다."

만일 박구라가 이렇게 말한다면, 이것은 박구라의 미증유법이다. 또 박구라는 이렇게 말한다.

"여러 현자들이여, 나는 가부좌하고 앉은 지 80년이나 되었다. 그동안 아직까지 한 번도 벽에 기대거나 나무에 기댄 적이 없었다."

만일 박구라가 이렇게 말한다면, 이것은 박구라의 미증유법이다. 또 박구라는 이렇게 말한다.

"여러 현자들이여, 나는 3일 밤낮 동안에 세 가지를 통달해 증득했다."

만일 박구라가 이렇게 말한다면, 이것은 박구라의 미증유법이다. 다시 박구라는 이렇게 말한다.

"여러 현자들이여, 나는 가부를 맺고 앉아 열반에 들리라."

박구라는 곧 가부좌를 틀고 앉아 열반에 들었다. 만일 박구라가 가부좌로 앉아 열반에 들었다면 이것은 박구라의 미증유법이다.

존자 박구라는 이렇게 말하자, 그때 이학과 많은 비구들은 이 말을 듣고 기뻐하며 받들어 행하였다.

〔이 박구라경에 수록된 경문의 글자 수는 980자이다.〕

35) 아수라경阿修羅經〔초 1일송〕

나는 이와 같이 들었다.

어느 때 부처님께서 비란야鞞蘭若를 유행하실 때에 황로원黃蘆園에 계셨다. 그때 파라라婆羅邏 아수라왕과 아들 모리차牟梨遮 아수라는 당당하고 환하게 빛나는 모습으로 밤이 지나고 날이 밝으려 할 무렵 부처님께 나아가 그 발에 예배하고, 물러나 한쪽에 앉았다. 세존께서 물으셨다.

"파라라여, 큰 바다 가운데서 아수라는 아수라의 수명·아수라의 빛깔·아수라의 즐거움·아수라의 힘에 있어서 쇠퇴하는 일이 없는가? 모든 아수라들은 큰 바다를 좋아하는가?"

파라라 아수라왕과 아들 모리차 아수라가 대답하였다.

"세존이시여, 우리 큰 바다 가운데서는 모든 아수라가 아수라의 목숨·아수라의 빛깔·아수라의 즐거움·아수라의 힘에 있어서 쇠퇴하는 일이 없습니다. 그래서 모든 아수라들은 큰 바다를 좋아합니다."

"파라라여, 큰 바다에는 몇 가지 미증유법이 있기에, 모든 아수라들이 보고는 그것을 좋아하는가?"

"세존이시여, 우리 큰 바다에는 여덟 가지 미증유법이 있어, 모든 아수라들로 하여금 그것을 보게 하여 거기서 즐거워하게 합니다. 어떤 것이 그 여덟 가지인가? 세존이시여, 우리의 큰 바다는 밑에서 위로 올라갈수록 둘레가 점점 넓어져 고르고 편편하며, 위는 언덕이 되고 물은 항상 가득 차서 일찍 흘러나간 적이 없습니다. 세존이시여, 만일 우리의 큰 바다가 밑에서 위로 올라갈수록 둘레가 점점 넓어져 고르고 편편하며, 위는 언덕이 되고 물은 항상 가득 차서 일찍 흘러나간 적이 없다면, 이것은 우리 큰 바다의 첫 번째 미증유법으로서, 모든 아수라는 그것을 보고 거기서 즐거워합니다.

또 세존이시여, 우리의 큰 바다는 그 조수가 일찍이 때를 잃은 적이 없습니다. 세존이시여, 만일 우리의 큰 바다 조수가 일찍이 때를 잃은 적이 없다면, 이것은 우리 큰 바다의 두 번째 미증유법으로서 모든 아수라는 그것을 보고 거기서 즐거워합니다.

또 세존이시여, 우리의 큰 바다는 그 물이 매우 깊어 바닥이 없고 지극히 넓어 가없습니다. 세존이시여, 만일 우리의 큰 바다가 매우 깊어 바닥이 없고, 지극히 넓어 가없다면 이것은 우리 큰 바다의 세 번째 미증유법으로서, 모든 아수라는 그것을 보고 거기서 즐거워합니다.

또 세존이시여, 우리의 큰 바다는 그 물이 똑같이 짠맛입니다. 세존이시여, 만일 우리 큰 바닷물이 똑같이 짠맛이라면, 이것은 우리 큰 바다의 네 번째 미증유법으로서 모든 아수라는 그것을 보고 거기서 즐거워합니다.

또 세존이시여, 우리의 큰 바다 가운데에는 많은 보배가 있습니다. 한량없이 귀하고 기이한 갖가지 보배 구슬이 그 가운데 충만해 있습니다. 그 보배 이름은 금・은・수정・유리・마니・진주・벽옥碧玉・백가白珂・나벽蠡璧・산호・호박・마노・대모瑇瑁・적석赤石・선주琁珠입니다. 세존이시여, 만일 우리의 큰 바다 가운데 많은 보배가 있으며, 한량없이 귀하고 이상한 갖가지 보배 구슬이 그 가운데 충만해 있으며, 그 보배 이름은 금·은·수정·유리·마니·진주·벽옥·백가·나벽·산호·호박·마노·대모·적석·선주라면 이것은 우리 큰 바다의 다섯 번째 미증유법으로서, 모든 아수라는 그것을 보고 거기서 즐거워합니다.

또 세존이시여, 우리의 큰 바다 가운데에는 큰 신들이 살고 있습니다. 그 큰 신의 이름은 아수라·간탑화乾塔和·나찰羅刹·어마갈魚摩竭·거북·악어·바류니婆留泥·제예帝麑·제예가라帝麑伽羅·제제예가라提帝麑伽羅입니다. 또 큰 바다 가운데는 참으로 기이하고 특별하여, 중생의 몸은 백 유연(由延 : 由旬)도 되고, 2백 유연이나 3백 유연 나아가 7백 유연쯤 되는 것도 있습니다. 그런 몸들이 모두 바다 가운데 살고 있습니다. 세존이시여, 만일 큰 바다 가운데 큰 신들이 살고 있는데, 그 이름이 곧 아수라·간답화·나찰·어마갈·거북·악어·바류니·제예·제예가라·제제예가라이고, 다시 큰 바다 가운데는 참으로 기이하고 특별하여, 중생의 몸이 백 유연도 되고, 2백 유연이나 3백 유연 나아가 7백 유연쯤 되는 것도 있는데, 이들이 모두 바다 가운데서 산다면, 이것은 우리 큰 바다의 여섯 번째 미증유법으로서 모든 아수라는 그것을 보고 거기서 즐거워합니다.

또 세존이시여, 우리의 큰 바다는 맑고 깨끗하여 죽은 시체를 받지 않습니다. 만일에 죽은 시체가 있으면 밤새껏 바람이 불어 곧 언덕 위로 밀어 붙입니다. 세존이시여, 만일 우리의 큰 바다가 맑고 깨끗하여 죽은 시체를 받지 않고, 죽은 시체가 있으면 밤새껏 바람이 불어 곧 언덕 위로 밀어 붙인다면, 이것은 우리 큰 바다의 일곱 번째 미증유법으로서 모든 아수라는 그것을 보고 거기서 즐거워합니다.

또 세존이시여, 우리의 큰 바다는 염부주閻浮洲 가운데 5대하大河가 있습니다. 첫째는 항가(恒伽 : 항하)이며, 둘째는 요우나搖尤那이고, 셋째는 사뢰부舍牢浮이며, 넷째는 아이라바제阿夷羅婆提이고, 다섯째는 마기摩企라고 하는데, 이 강물이 다 큰 바다로 들어갑니다. 이미 바다로 들어간 뒤에는 각각 본 이름을 버리고 모두 큰 바다라고 불립니다. 세존이시여, 만일 우리의 큰 바다가 염부주 가운데 있는 5대하, 곧 첫째 긍가, 둘째 요우나, 셋째 사뢰부, 넷째 아이라바제, 다섯째 마기 등의 강물이 모두 큰 바다로 들어가고, 이미 바다로 들어간 뒤에는 각각 본 이름을 버리고 모두 큰 바다라고 이름한다면, 이것은 우리 큰 바다의 여덟 번째 미증유법으로서 모든 아수라는 그것을 보고 거기서 즐거워합니다.

세존이시여, 부처님의 바른 법률法律 안에는 몇 가지 미증유법이 있기에 모든 비구들이 그것을 보고 거기서 즐거워합니까?"

세존께서 대답하셨다.

"파라라여, 나의 바른 법률 안에도 여덟 가지 미증유법이 있어, 모든 비구들로 하여금 그것을 보게 하여 거기서 즐거워하게 한다. 어떤 것이 그 여덟 가지인가? 파라라여, 큰 바다는 밑에서 위로 올라갈수록 둘레가 점점 넓어지고 고르고 편편하며 위는 언덕이 되고 물은 항상 가득 차서 일찍 흘러나간 적이 없는 것처럼, 나의 바른 법률도 그와 같아서 점진적으로 행하고 점진적으로 배우며 점진적으로 끊고 점진적으로 가르친다. 파라라여, 만일 나의 바른 법률 안에서 점진적으로 행하고 점진적으로 배우며 점진적으로 끊고 점진적으로 가르친다면, 이것은 내 바른 법률의 첫 번째 미증유법으로서 모든 비구는 그것을 보고 거기서 즐거워한다.

또 파라라여, 큰 바다의 조수가 일찍이 때를 어긴 적이 없는 것처럼 나의 바른 법률도 그와 같아서, 비구·비구니·우바새·우바사를 위하여 금계禁戒를 만들고, 모든 족성자도 목숨이 다할 때까지 계를 범하지 않는다. 파라라여, 만일 나의 바른 법률이 비구·비구니·우바새·우바사를 위하여 금계를 만들고, 모든 족성자도 목숨이 다할 때까지 계를 범하지 않는다면, 이것은 내 바른 법률의 두 번째 미증유법으로서 모든 비구는 그것을 보고 거기서 즐거워한다.

또 파라라여, 큰 바다는 그 물이 매우 깊어 바닥이 없고 지극히 넓어 가없는 것처럼 나의 바른 법률도 그와 같아서, 모든 법은 매우 깊고 매우 깊어 바닥이 없고, 지극히 넓어 가없다. 파라라여, 만일 내 바른 법률의 모든 법이 매우 깊고 너무 깊어 바닥이 없고 지극히 넓어 가없다면, 이것은 나의 바른 법률의 세 번째 미증유법으로서, 모든 비구는 그것을 보고 거기서 즐거워한다.

또 파라라여, 큰 바다는 물이 똑같이 짠맛인 것처럼 나의 바른 법률도 그와 같아서, 욕심이 없는 것으로 맛을 삼는데, 깨침의 맛〔覺味〕과 쉼의 맛〔息味〕과 도의 맛〔道味〕이다. 파라라여, 만일 나의 바른 법률이 욕심이 없는 것으로 맛을 삼되 그것이 깨침의 맛과 쉼의 맛과 도의 맛이라면, 이것은 바른 법률의 네 번째 미증유법으로서 모든 비구는 그것을 보고 거기서 즐거워한다.

또 파라라여, 큰 바다에는 많은 보배가 있어, 한량없이 귀하고 기이한 갖가지 보배 구슬이 그 가운데 충만해 있는데, 그 보배 이름은 금·은·수정·유리·마니·진주·벽옥·백가·나벽·산호·호박·마노·대모·적석·선주인 것처럼 파라라여, 나의 바른 법률도 그와 같아서 한량없이 귀하고 기이한 갖가지 보배 구슬이 그 가운데 충만해 있다. 그 보배 이름은 4념처念處·4정근精勤·4여의족如意足·5근根·5력力·7각지覺支·8정도正道이다. 파라라여, 만일 나의 바른 법률에 많은 보배가 있어, 한량없이 귀하고 특이한 갖가지 보배 구슬이 그 가운데 충만해 있는데, 그 보배 이름이 4념처·4정근·4여의족·5근·5력·7각지·8정도라면, 이것은 내 바른 법률의 다섯 번째 미증유법으로서 모든 비구는 그것을 보고 거기서 즐거워한다.

또 파라라여, 큰 바다 가운데 큰 신들이 살고 있는데, 그 큰 신들의 이름은 아수라·간탑화·나찰·어마갈·거북·악어·바류니·제예·제예가라·제제예가라인 것처럼, 또 큰 바다는 참으로 신기하여 중생의 몸은 백 유연도 되고, 2백 유연이나, 3백 유연 나아가 7백 유연까지 되는 것이 모두 바다 가운데서 사는 것처럼, 나의 바른 법률도 그와 같아서 거룩한 대중인 큰 신들이 다 그 가운데서 산다. 그 신들의 이름은 곧 아라하(阿羅訶 : 아라한)·향아라하向阿羅訶·아나함阿那含·향아나함·사다함斯陀含·향사다함·수다원須陀洹·향수다원이다. 파라라여, 만일 우리 바른 법률 가운데 거룩한 대중인 큰 신들이 살고 있는데 그 큰 신들의 이름은 곧 아라하·향아라하·아나함·향아나함·사다함·향사다함·수다원·향수다원이라면, 이것은 내 바른 법률의 여섯 번째 미증유법으로서, 모든 비구는 그것을 보고 거기서 즐거워한다.

또 파라라여, 큰 바다가 맑고 깨끗하여 죽은 시체를 받지 않고, 만일 죽은 시체가 있으면 밤새껏 바람이 불어 곧 언덕 위에 밀어 붙이는 것처럼, 파라라여, 나의 바른 법률도 그와 같아서 거룩한 대중은 맑고 깨끗하여 죽은 시체를 받지 않는다. 만일 정진하지 않는 사람이 악을 행하여 범행이 아닌 것을 범행이라 일컫고, 사문이 아닌 것을 사문이라 일컬으면, 그는 비록 거룩한 대중을 따라 그 가운데 있더라도 결국 거룩한 대중과 거리가 멀어지고 거룩한 대중도 그와 거리가 멀어진다. 파라라여, 만일 나의 바른 법률 가운데 거룩한 대중은 맑고 깨끗하여 죽은 시체를 받지 않고, 만일 정진하지 않는 사람이 악을 행하여 범행이 아닌 것을 범행이라 일컫고 사문이 아닌 것을 사문이라 일컬으면, 그는 비록 거룩한 대중을 따라 그 가운데 있더라도 거룩한 대중과는 거리가 멀어지고 거룩한 대중도 그와 거리가 멀어진다면, 이것은 우리 바른 법의 일곱 번째 미증유법으로서 모든 비구는 그것을 보고 거기서 즐거워한다.

또 파라라여, 큰 바다의 염부제 가운데에는 다섯 개의 큰 강이 있는데, 첫째 긍가, 둘째 요우나, 셋째 사뇌부, 넷째 아이라바제, 다섯째 마기로서 모두 큰 바다로 들어가고, 이미 들어간 뒤에는 각각의 본 이름을 버리고 모두 큰 바다라고 불리는 것처럼 나의 바른 법률도 그와 같아서, 찰리종刹利種의 족성자가 수염과 머리를 깎고 가사를 입고 지극한 믿음으로 집을 버려 가정 없이 도를 배우면, 그는 본 이름을 버리고 다 같이 사문이라고 한다. 범지종梵志種·거사종居士種·공사종工師種의 족성자도 수염과 머리를 깎고 가사를 입고 지극한 믿음으로 집을 버려 가정 없이 도를 배우면, 그들도 본 이름을 버리고 다 같이 사문이라고 한다. 파라라여, 만일 나의 바른 법률 가운데 찰리종의 족성자가 수염과 머리를 깎고 가사를 입고 지극한 믿음으로 집을 버려 가정 없이 도를 배우면, 그는 본 이름을 버리고 다 같이 사문이라고 하며, 범지종·거사종·공사종의 족성자도 수염과 머리를 깎고 가사를 입고 지극한 믿음으로 집을 버려 가정 없이 도를 배우면 그들도 본 이름을 버리고 다 같이 사문이라 한다면, 이것은 내 바른 법률의 여덟 번째 미증유법으로서 모든 비구는 그것을 보고 거기서 즐거워한다.

파라라여, 너의 생각은 어떠하냐? 만일 나의 바른 법률에 여덟 가지 미증유법이 있고 너희들의 큰 바다에 여덟 가지 미증유법이 있다면, 이 두 가지 미증유법이 어느 것이 우세하고 나으며 묘하고 으뜸이 되겠느냐?"

파라라가 대답하였다.

"세존이시여, 우리 큰 바다의 여덟 가지 미증유법은 여래의 여덟 가지 미증유법에 미치지 못합니다. 저희의 법보다 천 배, 만 배나 되어 견줄 수도 없고 비교할 수도 없으며 무게로 따질 수도 없고 셀 수도 없습니다. 세존의 여덟 가지 미증유법이 우세하고 나으며 묘하고 으뜸이 될 뿐입니다. 세존이시여, 저는 이제 스스로 부처님과 법과 비구 스님께 귀의합니다. 원컨대 세존께서는 제가 우바새가 되는 것을 허락해 주십시오. 저는 오늘부터 이 몸이 다할 때까지 스스로 귀의하여 목숨이 다하는 그날까지 그렇게 하겠습니다."

부처님께서 이렇게 말씀하시자, 파라라 아수라왕과 여러 비구들은 부처님 말씀을 듣고 기뻐하며 받들어 행하였다.

〔이 아수라경에 수록된 경문의 글자 수는 2,362자이다. 『중아함경』 제8권에 수록된 경문의 글자 수는 모두 10,658자로 되어 있다.〕

중아함경 제9권

4. 미증유법품 ②

36) 지동경地動經〔초 1일송〕

나는 이와 같이 들었다.

어느 때 부처님께서 금강국金剛國의 왈지성曰地城[1]을 유행하셨다. 그때 땅이 크게 진동하였는데, 땅이 진동하자 사방에서 큰 바람이 일어나고 온 하늘엔 혜성이 나타나며 집과 장벽들이 다 무너졌다. 그때 존자 아난은 대지가 진동하고, 땅이 진동하자 사방에서 태풍이 일어나고 온 하늘에 혜성이 나오며 집이 무너져 내리고 담장이 허물어지는 광경을 보고 무섭고 두려워져 온몸의 털이 곤두섰다. 그리하여 부처님께 나아가 머리를 조아려 발에 예배하고 물러나 한쪽에 서서 여쭈었다.

1 왈지曰地는 Vajjī의 음역어이다. 발기跋耆라 하기도 하고, 금강金剛이라고도 한다.

"세존이시여, 지금 땅이 크게 진동했습니다. 땅이 크게 진동하자 사방에서 큰 바람이 일어나고 온 하늘엔 혜성이 나타나며 집과 장벽들이 다 무너졌습니다."

그러자 세존께서 아난에게 말씀하셨다.

"네 말이 맞다. 아난아, 지금 땅이 크게 흔들렸다. 그렇다. 아난아, 땅이 크게 흔들리자 사방에서 태풍이 일어나고 온 하늘엔 혜성이 나타나며 집이 무너져 내리고 담장이 허물어지는 일이 있었다."

존자 아난이 여쭈었다.

"세존이시여, 몇 가지 인연으로 땅이 크게 진동하였고, 또 땅이 진동할 때에 사방에서 큰 바람이 일어나고 온 하늘엔 혜성이 나타났으며 집과 장벽들이 다 무너졌습니까?"

세존께서 대답하셨다.

"아난아, 세 가지 인연으로 땅이 크게 진동하였고, 땅이 진동할 때에 사방에서 큰 바람이 일어나고 온 하늘에 혜성이 나타났으며 집과 장벽들이 다 무너졌다.

어떤 것이 그 세 가지 인연인가? 아난아, 이 땅은 물 위에 얹혀 있고, 물은 바람 위에 얹혀 있으며, 바람은 또 허공을 의지하고 있다. 아난아, 가끔 허공에서 큰 바람이 일어나는데, 바람이 일어나면 물이 흔들리고, 물이 흔들리면 땅이 진동한다. 이것이 땅이 크게 흔들리고 땅이 크게 흔들릴 때에 사방에서 큰 바람이 일어나고 온 하늘에는 혜성이 나타나며 집과 장벽들이 다 무너지는 첫 번째 인연이다.

또 아난아, 비구는 큰 여의족如意足이 있고 큰 위덕威德이 있으며 큰 복〔福祐〕이 있고 큰 위신威神이 있으며 마음이 자재한 여의족이 있다. 그는 땅에 대해서 조그마한 생각을 내고 물에 대해서는 한량없는 생각을 낸다. 그 때문에 이 땅은 그의 욕망을 따르고 그의 뜻을 따라 흔들리고 또 흔들리며 진동하고 또 진동한다. 그 비구를 보호하는 하늘도 그와 같아서 큰 여의족이 있고 큰 위덕이 있으며 큰 복이 있고 큰 위신력이 있으며 마음이 자재한 여의족이 있다. 그도 땅에 대해서 조그마한 생각을 내고 물에 대해서 한량없는 생각을 낸다. 그 때문에 이 땅은 그의 욕망을 따르고 그의 뜻을 따라 흔들리고 또 흔들리며 진동하고 또 진동한다. 이것이 땅이 크게 흔들리고, 땅이 크게 흔들릴 때에 사방에서 큰 바람이 일어나고 온 하늘에는 혜성이 나타나며 집과 장벽들이 다 무너지는 두 번째 인연이다.

또 아난아, 만일 여래가 머지않은 시기, 즉 석 달쯤 지난 뒤에 열반에 드시게 되는데, 그 때문에 땅이 크게 진동하고 땅이 크게 흔들릴 때에 사방에서 큰 바람이 일어나고 온 하늘에는 혜성이 나타나며 집과 장벽들이 다 무너진다. 이것이 땅이 크게 진동하고, 땅이 크게 흔들릴 때에 사방에서 큰 바람이 일어나고 온 하늘에는 혜성이 나타나며 집들과 장벽들이 다 무너지는 세 번째 인연이다."

아난은 이 말을 듣고 나서 눈물을 흘리고 울면서 합장하고 부처님께 말씀드렸다.

"세존이시여, 참으로 기이한 일입니다. 정말로 신기한 일입니다. 여래·무소착·등정각께서는 공덕을 성취하셔서 미증유법을 얻으셨습니다. 왜냐하면 여래께서 머지않아, 즉 석 달쯤 뒤에 장차 반열반에 드시게 되므로 지금 땅이 크게 진동하였는데, 땅이 크게 흔들릴 때에 사방에서 큰 바람이 일어나고 온 하늘에는 혜성이 나타나며 집과 장벽들이 다 무너졌기 때문입니다."

세존께서 아난에게 말씀하셨다.

"그렇다. 아난아, 그렇다. 아난아, 참으로 기이한 일이며 정말로 신기한 일이다. 여래·무소착·등정각은 공덕을 성취하고 미증유법을 얻었다. 왜냐하면 여래가 머지않아, 즉 석 달쯤 뒤에 장차 열반에 드시게 되어 지금 대지가 진동하였는데, 땅이 크게 진동할 때에 사방에서 큰 바람이 일어나고 온 하늘에는 혜성이 나타나며 집과 장벽들이 다 무너졌기 때문이다.

그리고 아난아, 나는 한량없는 백천의 찰리刹利 대중들에게 가서 함께 앉아 이야기하여 그들의 마음을 안정시킨 뒤에 그들의 색상色像처럼 내 색상도 그렇게 하고 그들의 음성처럼 내 음성도 그렇게 하며 그들의 위의와 예절처럼 내 위의와 예절도 그렇게 하여 만일 그들이 이치를 물으면 나는 그들에게 그 이치를 가르쳐 주었다. 또 나는 그들을 위해 설법하여 간절히 우러르는 마음을 내게 하였으며 기쁨을 성취하게 하였다. 한량없는 방편으로 그들을 위하여 설법하여, 간절히 우러르는 마음을 내게 하고 기쁨을 성취하게 한 뒤에는 곧 거기서 사라졌다. 내가 거기서 사라지고 나면 그들은 내가 누군지 조차 몰라 '사람인가, 사람이 아닌가?'라고 하며 의아해 하였다. 아난아, 이와 같이 참으로 기이하고 매우 특이한 일이다. 여래·무소착·등정각은 공덕을 성취하여 미증유법을 얻었는데 이와 같이 범지·거사·사문들도 그러하다.

아난아, 나는 한량없는 백천의 사천왕 대중들에게 가서 함께 앉아 이야기하여 그들의 마음을 안정시킨 뒤에, 그들의 색상처럼 내 색상도 그렇게 하고 그들의 음성처럼 내 음성도 그렇게 하며 그들의 위의와 예절처럼 내 위의와 예절도 그렇게 하여 만일 그들이 이치를 물으면 나는 그들에게 그 이치를 가르쳐 주었다. 그리고 나는 그들을 위해 설법하여 간절히 우러르는 마음을 내게 하고 기쁨을 성취하게 하였다. 한량없는 방편으로 그들을 위해 설법하여 간절히 우러르는 마음을 내게 하고 기쁨을 성취하게 한 뒤에는 곧 거기서 사라졌다. 내가 거기서 사라지고 나면 그들은 내가 누군지 조차 몰라 '이 하늘의 신인가, 다른 하늘의 신인가?'라고 하며 의아해 하였다. 아난아, 이와 같이 참으로 기이하고 너무도 특이한 일이다. 여래·무소착·등정각은 공덕을 성취하여 미증유법을 얻었다. 이와 같이 삼십삼천三十三天·험마천 嶮摩天[2]·도솔다천兜率哆天·화락천化樂天·타화락천他化樂天·범신천梵身天·범부루천梵富樓天·소광천少光天·무량광천無量光天·황욱천晃昱天·소정천少淨天·무량정천無量淨天·변정천遍淨天·무가애천無罣礙天·수복천受福天·과실천果實天·무번천無煩天·무열천無熱天·선견천善見天·선현천善現天 또한 그러하다.

아난아, 나는 한량없는 백천의 색구경천色究竟天 대중들에게 가서 함께 앉아 이야기하여, 그들의 마음을 안정시킨 뒤에 그들의 색상처럼 내 색상도 그렇게 하고 그들의 음성처럼 내 음성도 그렇게 하며 그들의 위의와 예절처럼 내 위의와 예절도 그렇게 하여 만일 그들이 이치를 물으면 나는 그들에게 이치를 가르쳐 주었다. 그리고 나는 그들을 위해 설법하여 간절히 우러르는 마음을 내게 하고 기쁨을 성취하게 하였다. 한량없이 많은 방편으로 그들을 위해 설법하여 간절히 우러르는 마음을 내게 하고 기쁨을 성취하게 한 다음, 곧 거기서 사라졌다. 내가 거기서 사라지고 나면 그들은 내가 누군지조차 몰라 '이 하늘의 신인가, 다른 하늘의 신인가?'라고 하며 의아해 하였다. 아난아, 이와 같이 참으로 기이하고 너무도 특이한 일이다. 여래·무소착·등정각은 공덕을 성취하여 미증유법을 얻었기 때문이다."

부처님께서 이렇게 말씀하시자, 존자 아난과 여러 비구들은 부처님의 말씀을 듣고 기뻐하며 받들어 행하였다.

---

2 송·원·명 3본에는 염마천焰摩天으로 되어 있다.

〔이 지동경에 수록된 경문의 글자 수는 1,233자이다.〕

37) 첨파경瞻波經[3]〔초 1일송〕

나는 이와 같이 들었다.

어느 때 부처님께서 첨파국을 유행하실 때에 항하못〔恒伽池〕 가에 계셨다. 그때 세존께서 보름날에 종해탈從解脫[4]을 설하실 때 비구들 앞에서 자리를 펴고 앉으셨다. 세존께서는 자리에 앉으시자 곧 선정에 드셔서 타심지他心智로써 대중의 마음을 관찰하신 뒤에 초야初夜[5]가 끝날 때까지 잠자코 앉아 계셨다. 그때 어떤 비구가 자리에서 일어나, 한쪽 어깨를 드러내고 합장한 채로 부처님께 말씀드렸다.

"세존이시여, 초야가 이미 지났고, 부처님과 비구들이 모두 모여 앉아 있은 지도 이미 오래되었습니다. 원하건대 세존께서는 종해탈을 말씀하여 주십시오."

세존께서 잠자코 아무 대답도 하지 않으셨다. 그런 침묵은 중야中夜가 지나도록 계속되었다. 그 비구는 다시 자리에서 일어나 한쪽 어깨를 드러내고 합장하고는 부처님께 말씀드렸다.

"세존이시여, 초야가 지났고 중야도 끝나려 합니다. 부처님과 비구

---

3 이 경의 이역본으로는 서진西晋 시대 법거法炬가 한역한 『항수경恒水經』과 『법해경法海經』, 그리고 후진後秦 시대 구마라집鳩摩羅什이 한역한 『해팔덕경海八德經』이 있으며, 참고 경전으로는 『오분율五分律』 제28권과 『증일아함경』 제44권 제48품인 「십불선품十不善品」의 두 번째 소경이 있다.

4 바라제목차波羅提木叉·별해탈別解脫·처처해탈處處解脫로 쓰기도 하며, 비구나 비구니가 꼭 지켜야 할 계율을 말한다.

5 인도 사람들은 밤을 세 때로 구분하는데 초야는 오후 6시부터 밤 10시까지이고, 중야中夜는 밤 10시부터 새벽 2시까지이며, 후야後夜는 새벽 2시부터 아침 6시까지이다.

들이 모여 앉아 있은 지도 이미 오래되었습니다. 원하건대 세존께서는 종해탈을 말씀하여 주십시오."

세존께서는 또 잠자코 아무 대답도 하지 않으셨다. 그 침묵은 다시 후야後夜가 되도록 계속되었다. 그 비구는 세 번째로 자리에서 일어나 어깨를 드러내고 합장하고 부처님께 말씀드렸다.

"세존이시여, 초야는 벌써 지났고 중야도 끝났으며 후야도 거의 다하여 곧 날이 밝으려 합니다. 머지않아 해가 뜰 것입니다. 부처님과 비구들이 모여 앉아 있은 지도 아주 오래되었습니다. 원하건대 세존께서는 종해탈을 말씀하여 주십시오."

그때 세존께서는 그 비구에게 말씀하셨다.

"이 대중들 중에 부정不淨한 비구가 있다."

그때 존자 대목건련大目乾連도 그 대중들 가운데 함께 있었다. 이에 존자 대목건련은 곧 이렇게 생각하였다.

'세존께서는 어떤 비구 때문에 이 대중 가운데 부정한 비구가 있다고 하시는가? 내가 지금 여기상정如其像定에 들어가 다른 사람의 마음을 아는 지혜[他心之智]로써 대중의 마음을 관찰해보리라.'

존자는 곧 여기상정에 들어가 다른 사람의 마음을 아는 지혜로써 대중의 마음을 관찰하였다. 존자 대목건련은 세존께서 어느 비구를 두고 '이 대중 가운데 부정한 비구가 있다'고 말씀하셨는지를 알아냈다. 그때 존자 대목건련은 곧 자리에서 일어나 그 비구 앞으로 가서 팔을 잡아끌고 문 밖으로 내쫓으면서 '이 미련한 사람아, 멀리 가거라. 여기서 머물지 말라. 다시는 비구들과 만나지 말라. 지금부터 너는 비구가 아니다'라고 말하고는 문을 닫고 문고리를 걸었다. 그리고는 다시 부처님께 나아가 머리를 조아려 부처님 발에 예배하고 물러나 한쪽에 앉아 말씀드렸다.

"세존이시여, 세존께서 말씀하신 대로 이 대중 가운데 있던 한 비구가 부정한 일을 저질렀기에 제가 그 비구를 이미 쫓아내었습니다. 세존이시여, 초야가 벌써 지났고 중야도 끝났으며 후야도 거의 다하여 곧 날이 밝으려 합니다. 머지않아 해가 떠오를 것입니다. 부처님과 비구들이 모두 모여 앉아 있은 지도 아주 오래되었습니다. 원하건대 세존께서는 종해탈을 말씀하여 주십시오."

세존께서 말씀하셨다.

"대목건련아, 저 미련한 사람은 세존과 비구 스님을 희롱하였기 때문에 반드시 큰 죄를 받을 것이다. 대목건련이여, 만일 여래가 부정한 자가 있는 데서 종해탈을 설하면, 그는 곧 머리가 부서져 일곱 조각이 날 것이다. 대목건련아, 그러므로 지금부터는 너희들이 종해탈을 설하라. 여래는 다시는 종해탈을 설하지 않을 것이다. 왜냐하면 대목건련아, 마치 저 바다가 밑에서 위로 올라갈수록 둘레가 점점 넓어져 고르고 편편하며, 위는 언덕이 되고 물은 항상 가득 차서 일찍이 흘러나온 적이 없는 것과 같이, 나의 바른 법률 또한 그와 같아서 점차로 행하고 점차로 배우며 점차로 끊고 점차로 가르친다. 만일 나의 바른 법률 가운데서 점차로 행하고 점차로 배우며 점차로 끊고 점차로 가르친다면 이것은 내 바른 법률의 미증유법未曾有法이다.

대목건련아, 마치 큰 바다의 조수가 일찍이 때를 어긴 적이 없는 것처럼 대목건련아, 나의 바른 법률도 그와 같아서, 비구·비구니·우바새優婆塞·우바사優婆私를 위하여 금계禁戒를 만들고, 또 모든 족성자族姓子는 목숨이 다할 때까지 계를 범하지 않는다. 대목건련아, 만일 나의 바른 법률이 비구·비구니·우바새·우바사를 위하여 금계를 만들고, 모든 족성자가 목숨이 다할 때까지 계를 범하지 않는다면, 이것은 내 바른 법률의 미증유법이다.

대목건련아, 마치 큰 바닷물이 매우 깊어 밑이 없고, 지극히 넓어 가없는 것과 같이 대목건련아, 나의 바른 법률도 그와 같아서 모든 법이 매우 깊고 깊어 밑이 없고, 지극히 넓고 넓어 가없다. 대목건련아, 만일 내 바른 법률의 모든 법이 매우 깊고 깊어 밑이 없고 지극히 넓고 넓어 가없다면, 이것은 내 바른 법률의 미증유법이다.

대목건련이여, 마치 바닷물은 똑같이 짠맛인 것처럼 대목건련아, 나의 바른 법률도 그와 같아서 욕심이 없는 것으로 맛을 삼는데, 깨침의 맛〔覺味〕과 쉼의 맛〔息味〕과 도의 맛〔道味〕이다. 대목건련아, 만일 나의 바른 법률이 욕심이 없는 것으로 맛을 삼는데, 그것이 깨침의 맛과 쉼의 맛과 도의 맛이라면 이것은 내 바른 법률의 미증유법이다.

대목건련아, 마치 큰 바다 가운데에는 많은 보배가 있는데 한량없이 많이 있고 신기한 여러 가지 보배 구슬이 그 가운데 충만해 있다. 그 보배 이름은 곧 금·은·수정·유리·마니摩尼·진주·벽옥碧玉·백가白珂·차거車渠·산호·호박·마노馬瑙·대모瑇瑁·적석赤石·선주琁珠인 것처럼 대목건련아, 나의 바른 법률도 역시 그와 같아서, 많은 보배가 있어 한량없이 귀하고 신기한 여러 가지 보배 구슬이 그 가운데 충만해 있다. 그 보배 이름은 곧 4념처念處·4정근正勤·4여의족如意足·5근根·5력力·7각지覺支·8지성도支聖道이다. 대목건련아, 만일 나의 바른 법률에 많은 보배가 있어 한량없이 귀하고 기이한 여러 가지 보배 구슬이 그 가운데 충만해 있는데, 그 보배 이름은 곧 4념처·4정근·4여의족·5근·5력·7각지·8지성도라면, 이것은 내 바른 법률의 미증유법이다.

대목건련아, 마치 바다 가운데에 큰 신들이 살고 있는데, 그들의 이름은 아수라阿修羅·건답화乾沓和·나찰羅刹·어마갈魚摩竭·거북·악어·바류니·제예帝麑·제예가라帝麑伽羅·제제예가라提帝麑伽羅인 것처럼, 또 큰 바다는 참으로 기이하고 너무도 특이하여 중생의 몸이 백 유연由延, 2백 유연, 3백 유연, 7백 유연이나 되는 것도 있는데, 그런 몸들이 다 바다 가운데 사는 것처럼 대목건련아, 나의 바른 법률도 역시 그와 같아서 거룩한 대중의 큰 신들이 다 그 가운데 산다. 그 신들의 이름은 곧 아라하·향아라하·아나함·향아나함·사다함·향사다함·수다원·향수다원이다. 대목건련아, 만일 나의 바른 법률 가운데 거룩한 대중의 큰 신들이 다 그 가운데 살고 있는데, 그 큰 신들의 이름이 아라하·향아라하·아나함·향아나함·사다함·향사다함·수다원·향수다원이라면, 이것은 내 바른 법률의 미증유법이다.

대목건련아, 마치 큰 바다는 맑고 깨끗하여 죽은 시체를 받아들이지 않고, 만일 죽은 시체가 있으면 밤새껏 바람이 불어 곧 언덕 위로 밀어 붙이는 것처럼 대목건련아, 나의 바른 법률도 역시 그와 같아서, 거룩한 대중이 맑고 깨끗하여 죽은 시체를 받아들이지 않는다. 만일 정진하지 않는 사람이 악한 마음이 생겨 범행梵行을 행하지 않으면서 범행이라 일컫고, 사문도 아니면서 사문이라 일컬으면 그는 비록 거룩한 대중을 따라 그 가운데 있더라도 거룩한 대중과 거리가 멀고, 거룩한 대중도 역시 그와 거리가 멀다. 대목건련아, 만일 나의 바른 법률 가운데 거룩한 대중이 맑고 깨끗하여 죽은 시체를 받아들이지 않고, 만일 정진하지 않는 사람이 악한 마음이 생겨 범행을 행하지 않으면서 범행이라 일컫고 사문도 아니면서 사문이라 일컬으면, 그는 비록 거룩한 대중을 따라 그 가운데 있더라도 거룩한 대중과 거리가 멀고 거룩한 대중도 역시 그와 거리가 멀다. 그렇다면 이것은 내 바른 법률의 미증유법이다.

대목건련아, 저 큰 바다의 염부주閻浮洲 가운데에는 5대하大河가 있으니, 첫째는 항가恒伽이며, 둘째는 요우나搖尤那이며, 셋째는 사뢰부舍

牢浮이며, 넷째는 아이라바제阿夷羅婆提이며, 다섯째는 마기摩企이다. 이 큰 강물이 모두 큰 바다로 들어가고 또 큰 바다 가운데에는 용수龍水가 공중에서 수레바퀴처럼 쏟아져 내리지만 이 물이 큰 바다를 늘게 하거나 줄게 할 수 없는 것과 같이 대목건련아, 나의 바른 법률도 역시 그와 같아서 찰리종刹利種의 족성자族姓子가 수염과 머리를 깎고 가사를 입고 지극한 믿음으로 집을 버리고 가정을 이루지 않은 채로 도를 배워, 흔들리지 않고 마음이 해탈하여 스스로 증득하여 원만히 노닌다. 대목건련아, 흔들리지 않고 마음이 해탈하더라도 내 바른 법률에는 더함도 없고 덜함도 없다. 이와 같이 범지종梵志種·거사종居士種·공사종工師種의 족성자들도 수염과 머리를 깎고 가사를 입고 지극한 믿음으로 집을 버리고 가정을 이루지 않은 채로 도를 배워, 흔들리지 않고 마음이 해탈하여 스스로 증득하고 원만하게 노닌다. 대목건련아, 흔들리지 않고 마음이 해탈하더라도 내 바른 법률에는 더함도 없고 덜함도 없다.

대목건련아, 만일 내 바른 법률에 찰리종의 족성자가 수염과 머리를 깎고 가사를 입고 지극한 믿음으로 출가하여 집 없이 도를 배우면, 흔들리지 않고 마음이 해탈하여 스스로 증득하여 원만히 노닌다. 대목건련아, 흔들리지 않고 마음이 해탈하더라도 내 바른 법률에는 더함도 없고 덜함도 없다. 이와 같이 범지종·거사종·공사종의 족성자도 수염과 머리를 깎고 가사를 입고 지극한 믿음으로 출가하여 집 없이 도를 배워서 흔들리지 않고 마음이 해탈하여 스스로 증득하고 원만히 노닌다. 대목건련아, 흔들리지 않고 마음이 해탈하더라도 나의 바른 법률에는 더함도 없고 덜함도 없다면, 내 바른 법률의 미증유법이다."

부처님께서 이렇게 말씀하시자, 존자 대목건련과 여러 비구들은 부처님 말씀을 듣고 기뻐하며 받들어 행하였다.

〔이 첨파경에 수록된 경문의 글자 수는 1,814자이다.〕

38) 욱가장자경郁伽長者經 ①〔초 1일송〕

나는 이와 같이 들었다.

어느 때 부처님께서 비사리鞞舍離를 유행하실 때에 대림大林에 계셨다.

그때 욱가郁伽 장자는 부녀자들만 시중을 들도록 하고 맨 앞에 서서 비사리에서 나왔다. 그리고는 비사리와 대림 중간에서 기녀만을 데리고 왕처럼 놀이를 하며 즐기고 있었다. 그때 욱가 장자는 술이 잔뜩 취해 부녀자들을 내버려 둔 채 대림으로 갔다. 술에 잔뜩 취한 욱가 장자는 숲 사이에 계시는 세존을 멀리서 보았는데, 그 모습은 단정하고 아름다워 별 가운데의 달과 같으시고 빛나고 환하여 금산金山과 같이 상호相好가 원만하고 위신이 의젓하며, 모든 감관〔根〕은 고요하고 안정되어 아무 장애가 없으시며 번뇌를 항복받고 마음은 쉬어 고요하고 잠잠하셨다. 그는 부처님을 뵙자 곧바로 취기가 사라졌다. 욱가 장자는 술이 깨자 곧 부처님께 나아가 머리를 조아려 발에 예배하고 물러나 한쪽에 앉았다.

그때 세존께서는 그를 위하여 설법하셔서, 간절히 우러르는 마음을 내게 하시고 기쁨을 성취하게 하셨다. 한량없이 많은 방편으로 그를 위해 설법하여 간절하게 우러르는 마음을 내게 하고 기쁜 마음을 내게 한 다음, 모든 부처님의 법을 따라 먼저 단정법端正法을 말씀하시자 듣는 사람마다 모두들 기뻐하였다. 그러자 곧 보시법을 설하시고 또 계율도 설하시며 천상에 나는 법을 설하셨다. 그리고는 또 욕심은 재앙과 우환이라 꾸짖으시고 나고 죽는 것을 더러움이라 하시고 욕심이 없는 것을 묘妙하다 찬탄하시고 도품道品을 청정한 것〔白淨〕이라고 하셨다.

세존께서는 그를 위하여 이러한 법을 설하신 다음 부처님께서 그에게 기뻐하는 마음〔歡喜心〕·구족한 마음〔具足心〕·부드럽고 연한 마음〔柔軟心〕·견뎌 참는 마음〔堪耐心〕·훌륭한 마음〔勝上心〕·한결같은 마음〔一向心〕·의심이 없는 마음〔無疑心〕·덮임이 없는 마음〔無蓋心〕이 있고, 능함〔能〕이 있고 힘이 있어, 바른 법을 감당해 받을 수 있음을 아셨다. 그래서 모든 부처님께서 바른 법의 요체〔要〕를 말씀하신 것처럼 세존께서도 곧 그를 위하여 괴로움〔苦〕·괴로움의 발생〔習〕·괴로움의 소멸〔滅〕·괴로움의 소멸에 이르는 길〔道〕에 대하여 말씀하셨다. 그때 욱가 장자는 그 자리에서 네 가지 성스러운 진리〔四聖諦〕인 괴로움·괴로움의 발생·괴로움의 소멸·괴로움의 소멸에 이르는 길에 대하여 깨달았다. 마치 흰 천이 물들기 쉬운 것처럼 욱가 장자도 역시 그와 같아서, 그 자리에서 네 가지 성스러운 진리인 괴로움·괴로움의 발생·괴로움의 소멸·괴로움의 소멸에 이르는 길을 깨달았다. 이에 욱가 장자는 이미 법을 보고 법을 얻고 백정법白淨法을 깨달았다. 의심을 끊고 미혹을 벗어나고 달리 숭상하는 것이 없어 남을 따르지 않고, 주저하며 망설임이 없어 이미 과증果證에 머물렀고 세존의 법에서 두려움이 없게 되었다. 그는 곧 자리에서 일어나 부처님께 예배하고 말씀드렸다.

"세존이시여, 저는 이제 부처님과 법과 비구 스님들께 귀의하겠습니다. 원하건대 세존께서는 제가 우바새優婆塞가 되는 것을 허락해 주십시오. 저는 오늘부터 이 몸이 다할 때까지 스스로 귀의하여 목숨이 다하는 그 날까지 그렇게 하겠습니다. 세존이시여, 저는 오늘부터 세존을 따라 스스로 몸과 목숨이 다할 때까지 범행梵行을 제일로 여기며 다섯 가지 계를 받아 지니겠습니다."

욱가 장자는 세존을 따라 스스로 몸과 목숨이 다할 때까지 범행을 제일로 여기며, 다섯 가지 계를 받아 지닌 뒤에 부처님 발에 머리를 조아려 예배하고 부처님 주위를 세 바퀴 돈 다음 물러갔다. 그는 집에 돌아가 모든 부인들을 모아 놓고 말하였다.

"당신들은 아는가? 나는 세존을 따라 몸과 목숨이 다할 때까지 범행을 제일로 여기며 다섯 가지 계를 받아 지닐 것이오. 그러니 당신들이 여기서 살고 싶다면 여기서 살되 보시를 행하여 복을 짓도록 하오. 만일 여기서 살고 싶지 않거든 곧 제각기 제 집으로 돌아가시오. 만일 당신들이 시집을 가고자 한다면 나는 당신들을 모두 다 시집보내 주겠소."

이때 첫째 부인이 욱가 장자에게 말하였다.

"만일 당신께서 부처님을 따라 몸과 목숨이 다할 때까지 범행을 제일로 여기며 다섯 가지 계를 받아 지니신다면, 저를 저 아무개에게 시집보내 주십시오."

욱가 장자는 곧 그 사람을 불러 놓고, 왼손으로 첫째 부인의 팔을 잡고 오른손으로는 금주전자를 들고 그 사람에게 말했다.

"나는 이제 첫째 부인을 너에게 아내로 주리라."

그는 이 말을 듣고 몹시 놀라, 온몸의 털이 곤두서서 두려워 떨며 욱가 장자에게 말하였다.

"장자께서는 저를 죽이려 하십니까, 장자께서는 저를 죽이려 하십니까?"

장자가 대답하였다.

"내가 너를 죽이려는 것이 아니다. 나는 부처님을 따라 몸과 목숨이 다할 때까지 범행을 제일로 여길 것이며, 다섯 가지 계를 받아 지키겠노라는 약속을 했다. 그래서 나는 지금 첫째 부인을 너의 아내로 주는 것이다."

욱가 장자는 첫째 부인을 이미 그에게 주었고 남은 부인들도 다 마땅하게 주되 그렇게 주고도 조금도 후회하는 마음이 없었다.

이때에 세존께서 한량없이 많은 백천 대중들에게 둘러싸인 가운데 욱가 장자를 칭찬하고 찬탄하며 말씀하셨다.

"욱가 장자는 여덟 가지 미증유법을 가졌다."

그때 어떤 비구가 이른 아침에 가사를 입고 발우를 가지고 욱가 장자의 집으로 갔다. 욱가 장자는 멀리서 비구가 오는 것을 보고 곧 자리에서 일어나 한쪽 어깨를 드러내 옷을 입고는 합장하고 비구에게 말하였다.

"존자여, 잘 오셨습니다. 존자께서는 오랜만에 여기에 오셨습니다. 원컨대 이 평상에 앉으십시오."

그때 비구는 곧 그 자리에 앉았다. 욱가 장자는 비구의 발에 절하고 물러나 한쪽에 앉았다. 비구가 장자에게 말하였다.

"장자여, 당신에게는 좋은 이익이 있고 큰 공덕이 있습니다. 왜냐하면 세존께서 당신을 위하여 한량없이 많은 백천 대중들에게 둘러싸인 가운데 '여덟 가지 미증유법이 있다'고 그대를 칭찬하셨기 때문입니다. 장자여, 당신에게는 어떠한 법이 있습니까?"

욱가 장자가 비구에게 대답하였다.

"존자여, 세존께서는 조금도 틀린 말씀은 하시지 않으십니다. 그러나 저는 세존께서 무슨 이유로 그런 말씀을 하셨는지 모릅니다. 다만 존자께서는 제게 있었던 일을 들어보십시오.

어느 때 세존께서 비사리를 유행하실 때에 대림 가운데 계셨습니다. 존자여, 저는 그때는 오직 여자만 시중들게 하고는 내가 맨 앞에서서 비사리를 나와, 비사리와 대림 중간에서 기녀들만 데리고 왕처럼 즐기고 놀았던 적이 있었습니다. 존자여, 저는 그때 너무나 술에 취해서 여러 여자들을 내버려 둔 채 대림 속으로 갔었습니다. 저는 술이 몹시 취해 있었는데, 멀리서 숲 사이에 계시는 세존을 뵙게 되었습니다. 그런데 세존의 모습은 단정하고 아름답기가 별 가운데 달과 같으셨고, 빛나고 환하기는 금산과 같으셨습니다. 상호가 원만하시고 위의는 의젓하시며, 모든 감관은 고요하고 편안하여 아무런 장애가 없으시고 마음을 항복받고 마음을 쉬어 고요하고 잠잠하셨습니다. 저는 부처님을 뵙자 금방 술이 깨었습니다. 존자여, 제게는 이런 법法이 있었습니다."

비구가 찬탄하며 말했다.

"장자여, 만일 그런 법이 있었다면 그것은 참으로 기이하고 너무나 특별한 일입니다."

"존자여, 내게는 이런 법만 있는 것이 아닙니다. 존자여, 나는 술이 깬 뒤에 곧 부처님께 나아가 머리를 조아려 발에 예배하고 물러나 한쪽에 앉았습니다. 세존께서는 저를 위해 설법하셔서, 마음을 내게 하고 간절히 우러르게 하셨으며 성취하게 하고 기뻐하게 하셨습니다. 세존께서는 한량없이 많은 방편으로 저를 위해 설법하셔서 마음을 내고 간절히 우러르게 하시고 성취하여 기뻐하게 하시고는 모든 부처님의 법과 같이 먼저 단정법을 말씀하셨는데, 듣는 사람들마다 모두 기뻐하였습니다. 뒤이어 보시에 대해 설하시고 계율에 대해 설하셨으며 천상에 나는 법을 설하셨습니다. 그리고는 욕심은 재앙과 우환이라 꾸짖으시고 나고 죽는 것을 더러움이라 하셨으며 욕심이 없는 것을 묘하다고 찬탄하시고 도품道品을 깨끗한 것〔白淨〕이라고 하셨습니다. 세존께서는 나를 위하여 이렇게 말씀하신 뒤 내게 기뻐하는 마음·구족한 마음·부드럽고 연한 마음·견뎌 참는 마음·훌륭한 마음·한결같은 마음·의심이 없는 마음·덮임이 없는 마음이 있고, 재능이 있고 힘이 있어, 바른 법을 감당해 받을 수 있음을 아셨습니다. 그래서 모든 부처님께서 바른 법의 대강령을 말씀하신 것처럼, 세존께서도 곧 저를 위하여 괴로움〔苦〕·괴로움의 발생〔習〕·괴로움의 소멸〔滅〕·괴로움의 소멸에 이르는 길〔道〕에 대하여 말씀해 주셨습니다. 그때에 나는 그 자리에서 괴로움·괴로움의 발생·괴로움의 소멸·괴로움의 소멸에 이르는 길의 네 가지 성스러운 진리를 깨달았는데, 마치 흰 천이 물들기 쉬운 것처럼 저도 역시 그와 같이 그 자리에서 괴로움·괴로움의 발생·괴로움의 소멸·괴로움의 소멸에 이르는 길의 네 가지 성스러운 진리를 깨달았습니다. 존자여, 저에게는 이런 법이 있었습니다."

비구가 찬탄하며 말하였다.

"장자여, 만일 그런 법이 있다면 그것은 참으로 기이하고 너무나 특별한 일입니다."

"존자여, 저에게는 이런 법만 있는 것이 아닙니다. 존자여, 저는 또 법을 보았고 법을 얻었으며 백정법白淨法을 깨달았습니다. 의심을 끊고 미혹을 건너고 더 이상 다른 것을 숭상할 것이 없어 남을 따르지 않으며 망설임 없이 이미 과증에 머물렀고 세존의 법에서 두려움이 없게 되었습니다. 존자여, 나는 곧 자리에서 일어나 부처님 발에 머리를 조아리고 이렇게 말했습니다.

'세존이시여, 저는 이제 부처님과 법과 비구 스님들께 귀의하겠습니다. 원하건대 세존께서는 제가 우바새가 되는 것을 허락해 주십시오.

저는 오늘부터 이 몸이 다할 때까지 스스로 귀의하여 목숨이 다하는 그날까지 그렇게 하겠습니다. 세존이시여, 저는 오늘부터 세존을 따라 스스로 몸과 목숨이 다할 때까지 범행을 제일로 여길 것이며 다섯 가지 계를 받아 지니겠습니다.'

존자여, 저는 세존을 따라 스스로 몸과 목숨이 다할 때까지 범행을 제일로 여기며 다섯 가지 계를 받아 지녀 일찍이 그것을 범한 적이 없습니다. 존자여, 내게는 이런 법이 있습니다."

비구가 찬탄하며 말하였다.

"장자여, 만일 그런 법이 있다면 그것은 참으로 기이하고 너무나 특별한 일입니다."

"존자여, 내게는 이런 법만 있는 것이 아닙니다. 존자여, 저는 또 그때에 세존을 따라 스스로 몸과 목숨이 다할 때까지 범행을 제일로 여기기로 하고 다섯 가지 계를 받아 지닌 뒤에, 부처님 발에 머리를 조아려 예를 올리고 부처님 주위를 세 바퀴 돌고 물러 나왔습니다. 저는 집으로 돌아와 모든 부인들을 모아 놓고 말했습니다.

'당신들은 아는가? 나는 세존을 따라 몸과 목숨이 다할 때까지 범행을 제일로 여길 것이며, 다섯 가지 계를 받아 지닐 것이오. 당신들이 여기서 살고 싶다면 여기서 살되 보시를 행하여 복을 짓도록 하오. 만일 여기서 살고 싶지 않거든 곧 각각 집으로 돌아가시오. 만일 당신들이 시집을 가고자 한다면 나는 당신들을 시집보내 주겠소.'

이때 첫째 부인이 저에게 와서 말했습니다.

'만일 당신이 부처님을 따라 몸과 목숨이 다할 때까지 범행을 제일로 여길 것을 다짐하고 다섯 가지 계를 받아 지녔다면, 저를 저 아무개에게 시집보내 주십시오.'

저는 곧 그 사람을 불러 놓고 왼손으로 첫째 부인의 팔을 잡고 오른손으로는 금주전자를 들고 그 사람에게 말하였습니다.

'나는 이제 이 첫째 부인을 너에게 아내로 주겠다.'

그는 이 말을 듣고 몹시 놀라 온몸의 털이 다 곤두서서 두려워하며 저에게 말했습니다.

'장자께서 저를 죽이려 하십니까, 장자께서 저를 죽이려 하십니까?'

저는 그에게 말했습니다.

'너를 죽이려는 것이 아니다. 나는 부처님을 따라 몸과 목숨이 다할 때까지 범행을 제일로 여길 것을 다짐하였고 따라서 다섯 가지 계를 받아 지녔다. 그래서 나는 지금 첫째 부인을 너에게 아내로 주는 것이다.'

존자여, 저는 첫째 부인을 그에게 주고 남은 부인도 마땅하게 주되 그렇게 주고도 조금도 후회하는 마음이 없었습니다. 존자여, 저에게는 이런 법이 있습니다."

비구가 찬탄하며 말하였다.

"장자여, 만일 그런 법이 있다면, 그것은 참으로 기이하고 너무나 특별한 일입니다."

"존자여, 저에게는 이런 법만 있는 것이 아닙니다. 존자여, 저는 비구 대중이 사는 동산으로 갈 때면 처음 만나는 비구에게 곧 예배를 올립니다. 만일 그 비구가 거닐면 저도 따라 거닐고, 그가 앉으면 저도 따라 한쪽에 앉아 법을 듣습니다. 그 스님이 저를 위해 설법하면 저도 그 스님을 위해 설법하고, 그 스님이 제 사정을 물으면 저도 그 스님의 사정을 묻고, 그 스님이 제 물음에 대답하면 저도 그 스님의 물음에 대답합니다. 존자여, 저는 아직 상·중·하의 장로나 높은 비구를 업신여긴 기억이 없습니다. 저에게는 이런 법이 있습니다."

비구가 찬탄하며 말하였다.

"장자여, 만일 그런 법이 있다면 그것은 참으로 기이하고 너무나 특별한 일입니다."

"존자여, 저에게는 이런 법만 있는 것이 아닙니다. 존자여, 제가 비구들에게 보시를 행할 때 하늘이 허공에서 저에게 말했습니다.

'장자여, 이분은 아라하阿羅訶이며, 이분은 향아라하向阿羅訶이다. 이분은 아나함阿那含이며, 이분은 향아나함向阿那含이다. 이분은 사다함斯陀含이며, 이분은 향사다함向斯陀含이다. 이분은 수다원須陀洹이며, 이분은 향수다원向須陀洹이다.[6] 이 사람은 정진하는 사람이고, 이 사람은 정진하지 않는 사람이다.'

그러나 존자여, 저는 비구들에게 보시할 때 일찍이 차별된 마음을 가진 적이 없습니다. 내게는 이런 법이 있습니다."

비구가 찬탄하며 말하였다.

"장자여, 만일 그런 법이 있다면 그것은 참으로 기이하고 너무나 특별한 일입니다."

"존자여, 저에게는 이런 법만 있는 것이 아닙니다. 제가 비구들에게 보시를 행할 때 하늘이 허공에서 저에게 말하였습니다.

'장자여, 여래如來·무소착無所著·등정각等正覺·세존世尊께서는 설법을 잘 하시고, 여래의 거룩한 제자들은 열반으로 잘 나아가고 있다.'

그러나 존자여, 저는 저 하늘이 믿는 바를 따르지 않고 그가 즐기는 바를 따르지 않으며, 그들이 들은 바를 따르지 않습니다. 다만 저에게

---

6 이 부분은 성자의 수행 계위인 4향向 4과果를 말하는 것으로서, 4향은 아라하향(阿羅訶向 : 阿羅漢向), 아나함향阿那含向, 사다함향斯陀含向, 수다원향須陀洹向을 말함. 고려대장경 본문에는 향向 부분이 도치되어 향아라하向阿羅訶, 향아나함向阿那含, 향사다함向斯陀含, 향수다원向須陀洹으로 되어 있다.

는 스스로 깨끗한 지혜가 있어, 여래・무소착・등정각・세존께서는 설법을 잘 하시고 여래의 제자들은 열반으로 잘 나아가고 있는 줄을 알고 있을 따름입니다. 존자여, 저에게는 이런 법이 있습니다."

비구가 찬탄하며 말하였다.

"장자여, 만일 그런 법이 있다면 그것은 참으로 기이하고 너무도 특별한 일입니다."

"존자여, 제게는 이런 법만 있는 것이 아닙니다. 부처님께서 말씀하신 5하분결下分結[7]은 곧 탐욕貪欲・진에瞋恚・신견身見・계취戒取・의疑인데, 저는 이 다섯 가지를 다 남김없이 끊었으므로 그것들이 저를 결박하여, 다시 이 세상에 돌아와 태에 들게 하지 못할 것임을 깨달았습니다. 존자여, 저에게는 이런 법이 있습니다."

비구가 찬탄하였다.

"장자여, 만일 그런 법이 있다면 그것은 참으로 기이하고 너무도 특별한 일입니다."

욱가 장자가 비구에게 말하였다.

"존자여, 부디 여기서 공양하십시오."

비구는 욱가 장자를 위하여 잠자코 그 청을 받아들였다. 욱가 장자는 그 비구가 잠자코 청을 들어주는 것을 보고 곧 자리에서 일어나 손수 손 씻을 물을 떠오고, 아주 깨끗하고 맛있는 여러 가지 음식을 풍족하게 장만하여 실컷 공양하게 하였다. 공양이 끝나자 그릇을 거두고 손 씻을 물을 내온 뒤에 작은 평상을 가지고 와서 따로 앉아 법을 들었다. 비구는 장자를 위해 설법하여 마음을 내게 하고 간절히 우러

7 여기에서 하분下分이란 욕계欲界를 말하고, 결結은 번뇌煩惱를 일컫는다. 3계界 중 가장 밑에 있는 욕계에서 중생을 얽어매고 있는 다섯 가지 번뇌, 즉 욕탐欲貪・성냄[瞋恚]・유신견有身見・계금취견戒禁取見・의결疑結을 말한다.

르게 하며 성취하여 기뻐하게 한 다음 자리에서 일어났다.

그리고 그 비구는 부처님께 나아가 머리를 조아려 부처님 발에 예배하고 물러나 한쪽에 앉아, 욱가 장자와 지금까지 이야기한 것들을 모두 부처님께 말씀드렸다. 그때 세존께서는 여러 비구들에게 말씀하셨다.

"내가 이 때문에 욱가 장자에게 여덟 가지 미증유법이 있다고 찬탄한 것이다."

부처님께서 이렇게 말씀하시자, 여러 비구들은 부처님 말씀을 듣고 기뻐하며 받들어 행하였다.

〔이 욱가장자경에 수록된 경문의 글자 수는 2,329자이다.〕

39) 욱가장자경 ②〔초 1일송〕

나는 이와 같이 들었다.

어느 때 부처님께서 열반에 드신 지 오래지 않아, 수많은 덕 높은 장로 비구들이 비사리를 유행하면서 미후수獼猴水 가의 높은 누대樓臺에 있었다. 그때 욱가 장자는 큰 보시를 베풀었다. 즉 멀리서 오는 손님 · 길 가는 나그네 · 병든 사람 · 간병하는 자들에게 밥을 주고, 늘 죽과 밥을 내어 승원僧園 관리인에게 먹이며, 늘 20명의 스님을 청하여 공양하게 하고 5일마다 모든 비구를 청하여 공양하게 하는 등 이와 같은 큰 보시를 베풀었다. 그러나 그가 바다에서 큰 배로 재물을 가득 싣고 돌아오다가 침몰하여 백천금의 가치가 있는 재물을 일시에 잃어버린 일이 발생했다.

많은 높은 장로 비구들은 욱가 장자가 '멀리서 오는 손님 · 길 가는 나그네 · 병든 사람 · 간병하는 사람들에게 밥을 주고 늘 죽과 밥을 내어 승원 관리인에게 먹이며 항상 20명의 스님을 청하여 공양하게 하고 5일마다 모든 비구를 청하여 공양한다'는 등의 이와 같은 큰 보시를 베푼다는 말을 들었다. 그 말을 들은 그들은 서로 의논하였다.

"여러분, 누가 저 욱가 장자에게 가서 '장자여, 그만두시오. 다시는 보시하지 마시오. 장자여, 뒷날에 틀림없이 스스로 알게 될 것이오'라고 말해 주겠는가?"

그들은 이렇게 생각했다.

'존자 아난은 부처님의 시자로서 세존의 가르침을 받고 부처님과 지혜로운 모든 범행인梵行人의 칭찬을 받는 분이다. 존자 아난만이 능히 욱가 장자에게 가서 〈장자여, 그만두시오. 다시는 보시하지 마시오. 장자여, 뒷날에 틀림없이 스스로 알게 될 것이오〉라고 말할 수 있을 것이다.'

"여러 현자들이여, 우리 다 같이 존자 아난에게 가서 이런 사정을 말합시다."

이에 여러 높은 장로 비구들은 아난에게 가서 서로 문안한 뒤에 한쪽에 앉아 말하였다.

"현자 아난께서는 아십니까? 욱가 장자가 이러한 큰 보시를 베풀고 있습니다. 곧 멀리서 오는 손님과 길 가는 나그네 · 병든 사람 · 간병하는 사람들에게 밥을 주고 늘 죽과 밥을 준비해 승원 관리인에게 먹이며 늘 20명의 스님을 청하여 공양하게 하고 5일마다 비구 대중을 모두 청하여 공양을 베푸는 등 이와 같은 큰 보시를 행합니다. 그러나 그는 바다에서 큰 배로 재물을 가득 싣고 돌아오다가 백천금의 가치가 있는 재물을 일시에 잃었습니다. 그래서 우리들은 함께 이렇게 의논했습니다.

'누가 저 욱가 장자에게 가서 〈장자여, 그만두시오. 다시는 보시하지 마시오. 장자여, 장자여, 뒷날 틀림없이 스스로 알게 될 것이오〉라고 말할 수 있겠는가?'

우리는 또 이렇게 생각했습니다.

'존자 아난은 부처님의 시자로서 부처님의 가르침을 받고 부처님과 지혜로운 모든 범행자들의 칭찬을 받는다. 존자 아난만이 능히 욱가 장자에게 가서 〈장자여, 그만두시오. 다시는 보시하지 마시오. 장자여, 뒷날 틀림없이 스스로 알게 될 것이오〉라고 말을 할 수 있다.'

현자 아난이여, 욱가 장자에게 가서 '장자여, 그만두시오. 다시는 보시하지 마시오. 장자여, 장자여, 뒷날 틀림없이 스스로 알게 될 것이오'라고 말씀해 주십시오."

존자 아난은 여러 높은 장로 비구들에게 말하였다.

"여러 존자들이여, 욱가 장자는 그 성질이 엄숙하고 반듯합니다. 만일 내가 그런 말을 한다면 그는 곧 매우 불쾌하게 생각할 것입니다. 여러 존자들이여, 내가 누구의 말이라고 그에게 전하면 되겠습니까?"

여러 덕 높은 장로 비구들이 대답하였다.

"현자여, 대중의 말이라고 전하십시오. 대중의 말이라고 전하면 그는 말이 없을 것입니다."

아난은 잠자코 여러 높은 장로 비구들의 청을 받아들였다. 이에 높은 장로 비구들은 아난이 잠자코 받아들인 것을 알고 곧 자리에서 일어나, 아난의 주위를 돌고 제각기 돌아갔다. 아난은 이튿날 이른 아침에 가사를 입고 발우를 가지고 욱가 장자의 집으로 갔다. 욱가 장자는 멀리서 존자 아난이 오는 것을 보고 곧 자리에서 일어나 어깨를 드러내고 합장하고 아난에게 말하였다.

"잘 오셨습니다. 존자 아난이시여, 아난께서는 오랜만에 오셨습니다. 어서 평상에 앉으십시오."

존자 아난은 곧 그 자리에 앉았다. 욱가 장자는 아난의 발에 절하고 물러나 한쪽에 앉았다. 아난이 말하였다.

"장자여, 아십니까? 장자는 큰 보시를 베푸시고 있습니다. 즉 멀리서 오는 손님과 길 가는 나그네 · 병든 사람 · 간병하는 사람들에게 밥을 주고 늘 죽과 밥을 준비하여 승원 관리인에게 먹이며 늘 20명의 스님을 청하여 공양하게 하고 5일마다 많은 비구를 청하여 공양하게 하는 등 큰 보시를 베푼다고 합니다. 그러나 바다에서 배로 재물을 가득 싣고 돌아오다가 백천금의 가치가 있는 재물을 일시에 잃었다고 했습니다. 장자여, 그만두십시오. 다시는 보시하지 마십시오. 장자여, 뒷날에 틀림없이 스스로 아실 것입니다."

장자가 말하였다.

"존자 아난이시여, 그 말이 누구의 말입니까?"

존자 아난이 말하였다.

"장자여, 나는 비구 대중들의 말을 전한 것입니다."

장자가 말하였다.

"만일 존자 아난께서 다른 비구의 말을 전하셨다면 더 이상 말할 필요가 없겠지만, 만일 존자께서 직접 그렇게 말씀하셨다면 저는 매우 섭섭했을 것입니다. 존자 아난이시여, 만일 제가 이렇게 주고 이렇게 베풀어, 모든 재물이 다 고갈된다 하더라도 다만 제 소원이 이루어져 전륜왕의 소원과 같이 되었으면 합니다."

존자 아난이 물었다.

"장자여, 어떤 것이 전륜왕의 소원입니까?"

장자가 대답하였다.

"존자 아난이시여, 마을의 가난한 사람은 '내가 이 마을[村]에서 제일가는 부자가 되었으면 좋겠다'고 생각합니다. 이것이 곧 그의 소원입니다. 마을의 부자는 '내가 이 고을〔邑〕에서 제일가는 부자가 되었으면 좋겠다'고 생각합니다. 이것이 곧 그의 소원입니다. 고을의 부자는 또 '내가 이 성城안에서 제일가는 부자가 되었으면 좋겠다'라고 생각합니다. 이것이 곧 그의 소원입니다. 성 안의 부자는 또 '내가 이 성의 주인이 되었으면 좋겠다'고 생각합니다. 이것이 곧 그의 소원입니다. 성의 주인은 '내가 이 나라의 정승이 되었으면 좋겠다'고 생각합니다. 이것이 곧 그의 소원입니다. 나라의 정승은 '내가 이 나라의 작은 왕이 되었으면 좋겠다'고 생각합니다. 이것이 곧 그의 소원입니다. 작은 왕은 '내가 전륜왕이 되었으면 좋겠다'고 생각합니다. 이것이 곧 그의 소원입니다. 전륜왕은 '족성자族姓子가 하는 일처럼 수염과 머리를 깎고 가사를 입고 지극한 믿음으로 출가하여 집 없이 도를 배우는 사람이 되었으면 좋겠다. 그래서 위없는 범행을 닦아 마치고 현재에서 스스로 알고 스스로 깨닫고 성취하여 노닐며 생이 이미 다하고 범행이 이미 서고 할 일을 마쳐, 다시는 후세의 생명을 받지 않는다는 참뜻을 알았으면 좋겠다'고 생각합니다. 이것이 곧 그의 소원입니다. 존자 아난이시여, 만일 내가 이렇게 주고 이렇게 베풀어 모든 재물이 다 마르더라도 다만 제 소원이 이루어져 전륜성왕의 소원과 같이 되었으면 합니다. 저에게는 이런 법이 있습니다."

존자 아난이 찬탄하며 말하였다.

"장자여, 만일 그런 법이 있다면, 그것은 참으로 기이하고 너무도 특별한 일입니다."

"또 존자 아난이시여, 저에게는 이런 법만 있는 것이 아닙니다. 저는 승원僧園에 갈 때 처음 만나는 비구에게 곧 예를 올립니다. 만일 그 비구가 거닐면 저도 따라 거닐고, 그가 앉으면 저도 따라 한쪽에 앉아 법을 듣습니다. 그 스님이 저를 위하여 설법하면 저도 그 스님을 위하여 설법하고, 그 스님이 제 사정을 물으면 나도 그 스님의 사정을 물으며, 그 스님이 제 물음에 대답하면 저도 그 스님의 물음에 대답합니다. 존자 아난이시여, 저는 아직 상·중·하의 장로나 높은 비구를 업신여긴 적이 없습니다. 저에게는 이런 법이 있습니다."

존자 아난이 찬탄하며 말하였다.

"장자여, 만일 그런 법이 있다면 그것은 참으로 기이하고 너무도 특별한 일입니다."

"다시 존자 아난이시여, 저에게는 이런 법만 있는 것이 아닙니다. 제가 비구들에게 보시를 행할 때면 천인天人이 허공에서 저에게 말합니다.

'장자여, 이분은 아라하(阿羅訶 : 아라한)이며, 이분은 향아라하이다. 이분은 아나함이며, 이분은 향아나함이다. 이분은 사다함이며, 이분은 향사다함이다. 이분은 수다원이며, 이분은 향수다원이다. 이 사람은 정진하는 사람이고, 이 사람은 정진하지 않는 사람이다.'

그러나 존자 아난이시여, 저는 비구들에게 보시할 때에 일찍이 차별된 마음을 가진 적이 없습니다. 저에게는 이런 법이 있습니다."

존자 아난이 찬탄하며 말하였다.

"장자여, 만일 그런 법이 있다면 그것은 참으로 기이하고 너무나 특별한 일입니다."

"다시 존자 아난이시여, 저에게는 이런 법만 있는 것이 아닙니다. 제가 비구들에게 보시를 행할 때에 하늘이 허공에서 저에게 말하였습니다.

'여래·무소착·등정각·세존께서는 설법을 잘 하시고 여래의 제자들은 잘 닦아 나아가고 있다.'

그러나 존자 아난이시여, 저는 저 하늘이 믿는 바를 따르지 않고 그들이 즐기는 바를 따르지 않으며 그들이 들은 바를 따르지 않습니다. 다만 저에게는 스스로 깨끗한 지혜가 있어, 여래·무소착·등정각·세존께서는 설법을 잘하시고 여래의 제자들은 잘 닦아 나아가고 있는 줄을 알고 있을 따름입니다. 저에게는 이런 법이 있습니다."

존자 아난이 찬탄하며 말하였다.

"장자여, 만일 그런 법이 있다면 그것은 참으로 기이하고 너무나 특별한 일입니다."

"다시 존자 아난이시여, 저에게는 이런 법만 있는 것은 아닙니다. 저는 욕심을 여의고 악하고 착하지 않은 법을 여의어 나아가 제4선禪을 성취하여 노니는 경지에까지 이르렀습니다. 저에게는 이런 법이 있습니다."

존자 아난이 찬탄하며 말하였다.

"장자여, 만일 그런 법이 있다면 그것은 참으로 기이하고 너무나 특별한 일입니다."

그때에 욱가 장자가 말하였다.

"존자 아난이시여, 부디 여기서 공양하십시오."

아난은 욱가 장자를 위하여 잠자코 그 청을 받아들였다. 욱가 장자는 아난이 잠자코 그 청을 들어주는 것을 보고 곧 자리에서 일어나, 손수 손 씻을 물을 내오고 아주 깨끗하고 맛 좋은 여러 가지 음식을 풍족하게 장만하여 실컷 공양하게 하였다. 공양이 끝나자 그릇을 거두고 손 씻을 물을 내온 뒤에 작은 평상을 가지고 와서 따로 앉아 법을 들었다. 아난은 그를 위해 설법하여 마음을 내게 하고 간절히 우러르게 하며 성취하여 기뻐하게 하였다. 한량없이 많은 방편을 설하여 마음을 내고 간절히 우러르게 하며 성취하여 기쁜 마음을 일으키게 하고 나서는 자리에서 일어나 떠나갔다.

존자 아난이 이렇게 말하자 욱가 장자는 아난의 말을 듣고 기뻐하며 받들어 행하였다.

〔이 욱가장자경에 수록된 경문의 글자 수는 1,748자이다.〕

40) 수장자경手長者經 ①〔초 1일송〕

나는 이와 같이 들었다.

어느 때 부처님께서 아라비가라阿邏鞞伽邏를 유행하실 때에 화림和林에 계셨다. 그때에 수 장자手長者는 큰 장자 5백 명과 함께 부처님께 나아가 머리를 조아려 발에 예배하고 물러나 한쪽에 앉았다. 5백 장자도 역시 부처님 발에 예배하고 물러나 한쪽에 앉았다. 세존께서 말씀하셨다.

"수 장자여, 너는 지금 이처럼 많은 대중을 거느리고 있구나. 장자여, 너는 어떤 법으로 이 많은 대중들을 포섭하였는가?"

수 장자가 말씀드렸다.

"세존이시여, 세존께서 4사섭事攝[8]에 대해 말씀하셨는데, 세존께서 말씀하신 4사섭이란 첫째 은혜롭게 베푸는 것〔惠施〕이며, 둘째 부드럽고 고운 말〔愛言〕이며, 셋째 이익되게 하는 행동〔利〕이며, 넷째 행동을 같이 하는 일〔等利〕입니다. 세존이시여, 저는 이것으로 대중들을 포섭하였습니다. 혹은 은혜롭게 베푸는 것으로, 혹은 부드럽고 고운 말로, 혹은 이익되게 하는 행동으로, 혹은 행동을 같이 하는 것으로써 하였

---

8 보살이 중생을 제도할 때에 취하는 네 가지 기본적인 태도로서 4섭법攝法이라고 하기도 한다.

습니다.”

세존께서 찬탄하여 말씀하셨다.

“훌륭하고 훌륭하다. 수 장자여, 너는 능히 법답게 대중을 이끌어 들이고, 문門답게 대중을 이끌어 들이며, 인연답게 대중을 이끌어 들였다. 수 장자여, 만일 과거에 어떤 사문沙門 범지梵志가 법답게 대중을 이끌어 들였다면, 그 전부는 곧 이 4사섭으로써 이끌어 들이고도 남았을 것이다. 수 장자여, 만일 미래의 사문 범지가 법답게 대중을 이끌어 들인다면, 그 전부는 곧 이 4사섭으로써 이끌어 들이고도 남을 것이다. 수 장자여, 만일 현재의 사문 범지가 법답게 대중을 이끌어 들인다면, 그 전부는 곧 이 4사섭으로써 이끌어 들이고도 남는다.”

이에 세존께서는 수 장자를 위해 설법하셔서 마음을 내게 하고 간절히 우러르게 하며 성취하여 기뻐하게 하셨다. 한량없이 많은 방편으로 그를 위해 설법하셔서 마음을 내게 하고 간절히 우러르게 하며 성취하여 기뻐하게 하신 뒤에 잠자코 계셨다. 그때 수 장자는 부처님의 설법으로 인하여 마음을 내고 간절하게 우러르며 성취함을 기뻐한 다음에 곧 자리에서 일어나 부처님께 예배하고 부처님의 주위를 세 바퀴 돌고 나서 물러갔다. 그는 집에 돌아가 바깥문에 이르러 사람이 있으면 곧 설법하여 마음을 내게 하고 간절히 우러르게 하며 성취하여 기뻐하게 하였다. 중문中門·안문〔內門〕을 지나 안에 들어가서도 만일 사람이 있으면 곧 설법하여 간절히 우러르게 하고 성취하여 기뻐하게 하였다. 그리고 당堂에 올라 자리를 펴고 가부좌를 하고 앉으면 마음은 자비〔慈〕와 함께하여 1방에 두루하게 성취하여 노닐었다. 이렇게 2·3·4방과 4유維·상하 일체에 두루하고, 마음은 자비와 함께하므로 맺힘도 없고 원한도 없으며 성냄도 없고 다툼도 없어 지극히 넓고 매우 컸으며, 한량없는 선행을 닦아 일체 세간에 두루하게 성취하여 노닐었다. 이렇게 슬퍼하는 마음〔悲〕과 기뻐하는 마음〔喜〕도 그렇게 하였으며 또 평온하고 집착이 없는 마음〔捨〕과 함께하므로 맺힘도 없고 원한도 없으며 성냄도 없고 다툼도 없어 지극히 넓고 매우 컸으며 한량없는 선행을 닦아 일체 세간에 두루하게 성취하여 노닐었다.

그때에 삼십삼천의 천인天人들은 법당에 모여 수 장자를 찬탄하였다.

"여러분, 수 장자는 매우 훌륭한 이익이 있고, 큰 공덕이 있다. 왜냐하면 저 수 장자는 부처님께서 그를 위해 설법하시어, 마음을 내게 하고 간절히 우러르게 하며 성취하여 기뻐하게 하시자 장자가 곧 자리에서 일어나 부처님께 예배하고 부처님 주위를 세 바퀴 돌고 나서 물러갔는데, 그는 집에 돌아가 바깥문에 이르렀을 때에 사람이 있으면 곧 그를 위해 설법하여 마음을 내게 하고 간절히 우러르게 하였으며 성취하여 기뻐하게 하였다. 중문과 안문을 지나 안에 들어가서도 만일 사람이 있으면 곧 그를 위해 설법하여 마음을 내게 하고 간절히 우러르게 하며 성취하여 기뻐하게 하였다. 그리고 당에 올라 자리를 펴고 가부좌를 하고 앉으면 마음이 자비와 함께하여 1방에 두루하게 성취하여 노닐었다. 이와 같이 2·3·4방과 4유·상하 일체에 두루하였다. 마음은 자비와 함께하므로 맺힘도 없고 원한도 없으며 성냄도 없고 다툼도 없어 지극히 넓고 매우 컸으며 한량없는 선행을 닦아 일체 세간에 두루하게 성취하여 노닐었다. 이와 같이 슬퍼하는 마음과 기뻐하는 마음도 그러하였으며 평온하고 집착이 없는 마음과 함께하므로 맺힘도 없고 원한도 없으며 성냄도 없고 다툼도 없어 지극히 넓고 매우 컸으며 한량없는 선행을 닦아 일체 세간에 두루하게 성취하여 노닌다."

이에 비사문대천왕毘沙門大天王은 위풍당당한 모습으로 광명을 발하며 이른 아침에 수 장자의 집에 가서 말했다.

"장자여, 그대는 훌륭한 이익이 있고 큰 공덕이 있다. 왜냐하면 지금 삼십삼천이 장자를 위하여 법당에 모여 다음과 같이 수 장자를 찬탄하였기 때문이다.

'수 장자는 매우 좋은 이익이 있고 큰 공덕이 있다. 왜냐하면 여러 현자들이여, 수 장자는 부처님께서 그를 위해 설법하셔서, 마음을 내게 하고 간절히 우러르게 하며 성취하여 기뻐하게 하시자, 곧 자리에서 일어나 부처님께 예배하고 부처님을 세 바퀴 돌고 물러갔다. 그는 집에 돌아가 바깥문에 이르러 사람이 있으면 곧 그를 위해 설법하여 마음을 내게 하고 간절히 우러르게 하며 성취하여 기뻐하게 하였다. 중문과 안문을 지나 안에 들어가서도 사람이 있으면 곧 그를 위해 설법하여 마음을 내게 하고 간절히 우러르게 하며 성취하여 기뻐하게 하였다. 그리고 당에 올라 자리를 펴고 가부좌를 하고 앉으면, 마음이 자비와 함께하여 1방에 두루하게 성취하여 노닐었다. 이렇게 2·3·4방과 4유·상하 일체에 두루하고 마음이 자비와 함께하므로 맺힘도 없고 원한도 없으며 성냄도 없고 다툼도 없어 지극히 넓고 매우 컸으며, 한량없는 선행을 닦아 일체 세간에 두루하게 성취하여 노닐었다. 이렇게 슬퍼하는 마음과 기뻐하는 마음도 그러하였으며, 그리고 평온하고 집착이 없는 마음과 함께하므로 맺힘도 없고 원한도 없으며, 성냄도 없고 다툼도 없어, 지극히 넓고 매우 컸으며, 한량없는 선행을 닦아 일체 세간에 두루하게 성취하여 노닐기 때문이다.'"

이때 수 장자는 잠자코 아무 말도 하지 않고, 비사문대천왕을 보지도 않았다. 왜냐하면 선정〔定〕을 존중하고 선정을 수호하기 때문이었다.

그때 세존께서는 한량없이 많은 백천 대중들 가운데서 수 장자를 찬탄하셨다.

"수 장자에게는 일곱 가지 미증유법未曾有法이 있다. 저 수 장자는 내가 그를 위해 설법하여, 마음을 내어 간절히 우러르게 하고, 성취하여 기뻐하게 하였더니, 그는 곧 자리에서 일어나 내게 예배하고 내 주위를 세 바퀴 돌고 나서 물러갔다. 그는 집에 돌아가, 바깥문에 이르러 사람이 있으면 곧 그를 위해 설법하여, 마음을 내어 간절히 우러르게 하고 성취하여 기뻐하게 하였다. 중문과 안문을 지나, 안에 들어가서도 사람이 있으면 곧 그를 위해 설법하여, 마음을 내어 간절히 우러르게 하고 성취하여 기뻐하게 하였다. 그리고 당堂에 올라 자리를 펴고 가부좌를 하고 앉으면, 마음은 자비와 함께하여 1방에 두루하게 성취하여 노닐었다. 이렇게 2·3·4방과 4유·상하 일체에 두루하고, 마음은 자비와 함께하므로 맺힘도 없고 원한도 없으며 성냄도 없고 다툼도 없어 지극히 넓고 매우 컸으며, 한량없는 선행을 닦아 일체 세간에 두루하게 성취하여 노닐었다. 슬퍼하는 마음과 기뻐하는 마음도 그러하였고, 평온하고 집착이 없는 마음과 함께하므로 맺힘도 없고 원한도 없으며 성냄도 없고 다툼도 없어 지극히 넓고 매우 컸으며 한량없는 선행을 닦아 일체 세간에 두루하게 성취하여 노닐었다.

이제 삼십삼천도 그를 위하여 법당에 모여, 수 장자를 찬탄하고 있다.

'수 장자는 크게 선한 이익이 있고 큰 공덕이 있다. 무엇 때문인가? 여러분, 저 수 장자는 부처님께서 그를 위해 설법하셔서 마음을 내어 간절히 우러르게 하고 성취하여 기뻐하게 하시자, 그는 곧 자리에서 일어나 부처님께 예배하고 부처님을 세 바퀴 돌고 나서 물러갔다. 그는 집에 돌아가 바깥문에 이르러 만일 사람이 있으면 곧 그를 위해 설법하여, 마음을 내어 간절히 우러르게 하고 성취하여 기뻐하게 하였다. 중문과 안문을 지나 안에 들어가서도 만일 사람이 있으면 곧 설법하여, 마음을 내어 간절히 우러르게 하고 성취하여 기뻐하게 하였다. 그리고 당에 올라 자리를 펴고 가부좌를 하고 앉으면 마음은 자비와 함께하여 1방에 두루하게 성취하여 노닐었다. 이렇게 2·3·4방과 4유·상하 일체에 두루하고, 마음은 자비와 함께하므로 맺힘도 없고 원한도 없으며 성냄도 없고 다툼도 없어 지극히 넓고 매우 컸으며, 한량없는 선행을 닦아 일체 세간에 두루하게 성취하여 노닐었다. 이렇게 슬퍼하는 마음과 기뻐하는 마음도 그러했으며, 또한 평온한 마음〔捨〕과 함께하므로 맺힘도 없고 원한도 없으며, 성냄도 없고 다툼도 없어, 지극히 넓고 매우 컸으며, 한량없는 선행을 닦아, 일체 세간에 두루하게 성취하여 노닐었기 때문이다.'

지금 비사문대천왕은 위풍당당한 모습으로 찬란한 광명을 발하며 이른 아침에 수 장자의 집에 가서 말하고 있다.

'장자여, 그대는 좋은 이익이 있고 큰 공덕이 있다. 왜냐하면 지금 삼십삼천이 장자를 위하여 법당에 모여 수 장자를 이렇게 찬탄하기 때문이다.

〈수 장자는 매우 좋은 이익이 있고 큰 공덕이 있다. 왜냐하면 여러분, 저 수 장자는 부처님께서 그를 위해 설법하셔서 마음을 내어 간절히 우러르게 하고 성취하여 기뻐하게 하시자, 그는 곧 자리에서 일어나 부처님께 예배하고 부처님 주위를 세 바퀴 돌고는 물러갔다. 그는 집에 돌아가 바깥문에 이르러 사람이 있으면 곧 그를 위해 설법하여, 마음을 내어 간절히 우러르게 하고 성취하여 기뻐하게 하였다. 중문과 안문을 지나 안에 들어가서도 사람이 있으면 곧 그를 위해 설법하여, 마음을 내어 간절히 우러르게 하고 성취하여 기뻐하게 하였다. 그리고 당堂에 올라 자리를 펴고 가부좌를 하고 앉으면 마음은 자비와 함께하여 1방에 두루하게 성취하여 노닐었다. 이렇게 2·3·4방과 4유·상하 일체에 두루하고, 마음은 자비와 함께하므로 맺힘도 없고 원한도 없으며 성냄도 없고 다툼도 없어 지극히 넓고 매우 컸으며, 한량없는 선행을 닦아 일체 세간에 두루하게 성취하여 노닐었다. 이렇게 슬퍼하는 마음과 기뻐하는 마음도 그러했으며, 또한 평온하고 집착이 없는 마음과 함께하므로 맺힘도 없고 원한도 없으며 성냄도 없고 다툼도 없어 지극히 넓고 매우 컸으며, 한량없는 선행을 닦아 일체 세간에 두루하게 성취하여 노닐었기 때문이다.〉'"

이때 어떤 비구가 밤이 지나고 이른 아침이 되자 가사를 입고 발우를 가지고 수 장자의 집으로 갔다. 수 장자는 멀리서 비구가 오는 것을 보고 곧 자리에서 일어나 합장하고 비구에게 말하였다.

"존자여, 잘 오셨습니다. 존자는 오랜만에 여기에 오셨습니다. 자, 이 자리에 앉으십시오."

그때 그 비구는 곧 그 자리에 앉았다. 수 장자는 비구의 발에 절하고 물러나 한쪽에 앉았다. 비구가 말하였다.

"장자여, 그대는 선한 이익이 있고 큰 공덕이 있습니다. 왜냐하면 세존께서 당신을 위하여 한량없이 많은 백천 대중들 가운데서 다음과 같이 수 장자를 찬탄하셨기 때문입니다.

'수 장자에게는 일곱 가지 미증유법이 있다. 수 장자는 내가 그를 위해 설법하여 마음을 내어 간절히 우러르게 하고 성취하여 기뻐하게 하였더니, 그는 곧 자리에서 일어나 내게 예배하고 나를 세 바퀴 돌고는 물러갔다. 그는 집에 돌아가 바깥문에 이르러 만일 사람이 있으면 곧 그를 위해 설법하여, 마음을 내어 간절히 우러르게 하고 성취하여 기뻐하게 하였다. 중문과 안문을 지나 안에 들어가서라도 만일 사람이 있으면 곧 그를 위해 설법하여 마음을 내어 간절히 우러르게 하고 성취하여 기뻐하게 하였다. 그리고 당堂에 올라 자리를 펴고 가부좌를 하고 앉으면, 마음은 자비와 함께하여 1방에 두루하게 성취하여 노닐었다. 이렇게 2·3·4방과 4유·상하 일체에 두루하였으며, 마음은 자비와 함께하므로 맺힘도 없고 원한도 없으며 성냄도 없고 다툼도 없어 지극히 넓고 매우 컸으며 한량없는 선행을 닦아 일체 세간에 두루하게 성취하여 노닐었다. 이와 같이 슬퍼하는 마음과 기뻐하는 마음도 그러하였고 또한 평온하고 집착이 없는 마음과 함께하므로 맺힘도 없고 원한도 없으며, 성냄도 없고 다툼도 없어 지극히 넓고 매우 컸으며 한량없는 선행을 닦아 일체 세간에 두루하게 성취하여 노닐었다.

지금 삼십삼천도 장자를 위하여 법당에 모여 수 장자를 찬탄하고 있다.

〈수 장자는 매우 좋은 이익이 있고 큰 공덕이 있다. 왜냐하면 여러분, 저 수 장자는 부처님께서 그를 위해 설법하셔서, 마음을 내어 간절히 우러르게 하고 성취하여 기뻐하게 하시자 그는 곧 자리에서 일어나 부처님께 예배하고 부처님을 세 바퀴 돌고 물러갔다. 그는 집에 돌아가 바깥문에 이르러 사람이 있으면 곧 그를 위해 설법하여 마음을 내어 간절히 우러르게 하고 성취하여 기뻐하게 하였다. 중문과 안문을 지나 안에 들어가서도 사람이 있으면 곧 그를 위해 설법하여 마음을 내어 간절히 우러르게 하고 성취하여 기뻐하게 하였다. 그리고 당에 올라 자리를 펴고 가부좌를 하고 앉으면 마음은 자비와 함께하여 1방에 두루하게 성취하여 노닐었다. 이렇게 2·3·4방과 4유·상하 일체에 두루하고, 마음은 자비와 함께하므로 맺힘도 없고 원한도 없으며 성냄도 없고 다툼도 없어 지극히 넓고 매우 컸으며 한량없는 선행을 닦아 일체 세간에 두루하게 성취하여 노닐었다. 이렇게 슬퍼하는 마음과 기뻐하는 마음도 그러하였고 또한 평온하고 집착이 없는 마음과 함께하므로 맺힘도 없고 원한도 없으며 성냄도 없고 다툼도 없어 지극히 넓고 매우 컸으며, 한량없는 선행을 닦아 일체 세간에 두루하게 성취하여 노닐었다.〉

이에 비사문대천왕은 위풍당당한 모습으로 찬란한 광명을 발하며 이른 아침에 수 장자의 집에 가서 말하였다.

〈그대는 매우 좋은 이익이 있고 큰 공덕이 있다. 왜냐하면 지금 삼십삼천이 수 장자를 위하여 법당에 모여 수 장자를 다음과 같이 찬탄하고 있기 때문이다. 곧, 수 장자는 매우 좋은 이익이 있고 큰 공덕이 있다. 왜냐하면 여러분, 저 수 장자는 부처님께서 그를 위해 설법하셔서, 마음을 내어 간절히 우러르게 하고 성취하여 기뻐하게 하였더니 그는 곧 자리에서 일어나 부처님께 예배하고 부처님을 세 바퀴 돌고 물러갔다. 돌아가 바깥문에 이르러 만일 사람이 있으면 곧 그를 위해 설법하여 마음을 내어 간절히 우러르게 하고 성취하여 기뻐하게 하였다. 중문과 안문을 지나 안에 들어가서도 만일 사람이 있으면 곧 그를 위해 설법하여 마음을 내어 간절히 우러르게 하고 성취하여 기뻐하게 하였다. 그리고 당에 올라 자리를 펴고 가부좌를 하고 앉으면 마음은 자비와 함께하여 1방에 두루하게 성취하여 노닐었다. 이렇게 2·3·4방과 4유·상하 일체에 두루하고, 마음은 자비와 함께하므로 맺힘도 없고 원한도 없으며 성냄도 없고 다툼도 없어 지극히 넓고 매우 컸으며 한량없는 선행을 닦아 일체 세간에 두루하게 성취하여 노닐었다고 찬탄하기 때문이다.〉

이때 수 장자는 잠자코 아무 말이 없었고 또한 비사문대천왕을 보지도 않았다. 왜냐하면 그는 선정을 존중하고 선정을 수호하기 때문이다.'"

이때에 수 장자가 비구에게 여쭈었다.

"존자여, 그때 속인〔白衣〕은 없었습니까?"

비구가 대답하였다.

"속인은 없었습니다."

비구가 물었다.

"만일 속인이 있었다면 무슨 허물될 것이 있었겠습니까?"

장자가 대답하였다.

"존자여, 혹 세존의 말씀을 믿지 않는 자가 있다면 그는 영원히 의롭지 않고 못 견뎌 지극히 나쁜 곳에 나서 한량없는 고통을 받을 것이며, 만일 부처님의 말씀을 믿는 사람이 있다면 그는 이 일로 인하여 저를 존중하고 공경하고 예로써 섬길 것입니다. 그러나 존자여, 저는 그렇게 하도록 하고 싶지는 않습니다. 존자여, 부디 여기서 공양하십시오."

그 비구는 수 장자를 위하여 잠자코 그 청을 받아들였다. 수 장자는 비구가 잠자코 청을 받아들인 것을 보고, 곧 자리에서 일어나 몸소 손 씻을 물을 내오고 지극히 깨끗하고 맛 좋은 여러 가지 음식을 풍족하게 장만하여 한껏 공양하게 하였다. 공양이 끝나자 그릇을 거두고 손 씻을 물을 내온 뒤에 작은 평상을 가지고 와서 따로 앉아 법을 들었다. 그 비구는 수 장자를 위해 설법하여 마음을 내어 간절히 우러르게 하고 성취하여 기뻐하게 하였다. 한량없는 방편으로 그를 위해 설법하여 마음을 내어 간절히 우러르게 하고 성취하여 기뻐하게 한 뒤에 자리에서 일어나 떠나갔다. 그는 부처님께 나아가 부처님 발에 머리를 조아리고 물러나 한쪽에 앉아 지금까지 수 장자와 이야기한 것을 부처님께 자세히 말씀드렸다.

그때에 세존께서는 여러 비구들에게 말씀하셨다.

"그러므로 나는 수 장자에게 일곱 가지 미증유법이 있다고 말한 것이다. 다시 너희들은 마땅히 알라. 수 장자에게는 또 여덟 번째 미증유법이 있다. 그것은 수 장자는 구함도 없고 욕심도 없는 것이다."

부처님께서 이렇게 말씀하시자, 여러 비구들은 부처님 말씀을 듣고 기뻐하며 받들어 행하였다.

〔이 수장자경에 수록된 경문의 글자 수는 2,658자이다.〕

41) 수장자경 ②〔초 1일송〕

나는 이와 같이 들었다.

어느 때 부처님께서 아라비가라阿邏鞞伽邏를 유행하실 때에 화림惒林에 계셨다. 그때 세존께서 여러 비구들에게 말씀하셨다.

"수 장자에게는 여덟 가지 미증유법이 있다. 어떤 것이 그 여덟 가지인가? 수 장자는 욕심이 적고〔少欲〕 믿음이 있으며〔信〕 제 자신에 대한 부끄러움〔慙〕이 있고 다른 사람에 대한 부끄러움〔愧〕이 있으며 정진精進이 있고 생각〔念〕이 있으며 선정〔定〕이 있고 지혜〔慧〕가 있다.

수 장자는 욕심이 적다고 말한 것은 무엇 때문인가? 수 장자는 욕심이 적지만 자기가 욕심이 적다는 것을 남에게 알리려 하지 않는다. 믿음이 있고 자기 자신에 대한 부끄러움이 있으며 남에 대한 부끄러움이 있고 정진이 있으며 생각이 있고 선정이 있으며 지혜가 있지만, 자기가 이렇다는 사실에 대해 남에게 알리려 하지 않는다. 수 장자가 욕심이 적다고 말한 것은 이런 이유 때문이다.

수 장자는 믿음이 있다고 말한 것은 무엇 때문인가? 수 장자는 견고한 믿음을 얻어 여래에게 꼭 붙어 믿음의 뿌리가 이미 확고해졌다. 그래서 다른 사문 범지나 혹은 하늘이나 악마나 범천이나 그 밖의 세간을 따르지 않는다. 수 장자는 믿음이 있다고 말한 것은 이런 이유 때문이다.

수 장자가 제 자신에 대해 부끄러움이 있다고 말한 것은 무엇 때문인가? 수 장자는 항상 부끄러워할 줄을 알고 부끄러워해야 할 일에 대해서 부끄러워할 줄 안다. 악하고 착하지 않은 법과 더러운 번뇌는 온갖 나쁜 과보를 받아 나고 죽는 근본을 만든다는 것을 안다. 수 장자가 제 자신에 대해 부끄러움이 있다고 말한 것은 이런 이유 때문이다.

수 장자는 다른 사람에 대한 부끄러움이 있다고 말한 것은 무엇 때문인가? 수 장자는 항상 부끄러워할 줄 알며 부끄러워해야 할 일에 대하여 부끄러워할 줄 안다. 악하고 착하지 않은 법과 더러운 번뇌는 온갖 나쁜 과보를 받아 나고 죽는 근본을 만든다는 것을 안다. 수 장자가 남에 대한 부끄러움이 있다고 말한 것은 이런 이유 때문이다.

수 장자는 정진이 있다고 말한 것은 무엇 때문인가? 수 장자는 항상 정진을 실천하여 악함과 착하지 않음을 없애 온갖 착한 법을 닦으며 언제나 스스로 뜻을 내되, 전일專一하고 견고하며 모든 선의 근본을 위해서 모든 방편을 버리지 않는다. 수 장자가 정진이 있다고 말한 것은 이런 이유 때문이다.

수 장자는 생각이 있다고 말한 것은 무엇인가? 그는 안몸〔內身〕을 관찰하되 몸의 뜻을 사실 그대로 알고, 안의 각覺·심心·법法을 관찰하되 법답게 관찰한다. 수 장자는 생각이 있다고 말한 것은 이런 이유 때문이다.

수 장자는 선정이 있다고 말한 것은 무엇 때문인가? 수 장자는 욕심을 여의어 악함과 선하지 않은 법을 여의고 나아가 제4선禪까지를 얻어 성취하여 노닌다. 수 장자가 선정이 있다고 말한 것은 이런 이유 때문이다.

수 장자는 지혜가 있다고 말한 것은 무엇 때문인가? 그는 지혜를 닦아 흥하고 쇠하는 법을 관찰하고 이러한 지혜를 얻어서는 거룩한 지혜가 밝게 통달하여 밝고 환히 깨쳐 바로 고통을 없앤다. 수 장자가 지혜가 있다고 말한 것은 이런 이유 때문이다. 수 장자에게 여덟 가지 미증유법이 있다고 말한 것은 이런 까닭이 있기 때문이다."

부처님께서 이렇게 말씀하시자, 여러 비구들은 부처님 말씀을 듣고 기뻐하며 받들어 행하였다.

〔이 수장자경에 수록된 경문의 글자 수는 473자이다. 『중아함경』 제9권에 수록된 경의 글자 수는 총 12,088자이고, 이 「미증유법품未曾有法品」에 수록된 경의 글자 수는 모두 10,946자이다.〕[9]

---

9 『중아함경』 제9권은 모두 10,255자인데 12,088자라고 한 것은 착오인 듯하다. 게다가 제8권과 제9권에 수록된 「미증유법품」의 경문 글자를 합해 보면 총 20,913자인데 여기에 10,946자라고 한 것은 착오에서 비롯된 듯하다. 여기의 기록대로 제8권 합계 10,658자와 제9권 합계 12,088자를 합해도 22,746자이니, 10,946자는 터무니없는 숫자이다.

중아함경 제 10 권

5. 습상응품習相應品

〔이 품에는 모두 16개의 소경이 수록되어 있다.〕

하의경何義經 · 불사경不思經 · 염경念經 · 두 개의 참괴경慙愧經
두 개의 계경戒經 · 두 개의 공경경恭敬經 · 본제경本際經
두 개의 식경食經 · 진지경盡智經 · 열반경涅槃經
미혜경彌醯經 · 즉위비구설경卽爲比丘說經이 있다.

42) 하의경何義經〔초 1일송〕

나는 이와 같이 들었다.

어느 때 부처님께서 사위국을 유행하실 때에 기수급고독원에 계셨다. 그때에 존자 아난이 해질 무렵에 연좌燕坐에서 일어나 부처님 계신 곳으로 나아가 머리를 조아려 발에 예배하고 물러나 한쪽에 앉아 여쭈었다.

"세존이시여, 계戒를 가지는 것에 어떤 의미가 있습니까?"

세존께서 말씀하셨다.

"아난아, 계를 가지는 것은 사람으로 하여금 후회하지 않게 하는데 그 의미가 있다. 아난아, 만일 계를 가지게 되면 곧 후회하지 않게 된다."

"세존이시여, 후회하지 않는다는 말에는 어떤 의미가 있습니까?"

"아난아, 후회하지 않는다는 말은 사람으로 하여금 즐거워하게 하는 의미가 있다. 아난아, 만일 후회하지 않으면 곧 즐거워할〔歡悅〕 것이다."

"세존이시여, 즐거워함에는 어떤 의미가 있습니까?"

"아난아, 즐거워하는 것은 기뻐하는〔喜〕 의미가 있다. 아난아, 만일 즐거워하면 곧 기뻐하게 될 것이다."

"세존이시여, 기뻐함에는 어떤 의미가 있습니까?"

"아난아, 기뻐하는 것은 사람으로 하여금 쉰다〔止〕는 의미가 있다. 아난아, 만일 기뻐하면 곧 몸이 편안히 쉬게 된다."

"세존이시여, 쉬는 것에는 의미가 있습니까?"

"아난아, 쉰다는 것은 사람으로 하여금 안락하게〔樂〕 하는 의미가 있다. 아난아, 만일 몸이 쉬면 곧 안락함을 느끼게 된다."

"세존이시여, 안락함을 느끼는 것에는 어떤 의미가 있습니까?"

"아난아, 안락함은 사람으로 하여금 선정〔定〕에 들게 하는 의미가 있다. 아난아, 만일 안락하면 곧 마음이 선정에 들게 된다."

"세존이시여, 선정에는 어떤 의미가 있습니까?"

"아난아, 선정에 드는 것은 사람으로 하여금 있는 그대로를 보고〔見如實〕 있는 그대로를 알게〔知如眞〕 하는 의미가 있다. 아난아, 만일 선정에 들면 곧 있는 그대로를 보고 있는 그대로를 알게 된다."

"세존이시여, 있는 그대로를 보고 있는 그대로를 아는 것에는 어떤 의미가 있습니까?"

"아난아, 있는 그대로를 보고 있는 그대로를 아는 것은 사람으로 하여금 싫어하게〔厭〕 하는 의미가 있다. 아난아, 만일 있는 그대로를 보고 있는 그대로를 알면 곧 싫어하게 된다."

"세존이시여, 싫어함에는 어떤 의미가 있습니까?"

"아난아, 싫어한다는 것은 욕심을 없게〔無欲〕 하는 의미가 있다. 아난아, 만일 싫어하면 곧 욕심이 없게 된다."

"세존이시여, 욕심이 없음에는 어떤 의미가 있습니까?"

"아난아, 욕심이 없는 것은 사람으로 하여금 해탈하게 하는 의미가 있다. 아난아, 만일 욕심이 없으면 곧 일체의 음욕과 성냄과 어리석음에서 해탈하게 된다. 아난아, 이것이 이른바 계를 가짐으로 말미암아 곧 후회하지 않게 되고 후회하지 않음으로 말미암아 마음으로 즐거워하게 되며 마음으로 즐거워함으로 말미암아 기뻐하게 되고 기뻐함으로 말미암아 편안히 쉬게 되며 편안하게 쉼으로 말미암아 안락하게 되고 안락함으로 말미암아 선정에 들게 된다는 것이다. 많이 아는 거룩한 제자〔多聞聖弟子〕는 선정으로 말미암아 있는 그대로를 보고 있는 그대로를 알게 되며 있는 그대로를 보고 있는 그대로를 앎으로 말미암아 싫어하게 되며 싫어함으로 말미암아 곧 욕심이 없게 되고 욕심이 없음으로 말미암아 해탈하게 되며 해탈함으로 말미암아 곧 해탈한 줄 알게 되어 생이 이미 다하고 범행이 이미 확립되고 할 일을 이미 마쳐 다시는 다음 세상의 생명을 받지 않는다는 참뜻을 안다. 아난아, 이것을 법과 법이 서로 이익되게 하고 법과 법이 서로 의지한다고 하는 것이다. 이와 같이 이 계戒로 인하여 제일가는 경지에 이르게 되니, 곧 이쪽 언덕〔此岸〕에서 저쪽 언덕〔彼岸〕에 이르게 되는 것이다."

부처님께서 이렇게 말씀하시자, 존자 아난과 비구들이 기뻐하며 받들어 행하였다.

〔이 하의경에 수록된 경문의 글자 수는 529자이다.〕

43) 불사경不思經〔초 1일송〕

나는 이와 같이 들었다.

어느 때 부처님께서 사위국舍衛國을 유행하실 때에 승림급고독원勝林給孤獨園에 계셨다. 그때에 세존께서 말씀하셨다.

"아난아, 계를 가지는 것은 분명 나로 하여금 후회하지 않게 하는 것이라고 생각하지 말라. 아난아, 다만 법이 그저 그러한 것이어서 계를 가지면 곧 후회하지 않게 될 뿐이다. 아난아, 후회하지 않는 것은 분명 나로 하여금 즐거워하게 하는 것이라고 생각하지 말라. 아난아, 다만 법이 그저 그러한 것이어서 후회하지 않으면 곧 즐거워하게 될 뿐이다. 아난아, 즐거워하는 것은 분명 나로 하여금 기뻐하게 하는 것이라고 생각하지 말라. 아난아, 다만 법이 그저 그러한 것이어서 즐거워하면 곧 기뻐하게 될 뿐이다. 아난아, 기뻐하는 것은 분명 나로 하여금 쉬게 하는 것이라고 생각하지 말라. 아난아, 다만 법이 그저 그러한 것이어서 기뻐하면 곧 마음이 쉬게 될 뿐이다. 아난아, 쉬는 것은 분명 나로 하여금 안락하게 하는 것이라고 생각하지 말라. 아난아, 다만 법이 그저 그러한 것이어서 쉬면 곧 안락하게 될 뿐이다. 아난아, 안락함을 느끼게 되면 분명 나로 하여금 선정〔定〕에 들게 하는 것이라고 생각하지 말라. 다만 법이 그저 그러한 것이어서 안락하면 곧 선정에 들게 될 뿐이다.

아난아, 선정에 드는 것은 분명 나로 하여금 있는 그대로를 보게 하고, 있는 그대로를 알게 하는 것이라고 생각하지 말라. 아난아, 다만 법이 그저 그러한 것이어서 선정에 들면 곧 있는 그대로를 보고 있는 그대로를 알게 될 뿐이다. 아난아, 있는 그대로를 보고 있는 그대로를 아는 것은 분명 나로 하여금 싫어하게 하는 것이라고 생각하지 말라. 아난아, 다만 법이 그저 그러한 것이어서 있는 그대로를 보고 있는 그대로를 알면 곧 싫어하게 될 뿐이다. 아난아, 싫어하는 것은 분명 나로 하여금 욕심이 없게 하는 것이라고 생각하지 말라. 아난아, 다만 법이 그저 그러한 것이어서 싫어하면 곧 욕심이 없게 될 뿐이다. 아난아, 욕심이 없는 것은 분명 나로 하여금 해탈하게 하는 것이라고 생각하지 말라. 아난아, 다만 법이 그저 그러한 것이어서 욕심이 없으면 일체의 음욕과 성냄과 어리석음에서 해탈하게 될 뿐이다.

아난아, 이것이 이른바 계를 가짐으로 인하여 곧 후회하지 않게 되고 후회하지 않음으로 인하여 즐거워하게 되며 즐거워함으로 인하여 기뻐하게 되고 기뻐함으로 인하여 쉬게 되며 쉼으로 인하여 안락하게 되고 안락함으로 인하여 마음이 선정에 들게 된다는 것이다.

아난아, 많이 아는 거룩한 제자는 마음이 선정에 들게 됨으로 인하여 있는 그대로를 보게 되고 있는 그대로를 알게 되며, 있는 그대로를 보게 되고 있는 그대로를 알게 됨으로 인하여 싫어하게 되고 싫어함으로 인하여 욕심이 없게 되며 욕심이 없게 됨으로 인하여 해탈하게 되고 해탈함으로 인하여 해탈한 줄 알게 되어, 생이 이미 다하고 범행梵行이 이미 서며 할 일을 이미 마쳐 다시는 뒷세상의 생명을 받지 않는다는 참뜻을 알게 된다. 아난아, 이것이 이른바 법과 법이 서로 이익되게 하며 법과 법이 서로 연관된다〔因〕는 것이다. 이와 같이 이 계를 지킴으로 제일가는 경지에 이르게 되니, 곧 이쪽 언덕에서 저쪽 언덕에 이르게 된다."

부처님께서 이렇게 말씀하시자, 존자 아난과 여러 비구들은 부처님께서 하신 말씀을 기뻐하며 받들어 행하였다.

〔이 불사경에 수록된 경문의 글자 수는 450자이다.〕

44) 염경念經〔초 1일송〕

나는 이와 같이 들었다.

어느 때 부처님께서 사위국舍衛國을 유행하실 때에 승림급고독원勝林給孤獨園에 계셨다. 그때 세존께서 여러 비구들에게 말씀하셨다.

"만일 비구가 망각함〔忘〕이 많고 바른 지혜가 없으면 바른 생각과 바른 지혜를 해친다. 만일 바른 생각과 바른 지혜가 없으면 곧 모든 감각기관〔根〕의 보호와 계戒의 보호·후회하지 않음〔不悔〕·즐거움〔歡悅〕·기쁨〔喜〕·쉼〔止〕·안락〔樂〕·선정〔定〕·실다운 소견〔見如實〕과 참다운 앎〔知如眞〕·싫어함〔厭〕·욕심 없음〔無欲〕과 해탈解脫을 해치며, 해탈이 없으면 열반涅槃을 해친다. 만일 비구가 망각함이 많지 않고 바른 지혜가 있으면 바른 생각과 바른 지혜를 닦을 수 있다. 바른 생각과 바른 지혜가 있으면, 모든 감각기관의 보호·계의 보호·후회하지 않음·즐거움·기쁨·쉼·안락·선정·실다운 소견과 참다운 앎·싫어함·욕심 없음과 해탈을 닦을 수 있으며 해탈이 있으면 열반을 닦을 수 있다."

부처님께서 이렇게 말씀하시자, 여러 비구들은 기뻐하며 받들어 행하였다.

〔이 염경에 수록된 경문의 글자 수는 151자이다.〕

45) 참괴경慙愧經 ①〔초 1일송〕

나는 이와 같이 들었다.

어느 때 부처님께서 사위국舍衛國을 유행하실 때에 승림급고독원勝林給孤獨園에 계셨다. 그때 세존께서 여러 비구들에게 말씀하셨다.

"만일 비구가 자신에 대한 부끄러움〔慙〕과 남에 대한 부끄러움〔愧〕이 없으면 곧 사랑〔愛〕과 공경恭敬을 해치게 된다. 만약 사랑과 공경이 없으면 믿음을 해치고 만약 믿음이 없으면 바른 생각을 해치며 만약 바른 생각이 없으면 바른 기억과 바른 지혜를 해치고 만약 바른 기억과 바른 지혜가 없으면 모든 감각기관〔根〕의 보호와 계의 보호·뉘우치지 않음·즐거움·기쁨·쉼·안락·선정·실다운 소견과 참다운 앎·싫어함·욕심 없음과 해탈을 해치며 만약 해탈이 없으면 열반을 해치게 된다. 만일 비구가 자신에 대한 부끄러움과 남에 대한 부끄러움이 있으면 곧 사랑과 공경을 익히고 사랑과 공경이 있으면 믿음을 익히며 믿음이 있으면 바른 생각을 익히고 바른 생각이 있으면 바른 기억과 바른 지혜를 익히며 바른 기억과 바른 지혜가 있으면 모든 감각기관의 보호와 계의 보호·뉘우치지 않음·즐거움·기쁨·쉼·안락·선정·실다운 소견과 참다운 앎·싫어함·욕심 없음과 해탈을 익히며 해탈이 있으면 열반을 익히게 된다."

부처님께서 이렇게 말씀하시자, 여러 비구들은 기뻐하며 받들어 행하였다.

〔이 참괴경에 수록된 경문의 글자 수는 204자이다.〕

46) 참괴경 ②〔초 1일송〕

나는 이와 같이 들었다.

어느 때 부처님께서 사위국을 유행하실 때에 승림급고독원에 계셨다. 그때 존자 사리자가 여러 비구들에게 말하였다.

"여러분, 만일 비구가 제 자신에 대한 부끄러움과 남에 대한 부끄러움이 없으면 곧 사랑과 공경을 해칩니다. 만약 사랑과 공경이 없으면 믿음을 해치고 만약 믿음이 없으면 바른 생각을 해치며 만약 바른 생각이 없으면 바른 기억과 바른 지혜를 해치고 만약 바른 기억과 바른 지혜가 없으면 모든 감각기관의 보호와 계율의 보호·뉘우치지 않음·즐거움·기쁨·쉼·안락·선정·실다운 소견과 참다운 앎·싫어함·욕심 없음과 해탈을 해치며 만약 해탈이 없으면 열반을 해칩니다.

여러분, 비유하면 마치 나무와 같으니 만일 나무의 겉껍질을 해치면 속껍질이 성취되지 않고 속껍질이 성취되지 않으면 줄기·마디·가지·잎·꽃·열매가 다 성취되지 못하는 것과 같습니다. 여러분, 마땅히 알아야 합니다. 비구도 그와 같아서 만약 제 자신에 대한 부끄러움과 남에 대한 부끄러움이 없으면 곧 사랑과 공경을 해치고, 만약 사랑과 공경이 없으면 믿음을 해치고 만약 믿음이 없으면 바른 생각을 해치고 만약 바른 생각이 없으면 바른 기억과 바른 지혜를 해치며, 만약 바른 기억과 바른 지혜가 없으면 모든 감각기관의 보호와 계율의 보호·뉘우치지 않음·즐거움·기쁨·쉼·안락·선정·실다운 소견과 참다운 앎·싫어함·욕심 없음과 해탈을 해치고, 만약 해탈이 없으면 열반을 해칩니다.

여러분, 비구가 제 자신에 대한 부끄러움과 남에 대한 부끄러움이 있으면 사랑과 공경을 익히고 만약 사랑과 공경이 있으면 믿음을 익히며 만약 믿음이 있으면 바른 생각을 익히고 만약 바른 생각이 있으면 바른 기억과 바른 지혜를 익히며 만약 바른 기억과 바른 지혜가 있으면 모든 감각기관의 보호와 계율의 보호·뉘우치지 않음·즐거움·기쁨·쉼·안락·선정·실다운 소견과 참다운 앎·싫어함·욕심 없음과 해탈을 익히고 만약 해탈이 있으면 열반을 익힐 것입니다.

여러분, 이것을 비유하면 마치 저 나무와 같으니, 만일 나무의 겉껍질을 해치지 않으면 속껍질이 성취되고 속껍질이 성취되면 줄기·마디·가지·잎·꽃·열매가 다 왕성하게 됩니다. 여러분, 마땅히 알아야 합니다. 비구도 또한 역시 그와 같아서 만일 제 자신에 대한 부끄러움과 남에 대한 부끄러움이 있으면 곧 사랑과 공경을 익히고 만약 사랑과 공경이 있으면 믿음을 익히며 만약 믿음이 있으면 바른 생각을 익히고 만약 바른 생각이 있으면 바른 기억과 바른 지혜를 익히며 만약 바른 기억과 바른 지혜가 있으면 모든 감각기관의 보호와 계율의 보호·뉘우치지 않음·즐거움·기쁨·쉼·안락·선정·실다운 소견과 참다운 앎·싫어함·욕심 없음과 해탈을 익히며, 만일 해탈이 있으면 곧 열반을 익히게 됩니다."

존자 사리자가 이렇게 말하자 여러 비구들은 그의 말을 듣고 기뻐하며 받들어 행하였다.

〔이 참괴경에 수록된 경문의 글자 수는 462자이다.〕

47) 계경戒經 ①〔초 1일송〕

나는 이와 같이 들었다.

어느 때 부처님께서 사위국舍衛國을 유행하실 때에 승림급고독원勝林給孤獨園에 계셨다. 그때에 세존께서 여러 비구들에게 말씀하셨다.

"만일 비구가 계戒를 범하면 곧 후회하지 않음과 즐거움·기쁨·쉼·안락·선정·실다운 소견과 참다운 앎·싫어함·욕심 없음과 해탈을 해칠 것이며 만약 해탈이 없으면 열반을 해치게 된다. 비구가 계를 지키면 후회하지 않음과 즐거움·기쁨·쉼·안락·선정·실다운 소견과 참다운 앎·싫어함과 해탈을 익히고 만약 해탈이 있으면 곧 열반을 익히게 된다."

부처님께서 이렇게 말씀하시자, 여러 비구들은 기뻐하며 받들어 행하였다.

〔이 계경에 수록된 경문의 글자 수는 110자이다.〕

48) 계경[1] ②〔초 1일송〕

나는 이와 같이 들었다.

어느 때 부처님께서 사위국을 유행하실 때에 승림급고독원에 계셨다. 그때에 존자 사리자는 여러 비구들에게 말하였다.

"여러분, 만일 비구가 계를 범하면 곧 후회하지 않음과 즐거움·기쁨·쉼·안락·선정·실다운 소견과 참다운 쉼·싫어함·욕심 없음과 해탈을 해칠 것이고, 만약 해탈이 없으면 열반을 해칠 것입니다. 여러분, 이것을 비유하면 저 나무와 같으니, 저 나무의 뿌리를 해치면 줄기·마디·가지·잎·꽃·열매가 모두 왕성해지지 못할 것입니다.

1 이 경의 참고 자료로는 『잡아함경』 제18권 495번째 소경인 계경戒經이 있다.

여러분, 마땅히 알아야 합니다. 비구도 역시 그와 같아서 만약 계를 범하면 곧 후회하지 않음과 즐거움·기쁨·쉼·안락·선정·실다운 소견과 참다운 앎·싫어함·욕심 없음과 해탈을 해칠 것이며 해탈이 없으면 곧 열반을 해칠 것입니다.

여러분, 만일 비구가 계를 지키면 후회하지 않음과 즐거움·기쁨·쉼·안락·선정·실다운 소견과 참다운 앎·싫어함·욕심 없음과 해탈을 익힐 것이며 만약 해탈이 있으면 열반을 익힐 것입니다. 여러분, 이것을 비유하면 마치 나무와 같으니 저 나무의 뿌리를 해치지 않으면 줄기·마디·가지·잎·꽃·열매가 모두 왕성하게 될 것입니다. 여러분, 마땅히 알아야 합니다. 비구도 역시 그와 같아서 만약 계를 가지면 후회하지 않음과 즐거움·기쁨·쉼·안락·선정·실다운 소견과 참다운 앎·욕심 없음과 해탈을 익히게 될 것이고 만약 해탈이 있으면 열반을 익히게 될 것입니다."

존자 사리자가 이렇게 말하자 여러 비구들은 기뻐하며 받들어 행하였다.

〔이 계경에 수록된 경문의 글자 수는 309자이다.〕

49) 공경경恭敬經 ①〔초 1일송〕

나는 이와 같이 들었다.

어느 때 부처님께서 사위국을 유행하실 때에 승림급고독원에 계셨다. 그때에 세존께서 여러 비구들에게 말씀하셨다.

"비구는 마땅히 공경하고 모든 범행인梵行人들을 잘 관찰할 것이며, 또 공경하고 존중해야 한다. 만일 비구가 공경하지 않거나 모든 범행인들을 잘 관찰하지 않으며 또 공경하고 존중하지 않으면 아무리 위의법威儀法을 갖추려 해도 결코 그렇게 될 수 없다. 위의법을 갖추지 못하고서는 학법學法을 갖추려 해도 결코 그렇게 될 수 없으며 학법을 갖추지 못하고서는 계신戒身을 갖추려 해도 결코 그렇게 될 수 없으며 계신을 갖추지 못하고서는 정신定身을 갖추려 해도 결코 그렇게 될 수 없으며 정신을 갖추지 못하고서는 혜신慧身을 갖추려 해도 결코 그렇게 될 수 없으며 혜신을 갖추지 못하고서는 해탈신解脫身을 갖추려 해도 결코 그렇게 될 수 없으며 해탈신을 갖추지 못하고서는 해탈지견신解脫知見身을 갖추려 해도 결코 그렇게 될 수 없으며 해탈지견신을 갖추지 못하고서는 열반涅槃을 갖추려 해도 결코 그렇게 될 수 없다.

만일 비구가 공경하고 모든 범행인들을 잘 관찰하며 또 공경하고 존중하고 나서 위의법을 갖추려 한다면 틀림없이 그렇게 될 수 있을 것이며, 위의법을 갖추고서 학법을 갖추려 한다면 틀림없이 그렇게 될 수 있을 것이며, 학법을 갖추고서 계신을 갖추려 한다면, 틀림없이 그렇게 될 수 있을 것이며, 계신을 갖추고서 정신을 갖추려 한다면 틀림없이 그렇게 될 수 있을 것이며, 정신을 갖추고서 혜신을 갖추려 한다면 틀림없이 그렇게 될 수 있을 것이며, 혜신을 갖추고서 해탈신을 갖추려 한다면 틀림없이 그렇게 될 수 있을 것이며 해탈신을 갖추고서 해탈지견신을 갖추려 한다면 틀림없이 그렇게 될 수 있을 것이며 해탈지견신을 갖추고서 열반을 갖추려 한다면 틀림없이 그렇게 될 수 있을 것이다."

부처님께서 이와 같이 말씀하시자 여러 비구들이 부처님의 말씀을 듣고 기뻐하며 받들어 행하였다.

〔이 공경경에 수록된 경문의 글자 수는 300자이다.〕

50) 공경경 ②〔초 1일송〕

나는 이와 같이 들었다.

어느 때 부처님께서 사위국을 유행하실 때에 승림급고독원에 계셨다.

그때 세존께서 여러 비구들에게 말씀하셨다.

"비구는 마땅히 공경하고 모든 범행인梵行人들을 잘 관찰해야 하며 또 공경하고 존중해야 한다. 만일 비구가 공경하지 않거나 모든 범행인을 잘 관찰하지 않고 또 예의가 바르지 않으면 아무리 위의법威儀法을 갖추려 해도 결코 그렇게 될 수 없다. 위의법을 갖추지 못하고서는 아무리 학법學法을 갖추려 해도 결코 그렇게 될 수 없으며, 학법을 갖추지 못하고서는 아무리 모든 감각기관〔根〕의 보호·계戒의 보호·뉘우치지 않음·즐거움〔歡悅〕·기쁨〔喜〕·쉼〔止〕·안락〔樂〕·선정〔定〕·실다운 소견〔見如實〕·참다운 앎〔知如眞〕·싫어함〔厭〕·욕심 없음·해탈을 갖추려 해도 결코 그렇게 될 수 없을 것이며, 만약 해탈을 갖추지 못하고서는 열반을 갖추려 해도 결코 그렇게 될 수 없을 것이다.

만일 비구가 공경하거나 모든 범행인들을 잘 관찰하고 또 공경하고 존중하면서 위의법을 갖추려 한다면 틀림없이 그렇게 될 수 있을 것이며, 만약 위의법을 갖추고서 학법을 갖추려 한다면 그 또한 틀림없이 그렇게 될 수 있을 것이며 학법을 갖추고서 모든 감각기관의 보호·계의 보호·뉘우치지 않음·즐거움·기쁨·쉼·안락·선정·실다운 소견·참다운 앎·싫어함·욕심 없음과 해탈을 갖추려 한다면 틀림없이 그렇게 될 수 있을 것이며 해탈을 갖추고서 열반을 갖추려 한다면 틀림없이 그렇게 될 수 있을 것이다."

부처님께서 이와 같이 말씀하시자, 여러 비구들은 부처님의 말씀을 듣고 기뻐하며 받들어 행하였다.

〔이 공경경에 수록된 경문의 글자 수는 217자이다.〕

51) 본제경本際經[2]〔초 1일송〕

나는 이와 같이 들었다.

어느 때 부처님께서 사위국을 유행하실 때에 승림급고독원에 계셨다.

그때 세존께서 여러 비구들에게 말씀하셨다.

"유애有愛[3]에 대하여 그 최초의 한계〔本際〕를 알 수 없다. 본래는 유애가 없었으나 이제 유애가 생겨났으니 저 유애가 있게 된 이유에 대해 알아야 할 것이다. 유애에는 발생 원인〔習〕[4]이 있으니 발생 원인이 없는 것이 아니다. 어떤 것을 유애의 발생 원인이라고 하는가? 무명無明이 그 발생 원인이 된다. 무명에도 발생 원인이 있으니 발생 원인이 없는 것이 아니다. 어떤 것을 무명의 발생 원인이라고 하는가? 5개蓋[5]

---

2 이 경의 이역경으로는 후한後漢시대 안세고安世高가 한역한 『불설본상의치경佛說本相猗致經』과 역자의 이름을 알 수 없는 『불설연본치경佛說緣本致經』이 있다.

3 생존生存에 대한 망령된 집착이나 색계·무색계에서의 여러 가지 갈애를 말한다.

4 팔리본에는 이에 상당하는 언어가 āhāra로 되어 있다. 이는 생성生成하고 증장시키는 요인으로서 연緣이 되거나 조연助緣이 되는 것을 말한다. 식食·음식飮食·소식所食·감미甘美·미식美食·진수珍羞 등의 용어로 한역되었다. 『중아함경』 안에서 제51 『본제경』과 제52 『식경』은 거의 내용이 동일한데, 『본제경』에서는 식食으로, 『식경』에서는 습習으로 한역되어 있다. 또 제54 『진지경』과 제55 『열반경』에서도 습習으로 한역되어 있다. 따라서 용어를 달리해 번역한 한역자의 의도를 존중하여 습習을 '발생 원인'으로, 식食을 '자양분'으로 달리 번역한다.

5 탐욕貪欲·성냄[瞋恚]·수면睡眠·도회掉悔·의심[疑]을 말하는 것인데, 이 다섯 가지가 늘 사람의 마음을 덮고 가려서 착한 마음을 내지 못하게 하므로 5개蓋라고 한

가 그 발생 원인이 된다. 5개에도 발생 원인이 있으니 발생 원인이 없는 것이 아니다. 어떤 것을 5개의 발생 원인이라고 하는가? 세 가지 악행惡行[6]이 그 발생 원인이 된다. 세 가지 악행에도 또한 발생 원인이 있으니 발생 원인이 없는 것이 아니다. 어떤 것을 세 가지 악행의 발생 원인이라고 하는가? 모든 감각기관〔根〕을 보호하지 못하는 것이 그 발생 원인이 된다. 모든 감각기관을 보호하지 못하는 것에도 발생 원인이 있으니 발생 원인이 없는 것이 아니다. 어떤 것을 모든 감각기관을 보호하지 못하는 발생 원인이라고 하는가? 바르지 못한 생각과 바르지 못한 지혜가 그 발생 원인이 된다. 바르지 못한 생각과 바르지 못한 지혜에도 그 발생 원인이 있으니 발생 원인이 없는 것이 아니다. 어떤 것을 바르지 못한 생각과 바르지 못한 지혜의 발생 원인이라고 하는가? 바르지 못한 사유思惟가 발생 원인이 된다. 바르지 못한 사유에도 발생 원인이 있으니 발생 원인이 없는 것이 아니다. 어떤 것을 바르지 못한 사유의 발생 원인이라 고 하는가? 믿지 않는 것이 그 발생 원인이 된다. 믿지 않는 것에도 발생 원인이 있다. 발생 원인이 없는 것이 아니다. 어떤 것을 믿지 않는 것의 발생 원인이라고 하는가? 나쁜 법을 듣는 것이 그 발생 원인이 된다. 나쁜 법을 듣는 것에도 역시 발생 원인이 있으니, 발생 원인이 없는 것이 아니다. 어떤 것을 나쁜 법을 듣는 것의 발생 원인이라고 하는가? 나쁜 벗을 친근히 하는 것이 그 발생 원인이 된다. 나쁜 벗을 친근히 하는 것에도 역시 발생 원인이 있으니 발생 원인이 없는 것이 아니다. 어떤 것을 나쁜 벗을 친근히 하는 것의 발생 원인이라고 하는가? 악한 사람이 그 발생 원인이 된다.

것이다.

6 세 가지 악행이란 몸과 입과 마음이 짓는 열 가지 악업을 말한다.

이것은 이른바 악한 사람이 있은 뒤에 곧 나쁜 벗을 친근히 하게 되고 나쁜 벗을 친근히 한 뒤에 곧 나쁜 법을 듣게 되며 나쁜 법을 들은 뒤에 곧 믿지 않게 되고 믿지 않게 된 뒤에 곧 바르지 않은 사유를 하게 되며 바르지 않은 사유가 있은 뒤에 곧 바르지 않은 생각과 바르지 않은 지혜를 갖게 되고 바르지 않은 생각과 바르지 않은 지혜가 있은 뒤에 곧 모든 감각기관을 보호하지 못하게 되며 모든 감각기관을 보호하지 못하게 된 뒤에 곧 세 가지 악행을 갖추게 되고 세 가지 악행이 있은 뒤에 곧 5개蓋를 갖추게 되며 5개가 있은 뒤에 곧 무명無明을 갖추게 되고 무명이 있은 뒤에 곧 유애有愛를 갖추게 된다는 것이다. 이와 같이 이 유애는 순서를 따라 점점 갖추어지고 이루어지는 것이다.

명明과 해탈解脫[7]에도 역시 발생 원인이 있으니 발생 원인이 없는 것이 아니다. 어떤 것을 명과 해탈의 발생 원인이라고 하는가? 7각지覺支가 그 발생 원인이 된다. 7각지에도 역시 발생 원인이 있으니 발생 원인이 없는 것이 아니다. 어떤 것을 7각지의 발생 원인이라고 하는가? 4념처念處가 그 발생 원인이 된다. 4념처에도 역시 발생 원인이 있으니 발생 원인이 없는 것이 아니다. 어떤 것을 4념처의 발생 원인이라고 하는가? 세 가지 묘행妙行[8]이 그 발생 원인이 된다. 세 가지 묘행에도 역시 발생 원인이 있으니 발생 원인이 없는 것이 아니다. 어떤 것을 세 가지 묘행의 발생 원인이라고 하는가? 모든 감각기관을 보호

---

7 명明이란 3명을 말하는데, 아라한이 증득하는 세 가지 신통으로서 지혜의 광명을 가지고 어둡고 어리석은 것을 깨뜨리기 때문에 3명이라고 한다. 자타自他의 숙명宿命의 상相을 아는 숙주지증명宿住智證明, 미래 중생에 대한 생사의 상을 밝게 아는 사생지증명死生智證明, 4제諦의 진리를 밝게 알아 번뇌를 단멸하는 누진지증명漏盡智證明이다. 해탈이란 정定·혜慧의 구해탈俱解脫을 말한다.

8 몸과 입과 마음이 짓는 선업善業.

하는 것이 그 발생 원인이 된다. 모든 감각기관을 보호하는 것에도 역시 발생 원인이 있으니 발생 원인이 없는 것이 아니다. 어떤 것을 모든 감각기관을 보호하는 것의 발생 원인이라고 하는가? 바른 생각과 바른 지혜가 그 발생 원인이 된다. 바른 생각과 바른 지혜에도 역시 발생 원인이 있으니 발생 원인이 없는 것이 아니다. 어떤 것을 바른 생각과 바른 지혜의 발생 원인이라고 하는가? 바른 사유思惟가 그 발생 원인이 된다. 바른 사유에도 역시 발생 원인이 있으니 발생 원인이 없는 것이 아니다. 어떤 것을 바른 사유의 발생 원인이라고 하는가? 믿음이 그 발생 원인이 된다. 믿음에도 역시 발생 원인이 있으니 발생 원인이 없는 것이 아니다. 어떤 것을 믿음의 발생 원인이라고 하는가? 좋은 법을 듣는 것이 그 발생 원인이 된다. 좋은 법을 듣는 것에도 역시 발생 원인이 있으니, 발생 원인이 없는 것이 아니다. 어떤 것을 좋은 법을 듣는 것의 발생 원인이라고 하는가? 착한 벗을 친근히 하는 것이 그 발생 원인이 된다. 착한 벗을 친근히 하는 것에도 역시 발생 원인이 있으니, 발생 원인이 없는 것이 아니다. 어떤 것을 착한 벗을 친근히 하는 것의 발생 원인이라고 하는가? 착한 사람이 그 발생 원인이 된다.

이것은 이른바 착한 사람이 있은 뒤에 곧 착한 벗을 사귀게 되고 착한 벗을 친근히 한 뒤에 곧 좋은 법을 듣게 되며 좋은 법을 들은 뒤에 곧 믿음을 내게 되고 믿음을 낸 뒤에 곧 바른 사유를 갖추게 되며 바른 사유를 갖춘 뒤에 곧 바른 생각과 바른 지혜를 갖추게 되고 바른 생각과 바른 지혜를 갖춘 뒤에 곧 모든 감각기관을 보호하게 되며 모든 감각기관을 보호한 뒤에 곧 세 가지 묘행妙行을 갖추게 되고 세 가지 묘행을 갖춘 뒤에 곧 4념처를 갖추게 되며 4념처를 갖춘 뒤에 곧 7각지覺支를 갖추게 되고 7각지를 갖춘 뒤에 곧 명과 해탈을 갖추게 된다는 것이다. 이와 같이 명과 해탈은 차례를 따라 점점 갖추어지고 이루어지는 것이다."

부처님께서 이와 같이 말씀하시자 여러 비구들은 부처님의 말씀을 듣고 기뻐하며 받들어 행하였다.

〔이 본제경에 수록된 경문의 글자 수는 754자이다.〕

52) 식경食經 ①〔초 1일송〕

이와 같이 나는 들었다.

어느 때 부처님께서 사위국을 유행하실 때에 승림급고독원에 계셨다.

그때 세존께서 여러 비구들에게 말씀하셨다.

"유애有愛[9]에 대하여 그 최초의 한계〔本際〕를 알 수 없다. 본래는 유애가 없었으나 지금 유애가 생겨났으니, 저 유애가 있게 된 이유에 대해서 알아야 할 것이다. 유애가 생겨난 데에는 그 자양분〔食〕[10]이 있으니 자양분이 없는 것이 아니다. 어떤 것을 유애의 자양분이라고 하는가? 무명無明이 그 자양분이 된다. 무명에도 자양분이 있으니 자양분이 없는 것이 아니다. 어떤 것을 무명의 자양분이라고 하는가? 5개蓋가 그 자양분이 된다. 5개에도 또한 자양분이 있으니 자양분이 없는 것이 아니다. 어떤 것을 5개의 자양분이라고 하는가? 세 가지 악행惡

9 앞의 「본제경本際經」 주3 참조.

10 제51 「본제경」과 제54 「진지경」, 제55 「열반경」에는 식(食, āhāra)자에 해당하는 글자가 습習자로 되어 있다. 식食이란 곧 생성生成하고 장양長養하는 데 필요한 요인이 되는 것을 말한다.

行이 그 자양분이 된다. 세 가지 악행에도 또한 자양분이 있으니 자양분이 없는 것이 아니다. 어떤 것을 세 가지 악행의 자양분이라고 하는가? 모든 감각기관〔根〕을 보호하지 못하는 것이 그 자양분이 된다. 모든 감각기관을 보호하지 못하는 것에도 역시 자양분이 있으니 자양분이 없는 것이 아니다. 어떤 것을 모든 감각기관을 보호하지 못하는 것의 자양분이라고 하는가? 바르지 못한 생각과 바르지 못한 지혜가 그 자양분이 된다. 바르지 못한 생각과 바르지 못한 지혜에도 역시 자양분이 있으니 자양분이 없는 것이 아니다. 어떤 것을 바르지 못한 생각과 바르지 못한 지혜의 자양분이라고 하는가? 바르지 못한 사유가 그 자양분이 된다. 바르지 못한 사유에도 자양분이 있으니 자양분이 없는 것이 아니다. 어떤 것을 바르지 못한 사유의 자양분이라고 하는가? 믿지 않는 것이 그 자양분이 된다. 믿지 않는 것에도 역시 자양분이 있으니 자양분이 없는 것이 아니다. 어떤 것을 믿지 않는 것의 자양분이라고 하는가? 나쁜 법을 듣는 것이 그 자양분이 된다. 나쁜 법을 듣는 것에도 역시 자양분이 있으니 자양분이 없는 것이 아니다. 어떤 것을 나쁜 법을 듣는 것의 자양분이라고 하는가? 나쁜 벗을 친근히 하는 것이 그 자양분이 된다. 나쁜 벗을 친근히 하는 것에도 역시 자양분이 있으니 자양분이 없는 것이 아니다. 어떤 것을 나쁜 벗을 친근히 하는 것의 자양분이라고 하는가? 나쁜 사람이 그 자양분이 된다.

이것이 이른바 나쁜 사람이 있은 뒤에 곧 나쁜 벗을 친근히 하게 되고 나쁜 벗을 친근히 한 뒤에 곧 나쁜 법을 듣게 되며 나쁜 법을 들은 뒤에 곧 믿지 않게 되고 믿지 않게 된 뒤에 바르지 못한 사유를 가지게 되며 바르지 못한 사유가 있은 뒤에 곧 바르지 못한 생각과 바르지 못한 지혜를 가지게 되고 바르지 못한 생각과 바르지 못한 지혜가 있은 뒤에 곧 모든 감각기관을 보호하지 못하게 되며 모든 감각기관을 보호하지 못한 뒤에 곧 세 가지 악행을 갖추게 되고 세 가지 악행이 있은 뒤에 곧 5개蓋가 있게 되며 5개가 있은 뒤에 곧 무명無明을 갖추게 되고 무명이 있은 뒤에 곧 유애有愛를 갖추게 된다는 것이다. 이와 같이 저 유애는 차례를 따라 점점 갖추어지고 이루어지는 것이다.

큰 바다도 역시 그렇게 된 자양분이 있으니 자양분이 없는 것이 아니다. 어떤 것을 큰 바다의 자양분이라고 하는가? 큰 하수河水가 그 자양분이 된다. 큰 하수에도 역시 자양분이 있으니 자양분이 없는 것이 아니다. 어떤 것을 큰 하수의 자양분이라고 하는가? 작은 하수가 그 자양분이 된다. 작은 하수에도 역시 자양분이 있으니 자양분이 없는 것이 아니다. 어떤 것을 작은 하수의 자양분이라고 하는가? 큰 시내가 그 자양분이 된다. 큰 시내도 역시 자양분이 있으니 자양분이 없는 것이 아니다. 어떤 것을 큰 시내의 자양분이라고 하는가? 작은 시내가 그 자양분이 된다. 작은 시내에도 역시 자양분이 있으니 자양분이 없는 것이 아니다. 어떤 것을 작은 시내의 자양분이라고 하는가? 산과 바위와 산골짜기의 물과 늪이 그 자양분이 된다. 산과 바위와 산골짜기의 물과 늪도 역시 자양분이 있으니 자양분이 없는 것이 아니다. 어떤 것을 산과 바위와 산골짜기의 물과 늪의 자양분이라고 하는가? 비가 그 자양분이 된다.

어느 때 큰 비가 내리면 곧 산과 바위와 산골짜기의 물과 늪의 물이 차고 산과 바위와 산골짜기의 물과 늪의 물이 차면 곧 작은 시내가 차며 작은 시내가 차면 큰 시내가 차고 큰 시내가 차면 작은 하수가 차며 작은 하수가 차면 큰 하수가 차고 큰 하수가 차면 큰 바다가 차는데, 이와 같이 저 큰 바다는 차례를 따라 점점 갖추어지고 이루어진다.

이와 같이 유애有愛에도 역시 자양분이 있으니 자양분이 없는 것이 아니다. 어떤 것을 유애의 자양분이라고 하는가? 무명이 그 자양분이 된다. 무명에도 역시 자양분이 있으니 자양분이 없는 것이 아니다. 어떤 것을 무명의 자양분이라고 하는가? 5개蓋가 그 자양분이 된다. 5개에도 역시 자양분이 있으니 자양분이 없는 것이 아니다. 어떤 것을 5개의 자양분이라고 하는가? 세 가지 악행이 그 자양분이 된다. 세 가지 악행에도 역시 그 자양분이 있으니 자양분이 없는 것이 아니다. 어떤 것을 세 가지 악행의 자양분이라고 하는가? 모든 감각기관을 보호하지 못하는 것이 그 자양분이 된다. 모든 감각기관을 보호하지 못하는 것에도 자양분이 있으니, 자양분이 없는 것이 아니다. 어떤 것을 모든 감각기관을 보호하지 못하는 것의 자양분이라고 하는가? 바르지 못한 생각과 바르지 않은 지혜가 그 자양분이 된다. 바르지 못한 생각과 바르지 않은 지혜에도 자양분이 있으니, 자양분이 없는 것이 아니다. 어떤 것을 바르지 못한 생각과 바르지 않은 지혜의 자양분이라고 하는가? 바르지 못한 사유思惟가 그 자양분이 된다. 바르지 못한 사유에도 역시 자양분이 있으니, 자양분이 없는 것이 아니다. 어떤 것을 바르지 못한 사유의 자양분이라고 하는가? 믿지 못하는 것이 그 자양분이 된다. 믿지 못하는 것에도 역시 자양분이 있으니, 자양분이 없는 것이 아니다. 어떤 것을 믿지 못하는 것의 자양분이라고 하는가? 나쁜 법을 듣는 것이 그 자양분이 된다. 나쁜 법을 듣는 것에도 자양분이 있으니, 자양분이 없는 것이 아니다. 어떤 것을 나쁜 법을 듣는 자양분이라고 하는가? 나쁜 벗을 친근히 하는 것이 그 자양분이 된다. 나쁜 벗을 친근히 하는 것에도 자양분이 있으니, 자양분이 없는 것이 아니다. 어떤 것을 나쁜 벗을 친근히 하는 것의 자양분이라고 하는가? 악한 사람이 그 자양분이 된다.

이것이 이른바 악한 사람이 있은 뒤에 곧 나쁜 벗을 친근히 하게 되고, 나쁜 벗을 친근히 한 뒤에 곧 나쁜 법을 듣게 되며, 나쁜 법을 들은 뒤에 곧 믿지 않게 되고, 믿지 않은 뒤에 곧 바르지 못한 사유를 가지게 되며, 바르지 못한 사유가 있은 뒤에 곧 바르지 못한 생각과 바르지 않은 지혜를 가지게 되며, 바르지 못한 생각과 바르지 않은 지혜가 있은 뒤에 곧 모든 감각기관을 보호하지 못하게 되고, 모든 감각기관을 보호하지 못하게 된 뒤에 곧 세 가지 악행을 갖추게 되며, 세 가지 악행이 갖추어진 뒤에 5개를 갖추게 되고, 5개가 있은 뒤에 무명을 갖추게 되며, 무명이 있은 뒤에 유애를 갖추게 된다는 것이다. 이와 같이 이 유애는 차례를 따라 점점 갖추어지고 이루어지게 된다.

명明과 해탈解脫에도 역시 자양분이 있으니, 자양분이 없는 것이 아니다. 어떤 것을 명과 해탈의 자양분이라고 하는가? 7각지覺支가 그 자양분이 된다. 7각지에도 역시 자양분이 있으니, 자양분이 없는 것이 아니다. 어떤 것을 7각지의 자양분이라고 하는가? 4념처念處가 그 자양분이 된다. 4념처에도 역시 자양분이 있으니, 자양분이 없는 것이 아니다. 어떤 것을 4념처의 자양분이라고 하는가? 세 가지 묘행妙行이 그 자양분이 된다. 세 가지 묘행에도 자양분이 있으니, 자양분이 없는 것이 아니다. 어떤 것을 세 가지 묘행의 자양분이라고 하는가? 모든 감각기관을 보호하는 것이 그 자양분이 된다. 모든 감각기관을 보호하는 것에도 자양분이 있으니, 자양분이 없는 것이 아니다. 어떤 것을 모든 감각기관을 보호하는 것의 자양분이라고 하는가? 바른 생각과 바른 지혜가 그 자양분이 된다. 바른 생각과 바른 지혜에도 역시 자양분이 있으니, 자양분이 없는 것이 아니다. 어떤 것을 바른 생각과 바른 지혜의 자양분이라고 하는가? 바른 사유가 그 자양분이 된다. 바른 사유에도 또한 자양분이 있으니, 자양분이 없는 것이 아니다. 어떤 것을 바른 사유의 자양분이라고 하는가? 믿음이 그 자양분이 된다. 믿음에도 자양분이 있으니, 자양분이 없는 것이 아니다. 어떤 것을 믿음의 자양분이라고 하는가? 좋은 법을 듣는 것이 그 자양분이 된다. 좋은 법을 듣는 것에도 역시 자양분이 있으니, 자양분이 없는 것이 아니다. 어떤 것을 좋은 법을 듣는 것의 자양분이라고 하는가? 착한 벗을 친근히 하는 것이 그 자양분이 된다. 착한 벗을 친근히 하는 것에도 역시 자양분이 있으니, 자양분이 없는 것이 아니다. 어떤 것이 착한 벗을 친근히 하는 자양분이 되는가? 착한 사람이 그 자양분이 된다.

이것이 이른바 착한 사람이 있은 뒤에 곧 착한 벗을 친근히 하게 되고, 착한 벗이 있은 뒤에 곧 좋은 법을 듣게 되며, 좋은 법을 들은 뒤에 곧 믿음을 내게 되고, 믿음을 낸 뒤에 곧 바른 사유를 가지게 되며, 바른 사유가 있은 뒤에 곧 바른 생각과 바른 지혜를 가지게 되고, 바른 생각과 바른 지혜가 있은 뒤에 곧 모든 감각기관을 보호하게 되며, 모든 감각기관을 보호한 뒤에 곧 세 가지 묘행을 갖추게 되고, 세 가지 묘행이 있은 뒤에 곧 4념처를 갖추게 되며, 4념처가 있은 뒤에 곧 7각지를 갖추게 되고, 7각지가 있은 뒤에 곧 명과 해탈을 갖추게 된다는 것이다. 이와 같이 명과 해탈은 차례를 따라 갖추어지고 이루어지는 것이다.

큰 바다도 역시 자양분이 있으니, 자양분이 없는 것이 아니다. 어떤 것을 큰 바다의 자양분이라고 하는가? 큰 하수가 그 자양분이 된다. 큰 하수에도 자양분이 있으니, 자양분이 없는 것이 아니다. 어떤 것을 큰 하수의 자양분이라고 하는가? 작은 하수가 그 자양분이 된다. 작은 하수에도 자양분이 있으니, 자양분이 없는 것이 아니다. 어떤 것을 작은 하수의 자양분이라고 하는가? 큰 시내가 그 자양분이 된다.

큰 시내에도 자양분이 있으니, 자양분이 없는 것이 아니다. 어떤 것을 큰 시내의 자양분이라고 하는가? 작은 시내가 그 자양분이 된다. 작은 시내에도 자양분이 있으니, 자양분이 없는 것이 아니다. 어떤 것을 작은 시내의 자양분이라고 하는가? 산과 바위와 산골짜기의 물과 늪이 그 자양분이 된다. 산과 바위와 산골짜기의 물과 늪에도 자양분이 있으니, 자양분이 없는 것이 아니다. 어떤 것을 산과 바위와 산골짜기의 물과 늪의 자양분이라고 하는가? 비가 그 자양분이 된다.

어느 때 큰 비가 내리면 곧 산과 바위와 산골짜기의 물과 늪에 물이 차고, 산과 바위와 산골짜기의 물과 늪에 물이 차면 곧 작은 시내가 차며, 작은 시내가 차면 곧 큰 시내가 차고, 큰 시내가 차면 곧 작은 하수가 차며, 작은 하수가 차면 곧 큰 하수가 차고, 큰 하수가 차면 곧 큰 바다가 찬다. 이와 같이 저 큰 바다는 차례를 따라 갖추어지고 이루어지는 것이다.

이와 같이 명과 해탈에도 자양분이 있으니, 자양분이 없는 것이 아니다. 어떤 것을 명과 해탈의 자양분이라고 하는가? 7각지가 그 자양분이 된다. 7각지에도 자양분이 있으니, 자양분이 없는 것이 아니다. 어떤 것을 7각지의 자양분이라고 하는가? 4념처가 그 자양분이 된다. 4념처에도 자양분이 있으니, 자양분이 없는 것이 아니다. 어떤 것을 4념처의 자양분이라고 하는가? 세 가지 묘행이 그 자양분이 된다. 세 가지 묘행에도 자양분이 있으니, 자양분이 없는 것이 아니다. 어떤 것을 세 가지 묘행의 자양분이라고 하는가? 모든 감각기관을 보호하는 것이 그 자양분이 된다. 모든 감각기관을 보호하는 것에도 자양분이 있으니, 자양분이 없는 것이 아니다. 어떤 것을 모든 감각기관을 보호하는 것의 자양분이라고 하는가? 바른 생각과 바른 지혜가 그 자양분이 된다. 바른 생각과 바른 지혜에도 자양분이 있으니, 자양분이 없는 것이 아니다. 어떤 것을 바른 생각과 바른 지혜의 자양분이라고 하는가? 바른 사유가 그 자양분이 된다. 바른 사유에도 자양분이 있으니, 자양분이 없는 것이 아니다. 어떤 것을 바른 사유의 자양분이라고 하는가? 믿음이 그 자양분이 된다. 믿음에도 자양분이 있으니, 자양분이 없는 것이 아니다. 어떤 것을 믿음의 자양분이라고 하는가? 좋은 법을 듣는 것이 그 자양분이 된다. 좋은 법을 듣는 것에도 자양분이 있으니, 자양분이 없는 것이 아니다. 어떤 것을 좋은 법을 듣는 것의 자양분이라고 하는가? 착한 벗을 친근히 하는 것이 그 자양분이 된다. 착한 벗을 친근히 하는 것에도 자양분이 있으니, 자양분이 없는 것이 아니다. 어떤 것을 착한 벗을 친근히 하는 것의 자양분이라고 하는가? 착한 사람이 그 자양분이 된다.

이것이 이른바 착한 사람이 있은 뒤에 착한 벗을 친근히 하게 되고, 착한 벗을 친근히 한 뒤에 좋은 법을 듣게 되며, 좋은 법을 들은 뒤에 믿음을 내게 되고, 믿음을 낸 뒤에 바른 사유를 가지게 되며, 바른 사유가 있은 뒤에 바른 생각과 바른 지혜를 가지게 되고, 바른 생각과 바른 지혜를 가진 뒤에 모든 감각기관을 보호하게 되며, 모든 감각기관을 보호한 뒤에 세 가지 묘행을 갖추게 되고, 세 가지 묘행이 있은 뒤에 4념처를 갖추게 되며, 4념처가 있은 뒤에 곧 7각지를 갖추게 되고, 7각지가 있은 뒤에 곧 명과 해탈을 갖추게 된다는 것이다. 이와 같이 이 명과 해탈은 차례를 따라 점점 갖추어지고 이루어지는 것이다."

부처님께서 이와 같이 말씀하시자, 여러 비구들은 부처님의 말씀을 듣고 기뻐하며 받들어 행하였다.

〔이 식경에 수록된 경문 글자 수는 1,833자이다.〕

53) 식경 ②〔초 1일송〕

나는 이와 같이 들었다.

어느 때 부처님께서 사위국을 유행하실 때에 승림급고독원에 계셨다. 그때 세존께서는 여러 비구들에게 말씀하셨다.

"유애有愛에 대하여 그 최초의 한계〔本際〕를 알 수 없다. 본래는 유애가 없었으나 지금은 유애가 생겨났으니, 저 유애가 있게 된 이유에 대해서 알아야 할 것이다. 유애가 생겨난 데에는 자양분〔食〕이 있으니, 자양분이 없는 것이 아니다. 어떤 것을 유애의 자양분이라고 하는가? 무명無明이 그 자양분이 된다. 무명에도 자양분이 있으니, 자양분이 없는 것이 아니다. 어떤 것을 무명의 자양분이라고 하는가? 5개蓋가 그 자양분이 된다. 5개에도 자양분이 있으니, 자양분이 없는 것이 아니다. 어떤 것을 5개의 자양분이라고 하는가? 세 가지 악행惡行이 그 자양분이 된다. 세 가지 악행에도 자양분이 있으니, 자양분이 없는 것이 아니다. 어떤 것을 세 가지 악행의 자양분이라고 하는가? 모든 감각기관〔根〕을 보호하지 않는 것이 그 자양분이 된다. 모든 감각기관을 보호하지 않는 것에도 자양분이 있으니, 자양분이 없는 것이 아니다. 어떤 것을 모든 감각기관을 보호하지 않는 것의 자양분이라고 하는가? 바르지 못한 생각과 바르지 않은 지혜가 그 자양분이 된다. 바르지 못한 생각과 바르지 않은 지혜에도 자양분이 있으니, 자양분이 없는 것이 아니다. 어떤 것을 바르지 못한 생각과 바르지 않은 지혜의 자양분이라고 하는가? 바르지 못한 사유思惟가 그 자양분이 된다. 바르지 못한 사유에도 자양분이 있으니, 자양분이 없는 것이 아니다. 어떤 것을 바르지 못한 사유의 자양분이라 하는가? 믿지 않는 것이 그 자양분이 된다. 믿지 않는 것에도 또한 자양분이 있나니, 자양분이 없는 것이 아니다. 어떤 것을 믿지 않는 것의 자양분이라고 하는가? 나쁜 법을 듣는 것이 그 자양분이 된다. 나쁜 법을 듣는 것에도 자양분이 있으니, 자양분이 없는 것이 아니다. 어떤 것을 나쁜 법을 듣는 것의 자양분이라고 하는가? 나쁜 벗을 친근히 하는 것이 그 자양분이 된다. 나쁜 벗을 친근히 하는 것에도 자양분이 있으니, 자양분이 없는 것이 아니다. 어떤 것을 나쁜 벗을 친근히 하는 것의 자양분이라고 하는가? 나쁜 사람이 그 자양분이 된다.

큰 바다도 자양분이 있으니, 자양분이 없는 것이 아니다. 어떤 것을 큰 바다의 자양분이라고 하는가? 비〔雨〕가 그 자양분이 된다. 어느 때 큰비가 내리면 곧 산과 바위와 산골짜기의 물과 늪에 물이 차고, 산과 바위와 산골짜기의 물과 늪에 물이 차면 작은 시내가 차며, 작은 시내가 차면 큰 시내가 차고, 큰 시내가 차면 작은 하수가 차며, 작은 하수가 차면 큰 하수가 차고, 큰 하수가 차면 큰 바다가 찬다. 이렇게 저 큰 바다는 점점 갖추어지고 이루어지게 된다.

이와 같아서 나쁜 사람이 있은 뒤에 곧 나쁜 벗을 친근히 하게 되고, 나쁜 벗을 친근히 한 뒤에 나쁜 법을 듣게 되며, 나쁜 법을 들은 뒤에 믿지 않게 되고 믿지 않게 된 뒤에 바르지 않은 사유를 가지게 되며, 바르지 않은 사유가 갖추어진 뒤에 바르지 못한 생각과 바르지 않은 지혜를 가지게 되고, 바르지 못한 생각과 바르지 않은 지혜가 있은 뒤에 모든 감각기관을 보호하지 않게 되며, 모든 감각기관을 보호하지 않은 뒤에 곧 세 가지 악행을 갖추게 되고, 세 가지 악행이 있은 뒤에 5개蓋를 갖추게 되며, 5개가 있은 뒤에 곧 무명을 갖추게 되고, 무명이 있은 뒤에 곧 유애를 갖추게 된다. 이와 같이 이 유애는 점차 갖추어지고 이루어지는 것이다.

명明과 해탈解脫에도 자양분이 있으니, 자양분이 없는 것이 아니다.

어떤 것을 명과 해탈의 자양분이라고 하는가? 7각지覺支가 그 자양분이 된다. 7각지에도 자양분이 있으니, 자양분이 없는 것이 아니다. 어떤 것을 7각지의 자양분이라고 하는가? 4념처念處가 그 자양분이 된다. 4념처에도 자양분이 있으니, 자양분이 없는 것이 아니다. 어떤 것을 4념처의 자양분이라고 하는가? 세 가지 묘행妙行이 그 자양분이 된다. 세 가지 묘행에도 자양분이 있으니, 자양분이 없는 것이 아니다. 어떤 것을 세 가지 묘행의 자양분이라고 하는가? 모든 감각기관을 보호하는 것이 그 자양분이 된다. 모든 감각기관을 보호하는 것에도 자양분이 있으니, 자양분이 없는 것이 아니다. 어떤 것을 모든 감각기관을 보호하는 것의 자양분이라고 하는가? 바른 생각과 바른 지혜가 그 자양분이 된다. 바른 생각과 바른 지혜에도 자양분이 있으니, 자양분이 없는 것이 아니다. 어떤 것을 바른 생각과 바른 지혜의 자양분이라고 하는가? 바른 사유가 그 자양분이 된다. 바른 사유에도 자양분이 있으니, 자양분이 없는 것이 아니다. 어떤 것을 바른 사유의 자양분이라고 하는가? 믿음이 그 자양분이 된다. 믿음에도 자양분이 있으니, 자양분이 없는 것이 아니다. 어떤 것을 믿음의 자양분이라고 하는가? 좋은 법을 듣는 것이 그 자양분이 된다. 좋은 법을 듣는 것에도 자양분이 있으니, 자양분이 없는 것이 아니다. 어떤 것을 좋은 법을 듣는 것의 자양분이라고 하는가? 착한 벗을 친근히 하는 것이 그 자양분이 된다. 착한 벗을 친근히 하는 것에도 자양분이 있으니, 자양분이 없는 것이 아니다. 어떤 것을 착한 벗을 친근히 하는 것의 자양분이라고 하는가? 착한 사람이 그 자양분이 된다.

큰 바다도 자양분이 있으니, 자양분이 없는 것이 아니다. 어떤 것을 큰 바다의 자양분이라고 하는가? 비가 그 자양분이 된다. 어느 때 큰 비가 내리면 곧 산과 바위와 산골짜기의 물과 늪에 물이 차고, 산과 바위와 산골짜기의 물과 늪에 물이 차면 작은 시내가 차며, 작은 시내가 차면 곧 큰 시내가 차고, 큰 시내가 차면 작은 하수가 차며, 작은 하수가 차면 큰 하수가 차고, 큰 하수가 차면 큰 바다가 찬다. 이와 같이 저 큰 바다는 점점 변천해서 갖추어지고 이루어지는 것이다.

이와 같아서 착한 사람이 있은 뒤에 곧 착한 벗을 친근히 하게 되고 착한 벗이 있은 뒤에 좋은 법을 듣게 되며 좋은 법을 들은 뒤에 믿음을 내게 되고 믿음이 갖추어진 뒤에 바른 사유를 가지게 되며 바른 사유가 갖추어진 뒤에 바른 생각과 바른 지혜를 가지게 되고 바른 생각과 바른 지혜가 갖추어진 뒤에 모든 감각기관을 보호하게 되며 모든 감각기관을 보호한 뒤에는 세 가지 묘행을 갖추게 되고 세 가지 묘행이 갖추어진 뒤에 4념처를 갖추게 되며 4념처가 갖추어진 뒤에 7각지를 갖추게 되고 7각지가 갖추어진 뒤에 명明과 해탈解脫을 갖추게 된다. 이와 같이 이 명과 해탈은 점점 변천해서 갖추어지고 이루어지는 것이다."

부처님께서 이와 같이 말씀하시자, 모든 비구들은 부처님의 말씀을 듣고 기뻐하며 받들어 행하였다.

〔이 식경에 수록된 경문의 글자 수는 930자이다.〕

54) 진지경盡智經[11]〔초 1일송〕

나는 이와 같이 들었다.

어느 때 부처님께서 구루수拘樓瘦를 유행하실 때에 도읍인 검마슬담

11 참고 자료로는 동진東晋 시대 구담 승가제바僧伽提婆가 한역한 『중아함경』 제10권 42·43·44번째 소경인 「하의경何義經」·「불사경不思經」·「염경念經」이 있다.

劍摩瑟曇에 계셨다. 그때 세존께서 여러 비구들에게 말씀하셨다.

"아는 것이 있고 본 것이 있으면 곧 번뇌〔漏〕가 다하게 되는데, 알지 못해서는 안 되고 보지 못해서도 안 된다. 어떤 것을 알고 보아야 곧 누(漏 : 번뇌)가 다하게 되는가? 괴로움에 대하여 사실 그대로 보아 알면 번뇌가 다하게 되고, 괴로움의 발생〔苦習〕에 대하여 사실 그대로 보아 알고, 괴로움의 소멸〔苦滅〕에 대하여 사실 그대로 보아 알며, 괴로움의 소멸에 이르는 길〔苦滅道〕에 대하여 사실 그대로 보아 알면 곧 누가 다하게 된다.

진지盡智에도 발생 원인〔習〕이 있으니, 발생 원인이 없는 것이 아니다. 어떤 것을 진지의 발생 원인이라고 하는가? 해탈이 그 발생 원인이 된다. 해탈에도 발생 원인이 있으니, 발생 원인이 없는 것이 아니다. 어떤 것을 해탈의 발생 원인이라고 하는가? 욕심이 없는 것〔無欲〕이 그 발생 원인이 된다. 욕심이 없는 것에도 발생 원인이 있으니, 발생 원인이 없는 것이 아니다. 어떤 것을 욕심이 없는 것의 발생 원인이라고 하는가? 싫어하는 것〔厭〕이 그 발생 원인이 된다. 싫어하는 것에도 발생 원인이 있으니, 발생 원인이 없는 것이 아니다. 어떤 것을 싫어하는 것의 발생 원인이라고 하는가? 실다운 소견〔見如實〕과 참다운 앎〔知如眞〕이 그 발생 원인이 된다. 실다운 소견과 참다운 앎에도 발생 원인이 있으니, 발생 원인이 없는 것이 아니다. 어떤 것을 실다운 소견과 참다운 앎의 발생 원인이라고 하는가? 선정〔定〕이 그 발생 원인이 된다. 선정에도 발생 원인이 있으니, 발생 원인이 없는 것이 아니다. 어떤 것을 선정의 발생 원인이라고 하는가? 안락〔樂〕이 그 발생 원인이 된다. 안락에도 발생 원인이 있으니, 발생 원인이 없는 것이 아니다. 어떤 것을 안락의 발생 원인이라고 하는가? 쉼〔止〕이 그 발생 원인이 된다. 쉼에도 발생 원인이 있으니, 발생 원인이 없는 것이 아니다. 어떤 것을 쉼의 발생 원인이라고 하는가? 기쁨이 그 발생 원인이 된다. 기쁨에도 발생 원인이 있으니, 발생 원인이 없는 것이 아니다. 어떤 것을 기쁨의 발생 원인이라고 하는가? 즐거움〔歡悅〕이 그 발생 원인이 된다. 즐거움에도 발생 원인이 있으니, 발생 원인이 없는 것이 아니다. 어떤 것을 즐거움의 발생 원인이라고 하는가? 후회하지 않는 것〔不悔〕이 그 발생 원인이 된다. 후회하지 않는 것에도 발생 원인이 있으니, 발생 원인이 없는 것이 아니다. 어떤 것을 후회하지 않는 것의 발생 원인이라고 하는가? 계戒를 보호하는 것이 그 발생 원인이 된다. 계에도 발생 원인이 있으니, 발생 원인이 없는 것이 아니다. 어떤 것을 계를 보호하는 것의 발생 원인이라고 하는가? 모든 감각기관〔根〕을 보호하는 것이 그 발생 원인이 된다. 모든 감각기관을 보호하는 것에도 발생 원인이 있으니, 발생 원인이 없는 것이 아니다. 어떤 것을 모든 감각기관을 보호하는 것의 발생 원인이라고 하는가? 바른 생각과 바른 지혜가 그 발생 원인이 된다. 바른 생각과 바른 지혜에도 발생 원인이 있으니, 발생 원인이 없는 것이 아니다. 어떤 것을 바른 생각과 바른 지혜의 발생 원인이라고 하는가? 바른 사유思惟가 그 발생 원인이 된다. 바른 사유에도 발생 원인이 있으니, 발생 원인이 없는 것이 아니다. 어떤 것을 바른 사유의 발생 원인이라고 하는가? 믿음이 그 발생 원인이 된다. 믿음에도 발생 원인이 있으니, 발생 원인이 없는 것이 아니다. 어떤 것을 믿음의 발생 원인이라고 하는가? 법인法忍[12]을 관찰하는 것이 그 발생 원인이 된다. 법인을 관찰하는 것에도 발생 원인이 있으니, 발생 원인이 없는 것이 아니다. 어떤 것을 법인을 관찰하는 것의 발생 원인이라고 하는가? 법을 익혀

12 지금까지 믿기 어려웠던 이치를 잘 받아들이고 의혹이 생기지 않도록 하는 것. 4제諦의 이치를 관하여 인가忍可하는 것을 말한다.

외우는 것이 그 발생 원인이 된다. 법을 익혀 외우는 것에도 발생 원인이 있으니, 발생 원인이 없는 것이 아니다. 어떤 것을 법을 익혀 외우는 것의 발생 원인이라고 하는가? 법을 받아 가지는 것이 그 발생 원인이 된다. 법을 받아 가지는 것에도 발생 원인이 있으니, 발생 원인이 없는 것이 아니다. 어떤 것을 법을 받아 가지는 것의 발생 원인이라고 하는가? 법의 뜻을 관찰하는 것이 그 발생 원인이 된다. 법의 뜻을 관찰하는 것에도 발생 원인이 있으니, 발생 원인이 없는 것이 아니다. 어떤 것을 법의 뜻을 관찰하는 것의 발생 원인이라고 하는가? 이계耳界가 그 발생 원인이 된다. 이계에도 발생 원인이 있으니, 발생 원인이 없는 것이 아니다. 어떤 것을 이계의 발생 원인이라고 하는가? 좋은 법을 듣는 것이 그 발생 원인이 된다. 좋은 법을 듣는 것에도 발생 원인이 있으니, 발생 원인이 없는 것이 아니다. 어떤 것을 좋은 법을 듣는 것의 발생 원인이라고 하는가? 훌륭한 스승에게 나아가는 것이 그 발생 원인이 된다. 훌륭한 스승에게 나아가는 것에도 발생 원인이 있으니, 발생 원인이 없는 것이 아니다. 어떤 것을 훌륭한 스승에게 나아가는 것의 발생 원인이라고 하는가? 받들어 섬기는 것이 그 발생 원인이 된다.

만일 훌륭한 스승을 받들어 섬기면 아직까지 듣지 못했던 것을 듣게 되고, 들은 뒤에는 곧 이익이 된다. 만일 이렇게 훌륭한 스승을 받들어 섬기지 않으면 곧 받들어 섬기는 발생 원인을 해치고, 만일 받들어 섬기는 일이 없으면 훌륭한 스승에게 나아가는 발생 원인을 해치며, 만일 훌륭한 스승에게 나아가는 발생 원인이 없으면 좋은 법을 듣는 발생 원인을 해친다. 만일 좋은 법을 듣지 않으면 이계耳界의 발생 원인을 해치며, 만일 이계가 없으면 법의 뜻을 관찰하는 발생 원인을 해치고, 만일 법의 뜻을 관찰하는 일이 없으면 법을 받아 가지는 발생 원인을 해치며, 만일 법을 받아 가지는 일이 없으면 법을 즐겨 읽는 발생 원인을 해친다. 만일 법을 즐겨 읽는 일이 없으면 법인法忍을 관찰하는 발생 원인을 해치며, 만일 법인을 관찰하는 일이 없으면 믿음의 발생 원인을 해치고, 만일 믿음이 없으면 바른 사유를 해치며, 만일 바른 사유가 없으면 바른 생각과 바른 지혜를 해친다. 만일 바른 생각과 바른 지혜가 없으면 모든 감각기관의 보호·계의 보호·후회하지 않음·즐거움·기쁨·쉼·안락·선정〔定〕·실다운 소견·참다운 앎·싫어함·욕심 없음·해탈의 인연을 해치고, 만일 해탈이 없으면 곧 진지盡智의 발생 원인을 해친다.

만일 착한 벗을 받들어 섬기면 아직까지 듣지 못했던 것을 듣게 되고, 아직까지 듣지 못했던 것을 듣고 난 뒤에는 곧 이익이 된다. 이와 같이 훌륭한 스승을 받들어 섬기면 받들어 섬기는 발생 원인이 되고, 만일 훌륭한 스승을 받들어 섬기는 일이 있으면 나아가는 발생 원인이 되며, 만일 나아가는 일이 있으면 좋은 법을 듣는 발생 원인이 되고, 만일 좋은 법을 듣는 일이 있으면 이계耳界의 발생 원인이 되며, 만일 이계가 있으면 법의 뜻을 관찰하는 발생 원인이 되고, 만일 법의 뜻을 관찰하는 일이 있으면 법을 받아 가지는 발생 원인이 되며, 만일 법을 받아 가지는 일이 있으면 법을 즐겨 읽는 발생 원인이 되고, 만일 법을 즐겨 읽는 일이 있으면 법인을 관찰하는 발생 원인이 되며, 만일 법인을 관찰하는 일이 있으면 믿음의 발생 원인이 되고, 만일 믿음이 있으면 바른 사유의 발생 원인이 되며, 만일 바른 사유가 있으면 바른 생각과 바른 지혜의 발생 원인이 되고, 만일 바른 생각과 바른 지혜가 있으면 모든 감각기관의 보호·계율의 보호·뉘우치지 않음·즐거움·기쁨·쉼·안락·선정·실다운 소견·참다운 앎·싫어함·욕심 없음·해탈의 발생 원인이 되며, 만일 해탈이 있으면 곧 진지盡智의 발생 원인이 된다.”

부처님께서 이와 같이 말씀하시자, 여러 비구들은 부처님의 말씀을 듣고 기뻐하며 받들어 행하였다.

〔이 진지경에 수록된 경문의 글자 수는 868자이다.〕

55) 열반경涅槃經〔초 1일송〕

나는 이와 같이 들었다.

어느 때 세존께서 사위국에 유행하실 때에 승림급고독원에 계셨다. 그때 세존께서 여러 비구들에게 말씀하셨다.

“열반涅槃에는 발생 원인〔習〕이 있으니, 발생 원인이 없는 것이 아니다. 어떤 것을 열반의 발생 원인이라고 하는가? 해탈이 그 발생 원인이 된다. 해탈에도 발생 원인이 있으니, 발생 원인이 없는 것이 아니다. 어떤 것을 해탈의 발생 원인이라고 하는가? 욕심이 없는 것이 그 발생 원인이 된다. 욕심이 없는 것에도 발생 원인이 있으니, 발생 원인이 없는 것이 아니다. 어떤 것을 욕심이 없는 것의 발생 원인이라고 하는가? 싫어하는 것이 그 발생 원인이 된다. 싫어함에도 또한 발생 원인이 있으니, 발생 원인이 없는 것이 아니다. 어떤 것을 싫어하는 것의 발생 원인이라고 하는가? 실다운 소견과 참다운 앎이 그 발생 원인이 된다. 실다운 소견과 참다운 앎에도 발생 원인이 있으니, 발생 원인이 없는 것이 아니다. 어떤 것을 실다운 소견과 참다운 앎의 발생 원인이라고 하는가? 선정〔定〕이 그 발생 원인이 된다. 선정에도 발생 원인이 있으니, 발생 원인이 없는 것이 아니다. 어떤 것을 선정의 발생 원인이라고 하는가? 안락이 그 발생 원인이 된다. 안락에도 발생 원인이 있으니, 발생 원인이 없는 것이 아니다. 어떤 것을 안락의 발생 원인이라고 하는가? 쉼〔止〕이 그 발생 원인이 된다. 쉼에도 발생 원인이 있으니, 발생 원인이 없는 것이 아니다. 어떤 것을 쉼의 자양분이라고 하는가? 기쁨이 그 발생 원인이 된다. 기쁨에도 또한 발생 원인이 있으니, 발생 원인이 없는 것이 아니다. 어떤 것을 기쁨의 발생 원인이라고 하는가? 즐거움이 그 발생 원인이 된다. 즐거움에도 발생 원인이 있으니, 발생 원인이 없는 것이 아니다. 어떤 것을 즐거움의 발생 원인이라고 하는가? 후회하지 않는 것이 그 발생 원인이 된다. 후회하지 않는 것에도 발생 원인이 있으니, 발생 원인이 없는 것이 아니다. 어떤 것을 후회하지 않는 것의 발생 원인이라고 하는가? 계를 보호하는 것이 그 발생 원인이 된다. 계율을 보호하는 것에도 발생 원인이 있으니, 발생 원인이 없는 것이 아니다. 어떤 것을 계율을 보호하는 것의 발생 원인이라고 하는가? 모든 감각기관을 보호하는 것이 그 발생 원인이 된다. 모든 감각기관을 보호하는 것에도 발생 원인이 있으니, 발생 원인이 없는 것이 아니다. 어떤 것을 모든 감각기관을 보호하는 것의 발생 원인이라고 하는가? 바른 생각과 바른 지혜가 그 발생 원인이 된다. 바른 생각과 바른 지혜도 발생 원인이 있으니, 발생 원인이 없는 것이 아니다. 어떤 것을 바른 생각과 바른 지혜의 발생 원인이라고 하는가? 바른 사유가 그 발생 원인이 된다. 바른 사유에도 발생 원인이 있으니, 발생 원인이 없는 것이 아니다. 어떤 것을 바른 사유의 발생 원인이라고 하는가? 믿음이 그 발생 원인이 된다. 믿음에도 발생 원인이 있으니, 발생 원인이 없는 것이 아니다. 어떤 것을 믿음의 발생 원인이라고 하는가? 괴로움이 그 발생 원인이 된다.

괴로움에도 발생 원인이 있으니, 발생 원인이 없는 것이 아니다. 어떤 것을 괴로움의 발생 원인이라고 하는가? 늙음과 죽음이 그 발생 원인이 된다. 늙음과 죽음에도 발생 원인이 있으니, 발생 원인이 없는 것이 아니다. 어떤 것을 늙음과 죽음의 발생 원인이라고 하는가? 생生이 그 발생 원인이 된다. 생에도 발생 원인이 있으니, 발생 원인이 없는 것이 아니다. 어떤 것을 생의 발생 원인이라고 하는가? 유有가 그 발생 원인이 된다. 유에도 발생 원인이 있으니, 발생 원인이 없는 것이 아니다. 어떤 것을 유의 발생 원인이라고 하는가? 수受가 그 발생 원인이 된다. 수에도 발생 원인이 있으니, 발생 원인이 없는 것이 아니다. 어떤 것을 수의 발생 원인이라고 하는가? 애愛가 그 발생 원인이 된다. 애에도 발생 원인이 있으니, 발생 원인이 없는 것이 아니다. 어떤 것을 애의 발생 원인이라고 하는가? 각(覺 : 取)이 그 발생 원인이 된다. 각에도 발생 원인이 있으니, 발생 원인이 없는 것이 아니다. 어떤 것을 각의 발생 원인이라고 하는가? 갱락(更樂 : 觸)이 그 발생 원인이 된다. 갱락에도 발생 원인이 있으니, 발생 원인이 없는 것이 아니다. 어떤 것을 갱락의 발생원인이라고 하는가? 6처處가 그 발생 원인이 된다. 6처에도 발생 원인이 있으니, 발생 원인이 없는 것이 아니다. 어떤 것을 6처의 발생 원인이라고 하는가? 명색名色이 그 발생 원인이 된다. 명색에도 발생 원인이 있으니, 발생 원인이 없는 것이 아니다. 어떤 것을 명색의 발생 원인이라고 하는가? 식識이 그 발생 원인이 된다. 식에도 발생 원인이 있으니, 발생 원인이 없는 것이 아니다. 어떤 것을 식의 발생 원인이라고 하는가? 행行이 그 발생 원인이 된다. 행에도 발생 원인이 있으니, 발생 원인이 없는 것이 아니다. 어떤 것을 행의 발생 원인이라고 하는가? 무명無明이 그 발생 원인이 된다.

이것은 이른바 무명을 연緣하여 행行이 있고, 행을 연하여 식識이 있으며, 식을 연하여 명색名色이 있고, 명색을 연하여 6처處가 있으며, 6처를 연하여 갱락更樂이 있고, 갱락을 연하여 각覺이 있으며, 각을 연하여 애愛가 있고, 애를 연하여 수受가 있으며, 수를 연하여 유有가 있고, 유를 연하여 태어남〔生〕이 있으며, 태어남을 연하여 늙음〔老〕과 죽음〔死〕이 있고, 늙음과 죽음을 연하여 고통〔苦〕이 있다. 고통을 연하여 믿음〔信〕이 있으며, 믿음을 연하여 바른 사유〔正思惟〕가 있고, 바른 사유를 연하여 바른 생각〔正念〕과 바른 지혜〔正智〕가 있으며, 바른 생각과 바른 지혜를 연하여 모든 감각기관〔根〕을 보호하고, 모든 감각기관을 보호하는 것을 연하여 계〔戒〕를 보호하며, 계를 보호하는 것을 연하여 뉘우치지 않음 · 즐거움 · 기쁨 · 쉼 · 안락 · 선정 · 실다운 소견 · 참다운 앎 · 싫어함 · 욕심 없음 · 해탈이 있다는 것이다. 해탈을 연하여 열반을 얻는다."

부처님께서 이와 같이 말씀하시자, 여러 비구들은 부처님의 말씀을 듣고 기뻐하며 받들어 행하였다.

〔이 열반경에 수록된 경문의 글자 수는 663자이다.〕

56) 미혜경彌醯經〔초 1일송〕

나는 이와 같이 들었다.

어느 때 부처님께서 마갈타국摩竭陀國을 유행하실 때에 사투촌闍鬪村의 망나림굴〔莽㮈林窟〕에 계셨다. 그때 존자 미혜彌醯는 시자侍者로 있었는데, 존자 미혜는 밤이 지나고 이른 새벽이 되자 가사를 입고 발우를 가지고 사투촌으로 들어가 밥을 빌었다. 밥 빌기를 마치고 금비하金鞞河 가로 갔다. 그곳은 땅이 평평하였고 호나림好㮈林이라 불렀다. 그는 금비하의 물이 너무나 깨끗하여 즐길 만하고, 맑은 샘물은 천천히 흐르고, 춥지도 덥지도 않은 알맞은 기후인 것을 보고 기뻐하며 곧 이렇게 생각하였다.

'이 호나림은 땅이 평평하고 금비하의 물도 너무나 깨끗하여 즐길 만하며, 맑은 샘물은 천천히 흐르고 춥지도 덥지도 않은 알맞은 기후로구나. 만일 족성자族姓子가 번뇌 끊는 공부를 하려면 마땅히 이런 곳에서 해야 할 것이다. 나도 역시 끊어야 할 것이 있으니, 차라리 이렇게 고요한 곳에서 끊는 공부를 하면 좋겠다.'

그리하여 미혜는 식사를 마친 뒤에 가사와 발우를 거두고 손과 발을 씻고 니사단尼師檀을 어깨에 걸치고 부처님께 나아가 머리를 조아려 발에 예배하고 물러나 한쪽에 머물러 말씀드렸다.

"세존이시여, 저는 오늘 아침에 가사를 입고 발우를 가지고 사투촌으로 들어가 밥을 빌었습니다. 밥 빌기를 마친 뒤에는 금비하 가로 갔습니다. 그곳의 호나림은 땅이 평평하고, 금비하의 물은 너무나도 맑아 즐길 만하였으며, 맑은 샘물은 천천히 흐르고 춥지도 덥지도 않은 알맞은 기후였습니다. 저는 그것을 보고 기뻐하여 곧 이렇게 생각하였습니다.

'이 호나림은 땅이 평평하고, 금비하의 물도 너무나 맑아 즐길 만하며 맑은 샘물은 천천히 흐르고 춥지도 덥지도 않은 기후가 알맞구나. 만일 족성자가 번뇌 끊는 공부를 하려면 마땅히 이런 곳에서 해야 할 것이다. 나도 역시 끊어야 할 것이 있으니 차라리 이렇게 고요한 곳에서 끊는 공부를 하면 좋겠다.'

세존이시여, 저는 지금 저 호나림의 고요한 곳에 가서 번뇌 끊는 공부를 하고자 합니다."

그때에 세존께서 말씀하셨다.

"미혜야, 너는 알고 있느냐, 모르느냐? 나는 혼자 몸으로서 내 곁엔 아무도 없고 시자도 없다. 그러니 네가 좀 더 내 곁에 머물러 있어다오. 나를 시봉할 비구가 오면 너는 그때 저 호나림의 고요한 곳에 가서 공부해도 좋다."

존자 미혜는 두 번 세 번 여쭈었다.

"세존이시여, 저는 지금 저 호나림의 고요한 곳에 가서 번뇌 끊는 공부를 하고자 합니다."

세존께서도 역시 두 번 세 번 말씀하셨다.

"미혜야, 너는 알고 있느냐, 모르느냐? 나는 혼자 몸으로서 내 곁엔 아무도 없고 시자도 없다. 그러니 네가 좀 더 내 곁에 머물러 있어다오. 나를 시봉할 비구가 오면, 너는 그때 저 호나림의 고요한 곳에 가서 공부해도 좋다."

미혜가 다시 여쭈었다.

"세존이시여, 여기서는 아무런 할 일도 없으며 또한 보살필 일도 없습니다. 세존이시여, 저에게는 해야 할 일도 있으며 또한 관찰해야 할 일도 있습니다. 세존이시여, 저는 저 호나림의 고요한 곳에 가서 번뇌 끊는 공부를 하려고 합니다."

세존께서 말씀하셨다.

"미혜야, 네가 번뇌 끊는 공부하기를 바란다면 내가 더 이상 무슨 말을 하겠느냐? 미혜야, 너는 어서 가서 하고 싶은 대로 하라."

이에 존자 미혜는 부처님께서 말씀하신 것을 듣고 잘 받아 가지고 또 열심히 외우고 익혔다. 그리고 곧 부처님 발에 예배하고 부처님을 세 바퀴 돌고는 떠나갔다. 그는 저 호나림으로 가서 숲속에 들어가 한 그루 나무 밑에 니사단을 펴고 가부좌加趺坐를 하였다. 미혜는 호나림에 머물면서 세 가지 악惡한 좋지 못한 생각인 탐욕의 생각·성냄의 생각·해침의 생각을 내었다. 그는 이런 생각 때문에 문득 세존이 생각났다. 그리하여 해질 무렵에 곧 연좌燕坐에서 일어나 부처님께 나아가 머리 조아려 발에 예배하고 물러나 한쪽에 서서 여쭈었다.

"세존이시여, 저는 호나림으로 가서 고요한 곳에 앉았다가 문득 세 가지 악한 좋지 못한 생각을 내었습니다. 그 생각은 곧 탐욕의 생각·성냄의 생각·해치려는 생각이었습니다. 저는 그 때문에 문득 세존이 생각났습니다."

"미혜야, 심해탈心解脫이 아직 완전하지 못하구나. 만일 익히고자 한다면 다섯 가지 익혀야 할 법〔五習法〕을 닦아야 한다. 어떤 것이 그 다섯 가지인가? 미혜야, 비구는 스스로 착한 벗이 되어야 하고 착한 벗과 함께 해야 하며 착한 벗과 화합해야 한다. 미혜야, 심해탈이 아직 완벽하지 못해서 심해탈을 익히고자 하는 자에겐 이것이 첫 번째로 익혀야 할 법이다.

또 미혜야, 비구는 금계禁戒를 닦고 익혀야 하며 종해탈從解脫을 지켜 보호하고 다시 위의와 예절을 잘 지키고 티끌만한 죄를 보아도 항상 두려움을 품고 학계學戒를 받아 가져야 한다. 미혜야, 심해탈이 아직 완전하지 못하여 만일 그것을 익히고자 하는 이가 있다면 이것이 두 번째로 익혀야 할 법이다.

또 미혜야, 비구는 성스럽고 이치가 있는 말을 해야 하며 마음을 부드럽고 연하게 하며 마음에 덮임이 없게 하여야 한다. 곧 계戒를 말하고 정定을 말하며, 혜慧를 말하고 해탈解脫을 말하며, 해탈지견解脫知見을 말하고 점점 덜어짐〔損〕을 말하며, 모이기를 즐겨하지 않는 것을 말하고 욕심이 적어야 한다는 것을 말하며, 족한 줄 아는 것을 말하고 끊어야 함을 말하며, 욕심이 없는 것을 말하고 멸함을 말하며, 연좌燕坐를 말하고 연기緣起로 얻어지는 것임을 말해야 한다. 이와 같은 말을 하는 사문은 다 갖추게 될 것이며 얻기 어려운 것이 아니다. 미혜야, 심해탈이 아직 완전하지 못하여 만일 익히고자 하는 이가 있다면 이것이 세 번째로 익혀야 할 법이다.

또 미혜야, 비구는 항상 정진精進을 행하여 악하고 착하지 않은 것을 끊고 모든 착한 법을 닦으며 항상 스스로 뜻을 일으켜 전일專一하고 견고히 하여 모든 선의 근본을 위해서는 어떤 방편이라 할지라도 버리지 않아야 한다. 미혜야, 심해탈이 아직 완전하지 못하여 만일 익히고자 하는 이가 있다면 이것이 네 번째로 익혀야 할 법이다.

또 미혜야, 비구는 지혜를 닦아 흥하고 쇠하는 법을 관찰하고 이와 같은 지智와 거룩한 슬기와 밝게 통달함을 얻어 분별하고 환히 알아 괴로움을 없애야 한다. 미혜야, 심해탈이 아직 익숙하지 못하여 익히고자 하는 자에겐 이것이 다섯 번째로 익혀야 할 법이다.

저들이 이 다섯 가지 습법을 닦고 나면 다시 네 가지 법法을 닦아야 한다. 어떤 것이 그 네 가지인가? 오로(惡露 : 不淨)를 닦아 탐욕을 끊고 자비를 닦아 성냄을 끊으며 들고나는 숨길〔息〕을 닦아 어지러운 생각을 끊고 무상하다는 생각을 닦아 아만我慢을 끊는 것이다.

미혜야, 만일 비구가 스스로 착한 벗이 되고 착한 벗과 함께하고 착한 벗과 화합하면, 마땅히 알라. 그 비구는 틀림없이 금계禁戒를 닦아 익히고 종해탈을 지켜 보호할 것이며 또 위의와 예절을 잘 껴잡고 티끌만한 죄를 보아도 항상 두려움을 품으며 학계學戒를 받아 가질 것이다.

미혜야, 만약 비구가 스스로 착한 벗이 되고 착한 벗과 함께하고 착한 벗과 화합하면, 마땅히 알라. 그 비구는 틀림없이 거룩하고 뜻이 있는 말만 하고 마음을 부드럽고 연하게 하며 마음에 덮인 것을 없앨 것이다. 곧 계戒를 말하고 정定을 말하며 혜慧를 말하고 해탈解脫을 말하며 해탈지견解脫知見을 말하고 점점 덜어짐을 말하며 모이기를 즐겨하지 않는 것을 말하고 욕심이 적은 것을 말하며 만족할 줄 아는 것을 말하고 끊어야 할 것을 말하며 욕심이 없는 것을 말하고 멸함을 말하며 연좌燕坐를 말하고 연기緣起로 얻어지는 것을 말할 것이다. 이와 같은 말을 하는 사문은 다 갖추게 될 것이며 얻기 어려운 것이 아니다. 미혜야, 만일 비구가 스스로 착한 벗이 되고 착한 벗과 함께하고 착한 벗과 화합하면, 마땅히 알라. 그런 비구는 틀림없이 정진精進을 행하여 악하고 착하지 않은 것을 끊고 모든 착한 법을 닦으며 항상 스스로 뜻을 일으켜 전일하고 견고해져서 모든 선의 근본을 위해서는 방편을 버리지 않을 것이다.

미혜야, 만일 비구가 스스로 착한 벗이 되고 착한 벗과 함께하며 착한 법과 화합하면, 마땅히 알라. 그런 비구는 틀림없이 지혜를 닦아 흥하고 쇠하는 법을 관찰하고 이러한 지智와 거룩한 슬기와 밝게 통달함을 얻어 분별하고 환히 알아 바로 고통을 없애게 될 것이다.

미혜야, 만일 비구가 스스로 착한 벗이 되고 착한 벗과 함께하며 착한 벗과 화합하면, 마땅히 알라. 그런 비구라면 틀림없이 부정不淨함을 닦아 탐욕을 끊고 자비를 닦아 성냄을 끊으며 들고나는 숨길을 닦아 어지러운 생각을 끊고 무상하다는 생각을 닦아 아만을 끊게 될 것이다.

미혜야, 만일 비구가 무상無常하다는 생각을 얻으면 반드시 무아無我라는 생각을 얻을 것이다. 미혜야, 만일 비구가 무아라는 생각을 얻으면 곧 현재 세계에서 일체의 아만을 끊고 식息·멸滅·진盡·무위無爲·열반涅槃을 얻을 것이다."

부처님께서 이와 같이 말씀하시자, 존자 미혜와 여러 비구들은 부처님의 말씀을 듣고 기뻐하며 받들어 행하였다.

〔이 미혜경에 수록된 경문의 글자 수는 1,323자이다.〕

57) 즉위비구설경卽爲比丘說經〔초 1일송〕

나는 이와 같이 들었다.

어느 때 부처님께서 사위국을 유행하실 때에 승림급고독원勝林給孤獨園에 계셨다. 그때 세존께서 여러 비구들에게 말씀하셨다.

"심해탈心解脫이 아직 익숙하지 못하여 만일 익히고자 한다면 다섯 가지로 익혀야 할 법이 있다. 어떤 것이 다섯 가지인가? 비구는 스스로 착한 벗이 되고 착한 벗과 함께하며 착한 벗과 화합하여야 한다. 심해탈이 아직 익숙하지 못하여 만일 익히고자 한다면, 이것이 첫 번째로 익혀야 할 법이다.

또 비구는 금계禁戒를 닦아 익히고 종해탈從解脫을 지켜 보호하며 또 위의와 예절을 갖추고 티끌만한 죄를 보아도 항상 두려움을 품으며 학계學戒를 받아 가져야 한다. 심해탈이 아직 익숙하지 못하여 만일 익히고자 한다면 이것이 두 번째로 익혀야 할 법이다.

또 비구는 성스럽고 뜻이 있는 말을 해야 하며 마음을 부드럽고 연하게 하며 마음에 덮인 것이 없어야 한다. 곧 계戒를 말하고 정定을 말하며 혜慧를 말하고 해탈解脫을 말하며 해탈지견解脫知見을 말하고 점점 덜어짐〔損〕을 말하며 모이기를 즐겨하지 않는 것을 말하고 욕심이 적은 것을 말하며 족한 줄 아는 것을 말하고 끊는 것을 말하며 욕심이 없는 것을 말하고 멸함을 말하며 연좌燕坐를 말하고 연기緣起로 얻어지는 것을 말해야 한다. 이와 같은 말을 하는 사문은 다 갖추게 될 것이며, 얻기 어려운 것이 아니다. 심해탈이 아직 익숙하지 못하여 만일 익히고자 한다면 이것이 세 번째로 익혀야 할 법이다.

또 비구는 항상 정진을 행하여 악하고 착하지 않은 것을 끊고 모든 착한 법을 닦으며 항상 스스로 뜻을 일으켜 전일하고 견고히 해야 하며 모든 선善의 근본을 위해서는 방편을 버리지 않아야 한다. 심해탈이 아직 익숙하지 못하여 만일 익히고자 한다면 이것이 네 번째로 익혀야 할 법이다.

또 비구는 지혜를 닦아 흥하고 쇠하는 법을 관찰하고 이러한 지혜를 얻어서는 거룩한 지혜와 밝게 통달함을 환히 알아 바로 괴로움을 없애야 한다. 심해탈이 아직 익숙하지 못하여 만일 익히고자 한다면 이것이 다섯 번째로 익혀야 할 법이다.

저들은 이 다섯 가지로 익혀야 할 법을 가진 뒤에 또 네 가지 법法을 닦아야 한다. 어떤 것이 그 네 가지인가? 오로(惡露 : 不淨)를 닦아 탐욕을 끊고 자비를 닦아 성냄을 끊으며 들고나는 숨길〔息〕을 닦아 어지러운 생각을 끊고 무상하다는 생각을 닦아 아만我慢을 끊어야 한다.

만일 비구가 스스로 착한 벗이 되고 착한 벗과 함께하며 착한 벗과 화합하면, 마땅히 알라. 그 비구는 틀림없이 금계를 닦아 익히고, 종해탈을 지켜 보호하며 또 위의와 예절을 잘 갖추고 티끌만한 죄를 보아도 항상 두려움을 품으며 학계學戒를 받아 가지게 될 것이다. 만일 비구가 스스로 착한 벗이 되고 착한 벗과 함께하며 착한 벗과 화합하면, 마땅히 알라. 그 비구는 틀림없이 거룩하고 의미 있는 말만 하고 마음을 부드럽고 연하게 가지며 마음에 덮인 것을 없앨 것이다. 그리하여 곧 계戒를 말하고 정定을 말하며 혜慧를 말하고 해탈解脫을 말하며 해탈지견解脫知見을 말하고 점점 덜어짐〔損〕을 말하며 모이기를 즐겨하지 않는 것을 말하고 욕심이 적은 것을 말하며 족한 줄 아는 것을 말하고 끊는 것을 말하며 욕심이 없는 것을 말하고 멸함을 말하며 연좌燕坐를 말하고 연기緣起로 얻어지는 것을 말하게 될 것이다. 이와 같은 말을 실천하는 사문은 다 갖추게 될 것이며 얻기 어려운 것이 아니다. 만일 비구가 스스로 착한 벗이 되고 착한 벗과 함께하며 착한 벗과 화합하면, 마땅히 알라. 그 비구는 틀림없이 정진을 행하여 악하고 착하지 않은 것을 끊고 모든 착한 법을 닦으며, 항상 스스로 뜻을 일으켜 전일하고 견고히 하며 모든 선의 근본을 위해서는 방편을 버리지 않을 것이다.

비구가 스스로 착한 벗이 되고 착한 벗과 함께하며 착한 벗과 화합하면, 마땅히 알라. 그 비구는 틀림없이 지혜를 닦아 흥하고 쇠하는 법을 관찰하고 이러한 지智와 거룩한 지혜와 밝게 통달함을 얻어 분별하고 환히 알아 바로 괴로움을 없애게 될 것이다. 만일 비구가 스스로 착한 벗이 되고 착한 벗과 함께하며 착한 벗과 화합하면, 마땅히 알라. 그 비구는 틀림없이 오로(惡露 : 不淨)를 닦아 탐욕을 끊고 자비를 닦아 성냄을 끊으며 들고나는 숨길을 닦아 어지러운 생각을 끊고 무상하다는 생각을 닦아 아만을 끊게 될 것이다. 만일 비구가 무상하다는 생각을 얻으면 반드시 무아無我라는 생각을 얻을 것이며, 만일 비구가 무아라는 생각을 얻으면 곧 현재에 있어서 일체의 아만을 끊고, 식息 · 멸滅 · 진盡 · 무위無爲 · 열반涅槃을 얻을 것이다."

부처님께서 이와 같이 말씀하시자, 여러 비구들은 부처님의 말씀을 듣고 기뻐하며 받들어 행하였다.

〔이 즉위비구설경에 수록된 경문 글자 수는 683자이다. 『중아함경』 제10권에 수록된 경문의 글자 수는 모두 9,756자이다.〕[13]

13 이 경의 소경 글자 수는 전부 합해 보면 9,786자인데 여기에서는 9,756자라 하여 차이를 보인다.

중아함경 제 11 권

6. 왕상응품王相應品 ①

〔이 「왕상응품」에는 모두 7개의 소경이 수록되어 있다. 본래는 14개의 소경이 수록되어 있었는데, 뒤편 7개의 소경은 제2송誦인 일송日誦에 소속시켰다.〕

칠보경七寶經 · 삼십이상경三十二相經 · 사주경四洲經과
우분유경牛糞喻經 · 마갈왕경摩竭王經과
비바려릉기경鞞婆麗陵耆經이며
천사경天使經은 가장 뒤에 있다.

58) 칠보경七寶經[1]〔초 1일송〕

나는 이와 같이 들었다.

---

1 이 경의 이역본으로는 송宋시대 시호施護가 한역한 『불설윤왕칠보경佛說輪王七寶經』이 있으며, 참고 경문으로는 『잡아함경』 제27권 733번째 소경과 『증일아함경』 제33권 「등법품等法品」 7번째 소경이 있다.

어느 때 부처님께서 사위국에 유행하실 때에 승림급고독원에 계셨다. 그때 세존께서 여러 비구들에게 말씀하셨다.

"만일 전륜왕轉輪王이 세상에 나올 때에는 마땅히 알아야 한다. 곧 7보寶가 세상에 나올 것이다. 어떤 것이 7보인가? 윤보輪寶·상보象寶·마보馬寶·주보珠寶·여보女寶·거사보居士寶·주병신보主兵臣寶 등을 7보라고 한다. 만일 전륜왕이 세상에 나오면 이 7보가 세상에 나온다는 것을 마땅히 알아야 한다. 이와 같이 여래·무소착無所着·등정각等正覺께서 세상에 나오실 때에도 7각지보覺支寶가 세상에 나온다는 것을 마땅히 알아야 한다. 어떤 것이 7각지보인가? 염각지보念覺支寶·택법각지보擇法覺支寶·정진각지보精進覺支寶·희각지보喜覺支寶·식각지보息覺支寶·정각지보定覺支寶·사각지보捨覺支寶를 7각지보라고 한다. 여래·무소착·등정각이 세상에 나올 때에도 이 7각지보가 세상에 나온다는 것을 마땅히 알아야 한다."

부처님께서 이와 같이 말씀하시자, 여러 비구들은 부처님의 말씀을 듣고 기뻐하며 받들어 행하였다.

〔이 칠보경에 수록된 경문의 글자 수는 182자이다.〕

59) 삼십이상경三十二相經〔초 1일송〕

나는 이와 같이 들었다.

어느 때 부처님께서 사위국에 유행하실 때에 승림급고독원에 계셨다. 그때에 여러 비구들이 점심 식사를 한 뒤에 강당에 모여 앉아 함께 이런 일을 이야기하였다.

"여러 현자들이여, 참으로 기이하고 너무도 특이한 일입니다. 대인

大人으로서 서른두 가지 상호를 성취한 사람이면, 반드시 두 곳에서의 역할이 있을 것이니 그 진리는 진실하여 거짓되지 않습니다. 만일 속세에 있으면 틀림없이 전륜왕이 되어 총명하고 지혜가 있을 것이며 네 종류의 군사를 거느리고 천하를 다스리며 스스로 자재하여 법다운 법왕으로서 7보를 성취한다. 그 7보란 윤보・상보・마보・주보・여보・거사보・주병신보이다. 이 일곱 가지를 7보라고 한다. 그는 아들 천 명을 두는데, 그들의 얼굴이 다 단정하고 용맹스러워 두려워함이 없어서 능히 다른 무리들을 항복시킬 수 있다. 그는 반드시 이 모든 땅과 나아가 큰 바다까지도 전부 다스리게 되는데 그때에 칼이나 몽둥이를 쓰지 않고 법으로써 가르치고 명령하여 안락을 얻게 한다. 그리고 만일 수염과 머리를 깎고 가사를 입고 지극한 믿음으로 집을 버려 가정을 이루지 않고 도를 배우는 이가 되면 틀림없이 여래・무소착・등정각이 되어 그 명성이 시방에 두루 퍼지게 될 것이다."

그때에 세존께서 연좌(燕坐 : 坐禪)에 계시면서 사람보다 뛰어난 청정한 천이天耳로써 비구들이 점심을 먹고 강당에 모여 앉아 함께 이런 일을 이야기하는 것을 들으셨다.

"여러 현자들이여, 참으로 기이하고 너무도 특별한 일입니다. 대인으로서 서른두 가지 상호를 성취한 사람이면 반드시 두 곳에서의 역할이 있을 것이니 그 진리는 진실하여 거짓되지 않습니다. 만일 속가에 있으면 반드시 전륜왕이 되어 총명하고 지혜가 있으며 네 종류 군사를 거느리고 천하를 다스리며 스스로 자재하여 법다운 법왕으로서 7보를 성취할 것이다. 그 7보란 윤보・상보・마보・주보・여보・거사보・주병신보이다. 이 일곱 가지를 7보라고 말한다. 그는 또 아들 천 명을 두는데 그 얼굴이 모두 단정하며 용맹스럽고 두려움이 없어 능히 다른 사람을 항복시킬 수 있다. 그는 반드시 이 모든 땅과 나아가 큰 바다까지 모두 다스리게 되는데, 그때 칼이나 몽둥이를 쓰지 않고 법으로써 가르치고 명령하여 안락을 얻게 할 것이다. 만일 수염과 머리를 깎고 가사를 입고, 지극한 믿음으로 집을 버리고 가정을 이루지 않고 도를 닦는 사람이 되면 반드시 여래·무소착·등정각이 되어 이름이 시방에 두루 퍼지게 될 것이다."

세존께서 이상과 같은 공론을 들으시고 나서 해질 무렵에 연좌에서 일어나 강당으로 나아가 비구들 앞에 자리를 펴고 앉으신 다음 여러 비구들에게 물으셨다.

"너희들은 오늘 강당에 모여 앉아 무슨 일을 이야기했느냐?"

그때 여러 비구들이 말씀드렸다.

"세존이시여, 저희들은 오늘 강당에 모여 앉아 이런 일을 이야기 하였습니다.

'여러 현자들이여, 참으로 기이하고 너무도 특별한 일입니다. 대인으로서 서른두 가지 상호를 성취한 사람이면, 반드시 두 곳에서의 역할이 있을 것이니 그 진리는 진실하여 거짓되지 않습니다. 만일 속가에 있으면 반드시 전륜왕이 되어 총명하고 지혜가 있으며 네 종류 군사를 거느리고 천하를 다스리며 스스로 자재하여 법다운 법왕으로서 7보를 성취할 것이다. 그 7보란 윤보·상보·마보·주보·여보·거사보·주병신보이다. 이 일곱 가지를 7보라고 말한다. 아들 천 명을 두는데, 그 얼굴이 모두 단정하며 용맹스럽고 두려움이 없어 능히 다른 사람을 항복시킬 수 있다. 그는 반드시 이 모든 땅과 나아가 큰 바다까지 모두 다스리게 되는데, 그때 칼이나 몽둥이를 쓰지 않고 법으로써 가르치고 명령하여 안락을 얻게 할 것이다. 그가 만일 수염과 머리를 깎고 가사를 입고 지극한 믿음으로 집을 버리고 가정을 이루지 않고 도를 닦는 사람이 되면 반드시 여래·무소착·등정각이 되어 이

름이 시방에 두루 퍼지게 될 것이다.'

세존이시여, 저희들은 이상과 같은 일을 이야기하느라고 강당에 모여 있었습니다."

그러자 세존께서 말씀하셨다.

"비구들아, 너희들은 여래로부터 서른두 가지 상호에 대해 듣고 싶으냐? 곧 대인으로서 서른두 가지 상호를 성취한 사람이면 반드시 두 곳에서의 역할이 있을 것이니 그 진리는 진실하여 거짓되지 않다. 만일 속가에 있으면 반드시 전륜왕이 되어 총명하고 지혜가 있으며 네 종류의 군사를 거느리고 천하를 다스리며 스스로 자재하여 법다운 법왕으로서 7보를 성취할 것이다. 그 7보란 윤보·상보·마보·주보·여보·거사보·주병신보이다. 이 일곱 가지를 7보라고 말한다. 그는 아들 천 명을 두는데, 저마다 얼굴이 단정하며 용맹스럽고 두려움이 없어 능히 다른 사람을 항복시킬 수 있다. 그는 반드시 이 모든 땅과 나아가 큰 바다까지도 모두 다스리게 되는데, 칼이나 몽둥이를 쓰지 않고 법으로써 가르치고 명령하여 안락을 얻게 한다. 그가 만일 수염과 머리를 깎고 가사를 입고 지극한 믿음으로 집을 버리고 나와 가정을 이루지 않고 도를 닦으면, 그는 틀림없이 여래·무소착·등정각이 되어 이름이 시방에 두루 퍼지게 될 것이다."

그때 비구들은 이 말씀을 듣고 나서 여쭈었다.

"세존이시여, 지금이 바로 그때입니다. 선서善逝시여, 지금이 바로 그때입니다. 만일 세존께서 모든 비구들을 위하여 서른두 가지 상을 말씀하시면 비구들은 그 말씀을 듣고 잘 받아 가질 것입니다."

세존께서 말씀하셨다.

"비구들아, 자세히 듣고 자세히 들어 잘 기억하여라. 내가 너희들을 위하여 자세히 분별하여 말하리라."

비구들은 분부를 받고 부처님의 말씀을 들었다.

부처님께서 말씀하셨다.

"대인大人은 발바닥이 평평하니 이것을 대인의 대인상大人相이라고 한다. 대인은 발바닥에 바퀴 같은 무늬가 있고 바퀴에는 천 개의 바퀴살이 있어 일체를 두루 갖추고 있으니 이것을 대인의 대인상이라고 한다. 대인은 발가락이 가늘고 긴데, 이것을 대인의 대인상이라고 한다. 또 대인은 발 둘레가 네모지고 곧은데〔正直〕, 이것을 대인의 대인상이라고 한다. 대인은 발꿈치 양쪽이 평평하고 융만隆滿한데, 이것을 대인의 대인상이라고 한다. 대인은 두 복사뼈가 융만한데, 이것을 대인의 대인상이라고 한다. 대인은 몸의 털이 위로 향해 나있는데, 이것을 대인의 대인상이라고 한다. 대인은 손가락과 발가락 사이마다 얇은 막이 있어 마치 기러기의 발과 같은데, 이것을 대인의 대인상이라고 한다. 대인은 손과 발이 극히 아름답고 부드럽고 연하기가 마치 도라화兜羅華와 같은데, 이것을 대인의 대인상이라고 한다. 대인은 피부가 연하고 부드러워서 티끌이나 물이 묻지 않으니, 이것을 대인의 대인상이라고 한다. 또 대인은 한 구멍에 하나의 털이 나 있다. 하나의 구멍마다 털이 나 있다고 하는 말은 온몸의 한 구멍마다 하나의 털이 나 있다는 말이며 그 색깔은 검푸르고 소라처럼 오른쪽으로 돌돌 말려 있는데, 이것을 대인의 대인상이라고 한다. 대인은 장딴지가 마치 사슴 장딴지와 같으니, 이것을 대인의 대인상이라고 한다. 대인은 남근男根이 감추어진 것이 마치 말〔馬〕의 생식기가 감추어져 있는 것과 같은데, 이것을 대인의 대인상이라고 한다. 대인은 몸 모양이 둥글고 아름다운 것이 마치 니구류尼拘類나무와 같이 위아래 둥글기기 서로 꼭 맞는데, 이것을 대인의 대인상이라고 한다. 대인은 몸을 굽히지 않는다. 몸을 굽히지 않는다는 말은 꼿꼿이 서서 팔을 펴면 몸을 구부리지 않고도 그 팔이 무릎을 만질 수 있는 것을 말하는데, 이것을 대인의 대인상이라고 한다. 대인은 몸이 황금색으로서 자마금紫磨金과 같으니, 이것을 대인의 대인상이라고 한다. 대인은 몸의 일곱 군데가 원만하다. 일곱 군데가 원만하다는 말은 두 손바닥·두 발바닥·두 어깨와 목 부분이 원만한 것을 말함이니, 이것을 대인의 대인상이라고 한다. 대인은 윗몸이 커서 마치 사자와 같으니, 이것을 대인의 대인상이라고 한다. 대인은 뺨이 사자와 같으니, 이것을 대인의 대인상이라고 한다. 대인은 등이 평평하고 곧으니, 이것을 대인의 대인상이라고 한다. 대인은 두 어깨가 위로 목과 연이어져서 두둑하고 평평하고 원만하니, 이것을 대인의 대인상이라고 한다. 대인은 이가 마흔 개나 되고 이가 고르고 이가 성글지 않으며 이가 희고 제일 맛있는 것을 맛보니, 이것을 대인의 대인상이라고 한다. 대인은 맑고 깨끗한 음성〔梵音〕이 좋아할 만한데 그 음성은 마치 가라비가加羅毗伽와 같으니, 이것을 대인의 대인상이라고 한다. 대인은 혀가 넓고 길다. 혀가 넓고 길다는 것은 혀가 입에서 나와 온 얼굴을 두루 덮을 수 있기 때문이니, 이것을 대인의 대인상이라고 한다. 대인은 눈물 받는 곳이 꽉 차서 마치 소의 그것과 같으니,[2] 이것을 대인의 대인상이라고 한다. 대인은 눈동자가 검푸르니, 이것을 대인의 대인상이라고 한다. 대인은 정수리에 살상투〔肉髻〕가 있는데 둥근 모습으로 되어 있고 머리카락은 소라처럼 오른쪽으로 돌돌 말려 있으니, 이것을 대인의 대인상이라고 한다. 대인은 두 눈썹 사이에 깨끗하고 흰 털이 났으며 오른쪽으로 감겨져 있으니, 이것을 대인의 대인상이라고 한다.

모든 비구들이아, 대인으로서 이 32상을 성취한 사람이면, 반드시

---

2 다른 경에는 "속눈썹이 소와 같이 수려하고 가지런하여 잡되고 혼란스럽지 않다[眼睫如牛王相]"고 한 데도 있다.

두 곳에서의 역할이 있을 것이니 그 진리는 진실하여 거짓되지 않다. 만일 세속에 있으면 반드시 전륜왕이 되어 총명하고 지혜가 있으며, 네 종류의 군사를 거느리고 천하를 다스리며, 스스로 자재하여 법다운 법왕으로서 7보를 성취할 것이다. 그 7보란 윤보·상보·마보·주보·여보·거사보·주병신보이니, 이 일곱 가지를 7보라고 말한다. 그는 아들 천 명을 두는데, 저마다 얼굴이 단정하며 용맹스럽고 두려움이 없어 능히 다른 사람을 항복시킬 수 있다. 그는 반드시 이 모든 땅과 나아가 큰 바다에 이르기까지 모두 다스리되 칼이나 몽둥이를 쓰지 않고 법으로써 가르치고 명령하여 안락을 얻게 할 것이다. 그가 만일 수염과 머리를 깎고 가사를 입고 지극한 믿음으로 출가하여 집 없이 도를 수행하면 반드시 여래·무소착·등정각이 되어 그 명성이 시방에 두루 퍼지게 될 것이다."

부처님께서 이와 같이 말씀하시자, 비구들은 부처님의 말씀을 듣고 기뻐하며 받들어 행하였다.

〔이 삼십이상경에 수록된 경문의 글자 수는 1,608자이다.〕

60) 사주경四洲經[3]〔초 1일송〕

나는 이와 같이 들었다.

어느 때 부처님께서 사위국에 유행하실 때에 승림급고독원勝林給孤獨

3 이 경의 이역경으로는 서진西晋 시대 법거法炬가 한역한 『불설정생왕고사경佛說頂生王故事經』과 북량北涼 시대 담무참曇無讖이 한역한 『문타갈왕경文陀竭王經』이 있으며, 참고할 만한 경문으로는 『증일아함경』 제7권 제17 「안반품安般品」 중 일곱 번째 소경이 있는데, 그 내용이 대동소이하다.

園에 계셨다. 그때 존자 아난은 고요한 곳에서 편안히 앉아 사색에 잠겨 있다가 이렇게 생각하였다.

'세상 사람은 너무나 적구나. 능히 탐욕 하는 것에 대하여 마음에 만족을 느끼는 자가 적고 탐욕을 싫어하고 근심하다가 목숨을 마치는 자가 적구나. 세상 사람들 중에 탐욕에 대하여 마음에 만족하고 탐욕에 대하여 싫어하고 근심하다가 목숨을 마치는 자는 참으로 얻기 어렵구나.'

아난은 해질 무렵에 연좌燕坐에서 일어나 부처님께 나아가 예배한 뒤 물러나 한쪽에 앉아 말씀드렸다.

"세존이시여, 저는 지금 고요한 곳에 편안히 앉아 사색에 잠겨 있다가 '세상 사람들 중에는 너무나 적구나. 능히 탐욕에 대하여 마음에 만족할 줄 아는 자가 적고 탐욕을 싫어하고 근심하다가 목숨을 마치는 자가 적구나. 세상 사람들 중에 탐욕에 대하여 마음에 만족할 줄 알고 탐욕을 싫어하고 근심하다가 목숨을 마치는 자는 참으로 얻기 어렵구나' 하고 이런 생각을 하였습니다."

부처님께서 아난에게 말씀하셨다.

"그렇다, 그렇다. 세상 사람들 중에는 너무도 적다. 능히 탐욕에 대하여 마음속으로 만족할 줄 아는 자도 적고, 욕심을 싫어하며 걱정하다가 목숨을 마치는 자도 적다. 세상 사람들 중에 탐욕에 대하여 마음속으로 만족하고, 욕심을 싫어하며 걱정하다가 목숨을 마치는 자는 참으로 얻기 어렵다. 아난아, 세상 사람들 중에서는 지극히 얻기 어렵다. 세상 사람들 중에 탐욕에 대하여 마음속으로 만족할 줄 아는 사람을 얻기가 너무도 어렵고 욕심을 싫어하고 근심하다가 목숨을 마치는 자도 지극히 얻기 어렵다. 아난아, 다만 세상 사람들 중에 너무도 많고 너무도 흔한 것은 탐욕에 대하여 마음속으로 만족하는 사람이 없는 것과, 욕심을 싫어하고 근심하지 않다가 목숨을 마치는 자이다. 왜냐하면 아난아, 옛날에 정생頂生이라는 왕이 있었다. 그는 전륜왕이 되었는데, 총명하고 지혜가 있었으며 네 종류의 군사가 있어 천하를 잘 다스리고 스스로 자재하여 법다운 법왕으로서 7보寶를 갖추었었다. 그 7보란 윤보輪寶·상보象寶·마보馬寶·주보珠寶·여보女寶·거사보居士寶·주병신보主兵臣寶이다. 그는 아들 천 명을 두었는데, 저마다 얼굴이 단정하며 용맹스럽고 두려움이 없어 능히 다른 대중들을 조복시킬 수 있었다. 그는 반드시 일체의 땅과 나아가 큰 바다까지도 모두 다스리게 되지만 칼이나 몽둥이를 쓰지 않고 법으로써 가르치고 명령하여 안락을 얻게 하였다.

아난아, 그 정생왕은 뒷날에 매우 오랜 세월이 지난 어느 때 이렇게 생각하였다.

'나는 염부주를 소유하고 있다. 매우 커서 풍부하고 즐거우며 많은 백성들도 소유하고 있다. 나는 7보寶를 가졌고 아들도 천 명이나 두었다. 그런데도 나는 궁중에 7일 동안 보물을 비처럼 내리게 하여 무릎까지 쌓이게 하고 싶다.'

아난아, 그 정생왕에게는 큰 여의족如意足이 있었고 큰 위덕〔威德〕이 있었으며 큰 복〔福祐〕이 있었고 큰 위신〔威神〕이 있었다. 마침 그런 마음을 내자마자 곧 궁중에서 7일 동안 보물이 비처럼 내려 무릎까지 쌓였다. 아난아, 저 정생왕은 뒷날 아주 오랜 세월이 흐른 어느 때 다시 이렇게 생각하였다.

'나는 염부주를 소유하고 있다. 지극히 커서 풍족하고 즐거우며 많은 백성들도 소유하고 있다. 나는 7보寶를 가졌고 아들 천 명도 두었으며 궁중에는 7일 동안 보물이 비처럼 내려 무릎까지 쌓였다. 나는 일찍이 옛 사람에게 들은 것을 기억한다. 서방에는 구타니瞿陀尼라는 주洲가 있는데, 지극히 커서 풍족하고 즐거우며 많은 백성들이 살고 있다고 한다. 나는 지금 구타니주에 가서 그 주를 다스려보고 싶다.'

아난아, 그 정생왕에게는 큰 여의족이 있었고 큰 위덕이 있었으며 큰 복이 있었고 큰 위신이 있었다. 마침 그런 마음을 내자마자 여의족으로써 허공을 타고 갔다. 네 종류의 군사들도 허공을 타고 그 뒤를 따라 갔다. 아난아, 그 정생왕은 곧 그곳을 떠나 구타니주에 이르렀다. 아난아, 그 정생왕은 거기서 머무르면서 한량없는 백천만 세 동안 구타니주를 다스렸다.

아난아, 그 정생왕은 뒷날에 매우 오랜 세월을 지나 다시 이런 생각을 하였다.

'나는 염부주를 소유하고 있다. 지극히 커서 풍족하고 즐거우며 많은 백성도 있다. 나는 7보寶를 가졌고 아들 천 명도 두었으며 궁중에는 7일 동안 보물이 내려 무릎까지 쌓였고 나는 또 이런 구타니주까지 소유하고 있다. 그런데 나는 또 일찍이 옛사람에게서 들으니 동방에는 불바비타제弗婆鞞陀提라는 주가 있는데, 지극히 커서 풍족하고 즐거우며 많은 백성이 살고 있다고 한다. 나는 이제 불바비타제주에 가서 그 주를 다스려 보고 싶다.'

아난아, 그 정생왕에게는 큰 여의족이 있었고 큰 위덕이 있었으며, 큰 복이 있었고 큰 위신이 있었다. 마침 그런 마음을 내자마자 여의족으로써 허공을 타고 갔다. 또 4종種의 군사도 허공을 타고 따라 갔다. 아난아, 그 정생왕은 곧 이곳에서 떠나서 불바비타제주에 이르렀다. 아난아, 그 정생왕은 거기서 머무르면서 백천만 세 동안 불바비타제주를 다스렸다.

아난아, 그 정생왕은 뒷날 매우 오랜 세월을 지나 어느 땐가, 다시 이런 생각을 하였다.

'나는 염부주를 소유하고 있다. 지극히 커서 풍족하고 즐거우며 많은 백성들도 있다. 나는 7보寶를 가졌고 아들 천 명도 두었으며, 또 궁중에는 7일 동안 보물이 비처럼 내려 무릎까지 쌓여 있다. 나는 또 구타니주도 가지고 있고 불바비타제주까지도 가지고 있다. 내가 일찍이 옛사람에게서 들으니 북방에는 울단왈鬱單曰이라는 주가 있는데, 지극히 커서 풍족하고 즐거우며 많은 백성들도 있다고 한다. 거기는 비록 남이니 나니 하는 생각이 없고 또한 느낌도 없다고 하지만 나는 이제 울단왈주에 가서 그곳을 다스리고 또 모든 권속을 거느려 보고 싶다.'

아난아, 그 정생왕에게는 큰 여의족이 있었고 큰 위덕이 있었으며 큰 복이 있었고 큰 위신이 있었다. 마침 그런 마음을 내자마자 여의족으로써 허공을 타고 따라 갔다. 또 4종種의 군사도 허공을 타고 갔다. 아난아, 그 정생왕은 멀리서 평퍼짐한 땅이 하얀색으로 되어 있음을 보고 모든 신하들에게 말하였다.

'그대들은 울단왈의 평퍼짐한 땅이 하얀색으로 되어 있는 것이 보이는가?'

모든 신하들이 대답하였다.

'보입니다. 천왕이여.'

'그대들은 아는가? 저것은 울단왈 사람들을 위해 저절로 생겨난 멥쌀로써 울단왈 사람들이 항상 먹는 주식이다. 그대들도 저것을 먹게 될 것이다.'

아난아, 그 정생왕은 다시 멀리서 울단왈주 안에 몇 종류의 나무들이 있고 깨끗하고 아름답게 장식된 그 나무들이 온갖 찬란한 채색을 갖춘 채 난간 사이에 있는 것을 보고 모든 신하들에게 말하였다.

'그대들은 울단왈주를 살펴 볼 때에 그 주 안에 몇 종류의 나무들이 있고. 깨끗하고 아름답게 장식된 그 나무들이 온갖 찬란한 채색을 갖춘 채 난간 사이에 있는 것이 보이느냐?'

'보입니다. 천왕이여.'

왕이 다시 말하였다.

'그대들은 아는가? 저것은 울단왈 사람들의 옷나무〔衣樹〕이다. 울단왈 사람들은 저 나무껍질을 취해다가 옷을 만들어 입는다. 그대들도 저 나라 사람들이 입는 저 옷을 입게 될 것이다.'

아난아, 저 정생왕은 즉시 이곳에서 떠나 저 울단왈주에 이르렀다. 아난아, 저 정생왕은 곧 울단왈주에 머무르면서 한량없는 백천만 세 동안 울단왈주를 다스리고 모든 권속들까지 거느렸다.

아난아, 그 정생왕은 뒷날에 매우 오랜 세월이 지난 어느 땐가 다시 이런 생각을 하였다.

'나는 염부주를 소유하고 있다. 지극히 크고 풍족하고 즐거우며 많은 백성도 있다. 나는 7보寶도 가졌고 아들 천 명도 두었으며 또 궁중에는 7일 동안 보물이 비처럼 내려 무릎까지 쌓여 있다. 나는 다시 구타니주를 가졌고 또한 불바비타제주를 가졌으며 또한 울단왈주도 가졌다. 나는 또 일찍이 옛사람에게서 들으니 삼십삼천三十三天이라는 하늘이 있다고 한다. 내 이제 삼십삼천을 가보고 싶구나.'

아난아, 그 정생왕에게는 큰 여의족이 있었고 큰 위덕이 있었으며 큰 복이 있었고 큰 위신이 있었다. 마침 그런 마음을 내자마자 여의족으로써 허공을 타고 갔는데, 또 4종種의 군사들도 햇빛을 향하여 따라갔다. 아난아, 그 정생왕은 멀리서 삼십삼천 안에 있는 수미산 윗부분이 마치 큰 구름 같음을 보고 여러 신하들에게 말하였다.

'그대들은 삼십삼천 안에 있는 수미산 윗부분이 마치 큰 구름과 같은 것이 보이느냐?'

'보입니다. 천왕이여.'

왕이 다시 말하였다.

'그대들은 저것이 삼십삼천에 있는 주도수晝度樹라는 것임을 아느냐? 삼십삼천의 천인들은 저 나무 밑에서 기거하면서 여름 넉 달 동안 5욕欲을 풍족하게 갖추어 가지고 스스로 즐긴다.'

아난아, 저 정생왕은 다시 멀리서 삼십삼천에 있는 수미산 꼭대기 남쪽 가까이에 마치 큰 구름 같은 것을 보고 모든 신하들에게 말하였다.

'그대들은 삼십삼천에 있는 수미산 꼭대기 남쪽 가까이에 큰 구름 같은 것이 보이느냐?'

'보입니다. 천왕이여.'

왕이 다시 말하였다.

'그대들은 아는가? 이것은 삼십삼천의 정법당正法堂이다. 삼십삼천의 천인들은 이 법당 안에서 8일・14일・15일에 하늘과 사람을 위해 법法을 생각하고 이치〔義〕를 생각한다.'

아난아, 그 정생왕은 곧 삼십삼천으로 갔다. 그 정생왕은 삼십삼천에 이르자마자 곧바로 법당으로 들어갔다. 이때 제석천은 곧 정생왕에게 자신의 자리 반을 내주고 앉게 하였고 정생왕은 곧 제석천이 내준 반 자리에 앉았다. 그러자 정생왕과 제석천은 조금도 차별이 없었다. 광명도 다름이 없었고 빛깔도 다름이 없었으며 얼굴도 다름이 없었고 위의와 예절과 그리고 의복도 다름이 없었는데, 오직 눈을 깜빡이는 모양〔眼眴〕만이 다를 뿐이었다.

아난아, 그 정생왕은 뒷날에 아주 오랜 시간이 지나자 다시 이런 생각을 하였다.

'나는 염부주를 소유하고 있다. 지극히 커서 풍족하고 즐거우며 많은 백성도 있다. 나는 7보寶도 가졌고 아들 천 명도 두었으며 또 궁중에는 7일 동안 보물이 비처럼 내려 무릎까지 쌓여 있다. 나는 또 구타니주도 가졌고 또 불바비타제주도 가졌으며 또한 울단왈주까지 가졌다. 나는 또 삼십삼천에서 천인들이 구름처럼 모인 큰 법회도 보았다. 나는 이미 그 하늘의 법당에 들어갔었는데, 또 제석천이 내게 자리를 반쯤 내 주어 나는 제석천이 내어준 반쯤의 자리에 나란히 앉았다. 나는 제석과 조금도 차별이 없었으니 광명도 다름이 없었고 빛깔도 다름이 없었으며 얼굴도 다름이 없었고 위의와 예절과 옷도 다름이 없었다. 오직 눈을 깜빡이는 모양만이 다를 뿐이었다. 나는 지금 차라리 제석을 몰아내고 나머지 반 자리마저 빼앗아 천인天人의 왕이 되어 내 자신이 자유롭고 싶다.'

아난아, 그 정생왕이 마침 이런 생각을 내자, 갑자기 염부주에 떨어지고 어느새 여의족마저 잃고 매우 심한 중병이 생겼다. 그리고 장차 목숨이 끝나려 할 때 모든 신하들이 정생왕에게 가서 말하였다.

'천왕이여, 만일 범지 · 거사 · 신하 · 백성들이 우리에게 와서 〈정생왕은 목숨이 끝나려 할 때에 어떤 일을 말하였는가?〉 하고 물으면 천왕이여, 우리들은 그 범지 · 거사 · 신하 · 백성들에게 어떻게 대답해야 합니까?'

그때 정생왕은 모든 신하들에게 말하였다.

'만일 범지 · 거사 · 신하 · 백성들이 그대들에게 와서 〈정생왕이 목숨이 끝나려 할 때에 어떤 일을 말하였는가?〉 하고 묻거든, 그대들은 이렇게 대답하라.

〈정생왕은 염부주를 얻었지만 마음에 만족하지 못하고 죽었다. 정생왕은 7보寶를 얻었지만 마음에 만족하지 못하고 죽었으며 아들 천 명을 두었지만 마음에 만족하지 못하고 죽었다. 정생왕은 7일 동안 보물이 비처럼 내렸지만 마음에 만족하지 못하고 죽었다. 정생왕은 구타니주를 얻었지만 마음에 만족하지 못하고 죽었고 정생왕은 불바비타제주를 얻었지만 마음에 만족하지 못하고 죽었다. 정생왕은 울단왈주를 얻었지만 마음에 만족하지 못하고 죽었으며, 정생왕은 모든 천인들의 모임을 보았지만 마음에 만족하지 못하고 죽었다. 정생왕은 5욕欲의 쾌락인 빛깔·소리·냄새·맛·촉감을 두루 갖추었지만 마음에 만족하지 못하고 죽었다.〉

만일 범지·거사·신하·백성들이 그대들에게 와서 〈정생왕은 목숨이 끝나려 할 때에 어떤 일을 말하였는가?〉 하고 묻거든, 그대들은 위에서와 같이 대답하라'고 말하였다."

그리고는 세존께서 게송을 설하셨다.

하늘이 묘한 보배 비처럼 내려 주었건만
욕심 많은 자는 만족함이 없구나.
욕심이란 괴로움만 있을 뿐, 즐거움은 없으니
지혜로운 사람들은 마땅히 알아야 하리.

또한 황금을 쌓아 놓은 더미가
마치 설산雪山과 같았건만
그 어느 하나에도 만족함이 없었으니
지혜로운 사람들 이렇게 생각하라.

하늘의 묘한 5욕欲 얻을지라도
이 5욕을 즐거워하지 않고
애욕을 끊고 애욕에 집착하지 않으면

그 사람은 등정각等正覺의 제자이다.

이에 세존께서 말씀하셨다.

"아난아, 옛날의 정생왕을 너는 다른 사람이라고 생각하느냐? 그런 생각을 하지 말라. 마땅히 알아야 한다. 그는 곧 지금의 나이다. 나는 그때에 내 자신도 요익饒益했지만 남도 요익하게 하였으며 많은 사람을 요익하게 하였다. 또 세상을 가엾이 여기고 하늘을 위하며 사람을 위하여 이치와 요익을 구하고 안온과 쾌락을 구하였다. 그때에는 법을 설해 완성하지 못했고 청정함〔白淨〕을 완성하지 못하였으며 범행을 완성하지 못했었으며 범행을 완성하지 못한 채 명을 마치고 말았다. 그때에는 남과 늙음과 병과 죽음과 울음과 걱정과 슬픔을 여의지 못했고, 또한 일체의 괴로움을 미처 벗어나지 못했었다. 아난아, 나는 이제 세상에 나와 여래·무소착無所着·등정각等正覺·명행성위明行成爲·선서善逝·세간해世間解·무상사無上士·도법어道法御·천인사天人師·불중우佛衆祐라고 부른다. 나는 이제 내 자신도 요익하고 남도 요익하게 하며 많은 사람을 요익하게 하고 세상을 가엾이 여기며, 하늘과 사람을 위하여 이치와 요익을 구하고 안온과 쾌락을 구한다. 나는 이제 법을 설하여 완성하게 되었고 깨끗함을 성취하였으며, 범행梵行을 완성하였고 범행을 완성하여 마쳤다. 나는 이제 남·늙음·병·죽음·울음·걱정·슬픔을 여의었고 나는 이제 이미 일체의 괴로움을 벗어났다."

부처님께서 이렇게 말씀하시자, 존자 아난과 여러 비구들은 기뻐하며 받들어 행하였다.

〔이 사주경에 수록된 경문의 글자 수는 2,353자이다.〕

61) 우분유경牛糞喩經[4]〔초 1일송〕

나는 이와 같이 들었다.

어느 때 부처님께서 사위국舍衛國에 유행하실 때에 승림급고독원勝林給孤獨園에 계셨다. 그때 어떤 비구가 고요한 곳에서 연좌燕坐하고 사유惟思에 잠겨 있다가 이렇게 생각하였다.

'색色인 채로 항상 머물러 있으면서〔常住〕 변하지 않고, 한결같이 즐거움을 누리면서 영원히 존재하는 방법은 없을까? 또는 각(覺 : 受)·상想·행行·식識인 채로 항상 머물러 있으면서 변하지 않고 한결같이 즐거움을 누리면서 영원히 존재하는 방법은 없을까?'

그 비구는 해질 무렵 연좌에서 일어나, 부처님께 나아가 머리를 조아려 예배하고 물러나 한쪽에 앉아서 여쭈었다.

"세존이시여, 저는 지금 고요한 곳에서 편안히 앉아 사색에 잠겨 있다가 생각하기를, '색인 채로 항상 머물러 있으면서 변하지 않고, 한결같이 즐거움을 누리면서 영원히 존재하는 방법은 없을까? 또는 각·상·행·식인 채로 항상 머물러 있으면서 변하지 않고 한결같이 즐거움을 누리면서 영원히 존재하는 방법은 없을까?' 하고 말입니다."

부처님께서 비구에게 말씀하셨다.

"어떤 색色도 항상 머물러 변하지 않고, 한결같이 즐거움을 누리면서 영원히 존재하는 것은 없다. 각·상·행·식도 항상 머물러 변하지 않고 한결같이 즐거움을 누리면서 영원히 존재하는 것은 없다."

그리고는 세존께서 손가락으로 쇠똥을 조금 집어 들고 말씀하셨다.

4 이 경에 참고가 되는 경문으로는 『잡아함경』 제2권 41번째 소경인 「오전경五轉經」이 있다.

"비구야, 너는 지금 내가 손가락으로 쇠똥을 조금 집은 것이 보이느냐?"

"보입니다. 세존이시여."

"비구야, 이와 같이 조그마한 색[少色]도 항상 머물러 변하지 않고 한결같이 즐거움을 누리면서 영원히 존재하는 것은 없다. 각·상·행·식도 항상 머물러 변하지 않고 한결같이 즐거움을 누리면서 영원히 존재하는 것은 없다. 왜냐하면 비구야, 내가 옛날을 생각해 볼 때, 오랫동안 복을 짓고 복을 지은 뒤에는 오래도록 즐거운 과보를 받았다. 비구야, 내가 옛날에 7년 동안 자심慈心을 행하고, 세상이 일곱 번 이룩되고 무너지는 동안에도 이 세상에 오지 못하다가 세상이 무너질 때에는 황욱천晃昱天에 태어났고 세상이 이루어질 때에는 공범천空梵天 궁전에 태어나, 그 범천에서 대범천大梵天이 되었다. 다른 곳에서는 천 번을 자재천왕自在天王이 되었고 서른 여섯 번을 천제석天帝釋이 되었으며 또 한량없이 반복해서 찰리刹利 정생왕頂生王이 되었다.

비구야, 내가 찰리 정생왕頂生王이 되었을 때에는 큰 코끼리 8만 4천 마리가 있었다. 좋은 승구乘具를 갖추었는데 온갖 보배로 장식하였으며 백주白珠로 엮어 덮었으며 우사하상왕于娑賀象王을 우두머리로 삼았다. 비구야, 내가 찰리 정생왕이 되었을 때에는 8만 4천 마리 말이 있었다. 좋은 승구를 갖추었는데 온갖 보배로 장식하였으며, 금·은으로 엮어 덮었고, 모마왕駐馬王을 우두머리로 삼았다. 비구야, 내가 찰리 정생왕이 되었을 때에는 8만 4천 대의 수레가 있었다. 네 가지로 장식하고 온갖 좋은 장식품과 사자·호랑이·표범의 알록달록한 가죽으로 장식하였으며 또한 여러 가지 빛깔로 짠 천으로 장식하였다. 그것은 지극히도 빨랐는데 낙성차樂聲車를 우두머리로 삼았다. 비구야, 내가 찰리 정생왕이 되었을 때에는 8만 4천 개의 큰 성이 있었다. 지극히 커서 풍족하고 안락하였으며 많은 백성들이 있었는데, 그 중에 구사화제拘舍惒提왕성이 으뜸이었다. 비구야, 내가 찰리 정생왕이 되었을 때에는 8만 4천 개의 다락이 있었다. 금·은·유리·수정, 이 네 가지로 누각을 지었는데, 그 중에 정법전正法殿이 제일이었다.

비구야, 내가 찰리 정생왕이 되었을 때에는 8만 4천 개의 자리〔御座〕가 있었다. 네 가지 보배인 금·은·유리·수정으로 만든 자리에 양탄자〔氍氀〕·모포〔毾毲〕를 깔고, 금錦·기綺·라羅·곡縠으로 만든 이불을 덮었으며, 비단 속이불〔襯體被〕·양두안침兩頭安枕인 가릉가파화라加陵伽波惒邏·파차실다라나波遮悉多羅那가 있었다. 비구야, 내가 찰리 정생왕이 되었을 때에는 8만 4천 벌의 쌍의雙衣가 있었는데, 초마의草摩衣·금의錦衣·증의繒衣·겁패의劫貝衣·가릉가피화라의加陵伽波惒邏衣 등이 그것이었다. 비구야, 내가 찰리 정생왕이 되었을 때에는 8만 4천 명의 여자가 있었다. 그들의 몸에는 광택이 있고 희고 조촐하고 밝고 깨끗하며 그 아름다움은 어떤 사람보다 뛰어났으나 천녀에게는 조금 미치지 못하였다. 모습은 단정하여 보는 사람마다 기뻐하였고 온갖 보배와 영락으로 만든 장식을 두루 갖추었는데, 찰리 종족의 여자 이외에 다른 종족도 한량없이 많았다. 비구야, 내가 찰리의 정생왕이 되었을 때에는 8만 4천 가지 음식이 밤낮으로 항상 공급되어 나를 위해 차려져 있어 나로 하여금 늘 먹을 수 있도록 하였다. 비구야, 그 8만 4천 가지 음식 가운데 한 가지 음식만은 지극히 아름답고 깨끗하며 한량없는 맛이 있었는데, 나는 항상 그것을 먹었다. 비구야, 그 8만 4천 명의 여자 중에는 오직 찰리 여자가 가장 단정하고 아름다워 항상 나를 받들어 모셨었다. 비구야, 그 8만 4천 쌍 중에 하나의 쌍의가 있었는데, 혹은 초마의, 혹은 금의, 혹은 증의, 혹은 겁패의, 혹은 가릉가파화라의였다. 나는 항상 그것을 입었다. 비구여, 8만 4천

자리 중에는 하나의 어좌御座가 있었으니, 혹은 금으로 만들었고 혹은 은으로 만들었으며, 혹은 유리로 만들었고 혹은 수정으로 만들었다. 그 위에 구루氍氀와 탑등毾㲪을 깔고 금·기·라·곡 등 여러 가지 비단 이불을 덮고, 비단 속이불·양두안침兩頭安枕인 가릉가파화라와 피차실다라나가 있었는데, 나는 항상 거기에 누웠다. 비구야, 저 8만 4천 개의 다락 중에 어떤 다락 하나가 있었는데, 혹은 금으로 만들었고 혹은 은으로 만들었으며 혹은 유리로 만들었고 혹은 수정으로 장식한 것으로서 그 이름은 정법전正法殿이라고 하였다. 나는 항상 거기에서 머물렀다.

비구야, 저 8만 4천 큰 성 중에 한 성이 있었는데, 지극히 커서 풍족하고 안락하였으며 많은 백성들이 있었다. 그 성의 이름은 구사화제拘舍惒堤라고 하였다. 나는 항상 거기서 살았다. 비구야, 저 8만 4천 대의 수레 중에 한 수레가 있었는데, 온갖 좋은 물질인 사자·호랑이·표범 등 알록달록한 가죽으로 장식하였고 여러 가지 빛깔로 짜서 만든 천으로 장식하였다. 지극히 빨랐는데, 그 수레의 이름을 낙성차樂聲車라고 하였다. 나는 항상 그것을 타고 다니면서 공원을 구경하였다. 비구야, 저 8만 4천 마리 말 가운데 한 말이 있었으니 몸은 검푸른 빛이었고 머리 모양은 까마귀 같았는데, 그 말의 이름은 모마왕髦馬王이라고 하였다. 나는 항상 그것을 타고 다니면서 공원을 구경하곤 하였다. 비구야, 저 8만 4천 마리 큰 코끼리 중에는 한 코끼리가 있었는데, 온몸이 하얗고 7지支가 모두 정상적인 것으로서 그 이름은 우사하상왕于娑賀象王이라고 하였다. 나는 항상 그것을 타고 다니면서 공원을 구경하였다.

비구야, 나는 '이것은 어떤 업의 과果이며 어떤 업의 보報이기에 나로 하여금 오늘 이러한 큰 여의족이 있고 큰 위덕이 있으며, 큰 복이 있고 큰 위신이 있게 되었는가?' 하고 생각하였다. 비구야, 나는 또 '이것은 3업業의 과果이며 3업의 보報로서 나로 하여금 오늘 이러한 큰 여의족이 있고 큰 위덕이 있으며 큰 복이 있고 큰 위신이 있게 한 것이다. 3업이란 첫째는 보시布施이며, 둘째는 조어調御이며, 셋째는 수호守護이다'라고 생각하였다.

비구야, 너는 저 일체의 소유所有가 다 멸하고 여의족도 역시 없어지는 것을 보았다. 비구야, 네 생각은 어떠하냐? 색은 유상有常한 것이냐, 무상無常한 것이냐?"

"무상한 것입니다. 세존이시여."

"만일 무상한 것이라면 이것은 괴로움인가, 괴로움이 아닌가?"

"괴로운 것이며 변역變易하는 것입니다. 세존이시여."

"만일 무상한 것이며 괴로운 것이며 변역하는 것이라면, 이 많이 들어 아는 거룩한 제자〔多聞聖弟子〕로서 혹 '이것은 나이다, 이것은 내 것이다, 나는 저의 것이다'라는 것을 받아들이겠느냐?"

"아닙니다. 세존이시여."

"비구야, 네 생각은 어떠하냐? 각覺·상想·행行·식識은 유상한 것이냐, 무상한 것이냐?"

"무상한 것입니다. 세존이시여."

"만일 무상한 것이라면 이것은 괴로운 것이냐, 괴롭지 않은 것이냐?"

"괴로운 것이며, 변역하는 것입니다. 세존이시여."

"만일 무상한 것이며 괴로운 것이며 변역하는 것이라면 이 많이 들어 아는 거룩한 제자로서 '이것은 나다, 이것은 내 것이다, 나는 저의 것이다'라는 것을 받아들이겠느냐?"

"아닙니다. 세존이시여."

"그러므로 비구야, 너는 마땅히 이와 같이 배워야 한다. '만일 색이 과거나 미래나 현재에 있어서, 혹은 안이거나 밖이거나 성글거나 가늘거나 혹은 좋거나 밉거나 멀거나 가깝거나, 저 일체는 나가 아니며 내 것도 아니며 나는 저의 것도 아니다'라고 말이다. 지혜로운 관찰로써 그 진실 그대로를 알아야 한다. '만일 각·상·행·식이 혹은 과거나 미래나 현재이거나 혹은 안이거나 밖이거나 성글거나 가늘거나 혹은 좋거나 밉거나 가깝거나 멀거나, 그 일체는 나도 아니며 내 것도 아니며 나는 저의 것도 아니다'라고 지혜로운 관찰로써 그러한 진실 그대로 알아야 한다. 비구야, 만일 많이 들어 아는 거룩한 제자로서 이와 같이 관찰한다면, 그는 곧 색을 싫어할 것이며, 각·상·행·식을 싫어할 것이다. 그렇게 싫어한 뒤에는 곧 욕심이 없을 것이며 욕심이 없어진 뒤에는 곧 해탈할 것이며 해탈한 뒤에는 곧 해탈한 줄을 알아, 생生이 이미 다하고 범행梵行이 이미 확립되며 할 일을 이미 마쳐 다시는 다음 세상에서 생명을 받지 않는다는 진실 그대로를 알게 될 것이다.

이때에 저 비구는 부처님의 말씀을 들어 잘 받아 가지고는 곧 자리에서 일어나 부처님 발에 머리를 조아려 예를 올리고 부처님을 세 바퀴 돌고 나서 물러갔다. 그 비구는 부처님의 교화를 받은 뒤에 속세를 멀리 떠나 혼자 있으면서 마음에 게으름이 없이 수행하고 정근하였다. 그런 뒤에 족성자가 한 것처럼 수염과 머리를 깎고 가사를 입고 지극한 믿음으로 집을 버리고 가정이 없이 도를 배웠다. 오로지 위없는 범행을 다하여 현재에 있어서 스스로 알고 스스로 깨닫고 스스로 증득하고 성취하여 노닐었다. 생이 이미 다하고 범행이 이미 확립되어 할 일을 이미 마쳤으므로 다시는 다음 세상의 생명을 받지 않는다는 진실 그대로를 알았다. 이렇게 그 비구는 법을 안 뒤에 아라하가 되었다."

부처님께서 이렇게 말씀하시자, 여러 비구들은 부처님 말씀을 듣고 기뻐하며 받들어 행하였다.

〔이 우분유경에 수록된 경문의 글자 수는 1,633자이다.〕

62) 빈비사라왕영불경頻鞞娑邏王迎佛經[5]〔초 1일송〕

나는 이와 같이 들었다.

어느 때 부처님께서 마갈타국摩竭陀國에 유행하실 때에 큰 비구들과 함께 계셨는데, 비구 1천 사람은 모두 집착이 없는 지진(至眞 : 아라한)으로서 원래는 다 머리를 땋았었다. 일행은 왕사성 밖에 있는 마갈타읍으로 갔다. 이때에 마갈타왕 빈비사라는 세존께서 큰 비구들과 함께 마갈타국에 머물고 계시는데, 그 비구 1천은 모두 무착無著·지진으로서 원래는 다 머리를 땋았었다. 그 일행이 왕사성 밖에 있는 마갈타읍으로 오셨다는 말을 들었다. 빈비사라왕은 이 말을 듣고 곧 상군象軍·마군馬軍·차군車軍·보군步軍 등 4군을 모집한 뒤에 수없이 많은 무리들과 함께 1유연由延이나 되는 거리에 머물고 계시는 부처님의 처소로 나아갔다. 이때에 세존께서 멀리서 마갈타왕 빈비사라가 오는 것을 보시고 곧 길을 피하셔서 머물기 좋은 니구류尼拘類나무 밑으로 가셔서 니사단尼師檀을 펴고 가부좌를 하고 앉으셨다. 비구들도 그렇

5 이 경의 이역 경전으로는 유송劉宋시대 법현法賢이 한역한 『불설빈비사라왕경佛說頻毘沙羅王經』과 오吳시대 지겸支謙이 한역한 『찬집백연경撰集百緣經』 제2권 중 19번째 소경인 「빈바사라왕청불연頻婆娑羅王請佛緣」이 있으며, 참고 경문으로는 『십송률』 제24권과 『오분율』 제16권, 그리고 『잡아함경』 제38권 1,062번째 소경과 『별역잡아함경』 제1권 13번째 소경이 있다.

게 하였다. 마갈타왕 빈비사라는 세존께서 멀리 숲 사이에 계시는 것을 보니 그 얼굴이 단정하고 아름다워 마치 별 가운데 달과 같고 광채가 찬란하며 그 밝기가 금산과 같으며 상호가 구족하고 위신威神이 당당하며 모든 감관이 고요하고 장애가 없으며 조어를 성취하여 마음이 쉬어 고요하였다. 그런 모습을 보고 나서 왕은 수레에서 내렸다.

만일 모든 왕족의 찰리들이 물을 정수리에 붓는 의식을 마치고 왕〔人主〕이 되어 대지大地를 다스리려면 다섯 가지 의식儀式[6]이 있으니, 첫째는 칼이며 둘째는 일산이며 셋째는 천관天冠이며 넷째는 구슬자루로 이루어진 불자拂子며 다섯째는 장엄하게 장식한 신〔屣〕이다. 그러나 왕은 이와 같은 일체를 다 물리치고 또 네 종류의 군사도 물리친 채 걸어서 부처님께 나아가 예배하고 세 번 자기의 성명을 일컬었다.

"세존이시여, 저는 마갈타국의 왕 세니빈비사라洗尼頻鞞娑邏입니다."

이와 같이 세 번 외쳐대자 세존께서 말씀하셨다.

"대왕이여, 그렇습니다, 그렇습니다. 그대가 바로 마갈타왕 세니빈비사라입니다."

이에 마갈타왕 세니빈비사라는 두 번 세 번 자기 성명을 외쳐댄 다음 부처님께 예배하고 물러나 한쪽에 앉았다. 모든 마갈타 사람들은 더러는 부처님 발에 예배한 뒤 물러나 한쪽에 앉기도 하고, 혹은 부처님께 문안을 드린 뒤 물러나 한쪽에 앉기도 하였으며, 혹은 부처님을 향해 합장한 뒤에 물러나 한쪽에 앉기도 했고, 혹은 멀리서 부처님을 본 뒤에 잠자코 앉아 있기도 하였다. 그때에 존자 울비라가섭鬱毗羅迦葉도 대중 속에 있었다. 존자 울비라가섭은 마갈타 사람들이 대단하게 생각하는 이른바 대존사大尊師로서 집착이 없는 진인眞人이었다. 이에

---

6 『증일아함경』 제13권 「지주품地主品」의 첫 번째 소경과 『잡아함경』 제40권 1,103번째 소경에는 모두 5식飾으로 되어 있다.

마갈타 사람들은 모두 '사문 구담이 울비라가섭으로부터 범행을 배우려고 하는 건가, 아니면 울비라가섭이 사문 구담으로부터 범행을 배우려고 하는 건가?' 하고 생각하였다. 그때에 세존께서 마갈타 사람들이 생각하는 바를 아시고, 곧 존자 울비라가섭을 향하여 게송으로 말씀하셨다.

울비라여, 어떤 것을 보았기에
불〔火〕 섬기던 일을 끊고 이곳으로 왔는가?
불을 섬기지 않는 그 까닭을
가섭아, 나에게 설명해보라.

여러 가지 음식의 맛
그 욕심 때문에 불을 섬겼네.
생生 가운데서 이러함을 보았기에
그 때문에 불 섬기기 좋아하지 않았네.

음식의 여러 가지 맛들을
가섭은 마음으로 좋아하지 않는구나.
어찌하여 천인天人을 좋아하지 않는가?
가섭아, 나에게 설명해 보라.

고요하고 사라져 다한 것 보니
함이 없어 욕계의 존재 아니었네.
더 이상 높은 하늘 없을 것 같아
그 때문에 불을 섬기지 않습니다.

세존은 가장 훌륭하시고
세존은 삿된 생각 안 하시며
분명히 알아 모든 법 깨달았으니
나는 가장 훌륭한 법 받았다네.

이에 세존께서 말씀하셨다.

"가섭아, 너는 이제 이 대중을 위하여 여의족如意足을 나타내어 이 대중들로 하여금 다 믿음을 내고 즐거움을 얻게 하라."

이에 존자 울비라가섭은 곧 여기상如其像으로 여의족을 실행하여 앉아 있던 자리에서 사라지더니 동방으로부터 나와서 허공에 날아올라 네 가지 위의를 나타내었다. 첫째는 다니는 것〔行〕이며, 둘째는 머무는 것〔住〕이며, 셋째는 앉는 것〔坐〕이며, 넷째는 눕는 것〔臥〕이었다. 다음에는 화정火定에 들어갔다. 울비라가섭존자가 화정에 들자 몸에서 청·황·적·백의 여러 가지 불꽃이 나왔는데, 그 중에는 수정 빛도 있었다. 하체에서는 불을 내고 상체에서는 물을 내는가 하면 상체에서는 불을 내고 하체에서는 물을 내기도 하였다. 이와 같이 남·서·북방에서도 각각 허공에 날아올라 네 가지 위의를 나타내었으니 첫째는 다니는 것이며, 둘째는 머무는 것이며, 셋째는 앉는 것이며, 넷째는 눕는 것이었다. 그리고는 다시 화정에 들었다. 존자 울비라가섭이 화정에 들어 몸에서 청·황·적·백의 여러 가지 불꽃을 내었는데, 그 중에는 수정 빛도 있었다. 하체에서는 불을 내고 상체에서는 물을 내는가 하면 상체에서는 불을 내고 하체에서는 물을 내기도 하였다. 이에 존자 울비라가섭은 여의족을 멈춘 다음 부처님께 예배하고 여쭈었다.

"세존이시여, 부처님께서는 곧 저의 스승이시고 저는 세존의 제자입니다. 부처님께서는 일체지一切智가 있으시고 저에게는 일체지가 없습니다."

세존께서 말씀하셨다.

"그렇다. 가섭이여, 그렇다. 가섭이여, 내게는 일체지가 있지만 너에게는 일체지가 없다."

그때 울비라가섭이 자기 자신에 대하여 게송으로 말하였다.

옛날 아무것도 몰랐을 때에는
해탈하기 위하여 불을 섬겼었네.
아무리 늙어가도 눈 뜬 장님 같아
사특하여 참 이치〔眞際〕 보지 못했네.

내 이제 훌륭하신 자취를 보매
위없는 용龍께서 하신 말씀
함이 없는 것 괴로움 벗어나는 진리로서
그것을 깨닫자 나고 죽음 다하였네.

모든 마갈타 사람들은 이러한 일을 보자, '사문 구담이 울비라가섭에게서 범행을 배우는 것이 아니다. 울비라가섭이 사문 구담으로부터 범행을 배우는 것이다'라고 생각하였다. 세존께서는 모든 마갈타 사람들의 생각을 아시고 곧 마갈타왕 세니빈비사라를 위하여 설법하셔서 간절히 우러르는 마음을 내게 하고 기쁨을 성취하게 하셨다. 한량없는 방편으로써 그들을 위하여 설법하셔서 간절히 우러르는 마음을 내게 하시고 기쁨을 성취하게 하신 뒤에 모든 부처님의 법에서와 같이 먼저 단정법端正法을 말씀하시니, 듣는 사람들마다 모두 기뻐하였다. 곧 보시를 말씀하시고 계를 말씀하시고 천상에 나는 법을 말씀하셨다. 탐욕은 재앙이 되는 것이며 나고 죽는 것을 더러움이라고 훼자毁呰하시고 욕심이 없는 것을 묘도품妙道品의 백정白淨이라고 칭송하셨다. 세존께서 그 대왕을 위하여 이렇게 설법하셨다. 부처님께서 이미 그의 기뻐하는 마음 · 두루 갖춘 마음 · 부드럽고 연한 마음 · 참고 견디는 마음 · 위로 오르는 마음 · 한결같이 향하는 마음 · 의심이 없는 마음 · 덮임이 없는 마음이 있고, 재능이 있고 힘이 있어 바른 법을 감당해 받을 만한 사람임을 아시고, 이른바 모든 부처님께서 말씀하신 바른 진리인 고苦 · 집集 · 멸 滅 · 도道의 진리를 말씀하셨다.

"대왕이여, 색은 났다가 없어집니다. 그대는 마땅히 색은 났다가 없어지는 것임을 알아야 합니다. 대왕이여, 각 · 상 · 행 · 식도 났다가 없어집니다. 그대는 마땅히 각 · 상 · 행 · 식도 났다가 없어지는 것임을 알아야 합니다. 대왕이여, 비유하면 마치 큰비가 내릴 때 물 위의 거품이 생겼다가 없어지는 것과 같습니다. 대왕이여, 색이 났다가 없어지는 것도 그와 같습니다. 그대는 마땅히 색은 났다가 없어지는 것임을 알아야 합니다. 대왕이여, 각 · 상 · 행 · 식도 났다가 없어집니다. 그대는 마땅히 각 · 상 · 행 · 식도 났다가 없어지는 것임을 알아야 합니다. 대왕이여, 만일 족성자가 색은 났다가 없어지는 것임을 안다면, 다시 미래에 색으로 나지 않아야 한다는 이치를 알 것입니다. 대왕이여, 만일 족성자가 각 · 상 · 행 · 식이 났다가 없어지는 줄을 안다면, 다시 미래에 각 · 상 · 행 · 식으로 나지 않아야 한다는 이치를 알 것입니다. 대왕이여, 만일 족성자가 색의 진실된 그대로를 안다면, 곧 색에 집착하지 않고 색을 꾀하지 않을 것이며, 색에 물들지 않고 색에 머무르지 않을 것이며, 색이 곧 나라고 좋아하지 않을 것입니다. 대왕이여, 만일 족성자가 각 · 상 · 행 · 식에 대하여 진실된 그대로를 안다면, 곧 각·상·행·식에 집착하지 않고 그것을 헤아리지 않을 것이며 그것에 물들지 않고 그것에 머물지 않을 것이며 색이 곧 나라고 좋아하지도 않을 것입니다.

대왕이여, 만일 족성자가 색에 집착하지 않고 색을 헤아리지 않으며, 색에 물들지 않고 색에 머물지 않으며, 색이 곧 나라고 좋아하지 않는다면 다시는 미래의 색을 받아들이지 않을 것입니다. 대왕이여, 만일 족성자가 각·상·행·식에 집착하지 않고 그것을 헤아리지 않으며 그것에 물들지 않고 그것에 머물지 않으며 그것들이 곧 나라고 좋아하지 않는다면, 다시는 미래 세상에서 그것을 받아들이지 않을 것입니다. 대왕이여, 이러한 족성자들이 한량없고 헤아릴 수 없고 한계가 없으며 식적息寂을 얻어, 만일 이 5음陰을 완전히 버린다면 다시는 음陰을 받아들이지 않을 것입니다."

그때 모든 마갈타 사람들은 '만일 색이 무상無常한 것이고 각·상·행·식도 다 무상한 것이라면 누가 활동하고 누가 고락을 받을 것인가?' 하고 생각하였다. 세존께서는 곧 마갈타 사람들의 마음속을 아시고 비구들에게 말씀하셨다.

"어리석은 범부는 들은 것이 없어 나를 나라고 인식하므로 나에 대하여 집착한다. 그러나 필경 나라는 것도 없고 내 것이라는 것도 없으니, 나라는 마음도 비우고 내 것이라는 마음도 비워야 한다. 법이 생기면 생기는 것이고 법이 멸하면 멸하게 되니, 다 인연 때문에 모여 괴로움이 생기는 것이다. 만일 인연이 없으면 모든 괴로움은 곧 멸하고 말 것이다. 중생은 인연이 모여 서로 이어지면서 곧 모든 법을 내는데〔生〕, 여래는 중생이 서로 이어가면서 나는〔生〕 것을 보고 곧 '남〔生〕이 있으면 죽음이 있다'고 그렇게 말하셨다. 나는 사람의 눈보다 뛰어난 청정한 천안天眼으로써 이 중생이 나는 때와 죽는 때, 좋은 빛깔과 나쁜 빛깔, 혹은 묘하고 묘하지 않음, 좋은 곳과 나쁜 곳으로 왕래하는 것을 보고 '이것들이 스스로 중생들이 지은 업을 따르는 것이다'라는 그 진실 그대로를 알았다. '만일 이 중생이 몸으로 짓는 악행과 입과 뜻으로 짓는 악행을 성취하여 성인을 비방하거나, 삿된 소견으로써 삿된 소견의 업을 성취하면 그는 이런 인연 때문에 그 몸이 무너지고 목숨이 끝난 뒤에는 반드시 나쁜 곳으로 가게 되니, 저 지옥 같은 곳에 가서 태어날 것이다. 만일 이 중생이 몸으로 짓는 선행과 입과 뜻으로 짓는 선행을 성취하여 성인을 비방하지 않고 바른 소견으로써 바른 소견의 업을 성취하면, 그는 이런 인연 때문에 그 몸이 무너지고 목숨이 끝난 뒤에는 반드시 좋은 곳으로 가게 되는데, 곧 천상 같은 곳에 오르게 될 것이다'라는 것을 안다. 나는 그가 이렇게 된다는 것을 알면서도 그들에게 말하지 않는다. 그것은 곧 '내가 능히 깨닫고 능히 말하고 어떤 일을 시켜서 하게하고 일을 일으켰기 때문에 곧 여기저기서 선악의 과보를 받는다'고 하면, 그 중에는 혹 '이것은 맞지 않는다. 여기에는 머무를 수가 없다'고 생각하는 사람이 있을지도 모르기 때문이다. 그 행은 법과 같아서 이것으로 인하여 저것이 생긴다. 만일 이 인因이 없으면 곧 저것이 생기지 않고, 이것으로 인하여 저것이 있게 된다. 만일 이것이 멸하면 저것도 곧 멸한다. 그래서 무명을 인연하여 행이 있고 나아가 생을 인연하여 노·사가 있는 것이다. 만일 무명이 멸하면 행이 곧 멸하고 나아가 생이 멸하면 곧 노·사도 멸한다고 말한 것이다.

대왕이여, 당신의 생각은 어떠합니까? 색은 유상한 것입니까, 무상한 것입니까?"

"무상한 것입니다. 세존이시여."

또 물으셨다.

"만일 무상한 것이라면 그것은 괴로운 것입니까, 괴롭지 않은 것입니까?"

"괴로운 것이며 변역하는 것입니다. 세존이시여."

또 물으셨다.

"만일 무상한 것이며 괴로운 것이며 변역하는 것이라면 많이 들어 아는 거룩한 제자로서 '이것은 나이다, 이것은 내 것이다, 나는 저의 것이다'라는 말을 받아들일 수 있겠습니까?"

"아닙니다. 세존이시여."

"대왕이여, 당신의 생각은 어떠합니까? 각·상·행·식은 유상한 것입니까, 무상한 것입니까?"

"무상한 것입니다. 세존이시여."

또 물으셨다.

"만일 무상한 것이라면 그것은 괴로운 것입니까, 괴롭지 않은 것입니까?"

"괴로운 것이며 변역하는 것입니다. 세존이시여."

"만일 무상한 것이며 괴로운 것이며 변역하는 것이라면, 많이 들어 아는 거룩한 제자로서 '이것은 나이다, 이것은 내 것이다, 나는 저의 것이다'라는 말을 받아들일 수가 있겠습니까?"

"아닙니다. 세존이시여."

"대왕이여, 그러므로 당신은 마땅히 '만일 색이 과거나 미래나 현재에 있어서나 혹은 안이거나 밖이거나 혹은 거칠거나 가늘거나 혹은 좋거나 밉거나 혹 가깝거나 멀거나 간에 저 일체는 나도 아니며 내 것도 아니며 나는 저의 것도 아니다'라고 그렇게 배워야 합니다. 마땅히 지혜로 관찰하여 그 진실 그대로를 알아야 합니다. 대왕이여, '만일 각·상·행·식도 과거나 미래나 현재에 있어서나 혹은 안이거나 밖이거나 혹은 거칠거나 가늘거나 혹 좋거나 밉거나 혹 가깝거나 멀거나 간에, 저 일체는 나도 아니며 내 것도 아니며 나는 저의 것도 아니다'라고 마땅히 지혜로 관찰하여 그 진실 그대로를 알아야 할 것입니다.

대왕이여, 만일 많이 들어 아는 거룩한 제자가 이렇게 관찰한다면 그는 곧 색을 싫어하고 각·상·행·식을 싫어하며 싫어한 뒤에는 욕심이 없어질 것이며, 욕심이 없어진 뒤에는 해탈을 얻을 것이며 해탈한 뒤에는 해탈을 알아 생이 이미 다하고 범행이 이미 확립되고 할 일을 이미 마쳐 다시는 다음 세상의 생명을 받지 않는다는 참뜻을 알 것입니다."

부처님께서 이 법을 말씀하셨을 때, 마갈타왕 세니빈비사라는 티끌을 멀리하고 때〔垢〕를 여의어 모든 법의 법안法眼이 생겼고 또 8만의 천인과 마갈타 사람 1만 2천도 티끌을 멀리하고 때를 여의어 모든 법의 법안이 생겼다. 이에 마갈타왕 세니빈비사라는 법을 보고 법을 얻어 백정白淨의 법을 깨달았고, 의심을 끊고 의혹을 벗어나 더 이상 높이 존경해야 할 다른 이가 없어 그 누구도 따르지 않았으며, 망설임이 없이 이미 과증果證에 머물러 세존의 법에 대하여 두려움이 없게 되었다. 곧 자리에서 일어나 부처님 발에 머리를 조아리고 여쭈었다.

"세존이시여, 저는 이제 이 몸을 부처님과 법과 비구 스님에게 귀의합니다. 원하건대 세존께서는 저를 받아 들여 우바새가 되는 것을 허락해 주십시오. 저는 오늘부터 이 몸이 다할 때까지 스스로 귀의하여 목숨이 다하는 그날까지 그렇게 하겠습니다."

부처님께서 이렇게 말씀하시자, 마갈타왕 세니빈비사라와 8만의 천신天神과 마갈타 사람 1만 2천과 또 1천千의 비구들은 부처님 말씀을 듣고 기뻐하며 받들어 행하였다.

〔이 빈비사라왕영불경에 수록된 경문의 글자 수는 2,220자이다. 『중아함경』 제11권에 수록된 경문의 글자 수는 모두 7,996자이다.〕

중아함경 제 12 권

6. 왕상응품 ②

63) 비바릉기경鞞婆陵耆經〔초 1일송〕

나는 이와 같이 들었다.

어느 때 부처님께서 구살라국拘薩羅國에 유행하셨다. 그때 세존께서 큰 비구들과 함께 길을 가다가 도중에서 빙그레 웃으셨다. 존자 아난은 세존께서 웃으시는 것을 보고 부처님께 합장하고 여쭈었다.

"세존이시여, 무슨 인연으로 웃으십니까? 모든 부처님 · 여래 · 무소착 · 등정각께서는 아무 인연 없이 함부로 웃으시지 않습니다. 무슨 뜻으로 웃으셨는지 듣고자 합니다."

그때 세존께서 말씀하셨다.

"아난아, 이곳은 가섭 여래 · 무소착 · 등정각께서 여기 앉아 제자들을 위하여 설법하셨던 곳이다."

아난은 곧 거기에 자리를 펴고 부처님을 향하여 합장하고 여쭈었다.

“세존이시여, 원하건대 세존께서도 여기 앉으셔서 제자들을 위하여 설법하여 주십시오. 그렇게 하시면 이곳은 두 분 여래·무소착·등정각께서 설법하신 곳이 될 것입니다.”

그때에 세존께서 곧 그곳에서 아난이 편 자리에 앉으셔서 말씀하셨다.

“아난아, 이곳에는 가섭 여래·무소착·등정각의 강당이 있었다. 가섭 여래·무소착·등정각께서는 그 강당 안에 앉아서 제자들을 위하여 설법하셨다.

아난아, 이곳에는 옛날에 비바릉기鞞婆陵耆라는 마을이 있었다. 지극히 풍성하고 안락한 곳이어서 많은 백성들이 살고 있었다. 아난아, 비바릉기 마을에는 범지梵志인 큰 장자가 살고 있었는데, 그 장자의 이름은 무에無恚라고 하였다. 대단히 큰 부자였으므로 재산이 한량없이 많았고, 목축 산업도 이루 다 계산할 수 없었으며, 여러 가지 봉호封戶와 식읍食邑을 두루 갖추고 있었다. 아난아, 저 범지 큰 장자 무에에게는 우다라마납優多羅摩納이라는 아들이 있었는데, 부모의 자랑거리였다. 청정하게 태어났으며 7세世 동안 다른 종족種族을 죽이지 않았으며 대대로 악한 일이 없었다. 그는 총지總持를 널리 듣고 네 종류의 전경(典經 : 吠陀)을 외우고, 인연(因緣 : 語彙)·정문(正文 : 儀軌)·희(戲 : 字源)·오구설(五句說 : 物語)에 깊이 통달하였다. 아난아, 우다라 동자에게는 좋은 벗이 있었는데, 난제파라難提波羅라고 하는 도사陶師였다. 항상 우다라 동자의 사랑을 받아 기쁘게 대하고 싫어하지 않았다.

아난아, 난제파라 도사는 부처님께 귀의하고 법에 귀의하고 비구승에 귀의하여 3존尊을 의심하지 않았고 고苦·집集·멸滅·도道에 대하여 의혹을 가지지 않았으며, 믿음을 얻고 계를 지키며 널리 듣고 은혜로 베풀며 지혜를 성취하였다. 살생을 여의고 살생을 끊어 칼과 몽둥이를 버리고, 제자신에 대한 부끄러움과 남에 대한 부끄러움이 있었고 자비심이 있었으며 일체 중생은 물론 나아가 곤충에 이르기까지도 다 유익함을 주었다. 그는 살생에 대하여 그 마음을 깨끗이 하였다. 아난아, 난제파라 도사는 주지 않는 것 가지는 일을 여의었고 주지 않는 것 가지기를 끊었으며 주는 것만 가지고 주는 것만 가지기를 좋아하였다. 항상 보시하기를 좋아하였고 아낌없이 베풀고는 즐거워하였으며 보시하고도 그에 대한 어떤 보답도 바라지 않았으니, 그는 주지 않는 것을 가지는 것에 대하여 그 마음을 깨끗이 하였다.

아난아, 난제파라 도사는 범행이 아닌 것을 여의었고 범행이 아닌 것을 끊었으며 범행을 부지런히 닦고 묘행을 부지런히 힘쓰며 청정하여 더러움이 없고 탐욕을 여의고 음욕을 끊었으니, 그는 범행이 아닌 것에 대하여 그 마음을 깨끗이 하였다. 난제파라 도사는 거짓말을 여의고 거짓말을 끊었으며 진실한 이치만을 말하고 진실한 이치만을 좋아하며 진실한 이치에 머물러 움직이지 않고 일체가 다 믿음을 가질 수 있게 하였고 세상을 속이지 않았다. 그는 거짓말에 대하여 그 마음을 깨끗이 하였다. 아난아, 난제파라 도사는 이간하는 말을 여의었고 이간하는 말을 끊었으며 이간하지 않는 말만 실천하고 남을 파괴하지 않았으며, 여기서 들은 말을 저기 가서 말하여 이쪽을 파괴하려 하지 않고, 저기서 들은 말을 여기 와서 말하여 저쪽을 파괴하려 하지 않았다. 갈라진 것은 화합시키려 하였고 화합하면 기뻐하였으며 당파를 만들지 않고 당파를 좋아하지 않았으며 당파를 거론하지 않았으니, 그는 이간하는 말에 대하여 그 마음을 깨끗이 하였다. 아난아, 난제파라 도사는 거친 말을 여의고 거친 말을 끊었다. 만일 말씨가 거칠고 모질면 그런 악한 소리는 귀에 거슬려 사람들이 기뻐하지 않고 사람들이 좋아하지 않으며 사람을 괴롭게 하고 안정을 얻지 못하게 한다. 이와 같은 말은 끊어야 한다. 만일 말이 맑고 온화하고 부드러우면 귀에도 순하고 마음에도 들어, 기뻐할 만하고 사랑할 만하며 남으로 하여금 안락하게 한다. 말과 음성이 갖추어지고 분명하여 남들로 하여금 두려워하지 않게 하고 남들로 하여금 안정을 얻게 한다. 이와 같이 말하였으니, 그는 거친 말에 대하여 그 마음을 깨끗이 하였다. 아난아, 난제파라 도사는 꾸밈말을 여의고 꾸밈말을 끊었으며, 때에 맞는 말·진실한 말·법다운 말·뜻있는 말·멈추어 쉬게 하는 말〔止息說〕·멈추어 쉬기를 좋아하는 말만 하였으며 일은 때를 따라 형편에 맞추고 잘 가르치고 잘 꾸짖었으니, 그는 꾸밈말에 대하여 그 마음을 깨끗이 하였다.

아난아, 난제파라 도사는 살아가는 방법〔治生〕을 모색하는 일을 여의고 살아가는 방법 모색하는 일을 끊었으며 저울〔稱〕이나 말〔斗〕과 섬〔斛〕을 버리고 재물 받기를 거절해 남을 속박하지 않았으며 말이나 되 깎는 일을 바라지 않고 조그만 이익으로 남을 속이지 않았으니, 그는 살아가는 방법을 모색하는 일에 대하여 그 마음을 깨끗이 하였다. 아난아, 난제파라 도사는 과부나 동녀 받는 것을 여의고 과부나 동녀 받기를 끊었으니, 그는 과부나 동녀를 받는 일에 있어서 그 마음을 깨끗이 하였다. 난제파라 도사는 노비 받기를 여의고 노비 받기를 끊었으니, 그는 노비를 받는 일에 있어서 그 마음을 깨끗이 하였다. 아난아, 난제파라 도사는 코끼리·말·소·염소 받기를 여의고 코끼리·말·소·염소 받기를 끊었으니, 그는 코끼리·말·소·염소 받는 일에 있어서 그 마음을 깨끗이 하였다. 아난아, 난제파라 도사는 닭이나 돼지 받기를 여의고 닭이나 돼지 받기를 끊었으니, 그는 닭이나 돼지를 받는 일에 있어서 그 마음을 깨끗이 하였다. 아난아, 난제파라 도사는 밭이나 점포 받기를 여의고 밭이나 점포 받기를 끊었으니, 그는 밭이나 점포 받는 일에 있어서 그 마음을 깨끗이 하였다. 난제파라 도사는 벼나 보리나 콩 받기를 여의고 벼나 보리나 콩 받기를 끊었으니, 그는 벼나 보리나 콩을 받는 일에 있어서 그 마음을 깨끗이 하였다. 아난아, 난제파라 도사는 술을 여의고 술을 끊었으니, 그는 술을 마시는 일에 있어서 그 마음을 깨끗이 하였다.

아난아, 난제파라 도사는 높고 넓은 큰 평상을 여의고 높고 넓은 큰 평상을 끊었으니, 그는 높고 넓은 큰 평상에 대해서 그 마음을 깨끗이 하였다. 난제파라 도사는 화만華鬘 · 영락瓔珞 · 바르는 향 · 연지 · 분을 여의고 화만 · 영락 · 바르는 향 · 연지 · 분을 끊었으니, 그는 화만 · 영락 · 바르는 향 · 연지 · 분에 대해서 그 마음을 깨끗이 하였다. 난제파라 도사는 노래 · 춤 · 기생 · 유람 · 광대놀이를 여의고 노래 · 춤 · 기생 · 유람 · 광대놀이를 끊었으니, 그는 노래 · 춤 · 기생 · 유람 · 광대놀이에 대해서 그 마음을 깨끗이 하였다. 아난아, 난제파라 도사는 생색상보(生色像寶 : 金) 받기를 여의고 생색상보 받기를 끊었으니, 그는 생색상보를 받는 일에 있어서 그 마음을 깨끗이 하였다. 난제파라 도사는 점심때가 지나서 음식 먹는 일을 여의고 점심때가 지나서 음식 먹는 일을 끊었으며 항상 하루 한 끼만 먹고 밤이나 공부할 때에는 먹지 않았으니, 그는 점심때를 지나서 음식 먹는 일에 대해서 그 마음을 깨끗이 하였다.

아난아, 난제파라 도사는 한평생 손에서 가래〔鏵鍬〕를 놓아 스스로 땅을 파지도 않았고 남을 시켜 파게 하지도 않았다. 만일 물가에 무너진 흙이나 쥐가 파낸 흙이 있으면 그것을 가져다가 질그릇을 만들어 한쪽에 놓아두고, 사러오는 사람이 있으면 그에게 말하기를 '너희들이 만일 완두콩이나 벼나 보리나 크고 작은 마두麻豆나 비두鉀豆나 겨자가 있거든, 그것을 쏟아 놓고 그 그릇을 마음대로 가져가라'고 하였다. 아난아, 난제파라 도사는 한평생 부모를 공양해 모셨다. 부모가 볼 수 없어서 오직 사람을 쳐다보기만 하였으므로 그 부모를 봉양하고 섬겼다.

아난아, 난제파라 도사는 밤이 지나고 이른 새벽이 되면 가섭 여래 · 무소착 · 등정각께 나아가 예배하고 물러나 한쪽에 앉았다. 가섭 여래 · 무소착 · 등정각께서는 그를 위해 설법하셔서 간절히 우러르는 마음을 내게 하고 기쁨을 성취하게 하셨다. 한량없는 방편으로 그를 위해 설법하여 간절히 우러르는 마음을 내게 하고 기쁨을 성취하게 한 뒤에는 잠자코 계셨다. 아난아, 그때 난제파라 도사는 가섭 여래 · 무소착 · 등정각께서 그를 위해 설법하셔서 간절히 우러르는 마음을 내게 하고 기쁨을 성취하게 하시자, 곧 자리에서 일어나 가섭 여래 · 무소착 · 등정각의 발에 예배한 뒤 그 부처님을 세 바퀴 돌고 물러갔다. 그때에 우다라 동자는 흰 마차를 타고 5백 동자와 함께 밤이 지나고 이른 아침이 되자 비바릉기鞞婆陵耆 마을을 나가서 한 무사처(無事處 : 수행처)에 이르러, 몇 나라에서 온 제자들에게 범지서梵志書를 읽게 하였다.

이때에 우다라 동자는 멀리서 난제파라 도사가 오는 것을 보고 곧 그에게 물었다.

'난제파라여, 그대는 어디서 오는가?'

'나는 지금 가섭 여래 · 무소착 · 등정각에게 공양하고 예를 올린 다음 이리로 오는 중이다. 우다라여, 너도 나와 함께 가섭 여래 · 무소착 · 등정각에게 나아가 공양하고 예로써 섬겨야 할 것이다.'

그러자 우다라 동자가 대답하였다.

'난제파라여, 나는 그 까까머리 사문은 보고 싶지도 않다. 까까머리

사문은 아마 도를 얻지 못했을 것이다. 도란 얻기 어려운 것이기 때문이다.'

그러자 난제파라 도사는 우다라 동자의 머리채를 잡아 수레에서 끌어내렸다. 우다라 동자는 곧 이렇게 생각하였다. 이 난제파라 도사는 평상시 남을 조롱하지도 않았다. 미치지도 않았고 어리석지도 않은데 지금 내 머리채를 잡아끌었으니 틀림없이 무슨 까닭이 있을 것이다. 이렇게 생각한 뒤에 그에게 말하였다.

'난제파라여, 내가 당신을 따라 가겠다. 내가 당신을 따라 가겠다.'

난제파라가 기뻐하면서 다시 말하였다.

'간다면 오죽 좋으랴.'

이에 난제파라 도사는 우다라 동자와 함께 가섭 여래 · 무소착 · 등정각께 나아가 예배하고 물러나 한쪽에 앉았다. 난제파라 도사가 가섭 여래 · 무소착 · 등정각께 말하였다.

'세존이시여, 이 우다라 동자는 바로 제 벗입니다. 그는 언제나 나를 보고 좋아하고 항상 나를 보고 기뻐하며 조금도 싫어하지 않습니다. 그는 세존에 대하여 믿고 공경하는 마음이 없습니다. 원하건대 세존께서는 그를 위해 잘 설법하셔서 그를 기쁘게 하고 믿고 공경하는 마음이 생기게 해 주십시오.'

이때 가섭 여래 · 무소착 · 등정각께서는 난제파라 도사와 우다라 동자를 위해 설법하셔서 간절히 우러르는 마음을 내게 하시고, 기쁨을 성취하게 하셨다. 한량없는 방편으로 그를 위해 설법하셔서 간절히 우러르는 마음을 내게 하시고 기쁨을 성취하게 한 뒤에는 잠자코 계셨다. 이에 난제파라 도사와 우다라 동자는 가섭 여래 · 무소착 · 등정각께서 그들을 위해 설법하셔서 간절히 우러르는 마음을 내게 하고 기쁨을 성취하게 하시자, 곧 자리에서 일어나 가섭 여래 · 무소착 · 등정각의 발에 예배하고 그 부처님을 세 바퀴 돌고는 물러갔다.

이때에 우다라 동자는 얼마쯤 걸어가다가 난제파라에게 물었다.

'난제파라여, 너는 가섭 여래 · 무소착 · 등정각으로부터 이렇게 미묘한 법을 얻어 듣고서도 무슨 생각에 집에 머문 채, 집을 떠나 거룩한 도를 배우지 않는가?'

그러자 난제파라 도사가 대답하였다.

'우다라여, 너는 알고 있을 것이다. 나는 한평생 부모를 공양해야 한다. 우리 부모는 앞을 볼 수 없어서 다만 사람을 쳐다보기만 한다. 나는 그 때문에 부모를 봉양해 모셔야 한다.'

우다라 동자가 난제파라에게 물었다.

'난제파라여, 나도 가섭 여래 · 무소착 · 등정각을 따라 집을 나가 도를 배울 수 있으며, 구족계를 받고 비구가 되어 범행을 닦을 수 있겠는가?'

이에 난제파라 도사와 우다라 동자는 곧 거기서 다시 가섭 여래 · 무소착 · 등정각께 나아가 예배하고 물러나 한쪽에 앉았다. 난제파라 도사가 가섭 여래 · 무소착 · 등정각께 여쭈었다.

'세존이시여, 이 우다라 동자가 얼마쯤 걸어가다가 저에게 〈난제파라여, 너는 가섭 여래 · 무소착 · 등정각으로부터 이렇게 미묘한 법을 얻어 듣고서도 무슨 생각에 집에 머문 채, 집을 떠나 거룩한 도를 배우지 않는가?〉 하고 물었습니다. 세존이시여, 저는 그에게 〈나는 평생 동안 부모를 봉양해야 한다. 우리 부모는 앞을 볼 수가 없어서 다만 사람을 쳐다보기만 한다. 나는 그 때문에 부모를 봉양해 모셔야 한다〉라고 대답하였습니다. 우다라는 다시 저에게 〈난제파라여, 나도 가섭 여래 · 무소착 · 등정각을 따라 집을 나가 도를 배울 수 있으며, 구족계를 받고 비구가 되어 범행을 닦을 수 있겠는가?〉 하고 물었습니다. 원하건대 세존이시여, 저 사람을 제도하셔서 출가하여 도를 배우게 하시고 구족계를 주셔서 비구가 되게 하여 주십시오.'

가섭 여래·무소착·등정각께서는 난제파라를 위하여 잠자코 받아 주셨다. 이에 난제파라 도사는 가섭 여래·무소착·등정각께서 잠자코 받아 주심을 알고, 곧 자리에서 일어나 머리를 조아려 예배하고 그 부처님을 세 바퀴 돌고나서 물러갔다.

이에 가섭 여래·무소착·등정각께서는 난제파라가 떠난 지 오래지 않아 우다라 동자를 제도하여 출가하여 도를 배우게 하고 구족계를 주셨다. 출가하여 도를 배우게 하고 구족계를 주신 뒤에 비바릉기鞞婆陵耆 마을에서 며칠을 함께 머물다가 옷과 발우를 챙겨 가지고 큰 비구들과 함께 가사국迦私國의 읍인 바라내波羅㮈로 가시려고 하였다. 계속 유행하여 곧 가사국 바라내에 이르러 바라내시의 선인이 사는 곳인 녹야원鹿野園에 노니셨다. 이때에 협비왕頻鞞王은 가섭 여래·무소착·등정각께서 가사국에 유행하시면서 큰 비구들과 함께 이 바라내읍 선인이 살고 있는 곳인 녹야원에 오셨다는 말을 들었다. 협비왕은 그 말을 들은 뒤에 어자御者에게 말하였다.

'너는 수레를 준비하라. 내가 지금 가섭 여래·무소착·등정각께서 계신 곳으로 가고자 한다.'

어자는 왕의 분부를 받고 곧 수레를 준비한 뒤에 돌아와 왕에게 말하였다.

'이미 좋은 수레를 준비해 놓았습니다. 천왕의 뜻대로 하십시오.'

이에 협비왕은 좋은 수레를 타고 바라내를 나와 선인이 사는 곳인 녹야원으로 갔다.

그때 협비왕은 멀리 숲 사이로 가섭 여래·무소착·등정각의 얼굴이 단정하고 아름다워 마치 별 가운데 달과 같고 빛나고 밝고 환하기가 금산金山과 같으며, 상호가 구족具足하고 위신威神이 당당하며 모든 감각기관은 고요하고 안정되어 아무 장애가 없고 조어調御를 성취하였고 마음이 쉬어 고요하고 잠잠한 모습을 보았다. 그것을 본 뒤에 수레에서 내려 걸어서 가섭 여래·무소착·등정각이 계신 곳으로 나아가 예배하고 물러나 한쪽에 앉았다. 협비왕이 한쪽에 앉자 가섭 여래·무소착·등정각께서는 그를 위해 설법하셔서 마음을 내게 하고 간절히 우러르게 하였으며 성취하여 기쁘하게 하셨다. 한량없는 방편으로 그를 위해 설법하셔서 마음을 내게 하고 간절히 우러르게 하며 성취하여 기쁘하게 한 뒤에는 잠자코 앉아 계셨다. 이에 협비왕은 가섭 여래·무소착·등정각께서 그를 위해 설법하셔서 간절히 우러르는 마음을 내게 하고 기쁨을 성취하게 하시자 곧 자리에서 일어나 한쪽 어깨를 드러내고 합장한 채 가섭 여래·무소착·등정각께 여쭈었다.

'원하건대 세존이시여, 저의 청을 분명하게 받아 주십시오. 비구 대중들도 받아 주십시오.'

가섭 여래·무소착·등정각께서는 협비왕을 위하여 잠자코 그 청을 받아 주셨다. 이에 협비왕은 가섭 여래·무소착·등정각께서 잠자코 그 청을 받아 주시는 것을 알고는 머리를 조아려 예배하고, 그 부처님의 주위를 세 바퀴 돌고나서 물러갔다. 그는 집에 돌아가 밤에 매우 맛있고 깨끗하고 미묘한 여러 가지 음식을 풍성하게 준비하게 하였는데, 곧 그 밤으로 다 장만하게 하고는 이른 아침에 상을 차려 놓고 청하였다.

'세존이시여, 이제 때가 되었고 음식도 다 준비되었습니다. 원하건대 세존께서는 때를 맞추어 오시기 바랍니다.'

이에 가섭 여래·무소착·등정각께서는 밤이 지나고 이른 아침이 되자, 가사를 입고 발우를 가지고 모든 비구들을 데리고 협비왕의 집으로 가셨다. 세존께서는 비구들 윗자리에 자리를 펴고 앉으셨다. 이에 협비왕은 부처님과 비구들이 앉으신 것을 보고는 직접 손 씻을 물을 돌리고, 매우 맛있고 깨끗하고 미묘한 여러 가지 음식을 손수 풍성하게 차려 한껏 공양하게 하였다. 공양이 끝나자 그릇을 거두고 손 씻을 물을 돌린 뒤에 작은 평상을 가지고 와서 따로 앉아 법을 들었다. 협비왕이 앉자 가섭 여래 · 무소착 · 등정각께서는 그를 위해 설법하셔서 간절히 우러르는 마음을 내게 하시고 기쁨을 성취하게 하셨다. 한량없는 방편으로 그를 위해 설법하셔서 간절히 우러르는 마음을 내게 하고 기쁨을 성취하게 하신 뒤에 잠자코 앉아 계셨다.

이에 협비왕은 가섭 여래 · 무소착 · 등정각께서 그를 위해 설법하셔서 간절히 우러르는 마음을 내게 하고 기쁨을 성취하게 하시자 곧 자리에서 일어나 어깨를 드러내고 합장하고 가섭 여래 · 무소착 · 등정각께 여쭈었다.

'원하건대 세존이시여, 이 바라내에서 나를 위해 여름 안거를 받아 주십시오. 비구들께서도 받아 주십시오. 나는 세존을 위하여 방 5백과 침구 5백을 만들고, 또 구집拘執과 이렇게 하얀 멥쌀과 왕이 먹는 여러 가지 음식도 보시하여 세존과 비구들을 공양하고자 합니다.'

가섭 여래 · 무소착 · 등정각께서 협비왕에게 말씀하셨다.

'그만두시오, 그만두시오. 대왕이여, 다만 마음에 만족하고 기쁘면 그만입니다.'

협비왕은 이렇게 두 번 세 번 가섭 여래 · 무소착 · 등정각에게 합장하고 말씀드렸다.

'원하건대 세존이시여, 이 바라내에서 나를 위해 여름 안거를 받아 주십시오. 또 비구들께서도 받아 주십시오. 나는 세존을 위하여 방 5백과 침구 5백을 만들고 또 구집과 이와 같이 하얀 멥쌀과 왕이 먹는

여러 가지 음식도 보시하여 세존과 비구들을 공양하고자 합니다.'

가섭 여래·무소착·등정각께서도 두 번 세 번 협비왕에게 말씀하셨다.

'그만두시오, 그만두시오. 대왕이여, 다만 마음이 만족하고 기쁘면 그만입니다.'

이에 협비왕은 하고 싶던 일을 제대로 하지 못하게 되자 마음이 매우 슬퍼졌다. 가섭 여래·무소착·등정각께서는 나를 위하여 이 바라내에서 여름 안거를 받을 수 없다 하시는구나. 이렇게 생각한 뒤에 협비왕은 가섭 여래·무소착·등정각께 여쭈었다.

'세존이시여, 속가에 살고 있는 속인으로서 세존을 받들어 섬기기를 나와 같이 하는 사람이 또 있습니까?'

가섭 여래·무소착·등정각께서 협비왕에게 말씀하셨다.

'있습니다. 왕의 경계에 있는 비바릉기鞞婆陵耆 마을은 지극히 풍요롭고 안락하여 많은 백성들이 살고 있습니다. 대왕이여, 그 비바릉기 마을에 난제파라라는 도사陶師가 있습니다. 난제파라 도사는 부처님께 귀의하고 법에 귀의하고 또 비구 대중에게 귀의하여 삼보를 의심하지 않고 괴로움·괴로움의 발생·괴로움의 소멸·괴로움의 소멸에 이르는 길에 대해서도 의혹을 품지 않으며 믿음을 얻어 계율을 지키고 널리 듣고 은혜로 베풀며 지혜를 성취하였습니다. 살생을 여의고 살생을 끊어 칼과 몽둥이를 버리고, 제자신에 대해서나 남에 대하여 부끄러워함이 있고 자비심이 있으며 일체 중생들과 나아가 저 곤충에 이르기까지도 모두 요익하게 하고 있으니 그는 살생에 대해서 그 마음을 깨끗이 하였습니다.

대왕이여, 난제파라 도사는 주지 않는 것 가지기를 여의고 주지 않는 것 가지기를 끊어, 주면 가지고 주어야 가지는 것을 좋아합니다.

항상 보시하기를 좋아하고 아낌없이 주기를 좋아하며 어떤 보답도 바라지 않았으니, 그는 주지 않는 것 가지는 것에 대해서 그 마음을 깨끗이 하였습니다.

대왕이여, 난제파라 도사는 범행이 아닌 것을 여의고 범행이 아닌 것을 끊어 범행을 부지런히 닦고 묘행을 부지런히 힘쓰며 청정하여 더러움이 없고 탐욕을 여의고 음욕을 끊었으니, 그는 범행이 아닌 일에 대해서 그 마음을 깨끗이 하였습니다.

대왕이여, 난제파라 도사는 거짓말을 여의고 거짓말을 끊어 진실한 이치만을 말하고 진실한 진리만을 좋아하며 진실한 진리에 머물러 움직이지 않아 일체 중생이 다 믿게 하고 세상 사람을 속이지 않으니 그는 거짓말에 대해서 그 마음을 깨끗이 하였습니다.

대왕이여, 난제파라 도사는 이간하는 말을 여의고 이간하는 말을 끊어 이간하지 않는 말만 실천하여 남을 파괴하지 않습니다. 여기에서 들은 것을 저기 가서 말하여 이쪽을 파괴하려 하지도 않고, 저기에서 들은 것을 여기 와서 말하여 저쪽을 파괴하려 하지도 않습니다. 갈라진 것을 화합하게 하려고 애쓰고 서로 화합하면 기뻐하며 당파를 만들지 않고 당파를 좋아하지도 않으며, 당파를 칭송하지도 않으니, 그는 이간하는 말에 대해서 그 마음을 깨끗이 하였습니다.

대왕이여, 난제파라 도사는 거친 말을 여의고 거친 말을 끊었습니다. 만일 말의 내용이 거칠거나 말이 악하여 귀에 거슬리면 사람들이 기뻐하지 않고 사람들이 좋아하지 않아, 사람을 괴롭게 하고 안정을 얻지 못하게 합니다. 그러므로 이와 같은 말은 끊어 버리며, 만일 하는 말이 맑고 온화하고 부드러우면 귀에도 순하고 마음에도 들어, 기뻐할 만하고 좋아할 만하여 남으로 하여금 안락하게 하며, 말과 음성이 다 같이 유쾌하여 사람으로 하여금 두려워하지 않게 하고, 사람들로 하여금 안정을 얻게 합니다. 이와 같이 설하여 말하니, 그는 거친 말에 대해서 그 마음을 깨끗이 하였습니다.

대왕이여, 난제파라 도사는 꾸밈말을 여의고 꾸밈말을 끊어, 때에 맞는 말, 진실한 말, 법다운 말, 뜻 있는 말, 다툼을 여의는 말, 다툼을 여의기를 좋아하는 말만 하며, 일은 때를 따라 형편에 맞추고 잘 가르치고 잘 꾸짖으니, 그는 꾸밈말에 대해서 그 마음을 깨끗이 하였습니다.

대왕이여, 난제파라 도사는 살아가는 방법〔治生〕을 모색하는 일을 여의고 살아가는 방법 모색하는 일을 끊어, 저울과 말과 섬 따위를 버렸으며, 재물 받기를 거절하고 남을 속박하지 않으며, 말이나 되질할 적에 깎아 내리기를 바라지 않고 조그만 이익으로 남을 속이지 않았으니, 그는 살아가는 방법 모색하는 일에 대해서 그 마음을 깨끗이 하였습니다. 대왕이여, 난제파라 도사는 과부나 동녀 받기를 여의고 과부나 동녀 받기를 끊었으니, 그는 과부나 동녀를 받는 데에 있어서 그 마음을 깨끗이 하였습니다.

대왕이여, 난제파라 도사는 노비 받기를 여의고 노비 받기를 끊었으니, 그는 노비를 받는 데에 있어서 그 마음을 깨끗이 하였습니다. 대왕이여, 난제파라 도사는 닭이나 돼지 받기를 여의고 닭이나 돼지 받기를 끊었으니, 그는 닭이나 돼지 받는 데에 있어서 그 마음을 깨끗이 하였습니다.

대왕이여, 난제파라 도사는 밭이나 점포 받기를 끊었으니, 그는 밭이나 점포 받는 일에 있어서 그 마음을 깨끗이 하였습니다. 대왕이여, 난제파라 도사는 벼나 보리나 콩 받기를 여의고 벼나 보리나 콩 받기를 끊었으니, 그는 벼나 보리나 콩을 받는 데에 있어서 그 마음을 깨끗이 하였습니다.

대왕이여, 난제파라 도사는 술을 여의고 술을 끊었으니, 그는 술을 마시는 데에 있어서 그 마음을 깨끗이 하였습니다. 난제파라 도사는 높고 넓고 큰 평상을 여의고 높고 넓고 큰 평상을 끊었으니, 그는 높고 넓고 큰 평상에 있어서 그 마음을 깨끗이 하였습니다. 대왕이여, 난제파라 도사는 화만・영락・바르는 향・연지・분을 여의고 화만・영락・바르는 향・연지・분을 끊었으니, 그는 화만・영락・바르는 향・연지・분에 있어서 그 마음을 깨끗이 하였습니다. 난제파라 도사는 노래・춤・기생・유람・광대놀이를 여의고 노래・춤・기생・유람・광대놀이를 끊었으니, 그는 노래・춤・기생・유람・광대놀이에 있어서 그 마음을 깨끗이 하였습니다. 대왕이여, 난제파라 도사는 생색상보(生色像寶 : 金) 받기를 여의고 생색상보 받기를 끊었으니, 그는 생색상보를 받는 데에 있어서 그 마음을 깨끗이 하였습니다. 난제파라 도사는 점심식사 때가 지나서 먹는 음식〔過中食〕을 여의고 점심식사 때가 지나서 먹는 음식을 끊었으며 항상 하루에 한 끼니만 식사를 하고 밤이나 공부할 때에는 먹지 않으니, 그는 점심식사 때가 지나서 먹는 음식에 있어서 그 마음을 깨끗이 하였습니다.

대왕이여, 난제파라 도사는 한평생 가래〔鏵鍬〕를 놓아, 스스로 땅을 파지도 않았고 남을 시켜 파게 하지도 않았습니다. 만일 물가에 무너져 내린 흙이나 쥐가 파헤친 흙이 있으면 그것을 가져다 질그릇을 만들어 한쪽에 놓아두고 그 그릇을 사려고 하는 사람이 있으면 그에게 너희들이 만일 완두콩이나 보리나 크고 작은 마두麻豆나 비두䕯豆나 겨자가 있거든, 그것을 쏟아 놓고 가져가고 싶은 그릇을 마음대로 가져가라고 말했습니다. 대왕이여, 난제파라 도사는 한평생 동안 부모를 봉양해 모셨습니다. 그의 부모는 앞을 보지 못해서 다만 사람을 쳐다보기만 하였으므로 봉양해 모셨습니다.

대왕이여, 나는 옛날 비바릉기 마을에서 살았던 일들을 기억하고 있습니다. 대왕이여, 나는 그때 이른 아침에 가사를 입고 발우를 가지고 비바릉기 마을로 들어가 밥을 빌었습니다. 차례로 밥을 빌면서 가다가 난제파라 도사의 집에 이르렀습니다. 그때 난제파라는 볼 일이 있어서 집을 나가고 없었습니다. 대왕이여, 나는 난제파라 도사의 부모에게 〈장로 도사는 지금 어디 갔습니까?〉 하고 물었습니다. 그들은 내게 〈세존이시여, 시자는 볼 일이 있어서 잠깐 나가고 없습니다. 선서시여, 시자는 조그마한 볼 일이 있어 잠깐 나가고 없습니다. 세존이시여, 조리 안에는 보리밥이 있고, 솥 안에는 콩국이 있습니다. 바라건대 세존께서는 저희들을 사랑하고 가엾이 여기셔서 마음대로 가져가십시오〉 하고 대답했습니다. 대왕이여, 나는 곧 울단왈법鬱單曰法을 따라 곧 조리와 가마 안에 있는 국과 밥을 가지고 떠났습니다. 뒤에 난제파라 도사가 돌아와 조리 안의 밥이 줄어들고 가마 안의 국이 줄어진 것을 보고, 부모에게 〈누가 국과 밥을 가져갔습니까?〉 하고 물었습니다. 부모는 〈아들아, 오늘 가섭 여래 · 무소착 · 등정각께서 여기 와서 밥을 빌다가 저 조리와 가마 안에 있는 국과 밥을 가져 가셨다〉라고 대답했습니다. 난제파라 도사는 그 말을 듣고 곧 〈나에게 좋은 이익이 있을 것이며, 내가 큰 공덕을 지었다. 가섭 여래 · 무소착 · 등정각께서 우리 집에 오셔서 마음대로 음식을 가져가셨기 때문이다〉라고 생각했습니다. 그는 이로 인해 기뻐하면서 가부좌를 하고 앉아 마음을 고요히 하여 잠자코 있은 지 7일이나 지나갔다. 그렇게 한 지 15일이 되자 큰 환락을 얻었습니다. 그 집의 부모도 7일 안에 큰 환락을 얻었습니다.

또 대왕이여, 나는 옛날 비바릉기 마을에서 유행하던 일을 기억하고 있습니다. 대왕이여, 나는 그때 이른 아침에 가사를 입고 발우를 가지고 비바릉기 마을에 들어가 밥을 빌었습니다. 차례로 밥을 빌다가 난제파라 도사의 집에 이르렀습니다. 그때 난제파라 도사는 작은 볼 일이 있어 집을 나가고 없었습니다. 대왕이여, 나는 난제파라의 부모에게 〈장로 도사는 지금 어디 있습니까?〉 하고 물었습니다. 그들은 내게 〈세존이시여, 시자는 작은 볼 일이 있어 잠깐 나가고 없습니다. 선서시여, 시자는 작은 볼 일이 있어 잠깐 나가고 없습니다. 세존이시여, 큰 가마 안에는 멥쌀밥이 있고 작은 가마 안에는 국이 있습니다. 오직 바라건대 세존께서는 저희들을 사랑하고 가엾이 여기셔서 마음대로 가져가십시오〉라고 대답했습니다. 대왕이여, 나는 곧 울단왈법을 따라 크고 작은 가마 안에서 국과 밥을 가지고 떠났습니다. 뒤에 난제파라 도사가 집에 돌아와 큰 가마 안의 밥이 줄어들고 작은 가마 안의 국이 줄어든 것을 보고, 부모에게 〈누가 큰 가마 안에서 밥을 가져갔고 작은 가마 안에서 국을 가져갔습니까?〉 하고 여쭈었습니다. 부모는 〈아들아, 오늘 가섭 여래 · 무소착 · 등정각께서 여기 와서 밥을 빌다가 저 크고 작은 가마 안에서 국과 밥을 가지고 가셨다〉고 대답했습니다. 난제파라 도사는 이 말을 듣고 곧 〈나에게 좋은 이익이 있을 것이며 나는 큰 공덕을 지었다. 가섭 여래 · 무소착 · 등정각께서 우리 집에 오셔서 마음대로 음식을 가져가셨기 때문이다〉라고 생각하였습니다. 그는 이로 인해 기뻐하면서 가부좌를 하고 앉아 마음을 쉬고 잠자코 있은 지 7일이나 되었다. 그렇게 한 지 15일 만에 환락을 얻었고 그 집의 부모도 7일 안에 환락을 얻었습니다.

다시 또 대왕이여, 나는 옛날 비바릉기 마을에서 여름 안거를 지낸 일에 대하여 기억하고 있습니다. 나는 그때 새로 집을 지어 기와를 덮지 않았었고 난제파라 도사의 집은 낡은 기와를 헐어내고 새 기와로 지붕을 덮은 일이 있었습니다. 나는 그때 시자 비구들에게 〈너희들은 난제파라 도사의 집에 가서 묵은 기와를 헐어 그 기와를 가지고 와서 우리 집을 덮도록 하라〉고 말했습니다. 시자 비구들은 곧 내가 시킨 대로 난제파라 도사의 집으로 가서 묵은 기와를 헐어 묶음으로 묶어 가지고 와서 우리 집을 덮었습니다. 난제파라 도사의 부모는 묵은 기와를 헐어낸다는 말을 듣고는 〈누가 난제파라의 묵은 기와집을 허는가?〉 하고 물었습니다. 비구들은 〈장로여, 우리들은 가섭 여래 · 무소착 · 등정각의 시자 비구들입니다. 난제파라 도사의 묵은 기와집을 헐어 그 기와를 묶음으로 만들어 가섭 여래 · 무소착 · 등정각의 집을 덮으려고 합니다〉 하고 대답하였습니다. 난제파라 부모는 〈여러분, 마음대로 가지고 가십시오. 아무도 말릴 사람이 없습니다〉라고 말했습니다. 뒤에 난제파라 도사가 집에 돌아와서 묵은 기와집이 헐린 것을 보고 부모에게 〈누가 우리 묵은 기와집을 헐었습니까?〉 하고 물었습니다. 부모는 〈아들아, 오늘 가섭 여래 · 무소착 · 등정각의 시자 비구들이 묵은 기와집을 헐어 그 기와를 묶음으로 만들어 가지고 가서 가섭 여래 · 무소착 · 등정각의 집을 덮는다고 했다〉고 대답하였습니다. 난제파라 도사는 이 말을 듣고는 곧 〈나에게 좋은 이익이 있을 것이고 내가 큰 공덕을 지었다. 가섭 여래 · 무소착 · 등정각께서 우리 집에서 마음대로 기와를 가져가셨기 때문이다〉라고 생각하였습니다. 그는 이 일로 인해 기뻐하면서 가부좌를 하고 앉아 마음을 쉬고 잠자코 있은 지 7일이나 되었다. 그렇게 한 지 15일 만에 환락을 얻었고, 그 집 부모도 또한 7일 안에 환락을 얻었습니다.

대왕이여, 난제파라 도사의 묵은 기와집 때문에 여름 4개월을 마치는 동안 조금도 집이 새는 것을 걱정하지 않았습니다. 왜냐하면 부처님의 위신력을 입었기 때문입니다. 대왕이여, 난제파라 도사는 참지 못하는 일이 없고 불평하는 일이 없었으며, 마음에 걱정과 슬픔이 없었습니다. 그래서 가섭 여래 · 무소착 · 등정각께서 우리 집에서 마음대로 자재하셨다고 말한 것입니다. 대왕이여, 그런데 당신은 억제할 수도 없고 못마땅하게 생각하여 마음으로 매우 걱정하고 슬퍼합니다. 그래서 가섭 여래 · 무소착 · 등정각께서 내 청을 받아 이 바라내에서 여름 안거를 받지 않으시고 비구 대중도 그러하다고 생각하는 것입니다.'

이에 가섭 여래 · 무소착 · 등정각께서는 협비왕頻鞞王을 위해 설법하셔서 간절히 우러르는 마음을 내게 하고 기쁨을 성취하게 하셨다. 한량없는 방편으로 그를 위해 설법하셔서 간절히 우러르는 마음을 내게 하고 기쁨을 성취하게 한 뒤에 자리에서 일어나 떠나셨습니다. 협비왕은 가섭 여래 · 무소착 · 등정각께서 떠나신 지 오래지 않아 곧 시자에게 명령하였다.

'너희들은 5백 대의 수레에 흰 멥쌀과 왕이 먹는 여러 가지 음식을 가득히 싣고 난제파라 도사의 집에 가서 그에게 〈난제파라여, 이 5백 대의 수레에는 흰 멥쌀과 왕이 먹는 여러 가지 음식이 가득히 실려 있습니다. 협비왕이 보내어 당신에게 주라고 한 것입니다. 부디 사랑하고 가엾이 여겨 지금 이것을 받아 주십시오〉 하고 말하라.'

그 시자는 왕의 분부를 받고 나서 5백 대의 수레에 흰 멥쌀과 왕이 먹는 여러 가지 음식을 가득 싣고 난제파라 도사의 집에 가서, '난제파라 도사여, 이 5백 대 수레에는 흰 멥쌀과 왕이 먹는 여러 가지 음식이 가득히 실려 있습니다. 이것은 협비왕이 당신에게 보내 드리는 것이니 부디 사랑하고 가엾이 여겨 이것을 받으시기 바랍니다'라고 말했다. 난제파라 도사는 사양하고 받지 않았다. 그리고 시자에게 '여러분, 협비왕은 나라가 커서 일도 많고 써야 할 경비도 많아야 할 것입니다. 나는 그렇게 알고 있기 때문에 받지 못하겠습니다'라고 말하였다."

부처님께서 아난에게 말씀하셨다.

"네 생각은 어떠하냐? 그때의 동자 우다라를 너는 다른 사람이라고 생각하느냐? 그렇게 생각하지 말라. 마땅히 알라. 그때의 그는 곧 지금의 나이다. 아난아, 나는 그때에 내 자신도 요익했고 남을 요익하게 하였으며 많은 사람을 요익하게 하였고 세상을 가엾이 여겼으며 하늘을 위하고 사람을 위하여 이치와 요익을 구하고 안온과 쾌락을 구하였다. 그러나 그때에는 법을 설하여 구경究竟의 경지에 이르지 못했고 최상의 경지인 백정白淨에도 이르지 못했으며 범행을 마치지 못하였다. 그때에는 남·죽음·늙음·병·울음·걱정·슬픔을 여의지 못했고 일체의 괴로움을 벗어날 수 없었다. 아난아, 나는 이제 세상에 출현하여 여래·무소착·등정각·명행성위明行成爲·선서·세간해·무상사·도법어道法御·천인사·불중우佛衆祐라고 불리고 있다. 나는 이제 내 자신도 요익하고 남도 요익하게 하며 많은 사람을 요익하게 하고 세상을 가엾이 여기며 하늘을 위하고 사람을 위하여 이치와 요익을 구하고 안온과 쾌락을 구한다. 나는 이제 법을 설하여 최후의 경지에 이르렀고 백정을 마치고 범행을 마쳤다. 나는 이제는 남·늙음·병·죽음·울음·걱정·슬픔을 여의었고, 나는 이제는 일체의 괴로움을 벗어나게 되었다."

부처님께서 이렇게 말씀하시자, 존자 아난과 여러 비구들은 부처님 말씀을 듣고 기뻐하며 받들어 행하였다.

〔이 비바릉기경에 수록된 경문의 글자 수는 5,734자이다.〕

64) 천사경天使經[1] 〔초 1일송〕

나는 이와 같이 들었다.

어느 때 부처님께서 사위국에 유행하실 때에 승림급고독원에 계셨다. 그때 세존께서 여러 비구들에게 말씀하셨다.

"나는 보통 사람들보다 뛰어난 깨끗한 천안天眼으로써 저 중생들이 나는 때와 죽는 때를 보고 좋은 모습과 추한 모습을 보며 혹 묘하고 혹 묘하지 못한 것을 본다. 또 좋은 곳과 좋지 못한 곳에 오고 가는 것은 다 이 중생이 지은 업業을 따라 그렇게 된다는 참다운 진리를 본다. 가령 어떤 중생이 몸으로 악행惡行을 성취하거나 입과 뜻으로 악행을 성취하여 성인을 비방하든지 사견邪見 때문에 사견업邪見業을 성취하면 그 중생은 이것을 인연하여 몸이 무너지고 목숨을 마치고 나면 틀림없이 나쁜 곳에 이르는데, 저 지옥 같은 데에 태어나고 또 어떤 중생이 몸으로 착한 행을 성취하거나 입과 뜻으로 착한 행을 성취하여 성인을 비방하지 않거나 바른 견해 때문에 정견업正見業을 성취하면 그 중생은 이것을 인연하여 몸이 무너지고 목숨을 마치면 틀림없이 좋은 곳에 올라가는데 천상세계 같은 곳에 태어난다.

비유하면 마치 큰비가 내릴 때에 물 위에 거품이 혹 생기기도 하고 혹은 사라지기도 하는데, 눈이 있는 사람이 한곳에 머물러 물거품이 생겨나고 사라지는 것을 보는 것과 같다. 나도 그와 같이 보통 사람들보다 뛰어난 깨끗한 천안天眼으로 저 중생들이 나는 때와 죽는 때를

---

1 이 경의 이역경으로는 동진東晋시대 축담무란竺曇無蘭이 한역한 『철성니리경鐵城泥犁經』·『니리경泥犁經』·『오고장구경五苦章句經』과 유송劉宋시대 혜간慧簡이 한역한 『염라왕오천사자경閻羅王五天使者經』이 있으며, 참고 경문으로는 『증일아함경』 제24권 제32 「선취품善聚品」 중 네 번째 소경이 있다.

보고 좋은 모습과 추한 모습을 보며 혹 묘하고 혹 묘하지 못한 것을 본다. 또 좋은 곳과 좋지 못한 곳에 오고 가는 것은 다 이 중생이 지은 업을 따라 그렇게 된다는 참다운 진리를 본다. 가령 어떤 중생이 몸으로 악행惡行을 성취하거나 입과 뜻으로 악행을 성취하여 성인을 비방하든지 사견邪見 때문에 사견업邪見業을 성취하면 그 중생은 이것을 인연하여 몸이 무너지고 목숨을 마치고 나면 틀림없이 나쁜 곳에 이르는데 저 지옥 같은 데에 태어나고, 또 어떤 중생이 몸으로 착한 행을 성취하거나 입과 뜻으로 착한 행을 성취하여 성인을 비방하지 않거나 바른 견해 때문에 정견업正見業을 성취하면 그 중생은 이것을 인연하여 몸이 무너지고 목숨을 마치면 틀림없이 좋은 곳에 올라가는데 천상세계 같은 곳에 태어난다.

비유하면 마치 큰비가 내릴 때 빗방울이 떨어져 혹은 튀어 오르기도 하고 혹은 아래로 내려가기도 하는데, 눈이 있는 사람이 한곳에 서서 빗방울이 튀어 오르고 내리는 것을 보는 것과 같다. 나도 역시 그와 같아서 보통 사람들보다 뛰어난 깨끗한 천안天眼으로 저 중생들이 나는 때와 죽는 때를 보고 좋은 모습과 추한 모습을 보며 혹 묘하고 혹 묘하지 못한 것을 본다. 또 좋은 곳과 좋지 못한 곳에 오고 가는 것은 다 이 중생이 지은 업을 따라 그렇게 된다는 참다운 진리를 본다. 가령 어떤 중생이 몸으로 악행을 성취하거나 입과 뜻으로 악행을 성취하여 성인을 비방하든지, 사견 때문에 사견업을 성취하면 그 중생은 이것을 인연하여 몸이 무너지고 목숨을 마치고 나면 틀림없이 나쁜 곳에 이르는데 저 지옥 같은 데에 태어나고, 또 어떤 중생이 몸으로 착한 행을 성취하거나 입과 뜻으로 착한 행을 성취하여 성인을 비방하지 않거나 바른 견해 때문에 정견업을 성취하면 그 중생은 이것을 인연하여 몸이 무너지고 목숨을 마치면 틀림없이 좋은 곳에 올라가는데 천상 세계 같은 곳에 태어난다.

비유하면 마치 유리구슬이 청정하고 자연 그대로여서 생겨나면서부터 티가 없으며 8모로 곱게 다듬어져 있는데, 아름다운 끈으로 파랑·노랑·빨강, 혹은 하얀 구슬을 꿰어놓았을 때 눈이 있는 사람이 한곳에 멈추어 서서 이 유리구슬은 청정하고 자연 그대로여서 생겨나면서부터 티가 없으며, 8모로 곱게 다듬어져 있고 아름다운 끈으로 파랑·노랑·빨강, 혹은 하얀 구슬을 꿰어놓은 것을 볼 수 있는 것과 같다. 나도 역시 그와 같아서 보통 사람들보다 뛰어난 깨끗한 천안天眼으로 저 중생들이 나는 때와 죽는 때를 보고, 좋은 모습과 추한 모습을 보며 혹 묘하고 혹 묘하지 못한 것을 본다. 또 좋은 곳과 좋지 못한 곳에 오고 가는 것은 다 이 중생이 지은 업을 따라 그렇게 된다는 참다운 진리를 본다. 가령 어떤 중생이 몸으로 악행을 성취하거나 입과 뜻으로 악행을 성취하여 성인을 비방하든지 사견 때문에 사견업을 성취하면 그 중생은 이것을 인연하여 몸이 무너지고 목숨을 마치고 나면 틀림없이 나쁜 곳에 이르는데 저 지옥 같은 데에 태어나고, 또 어떤 중생이 몸으로 착한 행을 성취하거나 입과 뜻으로 착한 행을 성취하여 성인을 비방하지 않거나 바른 견해 때문에 정견업을 성취하면 그 중생은 이것을 인연하여 몸이 무너지고 목숨을 마치면 틀림없이 좋은 곳에 올라가는데 천상 세계 같은 곳에 태어난다.

비유하면 마치 두 집이 한 문門을 함께 사용하여 많은 사람들이 드나들 때에 만약 눈이 있는 사람이 한곳에 서서 사람들이 드나드는 것을 보는 것과 같다. 나도 또한 그와 같아서 보통 사람들보다 뛰어난 깨끗한 천안으로 저 중생들이 나는 때와 죽는 때를 보고 좋은 모습과 추한 모습을 보며 혹 묘하고 혹 묘하지 못한 것을 본다. 또 좋은 곳과 좋지 못한 곳에 오고 가는 것은 다 이 중생이 지은 업을 따라 그렇게 된다는 참다운 진리를 본다. 가령 어떤 중생이 몸으로 악행을 성취하거나 입과 뜻으로 악행을 성취하여 성인을 비방하든지, 사견 때문에 사견업을 성취하면 그 중생은 이것을 인연하여 몸이 무너지고 목숨을 마치고 나면 틀림없이 나쁜 곳에 이르는데 저 지옥 같은 데에 태어나고, 또 어떤 중생이 몸으로 착한 행을 성취하거나 입과 뜻으로 착한 행을 성취하여 성인을 비방하지 않거나 바른 견해 때문에 정견업을 성취하면 그 중생은 이것을 인연하여 몸이 무너지고 목숨을 마치면 틀림없이 좋은 곳에 올라가는데 천상세계 같은 곳에 태어난다.

만일 눈이 있는 사람이 높은 다락 위에 있으면서 그 밑에서 사람이 가고 오고 돌아다니며 앉고 눕고 달리고 뛰는 것을 보는 것과 같다. 나도 그와 같아서 보통 사람들보다 뛰어난 깨끗한 천안天眼으로 저 중생들이 나는 때와 죽는 때를 보고 좋은 모습과 추한 모습을 보며 혹 묘하고 혹 묘하지 못한 것을 본다. 또 좋은 곳과 좋지 못한 곳에 오고 가는 것은 다 이 중생이 지은 업業을 따라 그렇게 된다는 참다운 진리를 본다. 가령 어떤 중생이 몸으로 악행惡行을 성취하거나 입과 뜻으로 악행을 성취하여 성인을 비방하든지 사견邪見 때문에 사견업邪見業을 성취하면, 그 중생은 이것을 인연하여 몸이 무너지고 목숨을 마치고 나면 틀림없이 나쁜 곳에 이르는데 저 지옥 같은 데에 태어난다. 또 어떤 중생이 몸으로 착한 행을 성취하거나 입과 뜻으로 착한 행을 성취하여 성인을 비방하지 않거나 바른 견해 때문에 정견업正見業을 성취하면 그 중생은 이것을 인연하여 몸이 무너지고 목숨을 마치면 틀림없이 좋은 곳에 올라가는데 천상 세계 같은 곳에 태어난다.

만일 중생이 인간세계에 태어나서 부모에게 효도하지 않고 사문 범지를 존경할 줄 모르며 진실 그대로를 실천하지 않고 복업을 짓지 않으며 후세의 죄를 두려워하지 않으면, 그는 이것을 인연하여 몸이 무너지고 목숨이 끝난 뒤에는 염라왕閻羅王의 경계에 태어난다. 염라왕 경계의 사람들은 그를 붙잡아 왕에게 데리고 가서 다음과 같이 말한다.

'천왕이여, 이 중생은 본래 사람으로 있었을 때에 부모에게 효도하지 않고 사문 범지를 존경할 줄 몰랐으며, 진실 그대로를 실천하지 않고 복업을 짓지 않았으며 후세의 죄를 두려워하지 않았습니다. 원컨대 천왕께서는 그 죄를 처리하여 주십시오.'

이때에 염라왕이 물었다.

'내가 첫째 천사天使가 한 일로써 잘 묻고 잘 검사하고 잘 가르치고 잘 꾸짖었는데, 너는 혹 이전에 첫째 천사가 오는 것을 보았는가?'

'보지 못하였습니다. 천왕이여.'

염왕이 다시 물었다.

'너는 일찍이 어떤 마을에서 사내나 계집애로 태어나 너무 어리고 몸이 약해 제대로 몸을 가누지 못하여 제가 싸놓은 똥오줌 위에 반듯이 누워 그 부모에게 말도 못하고 있는 것을 그 부모가 더러운 데서 안아 내어 아기의 몸을 깨끗하게 목욕시키는 것을 보지 못하였는가?'

'보았습니다.'

염왕이 다시 물었다.

'너는 그 뒤에 그것을 인식하여 알았을 때 어찌하여 이렇게 생각하지 않았느냐? 〈나는 저절로 나는 법이 있어, 남〔生〕을 벗어나지 못한다. 나는 마땅히 몸과 입과 뜻으로 묘한 업을 실행해야 하겠다〉고 말이다.'

'천왕이여, 나는 분명히 패하고 무너져 영원히 쇠하고 아주 멸하여 없어지고 마는 것입니까?'

'너는 분명히 무너져 영원히 쇠하고 아주 멸하여 없어지고 만다. 이제 너를 고문하여 방일하게 행동하는 방일한 사람을 다스리듯이 하리라. 너의 이 악업은 부모가 한 일도 아니며 왕이 한 것도 아니며 하늘이 한 것도 아니며 또한 사문 범지가 한 일도 아니다. 네 스스로 본래 악하고 불선한 업을 지은 것이다. 그러므로 너는 이제 마땅히 그 과보를 받아야 한다.'

염라왕은 이 첫째 천사가 한 일로써 잘 묻고 잘 검사하고 잘 가르치고 잘 꾸짖어 마친다.

염왕은 다시 둘째 천사가 한 일로써 잘 묻고 잘 검사하고 잘 가르치고 잘 꾸짖었다.

'너는 혹 이전에 둘째 천사가 오는 것을 보았는가?'

'보지 못하였습니다. 천왕이여.'

염왕이 다시 물었다.

'너는 일찍이 어떤 마을에서 남자와 여자가 매우 늙어 수명이 다하려 하고 고통이 지극하며 목숨이 끊어지려 할 시기에, 이는 빠지고 머리는 희며 몸은 굽어져서 구부리고 걸으며 지팡이를 의지해 가면서 몸을 벌벌 떠는 모습을 보지 못하였는가?'

'보았습니다. 천왕이시여.'

'너는 그 뒤에 그것을 인식하여 알았을 때, 어찌하여 〈나는 저절로 늙는 법이 있어 늙음을 벗어나지 못한다. 나는 마땅히 몸과 입과 뜻으로 착한 업을 지어야겠다〉는 이런 생각을 하지 않았느냐?'

'천왕이여, 나는 분명 패하고 무너져 영원히 쇠하고 아주 사라져 없어지고 마는 것입니까?'

'너는 분명 패하고 무너져 영원히 쇠하고 아주 사라져 없어지고 만다. 이제 너를 고문하여 방일하게 행동한 방일한 사람을 다스리듯이 하리라. 너의 이 악업은 부모가 한 일도 아니며 왕이 한 일도 아니며 하늘이 한 일도 아니요며 또한 사문 범지가 한 일도 아니다. 네가 본래 스스로 악하고 불선한 업을 지은 것이다. 그러므로 너는 이제 마땅히 그 과보를 받아야 한다.'

염라왕은 이 둘째 천사로써 잘 묻고 잘 검사하고 잘 가르치고 잘 꾸짖어 마쳤다.

염왕은 다시 셋째 천사가 한 일로써 잘 묻고 잘 검사하고 잘 가르치고 잘 꾸짖었다.

'너는 혹 일찍이 셋째 천사가 오는 것을 보았는가?'

'보지 못하였습니다. 천왕이여.'

'너는 일찍이 어떤 마을에서 남자나 혹은 여자가 병이 들어 위독하여 평상에 앉거나 침대에 누우며 혹은 땅에 앉거나 누우며 몸은 지극히 피로하고 너무도 괴로워 사랑하는 사람도 기억할 수 없을 만큼 목숨을 재촉하는 것을 보지 못하였는가?'

'보았습니다. 천왕이여.'

'너는 그 뒤에 그것을 인식하여 알았을 때, 어찌하여 〈나는 저절로 병드는 법이 있어 병에서 벗어나지 못한다. 나는 마땅히 몸과 입과 뜻으로 착한 업을 지어야겠다〉고 그렇게 생각하지 않았느냐?'

'천왕이여, 나는 분명 패하고 무너져 영원히 쇠하고 아주 소멸되고 마는 것입니까?'

'너는 분명 패하고 무너져 영원히 쇠하고 아주 사라지고 말 것이다. 이제 너를 고문하여 방일한 행동을 한 방일한 사람을 다스리듯이 하리라. 너의 이 악업은 부모가 한 일도 아니며 왕이 한 일도 아니며 하늘이 한 일도 아니요 또한 사문 범지가 한 일도 아니다. 네가 본래 악하고 불선한 업을 지은 것이다. 그러므로 너는 이제 마땅히 그 과보를 받아야 한다.'

염라왕은 이 셋째 천사가 한 일로써 잘 묻고 잘 검사하고 잘 가르치고 잘 꾸짖어 마쳤다.

다시 넷째 천사가 한 일로써 잘 묻고 잘 검사하고 잘 가르치고 잘 꾸짖었다.

'너는 혹 이전에 넷째 천사가 오는 것을 보았는가?'

'보지 못하였습니다. 천왕이여.'

'너는 일찍이 어떤 마을에서 남자나 혹은 여자가 죽었을 때에, 1·2일에서 혹은 6·7일에 이르러 까마귀나 솔개에게 쪼아 먹히거나 승냥이에게 먹히며 혹은 불에 태워지고 혹은 땅 속에 묻히며 혹은 허물어져 썩어가는 것을 보지 못하였는가?'

'보았습니다. 천왕이여.'

'너는 그 뒤에 그것을 인식하여 알았을 때, 어찌하여 〈나는 저절로 죽는 법이 있어 죽음을 벗어나지 못한다. 나는 마땅히 몸과 입과 뜻으로 착한 업을 지어야겠다〉고 그렇게 생각하지 않았느냐?'

'천왕이여, 나는 분명히 패하고 무너져 영원히 쇠하고 아주 사라지고 마는 것입니까?'

'너는 분명히 패하고 무너져 영원히 쇠하고 아주 사라지고 말 것이다. 이제 너를 고문하여 방일한 행동을 한 방일한 사람을 다스리듯이 하리라. 너의 이 악업은 부모가 한 일도 아니며 왕이 한 일도 아니며 하늘이 한 일도 아니며 또한 사문 범지가 한 일도 아니다. 네가 본래 스스로 악하고 불선한 업을 지은 것이다. 그러므로 너는 이제 마땅히 그 과보를 받아야 한다.'

염라왕은 이 넷째 천사가 한 일로써 잘 묻고 잘 검사하고 잘 가르치고 잘 꾸짖어 마쳤다.

다시 다섯째 천사가 한 일로써 잘 묻고 잘 검사하고 잘 가르치고 잘 꾸짖었다.

'너는 혹 이전에 다섯째 천사가 오는 것을 보았는가?'

'보지 못했습니다. 천왕이여.'

'너는 일찍이 왕의 신하가 죄인을 잡아다가 그 죄를 다스릴 때에, 손을 끊고 발을 자르며 혹은 손과 발을 다 끊기도 하고 귀를 베고 코를 베거나 혹은 귀와 코를 베기도 하며 혹은 살을 저미고 수염을 뽑거나 머리털을 뽑으며 혹은 수염과 머리털을 모조리 뽑기도 하고, 혹은 우리 안에 가두거나 혹은 옷에 불을 싸서 지지며 혹은 모래로 파묻거나 불로 감아 태우기도 하며 혹은 쇠로 만든 나귀 뱃속에 넣거나 쇠로 만든 돼지 입 속에 넣기도 하며 혹은 쇠로 만든 호랑이 입안에 두고 태우거나 구리쇠 가마 속에 두기도 하고, 혹은 쇠가마 안에 두어 태우기도 하며 혹은 동강동강 끊거나 날카로운 갈고리로 끌어당기기도 하고 혹은 갈고리로 달아매거나 쇠평상에 눕히고 끓는 기름을 붓기도 하며 혹은 쇠절구로 찧거나 혹은 용과 뱀에게 물리게 하기도 하며 혹은 채찍으로 치거나 작대기로 때리고 몽둥이로 치기도 하고 혹은 산 채로 드높은 가지 위에 꿰어 달거나 목을 베어 나무에 다는 것을 보지 못하였는가?'

'보았습니다. 천왕이여.'

'너는 그 뒤에 그것을 인식하여 알았을 때에, 어찌하여 〈곧 나는 현재에 악하고 불선한 법을 본다〉고 그렇게 생각하지 않았느냐?'

'천왕이여, 나는 확실히 패하고 무너져 영원히 쇠하고 아주 사라지고 마는 것입니까?'

'너는 확실히 패하고 무너져 영원히 쇠하고 아주 사라지고 말 것이다. 이제 마땅히 너를 고문하여 방일한 행동을 한 방일한 사람을 다스리듯이 하리라. 너의 이 악업은 부모가 한 일도 아니며 왕이 한 일도 아니며 하늘이 한 일도 아니며 또한 사문 범지가 한 일도 아니다. 네가 본래 스스로 악하고 불선한 업을 지은 것이다. 그러므로 너는 이제 반드시 그 과보를 받아야 한다.'

염라왕은 이 다섯째 천사가 한 일로써 잘 묻고 잘 검사하고 잘 가르치고 잘 꾸짖은 뒤에 곧 옥졸에게 넘겨주었다. 옥졸은 그를 붙잡아 네 문이 달려 있는 큰 지옥 속에 가두어 두고 게송으로 말하였다.

네 기둥에 네 문이 있고
벽은 모났는데 모두 열두 모이며
담장은 쇠로 쌓았고
그 위엔 쇠기와를 덮었다.

지옥 안의 바닥은 쇠로 되어 있는데
벌겋게 타오르는 쇠 불을 피웠다.
깊이는 몇 유연由延인지 알 수 없어
땅 밑 끝까지 이르러 있다.

지극히 모질어 견딜 수 없고
불빛은 바라보기조차 싫다.
보고 나면 몸의 털 곤두서고
두렵고 무서워 너무도 괴롭다.

그는 지옥에 떨어져
다리는 위로 향하고 머리는 밑을 향했네.
조어선調御善과 청선淸善

이러한 모든 성인 비방했기 때문이네.

그 뒤 아주 오랜 시간이 지나서 저 중생들을 위하여 네 문이 달린 큰 지옥에서 동문東門이 갑자기 열렸다. 동문이 열리자, 그 안에 있던 중생들은 그곳을 향해 달려와서 편안한 곳을 구하고 귀의할 곳을 찾는다. 만일 그들이 모여들어 헤아릴 수 없을 정도로 많은 수효가 되었을 때에는 지옥 동문은 다시 저절로 닫힌다. 그들은 그 지옥 안에서 혹독한 고통을 받아 울부짖으면서 마음이 고통스러워 땅에 드러눕지만 끝내 죽지는 않고 기어코 그들의 악하고 불선한 업이 끝나야 그친다. 아주 오랜 시간이 흐르고 나면 남문·서문·북문이 다시 열린다. 북문이 열리고 나면 저 중생들은 그곳을 향해 달려와서 편안한 곳을 구하고 귀의할 곳을 찾는다. 만일 그들이 모여들어 헤아릴 수 없을 정도로 많은 수효가 되었을 때에는 지옥의 북문은 다시 저절로 닫힌다. 그들은 그 지옥 안에서 지극히 혹독한 고통을 받아 울부짖으면서 마음이 괴로워 땅에 드러눕지만 끝내 죽지 않고 결국 그들이 지은 악하고 불선한 업이 끝나야 그친다.

다시 그 뒤 아주 오랜 시간이 흐르고 나면 저 중생들은 네 문이 달린 큰 지옥에서 나와, 네 문이 달린 큰 지옥의 다음 지옥인 봉암峯巖 지옥에 태어난다. 불이 그 안에 가득 차 있지만 연기도 없고 불꽃도 없다. 그 위를 걸으며 왔다 갔다 하면서 빙빙 돌아다니게 한다. 두 발의 껍질과 살과 피는 발을 디디면 없어지고 발을 들면 다시 생겨서 도로 본래와 같이 된다. 그들을 이렇게 다스려 그들은 한량없이 많은 세월이 흐르는 동안 혹독한 고통을 받지만 끝내 죽지는 않고 결국 그들이 지은 악하고 불선한 업이 끝나야 그친다.

다시 그 뒤 아주 오랜 시간이 흐르고 나면 저 중생들은 봉암 큰 지옥에서 나와, 봉암 큰 지옥의 다음 지옥인 똥오줌〔糞屎〕 큰 지옥에 태어난다. 그 안에는 똥과 오줌이 가득 차 있다. 그 깊이는 무량 백 길이나 되는데 저 중생들은 다 그 가운데 떨어진다. 그 똥오줌의 큰 지옥에는 많은 벌레가 살고 있는데, 그 벌레 이름은 능구래凌瞿來라고 한다. 몸은 희고 머리는 검으며, 그 부리는 바늘처럼 뾰족하다. 이 벌레는 저 중생들의 발을 뚫어 부수고, 그 발을 부순 뒤에는 다시 넓적다리뼈를 부수고, 넓적다리뼈를 부순 뒤에는 다시 볼기뼈를 부수고, 볼기뼈를 부순 뒤에는 다시 엉치뼈를 부수고, 엉치뼈를 부순 뒤에는 다시 등골뼈를 부수고, 등골뼈를 부순 뒤에는 어깨뼈·목뼈·머리뼈를 차례로 부수고 머리뼈를 부순 뒤에는 골을 다 먹어 치운다. 저 중생들은 이렇게 핍박 받기를 이루 헤아릴 수 없는 백천 세 동안 하면서, 지극히 혹독한 고통을 받지만 끝내 죽지는 않고 결국엔 그들이 지은 악하고 불선한 업이 끝나야 그친다.

다시 그 뒤 아주 오랜 시간이 흐르고 나면 저 중생들은 똥오줌의 큰 지옥에서 나와 똥오줌의 큰 지옥의 다음 지옥인 철첩림鐵鍱林 큰 지옥에 태어난다. 저 중생들은 그것을 본 뒤에는 매우 시원하리라는 상상을 하여 이렇게 생각한다.

〈우리는 저기 가서 유쾌하게 시원한 맛을 보자.〉

저 중생들은 그곳으로 달려가서 편안한 곳을 구하고 귀의할 곳을 찾으려 한다. 저들이 만일 그곳에 모여 이루 헤아릴 수 없는 백천의 수효가 되었을 때에는 곧 철첩림의 큰 지옥으로 들어간다. 그 철첩림 큰 지옥은 사방에서 매우 뜨거운 바람이 불어오는데 뜨거운 바람이 불어오면 철첩이 곧 떨어진다. 철첩이 떨어질 때에는 손이 끊어지고 발이 끊어지며 혹은 손과 발이 다 끊어지기도 한다. 혹은 귀를 베고 코를 베며 혹은 귀와 코, 그리고 사지의 마디까지도 다 베고 몸을 베어 피투성이가 되는 등 이루 헤아릴 수 없는 백천 세 동안 지극히 혹독한 고통을 받지만, 끝내 죽지는 않고 결국 그들이 지은 악하고 불선한 업이 끝나야 그친다.

다시 다음에는 저 철첩림 큰 지옥 속에는 매우 큰 개가 있다. 그 개는 아주 긴 어금니를 가지고 있는데, 저 중생들을 끌어 잡아 발에서부터 머리끝까지 먹어 치우고 머리에서부터 발에 이르기까지 껍질을 벗기고 곧 먹어버린다. 저 중생들은 이렇게 핍박을 받으면서 이루 헤아릴 수 없는 백천 세 동안 혹독한 고통을 받지만 끝내 죽지 않고 결국 그들이 지은 악하고 불선한 업이 끝나야 그친다.

또 저 철첩림 큰 지옥에는 큰 까마귀가 있는데, 머리가 두 개이고 쇠로 된 부리가 있어 중생들의 이마에 머물면서 산채로 눈을 뽑아 먹고 부리로 머리뼈를 부수고 골을 내어 먹는다. 저 중생들은 이렇게 핍박을 받으면서 한량없는 백천 세 동안 매우 혹독한 고통을 받지만 끝내 죽지는 않고 결국 그들이 지은 악하고 불선한 업이 끝나야 그친다.

다시 그 뒤 아주 오랜 시간이 지나고 나면 저 중생들은 철첩림 큰 지옥에서 나와 철첩림 큰 지옥의 다음 지옥인 철검수림鐵劍樹林 큰 지옥에 난다. 그 큰 칼나무의 높이는 1유연由延이나 되고, 가시의 길이만도 여섯 자나 된다. 저 중생들로 하여금 그것을 휘어잡고 오르내리게 한다. 그 나무에 오를 때에는 그 나무의 가시는 밑으로 향하고 만일 나무에서 내려올 때에는 그 나무의 가시는 곧 위로 향한다. 그 칼나무의 가시는 중생들을 찔러 관통하는데, 손을 찌르고 발을 찌르며 혹은 손과 발을 다 찌르기도 하고 귀를 찌르고 코를 찌르며 혹은 귀와 코 그 밖에 사지 마디마다 온통 다 찌르며 몸을 찔러 피투성이가 된다. 한량없는 백천 세 동안 이렇게 매우 혹독한 고통을 받지만 끝내 죽지는 않고 결국 그가 지은 악하고 불선한 업이 끝나야 그친다.

다시 그 뒤 아주 오랜 시간이 지나고 나면 저 중생들은 철검수림 큰 지옥에서 나와, 철검수림 큰 지옥의 다음 지옥인 회하灰河 지옥에 난다. 그 지옥의 양쪽 언덕은 매우 높고 그 둘레에는 가시가 나 있으며 끓는 회탕灰湯이 그 안에 가득 차서 아주 어둡다. 저 중생들은 그것을 보고는 냉수라고 상상하여 이렇게 다짐한다.

〈당연히 냉수가 있을 것이다.〉

그들은 이런 상상을 일으킨 뒤에 곧 이렇게 생각한다.

〈우리는 저기로 가서 그 속에서 목욕하고 실컷 그 냉수를 배불리 마시고 유쾌하게 시원한 즐거움을 누리자.〉

그리하여 저 중생들은 다투어 달려간다. 그 속에 들어가 즐거운 곳을 구하고 귀의할 곳을 찾으려 한다. 만일 그들이 모여 이루 헤아릴 수 없는 백천의 수효가 이루어지면 곧 회하에 떨어진다. 저들이 회하에 떨어져서는 바로 흐르고 거꾸로 흐르며 혹은 바르게도 흐르고 거꾸로 흐르기도 한다. 저 중생들은 바로 흐르고 거꾸로 흐르고 바르게도 흐르고 거꾸로도 흐를 때에 살가죽이 익어서 떨어지고 살도 익어서 떨어지며 혹은 껍질과 살이 한꺼번에 익어서 모두 떨어져 오직 뼈만 남기도 한다. 회하의 양쪽 언덕에는 옥졸이 있어 손에 칼과 몽둥이와 쇠작살〔鐵叉〕을 잡고 저 중생들이 언덕으로 올라오려 하면 그때에 옥졸들은 도로 물속에 밀어 넣는다.

또 회하의 양쪽 언덕에는 옥졸이 있어 손에 갈고리와 그물을 잡고 중생들을 끌어당겨 회하에서 끌어내어 불이 벌겋게 타오르는 뜨거운 철판에 두고, 저 중생들을 들어 땅에다 사정없이 메치고 땅에 두고 빙빙 돌리면서 묻는다.

'너는 어디서 왔느냐?'

그러면 저 중생들은 모두 한목소리로 대답한다.

'우리는 우리가 어디서 왔는지도 모른다. 다만 우리들은 지금 매우 굶주리고 있다.'

저 옥졸들은 곧 불이 벌겋게 타오르는 뜨거운 쇠평상을 펼쳐 놓고 중생들을 강제로 그 위에 앉히고 뜨거운 쇠집게로 그 입을 비틀어 벌리고, 불에 벌겋게 달은 뜨거운 철환을 그 입에 넣는다. 그 뜨거운 철환은 입술을 태우고 입술을 태운 뒤에는 혀를 태우고 혀를 태운 뒤에는 잇몸을 태우고 잇몸을 태운 뒤에는 목구멍을 태우고 목구멍을 태운 뒤에는 심장을 태우고 심장을 태운 뒤에는 대장을 태우고 대장을 태운 뒤에는 소장을 태우고 소장小腸을 태운 뒤에는 위胃를 태우고 위를 태운 뒤에는 몸을 지나 내려가 버린다. 그들은 이렇게 핍박을 받는다. 한량없이 많은 백천 세 동안 혹독한 고통을 받지만 끝내 죽지는 않고 결국엔 그들이 지은 악하고 불선한 업이 끝나야 그친다.

그 다음에 저 옥졸들이 중생들에게 묻는다.

'너희들은 어디로 가고 싶으냐?'

중생들은 대답한다.

'우리는 어디로 가야 할지 모른다. 다만 몹시 목이 마르다.'

저 옥졸들은 곧 중생들을 붙잡아 불에 벌겋게 달은 뜨거운 평상을 펼쳐 놓고는 강제로 그 위에 앉히고, 뜨거운 쇠집게로 그들의 입을 비틀어 벌리고 끓는 구리 쇳물을 그 입에 들이붓는다. 그 끓는 구리 쇳물은 입술을 태우고 입술을 태운 뒤에는 혀를 태우고 혀를 태운 뒤에는 잇몸을 태우고 잇몸을 태운 뒤에는 목구멍을 태우고 목구멍을 태운 뒤에는 심장을 태우고 심장을 태운 뒤에는 대장을 태우고 대장을 태운 뒤에는 소장을 태우고 소장을 태운 뒤에는 위를 태우고 위를 태운 뒤에는 몸을 지나 내려간다. 그들은 이렇게 핍박을 받는다. 한량없이 많은 백천 세 동안 이렇게 혹독한 고통을 받지만 끝내 죽지는 않고 결국에는 그가 지은 악하고 불선한 업이 끝나야 그친다.

만일 저 중생들이 지옥에서 저들이 지은 악하고 불선한 업이 다하지 않거나 다하여 조금도 남은 것이 없게 되지 않으면, 저 중생들은 다시 회하 가운데 떨어지고 다시 철검수림 큰 지옥을 오르내리며 다시 철첩림 큰 지옥에 들어가고 다시 똥오줌 큰 지옥에 떨어지며 다시 봉암 큰 지옥으로 왕래하고 다시 네 문이 달린 큰 지옥으로 들어갈 것이다. 만일 저 중생들이 지옥에서 악하고 불선한 업이 모두 다하고 모두 다하여 조금도 남음이 없으면 그들은 그 뒤에 혹은 축생세계에 태어나거나 혹은 아귀세계 떨어지거나 혹은 하늘에 태어나게 된다.

저 중생들이 본래 사람이었을 때 부모에게 효도하지 않고 사문 범지를 존경할 줄 모르며 진실 그대로를 행하지 않고 복업을 짓지 않으며 후세의 죄를 두려워하지 않으면, 그는 이와 같은 좋지 않고 기억하고 싶지 않으며 기쁘지 않은 괴로운 과보를 받게 된다. 비유하면 마치 저 지옥 속에서와 같은 고통을 받는다. 만일 저 중생들이 본래 사람이었을 때에 부모에게 효순하고 사문 범지를 존경할 줄 알며 진실 그대로를 실천하고 복덕의 업을 지으며 후세의 죄를 두려워하였으면, 그는 사랑할 만하고 기억하고 싶고 기뻐할 만한 즐거움의 과보를 받는다. 비유하면 마치 허공에 있는 신의 궁전 속과 같은 즐거움이다.

옛날 염라왕은 동산에 있으면서 이러한 원을 세웠다.

〈나는 이 목숨을 마치고 사람으로 태어난다면, 족성으로 태어나 지극히 부유하고 안락하며 재산이 한량없이 많고 목축과 산업이 헤아릴 수 없이 많으며 봉호封戶와 식읍食邑과 여러 가지를 다 구족한 그런 집에 태어나리라. 그 족성이란 어떤 족성을 말하는가 하면 곧 찰리刹利 대장자족大長者族 · 범지梵志 대장자족 · 거사居士 대장자족들이다. 다시 이러한 족성이 있어, 지극히 부유하고 안락하며 재산이 한량없이 많고 목축과 산업도 헤아릴 수 없이 많으며 봉호와 식읍과 모든 것이 구족한 그러한 집에 태어날 것이다. 그런 곳에 태어나서는 깨달음의 근根을 성취하여 여래께서 말씀하신 바른 법의 율에 대하여 깨끗한 믿음을 얻기를 원하고 깨끗한 믿음을 얻은 뒤에는 수염과 머리를 깎고 가사를 입고 지극한 믿음으로 출가하여 집 없이 도를 배우며 오직 위없는 범행을 마치고 현재에 있어서 스스로 알고 스스로 깨닫고 스스로 증득하여 성취하여 노닐며 생이 이미 다하고 범행이 이미 서고 할 일을 이미 마쳐 다시는 후세의 생명을 받지 않는다는 진실 그대로를 깨달으리라.〉

옛날 염라왕은 동산 가운데서 이런 원을 세웠다."

그리고는 게송은 설하셨다.

천사에게 꾸지람 받고도
또다시 방일을 일삼는 사람
오래도록 걱정하고 슬퍼할 것이니
더러운 욕심에 덮여 있기 때문이네.

천사에게 꾸지람 받은
진실한 상인上人 있으면
마침내 다시 방일하지 않고
묘하고 거룩한 법 잘 설하리.

수受를 보고는 두려워하게 하여
나고 늙음 다하기를 원하네.
수가 없고 수가 멸해 남음 없으면

곧 나고 늙음 끝나게 되리.

저들은 안온하고 안락함에 이르러
현재의 세계에서 멸도를 얻으며
일체의 무서움과 두려움 벗어나고
또한 세간의 흐름도 건너네.

부처님께서 이렇게 말씀하시자, 여러 비구들은 부처님 말씀을 듣고 기뻐하며 받들어 행하였다.

〔이 천사경에 수록된 경문의 글자 수는 4,205자이다. 『중아함경』 제12권에 수록된 경문의 글자 수는 모두 9,939자이고, 초 1일송에 해당되는 「왕상응품」에 수록된 경문의 글자 수는 모두 17,935자이다.〕

중아함경 제 13 권

6. 왕상응품 ③

〔이 소토성송小土城誦에는 모두 4품 반이 들어 있으며, 총 52개의 소경이 수록되어 있다.〕

오조유경烏鳥喩經 · 설본경說本經과
대천내림경大天㮈林經 · 대선견왕경大善見王經과
삼십유경三十喩經 · 전륜왕경轉輪王經이며
최후에 비사경蜱肆經이 수록되었다.

65) 오조유경烏鳥喩經〔제2 소토성송〕

나는 이와 같이 들었다.

어느 때 부처님께서 왕사성에 유행하실 때에 죽림가란다竹林加蘭哆동산에 계셨다. 그때 세존께서 여러 비구들에게 말씀하셨다.

"옛날 전륜왕이 주보珠寶를 시험해 보려고 하였을 때, 네 종류의 군사 곧 상군象軍·마군馬軍·차군車軍·보군步軍을 모았다. 네 종류의 군대를 모은 다음 깜깜한 밤에 높은 깃대를 세우고 그 위에 구슬을 장식해 가지고 동산으로 나가니 그 구슬의 찬란한 광명이 네 종류의 군대를 비추었는데, 그 광명은 사방 반 유연(由延 : 由旬)이나 비추었다. 그때에 어떤 범지가 생각하기를 '이제 차라리 내가 가서 전륜왕과 네 종류의 군대도 구경하고 유리구슬도 구경해야겠다'고 하였다. 그때에 범지는 또 '전륜성왕과 네 종류의 군대를 구경하고 유리구슬을 구경하는 것은 우선 놔두고 나는 차라리 저 숲 속으로 가리라' 하고 생각하였다.

그렇게 생각한 범지는 곧 숲 속으로 들어가 한 나무 밑에 이르러 앉았다. 그런지 오래지 않아 수달 한 마리가 왔다. 범지는 수달에게 물었다.

'잘 왔다. 수달아, 너는 어디서 왔으며 어디로 가려고 하느냐?'

'범지시여, 이 못은 본래는 맑은 물이 가득차 넘쳤었고, 연뿌리도 많았으며 꽃도 많았었습니다. 게다가 물속에는 고기와 거북도 많아서 내가 옛날에 의지하고 살던 곳인데, 지금은 모두 말라 버렸습니다. 범지시여, 마땅히 알아야 합니다. 나는 이곳을 버리고 큰 강으로 떠나려고 합니다. 나는 이제 떠나려고 하지만 다만 사람들이 두렵습니다.'

이때에 그 수달은 범지와 함께 이런 이야기를 나눈 뒤에 곧 가버리고 범지는 그대로 앉아 있었다. 다시 구모조究暮鳥가 왔다. 범지는 구모조에게 물었다.

'잘 왔다. 구모조야, 너는 어디서 왔으며 어디로 가려고 하느냐?'

'범지시여, 이 못은 본래는 맑은 물이 가득 차서 넘쳐흘렀었고, 연뿌리도 많았었으며 연꽃도 많았었습니다. 이 못에는 고기와 거북도 많아 내가 옛날에 의지해 살던 곳인데, 지금은 말라 버렸습니다. 범지시여, 마땅히 알아야 합니다. 나는 이곳을 버리고 저 죽은 소의 시체 더미를 의지하여 거기서 살거나, 혹은 죽은 나귀를 의지하거나 혹은 죽은 사람 시체 더미를 의지하여 깃들어 살고자 합니다. 나는 지금 떠나고자 하지만 다만 사람들이 두렵습니다.'

저 구모조도 이 범지와 함께 이런 이야기를 나눈 뒤에 곧 떠나버리고 범지는 그대로 앉아 있었다.

다시 독수리가 왔다. 범지는 독수리에게 물었다.

'잘 왔다. 독수리야, 너는 어디서 왔으며 어디로 가려고 하느냐?'

'범지시여, 나는 큰 무덤에서 큰 무덤으로 옮겨 다니면서 생명을 해칩니다. 나는 지금 죽은 코끼리 고기나 죽은 말, 죽은 소, 죽은 사람의 고기를 먹으려고 합니다. 나는 지금 떠나고자 하지만 다만 사람들이 두렵습니다.'

이때에 그 독수리는 이 범지와 함께 이런 이야기를 나눈 뒤에 곧 가버리고 범지는 그대로 앉아 있었다.

또 식토조食吐鳥가 왔다. 범지는 식토조를 보고 물었다.

'잘 왔다. 식토조야, 너는 어디서 왔으며 다시 어디로 가려고 하느냐?'

'범지시여, 당신은 아까 독수리가 가는 것을 보았습니까? 나는 그 독수리가 토한 것만 먹고 삽니다. 나는 지금 떠나려고 하는데 다만 사람들이 무섭습니다.'

저 식토조도 이 범지와 이런 이야기를 나눈 뒤에 곧 가버리고 범지는 그대로 앉아 있었다.

다시 승냥이가 왔다. 범지는 승냥이를 보고 물었다.

'잘 왔다. 승냥이야, 너는 어디서 왔으며 어디로 가려고 하느냐?'

'범지시여, 나는 깊은 골짜기에서 깊은 골짜기로, 풀덤불에서 풀덤

불로, 구석지고 조용한 곳에서 구석지고 조용한 곳으로 다니다가 왔습니다. 나는 이제 죽은 코끼리 고기와 죽은 말·죽은 소·죽은 사람의 고기를 먹고자 합니다. 나는 지금 떠나가고 싶으나 오직 사람들이 두렵습니다.'

이때에 그 승냥이는 이 범지와 함께 이런 이야기를 나눈 뒤에 곧 가버리고 범지는 그대로 앉아 있었다.

다시 까마귀가 왔다. 범지는 까마귀를 보고 물었다.

'잘 왔다. 까마귀야, 너는 어디서 왔으며 어디로 가려고 하느냐?'

'범지시여, 당신은 얼굴이 두껍고 미련하고 미친 사람입니다. 어떻게 내게 너는 어디서 와서 어디로 가려느냐고 묻습니까?'

그때에 까마귀는 면전에서 범지를 꾸짖고 나서 떠나버렸고 범지는 그대로 앉아 있었다.

다시 성성狌狌이가 왔다. 범지는 성성이를 보고 곧 물었다.

'잘 왔다. 성성아, 너는 어디서 왔으며 어디로 가려고 하느냐?'

'범지시여, 나는 동산에서 동산으로, 집에서 집으로, 숲에서 숲으로 다니면서 맑은 샘물을 마시고 좋은 과실을 따먹으며 왔습니다. 나는 이제 어디든지 상관하지 않고 가려고 하며 또 사람들도 두렵지 않습니다.'

그 성성이는 이 범지와 이런 이야기를 나눈 뒤에 떠나갔다."

부처님께서 여러 비구들에게 말씀하셨다.

"나는 이런 비유들을 들어 그 이치를 깨닫게 하려고 한다. 너희들은 마땅히 알아야 한다. 이 말에는 뜻이 담겨져 있다.

'이때에 저 수달은 이 범지와 이런 이야기를 나눈 뒤에 곧 떠나갔다'고 했는데 내가 이 비유를 들어 말한 데에는 무슨 뜻이 있는가 하면, 어떤 비구가 마을을 의지하여 다니는 것과 같다. 그 비구는 이른 아침에 가사를 입고 발우를 가지고 마을로 들어가 걸식할 때에, 몸을 보호하지 않고 모든 감각기관을 단속하지 않으며 바른 생각을 세우지도 않고서 법을 설하되 혹은 부처님의 말씀이라고 하기도 하고 혹은 성문의 말씀이라고 하기도 하여 그것으로 인해 의복·음식·침구·탕약 등 온갖 생활 도구를 구한다. 그는 그런 것들을 얻은 뒤에는 거기에 물들고 집착하며 접촉하고 의지하여 재앙이 되고 걱정이 되는 것인 줄 모르고 그것을 버리지 못하고서 마음에 편안하게 수용한다. 그 비구는 나쁜 계를 행하고 나쁜 법을 성취하여 맨 나중에는 부패腐敗의 폐단이 생긴다. 범행이 아닌 것을 범행이라 일컫고 사문이 아니면서 사문이라 일컬으니, 마치 범지가 수달을 보고 '잘 왔다. 수달아, 너는 어디서 왔으며 어디로 가려고 하느냐?' 하고 물었을 때에 '범지시여, 이 못은 본래는 맑은 물이 차서 넘쳤었고 게다가 연뿌리와 연꽃도 많았었으며 고기와 거북도 그 안에 가득 있었으므로 내가 옛날에 의지하고 살던 곳인데 지금은 말라 버렸습니다. 범지시여, 마땅히 알아야 합니다. 나는 이곳을 떠나 저 큰 하수로 가려고 합니다. 내가 지금 떠나고자 하지만 다만 사람들이 두렵습니다'라고 대답했던 것처럼, 내가 말하는 저 비구도 그와 같다. 악하고 착하지 않은 더러운 법에 들어가는 것은 미래 세계에 존재하게 되는 근본과 번열煩熱의 괴로운 과보와 생·노·병·사의 원인이 된다.

그러므로 비구는 수달과 같이 행동하지 말아야 한다. 또한 법이 아닌 것을 의지하여 스스로 목숨을 보존하려 하지 말아야 한다. 마땅히 몸으로 행하는 것을 깨끗하게 하고 입과 뜻으로 행하는 것을 깨끗하게 해야 한다. 일이 없는 가운데 머물러 분소의糞掃衣를 입고 항상 걸식을 하되 차례로 걸식하여 조금도 욕심을 부리지 말고 늘 만족할 줄 알아야 한다. 속세를 멀리 떠나 머무르기를 즐겨하고, 정근精勤을 익히고 바른 생각〔正念〕· 바른 지식〔正智〕· 바른 선정〔正定〕· 바른 지혜〔正慧〕를 세워 항상 속세를 멀리 떠나야 한다고 이렇게 배워야 한다.

'저 구모조는 이 범지와 이런 이야기를 나눈 뒤에 곧 떠났다'고 말했는데, 내가 이 비유를 말한 데에 어떤 의미가 있는가 하면, 어떤 비구가 마을을 의지하여 다니는 것과 같다. 비구가 이른 아침에 가사를 입고 발우를 가지고 마을로 들어가 걸식할 때에 몸을 보호하지 않고 모든 감각기관을 단속하지 않으며 바른 생각을 세우지도 못했으면서 남의 집에 들어가 교화하고 설법하기를 혹은 부처님의 말씀이라 하기도 하고 혹은 성문의 말씀이라고 하기도 하여, 그것으로 인하여 의복·음식·침구·탕약 따위의 모든 생활 도구를 얻는다. 그는 그런 이익을 얻은 뒤에는 거기에 물들고 집착하고 접촉하고 의지하여 재앙이 되고 걱정이 되는 것인 줄 알지 못하고, 그것을 버리지 못하여 마음 편하게 수용한다. 그 비구는 나쁜 계를 행하고 나쁜 법을 성취하여 맨 나중에는 부패하는 폐단이 생긴다. 범행이 아닌 것을 범행이라 일컫고 사문이 아니면서 사문이라 일컬으니, 마치 범지가 구모조를 보고 '잘 왔다. 구모조야, 너는 어디서 왔으며 어디로 가려고 하느냐?' 하고 물었을 때에 '범지시여, 이 못은 본래는 맑은 물이 찰랑찰랑 넘쳐흘렀었고 연뿌리와 연꽃도 많았었으며 고기와 거북도 그 안에 많이 있어 내가 옛날에 의지하고 살던 곳인데 지금은 말라 버렸습니다. 범지시여, 마땅히 알아야 합니다. 나는 이제 이곳을 떠나 저 죽은 소의 시체 더미를 의지하여 깃들거나 혹은 죽은 나귀를 의지하거나 혹은 죽은 사람의 시체 더미를 의지하여 살고자 합니다. 내가 지금 떠나가고자 하지만 다만 사람들이 두렵습니다'라고 대답한 것처럼, 내가 말하는 비구도 이와 같다. 악하고 착하지 않은 더러운 법을 의지하는 것은 미래세계에 존재하게 되는 근본과 번열의 괴로운 과보와 생·노·병·

사의 원인이 된다.

그러므로 비구는 구모조와 같이 행동하지 말아야 한다. 법이 아닌 것을 의지하여 스스로 생명을 보존하려 하지 않아야 한다. 마땅히 몸으로 행하는 것을 깨끗하게 하고 입과 뜻으로 행하는 것을 깨끗하게 해야 한다. 일이 없는 가운데 머물러 분소의를 입고 항상 걸식을 행하되 차례로 걸식하여 조그만 욕심도 부리지 말고 만족할 줄을 알아야 한다. 속세를 멀리 떠나 머무르기를 즐겨하고 정근을 익히고 바른 생각 · 바른 지식 · 바른 선정 · 바른 지혜를 세워 항상 속세를 멀리 떠나야 한다고 그렇게 배워야 한다.

'그때 저 독수리는 이 범지와 이런 이야기를 나눈 뒤에 곧 떠나갔다'고 했는데 내가 이런 비유를 들어 말한 데에는 어떤 의미가 있는가 하면, 어떤 비구가 마을을 의지하여 다니는 것과 같다. 비구가 이른 아침에 가사를 입고 발우를 가지고 마을로 들어가 걸식할 때에 몸을 보호하지 않고 모든 감각기관도 지키지 못하며 바른 생각을 세우지도 않고서 남의 집에 들어가 교화하고 설법하기를, 혹은 부처님의 말씀이라 하기도 하고 혹은 성문의 말씀이라고 하기도 하면서 그것으로 인하여 의복 · 음식 · 침구 · 탕약 등 온갖 생활 도구의 이익을 챙긴다. 그는 이런 이익을 얻은 뒤에는 거기에 물들고 집착하고 접촉하고 의지하여 재앙이 되고 걱정이 되는 것인 줄 알지 못하고 그것을 버리지 못하여 마음 편하게 수용한다. 그 비구는 나쁜 계를 행하고 나쁜 법을 성취하여 맨 나중에는 부패가 생긴다. 범행이 아닌 것을 범행이라 일컫고 사문이 아니면서 사문이라 일컬으니 마치 범지가 독수리를 보고 '잘 왔다. 독수리야, 너는 어디서 왔으며 어디로 가려고 하느냐?'라고 물었을 때에 '범지시여, 나는 큰 무덤에서 큰 무덤으로 옮겨 다니면서 생명을 해치다가 왔습니다. 나는 이제 죽은 코끼리의 고기 · 죽은 말・죽은 소・죽은 사람의 고기를 먹으려고 합니다. 내가 지금 떠나고자 하지만 다만 사람들이 두렵습니다'라고 대답한 것처럼, 내가 말하는 비구도 역시 이와 같다.

그러므로 비구는 독수리처럼 행동하지 말아야 한다. 법이 아닌 것을 의지하여 스스로 생명을 보존하려 하지 않아야 한다. 마땅히 몸으로 행하는 것을 깨끗하게 하고 입과 뜻으로 행하는 것을 깨끗하게 하라. 일이 없는 가운데 머물러 분소의를 입고 항상 걸식을 행하되 차례로 걸식하며, 조그만 욕심도 부리지 말고 만족할 줄을 알아야 한다. 속세를 멀리 떠나 머무는 일을 즐겨하며 정근을 익히고 바른 생각・바른 지식・바른 선정・바른 지혜를 세워 항상 속세를 멀리 떠나야 한다고 그렇게 배워야 한다

'저 식토조가 이 범지와 이런 이야기를 나눈 뒤에 곧 버리고 갔다'고 말했는데 내가 그 비유를 들어 말한 데에는 무슨 뜻이 있는가 하면, 어떤 비구가 마을을 의지하여 나다니는 것과 같다. 비구가 이른 아침에 가사를 입고 발우를 가지고 마을로 들어가 걸식할 때에 몸을 보호하지 않고 모든 감각기관도 잘 지키지 못하며 바른 생각을 세우지도 않고서 그는 비구니의 방에 들어가 교화하고 설법하기를, 혹은 부처님의 말씀이라 하기도 하고 혹은 성문의 말씀이라고 하기도 한다. 그러면 저 비구니는 몇몇 집에 들어가 어떻게 해야 좋고 어떻게 하면 나쁘다는 것을 말하여 신시물信施物을 받아다가 비구에게 가져다준다. 이것으로 인하여 의복・음식・침구・탕약 등 온갖 생활 도구의 이익을 챙긴다. 그는 이런 이익을 얻은 뒤에는 물들고 집착하고 접촉하고 의지하여 재앙이 되고 걱정이 되는 것임을 알지 못하고 그것을 버리지 못하여 마음 편하게 수용한다. 저 비구는 나쁜 계를 행하고 나쁜 법을 성취하여 맨 나중에는 부패의 폐단이 생긴다. 범행이 아닌 것을

범행이라 일컫고 사문이 아니면서 사문이라 일컬으니 마치 범지가 식토조를 보고 '잘 왔다. 식토조야, 너는 어디서 왔으며 어디로 가려고 하느냐?' 하고 물었을 때에 '범지시여, 당신은 아까 독수리가 떠나간 것을 보았습니까? 나는 독수리가 토해낸 것을 먹고 삽니다. 내가 떠나고자 하지만 다만 사람들이 두렵습니다'라고 대답한 것과 같이 내가 말하는 비구도 이와 같다.

그러므로 비구는 식토조처럼 행동하지 않아야 한다. 법이 아닌 것을 의지하여 스스로 생명을 보존하려 하지 않아야 한다. 마땅히 몸으로 행하는 것을 깨끗하게 하고 입과 뜻으로 행하는 것을 깨끗하게 하라. 일이 없는 가운데 머물러, 분소의를 입고 항상 걸식을 행하되 차례로 걸식하여 조그만 욕심도 부리지 말고 만족할 줄을 알라. 속세를 멀리 떠나 머무르기를 좋아하고 정근을 익히고 바른 생각 · 바른 지식 · 바른 선정 · 바른 지혜를 세워 항상 속세를 멀리 떠나야 한다고 그렇게 배워야 한다.

'이때에 저 승냥이는 이 범지와 이런 이야기를 나눈 뒤에 곧 떠나갔다'고 말했는데 내가 이 비유를 들어 말한 데에는 어떤 뜻이 있는가 하면, 어떤 비구가 가난한 마을을 의지하여 머무르는 것과 같다. 그가 만일 마을이나 성 안에 지혜 있고 정진하는 범행자가 많이 있는 줄을 알면 곧 피해 가고, 만일 마을이나 성 안에 지혜 있고 정진하는 범행자가 없는 줄을 알면 곧 와서 9개월이나 10개월 동안 그 안에서 머문다. 모든 비구들이 그것을 보고 곧 묻는다.

'현자여, 어디로 유행하는가?'

그는 곧 대답한다.

'여러분, 나는 어느 가난한 마을을 의지하여 다닙니다.'

비구들은 그 말을 듣고 나서 곧 이렇게 생각한다.

〈이 현자는 행하기 어려운 일을 행한다. 왜냐하면 이 현자는 어느 가난한 마을을 의지하여 다니기 때문이다.〉

모든 비구들은 다 그를 공경하고 예로 섬기며 공양한다. 이것으로 인하여 의복·음식·침구·탕약 등 온갖 생활 도구의 이익을 챙긴다. 그는 그런 이익을 얻은 뒤에는 물들고 집착하고 접촉하고 의지하여 재앙이 되고 걱정이 되는 것임을 알지 못하고 그것을 버리지 못하여 마음 편하게 수용한다. 저 비구는 나쁜 계를 행하고 나쁜 법을 성취하여 맨 나중에는 부패하는 폐단이 생긴다. 범행이 아닌 것을 범행이라 일컫고 사문이 아니면서 사문이라 일컬으니, 마치 범지가 승냥이를 보고 '잘 왔다. 승냥아, 너는 어디서 왔으며 어디로 가려고 하느냐?' 하고 물었을 때 '범지시여, 나는 깊은 골짜기에서 깊은 골짜기로, 풀덤불에서 풀덤불로, 구석진 곳에서 구석진 곳으로 다니다가 왔습니다. 나는 지금 죽은 코끼리 고기·죽은 말·죽은 소·죽은 사람의 고기를 먹으려고 합니다. 내가 지금 떠나가려 하지만 다만 사람들이 두렵습니다' 하고 대답한 것처럼, 내가 말하는 비구도 역시 이와 같다.

그러므로 비구는 승냥이와 같이 행동하지 않아야 한다. 법이 아닌 것을 의지하여 스스로 목숨을 보존하려 하지 않아야 한다. 마땅히 몸으로 행하는 것을 깨끗하게 하고 입과 뜻으로 행하는 것을 깨끗하게 해야 한다. 일이 없는 가운데 머물러 분소의를 입고 항상 걸식을 행하되 차례로 걸식하여 조그만 욕심도 부리지 말고 만족할 줄을 알라. 속세를 멀리 떠나 머물기를 즐겨하고 정근을 익히고 바른 생각·바른 지식·바른 선정·바른 지혜를 세워 항상 마땅히 속세를 멀리 떠나야 한다고 그렇게 배워야 한다.

'그때 까마귀가 바라문을 꾸짖은 뒤에 곧 버리고 갔다'고 말했는데 내가 이 비유를 들어 말한 데에는 어떤 뜻이 있는가 하면, 어떤 비구가 가난하여 아무 일이 없는 곳에서 여름 안거安居를 받은 것과 같다. 그는 만일 마을이나 성 안에 지혜 있고 정진하는 범행자가 많이 있는 줄을 알면 곧 피해 가고 만일 마을이나 성 안에 지혜 있고 정진하는 범행자가 없는 줄을 알면 곧 와서 2개월이나 3개월 정도 그 안에서 머무른다. 모든 비구들이 그를 보고는 묻는다.

'현자여, 어디서 여름 안거를 지내십니까?'

그는 대답한다.

'여러분, 나는 지금 가난하고 일이 없는 아무 곳에서 여름 안거를 받고 있습니다. 나는 저 모든 어리석은 무리들과 달라서 평상을 만들고 5사事[1]를 두루 갖추어 그 안에 머무르는데, 오전이나 오후나 입은 그 맛을 따르고 맛은 그 입을 따르며 구하고 또 구하며 찾고 또 찾고 있습니다.'

이때에 모든 비구가 그 말을 듣고 곧 이렇게 생각한다.

〈이 현자는 행하기 어려운 일을 행하는구나. 왜냐하면 이 현자는 어느 가난하고 일이 없는 곳에서 여름 안거를 받기 때문이다.〉

그렇게 생각한 모든 비구들은 다 함께 그를 공경하고 예로 섬기며 공양한다. 이것으로 인하여 의복·음식·침구·탕약 등 모든 생활 도구의 이익을 챙긴다. 그는 그런 이익을 얻은 뒤에는 물들고 집착하며 접촉하고 의지하여 재앙이 되고 걱정이 되는 것인 줄 알지 못하고 그것을 버리지 못하여 마음 편하게 수용한다.

그 비구는 나쁜 계를 행하고 나쁜 법을 성취하여 맨 나중에는 부패

1 5결結과 같은 의미로 『증일아함경』 제49권 「비상품非常品」의 네 번째 소경小經에 의하면, 첫째 게을러서 방편을 구하지 않는 것[懈怠不求方便], 둘째 허망한 것을 많이 좋아하고 잠자기를 탐하는 것[喜多妄貪在眠寐], 셋째 마음이 혼란하여 안정되지 않는 것[心已亂不定], 넷째 감각기관의 문이 안정되지 못한 것[根門不定], 다섯째 늘 시장바닥을 좋아하며 고요한 곳에 있지 않는 것[恒喜在市不在靜處]이라고 설명하고 있다.

해지는 폐단이 생긴다. 범행이 아닌 것을 범행이라 일컫고 사문이 아니면서 사문이라 일컬으니 마치 범지가 까마귀를 보고 '잘 왔다. 까마귀야, 너는 어디서 왔으며 어디로 가려고 하느냐?' 하고 물었을 때 '범지시여, 당신은 얼굴이 두껍고 미련하고 미친 사람입니다. 어떻게 나에게 너는 어디서 왔으며 어디로 가려 하느냐고 묻습니까?'라고 대답한 것처럼, 내가 말하는 비구도 역시 이와 같다.

그러므로 비구는 까마귀와 같이 행동하지 않아야 한다. 법이 아닌 것을 의지하여 스스로 목숨을 보존하려 하지 않아야 한다. 마땅히 몸으로 행하는 것을 깨끗하게 하고 입과 뜻으로 행하는 것을 깨끗하게 해야 한다. 일이 없는 가운데 머물러 분소의를 입고 항상 걸식을 행하되 차례로 걸식하여 조그만 욕심도 부리지 말고 만족할 줄을 알아야 한다. 속세를 멀리 떠나 머물기를 좋아하고 정근을 익히고 바른 생각·바른 지식·바른 선정·바른 지혜를 세워 항상 마땅히 속세를 멀리 떠나야 한다고 그렇게 배워야 한다.

'저 성성이는 이 범지와 이런 이야기를 나눈 뒤에 곧 떠나갔다'고 말했는데 내가 이 비유를 들어 말한 데에는 어떤 뜻이 있는가 하면, 어떤 비구가 마을을 의지하여 다니는 것과 같다. 비구가 이른 아침에 가사를 입고 발우를 가지고 마을로 들어가 걸식할 때에, 몸을 잘 보호하고 모든 감각기관을 단속하여 지키며 바른 생각을 세운다. 그는 마을을 따라 걸식하기를 마치고 밥을 먹은 뒤에 오후가 되면 가사와 발우를 챙기고 손과 발을 씻고 니사단을 어깨에 걸치고는 일 없는 곳으로 가거나 나무 밑으로 가거나 혹은 빈 집으로 가서 니사단尼師檀을 펴고 가부좌를 맺고 앉는다. 몸을 바루고 올바른 서원을 세우며 비뚤어진 생각으로 향하지 않고 탐욕을 끊고 마음에 다툼이 없으며 남의 재물과 모든 생활 도구를 보아도 탐욕을 일으켜 내 것으로 만들려 하지 않으니, 그는 탐욕하는 그 마음에 대하여 깨끗이 하였다. 이렇게 성냄과 잠과 들뜸에 대해서도 또한 그러하며 의심을 끊고 의혹을 벗어나 선법善法에서 망설임이 없으니, 그는 의혹하는 그 마음에 대하여 깨끗이 하였다.

그는 이미 이 5개蓋와 마음의 더러움과 지혜가 박약함을 끊고 욕심을 여의고 악하고 착하지 않은 법을 여의어 나아가 제4선禪을 성취하여 노닌다. 그는 이러한 선정의 마음〔定心〕이 청정하여 더러움이 없고 번거로움이 없어져서 향누진지통向漏盡智通으로 나아가 증득한다. 그는 곧 이 괴로움에 대하여 사실 그대로 알고 괴로움의 발생을 알며 괴로움의 소멸을 알며 괴로움의 소멸에 이르는 길에 대하여 사실 그대로 안다. 이 누(漏 : 煩惱)를 알고 이 누의 발생을 알며 이 누의 소멸을 알고 이 누의 소멸에 이르는 길에 대하여 사실 그대로 안다. 그는 이렇게 알고 이렇게 본 뒤에는 곧 욕루欲漏에서 마음이 해탈하고 유루와 무명루에서 마음이 해탈하며 해탈한 뒤에는 곧 해탈한 줄을 알아, 생이 이미 다하고 범행이 이미 서고 할 일을 이미 마쳐 다시는 후세의 목숨을 받지 않는다는 진실 그대로를 안다. 마치 범지가 성성이를 보고 '잘 왔다. 성성아, 너는 어디서 왔으며 어디로 가려고 하느냐?'고 물었을 때에, '범지시여, 나는 집에서 집으로, 동산에서 동산으로, 숲에서 숲으로 다니면서 맑은 샘물을 마시고 좋은 열매를 먹다가 왔습니다. 나는 이제 가고 싶은 곳이면 어디든지 가려고 하며 사람들을 두려워하지도 않습니다'라고 대답한 것처럼, 내가 말하는 비구도 역시 이와 같다.

그러므로 비구는 수달과 같이 행동하지 말고 구모조와 같이 행동하지도 말며, 독수리 · 식토조 · 승냥이 · 까마귀와 같이 행동하지도 말고 마땅히 성성이처럼 행동하여야 한다. 왜냐하면 이 세상에 집착이 없는 참다운 사람은 성성이와 같기 때문이다."

부처님께서 이렇게 말씀하시자, 여러 비구들은 부처님 말씀을 듣고 기뻐하며 받들어 행하였다.

〔이 오조유경에 수록된 경문의 글자 수는 3,178자이다.〕

66) 설본경說本經[2]〔제2 소토성송〕

나는 이와 같이 들었다.

어느 때 부처님께서 바라내국波羅㮈國에 유행하실 때에 선인仙人이 사는 곳인 녹야원鹿野園에 계셨다. 그때 여러 비구들은 점심을 먹은 뒤에 조그마한 일로 강당에 모여 이런 일을 의논하였다.

"어떤가? 여러 현인들이여, 가정이 있는 거사의 이익이 아침마다 늘어나 백천만 배나 되는 것과 비구들이 계를 지키고 묘한 법을 가지며 위의를 성취하고 남의 집에 들어가 밥을 받는 것과 어느 것이 낫다고 하겠느냐?"

어떤 비구는 이렇게 말하였다.

"이익이 백천만 배나 된들 무엇에 쓰겠습니까? 만일 비구가 계를 지키고 묘한 법을 가지며 위의를 성취하고 남의 집에 들어가 밥을 받는다면 오직 이것만이 지극히 긴요한 일일 것입니다. 아침마다 이익이 불어나 백천만 배가 되는 것이 더 우세하지 못합니다."

이때 존자 아나율타阿那律陀도 대중 가운데 있었다. 이에 존자 아나율타가 비구들에게 말하였다.

---

2 이 경의 이역 경전으로는 역자를 알 수 없는 『불설고래세시경佛說古來世時經』이 있으며, 참고가 될 경문으로는 『장로게경長老偈經』이 있다.

“여러 현인들이여, 이익이 백천만 배가 되거나 비록 또 그보다 더 많은들 무엇에 쓰겠습니까? 만일 비구가 계율을 지키고 묘한 법을 가지며 위의를 성취하고 남의 집에 들어가 밥을 받는다면 오직 이것만이 가장 긴요한 일일 것이다. 아침마다 이익이 불어나 백천만 배나 된다 해도 그것은 조금도 나을게 없습니다. 왜냐하면 내가 옛날 바라내국에 있을 때에 너무도 가난하여 고물을 주워〔捃拾〕[3] 생활했던 기억이 납니다. 그때에 이 바라내국에는 가뭄이 든 데다 서리마저 일찍 내렸고 게다가 황충蝗蟲마저 기승을 부려 곡식이 여물지 않아 백성들은 부황이 나고 가난하여 구걸하여도 밥을 얻기 어려웠다. 이때에 무환無患이라고 하는 한 벽지불辟支佛이 이 바라내를 의지하여 살고 있었습니다. 그때 무환 벽지불은 밤이 지나고 이른 아침이 되자 가사를 입고 발우를 가지고 바라내에 들어가 밥을 빌었습니다. 나는 그때에 고물을 줍기 위하여 일찍 바라내를 나왔습니다. 내가 나오다가 그리로 들어가는 무환이라는 벽지불을 만났습니다. 무환 벽지불은 빈 발우를 가지고 들어갔는데, 처음 들어갈 때와 같이 빈 발우를 가지고 나왔습니다. 나는 고물 줍기를 마치고 도로 바라내로 들어가다가 다시 무환 벽지불이 나오는 것을 보았습니다. 그는 나를 보자 곧 이렇게 생각하였습니다.

〈나는 아침에 들어갈 때에 이 사람이 나오는 것을 보았다. 이제 되돌아 나오는데 다시 이 사람이 들어오는 것을 본다. 이 사람은 아직도 먹을 것을 얻지 못한 모양이다. 나는 지금 이 사람을 따라가 보아야겠다.〉

이때에 벽지불이 나를 따라 오는데 마치 그림자가 형체를 따르는

3 이 부분이 『불설고래세시경』에는, “나는 풀을 지고 시장에 내다 팔아서 생활하였다〔我負擔草 賣以自活〕”고 되어 있다.

것 같았습니다. 나는 주운 고물을 가지고 집으로 돌아와 짐을 벗어놓고 두리번거리다가 무환 벽지불이 나를 따라 오는 것이 마치 그림자가 형체를 따르는 것과 같음을 보았습니다. 나는 그를 보고 곧 이렇게 생각하였습니다.

〈내가 아침에 나올 때 이 선인은 성으로 들어와 걸식하는 것을 보았는데, 이 선인은 아직까지 밥을 얻지 못한 모양이다. 나는 차라리 내가 먹을 몫을 이 선인에게 주리라.〉

이렇게 생각한 뒤 밥을 가져다 벽지불에게 주면서 말하였습니다.

'선인이여, 마땅히 아십시오. 이 밥은 내가 먹을 밥입니다. 부디 나를 불쌍히 여기고 가엾이 여겨 이것을 받아 주십시오.'

그러자 벽지불이 내게 대답하였습니다.

'거사여, 마땅히 알아야 하오. 금년은 가뭄이 든 데다 서리마저 일찍 내리고 게다가 황충이 기승을 부려 5곡이 제대로 여물지 못하였으므로 백성들은 부황이 나고 가난하여 구걸을 해도 얻기 어려울 것입니다. 그대는 그 반을 덜어내 발우에 담으시오. 그 반은 그대가 먹어 함께 목숨을 보존하십시다. 그렇게 하는 것이 좋을 것 같소.'

'선인이여, 마땅히 아셔야 합니다. 저는 집이 있고 솥과 부엌이 있으며 땔나무도 있고 쌀도 있습니다. 음식 먹는 것도 아침이든 저녁이든 상관없이 때를 가리지 않습니다. 선인이여, 저를 사랑하고 가엾이 여겨 이 밥을 다 받아 주십시오.'

이때에 벽지불은 나를 사랑하고 가엾이 여겼기 때문에 곧 그것을 다 받았습니다.

여러 현인들이여, 나는 그에게 한 발우의 밥을 베풀어 준 복으로 인하여 일곱 번 하늘에 나서 하늘의 왕이 되었고 일곱 번 인간에 나서 사람의 왕이 되었습니다. 나는 그에게 한 발우의 밥을 베풀어 준 복으로 인하여 이렇게 석가 종족 가운데 태어나게 되었고, 큰 부자로서 모든 것이 풍족하고 넉넉하며 봉호封戶와 식읍食邑과 재산이 한량없고 보배도 두루 갖추었습니다. 여러 현인들이여, 나는 그에게 한 발우의 밥을 베풀어 준 복으로 인하여 백천 해姟의 금전金錢을 지닌 왕의 자리를 버리고 출가하여 도를 배우는데, 하물며 그 밖의 여러 가지 잡물이겠습니까?

여러 현인들이여, 나는 그에게 한 발우의 밥을 베풀어 준 복으로 인하여 왕과 왕의 신하·바라문·거사와 일체 인민에게 대우를 받고, 또 사부대중 인 비구·비구니·우바새·우바이에게 존경을 받는 것입니다. 나는 그에게 한 발우의 밥을 베풀어 준 복으로 인하여 항상 남의 초청을 받아 음식·의복·털담요·털자리·침구와 가에 늘어뜨리는 구슬·병을 치료하는 탕약 등 온갖 생활 도구를 받게 되었으며 나를 초청하지 않는 사람이 없습니다. 만일 내가 그때 그 사문이 집착이 없는 진인眞人인 줄 알았더라면 복의 과보를 받는 일이 배나 더 많았을 것이며, 큰 과보와 극히 묘한 공덕을 받아 광명이 환히 비쳐 지극히 넓고 매우 컸을 것이다."

이에 존자 아나율타는 집착이 없는 진인으로서, 정해탈正解脫에 이른 사람이었다.

그는 게송으로 말하였다.

내가 기억해 보니 옛날에 너무도 가난하여
고물을 주워 근근이 살았었네.
최상의 덕 지니신 무환無患 스님께
내 먹을 밥 비워서 공양하였네.

이것으로 인하여 석가 종족으로 태어나
아나율타라 이름하였네.
악기를 잘 다루고 가무에 능하여
음악을 항상 좋아하였네.

나는 세존의 바른 깨달음이
감로甘露맛과 같음을 알았네.
깨닫고 나서 믿음과 즐거움 내어
집을 버리고 도를 배웠네.

나는 숙명을 알게 되어
이전에 났던 곳을 알았는데
전생에 삼십삼천에 태어나
일곱 번 그곳을 오갔었다네.

여기서 일곱 번 저기서 일곱 번
세상에 열네 번 태어났다.
인간과 또 천상을 오가면서
애당초 나쁜 곳에 떨어지지 않았네.

나는 이제 나고 죽음과
중생이 가고 오는 곳 알며
남의 마음 옳고 그름과
성현의 다섯 가지 오락娛樂을 알았네.

5지선정支禪定을 얻어

항상 마음이 쉬어 고요하고 잠잠하며
이미 바른 선정에 머물러
문득 깨끗한 천안天眼을 증득하였네.

이제 도를 배우기 위하여
세속을 멀리 떠나 집을 버리는 것
내 이제 그 뜻을 알아
부처님의 경계에 들게 되었네.

나는 죽음도 즐거워하지 않고
또한 나는 것도 원하지 않는다.
때를 따르고 가는 대로 맡겨두어
바른 생각과 바른 지혜 세우리.

나는 야리耶離 죽림을 따라
내 목숨은 거기서 다할 것이니
마땅히 그 죽림 밑에서
남음 없는 열반에 들어가리라.

그때에 세존께서는 연좌燕坐에 계시면서 사람의 귀보다 뛰어난 깨끗한 천이天耳로써 비구들이 점심 식사를 마친 뒤에 강당에 모여 앉아 이야기 하는 말을 들으셨다. 세존께서는 그 말을 듣고 나서 해질 무렵에 연좌에서 일어나 강당으로 가셔서 비구들 앞에 자리를 펴고 앉으신 뒤 비구들에게 물으셨다.

"너희들은 오늘 무슨 일로 강당에 모였느냐?"

그러자 여러 비구들이 말씀드렸다.

"세존이시여, 저희들은 오늘 존자 아나율타가 전생의 일로 인하여 설법하였기 때문에 강당에 모여 있었습니다."

이에 세존께서는 비구들에게 말씀하셨다.

"너희들은 오늘 부처님을 따라 미래의 일에 대하여 설법하는 것을 듣고자 하느냐?"

모든 비구들이 말씀드렸다.

"세존이시여, 지금이 바로 그때입니다. 선서시여, 지금이 바로 그때입니다. 만일 세존께서 모든 비구들을 위하여 미래의 일에 대해 설법하신다면 모든 비구들은 뒤에 마땅히 잘 받아 가질 것입니다."

세존께서 말씀하셨다.

"여러 비구들아, 자세히 듣고 자세히 들어 잘 생각하고 잘 기억하라. 내가 마땅히 너희들을 위하여 자세히 분별하여 설명해 주겠다."

그때 비구들은 분부를 받아 듣고 있었다.

세존께서 말씀하셨다.

"비구들아, 아주 먼 미래 세계에 인민의 수명은 8만 살이 될 것이다. 사람의 수명이 8만 살이 될 때에는 이 염부주는 지극히 풍족하고 안락하여 백성들이 많이 살 것이며, 마을은 서로 가까워 닭이 한 번 날아 갈만한 거리가 될 것이다. 비구들아, 사람의 수명이 8만 살이 될 때에는 여자의 나이는 5백 살이 되어서야 비로소 시집을 갈 것이다. 사람의 수명이 8만 살이 될 때에는 다음과 같은 걱정이 있을 것이다. 곧 추위·더위·대변·소변·음식·늙음 등의 걱정은 있으나 이 밖에 다른 걱정은 없을 것이다. 비구들아, 사람의 수명이 8만 살이 될 때에는 소라〔螺〕라는 이름을 가진 왕이 전륜왕轉輪王이 될 것이다. 그는 총명하고 지혜가 있으며 네 종류의 군대를 거느리고 천하를 다스리며, 스스로 자재하여 법다운 법왕으로서 7보를 성취할 것이다. 그 7보란 윤보輪寶·상보象寶·마보馬寶·주보珠寶·여보女寶·거사보居士寶·주병신보主兵臣寶이다. 1천 아들을 두는데 용모가 단정하고 용맹스러우며 두려움이 없어 능히 다른 무리들을 항복받을 것이다.

그는 반드시 이 일체의 땅은 물론 나아가 큰 바다까지도 다스리게 되는데 칼이나 몽둥이를 쓰지 않고 법으로써 가르치고 명령하여 안락을 얻게 할 것이다. 큰 금당金幢이 있어 온갖 보배로 장엄하게 꾸미는데 그 높이는 1천 주肘이고 둘레는 16주가 될 것이다. 그는 장차 이것을 세울 것인데 이미 세웠다가는 곧 내리고 다시 사문과 범지梵志와 빈궁한 자와 고독한 자와 멀리서 빌러온 사람들에게 보시하되 음식·의복·수레·화만華鬘·흩는 꽃·바르는 향·집·침구·털담요·털자리와 가에 드리운 구슬과 급사給使·등불 등을 보시할 것이다. 그는 이것들을 보시한 뒤에는 곧 수염과 머리를 깎고 가사를 입고 지극한 믿음으로 집을 버려 가정이 없이 도를 배울 것이다. 그는 족성자가 한 일처럼 수염과 머리를 깎고 가사를 입고 지극한 믿음으로 집을 버려 가정이 없이 도를 배우면 오직 위없는 범행을 마치고 현재 세상에서 스스로 알고 스스로 깨닫고 스스로 증득하여 성취하여 놀 것이며, 생이 이미 다하고 범행이 이미 서고 할 일을 이미 마쳐 다시는 후세에 생명을 받지 않는다는 참다운 진리를 알게 될 것이다."

그때 존자 아이다阿夷哆가 곧 자리에서 일어나 한쪽 어깨의 가사를 벗어 메고 합장하고 부처님을 향해 여쭈었다.

"세존이시여, 저는 아주 먼 미래 세계에 사람의 수명이 8만 살이 될 때에 왕이 되어 이름을 소라라고 할 것입니다. 전륜왕이 되어 총명하고 지혜가 있으며 네 종류의 군대를 거느리고 천하를 바르게 다스리며 스스로 자재하여 법다운 법왕으로서 7보를 성취할 것입니다. 7보란 윤보 · 상보 · 마보 · 주보 · 여보 · 거사보 · 주병신보입니다. 저는 장차 1천 아들을 둘 것인데, 한결같이 용모가 단정하고 용맹스러우며 두려움이 없어 능히 다른 무리들을 항복받을 것입니다. 저는 반드시 이 모든 땅은 물론 나아가 큰 바다까지도 다스리게 될 터인데 칼이나 막대기를 쓰지 않고, 법으로써 가르치고 명령하여 안락을 얻게 할 것입니다. 큰 금당이 있어 온갖 보배로 장엄하게 꾸미되, 높이는 1천주이며 둘레는 16주가 될 것입니다. 저는 장차 이것을 세울 것인데, 이미 세운 뒤에는 내리고 곧 사문 바라문 · 빈궁한 이 · 고독한 이 · 멀리서 빌러 온 사람에게 보시하되 음식 · 의복 · 수레 · 화만 · 흩는 꽃 · 바르는 향 · 집 · 침구 · 털담요 · 털자리 · 가에 드리우는 구슬 · 급사 · 등불 등을 보시할 것입니다. 저는 이런 것들을 보시한 뒤에는 곧 수염과 머리를 깎고 가사를 입고, 지극한 믿음으로 출가하여 집 없이 도를 배울 것입니다. 저는 족성자가 하신 일처럼 수염과 머리를 깎고 가사를 입고 지극한 믿음으로 집을 버리고 가정이 없이 도를 배우면, 오직 위없는 범행을 마치고 현재 세상에서 스스로 알고 스스로 깨닫고 스스로 증득하고 성취하여 노닐 것입니다. 생이 이미 다하고 범행이 이미 서고 할 일을 이미 마쳐 다시는 후세에 목숨을 받지 않는다는 참다운 진리를 알게 될 것입니다."

이에 세존께서 존자 아이다를 꾸짖어 말씀하셨다.

"너 어리석은 사람아, 너는 마땅히 한 번 죽었다가 다시 죽기를 구해야 할 것이다. 왜냐하면 네가 말하기를 '세존이시여, 저는 아주 먼 미래 세계에 사람의 수명이 8만 살이 될 때에 왕이 되어 이름을 소라라고 할 것입니다. 전륜왕이 되어 총명하고 지혜가 있으며 네 종류의 군대를 거느리고 천하를 다스리며 스스로 자재하여 법다운 법왕으로서 7보를 성취할 것입니다. 7보란 윤보 · 상보 · 마보 · 주보 · 여보 ·

거사보 · 주병신보입니다. 저는 장차 1천 아들을 둘 것인데 한결같이 용모가 단정하고 용맹스러우며 두려움이 없어 능히 다른 무리들을 항복받을 것입니다. 저는 반드시 이 모든 땅은 물론 나아가 저 큰 바다까지도 모두 다스리게 될 것인데 칼이나 몽둥이를 쓰지 않고 법으로써 가르치고 명령하여 안락을 얻게 할 것입니다. 큰 금당을 온갖 보배로 장엄하게 꾸미되, 높이는 1천주며 둘레는 16주가 될 것입니다. 저는 장차 이것을 세울 것인데, 이미 세운 뒤에는 곧 내리고 사문 바라문 · 가난한 이 · 고독한 이 · 멀리서 온 걸인들에게 보시하되, 음식 · 의복 · 수레 · 화만 · 흩는 꽃 · 바르는 향 · 집 · 침구 · 털담요 · 가에 드리우는 구슬 · 급사 · 등불 등을 보시할 것입니다. 저는 이런 것들을 보시한 뒤에는 곧 수염과 머리를 깎고 가사를 입고 지극한 믿음으로 출가하여 집 없이 도를 배울 것입니다. 저는 족성자가 한 일처럼 수염과 머리를 깎고 가사를 입고 지극한 믿음으로 집을 버리고 가정이 없이 도를 배워 오직 위없는 범행을 마치고 현재 세상에서 스스로 알고 스스로 깨닫고 스스로 증득하고 성취하여 노닐 것입니다. 생이 이미 다하고 범행이 이미 서고 할 일을 이미 마쳐, 다시는 후세의 생명을 받지 않는다는 참다운 진리를 알게 될 것입니다'라고 하였기 때문이다.

그러므로 아이다야, 너는 아주 먼 미래에 사람의 수명이 8만 살이 될 때에 왕이 되어 이름을 소라라고 할 것이며, 전륜왕이 되어 총명하고 지혜가 있으며 네 종류의 군대를 거느리고 천하를 잘 다스릴 것이며 스스로 자재하여 법다운 법왕으로서 7보를 성취할 것이다. 그 7보란 윤보 · 상보 · 마보 · 주보 · 여보 · 거사보 · 주병신보이다. 너는 장차 1천 아들을 둘 것인데, 한결같이 용모가 단정하고 용맹스러우며 두려움이 없어 다른 무리들을 항복받을 것이다. 너는 장차 이 일체의 땅은 물론 나아가 큰 바다까지도 다스리게 될 것인데 칼이나 몽둥이를 쓰지 않고 법으로써 가르치고 명령하여 안락을 얻게 할 것이다. 큰 금당은 온갖 보배로 장엄하게 꾸미되, 그 높이는 1천 주이며 둘레는 16주가 될 것이다. 너는 장차 이것을 세울 것인데 이미 세운 뒤에는 곧 내리고 사문 바라문·빈궁한 이·고독한 이·멀리서 오는 걸인들에게 음식·의복·수레·화만·흩는 꽃·바르는 향·집·침구·털담요·가에 드리우는 구슬·급사·등불을 보시할 것이다. 너는 이것을 보시한 뒤에는 곧 수염과 머리를 깎고 가사를 입고 지극한 믿음으로 집을 버려 가정이 없이 도를 배울 것이다. 너는 족성자가 한 일처럼 수염과 머리를 깎고 가사를 입고 지극한 믿음으로 출가하여 집 없이 도를 배워 오직 위없는 범행을 마치고 현재 세상에서 스스로 알고 스스로 깨닫고 스스로 증득하며 성취하여 노닐 것이다. 생이 이미 다하고 범행이 이미 서고 할 일을 이미 마쳐 다시는 후세의 생명을 받지 않는다는 참다운 진리를 알 것이다."

부처님께서 여러 비구들을 돌아보시면서 말씀하셨다.

"아주 먼 미래에 사람의 수명이 8만 살이 될 때에 부처님이 계실 터인데, 명호를 미륵 여래·무소착·등정각·명행성위·선서·세간해·무상사·도법어·천인사·불중우라고 할 것이다. 마치 지금 나를 이미 여래·무소착·등정각·명행성위·선서·세간해·무상사·도법어·천인사·불중우라고 호칭하는 것과 같을 것이다. 그는 이 세상에서 하늘·악마·범梵·사문 범지 등 사람들로부터 하늘에 이르기까지 스스로 알고 스스로 깨닫고 스스로 증득하고 성취하여 노닐 것이다. 마치 지금 내가 이미 이 세상에서 하늘·악마·범·사문 범지 등 사람으로부터 하늘에 이르기까지 스스로 알고 스스로 깨닫고 스스로 증득하고 성취하여 노니는 것과 같을 것이다. 그는 장차 설법할 것인데 그 설법은 처음도 묘하고 중간도 묘하고 마지막도 또한 묘하며 뜻도 있고 문채도 있으며 구족하고 청정하여 범행을 밝게 드러낼 것이다. 마치 지금 내가 설법하되 처음도 묘하고 중간도 묘하고 마지막도 또한 묘하며 뜻도 있고 문채도 있으며 구족하고 청정하여 범행을 밝게 드러내는 것과 같다. 그는 장차 범행을 널리 펴고 멀리 펼쳐 큰 모임이 한량없고 사람으로부터 하늘에 이르기까지 잘 펴서 드날릴 것이다. 마치 지금 내가 범행을 널리 펴고 멀리 펼쳐 큰 모임이 한량없고 사람으로부터 하늘에 이르기까지 잘 펴서 드날리는 것과 같을 것이다. 그는 장차 한량없는 백천의 비구 대중을 둘 것이니, 마치 지금 내가 한량없는 백천의 비구 대중을 둔 것과 같을 것이다."

그때에 존자 미륵은 그 대중 가운데 있었다. 존자 미륵이 곧 자리에서 일어나 가사 한 자락을 벗어 메고 합장하고 부처님을 향하여 여쭈었다.

"세존이시여, 저는 아주 먼 미래세계에 사람의 수명이 8만 살이 될 때에 부처가 될 것인데, 그 명호를 미륵 여래・무소착・등정각・명행성위・선서・세간해・무상사・도법어・천인사・불중우라 할 것입니다. 지금 세존께서 여래・무소착・등정각・명행성위・선서・세간해・무상사・도법어・천인사・불중우라고 호칭 받는 것과 같을 것입니다. 저는 이 세상의 하늘・악마・범・사문 바라문 등 사람에서부터 하늘에 이르기까지 스스로 알고 스스로 깨닫고 스스로 증득하고 성취하여 노닐 것이니, 지금 세존께서 이 세상의 하늘・악마・범・사문 바라문 등 사람에서부터 하늘에 이르기까지 스스로 알고 스스로 깨닫고 스스로 증득하며 성취하여 노니는 것과 같을 것입니다. 제가 장차 설법하면 처음도 묘하고 중간도 묘하고 마지막도 또한 묘하며 뜻도 있고 문채도 있으며 구족하고 청정하여 범행을 밝게 나타낼 것이니,

지금 세존께서 설법하시면 처음도 묘하고 중간도 묘하고 마지막도 묘하며 뜻도 있고 문채도 있으며 구족하고 청정하여 범행을 밝게 나타내시는 것과 같을 것입니다. 제가 장차 범행을 널리 연설하고 멀리 유포시켜 큰 모임이 한량없으며 사람에서부터 하늘에 이르기까지 잘 펴서 드날릴 것이니, 지금 세존께서 범행을 널리 연설하고 멀리 유포시켜, 큰 모임이 한량없고 사람에서부터 하늘에 이르기까지 잘 펴서 드날리시는 것과 같을 것입니다. 저는 반드시 한량없는 백천의 비구를 둘 것이니, 지금 세존께서 한량없는 백천의 비구를 두신 것과 같을 것입니다."

이에 세존께서는 미륵을 찬탄하며 말씀하셨다.

"훌륭하고 훌륭하다. 미륵아, 너의 발심은 지극히 묘하여 대중을 인도할 수 있을 것이다. 왜 그런가 하면, 네가 지금 생각한 것과 같아 '세존이시여, 나는 아주 먼 미래세계에 사람의 수명이 8만 살이 될 때에 부처가 될 것인데, 그 명호를 미륵 여래·무소착·등정각·명행성위·선서·세간해·무상사·도법어·천인사·불중우라고 할 것이니, 지금 세존께서 여래·무소착·등정각·명행성위·선서·세간해·무상사·도법어·천인사·불중우라고 호칭 받고 있는 것과 같을 것입니다. 저는 이 세상의 하늘·악마·범·사문 바라문 등 사람에서부터 하늘에 이르기까지 스스로 알고 스스로 깨닫고 스스로 증득하며 성취하여 노닐 것입니다. 지금 세존께서 이 세상·하늘·악마·범·사문 범지 등 사람에서부터 하늘에 이르기까지 스스로 알고 스스로 깨닫고 스스로 증득하며 성취하여 노니시는 것과 같을 것입니다. 제가 장차 설법하게 되면 처음도 묘하고 중간도 묘하고 마지막도 묘하며, 뜻도 있고 문채도 있으며 구족하고 청정하여 범행을 드날릴 것입니다. 마치 지금 세존께서 설법하시면 처음도 묘하고 중간도 묘하고 마지막도 묘하며, 뜻도 있고 문채도 있으며 구족하고 청정하여 범행을 드날리시는 것과 같을 것입니다. 제가 장차 범행을 널리 연설하고 멀리 유포하여 큰 모임이 한량없고 사람에서부터 하늘에 이르기까지 잘 펴서 드날릴 것입니다. 마치 지금 세존께서 범행을 널리 연설하고 멀리 유포하여 큰 모임이 한량없고 사람에서부터 하늘에 이르기까지 잘 펴서 드날리시는 것과 같을 것입니다'라고 했기 때문이다.

그러므로 미륵아, 너는 아주 먼 미래세계에 사람의 수명이 8만 살이 될 때에 반드시 부처가 될 것이니, 그 명호를 미륵 여래·무소착·등정각·명행성위·선서·세간해·무상사·도법어·천인사·불중우라고 할 것이다. 마치 지금 내가 여래·무소착·등정각·명행성위·선서·세간해·무상사·도법어·천인사·불중우라고 호칭 받는 것과 같을 것이다. 너는 이 세상의 하늘·악마·범·사문 범지 등 사람에서부터 하늘에 이르기까지 스스로 알고 스스로 깨닫고 스스로 증득하고, 성취하여 노닐 것이다. 마치 지금 내가 이 세상의 하늘·악마·범·사문 범지 등 사람에서부터 하늘에 이르기까지 스스로 알고 스스로 깨닫고 스스로 증득하고 성취하여 노니는 것과 같을 것이다. 네가 장차 설법하면 처음도 묘하고 중간도 묘하고 마지막도 묘하며, 뜻도 있고 문채도 있으며 구족하고 청정하여 범행을 드날릴 것이다. 마치 지금 내가 설법할 때 처음도 묘하고 중간도 묘하고 마지막도 묘하며, 뜻도 있고 문채도 있으며 구족하고 청정하여 범행을 드날리는 것과 같을 것이다. 너는 장차 범행을 널리 연설하고 멀리 유포하여 큰 모임이 한량없고, 사람에서부터 하늘에 이르기까지 잘 펴서 드날릴 것이다. 마치 지금 내가 범행을 널리 연설하고 멀리 유포하여 큰 모임이 한량없고, 사람에서부터 하늘에 이르기까지 잘 펴서 드날리는 것과 같을 것이다. 너는 장차 한량없는 백천의 비구 대중을 거느릴 것이니,

마치 지금 내가 한량없는 백천의 비구 대중을 거느린 것과 같을 것이다."

그때에 존자 아난이 불자拂子를 들고 부처님을 모시고 있었다. 이에 세존께서 돌아보시며 말씀하셨다.

"아난아, 금실로 짠 옷을 가지고 오너라. 내가 지금 미륵 비구에게 주고자 한다."

아난은 세존께서 시키신 대로 금실로 짠 옷을 가지고 와서 세존께 올렸다. 그러자 세존께서는 아난에게서 금실로 짠 옷을 받으신 뒤에 말씀하셨다.

"미륵아, 너는 내게서 이 금실로 짠 옷을 받아 불·법·승에 보시하라. 왜냐하면 미륵아, 모든 여래·무소착·등정각은 세간의 보호를 위하여 정의와 요익을 구하고 안온과 쾌락을 구하기 때문이다."

이에 존자 미륵이 여래에게서 금실로 짠 옷을 받아 불·법·승에 보시하였다. 그때 악마 파순波旬은 문득 이렇게 생각하였다.

'이 사문 구담瞿曇이 바라내의 선인이 사는 녹야원에 머물면서 그 제자들을 위하여 미래에 대한 설법을 하는구나. 내가 이제 가서 이것을 방해하리라.'

악마 파순이 부처님 계신 곳에 나아가 부처님을 향하여 게송으로 말하였다.

저들은 장차 반드시 얻을 것이다.
얼굴 모습은 묘하기 제일이며
몸에는 꽃다발과 구슬 목걸이
팔에는 명주明珠를 걸을 것이니
마치 저 계두성鷄頭城이

소라왕의 경계 안에 있는 듯하리.

이에 세존께서 '이 악마 파순이 내게 와서 방해하려 한다'고 생각하셨다. 세존께서 그런 줄 아신 뒤에 악마 파순을 위하여 곧 게송으로 말씀하셨다.

저들은 장차 반드시 얻을 것이다.
엎어짐이 없고 의혹도 없고
생·노·병·사를 끊어
마치 범행을 행하는 자
미륵의 경계 안에 있는 듯하리.

그때 악마 파순이 다시 게송으로 말하였다.

저들은 장차 반드시 얻을 것이다
유명한 웃옷과 묘한 아래 옷
전단향 몸에 바르고
몸은 곧고 아름답고 늘씬하리니
마치 계두성이
소라왕의 경계 안에 있는 듯하리.

그때에 세존께서 다시 게송으로 말씀하셨다.

저들은 장차 반드시 얻을 것이다.
주인도 없고 또한 집도 없으며

손에는 금보를 가지지 않고
함도 없고 근심도 없을 것이니
마치 범행을 행하는 자
미륵의 경계 안에 있는 듯하리.

이에 마왕이 다시 게송으로 말하였다.

저들은 장차 반드시 얻을 것이다.
이름과 재물과 좋은 음식에
노래와 춤을 능히 잘 알아
풍류를 읊어 언제나 즐길 것이니
마치 계두성이
소라왕의 경계 안에 있는 듯하리.

그때에 세존께서 다시 게송으로 말씀하셨다.

저들은 반드시 저 언덕 건너리니
마치 새가 그물 찢고 나오듯 하리.
선정을 얻어 자재하게 놀고
즐거움을 갖추어 언제나 즐기리니
너 악마여, 마땅히 알라
나는 이미 너를 항복받았다.

그러자 마왕은 다시 이렇게 생각하였다.
'세존이 나를 알고 있다. 선서가 나를 보고 있다.'

그는 시름하고 괴로워하며 걱정스럽고 슬퍼져서 그대로 있을 수가 없었으므로 곧 거기서 갑자기 사라져 나타나지 않았다."

부처님께서 이렇게 말씀하시자, 미륵과 아이다阿夷哆와 존자 아난 및 모든 비구들은 부처님 말씀을 듣고 기뻐하며 받들어 행하였다.

〔이 설본경에 수록된 경문의 글자 수는 4,001자이다. 『중아함경』 제13권에 수록된 경문의 글자 수는 모두 7,179자이다.〕

중아함경 제14권

6. 왕상응품 ④

67) 대천내림경大天捺林經[1]〔제2 소토성송〕

나는 이와 같이 들었다.

어느 때 부처님께서 비타제국(鞞陀提國 : 비데하국)에 유행하실 때에 큰 비구들과 함께 미살라彌薩羅에 이르러 대천내림大天捺林에 계셨다. 그때 세존께서 길을 가시다가 도중에서 빙그레 웃으셨다. 존자 아난이 세존께서 웃으시는 것을 보고 합장하고 부처님께 여쭈었다.

"세존께서는 어떤 인연으로 웃으십니까? 모든 여래·무소착·등정각께서는 인연이 없으시면 끝내 함부로 웃으시지 않으셨습니다. 원하

---

1 이 경의 참고 경문으로는 오吳시대 강승회康僧會가 한역한 『육도집경六度集經』 내의 소경인 「마조왕경摩調王經」과 서진西晋시대 법거法炬와 법립法立이 공역한 『법구비유경法句譬喩經』 제4권 「도리품忉利品」과 『증일아함경』 제48권 「예삼보품禮三寶品」의 네 번째 소경이 그것이다.

건대 그 뜻을 들려주십시오."

그때에 세존께서 말씀하셨다.

"아난아, 옛날 어느 땐가 이 미살라 내림 속에 대천大天이라 불리는 왕이 있었다. 그는 전륜왕이 되었는데 총명하고 지혜가 있었으며 네 종류의 군대를 거느리고 천하를 바르게 다스렸고, 스스로 자재하여 법다운 법왕으로서 7보寶를 성취하였으며 사람의 네 가지 여의如意한 덕을 얻었다. 아난아, 저 대천왕의 7보寶를 성취하였다는 것은 무엇을 말함인가 하면, 곧 윤보·상보·마보·주보·여보·거사보·주병신보이다. 이것을 일러 7보라고 한다.

아난아, 저 대천왕은 어떻게 윤보를 성취하였는가? 아난아, 그때에 대천왕은 매달 보름날 종해탈從解脫[2]을 설할 때에 목욕하고 몸을 깨끗이 씻은 다음 정전正殿에 오르면 하늘 윤보가 동방에서 내려온다. 바퀴에는 1천 개의 바퀴살이 있어 일체를 구족하였으며 청정하고 자연스러워 사람이 만든 것이 아니며 빛은 불꽃과 같고 광명은 찬란하게 번쩍인다. 대천왕은 그것을 보고 기뻐 뛰면서 마음으로 '좋은 윤보가 나왔다. 묘한 윤보가 나왔다. 나는 일찍 옛사람에게 들은 말이 있다. 만일 정생찰리頂生刹利왕이 매달 보름날 종해탈을 설명할 때에 목욕하고 몸을 깨끗이 씻은 다음 정전에 오르면 하늘 윤보가 동방에서 오는데, 바퀴에는 1천 개의 바퀴살이 있어 일체를 구족하였으며 청정하고 자연스러워 사람이 만든 것이 아니며 빛은 불꽃과 같고 광명이 찬란하게 번쩍이면, 그는 반드시 전륜왕이 된다고 들었다. 그렇다면 내가 장차 전륜왕이 될 것이 아닌가?'라고 생각하였다.

---

2 바라제목차波羅提木叉라 하기도 하고 또는 계본戒本이라 하기도 하는데, 250계를 받은 사람이 한곳에 모여 포살布薩할 때에 하나하나 독송하는 것을 종해탈을 설한다고 말한다.

아난아, 옛날 대천왕이 장차 스스로 하늘 윤보를 시험하려고 할 때에는 네 종류의 군대인 상군·마군·차군·보군을 모은다. 네 종류의 군사를 모은 뒤에는 하늘 윤보가 있는 곳으로 나아가, 왼손으로는 바퀴를 어루만지고 오른손으로는 이것을 굴리면서, '하늘 윤보를 따르리라. 하늘 윤보가 굴러가는 곳을 따르리라' 하고 말한다. 아난아, 저 하늘 윤보가 굴러 곧 동방으로 향하여 갔다. 그때 대천왕도 뒤를 따르고 네 종류의 군대도 뒤를 따랐다. 만일 하늘 윤보가 머무르는 곳이 있을 때에는 대천왕도 거기서 묵고 네 종류의 군대도 또한 묵었다. 그러자 동방의 모든 작은 국왕들은 다 대천왕이 있는 곳으로 나아가 말하였다.

'천왕이여, 잘 오셨습니다. 천왕이여, 이 모든 국토는 지극히 풍족하고 안락하며 인민도 많이 있는데 모두 천왕에게 소속되어 있습니다. 오직 원컨대 천왕은 법으로써 이들을 가르쳐주십시오. 우리들도 천왕을 돕겠습니다.

이에 대천왕은 모든 소왕에게 말하였다.

'그대들은 저마다 제가 맡고 있는 경계를 다스리되 모두 올바른 법으로써 다스려야 하고 법이 아닌 것으로 다스리는 일이 없도록 하라. 그리하여 나라 안에 모든 악업을 행하는 자나 범행이 아닌 사람이 없게 하라.'

아난아 저 하늘 윤보가 동방을 지나가는데, 동쪽 큰 바다를 건너고 돌아서 남방·서방·북방으로 갔다.

아난아, 하늘 윤보가 두루 돌아 굴러갈 때에 대천왕도 뒤를 따랐고 네 종류의 군대들도 뒤를 따랐다. 만일 하늘 윤보가 머무르는 곳이 있으면, 대천왕도 곧 거기서 묵고 네 종류의 군대도 거기서 묵었다. 이에 북방의 모든 작은 국왕들은 모두 대천왕이 있는 곳으로 나아가 말하였다.

'천왕이여, 잘 오셨습니다. 천왕이여, 이 모든 국토는 지극히 풍족하고 안락하며 백성들도 많이 있는데, 모두 천왕에 소속되어 있습니다. 원컨대 천왕은 법으로써 이를 가르치십시오. 우리들도 돕겠습니다.'

이에 대천왕은 모든 소왕들에게 말하였다.

'그대들은 저마다 자신이 맡고 있는 경계를 다스리되 모두 올바른 법으로 다스리고 법이 아닌 것으로 다스리는 일이 없도록 하라. 그리하여 나라 안에 모든 악업을 행하는 자나 범행이 아닌 사람이 없게 하라.'

아난아, 저 하늘 윤보는 북방을 지나가는데, 북쪽 큰 바다를 건너고 곧 빨리 돌아서 본 왕성에까지 이르렀다. 저 대천왕이 정전 위에 앉아 재물을 처리할 때에 하늘 윤보는 허공에 머물렀으니, 이것을 일러 대천왕은 이와 같이 하늘 윤보를 성취하였다고 한다.

아난아, 저 대천왕은 어떻게 상보를 성취하였는가. 아난아, 그때에 대천왕은 상보를 내었다. 그 코끼리는 매우 희고 7지支를 갖추고 있었으며 그 이름을 우사하于娑賀라고 하였다. 대천왕은 그것을 보고 기뻐 뛰면서 '만일 잘 길들이면 아주 훌륭한 코끼리가 될 것이다'라고 생각하였다. 아난아, 저 대천왕은 그 뒤에 상사象師에게 말하였다.

'너는 빨리 저 코끼리를 다스려 잘 길들여라. 만일 잘 길들여지거든 곧 와서 내게 알려라.'

그때에 상사는 왕의 명령을 받고 상보가 있는 곳으로 가서 빠른 시간에 상보를 다스려 아주 잘 길들였다. 그때에 상보는 엄격한 훈련을 받고 빠른 시간에 잘 길들여졌는데, 마치 옛날 한량없는 백천 살을 산 좋은 코끼리가 한량없는 백천 년 동안 엄격한 훈련을 받고 빠른 시간

내에 길들여진 것과 같았다. 저 상보도 이와 같이 엄격한 훈련을 받아 빠른 시간 안에 잘 길들여졌다. 그때에 상사는 빨리 상보를 다스려 엄격하게 잘 훈련시킨 뒤에 곧 대천왕에게 나아가 말씀드렸다.

'천왕이여, 마땅히 아십시오. 나는 저 코끼리를 엄격하게 잘 다루었기 때문에 상보는 이미 잘 길들어져서 천왕의 뜻을 잘 따를 것입니다.'

아난아, 옛날 대천왕은 상보를 시험하려고 이른 아침에 상보가 있는 곳으로 가서 저 상보를 타고 모든 육지와 나아가 큰 바다에 이르기까지 두루 다니며 놀다가 빠르게 본 왕성으로 돌아왔으니, 이것을 대천왕이 흰 상보를 성취하였다고 한다.

아난아, 저 대천왕은 어떻게 마보를 성취하였는가? 그때에 대천왕은 마보를 내었다. 저 마보는 지극히 검푸른 빛깔[紺靑色]로서 머리 모양은 까마귀와 같고 털로써 몸을 장식하였기 때문에 그 이름을 모마왕髦馬王이라고 하였다. 천왕은 그 말을 보고 기뻐 뛰면서 '만일 잘 길들이면 아주 훌륭한 말이 될 것이다'라고 생각하였다. 아난아, 대천왕은 그 뒤에 마사馬師에게 말하였다.

'너는 어서 말을 다스려 잘 길들여 보아라. 만일 잘 길들었거든 곧 내게 와서 알려라.'

그때에 마사는 왕의 명령을 받고 마보가 있는 곳으로 가서 빠른 시간 내에 마보를 다스려 아주 잘 길들였다. 그때에 마보는 엄격한 훈련을 받고 빠른 시간 내에 잘 길들었는데, 마치 옛날 한량없는 백천 살을 산 좋은 말이 한량없는 백천 년 동안 엄격한 훈련을 받아 짧은 시간에 길들여진 것과 같았다. 저 마보도 이와 같이 엄격한 훈련을 받아 짧은 시간에 잘 길들어졌다. 아난아, 그때에 마사는 빨리 마보를 몰아 잘 훈련시킨 뒤에 곧 대천왕에게 나아가 말하였다.

'천왕이여, 마땅히 아십시오. 나는 이 말을 엄격하게 잘 다루었기 때문에 마보는 이미 잘 길들어서 천왕의 뜻을 잘 따를 것입니다.'

아난아, 옛날 대천왕은 마보를 시험하려고 이른 아침에 마보가 있는 곳으로 가서 그 마보를 타고 모든 육지와 나아가 큰 바다를 돌아다니며 놀다가 빠르게 왕성으로 돌아왔으니 이것을 일러 대천왕이 검푸른 마보를 성취하였다고 한다.

아난아, 저 대천왕은 어떻게 주보株寶를 성취하였는가? 그때에 대천왕은 주보를 내었다. 저 주보는 밝고 깨끗하고 자연스러워 만들어 낸 사람이 따로 없었고 여덟 모로 되어 있는데, 때가 없고 아주 잘 다듬어졌으며 파랑·노랑·빨강·하양·까망의 다섯 가지 색깔의 끈으로 꿰어져 있다. 대천왕은 궁전 안에서 등불을 얻고자 하면 곧 주보를 쓴다. 아난아, 옛날 대천왕이 주보를 시험하려 할 때에는 곧 네 종류의 군대를 모은다. 네 종류의 군대를 모은 뒤에는 깜깜하게 어두운 밤에 높은 깃대를 세우고 구슬을 그 위에 얹어 두고 동산으로 나가면 구슬 광명이 빛나 네 종류의 군대를 비추는데 그 광명이 미치는 곳은 사방으로 반 유연(由延 : 由旬)이나 된다. 이것을 일러 대천왕이 밝은 주보를 성취한 것이라고 한다.

아난아, 저 대천왕은 어떻게 여보女寶를 성취하였는가? 아난아, 그때에 대천왕은 여보를 낸다. 저 여보는 몸에 광택이 나고 빛나고 정결하며 밝고 깨끗하여, 아름다운 얼굴이 사람보다 뛰어나고 천녀보다는 조금 못하다. 모습은 단정하여 보는 사람들마다 모두 기뻐하고 즐거워한다. 입에서는 향기가 나는데 푸른 연꽃 향기가 나고 몸의 모든 털구멍으로는 전단 향기를 내며, 겨울에는 몸이 따뜻하고 여름에는 몸이 서늘하다. 그 여자는 지극한 마음으로 왕을 받들어 섬기고 말을 하면 즐거우며 행동은 민첩하다. 총명하고 지혜가 있으며 선한 일 행하기를 좋아하고 즐거워한다. 그 여자는 왕을 생각하되 항상 마음에서 떠나지 않는데 하물며 몸과 입으로 행동하는 것이겠느냐? 이것을 일러 대천왕이 여보를 성취한 것이라고 한다.

아난아, 저 대천왕은 어떻게 거사보를 성취하였는가? 그때에 대천왕은 거사보를 낸다. 저 거사보는 지극히 풍부하여 재산이 한량없이 많고 많은 목축과 봉호封戶와 식읍食邑이 있으며, 여러 가지 복업의 과보를 두루 갖추었고 천안天眼을 얻어 모든 보배 창고가 비었는지 가득 찼는지를 보고 창고지기가 있는지 없는지와 금 창고인지 돈 창고인지와 조작한 것인지 조작하지 않은 것인지를 모두 꿰뚫어보아 안다. 아난아, 저 거사보가 대천왕에게 나아가 말한다.

'천왕이여, 만일 금이나 돈이 필요하시다면 천왕이여, 걱정하지 마십시오. 제가 스스로 그때를 알고 있습니다.'

아난아, 옛날 대천왕이 거사보를 시험하려고 배를 타고 강에 들어가 말하였다.

'거사여, 내가 지금 금과 돈이 필요하다.'

거사가 말하였다.

'천왕이여, 원컨대 배를 언덕에 대어 주십시오.'

'거사여, 지금 이곳에서 즉시 필요하다. 바로 여기서 필요하다.'

'천왕이여, 원컨대 배를 멈춰 주십시오.'

아난아, 그때 거사보는 뱃머리로 가서 꿇어앉아 손을 펴고 곧 물속에서 금창고·돈창고·만든 창고〔作藏〕·만들지 않은 창고〔不作藏〕 등 네 창고를 들어 올린 뒤에 말하였다.

'천왕이여, 금이든 돈이든 필요한 것을 마음대로 쓰시고, 남거든 도로 물속에 넣어 주십시오.'

아난아, 이것을 일러 대천왕이 거사보를 성취한 것이라고 한다.

아난아, 저 대왕은 어떻게 주병신보主兵臣寶를 성취하였는가? 그때에 대천왕이 주병신보를 내었다. 저 주병신보는 총명하고 지혜가 있으며, 말솜씨가 있어 미묘한 말만 하며 지식이 많아 분별을 잘 한다. 주병신보는 대천왕을 위하여 현세의 이치를 베풀어 권장하여 편안히 살게 하고, 후세의 이치를 베풀어 권장하여 편안히 살게 하며, 현세의 이치와 후세의 이치를 베풀어 권장하여 편안히 살게 한다. 저 주병신보는 대천왕을 위하여 군사를 모으고자 하면 곧 모으고 풀고자 하면 곧 풀어놓는다. 대천왕의 네 가지 군대를 피곤하지 않게 하고, 또 그들을 권장하고 도우려 할 때에는 모든 신하들도 그렇게 한다. 이것을 일러 대천왕이 주병신보를 성취한 것이라고 한다.

아난아, 이것을 대천왕이 7보寶를 성취한 것이라고 한다.

아난아, 저 대천왕은 어떻게 사람의 네 가지 여의如意한 덕을 얻었는가? 저 대천왕은 수명이 지극히 길어 8만 4천 년 동안은 동자童子처럼 장난치고 놀고 8만 4천 년 동안은 작은 국왕이 되며 8만 4천 년 동안은 큰 국왕이 되고 8만 4천 년 동안은 수염과 머리를 깎고 가사를 입고 지극한 믿음으로 집을 버려 가정이 없이 도를 배우고 선인왕仙人王에게 배워 범행을 닦고 이 미살라彌薩羅처럼 대천내림에 살고 있다. 아난아, 만일 대천왕의 수명이 지극히 길어 8만 4천 년 동안은 동자처럼 유희〔嬉戲〕하고 8만 4천 년 동안은 작은 국왕이 되며, 8만 4천 년 동안은 큰 국왕이 되고 8만 4천 년 동안은 수염과 머리를 깎고 가사를 입고 지극한 믿음으로 출가하여 집 없이 도를 배우고 선인왕에게 배워 범행을 닦고서 이 미살라 대천내림에 산다면 이것을 대천왕의 첫 번째 여의덕이라고 한다.

또 아난아, 저 대천왕은 병이 없고 음식 맛을 평등하게 하는 도를 성취하여 찬 것도 먹지 않고 뜨거운 것도 먹지 않아 안온하여 탈이 없다. 그런 까닭에 그 마시고 먹는 것을 잘 소화하게 된다. 아난아, 만일 대천왕이 병이 없고 음식 맛을 평등하게 하는 도를 성취하여 찬 것도 먹지 않고 뜨거운 것도 먹지 않아 안온하여 탈이 없으며 그런 까닭에 그 마시고 먹는 것이 잘 소화된다면, 이것을 대천왕의 두 번째 여의덕이라고 한다.

그리고 아난아, 저 대천왕은 몸에 광택이 있으며 깨끗하고 빛나고 청결하며 밝고 아름다운 얼굴이 사람보다 뛰어나지만 천인天人만은 조금 못하며 단정하고 아름다워 보는 사람마다 즐거워하고 기뻐한다. 아난아, 만일 대천왕이 몸에 광택이 있고 깨끗하고 청결하며 밝고 아름다운 얼굴이 사람보다 뛰어나지만 천인만은 조금 못하며 단정하고 아름다워 보는 사람마다 즐거워하고 기뻐한다면, 이것을 대천왕의 세 번째 여의덕이라고 한다.

또 아난아, 저 대천왕은 항상 범지梵志와 거사를 생각하기를 아비가 자식을 생각하듯 하고, 범지와 거사도 또한 대왕 존경하기를 자식이 아비를 존경하듯 한다. 아난아, 옛날 대천왕은 동산으로 가는 도중에 마부에게 말하였다.

'수레를 천천히 몰아라. 나는 오래도록 범지와 거사를 바라보고 싶어서 그런다.'

범지와 거사들도 또한 마부에게 말하였다.

'천천히 수레를 몰아라. 우리들도 오래도록 대천왕을 뵙고 싶어서 그런다.'

아난아, 만일 대천왕이 항상 범지와 거사 생각하기를 아비가 자식을 생각하듯 하고, 범지와 거사도 또한 대천왕 존경하기를 자식이 아비를 존경하듯 한다면, 이것을 대천왕의 네 번째 여의덕이라고 한다.

이상 설명한 네 가지를 일러 대천왕이 네 가지 여의덕을 얻었다고 한다.

아난아, 저 대천왕이 뒷날 이발사에게 말하였다.

'네가 만일 내 머리에서 흰털이 난 것을 보거든 곧 내게 알려라.'

이발사는 왕의 명령을 받은 뒤, 어느 날 왕의 머리를 감기다가 흰털이 난 것을 보고 말하였다.

'천왕이여, 마땅히 아십시오. 천사가 이미 이르렀습니다. 왕의 머리에 흰 머리칼이 났습니다.'

천왕은 또 이발사에게 말하였다.

'너는 금족집게를 가지고 조심스럽게 흰 머리칼을 뽑아 내 손바닥 위에 올려놓아라.'

그때에 이발사는 왕의 분부를 받고 금족집게를 가지고 조심스럽게 흰 머리칼을 뽑아 왕의 손바닥 위에 올려놓았다. 아난아. 저 대천왕은 손에 흰 머리칼을 받들고 게송으로 말하였다.

내 머리에 흰털이 났으니
수명도 갈수록 줄어드는구나.
천사가 이미 이르렀으니
내 이제 도를 배울 때로다.

아난아, 저 대천왕은 백발을 본 뒤에 태자에게 말하였다.

'태자야, 마땅히 알아야 할 것이다. 천사가 이미 이르렀다. 그리하여 머리에 흰털이 났다. 태자야, 나는 이미 인간의 욕망을 얻었다. 이제는 또 장차 천상의 욕망을 구하리라. 태자야, 나는 수염과 머리를 깎고 가사를 입고 지극한 믿음으로 집을 버려 가정이 없이 도를 배우고자 한다. 태자야, 나는 이제 이 4천하를 너에게 물려준다. 너는 마땅히 법대로 다스릴 것이며, 법이 아닌 것으로 다스리는 일이 없어야 할 것이다. 그리하여 나라 안에는 모든 악업을 행하는 이나 범행이 아닌 것을 행하는 사람이 없게 하라. 태자야, 너도 뒷날 만일 천사가 이르러 네 머리에 흰털이 난 것을 보거든 다시 나라의 정사를 너의 태자에게 물려주되 그를 잘 가르쳐 당부해야 할 것이다. 태자에게 나라를 맡긴 뒤에는 너도 마땅히 수염과 머리를 깎고 가사를 입고, 지극한 믿음으로 집을 버려 가정이 없이 도를 배워야 한다. 태자야, 나는 이제 너를 위하여 이 상속하는 법을 전한다. 너도 마땅히 이 상속하는 법을 네 자식에게 전하여 백성들로 하여금 의지할 곳이 없게 하지 말라. 태자야, 어떤 것이 내가 지금 너에게 상속하는 법을 전한 것이며 네가 또 이 상속하는 법을 전하여 백성들로 하여금 의지할 곳이 없게 하지 않는 것인가 하면, 태자야, 만일 이 나라 안에서 전해 주는 법이 끊어져 더 이상 이어지지 않으면, 이것을 백성들이 의지할 곳이 없는 것이라고 한다. 태자야, 그러므로 나는 이제 너를 위하여 전하는 것이다. 나는 이미 너를 위하여 이 상속하는 법을 전하였다. 너도 마땅히 이 상속하는 법을 전하여 백성들로 하여금 의지할 곳이 없게 하지 말라.

아난아, 저 대천왕은 이 나라 정사를 태자에게 물려주고 잘 가르쳐 당부한 뒤에 곧 수염과 머리를 깎고 가사를 입고 지극한 믿음으로 집을 버려 가정이 없이 도를 배우되 선인의 왕에게 배워 범행을 닦고, 이 미살라의 대천내림 속에 살고 있었다.

그 태자도 또한 전륜왕의 7보寶를 성취하였고 사람의 네 가지 여의덕을 얻었다. 어떤 것이 7보를 성취하고 사람의 네 가지 여의덕을 얻은 것인가 하면, 앞에서 말한 7보와 사람의 네 가지 여의덕을 얻은 것과 같다. 아난아, 그 전륜왕도 뒷날 이발사에게 말하였다.

'네가 만일 내 머리에서 흰 머리칼이 난 것을 보거든 곧 내게 알려

라.'

이발사는 왕의 명령을 받은 뒤에 어느 날 왕의 머리를 감기다가 흰 머리칼이 난 것을 보고 왕에게 말하였다.

'천왕이여, 마땅히 아십시오. 천사가 이미 이르렀습니다. 머리에 흰 머리칼이 났습니다.'

저 전륜왕도 또한 이발사에게 말하였다.

'너는 금족집게를 가지고 조심스럽게 흰 머리칼을 뽑아 내 손바닥 위에 올려놓아라.'

이발사는 명령을 받고 곧 금족집게를 가지고 조심스럽게 흰 머리칼을 뽑아 왕의 손바닥 위에 올려놓았다. 아난아. 저 전륜왕은 손에 흰 머리칼을 받쳐 들고 게송으로 말하였다.

내 머리에 흰 머리칼이 났으니
수명은 갈수록 줄어드는구나.
천사가 이미 이르렀으니
내 이제 도를 배울 때로다.

아난아, 저 전륜왕은 흰 머리칼을 보고 태자에게 말하였다.

'태자야, 마땅히 알아야 할 것이다. 천사가 이미 이르렀다. 내 머리에는 흰 머리칼이 났다. 나는 이미 인간의 욕망을 이루었다. 이제는 마땅히 다시 천상의 욕망을 구하리라. 나는 수염과 머리를 깎고 가사를 입고 지극한 믿음으로 출가하여 집 없이 도를 배우고자 한다. 태자야, 나는 이제 이 4천하를 너에게 물려준다. 너는 마땅히 법에 의하여 다스리고 법이 아닌 일은 하지 말라. 그리하여 나라 안에 모든 악업을 행하는 사람이 없게 하고 범행이 아닌 사람도 없게 하라. 태자야, 너도 뒷날 만일 천사가 이르러 네 머리에 흰 머리칼이 난 것을 보거든, 너 또한 마땅히 이 나라 정사를 너의 태자에게 물려주고 그를 잘 가르쳐 당부해야 한다. 태자에게 나라를 물려준 뒤에는 너도 또한 마땅히 수염과 머리를 깎고 가사를 입고 지극한 믿음으로 집을 버려 가정이 없이 도를 배워야 한다. 태자야, 나는 이제 너를 위하여 이 상속하는 법을 전한다. 너도 또한 마땅히 이 상속하는 법을 전하여 백성들로 하여금 의지할 곳이 없게 하지 말라. 태자야, 어떤 것이 내가 지금 너에게 이 상속하는 법을 전한 것이며, 네가 또 상속하는 법을 전하여 백성들로 하여금 의지할 곳이 없게 하지 않는 것인가 하면 태자야, 만일 이 나라 안에서 전해 주는 법이 끊어져 더 이상 이어지지 않으면 이것을 백성들이 의지할 곳이 없는 것이라고 한다. 태자야, 그러므로 나는 이제 너를 위하여 전하는 것이다. 나는 이제 너를 위하여 이 상속하는 법을 전하였다. 너도 또한 마땅히 이 상속하는 법을 전하여 백성들로 하여금 의지할 곳이 없게 하지 말라.'

아난아, 저 전륜왕은 이 나라 정사를 태자에게 물려주고 잘 가르쳐 당부한 뒤에 곧 수염과 머리를 깎고 가사를 입고 지극한 믿음으로 집을 버려 가정이 없이 도를 배우되 선인왕에게 배워 범행을 닦고, 이 미살라의 대천내림 속에 살고 있었다.

아난아, 이것이 이른바 '아들에서 아들로, 손자에서 손자로, 친족에서 친족으로, 소견〔見〕에서 소견으로 서로 잇따라 8만 4천 전륜왕이 수염과 머리를 깎고 가사를 입고 지극한 믿음으로 집을 버려 가정이 없이 도를 배우되 선인의 왕에게 배워 범행을 닦고 이 미살라의 대천내림 속에 살고 있었다는 것인데, 그 최후의 왕을 니미尼彌라고 한다. 그는 법다운 법왕으로서 법대로 법을 행하였다. 그리고 태자와 후비后妃와 채녀婇女와 모든 신하와 백성과 사문과 범지梵志, 나아가 곤충에 이르기까지도 한결같이 모두를 위하여 법재法齋를 받들어 가지고, 매달 8일 · 14일 · 15일에는 보시를 행하되 모든 궁핍한 사문 범지 · 빈궁한 사람 · 고독한 사람 · 멀리서 온 결식자들에게 음식 · 의복 · 수레 · 화만 · 흩는 꽃 · 바르는 향 · 집 · 침구 · 털담요 · 가에 드리우는 구슬 · 급사給使 · 등불 등을 베풀었다. 그때 삼십삼천은 선법강당에 모여 앉아 니미왕을 못내 찬탄하였다.

'여러 현자들이여, 비타제鞞陀提 사람은 매우 좋은 이익이 있고 큰 공덕이 있다. 왜 그런가 하면, 저 최후의 니미라고 하는 왕은 법다운 법왕으로서 법에 따라서 법을 집행한다. 그리고 태자 · 후비 · 채녀와 모든 신하 · 백성 · 사문 범지, 나아가 곤충에 이르기까지도 한결같이 모두를 위하여 법재法齋를 받들어 매달 8일 · 14일 · 15일에는 보시를 행하되 모든 궁핍한 사문 범지 · 빈궁한 사람 · 고독한 사람 · 멀리서 온 결식자들에게 음식 · 의복 · 수레 · 화만 · 흩는 꽃 · 바르는 향 · 집 · 침구 · 털담요 · 보배 갓 · 급사 · 등불을 보시하는구나.'

그때에 천제석天帝釋도 대중들 가운데 있었다. 이에 천제석이 삼십삼천에게 말하였다.

'여러분, 그대들은 여기서 곧 저 니미왕을 보고자 하는가?'

삼십삼천이 말하였다.

'구익拘翼[3]이여, 우리들은 여기서 니미왕을 보고자 합니다.'

그때에 제석은 마치 역사力士가 팔을 굽혔다 펴는 아주 짧은 시간에 삼십삼천에서 갑자기 사라져 보이지 않더니 어느새 니미왕의 궁전에 이르렀다. 이에 니미왕은 천제석을 보고 나서 곧 물었다.

'그대는 누구냐?'

---

3 또는 교시가憍尸迦로 쓰기도 하며, 제석천의 성姓이다.

제석이 대답하였다.

'대왕이여, 천제석이 있다는 말을 들었는가?'

'제석이 있다고 들었다.'

'내가 곧 그 제석이다. 대왕은 매우 훌륭한 이익을 베풀고 큰 공덕이 있다. 왜냐하면 삼십삼천이 그대를 위하여 선법강당善法講堂에 모여 앉아 못내 칭찬하고 찬탄해 말했기 때문이다. 여러분, 비타제 사람은 곧 매우 착한 이익이 있고 큰 공덕이 있다. 왜냐하면 저 최후의 니미왕은 법다운 법왕으로서 법대로 법을 집행한다. 그리고 태자·후비·채녀婇女 및 모든 신하와 백성과 사문과 바라문, 나아가 곤충에 이르기까지 그들을 위하여 법재를 받들어 가지고 매달 8일·14일·15일에는 보시를 행하되 모든 궁핍한 사문 범지·빈궁한 사람·고독한 사람·멀리서 온 걸식하는 이들에게 음식·의복·수레·화만·흩는 꽃·바르는 향·집·침구·털담요·보배 갓·급사·등불을 보시한다.'

'대왕이여, 삼십삼천을 보고자 하는가?'

'보고자 한다.'

제석이 또 니미왕에게 말하였다.

'나는 천상에 돌아가 명하여 1천 상거像車를 장엄하게 꾸며 가지고 다시 올 것이다. 대왕이여, 그 수레를 타고 즐겁게 유희하면서 천상으로 올라가도록 하라.'

니미왕은 천제석을 위하여 묵묵히 허락하였다. 이에 제석은 니미왕이 묵묵히 허락한 것을 안 뒤에, 마치 역사가 팔을 굽혔다 펴는 매우 짧은 시간에 니미왕의 궁전에서 사라져 보이지 않더니 어느새 돌아가 저 삼십삼천에 이르렀다. 제석이 거기에 가서 어자御者에게 말하였다.

'너희들은 빨리 1천 상거象車를 장엄하게 장식해 가지고 가서 니미왕을 맞이하되 거기 가서 말하여라.

〈대왕이여, 마땅히 아십시오. 천제석이 1천 상거를 보내어 대왕을 맞이하게 하였습니다. 이 수레를 타고 즐겁게 유희하면서 천상으로 올라가십시오〉.

왕이 수레를 타거든 다시 왕에게 이렇게 물어 보라.

〈왕이여, 저희들이 어느 길을 따라 대왕을 모셨으면 하고 생각하십니까? 나쁜 과보를 받는 나쁜 과보의 길을 따르리까? 좋은 과보를 받는 좋은 과보의 길을 따르리까?〉'

이에 마부는 제석의 명령을 받고 곧 1천 상거를 장엄하게 장식한 다음에 니미왕이 있는 곳으로 가서 말하였다.

'대왕이여, 마땅히 아십시오. 제석이 이 1천 상거를 보내어 대왕을 맞이하라 하였습니다. 이 수레를 타시고 즐겁게 유희하면서 천상으로 올라가십시오.'

니미왕은 그 수레를 탔다. 마부가 다시 왕에게 말하였다.

'저희들이 어느 길을 따라 대왕을 모셨으면 하고 생각하십니까? 나쁜 과보를 받는 나쁜 과보의 길을 따르리까? 아니면 선한 과보를 받는 선한 과보의 길을 따르리까?'

니미왕이 마부에게 말하였다.

'너희들은 나쁜 과보를 받는 나쁜 과보와 선한 과보를 받는 선한 과보, 이 두 길의 중간으로 나를 인도하라.'

그리하여 말 모는 사람이 악한 업을 지어 악한 과보를 받는 길과 선한 업을 지어 선한 과보를 받는 중간 길로 왕을 전송하였다. 그때 삼십삼천은 멀리서 니미왕이 오는 것을 보고 칭찬하여 말하였다.

'잘 오셨습니다. 대왕이여, 잘 오셨습니다. 대왕이여, 삼십삼천과 함께 머물면서 즐겁게 놀아보십시다.'

니미왕은 삼십삼천을 위하여 게송으로 말하였다.

비유하면 임시로 수레를 빌어다가
한 때 잠시 빌려 탄 것처럼
여기도 또한 그러하거니
남의 소유라고 말하는 것입니다.

나는 미살라로 돌아가
한량없는 선善을 지으리.
그로 인해 천상에 태어나
복을 짓는 밑천으로 삼으리라.

아난아, 옛날의 대천왕을 너는 다른 사람이라고 생각하느냐? 그런 생각을 말라. 마땅히 알라. 그가 바로 나였다. 아난아, 나는 옛날 아들에서 아들로, 손자에서 손자로, 친족에서 친족에 이르렀고, 나에게서부터 서로 전해져서 8만 4천의 전륜왕이 수염과 머리를 깎고 가사를 입고 지극한 믿음으로 출가하여 집 없이 도를 배우되 선인왕에게 배워 범행을 닦아 이 미살라 대천내림 속에 살고 있었다. 아난아, 나는 그때에 내 자신도 이롭고 남도 이롭게 하였으며 많은 사람들을 이롭게 하였고 세상을 가엾이 여겼으며 하늘을 위하고 사람을 위하여 정의와 요익을 구하고 안온과 쾌락을 구하였다. 그러나 그때에는 설법하여도 구경究竟의 경지에는 이르지 못하였고 백정白淨을 성취하지 못하였으며 범행을 성취하지 못하였었다. 그때에는 나고·늙고·병들고·죽는 것과 울음과 걱정과 슬픔을 여의지 못했고 또한 미처 일체의 괴로움에서 벗어나지도 못하였었다.

아난아, 그러나 나는 이제 세상에 나와 여래·무소착·등정각·명행성위·선서·세간해·무상사·도법어·천인사·불중우라는 호칭을 받고 있다. 나는 이제 내 자신도 요익하고 남도 요익하게 하며 많은 사람들을 요익하게 하고 세상을 가엾이 여기며 하늘을 위하고 사람을 위하여 이치와 요익을 구하고 안온과 쾌락을 구한다. 나는 이제 설법하여 구경의 경지에 이르게 하고 백정白淨을 성취하였으며 범행을 성취하여 마쳤다. 나는 이제 나고·늙고·병들고·죽음·울음·걱정·슬픔을 여의었고, 나는 이제 일체의 괴로움을 벗어나게 되었다. 아난아, 나는 이제 너를 위하여 계속 이어나가야 할 법을 전한다. 너도 또한 마땅히 계속 이어나가야 할 법을 전하여 부처의 종자를 끊어지게 하지 말라. 아난아, 어떻게 내가 이제 너를 위하여 계속 이어나가야 할 법을 전하고, 너도 또한 계속 이어나가야 할 법을 전하여 부처의 종자를 끊어지지 않게 할 수 있는가? 곧 그것은 8정도正道인 바른 소견에서부터 나아가 바른 선정에 이르는 이 여덟 가지 정도만이 그렇게 할 수 있다. 아난아, 이것이 이른바 '내가 이제 너를 위하여 계속 이어나가야 할 법을 전하고 너도 또한 계속 이어나가야 할 법을 전하여 부처의 종자가 끊어지게 하지 말라'고 하는 것이다."

부처님께서 이렇게 말씀하시자, 존자 아난과 여러 비구들은 부처님 말씀을 듣고 기뻐하며 받들어 행하였다.

〔이 대천내림경에 수록된 경문의 글자 수는 4,739자이다.〕

68) 대선견왕경大善見王經[4] 〔제2 소토성송〕

나는 이와 같이 들었다.

어느 때 부처님께서 구시성拘尸城에 유행하실 때에 화발단惒跋單 역사力士의 사라림娑羅林에 계셨다. 그때 세존께서 최후로 반열반般涅槃에 드시려 하시면서 말씀하셨다.

"아난아, 너는 두 사라나무 사이에 가서 여래를 위하여 북쪽으로 머리를 두도록 자리를 펴라. 내가 오늘밤 중야中夜에 열반할 것이다."

아난이 여래의 분부를 받고 곧 두 그루 나무가 있는 곳에 가서 두 그루 나무 사이에다가 여래를 위하여 북쪽으로 머리를 향하도록 자리를 폈다. 자리를 편 뒤에 부처님 계시는 곳으로 나아가 머리를 조아려 발에 예배하고 물러나 한쪽에 서서 여쭈었다.

"세존이시여, 이미 여래를 위하여 두 나무 사이에다 북쪽으로 머리를 향하게 하고 자리를 펴놓았습니다. 원하건대 세존께서는 스스로 때를 아시기 바랍니다."

이에 세존께서는 아난을 데리고 두 나무 사이로 가셔서 울다라승鬱多羅僧을 네 겹으로 접어 평상 위에 깔고, 승가리僧伽梨를 접어 베개를 만들어 베고 오른쪽 옆구리를 땅에 대고 누워 두 발을 포개고 최후로 반열반에 드시려 하셨다. 그때 존자 아난이 불자拂子를 잡고 부처님을 모시고 서 있다가 합장하고 부처님을 향하여 여쭈었다.

"세존이시여, 다시 다른 큰 성이 있습니다. 첫째는 첨파瞻波이고, 둘째는 사위성舍衛城이며, 셋째는 비사리성鞞舍離城이고, 넷째는 왕사성王

---

4 이 경의 참고할 만한 경으로는 『장아함경』의 두 번째 소경인 「유행경遊行經」과 서진西晋시대 백법조白法祖가 한역한 『불반니원경佛般泥洹經』 하권과 당唐시대 의정義淨이 한역한 『근본설일체유부비나야잡사根本說一切有部毘奈耶雜事』 제37권 등이 있다.

舍城이며, 다섯째는 바라내성波羅㮈城이며, 여섯째는 가유라위성加維羅衛城입니다. 세존께서는 저런 곳에서 열반하시지 않고 어찌하여 이 작은 토성에서 열반에 드시려고 하십니까? 모든 성 가운데 이 성을 가장 보잘것없는 성으로 여깁니다."

이때 세존께서 말씀하셨다.

"아난아, 너는 이것을 작은 토성이라고 하여 모든 성 중에서 가장 보잘것없다고 말하지 말라. 왜냐하면 과거에 이 구시성은 구시왕성이라고 불렸는데 극히 풍부하고 안락하였으며 많은 사람이 살았다. 구시왕성의 길이는 12유연由延이었고 너비는 7유연이었다. 아난아, 망루를 세웠는데 그 높이가 한 사람의 키만 했고, 혹은 2·3·4 나아가 7인의 키에 이르기도 했었다. 구시왕성 밖 주위에는 일곱 겹의 해자가 성을 빙 두르고 있었는데, 그 해자는 4보寶인 금·은·유리·수정으로 쌓았으며 그 밑바닥도 네 가지 보배인 금·은·유리·수정으로 깔았다. 아난아, 구시왕성 둘레 밖에는 일곱 겹의 담이 있었는데, 그 담도 네 가지 보배인 금·은·유리·수정으로 쌓았다. 구시왕성 둘레에는 일곱 겹으로 4보의 다라多羅나무를 빙 둘러 심었는데 금다라나무는 은잎·은꽃에 은열매가 달리고, 은다라나무는 금잎·금꽃에 금열매가 달리며, 유리다라나무는 수정잎·수정꽃에 수정열매가 달리고, 수정다라나무는 유리잎·유리꽃에 유리열매가 달렸다. 아난아, 저 다라나무 사이에는 여러 가지 연못을 만들었는데, 푸른 연꽃 못·붉은 연꽃 못·빨간 연꽃 못·흰 연꽃 못이 있었다.

그 연못 언덕은 금·은·유리·수정 등 4보로 쌓았고, 그 밑바닥도 4보로 깔았다. 아난아, 그 못 가운데에는 금·은·유리·수정으로 만든 섬돌이 있었는데, 금섬돌은 은발판이며, 은섬돌은 금발판이며, 유리섬돌은 수정발판이고, 수정섬돌은 유리발판이었다. 저 못 둘레에는

4보로 만들어진 줄난간이 있었는데, 금난간은 은줄·은난간은 금줄로 되어 있었으며, 유리난간은 수정줄·수정난간은 유리줄이었다. 그 못은 그물로 덮었고 그 사이에는 방울을 달았었다. 그 방울도 4보로 되었었는데, 금방울은 은 혀〔舌〕·은방울은 금 혀로 되어 있고, 유리방울은 수정 혀·수정방울은 유리 혀로 되어 있었다. 아난아, 그 못 가운데에는 여러 가지 물에서 자라는 꽃을 심어 놓았는데, 푸른 연꽃·붉은 연꽃·빨간 연꽃·흰 연꽃으로서 항상 물이 있었고 언제나 꽃이 있었으며, 지키는 사람이 없어서 모든 사람들이 다 드나들었다. 아난아, 그 못 언덕에는 여러 가지 육지에서 크는 꽃을 심었는데, 수마나꽃〔修摩那華〕·바사꽃〔婆師華〕·첨복꽃〔瞻蔔華〕·수건제꽃〔修揵提華〕·마두건제꽃〔摩頭揵提華〕·아제모다꽃〔阿提牟哆華〕·파라두꽃〔波羅頭華〕이었다. 아난아, 그 꽃못 언덕에는 많은 여자가 있었다. 그 여인들의 몸에서는 광택이 나고 빛나고 깨끗하며, 아름다운 얼굴은 사람보다 뛰어나지만 천녀보다는 조금 못하였으며 모습이 단정하여 보는 사람들마다 좋아하고 기뻐하며 여러 가지 보배와 영락으로 장엄하게 장식하였다. 그녀는 은혜로 베풀되 그 필요에 따라 음식·의복·수레·집·침구·털담요·급사·등불을 모두 보시하였다.

아난아, 그 다라 나뭇잎은 바람이 불 때에는 지극히 미묘한 음악 소리가 나는데, 마치 5종의 기공사妓工師가 음악을 연주하여 지극히 미묘하고 잘 어우러진 음악과 같았다. 아난아, 그 다라 나뭇잎은 바람이 불 때에도 그와 같았다. 아난아, 구시성 안에 비록 더럽고 지극히 나쁜 것을 시설한 하등 사람이라 하더라도 5종의 풍류를 얻고자 하면, 누구나 다라나무 사이에 가서 마음대로 한껏 즐길 수 있었다. 아난아, 구시왕성에는 언제나 열두 가지 소리가 있어 일찍이 끊긴 적이 없었다. 코끼리 소리·말 소리·수레 소리·걸음 소리·고둥 소리·북 소리 · 박락고薄洛鼓 소리 · 장구 소리 · 노래 소리 · 춤 소리 · 음식 소리 · 보시하는 소리였다.

아난아, 구시성에는 대선견大善見이라는 왕이 있었다. 그는 전륜왕이 되었는데, 총명하고 지혜가 있었으며 네 종류의 군사를 두어 천하를 바르게 다스리며 스스로 자재하여 법다운 법왕으로서 7보를 성취하고 사람의 네 가지 여의덕을 얻었다. 어떤 것이 7보를 성취하고 사람의 네 가지 여의덕을 얻은 것인가? 앞에서 말한 7보와 네 가지 여의덕과 같은 것들이다. 아난아, 이에 구시왕성의 범지와 거사들은 주보珠寶와 감파라보(鉗婆羅寶 : 毛織物)의 일종를 많이 가져다 싣고 대선견왕에게 나아가 여쭈었다.

'천왕이여, 우리들을 사랑하고 가엾이 여겨 이 많은 주보와 감파라보를 받아 주시기 바랍니다.'

대선견왕이 바라문과 거사들에게 말하였다.

'그대들이 이런 물건을 바치지만 나에겐 필요 없다. 내게는 많이 있다.'

아난아, 다시 8만 4천의 모든 작은 국왕들이 대선견왕에게 나아가 여쭈었다.

'천왕이여, 우리들은 천왕을 위하여 궁전을 짓고자 합니다.'

대선견왕이 소왕小王들에게 말하였다.

'그대들이 나를 위하여 정전正殿을 짓고자 하지만 내게는 아무 필요가 없다. 내게는 정전이 있다.'

8만 4천의 모든 작은 국왕들은 모두 합장하고 천왕을 향하여 두 번 세 번 여쭈었다.

'천왕이여, 우리들은 천왕을 위하여 정전을 짓고자 합니다. 우리들은 천왕을 위하여 정전을 짓고자 합니다.'

그러자 대선견왕은 8만 4천의 모든 작은 국왕을 위하여 묵묵히 허락하였다. 그때 8만 4천의 모든 작은 국왕들은 대선견왕이 묵묵히 허락하신 것을 알고 절하고 물러나 천왕의 주위를 세 바퀴 돌고 물러갔다. 그들은 각각 본국으로 돌아가 8만 4천 대의 수레에 금을 가득 싣고 다시 돈과 사람이 만든 물건〔作〕과 천연적인 물건〔不作〕을 싣고 또 낱낱 주보의 기둥을 싣고 구시성으로 갔다. 그리하여 그 성에서 멀지 않은 곳에 큰 정전을 지었다.

아난아, 그 큰 정전은 길이가 1유연(由延 : 由旬)이고 너비도 1유연이나 되었는데, 온통 금·은·유리·수정 등 네 가지 보배로 쌓았다. 그 큰 정전에는 네 가지 보배로 만든 섬돌이 있었는데, 금섬돌은 은발판, 은섬돌은 금발판이며, 유리섬돌은 수정발판, 수정섬돌은 유리발판으로 되어 있었다. 아난아, 그 큰 정전 가운데에는 8만 4천 개의 기둥이 있었는데, 그것도 네 가지 보배로 만들었다. 금기둥은 은주두와 은주춧돌, 은기둥은 금주두와 금주춧돌이며, 유리기둥은 수정주두와 수정주춧돌, 수정기둥은 유리주두와 유리주춧돌이다. 아난아, 그 큰 정전 안에는 8만 4천 개의 누각을 세웠는데, 금·은·유리·수정 등 네 가지 보배로 만들었다. 금누각은 은지붕, 은누각은 금지붕이며, 유리누각은 수정지붕, 수정누각은 유리지붕이었다. 아난아, 그 큰 정전 안에는 8만 4천 개의 자리를 깔아 놓았는데, 또한 네 가지 보배로 만들었다. 금누각에는 은자리를 깔고, 털담요와 털자리를 깔고 금기라곡(錦綺羅縠 : 비단의 종류)으로 덮었으며 비단 속이불과 양두안침兩頭安枕이 있는데, 가릉가파화라加陵伽波惒邏와 파차슬다라나波遮悉多羅那로 되었다.

아난아, 그 큰 정전의 둘레를 둘러 네 가지 보배로 만든 갈고리 모양의 난간이 있는데, 금난간은 은줄, 은난간은 금줄로 되어 있고 유리난간은 수정줄, 수정난간은 유리줄로 되어 있다. 아난아, 그 큰 정전은 그물로 덮고 그 사이에 방울을 달았다. 그 방울도 네 가지 보배로 되었는데, 금방울은 은혀, 은방울은 금혀로 되어 있었고, 유리방울은 수정혀, 수정방울은 유리혀로 되어 있었다. 저 큰 정전을 원만하게 완성한 뒤에, 8만 4천의 모든 작은 국왕들은 정전에서 멀지 않은 곳에 큰 꽃못을 만들었다. 아난아, 저 큰 꽃못의 길이는 1유연이나 되고, 너비도 1유연이나 되었다. 아난아, 저 큰 연못은 금·은·유리·수정 등 네 가지 보배로 쌓았고, 그 밑에도 네 가지 보배 모래를 깔았다. 저 큰 꽃못은 네 가지 보배로 쌓은 섬돌이 있었다. 금섬돌은 은발판, 은섬돌은 금발판이며, 유리섬돌은 수정발판, 수정섬돌은 유리발판이었다. 그 큰 꽃못의 둘레를 빙 둘러 금·은·유리·수정 네 가지 보배로 된 줄난간이 있었는데, 금난간은 은줄, 은난간은 금줄이며, 유리난간은 수정줄, 수정난간은 유리줄이다. 아난아, 그 큰 꽃못은 그물로 덮고, 그 사이에는 방울을 달았다. 그 방울은 금·은·유리·수정으로 되어 있었는데, 금방울은 은혀, 은방울은 금혀이며, 유리방울은 수정혀, 수정방울은 유리혀로 되어 있었다. 저 큰 꽃못 가운데에는 여러 가지 물에서 나는 꽃들이 있었는데, 푸른 연꽃·붉은 연꽃·빨간 연꽃·흰 연꽃으로써 항상 물이 있고 언제나 꽃이 있으며, 지키는 사람이 있어 모든 사람을 통과시키지 않는다. 그 큰 꽃못 언덕에는 여러 가지 육지에서 피는 꽃이 있었는데, 수마나꽃〔修摩那華〕·바사꽃〔婆師華〕·첨복꽃〔瞻蔔華〕·수건제꽃〔修揵提華〕·마두건제꽃〔摩頭揵提華〕·아제모다꽃〔阿提牟哆華〕·파라뢰꽃〔波羅賴華〕 들이다.

아난아, 이렇게 큰 정전과 큰 꽃못이 구족하게 된 뒤에, 8만 4천의 모든 작은 국왕들은 정전에서 멀지 않은 곳에 다라多羅 동산을 만들었다. 그 다라 동산은 길이가 1유연이나 되고 너비도 1유연이나 되었다. 아난아, 다라 동산 가운데에는 8만 4천 그루의 다라나무를 심어 놓았는데, 금·은·유리·수정 등 네 가지 보배로 되었다. 금다라나무는 은잎·은꽃·은열매이며, 은다라나무는 금잎·금꽃·금열매이며, 유리다라나무는 수정잎·수정꽃·수정열매이며, 수정다라나무는 유리잎·유리꽃·유리열매였다. 아난아, 그 다라 동산의 둘레에는 네 가지 보배로 만들어진 줄난간이 있는데 금난간은 은줄· 은난간은 금줄이며, 유리난간은 수정줄, 수정난간은 유리줄이었다. 아난아, 그 다라 동산은 그물로 덮었는데, 그 사이에 방울을 달았다. 그 방울은 네 가지 보배로 만들었는데 금방울은 은혀, 은방울은 금혀요, 유리방울은 수정혀, 수정방울은 유리혀로 되어 있다.

아난아, 이렇게 큰 정전과 꽃못과 다라 동산이 구족하게 이루어진 뒤에, 8만 4천의 모든 작은 국왕들은 곧 함께 대선견왕에게 나아가 여쭈었다.

'천왕이여, 마땅히 아십시오. 큰 정전과 꽃못, 그리고 다라 동산을 다 원만하게 만들어 놓았습니다. 원컨대 천왕의 마음대로 하십시오.'

아난아, 그때에 대선견왕은 곧 이렇게 생각하였다.

'나는 먼저 큰 정전에 오르지 않으리라. 만일 존경할만한 사문 범지가 구시왕성을 의지하여 머무르는 이가 있다면, 나는 그 전부를 청하여 이 대전에 모이게 하고 제일 맛있고 매우 좋은 반찬과 여러 가지 음식을 풍족하게 차리되 내 몸소 마련해 가지고 한껏 공양하게 할 것이다. 그리고 공양이 끝나면 그릇을 거두고 손 씻을 물을 돌린 뒤에 전송하여 돌아가게 할 것이다.'

대선견왕은 이렇게 생각한 뒤에 곧 높은 사문과 범지로서 그 구시왕성을 의지하여 머무르는 사람들을 초청하였다. 모두 모여와 큰 정전에 올라가 앉자, 스스로 손 씻을 물을 돌리고 곧 아주 맛있고 매우 좋은 반찬이며 여러 가지 음식을 풍족하게 차리되 손수 마련하여 한껏 공양하게 하였다. 공양이 끝나자 그릇을 거두고 손 씻을 물을 돌리고 주원呪願을 받은 뒤에 전송하여 돌아가게 하였다.

아난아, 대선견왕은 다시 이렇게 생각하였다.

'나는 저 큰 정전 가운데서는 음욕을 행하지 않을 것이다. 내 차라리 혼자서 한 시자만을 데리고 대전에 올라가 머물 것이다.'

대선견왕은 그런 생각을 하고 나서 한 시자만을 데리고 큰 정전에 올라가 금누각으로 들어갔다. 은자리에다 털담요와 털자리를 펴고, 금기錦綺와 나곡羅縠으로 덮고 친체襯體 이불과 양두안 베개를 두고 가릉가파화라와 파차슬다라나에 앉았다. 거기에 앉은 다음에 탐욕을 여의고 악하고 착하지 않은 법을 여의어 각도 있고 관도 있으며, 여의는 데서 생기는 기쁨과 즐거움이 있는 초선을 체득하고 성취하여 노닌다. 다음에는 금누각에서 나와 은누각으로 들어간다. 금자리에다 털담요와 털자리를 펴고 금기와 나곡으로 덮고, 친체 이불과 양두안 베개를 두고 가릉가파화라와 파차슬다라나에 앉는다. 앉은 뒤에는 탐욕을 여의고 악하고 착하지 않은 법을 여의어, 각도 있고 관도 있으며, 여의는 데서 생기는 기쁨과 즐거움이 있는 초선을 체득하고 성취하여 노닌다. 다음에는 은누각에서 나와 유리누각으로 들어간다. 수정자리에다 털담요와 털자리를 펴고 금기와 나곡으로 덮고, 친체 이불과 양두안 베개를 두고 가릉가파화라와 파차슬다라나에 앉는다. 앉은 뒤에는 탐욕을 여의고 악하고 착하지 않은 법을 여의어, 각도 있고 관도 있으며 여의는 데서 생기는 기쁨과 즐거움이 있는 초선을 체득하고 성취하여 노닌다. 다음에는 유리누각에서 나와 수정누각으로 들어간다. 유리자리에다 구루氍氀와 탑등毾㲪을 펴고 금기와 나곡으로 덮고, 친체 이불과 양두안 베개를 두고 가릉가파화라와 파차슬다라나에 앉는다. 앉은 뒤에는 탐욕을 여의고 악하고 착하지 않은 법을 여의어 각도 있고 관도 있으며, 여의는 데서 생기는 기쁨과 즐거움이 있는 초선을 체득하고 성취하여 노닌다.

아난아, 그때에 8만 4천 부인과 여보女寶들은 오랫동안 대선견왕을 보지 못하여, 각각 기허飢虛를 품고 못내 그리워하여 보고자 하였다. 이에 8만 4천 부인은 여보들에게 나아가 말하였다.

'천후天后여, 마땅히 아십시오. 우리들은 모두 오랫동안 천왕을 뵙지 못하였습니다. 천후여, 우리들은 이제 모두 천왕을 뵙고자 합니다.'

여보들은 그 말을 들은 뒤에 주병신主兵臣에게 말하였다.

'너는 마땅히 알라, 우리들은 모두 오랫동안 천왕을 뵙지 못하였다. 이제 가서 보고자 한다.'

주병신은 그 말을 듣고 곧 8만 4천 부인과 여보들을 큰 정전으로 보내고, 8만 4천 마리 코끼리와 8만 4천 마리 말과 8만 4천 대의 수레와 8만 4천 명의 보병과 8만 4천 마리 소왕〔牛王〕들도 함께 모시고 큰 정전으로 가게 하였다. 막 떠나려 하자 그 소리가 너무 커서 음향이 진동하였다. 대선견왕은 그 소리가 너무 커서 음향이 진동하는 것을 듣고 곧 곁에 있던 시자에게 물었다.

'이것이 무슨 소리기에 저다지도 커서 음향이 진동하는가?'

시자가 말하였다.

'천왕이여, 이것은 8만 4천 부인과 여보들이 지금 모두 함께 큰 정전으로 오고, 8만 4천 마리 코끼리와 8만 4천 마리 말과 8만 4천 대의 수레와 8만 4천 명의 보병과 8만 4천 마리 소왕들도 함께 대정전으로 오고 있기 때문에 그 소리가 너무 커서 음향이 진동하는 것입니다.'

대선견왕은 이 말을 듣고 시자에게 말하였다.

'너는 빨리 궁전을 내려가 맨땅에 금평상을 펴놓은 뒤에 돌아와 내게 알려라.'

시자가 분부를 받고 곧 궁전을 내려가 맨땅에 금평상을 펴놓은 뒤에 돌아와 말하였다.

'천왕을 위하여 이미 맨땅에 금평상을 펴놓았습니다. 천왕의 뜻대로 하십시오.'

아난아, 대선견왕은 곧 시자와 함께 궁전에서 내려와 금평상에 올라가 가부좌를 하고 앉았다. 아난아, 그때에 8만 4천 부인과 여보들은 모두 함께 앞으로 나와 대선견왕에게로 갔다. 아난아, 대선견왕은 멀리서 8만 4천 부인과 여보들을 보자 곧 모든 감각기관[根]을 닫아 막아 버렸다. 이에 8만 4천 부인과 여보들은 왕이 모든 감각기관을 닫아 막아 버린 것을 보고 곧 이렇게 생각하였다.

'천왕은 틀림없이 우리들을 필요로 하지 않는 모양이다. 왜냐하면 천왕은 모처럼 우리들을 보았는데도 곧 모든 감각기관을 닫아 막아 버리셨기 때문이다.'

아난아, 그렇게 생각한 여보들은 곧 앞으로 대선견왕에게로 나아가 말하였다.

'천왕이여, 마땅히 아십시오. 우리 8만 4천 부인과 여보들은 다 천왕의 소유입니다. 원컨대 목숨을 마칠 때까지 언제나 저희들을 생각하여 주십시오. 8만 4천 마리 코끼리, 8만 4천 마리 말, 8만 4천 대의 수레, 8만 4천 명의 보병, 8만 4천 마리 소왕들도 대천왕의 소유입니다. 원컨대 천왕은 목숨을 마칠 때까지 언제나 저희들을 생각하여 주십시오.'

그때에 대선견왕은 이 말을 듣고 여보들에게 말하였다.

'누이들이여, 너희들은 오랫동안 나로 하여금 악을 짓게 하고 자비를 행하지 못하게 하였다. 누이들이여, 너희들은 지금부터 이 뒤로는 나로 하여금 자비를 행하게 하여 악을 짓지 않게 하라.'

아난아, 8만 4천 부인과 여보들은 물러나 한쪽에 서서 눈물을 흘리고 슬피 울면서 이렇게 말하였다.

'우리들은 천왕의 누이가 아닙니다. 그런데, 이제 천왕은 우리들을 일컬어 누이라 하십니까?'

아난아, 그 8만 4천 부인과 여보들은 각각 옷으로 눈물을 닦고 다시 앞으로 대선견왕에게 나아가 말하였다.

'천왕이여, 우리들이 어떻게 해야 천왕으로 하여금 자비를 행하고 악을 행하지 않게 하겠습니까?'

대선견왕이 대답하였다.

'누이들아, 너희들은 나를 위하여 마땅히 이렇게 말하라. 천왕이여, 모르십니까? 사람의 목숨은 짧아 반드시 다음 세상으로 나아갑니다. 부디 범행梵行을 닦으십시오. 생겨나는 물질은 모두 끝나지 않는 것이 없습니다. 천왕이여, 마땅히 아십시오. 저 법은 반드시 다가올 것입니다. 사랑할 것도 없고 기뻐할 것도 없으며, 일체 세상을 무너뜨리는 것을 죽음이라고 말하는 것입니다. 그러므로 천왕이여, 8만 4천 부인과 여보들에 대하여 생각이 일어나고 욕심이 생기면, 원컨대 다 끊어 버리고 끝끝내 생각하지 마십시오. 8만 4천 마리의 코끼리, 8만 4천 마리의 말, 8만 4천 대의 수레, 8만 4천 명의 보병, 8만 4천 마리의 소왕에 대하여서도 천왕이여, 욕심이 생기고 생각이 일어나면 원컨대 그것을 다 끊어 버리고 끝끝내 생각하지 마십시오. 모든 누이들아, 너희들은 이렇게 말하여 나로 하여금 자비를 행하게 하고 악을 행하지 않게 하라.'

아난아, 8만 4천 부인과 여보들이 말하였다.

'우리들은 이제부터 이 뒤로는 마땅히 천왕으로 하여금 자비를 행하고 악을 짓지 않게 하겠습니다. 일체 세상을 무너뜨리는 것을 〈죽음〉이라고 말합니다. 그러므로 천왕이여, 8만 4천 부인들과 여보들에 대하여 생각이 일어나고 욕심이 생기면, 부디 천왕은 다 끊어 버리고 끝끝내 생각하지 마십시오. 8만 4천 마리의 코끼리, 8만 4천 마리의 말, 8만 4천 대의 수레, 8만 4천 명의 보병, 8만 4천 마리의 소왕에 대해서도 욕심이 생기고 생각이 일어나거든, 부디 천왕은 그것을 다 끊어 버리고 끝끝내 생각하지 마십시오.'

아난아, 대선견왕은 저 8만 4천 부인과 여보들을 위해 설법하여 간절히 우러르는 마음을 내게 하고 기쁨을 성취하게 하였다. 한량없는 방편으로 그들을 위해 설법하여 간절히 우러르는 마음을 내게 하고, 기쁨을 성취하게 한 뒤에 그들을 보내어 되돌아가게 하였다. 저 8만 4천 부인과 여보들은 대선견왕이 전송하려는 뜻을 알고는 각각 절하고 하직하고 돌아갔다.

아난아, 저 8만 4천 부인과 여보들이 돌아간 지 오래지 않아, 대선견왕은 곧 시자와 함께 돌아와 대전大殿에 올라가 금누각으로 들어갔다. 은자리에다 털담요와 털자리를 펴고 금기와 나곡으로 덮고, 친체 이불과 양두안 베개를 두고 가릉가파화라와 파차슬다라나에 앉았다. 앉은 뒤에는 이렇게 관찰하였다.

'나는 이제 마지막이다. 탐욕을 생각하고 성냄을 생각하며 해치기를 생각하고 싸우고 다투어 서로 미워하며 아첨하고 거짓을 부리며 속이고 거짓말하는 따위의 한량없이 악하고 착하지 않은 법은 이제 마지막이다.'

그렇게 생각하고 나서 마음은 자애로움과 함께하여 1방方에 두루 차서 성취하여 노닐었다. 이렇게 2·3·4방과 4유·상·하 일체에 두루하여 맺힘도 없고 원한도 없으며 성냄도 없고 다툼도 없으며 지극히 넓고 매우 크며 한량없는 선행을 닦아 일체 세간에 두루 차서 성취하여 노닐었다. 다음에는 금누각에서 나와 은누각으로 들어갔다. 금자리에다 털담요와 털자리를 펴고 금기와 나곡으로 덮고, 친체 이불과 양두안 베개를 두고 가릉가파화라와 파차슬다라나에 앉았다. 앉은 뒤에는 이렇게 관찰하였다.

'나는 이제 마지막이다. 탐욕을 생각하고 성냄을 생각하며 해치기를 생각하고 싸우고 다투어 서로 미워하며, 아첨하고 거짓을 부리며 속이고 거짓말하는 따위의 한량없는 모든 악하고 착하지 않은 법은 이제 마지막이다.'

그런 생각을 하고 나서 마음은 자애로운 마음과 함께하여 1방에 두루 차서 성취하여 노닐었다. 이렇게 2·3·4방과 4유·상·하 일체에 두루하여 맺힘도 없고 원한도 없으며 성냄도 없고 다툼도 없다. 지극히 넓고 매우 크며 한량없는 선행을 닦아 일체 세간에 두루 차서 성취하여 노닐었다.

다음에는 은누각에서 나와 유리누각으로 들어갔다. 수정자리에다 털담요와 털자리를 펴고 금기와 나곡으로 덮고 천친 이불과 양두안 베개를 두고 가릉가파화라와 파차슬다라나에 앉았다. 앉은 뒤에는 이렇게 관찰하였다.

'나는 이제 마지막이다. 탐욕을 생각하고 성냄을 생각하며 해치기를 생각하고 싸우고 다투어 서로 미워하며 아첨하고 거짓을 부리며 속이고 거짓말하는 따위의 한량없는 악하고 착하지 않은 법은 이제 마지막이다.'

그런 생각을 하고 나서 마음은 기뻐함과 함께하여 1방에 두루 차서 성취하여 노닐었다. 이렇게 2·3·4방과 4유·상·하 일체에 두루하여 맺힘도 없고 원한도 없으며, 성냄도 없고 다툼도 없으며 지극히 넓고 매우 크고 한량없는 선행을 닦아, 일체 세간에 두루 차서 성취하여 노닐었다.

다음에는 유리누각에서 나와 수정누각으로 들어갔다. 유리자리에다 털담요와 털자리를 펴고 금기와 나곡으로 덮고, 친체 이불과 양두안 베개를 두고 가릉가파화라와 피차슬다라나에 앉았다. 앉은 뒤에는 이렇게 관찰하였다.

'나는 이제 마지막이다. 탐욕을 생각하고 성냄을 생각하며 해치기를 생각하고 싸우고 다투면서 서로 미워하며 아첨하고 거짓을 부리며 속이고 거짓말하는 따위의 한량없는 모든 악하고 착하지 않은 법은 이제 마지막이다.'

그런 생각을 하고 나서 마음은 평정과 함께하여 1방에 두루 차고 성취하여 노닐었다. 이렇게 2·3·4방과 4유·상·하 일체에 두루하여 맺힘도 없고 원한도 없으며 성냄도 없고 다툼도 없으며 지극히 넓고 매우 크고 한량없는 선행을 잘 닦아 일체 세간에 두루 차서 성취하여 노닐었다.

아난아, 대선견왕은 최후의 때가 이르자 미미한 죽음의 고통을 느꼈다. 마치 거사나 거사의 아들이 아주 맛있는 음식을 먹고 거북함을 느끼는 것과 같이 대선견왕도 최후의 때에 이르자 미미한 죽음의 고통을 느끼는 것이 또한 그와 같았다. 그때에 대선견왕은 4범실梵室을 닦아 익히고 욕심을 버린 뒤에 그로 인해 목숨이 끝나자 범천에 태어났다.

아난아, 옛날 그때의 대선견왕을 너는 다른 사람이라고 생각하느냐? 그런 생각을 말라. 마땅히 알라. 그때의 그는 바로 지금의 나였다. 아난아, 나는 그때에 내 자신도 요익하게 하였지만 또한 남도 요익하게 하였으며, 많은 사람을 요익하게 하였고 세상을 가엾이 여겼으며, 하늘을 위하고 사람을 위하여 정의와 요익을 구하고 안온과 쾌락을 구하였다. 그때에는 설법하여 구경의 경지에 이르지 못하였고 최후의 백정白淨을 성취하지 못하였으며 최후의 범행을 성취하지 못하고 마쳤었다. 그때에는 나고·늙고·병들고·죽음·울음·걱정·슬픔을 여의지 못하였고 미처 일체의 괴로움도 벗어나지 못하였다.

아난아, 그러나 이제 나는 세상에 나와 여래·무소착·등정각·명행성위·선서·세간해·무상사·도법어·천인사·불중우라는 호칭을 받고 있다. 나는 이제 내 자신도 요익하게 하고 또 남도 요익하게 하며 많은 사람을 요익하게 하고 세간을 가엾이 여기며, 하늘을 위하고 사람을 위하여 정의와 요익을 구하고 안온과 쾌락을 구한다. 나는 이제 설법하여 구경의 경지에 이르렀고 최후의 백정을 성취하였으며 최후의 범행을 성취해 마쳤다. 나는 이제 나고·늙고·병들고·죽음·울음·걱정·슬픔을 여의었고 일체의 괴로움을 벗어났다.

아난아, 구시성拘尸城을 따르고 화발단惒跋單 역사의 사라娑羅숲을 따르고 니연연尼連然강을 따르고 파구婆求강을 따르고 천관사天冠寺를 따르고 나를 위하여 자리를 펴는 곳을 따라 나는 그 중간에서 일곱 번 몸을 버렸고 그 중간에서 여섯 번을 전륜왕이 되었으며 지금은 일곱 번째로 여래·무소착·등정각이 되었다. 아난아, 나는 다시 세상이나 하늘이나 악마·범천·사문 범지 등으로서 하늘에서 사람에 이르기까지 다시 몸을 버리는 일이 있는 그런 이치는 없다. 아난아, 나는 이번 생이 최후의 생이며 최후의 세계[有]이며 최후의 몸이며 최후의 형상이며 최후의 나이다. 나는 이것을 괴로움의 끝이라고 말한다."

부처님께서 이렇게 말씀하시자, 존자 아난과 여러 비구들은 부처님 말씀을 듣고 기뻐하며 받들어 행하였다.

〔이 대선견왕경에 수록된 경문의 글자 수는 4,615자이다. 『중아함경』 제14권에 수록된 경문의 글자 수는 모두 9,354자이다

중아함경 제 15 권

6. 왕상응품 ⑤

69) 삼십유경三十喩經〔제2 소토성송〕

나는 이와 같이 들었다.

어느 때 부처님께서 왕사성에 유행하실 때에 죽림가란다竹林加蘭哆 동산에서 큰 비구들과 함께 여름 안거를 받으셨다. 세존께서 보름날 종해탈從解脫을 말씀하실 때가 되자 비구들 앞에 자리를 펴고 앉으셨다. 자리에 앉아 곧 정의(定意 : 선정)에 드셔서 비구들의 마음을 관찰하셨다. 세존께서 비구들을 보니 고요히 앉아 잠잠하고 매우 잠잠하지만 자는 이는 아무도 없었다. 그것은 음개(陰蓋 : 번뇌의 일종)를 없앴기 때문이었다. 비구들은 앉아 매우 심오하고 지극히 심오하고, 쉬며 지극히 쉬며, 묘하고 지극히 묘하였다. 이때에 존자 사리자도 또한 대중 가운데 있었다. 세존께서 말씀하셨다.

"사리자여, 비구들은 고요히 앉아 있는데, 잠잠하고 매우 잠잠하며 잠자는 이가 없으니 음개를 없앴기 때문이다. 비구들은 앉아 있는데, 매우 심오하고 지극히 심오하며, 쉬며 지극히 쉬며, 묘하고 지극히 묘하구나. 누가 능히 비구들을 공경하고 존중하며 받들어 섬기겠느냐?"

이에 존자 사리자가 곧 자리에서 일어나, 한쪽 어깨가 드러나게 옷을 걸치고 합장하고 부처님을 향하여 여쭈었다.

"세존이시여, 이렇게 비구들이 고요히 앉아 있는데 지극히 잠잠하며 잠을 자는 이 없으니 음개를 없앴기 때문입니다. 비구들이 앉아 있는데 매우 심오하고 지극히 심오하며, 조용하고 지극히 조용하며, 묘하고 지극히 묘합니다. 세존이시여, 능히 비구들을 공경하고 존중하며, 받들어 섬길 자 아무도 없습니다. 오직 세존만이 능히 법과 계율과 게으르지 않음과 보시와 선정을 공경하고 존중하며 받들어 섬기실 수 있습니다. 세존만이 능히 공경하고 존중하며 받들어 섬기실 수 있습니다."

세존께서 말씀하셨다.

"사리자야, 그렇고 그렇다. 능히 비구들을 공경하고 존중하며 받들어 섬길 자 아무도 없다. 세존만이 능히 법과 비구들과 계율과 게으르지 않음과 보시 및 선정을 공경하고 존중하며 받들어 섬길 수 있다. 세존만이 능히 공경하고 존중하며 받들어 섬길 수 있다. 사리자야, 비유하면 마치 왕이나 대신이 여러 가지 장엄하게 장식하는 도구인 5색 비단 · 금계錦罽 · 반지〔指環〕 · 팔지〔臂釧〕 · 팔목걸이〔肘瓔〕 · 목사슬〔咽鉗〕 · 생색주만生色珠鬘을 가진 것처럼 비구 · 비구니는 계덕戒德으로써 장엄하게 장식하는 도구를 삼는다. 사리자야, 만일 비구와 비구니가 계덕을 성취하여 장엄하게 장식하는 도구로 삼으면 곧 악을 버리고 선을 닦아 익힐 것이다. 사리자야, 마치 왕이나 대신이 다섯 가지 의식儀式인 칼 · 일산 · 천관天冠 · 구슬 자루로 된 불자拂子 및 장엄하게 꾸민 신을 가지고 그 몸을 지키고 보호하여 안온함을 얻게 하는 것처럼 사리자야, 비구와 비구니는 금계禁戒를 가지는 것으로써 범행의 으뜸으로 삼는다. 만일 비구와 비구니가 금계를 성취하여 범행을 으뜸으로 삼으면 곧 악을 버리고 선을 닦아 익힐 것이다. 사리자야, 마치 왕이나 대신이 합문閤門을 지키는 사람을 둔 것처럼 사리자야, 이와 같이 비구와 비구니도 6근根을 보호하는 것으로써 합문을 지키는 사람으로 삼는다. 사리자야, 만일 비구와 비구니가 6근을 보호하기를 성취하여 합문을 지키는 사람으로 삼으면 곧 악을 버리고 선을 닦아 익힐 것이다. 사리자야, 마치 왕이나 대신이 총명하여 지혜가 있고 분별하여 환히 아는 장군을 둔 것처럼 비구와 비구니는 바른 생각으로써 문을 지키는 장군을 삼는다. 사리자야 만일 비구와 비구니가 바른 생각을 성취하여 문을 지키는 장군으로 삼으면, 곧 악을 버리고 선을 닦아 익힐 것이다. 사리자야, 왕이나 대신이 맑은 물이 가득 찬 좋은 욕지浴池를 둔 것처럼 비구와 비구니는 자기 마음을 욕지로 삼는다. 사리자야, 만일 비구와 비구니가 자기 마음을 성취하여 욕지로 삼으면 곧 능히 악을 버리고 선을 닦아 익힐 것이다. 사리자야, 마치 왕이나 대신이 목욕시켜 주는 사람을 두어 항상 목욕을 시키게 하는 것처럼 비구와 비구니는 착한 벗을 목욕시키는 사람으로 삼는다. 사리자야, 비구와 비구니가 착한 벗을 성취하여 목욕시키는 사람으로 삼으면 곧 악을 버리고 선을 닦아 익힐 것이다.

사리자야, 왕이나 대신이 몸에 바르는 향인 목밀木蜜 · 침수 · 전단 · 소합 · 계설 · 도량都梁[1]을 지닌 것처럼 사리자야, 비구와 비구니는 계덕으로 바르는 향을 삼는다. 사리자야, 만일 비구와 비구니가 계

1 향기 나는 풀의 일종으로 택란澤蘭을 말하는데, 세속에서는 이것을 도량이라고 말한다.

덕을 성취하여 바르는 향으로 삼으면 곧 악을 버리고 선을 닦아 익힐 것이다. 사리자야, 왕이나 대신이 좋은 의복인 초마의初[2]摩衣·금증의錦繒衣·백첩의白氎衣·가릉가파화라의加陵伽波恕羅衣를 가진 것처럼 사리자야, 비구와 비구니는 부끄러워함으로 의복을 삼는다. 사리자야, 만일 비구와 비구니가 부끄러워함을 성취하여 의복으로 삼으면 곧 악을 버리고 선을 닦아 익힐 것이다. 사리자야, 왕이나 대신이 지극히 높고 넓고 큰 좋은 평상을 가진 것처럼 사리자야, 비구와 비구니는 4선禪으로써 평상을 삼는다. 사리자야, 만일 비구와 비구니가 4선을 성취하여 평상으로 삼으면 곧 악을 버리고 선을 닦아 익힐 것이다. 사리자야, 왕이나 대신이 이발사를 두어 항상 머리를 감기게 하는 것처럼 사리자야, 비구와 비구니는 바른 생각을 이발사로 삼는다. 사리자야, 만일 비구와 비구니가 바른 생각을 성취하여 이발사로 삼으면 곧 악을 버리고 선을 닦아 익힐 것이다. 사리자야, 왕이나 대신이 여러 가지 특별한 맛이 있는 음식을 먹는 것처럼 사리자야, 비구와 비구니는 기쁨으로 음식을 삼는다. 사리자야, 만일 비구와 비구니가 기쁨을 성취함으로써 음식을 삼으면 곧 악을 버리고 선을 닦아 익힐 것이다. 사리자야, 마치 왕이나 대신이 여러 가지 음료수인 내음榛飲·첨파음瞻波飲·감자음甘蔗飲·포도음蒲桃飲·말차제음末蹉提飲을 마시는 것처럼 사리자야, 비구와 비구니는 법미法味로써 음료수를 삼는다. 사리자야, 만일 비구와 비구니가 법미를 성취함으로써 음료수를 삼으면 곧 악을 버리고 선을 닦아 익힐 것이다. 사리자야, 마치 왕이나 대신이 묘한 꽃다발인 푸른 연꽃다발·치자꽃다발·수마나꽃다발·바사꽃다발·아제모다꽃다발을 가진 것처럼 사리자야, 비구와 비구니는 공空·무

2 송宋·원元·명明 3본에는 이 글자가 추芻자로 되어 있다.

원無願・무상無相의 세 가지 선정〔定〕으로써 꽃다발을 삼는다. 사리자야, 만일 비구와 비구니가 이 세 가지 선정을 성취하여 꽃다발로 삼으면 곧 악을 버리고 선을 닦아 익힐 것이다.

사리자야, 마치 왕이나 대신이 모든 집・고층집・다락집을 가진 것처럼 사리자야, 비구와 비구니는 천실天室・범실梵室・성실聖室의 세 가지 집으로 집을 삼는다. 사리자야, 만일 비구와 비구니가 이 세 가지 집을 성취하여 집으로 삼으면 곧 악을 버리고 선을 닦아 익힐 것이다. 사리자야, 마치 왕이나 대신이 전수자(典守者 : 집을 지키는 사람)를 둔 것처럼 사리자야, 비구와 비구니는 지혜로써 집을 지키는 사람을 삼는다. 사리자야, 비구와 비구니가 지혜를 성취하여 집을 지키는 사람으로 삼으면 곧 악을 버리고 선을 닦아 익힐 것이다. 사리자야, 마치 왕이나 대신이 모든 나라나 고을에 네 종류의 조세가 있어 1분分은 왕에게 바쳐 왕후 및 궁중의 채녀들에게 대어 주고, 2분은 태자와 여러 신하들에게 대어 주며, 3분은 나라의 모든 백성들에게 이바지하고, 4분은 사문과 범지들에게 보시하는 것처럼 사리자야, 비구와 비구니는 4념처念處로써 조세를 삼는다. 만일 비구와 비구니가 4념처를 성취하여 조세로 삼으면 곧 악을 버리고 선을 닦아 익힐 것이다.

사리자야, 마치 국왕이나 대신이 상군・마군・차군・보군의 네 가지 군대를 둔 것처럼 사리자야, 비구와 비구니는 4정단正斷으로써 네 종류의 군사를 삼는다. 사리자야, 비구와 비구니가 4정단을 성취하여 네 종류의 군사로 삼으면 곧 악을 버리고 선을 닦아 익힐 것이다. 사리자야, 마치 왕이나 대신이 상여象轝・마여馬轝・차여車轝・보여步轝 등 여러 가지 수레를 둔 것처럼 사리자야, 비구와 비구니는 4여의족如意足으로 수레를 삼는다. 사리자야, 만일 비구와 비구니가 4여의족을 성취하여 수레로 삼으면, 곧 능히 악을 버리고 선을 닦아 익힐 것이다.

사리자야, 마치 왕이나 대신이 여러 가지 수레의 장식을 가지되 갖가지 좋은 사자·호랑이·표범 등 무늬 있는 가죽으로 짜서 잡색으로 온갖 장식을 한 것처럼 사리자야, 비구와 비구니는 지관止觀으로써 수레를 삼는다. 사리자야, 만일 비구와 비구니가 지관을 성취함으로써 수레를 삼으면 곧 능히 악을 버리고 선을 닦아 익힐 것이다. 사리자야, 마치 왕이나 대신이 차 부리는 사람을 둔 것처럼 사리자야, 비구와 비구니는 바른 생각으로써 차 부리는 사람을 삼는다. 사리자야, 만일 비구와 비구니가 바른 생각을 성취하여 차 부리는 사람으로 삼으면, 곧 악을 버리고 선을 닦아 익힐 것이다.

사리자야, 마치 왕이나 대신이 지극히 높은 기〔幢〕를 가진 것처럼 사리자야, 비구와 비구니는 자기 마음으로써 높은 기를 삼는다. 사리자야, 만일 비구와 비구니가 자기 마음을 성취하여 높은 기로 삼으면 곧 능히 악을 버리고 선을 닦아 익힐 것이다. 사리자야, 마치 왕이나 대신이 평평하고 바르고 좋은 길을 만들어 동산으로만 통하는 것처럼 사리자야, 비구와 비구니는 평평하고 바른 8지성도支聖道로써 길을 삼아 평탄한 길을 따라 열반으로 나아간다. 사리자야, 만일 비구와 비구니가 편편하고 바른 8지성도를 성취함으로써 열반으로 나아가면, 곧 능히 악을 버리고 선을 닦아 익힐 것이다. 사리자야, 마치 왕이나 대신이 총명하고 지혜가 있으며 분별하여 환히 아는 주병신主兵臣을 둔 것처럼 이와 같이 비구와 비구니는 지혜로써 주병신을 삼는다. 만일 비구와 비구니가 지혜를 성취하여 주병신으로 삼으면 곧 악을 버리고 선을 닦아 익힐 것이다. 사리자야, 마치 왕이나 대신이 지극히 넓고 높고 드러난 큰 정전正殿을 가진 것처럼 비구와 비구니는 지혜로써 큰 정전을 삼는다. 사리자야, 만일 비구와 비구니가 지혜를 성취하여 큰 정전을 삼으면 곧 능히 악을 버리고 선을 닦아 익힐 것이다.

사리자야, 마치 왕이나 대신이 높은 궁전 위에 올라가 궁전 밑의 사람들이 가고 오는 것, 달리고 뛰는 것, 멈추고 서고 앉고 눕는 것을 보는 것처럼 사리자야, 비구와 비구니는 위없는 지혜의 높은 궁전에 올라 자기 마음이 두루 하고 바르며, 부드럽고 연하며, 기뻐하고 악을 멀리 여읜 것을 관찰한다. 사리자야, 만일 비구와 비구니가 위없는 지혜의 높은 궁전에 올라 자기 마음이 두루하고 바르며, 부드럽고 연하며, 기뻐하고 악을 멀리 여읜 것을 관찰하면 곧 능히 악을 버리고 선을 닦아 익힐 것이다. 사리자야, 왕이나 대신이 종정경宗正卿[3]을 두어 종족의 일을 관장하게 하는 것처럼 비구와 비구니는 4종성種聖으로써 종정경을 삼는다. 만일 비구와 비구니가 4종성을 성취하여 종정경으로 삼으면 곧 능히 악을 버리고 선을 닦아 익힐 것이다. 마치 왕이나 대신이 좋은 의사를 두어 능히 온갖 질병을 다스리는 것처럼 비구와 비구니는 바른 생각으로써 좋은 의사를 삼는다. 사리자야, 만일 비구와 비구니가 바른 생각을 성취하여 좋은 의사로 삼으면 곧 능히 악을 버리고 선을 닦아 익힐 것이다.

사리자야, 왕이나 대신이 정어상正御床인 구루氍氀와 탑등毾㲪을 펴고, 금기錦綺와 나곡羅縠으로 덮고, 친체襯體 이불과 양두안침兩頭安枕을 두고, 가릉가파화라와 파차슬다라나를 가진 것처럼 비구와 비구니는 걸림이 없는 선정으로써 정어상을 삼는다. 사리자야, 만일 비구와 비구니가 걸림이 없는 선정을 성취하여 정어상으로 삼으면 곧 능히 악을 버리고 선을 닦아 익힐 것이다. 사리자야, 마치 왕이나 대신이 명주보名珠寶를 가진 것처럼 사리자야, 비구와 비구니는 움직이지 않는

3 종정宗正은 벼슬 이름으로서 왕가 친척들에 관련된 일들을 담당한다.

마음의 해탈로써 명주보를 삼는다. 사리자야, 만일 비구와 비구니가 움직이지 않는 마음의 해탈을 성취하여 명주보로 삼으면, 곧 능히 악을 버리고 선을 닦아 익힐 것이다. 사리자야, 마치 왕이나 대신이 지극히 깨끗하게 목욕하고 좋은 향을 몸에 발라 몸이 지극히 깨끗해진 것처럼 비구와 비구니는 자기 마음을 관찰함으로써 몸의 지극한 깨끗함으로 삼는다. 사리자야, 만일 비구와 비구니가 자기 마음을 관찰하기를 성취하여 몸의 깨끗함으로 삼으면 곧 세존의 법과 비구들과 계와 게으르지 않음과 보시 및 선정을 공경하고 존중하며 받들어 섬길 것이다."

부처님께서 이렇게 말씀하시자, 존자 사리자와 여러 비구들은 부처님 말씀을 듣고 기뻐하며 받들어 행하였다.

〔이 삼십유경에 수록된 경문의 글자 수는 2,388자이다.〕

70) 전륜왕경轉輪王經[4]〔제2 소토성송〕

나는 이와 같이 들었다.

어느 때 부처님께서 마두려찰리摩兜麗剎利에 유행하실 때에 내림사㮈林駛강 언덕에 계셨다. 그때에 세존께서 비구들에게 말씀하셨다.

"비구들아, 마땅히 스스로 법등法燈에 불을 켜고 스스로 자기의 법에 귀의하라. 다른 이의 등에 불을 켜지 말고 다른 이의 법에 귀의하지 말라. 비구들아, 만일 스스로 법등에 불을 켜고 스스로 자기의 법에 귀의하며 다른 이의 등에 불을 켜지 않고 다른 이의 법에 귀의하지

4 이 경의 참고 경으로는 『장아함경』 제6권 「전륜성왕수행경轉輪聖王修行經」이 있다.

않으면, 곧 배움을 구하여 이익을 얻고 한량없이 많은 복을 거둘 것이다. 왜냐하면 비구들아, 옛날 어느 때에 견념堅念[5]이라는 왕이 있었다. 그는 전륜왕이 되었는데, 총명하고 지혜가 있으며 네 부류의 군대를 거느리고 천하를 바로 다스리며 스스로 자재하여 법다운 법왕으로서 7보를 성취하고 인간의 네 가지 여의덕如意德을 얻었기 때문이다. 어떻게 7보를 성취하고 인간의 네 가지 여의덕을 얻었는가 하면, 앞에서 말한 것처럼 수행해서 7보를 성취하고 인간의 네 가지 여의덕을 얻었다.

그 후 어느 때에 하늘 윤보輪寶가 움직여 갑자기 본래 있던 자리에서 떠나갔다. 어떤 사람이 이것을 보고 견념왕에게 나아가 말하였다.

'천왕이여, 마땅히 아십시오. 하늘 윤보가 움직여 본래 있던 자리를 떠났습니다.'

견념왕은 그 말을 듣고 말하였다.

'태자야, 내 하늘 윤보가 움직여 본래 있던 자리에서 떠났다. 나는 일찍 옛 사람에게서 만일 전륜왕의 하늘 윤보가 움직여 본래 있던 자리에서 떠나면, 그 왕은 반드시 오래 머무르지 못하고 목숨이 길지 못하다고 들었다. 태자야, 나는 이미 인간의 욕망을 누렸으니 이제는 다시 천상의 욕망을 구할 것이다. 태자야, 나는 수염과 머리를 깎고 가사를 입고 지극한 믿음으로 집을 버려 가정이 없이 도를 배우고자 한다. 태자야, 나는 이제 이 4천하를 너에게 물려준다. 너는 마땅히 법대로 다스려 교화하고 법이 아닌 일은 행하지 말라. 그리하여 나라 안에 온갖 악업을 행하는 이나 깨끗한 행을 하지 않는 사람이 없게 하라. 태자야, 너도 만일 뒷날에 하늘 윤보가 움직여 본래 있던 자리를

5 『장아함경』에는 견고념堅固念으로 되어 있다.

떠나는 것을 보거든 너도 이 나라 정사를 너의 태자에게 물려주되 잘 가르치고 당부하여라. 태자에게 나라를 준 뒤에는 너도 수염과 머리를 깎고 가사를 입고 지극한 믿음으로 출가하여 집 없이 도를 배우라.'

그때 견념왕은 태자에게 나라를 물려주고 잘 가르쳐 당부한 뒤에, 곧 수염과 머리를 깎고 가사를 입고 지극한 믿음으로 집을 버려 가정이 없이 도를 배웠다. 견념왕이 집을 떠나 도를 배운 지 7일 후에 그의 하늘 윤보는 곧 사라지고 말았다. 하늘 윤보를 잃어버리자 찰리刹利 정생왕頂生王은 크게 걱정하고 괴로워하였고 근심하고 슬퍼하며 언짢아하였다. 찰리 정생왕은 곧 아버지 견념왕 선인仙人이 있는 곳에 나아가 말하였다.

'천왕이여, 마땅히 아십시오. 천왕께서 도를 배우신 지 7일 후에 저 하늘 윤보가 곧 사라져 버렸습니다.'

아버지 견념왕 선인은 아들 정생왕에게 말하였다.

'너는 하늘 윤보를 잃었다 하여 걱정하거나 슬퍼하지 말라. 왜냐하면 너는 아비에게서 이 윤보를 얻은 것이 아니기 때문이다.'

정생왕은 다시 아버지에게 말하였다.

'천왕이여, 저는 이제 무엇을 하여야 하겠습니까?'

'너는 마땅히 상속相續의 법을 배워라. 네가 만일 상속법을 배우려 하면, 보름날 종해탈從解脫을 연설할 때에 깨끗하게 목욕하고 정전正殿에 오르라. 그러면 저 하늘 윤보는 반드시 동방에서 올 것이다. 바퀴에는 1천 바퀴살이 있어 일체를 구족하고 청정하고 자연스러워 사람이 만든 것이 아니다. 그 빛은 불꽃과 같고 광명 또한 찬란하게 눈부실 것이다.'

정생왕이 다시 아버지에게 말하였다.

'천왕이여, 저는 어떻게 하면 계속해서 이어가는 법을 배울 수 있고, 계속해서 이어가는 법을 배운 뒤에는 보름날 종해탈을 연설할 때에 제가 목욕하고 정전에 오르면 저 하늘 윤보가 동방에서 오되 그 바퀴에는 1천 바퀴살이 있어, 일체가 구족하고 청정하고 자연스러워 사람이 만든 것이 아니며 빛은 불꽃과 같고 광명은 찬란하게 눈부시겠습니까?'

아버지 견염왕 선인이 다시 그 아들에게 말하였다.

'너는 마땅히 법을 관찰하되 법대로 하고 법을 실천하되 법대로 하라. 그리고 태자 · 후비后妃 · 채녀婇女와 모든 백성 · 사문 범지와 나아가 곤충에 이르기까지 그 모두를 위하여 법재法齋를 받들어 지키고, 매달 8일 · 14일 · 15일에는 보시를 행하되 모든 궁핍한 사문 범지 · 빈궁한 사람 · 고독한 사람 · 멀리서 온 걸식하는 이들에게 음식 · 의복 · 수레 · 꽃다발 · 흩는 꽃 · 바르는 향 · 집 · 침상 · 털담요 · 가에 드리우는 구슬 · 급사 · 등불 등을 보시하라. 만일 너희 나라 안에 높이 존경할 만하고 명예와 덕망이 있는 사문 범지가 있거든 너는 수시로 그에게 나아가 법을 묻고 법을 받도록 하라. 어떤 것이 선한 법이며 어떤 것이 선하지 않은 법인가, 어떤 것이 죄가 되고 어떤 것이 복이 되는가, 어떤 것이 묘하고 어떤 것이 묘하지 않은가, 어떤 것이 흑黑이 되고 어떤 것이 백白이 되며 흑 · 백의 법은 무엇을 좇아 생겨나는가, 어떤 것이 현세의 이치며 어떤 것이 후세의 이치인가, 어떻게 행동하면 선을 받고 악을 받지 않는가? 그에게서 들은 뒤에는 그 말대로 행하여라. 만일 너희 나라 안에 빈궁한 자가 있거든 즉시 재물을 내어 구제하여 주라. 아들아, 이것을 상속법이라 하니, 너는 마땅히 잘 배우라. 네가 잘 배운 뒤에는 보름날 종해탈을 연설할 때에, 목욕하고 정전에 오르면 저 하늘 윤보가 반드시 동방에서 올 것이다. 바퀴에는 1천 바퀴살이 있어 일체를 구족하고 청정하고 자연스러워 사람이 만든 것이 아니었으며 빛은 불꽃과 같고 광명은 찬란하여 눈이 부실 것이다.'

찰리 정생왕은 그 뒤에 법을 관찰하기를 법대로 하고 법을 행하기를 법대로 하여, 태자・후비・채녀와 모든 백성・사문 범지와 나아가 곤충에 이르기까지 그 모두를 위하여 법재法齋를 받들어 지키고, 매달 8일・14일・15일에는 보시를 행하였는데, 모든 빈궁한 사문 범지・빈궁한 사람・고독한 사람・멀리서 온 걸식하는 이들에게 음식・의복・수레・꽃다발・흩는 꽃・바르는 향・집・침상・털 담요・가에 드리우는 구슬・급사・등불 등을 보시하였다. 만일 나라 안에 높이 존경할 만하고 명예와 덕망이 있는 사문 범지가 있으면, 곧 몸소 수시로 그에게 나아가 법을 묻고 법을 받았다. 어떤 것이 선한 법이며 어떤 것이 선하지 않은 법인가, 어떤 것이 죄가 되며 어떤 것이 복이 되는가, 어떤 것이 묘한 것이고 어떤 것이 묘하지 않은 것인가, 어떤 것이 흑이 되고 어떤 것이 백이 되며 흑・백의 법은 무엇을 좇아 생겨나는가, 어떤 것이 현세의 이치이며 어떤 것이 후세의 이치인가, 어떻게 행동하여야 선을 받고 악을 받지 않는가? 하는 따위이다. 그에게서 이러한 법을 들은 뒤에는 곧 그 말대로 실천하였다. 만일 그 나라 안에 빈궁한 사람이 있으면, 곧 재물을 내어 제때 제때에 구제하여 주었다.

찰리 정생왕은 그 뒤 보름날 종해탈을 연설할 때에 목욕하고 정전에 오르자 그 하늘 윤보가 동방에서 왔다. 바퀴에는 1천 바퀴살이 있어, 일체를 구족하였고 청정하고 자연스러워 사람이 만든 것이 아니었으며, 빛은 불꽃과 같고 광명은 찬란하게 눈부셨다. 그도 전륜왕이 되어 7보를 성취하고 인간의 네 가지 여의덕을 얻었다. 어떻게 7보를 성취하고 인간의 네 가지 여의덕을 얻었는가 하면 그것은 또한 앞에서 말한 것과 같다.

그 전륜왕도 나중에 하늘 윤보가 움직여 갑자가 본 자리를 떠났다. 어떤 사람이 이것을 보고 전륜왕에게 나아가 말하였다.

'천왕이여, 마땅히 아십시오. 하늘 윤보가 움직여 본래 있던 자리에서 떠났습니다.'

전륜왕은 그 말을 듣고 말하였다.

'태자야, 내 하늘 윤보가 움직여 본래 있던 자리를 떠났다. 태자야, 나는 일찍 아버지 견념왕 선인에게서, 만일 전륜왕의 하늘 윤보가 움직여 본래 있던 자리를 떠나면 그 왕은 반드시 오래 머무르지 못하고 목숨이 오래 가지 못한다고 들었다. 태자야, 나는 이미 인간의 욕망을 누렸으니 이제는 다시 천상의 욕망을 구할 것이다. 나는 수염과 머리를 깎고 가사를 입고 지극한 믿음으로 집을 버려 가정이 없이 도를 배우고자 한다. 태자야, 나는 이제 이 4천하를 너에게 물려준다. 너는 마땅히 법대로 다스려 교화하고 법에 맞지 않는 것은 행하지 말며, 나라 안에 모든 악업을 행하는 이나 범행을 행하지 않는 사람이 없게 하라. 태자야, 너도 뒤에 만일 하늘 윤보가 움직여 본래 있던 자리를 떠나는 것을 보거든, 이 나라 정사를 너의 태자에게 물려주고 잘 가르쳐 당부하여라. 태자에게 나라를 준 뒤에는 너도 수염과 머리를 깎고 가사를 입고 지극한 믿음으로 집을 버려 가정이 없이 도를 배워라.'

이에 전륜왕은 태자에게 나라를 주고 잘 가르쳐 당부한 뒤에 곧 수염과 머리를 깎고 가사를 입고 지극한 믿음으로 집을 버려 가정이 없이 도를 배웠다.

그 전륜왕은 집을 떠나 도를 배운 지 7일 뒤에 하늘 윤보가 사라져 나타나지 않았다. 하늘 윤보를 잃은 뒤에도 찰리 정생왕은 걱정하거나 슬퍼하지 않았다. 다만 욕심에 물들고 욕심에 집착하며 욕심을 탐하여 만족할 줄 몰랐다. 욕심에 묶이고 욕심에 걸리며 욕심에 부림을 당해 재앙이 되는 것임을 깨닫지 못하고 벗어나는 방법을 모르며, 곧 제 마음 내키는 대로 나라를 다스렸다. 제 마음 내키는 대로 나라를 다스렸기 때문에 나라는 결국 쇠퇴하고 멸망되어 더 이상 늘어나지 않았다. 그래도 옛날의 모든 전륜왕들은 상속법을 배워 국토와 인민은 갈수록 늘어났고 번성하였으며 쇠하여 줄어들지 않았는데, 정생왕은 그와 반대로 제 마음 내키는 대로 나라를 다스렸고 제 마음 내키는 대로 나라를 다스렸기 때문에 나라는 결국 쇠퇴하고 멸망되어 더 이상 늘어나지 않았다.

그때 국사 범지가 국경을 살피며 다니다가 국토와 백성들이 갈수록 쇠퇴하고 멸망으로 치달아 더 이상 늘어나지 않는 것을 보고 생각하였다.

'찰리 정생왕이 제 마음 내키는 대로 나라를 다스렸기 때문에 국토와 백성은 갈수록 쇠퇴하고 멸망으로 치달려 더 이상 늘어나지 않는구나. 옛날의 모든 전륜왕들은 상속법을 배워 국토와 백성이 갈수록 늘어나고 번성하여 쇠하고 멸함이 없었는데, 이 정생왕은 그와 반대로 제 마음 내키는 대로 나라를 다스리는구나. 제 마음 내키는 대로 나라를 다스렸기 때문에 국토와 인민이 갈수록 쇠퇴하고 멸망으로 치달려 더 이상 늘어나지 않는구나.'

국사 범지는 곧 정생왕에게 나아가 말하였다.

'천왕이여, 마땅히 아십시오. 불천왕은 스스로 마음 내키는 대로 나라를 다스렸습니다. 스스로 마음 내키는 대로 나라를 다스렸기 때문에 국토와 인민은 갈수록 쇠퇴하고 멸망으로 치달려 더 이상 늘어나지 않는 것입니다. 옛날의 모든 전륜왕들은 상속법을 배워 국토와 인민이 갈수록 늘어나고 번성하여 쇠퇴하고 멸망함이 없었는데, 이제 천왕은 그와 반대로 스스로 마음 내키는 대로 나라를 다스렸습니다. 스스로 마음 내키는 대로 나라를 다스렸기 때문에 국토와 인민은 갈수록 쇠퇴하고 멸망으로 치달려 더 이상 늘어나지 않습니다.'

찰리 정생왕은 그 말을 듣고 말하였다.

'범지여, 그러면 내가 장차 어떻게 해야 하겠는가?'

국사 범지가 말하였다.

'천왕이여, 나라 안에는 총명하고 지혜가 있으며 산수算數를 밝게 할 줄 아는 사람이 있으며, 나라 안에는 대신의 권속으로서 경經을 배워 경에 밝고 상속법을 배워 익히고 받아 가지는 이가 있는데, 그것은 마치 우리들 일체 권속과 같습니다. 천왕이여, 마땅히 상속법을 배워야 할 것입니다. 상속법을 배운 뒤에 보름날 종해탈을 연설할 때에 목욕하고 정전에 오르면 저 하늘 윤보는 반드시 동방에서 올 것입니다. 바퀴에는 1천 바퀴살이 있어, 일체를 구족하고 청정하고 자연스러워 사람이 만든 것이 아니며 빛은 불꽃과 같고 광명은 눈부실 것입니다.'

찰리 정생왕이 다시 물었다.

'범지여, 어떤 것이 상속법인가? 나로 하여금 그 법을 배울 수 있게 하시오. 만약 상속법을 배운 뒤에는 보름날 종해탈을 연설할 때에 깨끗하게 목욕하고 정전에 오르면, 저 하늘 윤보가 틀림없이 동방에서 오며 그 바퀴에는 1천 바퀴살이 있어 일체를 구족하고 청정하고 자연스러워 사람이 만든 것이 아니며 빛은 불꽃과 같고 광명은 찬란하게 눈부시겠는가?'

'천왕이여, 마땅히 법을 관찰하되 법대로 하고 법을 행하되 법대로 하십시오. 태자·후비·채녀와 모든 백성·사문 범지와 나아가 곤충에 이르기까지 한결같이 그 모두를 위하여 법재를 받들어, 매달 8

일·14일·15일에 보시를 행하되 모든 궁핍한 사문 범지·빈궁한 사람·고독한 사람·멀리서 온 걸식자들에게 음식·의복·수레·꽃다발·흩는 꽃·바르는 향·집·침구·털 담요·가에 드리우는 구슬·급사·등불 등을 보시하십시오. 만일 왕의 나라 안에 높이 존경할 만하고 명예와 덕망이 있는 사문 범지가 있거든 마땅히 몸소 수시로 그곳에 나아가 법을 묻고 법을 받으십시오. 어떤 것이 선한 법이며 어떤 것이 선하지 않은 법인가, 어떤 것이 죄가 되며 어떤 것이 복이 되는가, 어떤 것이 묘하고 어떤 것이 묘하지 않은가, 어떤 것이 흑이 되고 어떤 것이 백이 되며 흑·백의 법은 무엇을 좇아 생겨나는가, 어떤 것이 현세의 이치이며 어떤 것이 후세의 이치인가, 어떻게 행동하면 선을 받고 악을 받지 않는가에 대해 배우십시오. 그에게서 이런 법에 대하여 들은 뒤에는 그 말대로 행하십시오. 만일 나라 안에 빈궁한 사람이 있거든 재물을 내어 구제하십시오. 천왕이여, 이것을 서로 이어가는 법이라고 합니다. 마땅히 잘 배워 취하십시오. 잘 배워 취한 뒤에 보름날 종해탈을 연설할 때에 목욕하고 정전에 오르면, 저 하늘 윤보는 반드시 동방에서 올 것입니다. 그 윤보의 바퀴에는 1천 바퀴살이 있어 일체가 구족하고 청정하고 자연스러워 사람이 만든 것이 아니며 빛은 불꽃 같고 광명은 찬란하여 눈부실 것입니다.'

찰리 정생왕은 그 뒤에 법을 관찰하되 법대로 하였고 법을 행하되 법대로 하였다. 태자·후비·채녀 및 모든 백성·사문 범지와 나아가 곤충에 이르기까지 한결같이 모두를 위하여 법재를 받들어, 매달 8일·14일·15일에 보시를 행하되 모든 궁핍한 사문 범지·빈궁한 사람·고독한 사람·멀리서 온 걸식하는 이들에게 음식·의복·수레·꽃다발·흩는 꽃·바르는 향·집·침상·털 담요·가에 드리우는 구슬·급사·등불 등을 보시하였다. 만일 그 나라 안에 높이 존경할 만하고 명예와 덕망이 있는 사문 범지가 있으면, 곧 몸소 수시로 그곳에 나아가 법을 묻고 법을 받았다. 어떤 것이 선한 법이며 어떤 것이 선하지 않은 법인가, 어떤 것이 죄가 되며 어떤 것이 복이 되는가, 어떤 것이 묘하고 어떤 것이 묘하지 않은가, 어떤 것이 흑이 되고 어떤 것이 백이 되며 흑·백의 법은 어디로부터 생겨나는가, 어떤 것이 현세의 이치이며 어떤 것이 후세의 이치인가, 어떻게 행동하면 선을 받고 악을 받지 않는가? 그에게서 이러한 법에 대해 들은 뒤에는 그 말대로 행하였다.

그러나 나라 안에 빈궁한 백성이 있어도 물건을 내어 구제하지 않았다. 재물이 없는 빈곤한 자를 구제하지 않았기 때문에 사람들은 갈수록 곤궁해졌고 곤궁하기 때문에 곧 남의 물건을 훔치며 남의 물건을 훔치기 때문에 그 주인은 그를 잡아 묶어 찰리 정생왕에게 와서 말하였다.

'천왕이여, 이 사람이 내 물건을 훔쳤습니다. 부디 천왕께서 다스려 주시기 바랍니다.'

정생왕이 그 사람에게 물었다.

'네가 진실로 훔쳤는가?'

그가 대답하였다.

'천왕이여, 제가 정말로 훔쳤습니다. 왜냐하면 빈곤하기 때문입니다. 만일 훔치지 않으면 무엇을 가지고 살아갈 길이 없었기 때문입니다.'

정생왕은 곧 재물을 내어 주고 도둑에게 말하였다.

'너희들은 돌아가라. 뒤에는 다시 그런 짓을 하지 말라.'

그때 나라 안의 백성들은 정생왕이 만일 나라 안에 도둑질하는 사람이 있으면 곧 재물을 내어 준다는 말을 들었다. 그래서 사람들은 우리도 남의 재물을 훔쳐야 하겠다고 생각하였다. 그래서 그 나라 백성들은 너 나 할 것 없이 다투어 남의 재물을 훔치기 시작했다. 이것이 이른바 재물이 없는 빈곤한 자를 구제해 주지 않아서 사람들은 갈수록 곤궁해지고 곤궁하기 때문에 도둑은 더욱 극성을 부리며 도둑이 더욱 극성스러워지기 때문에 그 사람의 수명은 갈수록 감해지고 형색은 갈수록 나빠진다는 것이다. 그 수명이 갈수록 감해지고 얼굴은 갈수록 나빠진 뒤에는 비구들아, 아버지의 수명은 8만 살이나 아들의 수명은 4만 살이 된다.

비구들아, 저 사람의 수명이 4만 살이던 때에 어떤 사람이 남의 재물을 훔쳤다. 그 주인이 그를 잡아 묶어 가지고 찰리 정생왕에게 나아가 말하였다.

'천왕이여, 이 사람이 내 물건을 훔쳤습니다. 부디 천왕께서 다스려 주시기 바랍니다.'

찰리 정생왕이 그 사람에게 물었다.

'네가 정말로 훔쳤는가?'

그 사람이 대답하였다.

'천왕이여, 제가 정말 훔쳤습니다. 그것은 빈곤하였기 때문입니다. 만일 훔치지 않으면 무엇을 가지고 살아갈 길이 없었기 때문입니다.'

찰리 정생왕은 그 말을 들은 뒤에 곧 이렇게 생각하였다.

'만일 내 나라 안에 살고 있는 남의 물건을 훔친 자에게 다시 재물을 내어 나누어 준다고 하자. 이렇게 부질없이 실행하다 보면 나라 창고는 다 고갈될 것이고 도둑은 더욱 더 늘어날 것이다. 나는 이제 차라리 예리한 칼을 만들어 만일 우리나라 안에 도둑이 살고 있으면 곧 잡아다가 높은 표목〔標〕 밑에 앉히고 그 머리를 베리라.'

이렇게 생각한 정생왕은 그 뒤에 곧 명령하여 매우 예리한 칼을 만들어 나라 안에서 남의 물건을 훔치는 자가 있으면, 곧 명령하여 잡아다가 높은 표목 밑에 앉히고 그 머리를 베었다.

그러자 나라 안의 모든 백성들은 찰리 정생왕이 칙명을 내려 예리한 칼을 만들어, 혹 나라 안에서 남의 물건을 훔치는 자가 있으면 곧 잡아다가 높은 표목 밑에 앉히고 그 머리를 베게 한다는 말을 듣고, 나도 차라리 그것을 본받아 예리한 칼을 만들어 가지고 가서 물건을 겁탈하자. 만일 물건 주인이 와서 물건을 빼앗으면 그 물건 주인을 붙잡아 그 머리를 베자고 했다. 이에 그 사람들은 그 뒤에 예리한 칼을 만들어 가지고 가서 물건을 빼앗고 그 물건 주인을 붙잡아 목을 베었다. 이것이 이른바 재물이 없는 빈곤한 자를 구제하지 않았기 때문에 사람은 갈수록 곤궁해지고, 곤궁하기 때문에 도둑은 갈수록 더욱 심해지며 도둑이 더욱 심하기 때문에 칼로 죽이는 일이 갈수록 늘어나고 칼로 죽이는 일이 갈수록 늘어나기 때문에 그 사람의 수명은 갈수록 감해지며 형색은 갈수록 나빠진다는 것이다. 그 수명이 갈수록 감해지고 몸이 갈수록 나빠지고 나면 비구들아, 아비의 수명은 4만 살이나 아들의 수명은 2만 살이 된다.

비구들아, 사람의 수명이 2만 살이던 때에, 어떤 사람이 남의 재물을 훔쳤다. 그 주인은 그를 잡아 묶어 가지고 찰리 정생왕에게 나아가 말하였다.

'천왕이여, 이 사람이 내 물건을 훔쳤습니다. 천왕께서 다스려 주십시오.'

찰리 정생왕이 그 사람에게 물었다.

'네가 정말로 훔쳤는가?'

그때 그 도둑은 문득 이렇게 생각하였다.

'정생왕이 만일 그 사실을 안다면 나를 묶어 채찍으로 때리거나 혹은 메어치거나 혹은 뼈와 살을 발라내거나 돈이나 물건으로 벌금을 물릴 것이며, 혹은 여러 가지 방법으로 고통스럽게 다스리거나, 나무 가지 끝에 꿰거나 혹은 머리를 베어 나무에 매달 것이다. 내 차라리 거짓말로 정생왕을 속여야 겠다.'

이렇게 생각한 끝에 정생왕에게 말하였다.

'천왕이여, 저는 훔치지 않았습니다.'

이것이 이른바 재물이 없어 빈곤한 자를 구제하지 않았기 때문에 사람은 갈수록 곤궁해지고 곤궁하기 때문에 도둑은 갈수록 더욱 더하며 도둑이 더욱 심하기 때문에 칼로 죽이는 일이 갈수록 늘어나고, 칼로 죽이는 일이 날이 갈수록 늘어나기 때문에 곧 거짓말과 이간하는 말이 갈수록 더하며 거짓말과 이간하는 말이 더하기 때문에 사람의 수명은 갈수록 감해지고 형색도 갈수록 나빠진다는 것이다. 저 수명이 갈수록 감해지고 몸이 갈수록 나빠진 뒤에는 비구들아, 아비의 수명은 2만 살이나 아들의 수명은 1만 살이 된다.

비구들아, 사람의 수명이 1만 살이던 때에 백성들은 덕이 있기도 하고 없기도 하다. 만일 덕이 없는 사람이 덕이 있는 사람에 대하여 질투하는 마음을 일으켜 그의 아내를 범하였다면, 이것이 이른바 재물이 없는 빈곤한 자를 구제하지 않았기 때문에 사람은 갈수록 곤궁해지고 곤궁하기 때문에 도둑은 갈수록 더욱 심해지며 도둑이 더욱 심해지기 때문에 칼로 죽이는 일이 갈수록 늘어나고, 칼로 죽이는 일이 날로 늘어나기 때문에 곧 거짓말과 이간하는 말이 심해지며 거짓말과 이간하는 말이 심해지기 때문에 곧 질투와 사음邪淫이 갈수록 더해지고 질투와 사음이 갈수록 더해지기 때문에 저 사람의 수명은 갈수록 감해지며 형색은 갈수록 나빠진다는 것이다. 저 수명이 갈수록 감해지고 몸이 갈수록 나빠진 뒤에는 비구들아, 아비의 수명은 1만 살이나 아들의 수명은 5천 살이 된다.

비구들아, 사람의 수명이 5천 살이던 때에 세 가지 법은 갈수록 더하였으니, 곧 비법非法과 탐욕貪欲과 삿된 법〔邪法〕이다. 이 세 가지 법이 더하기 때문에 저 사람의 수명은 갈수록 감해지고 형색은 갈수록 나빠졌다. 그 수명이 갈수록 감해지고 몸이 갈수록 나빠진 뒤에는 비구들아, 아비의 수명은 5천 살이나 아들의 수명은 2천5백 살이 된다.

비구들아, 사람의 수명이 2천5백 살이던 때에 다시 세 가지 법은 갈수록 더하였으니, 곧 이간하는 말과 추한 말과 꾸밈말이다. 세 가지 법이 더해졌기 때문에 사람의 수명은 갈수록 감해지고 형색은 갈수록 나빠졌다. 그 수명이 갈수록 감해지고 몸이 갈수록 나빠진 뒤에는 비구들아, 아비의 수명은 2천5백 살이나 아들의 수명은 1천 살이 된다.

비구들아, 사람의 수명이 1천 살이던 때에 한 가지 법이 갈수록 더하였으니, 곧 삿된 소견이 그것이다. 한 가지 법이 더해졌기 때문에 그 사람의 수명은 감해지고 형색은 나빠졌다. 그 수명이 갈수록 감하고 몸이 갈수록 나빠진 뒤에는 비구들아, 아비의 수명은 천 살이나 아들의 수명은 5백 살이 된다.

비구들아, 사람의 수명이 5백 살이던 때에는 목숨을 다하여 부모에게 효도하지 않고 사문 범지를 존경하지 않으며 순한 일을 행하지 않고 복업을 짓지 않으며 후세의 죄를 돌아보지 않았다. 그들은 부모에게 효도하지 않고 사문 범지를 존경하지 않으며 순한 일을 행하지 않고 후세의 죄를 돌아보지 않았기 때문에 비구들아, 아비의 수명은 5백 살이나 아들의 수명은 250살, 혹은 2백 살이 되었다.

비구들아, 지금은 비록 장수하는 자가 있어도, 수명이 혹은 백 살이거나 혹은 거기에도 미치지 못한다."

부처님께서 다시 말씀하셨다.

"비구들아, 먼 미래에는 사람의 수명이 10세가 될 것이다. 사람의 수명이 열 살일 때에는 여자는 나서 5개월이면 곧 시집갈 것이다. 비구들아, 사람의 수명이 열 살일 때에는 돌피〔稗子〕라는 곡식을 제일 좋은 양식으로 삼을 것이다. 마치 지금 우리들이 멥쌀을 제일 맛있는 음식으로 여기는 것처럼 사람의 수명이 열 살일 때에는 돌피라는 곡식을 제일 좋은 양식으로 삼을 것이다. 비구들아, 사람의 수명이 열 살일 때에는 지금 우리가 소유하고 있는 맛난 것들인 타락·기름·소금·꿀·감자·사탕 따위는 죄다 없어질 것이다. 비구들아, 사람의 수명이 열 살일 때에 만약 열 가지 악업을 행하면 그는 곧 남의 존경을 받을 것이다. 마치 오늘날 열 가지 선업도善業道를 행하면 그는 곧 남의 존경을 받는 것처럼 비구들아, 사람의 수명이 열 살일 때에도 역시 그와 같아, 만일 열 가지 악업도惡業道를 행하면 그는 곧 남의 존경을 받을 것이다. 비구들아, 사람의 수명이 열 살일 때에는 전연 선한 이름이 없을 것인데 하물며 다시 열 가지 선업도를 행할 자가 있겠느냐?

비구들아, 사람의 수명이 열 살일 때에는 탄벌彈罰이라는 사람이 있어, 집집마다 두루 돌아다니며 형벌을 가할 것이다. 비구들아, 사람의 수명이 열 살일 때에는 어머니는 그 아들에 대하여 해칠 마음을 가지고, 아들도 역시 어머니에 대하여 해칠 마음을 가질 것이다. 부자·형제·자매·친족들도 잇따라 서로 해칠 마음을 가질 것이다. 마치 사냥꾼이 사슴을 보면 매우 해칠 마음을 가지는 것처럼 비구들아, 수명이 열 살일 때에도 이와 같아, 어머니는 그 아들에 대하여 해칠 마음을 가지고 아들도 역시 어머니에 대하여 해칠 마음을 가질 것이며, 부자·형제·자매·친족들도 잇따라 서로 향하여 해칠 마음을 가질 것이다.

비구들아, 사람의 수명이 열 살일 때에는 7일 동안의 도병겁刀兵劫이 있을 것이니, 그들이 만일 풀을 잡으면 그 풀이 변화하여 칼이 되고 만일 땔나무를 잡아도 또한 그 땔나무가 변화하여 칼이 될 것이다. 그들은 이 칼로써 7일 도병겁 동안 서로를 죽이다가 7일이 지난 뒤에야 곧 그칠 것이다. 그때에도 어떤 사람들은 부끄러워하는 마음을 내어 싫어하고 미워하여 저들을 좋아하지 않는다. 7일의 도병겁 동안에는 곧 산이나 들에 들어가 그윽한 곳에 숨어 있다가 7일이 지나고 나면 산이나 들의 그윽한 곳에서 나와 다시 서로 보고 사랑하고 가엾이 여기는 마음을 내어 서로 지극히 사랑할 것이다. 마치 어머니가 외아들을 두고 오랫동안 서로 떨어져 있다가 멀리서 무사히 집에 돌아와 서로 보고 나서 기뻐하고 가엾이 여겨 못내 서로 사랑하는 것처럼, 이렇게 저 사람들도 7일을 지낸 뒤에는 곧 산이나 들의 그윽한 곳에서 나와 다시 서로 보고는 사랑하고 가엾이 여기는 마음을 내어 못내 서로 사랑할 것이다. 그들은 서로 보고는 곧 이렇게 말할 것이다.

'여러 현인들이여, 우리는 이제 서로 보고 이제 화평을 얻었다. 우리들은 서로 휩쓸려 선하지 않은 법을 행하였으므로 이제 서로 만나보니 친족들이 다 죽고 말았다. 우리들은 이제 함께 선법을 행하자. 어떻게 함께 선법을 행할 것인가? 우리들은 모두 살생한 사람들이다. 이제 함께 살생을 여의고 살생을 끊자. 우리들은 마땅히 함께 이 선법을 행하자.'

그리고는 곧 그들은 함께 이러한 선법을 행하였다. 선한 법을 행하자, 수명은 갈수록 조금씩 늘어나고 형색도 갈수록 좋아졌다. 그들의 수명이 갈수록 조금씩 늘어나고 형색도 갈수록 좋아진 뒤에는 비구들아, 수명이 열 살이던 사람은 수명이 스무 살인 아들을 낳았다.

비구들아, 수명이 스무 살인 사람은 다시 이렇게 생각하였다.

'만일 선을 배우려 애쓰면 수명은 갈수록 조금씩 늘어날 것이고 형색도 갈수록 좋아질 것이다. 우리들은 함께 다시 선행을 늘려 나가자. 어떻게 선행을 늘려나갈 것인가? 우리들은 이미 살생을 여의었고 살생을 끊었다. 그런데 본래부터 우리들은 서로 주지 않는 것을 가지려 하였다. 우리들은 이제 주지 않는 것 가지는 일을 여의고 주지 않는 것 가지는 일을 끊어버리자. 우리들은 함께 이 선법을 행하자.'

그리고는 곧 그들은 함께 이러한 선법을 행하였다. 선법을 행하자 수명은 갈수록 늘어나고 형색도 갈수록 좋아졌다. 그들의 수명이 갈수록 늘어나고 형색도 갈수록 좋아진 뒤에는 비구들아, 수명이 스무 살인 사람은 수명이 40세인 아들을 낳았다.

비구들아, 수명이 마흔 살인 사람은 다시 이렇게 생각하였다.

'만일 선을 배우려 애쓰면 수명은 곧 갈수록 늘어나고 형색도 갈수록 좋아질 것이다. 우리들은 함께 더더욱 선행을 늘려나가자. 어떻게 함께 더더욱 선행을 늘려나갈 것인가? 우리들은 살생을 여의었고 살생을 끊었으며 주지 않는 것 가지기를 여의었고 주지 않는 것 가지기를 끊었다. 그런데, 우리는 본래부터 사음을 행하여 왔다. 우리들은 이제 사음을 여의고 사음을 끊어 버리자. 우리들은 마땅히 서로 이 선법을 행하자.'

그렇게 생각한 그들은 곧 함께 이 선법을 행하였다. 선법을 행한 뒤에는 수명이 갈수록 늘어나고 형색은 갈수록 좋아졌다. 그들의 수명이 갈수록 늘어나고 형색이 갈수록 좋아지자 비구들아, 수명이 마흔 살인 사람은 수명이 여든 살인 아들을 낳았다.

비구들아, 수명이 여든 살인 사람도 다시 이렇게 생각하였다.

'만일 선을 배우려 애쓰면, 수명은 갈수록 늘어나고 형색은 갈수록 좋아진다. 우리들도 함께 다시 선행을 늘려나가자. 어떻게 더욱 선행을 늘려나갈 것인가? 우리들은 이미 살생을 여의었고 살생을 끊었으며 주지 않는 것 가지기를 여의었고 주지 않는 것 가지기를 끊었으며 사음을 여의었고 사음을 끊었다. 그런데 본래부터 거짓말을 행하였다. 우리들은 이제 거짓을 여의고 거짓말을 끊어버리자. 우리들은 함께 이 선법을 행하자.'

그렇게 생각한 그들은 곧 함께 선법을 행하였다. 선법을 행하자, 목숨은 곧 점점 늘어났고 형색도 갈수록 좋아졌다. 그들의 수명이 갈수록 늘어나고 형색이 갈수록 좋아진 뒤에는 비구들아, 수명이 여든 살인 사람은 수명이 160살인 아들을 낳았다.

비구들아, 수명이 160살인 사람도 다시 이렇게 생각하였다.

'만일 선을 배우려 애쓰면, 목숨은 갈수록 늘어날 것이고 형색도 갈수록 좋아질 것이다. 우리들은 함께 더욱 선행을 늘려나가자. 어떻게 더욱 선행을 늘려나갈 것인가? 우리들은 이미 살생을 여의었고 살생을 끊었으며, 주지 않는 것 가지기를 여의었고 주지 않는 것 가지기를 끊었다. 사음을 여의었고 사음을 끊었으며 거짓말을 여의었고 거짓말을 끊었다. 그런데 본래부터 이간하는 말을 행하였다. 우리들은 이제 이간하는 말을 여의고 이간하는 말을 끊어 버리자. 우리들은 함께 이 선법을 행하자.'

이렇게 생각한 그들은 곧 함께 이 선법을 행하였다. 선법을 행하자 수명은 갈수록 늘어나고 형색은 갈수록 좋아졌다. 그들의 수명이 갈수록 늘어나고 형색이 갈수록 좋아진 뒤에는 비구들아, 수명이 160살인 사람은 수명이 320살인 아들을 낳았다.

비구들아, 수명이 320살인 사람도 이렇게 생각하였다.

'만일 선을 배우려 애쓰면 수명은 곧 갈수록 늘어날 것이고 형색도 갈수록 좋아질 것이다. 우리들은 다 함께 더욱 선행에 힘쓰자. 어떻게 더욱 선행을 늘려나갈 것인가? 우리들은 이미 살생을 여의었고 살생을 끊었으며 주지 않는 것 가지기를 여의었고 주지 않는 것 가지기를 끊었다. 사음을 여의었고 사음을 끊었으며 거짓말을 여의었고 거짓말을 끊었으며 이간하는 말을 여의었고 이간하는 말을 끊었다. 그런데, 본래부터 추한 말을 행하였다. 우리들은 이제 추한 말을 여의고 추한 말을 끊어버리자. 우리들은 다 함께 이 선법을 행하자.'

이렇게 생각한 그들은 곧 이 선법을 행하였다. 선법을 행하자, 수명은 갈수록 늘어나고 형색은 갈수록 좋아졌다. 그들의 수명이 갈수록 늘어나고 형색이 갈수록 좋아진 뒤에는 비구들아, 수명이 320살인 사람이 수명이 640살인 아들을 낳았다.

비구들아, 수명이 640살인 사람도 이렇게 생각하였다.

'만일 선을 배우려고 애쓰면 수명은 갈수록 늘어날 것이고 형색도 갈수록 좋아질 것이다. 우리들은 다 함께 더욱 선행을 늘려나가자. 어떻게 함께 더욱 선행을 늘려나갈 것인가? 우리들은 이미 살생을 여의었고 살생을 끊었으며 주지 않는 것 가지기를 여의었고 주지 않는 것 가지기를 끊었다. 사음을 여의었고 사음을 끊었으며 거짓말을 여의었고 거짓말을 끊었다. 이간하는 말을 여의었고 이간하는 말을 끊었으며 추한 말을 여의었고 추한 말을 끊었다. 그런데 본래부터 꾸밈말을 행하였다. 우리들은 이제 꾸밈말을 여의고 꾸밈말을 끊어버리자. 우리들은 다 함께 이 선법을 행하자.'

그렇게 생각한 그들은 곧 이 선법을 행하였다. 선법을 행하자 수명은 곧 갈수록 늘어나고 형색도 갈수록 좋아졌다. 그들의 수명이 갈수록 늘어나 형색이 갈수록 좋아진 뒤에는 비구들아, 수명이 640살인 사람은 수명이 2천5백 살인 아들을 낳았다.

비구들아, 수명이 2천5백 살인 사람도 이렇게 생각하였다.

'만일 선을 배우려고 애쓰면 수명은 갈수록 늘어날 것이고 형색도 갈수록 좋아질 것이다. 우리들은 다 함께 더욱 선행을 늘려나가자. 어떻게 다 함께 더욱 선행을 늘려나갈 것인가? 우리들은 이미 살생을 여의었고 살생을 끊었으며 주지 않는 것 가지기를 여의었고 주지 않는 것 가지기를 끊었다. 사음을 여의었고 사음을 끊었으며 거짓말을 여의었고 거짓말을 끊었다. 이간하는 말을 여의었고 이간하는 말을 끊었으며 추한 말을 여의었고 추한 말을 끊었으며 꾸밈말을 여의었고 꾸밈말을 끊었다. 그런데 본래부터 탐욕과 질투를 행하였다. 우리들은 이제 탐욕과 질투를 여의고 탐욕과 질투를 끊어버리자. 우리들은 다 함께 이 선법을 행하자.'

이렇게 생각한 그들은 곧 함께 이 선법을 행하였다. 선법을 행하자 수명은 갈수록 늘어나고 형색은 갈수록 좋아졌다. 그들은 수명이 갈수록 늘어나고 형색이 갈수록 좋아진 뒤에는 비구들아, 수명이 2천5백 살인 사람이 수명이 5천 살인 아들을 낳았다.

비구들아, 수명이 5천 살인 사람도 이렇게 생각하였다.

'만일 선을 배우려고 애쓰면 수명은 갈수록 더 늘어날 것이고 형색도 갈수록 좋아질 것이다. 우리들은 다 함께 더욱 선행을 늘려나가자. 어떻게 함께 더욱 선행을 늘려나갈 것인가? 우리들은 이미 살생을 여의었고 살생을 끊었으며 주지 않는 것 가지기를 여의었고 주지 않는 것 가지기를 끊었다. 사음을 여의었고 사음을 끊었으며 거짓말을 여의었고 거짓말을 끊었다. 이간하는 말을 여의었고 이간하는 말을 끊었으며 추한 말을 여의었고 추한 말을 끊었다. 꾸밈말을 여의었고 꾸밈말을 끊었으며 탐욕과 질투를 여의었고 탐욕과 질투를 끊었다. 그런데 본래부터 성냄을 행하였다. 우리들은 이제 성냄을 여의고 성냄을 끊어버리자. 우리들은 이 선법을 행하자.'

이렇게 생각한 그들은 곧 함께 이 선법을 행하였다. 선법을 행하자 수명은 갈수록 늘어나고 형색은 갈수록 좋아졌다. 그들의 수명이 갈수록 늘어나고 형색이 갈수록 좋아진 뒤에는 비구들아, 수명이 5천 살인 사람이 수명이 1만 살인 아들을 낳았다.

비구들아, 수명이 1만 살인 사람도 이렇게 생각하였다.

'만일 선을 배우려고 애쓰면 수명은 갈수록 더 늘어날 것이고 형색도 갈수록 좋아질 것이다. 우리들은 다 함께 더욱 선행을 늘려나가자. 어떻게 함께 더욱 선행을 늘려나갈 것인가? 우리들은 이미 살생을 여의었고 살생을 끊었으며 주지 않는 것 가지기를 여의고 주지 않는 것 가지기를 끊었다. 사음을 여의었고 사음을 끊었으며 거짓말을 여의었고 거짓말을 끊었다. 이간하는 말을 여의었고 이간하는 말을 끊었으며 추한 말을 여의었고 추한 말을 끊었다. 꾸밈말을 여의었고 꾸밈말을 끊었으며 탐욕과 질투를 여의었고 탐욕과 질투를 끊었으며 성냄을 여의었고 성냄을 끊었다. 그런데 본래부터 삿된 소견을 행하였다. 우리들은 이제 삿된 소견을 여의었고 삿된 소견을 끊어버리자. 우리들은 함께 이 선법을 행하자.'

그렇게 생각한 그들은 곧 함께 이 선법을 행하였다. 선법을 행하자 수명은 갈수록 늘어나고 형색은 갈수록 좋아졌다. 그들의 수명이 갈수록 늘어나고 형색이 갈수록 좋아진 뒤에는 비구들아, 수명이 만 세인 사람은 수명이 2만 살인 아들을 낳았다.

비구들아, 수명이 2만 살인 사람도 이렇게 생각하였다.

'만일 선을 배우려고 애쓰면 수명은 갈수록 더 늘어날 것이고 형색은 갈수록 좋아질 것이다. 우리들은 다 함께 더욱 선행을 늘려나가자. 어떻게 함께 더욱 선행을 늘려나갈 것인가? 우리들은 이미 살생을 여의었고 살생을 끊었으며 주지 않는 것 가지기를 여의었고 주지 않는 것 가지기를 끊었다. 사음을 여의었고 사음을 끊었으며 거짓말을 여의었고 거짓말을 끊었다. 이간하는 말을 여의었고 이간하는 말을 끊었으며 추한 말을 여의었고 추한 말을 끊었다. 꾸밈말을 여의었고 꾸밈말을 끊었으며 탐욕과 질투를 여의었고 탐욕과 질투를 끊었다. 성냄을 여의었고 성냄을 끊었으며 삿된 소견을 여의었고 삿된 소견을 끊었다. 그런데, 본래부터 법이 아닌 욕악欲惡·탐행貪行·사법邪法을 가지고 있다. 우리들은 이제 이 세 가지 악惡하고 선하지 않은 법을 여의고 세 가지 악하고 착하지 않은 법을 끊어버리자. 우리들은 다 함께 이 선법을 행하자.'

이렇게 생각한 그들은 곧 함께 이러한 선법을 행하였다. 선법을 행하자 수명은 갈수록 늘어나고 형색은 갈수록 좋아졌다. 그들의 수명이 갈수록 늘어나고 형색이 갈수록 좋아진 뒤에는 비구들아, 수명이 2만 살인 사람이 수명이 4만 살인 아들을 낳았다.

비구들아, 사람의 수명이 4만 살인 때에는 부모에게 효순하고 사문 범지를 존중하고 공경하며 받들어 모시고 순하게 섬겨 복업을 닦고 후세의 죄를 깨달아 안다. 그들은 부모에게 효순하고 사문 범지를 존중하고 공경하며 받들어 모시고 순하게 섬겨, 복업을 닦고 후세의 죄를 깨달아 알기 때문에 비구들아, 수명이 4만 세인 사람은 수명이 8만 살인 아들을 낳았다.

비구들아, 사람의 수명이 8만 살인 때에는 이 염부주閻浮洲는 지극히 크고 풍족하고 안락하여 백성들이 많이 살며 마을도 서로 가깝기가 닭이 한 번에 날아갈 정도의 거리가 된다. 비구들아, 사람의 목숨이 8만 살일 때에는 여자 나이 5백 살이 되어야 비로소 시집갈 것이다. 비구들아, 사람의 수명이 8만 살일 때에는 오직 이런 걱정만이 있을 것이니, 곧 추위와 더위와 대변·소변·욕심·음식·늙음의 걱정이며 더 이상 다른 걱정은 없을 것이다.

비구들아, 사람의 수명이 8만 살일 때에는 소라〔螺〕라는 왕이 있을 것이다. 그는 전륜왕이 될 터인데 총명하고 지혜가 있으며 네 종류의 군대를 거느리고 천하를 바르게 다스리며 스스로 자재하여 법다운 법왕으로서 7보를 성취할 것이다. 그 7보란 윤보·상보·마보·주보·여보·거사보·주병신보이다. 1천 아들을 두는데 모두들 용모가 단정하고 용맹스럽고 두려움이 없어 능히 다른 무리들을 항복받을 수 있다. 그는 반드시 이 일체의 땅과 나아가 저 넓은 바다까지 다스리게 되는데 칼이나 작대기를 쓰지 않고 법으로써 가르치고 명령하여 안락을 얻게 할 것이다.

비구들아, 모든 찰리 정생왕들은 사람의 주인이 되어 천하를 바르게 다스릴 때에는 스스로 경계를 정하되 아버지가 얻은 바를 따를 것이다. 그는 스스로 경계를 정하되 아버지가 얻은 바를 따르기 때문에 수명은 갈수록 줄어들지 않고 형색은 나빠지지 않으며 일찍 즐거움을 잃는 일이 없고 또한 힘도 쇠퇴하지 않는다. 모든 비구들아, 너희들도 역시 이와 같이 수염과 머리를 깎고 가사를 입고 지극한 믿음으로 집을 버려 가정이 없이 도를 배우며 스스로 경계를 행하되 아버지가 얻은 바를 따라야 한다.

비구들아, 너희들은 스스로 경계를 행하되 아버지가 얻은 바를 따름으로 말미암아 수명은 갈수록 줄어들지 않고 형색은 나빠지지 않으며 일찍 즐거움을 잃는 일이 없고 힘도 쇠퇴하지 않을 것이다. 비구들아, 어떻게 스스로 경계를 행하되 아버지가 얻은 바를 따를 것인가? 이 비구는 안 몸을 관찰하기를 몸 그대로 관찰하고, 안으로 깨달음·마음·법을 관찰하기를 깨달음·마음·법 그대로 관찰한다. 이것이 이른바 '비구가 스스로 경계를 행하되 아버지가 얻은 바를 따른다'는 것이다.

어떤 것이 비구의 수명이라고 하는가? 이 비구는 욕정欲定의 여의족如意足을 닦아 악을 멀리 여읨을 의지하고 욕심이 없음을 의지하며 멸해 다함을 의지하여 출요出要로 나아가며, 정진정精進定을 닦고 심정心定을 닦고 사유정思惟定의 여의족을 닦아 악을 멀리 여읨을 의지하고 욕심이 없음을 의지하며 멸해 다함을 의지하여 출요로 나아간다. 이것을 비구의 수명이라고 한다.

어떤 것이 비구의 형색인가? 이 비구는 금계를 닦아 익히고 종해탈을 지켜 보호하며 또 위의와 예절을 잘 지키고 티끌만한 죄를 보아도 항상 두려움을 품으며 계율〔學戒〕을 받아 가진다. 이것을 비구의 형색이라고 한다.

어떤 것이 비구의 즐거움인가? 이 비구는 욕심을 여의고 악하고 착하지 않은 법을 여의며 나아가 제4선을 얻어 성취하여 노닌다. 이것을 비구의 즐거움이라고 한다.

어떤 것이 비구의 힘인가? 이 비구는 모든 누漏가 이미 다하여 무루를 얻고 심해탈心解脫·혜해탈慧解脫을 이룩하여 현재에 있어서 스스로 알고 스스로 깨닫고 스스로 증득하여 성취하여 노닐며 생이 이미 다하고 범행이 이미 서고 할 일을 이미 마쳐 다시는 후생에 생명을 받지 않는다는 진실 그대로를 안다. 이것을 비구의 힘이라고 한다.

비구들아, 나는 마왕의 힘처럼 항복받을 수 없는 큰 힘이 있는 것을 보지 못하였다. 그러나 저 번뇌가 다한 비구는 위없는 거룩한 지혜의 힘으로써 능히 그것을 항복받는다."

부처님께서 이렇게 말씀하시자, 비구들은 부처님 말씀을 듣고 기뻐하며 받들어 행하였다.

〔이 전륜왕경에 수록된 경문의 글자 수는 6,313자이다. 『중아함경』 제 15권에 수록된 경문의 글자 수는 모두 8,721자이다.〕[6]

6 이 15권 소경 두 개의 글자 수를 합하면 모두 8,701자 인데 여기에서는 8,721자로 되어 있으니 무슨 착오가 생긴 것이 아닌가 의심스럽다.

■ 김 월 운

경기도 장단에서 태어나 한학을 수학하고, 남해 화방사에서 당대의 대강백 운허 스님을 은사로 출가하였다. 통도사와 해인사 강원을 졸업하고 강사가 되었으며, 동국역경원 역경위원을 거쳐 동국역경원 원장을 역임하였다. 중앙승가대학 교수와 제25교구 본사 봉선사 주지를 역임하였고, 현재 조실로 있으면서 능엄학림과 불경서당을 통해 후학 양성에 매진하고 있다. 저서로는 『삼화행도집』·『일용의식수문기』·『금강경강화』·『원각경강화』·『대승기신론강화』·『구름처럼 달처럼』 등이 있고, 번역서로는 『전등록』·『조당집』·『선문염송』을 비롯한 80여 종의 책이 있다.

중아함경 1

1985년 5월 30일 신 판 1쇄 발행
2006년 11월 30일 개정판 1쇄 발행
2011년 4월 25일 개정판 2쇄 발행

옮긴이 김월운
펴낸이 김희옥
펴낸곳 동국역경원

주소 100-715 서울시 중구 필동 3가 26
전화 02) 2260-3482~3
팩스 02) 2268-7851
Home page http://www.tripitaka.or.kr
E-mail book@dongguk.edu
출판등록 제2-159(1964. 10)
인쇄처 서진인쇄

ISBN 978-89-5590-436-9 03220
ISBN 978-89-5590-435-2 (전4권)

값 20,000원